Marcus Hawel

Die normalisierte Nation

Marcus Hawel

Die normalisierte Nation

Vergangenheitsbewältigung und Außenpolitik in Deutschland

Mit einem Vorwort von
Moshe Zuckermann

Offizin

Der Autor dankt der Hans Böckler Stiftung:
für die freundliche finanzielle Unterstützung
bei der Realisierung dieses Buches.

http://www.offizin-verlag.de

ISBN 978-3-930345-50-2

fon: 0511 - 807 61 94
fax: 0511 - 62 47 30
Umschlaggestaltung: freestyle Grafik, Hannover
Satz: Oliver Heins, Hannover
Druck: Uni-Druck, Hannover

Erstausgabe, 2007
Printed in Germany

Bibliografische Information der Deutschen Bibliothek

Die Deutsche Bibliothek verzeichnet diese Publikation in der Deutschen
Nationalbibliografie; detaillierte bibliografische Angaben sind im Internet
über `http://dnb.ddb.de` abrufbar.

ISBN 978-3-930345-50-2

Meinen Eltern,
denen ich das Wesentliche verdanke.

Inhaltsverzeichnis

Vorwort

Es mag sich heute noch, einige Monate nach einer eruptiv ausgetobten WM-patriotischen Euphorie, anachronistisch ausnehmen, etwas erörtern zu wollen, was jenem fußballgeschwängerten, in Fahnenseligkeit und Staatsfarbenpracht ertrinkenden neuen deutschen Nationalgefühl nicht gerade das Wort redet, zumal es sich um einen Diskurs handelt, der aus jetztiger Perspektive wie ein Geplänkel aus vorsintflutlicher Zeit erscheinen möchte. Und doch lohnt es sich vor dem Hintergrund des im vorliegenden Band erörterten Zentralthemas der nationalen »Normalisierung« Deutschlands einen Blick auf die nun schon fast ein Vierteljahrhundert zurückliegende Aussage des deutschen Historikers und Publizisten Hellmut Diwald zu werfen, der mit sarkastisch gefärbtem Unterton – offenbar ungehalten über erhobene Anwürfe gegen geschichtliche Spezifika deutscher Nationalstaatswerdung – im Jahre 1983 polemisch räsonierte: »Vor einer Reihe von Jahren kursierte bei uns im Zuge der westdeutschen Selbstzerknirschung das gefällige Wort von unserer ›verspäteten Nation‹. Pate stand dabei der Versuch, der politischen Nationalbildung einen fiktiven Standard zugrunde zu legen, einen Maßstab für die chronometrisch ›richtige‹ Zeit, eine Art Kursbuch für das pünktliche Eintreffen des nationalen Zuges im Bahnhof der Staatsbildung. Das Wort geistert inzwischen nur noch als ein Kuriosum umher. Denn eine Vorstellung, es gäbe für die Völker ein zeitliches Soll, das ihnen außerhalb ihrer eigenen geschichtlichen Bedingungen den Termin der Nationalstaatsbildung diktiert, ist zu abwegig, als daß sie mehr als ein mildes Amüsement verdiente. In der Geschichte findet sich keine einzige Nationalstaatsbildung, die sich jemals dem Fahrplan eines Historikers oder Politikwissenschaftlers angepaßt hätte, gleichgültig, ob er vor oder nach den Ereignissen entworfen wurde. Und ohne Fahrplan ist keine Verspätung möglich«.[1]

1 Hellmut Diwald: *Mut zur Geschichte*, Bergisch-Gladbach 1983, S. 228.

Mag man auch Diwalds prinzipieller Behauptung, es könne kein »den Termin der Nationalstaatsbildung« diktierendes »zeitliches Soll« geben, zustimmen (womit freilich noch nichts über das normative *Seinsollende* gesagt wäre), so muß doch gerade im Falle Deutschlands zumindest bedacht werden, welche Züge dann doch fuhren, nachdem das – wie immer ausgelegte – »pünktliche Eintreffen des nationalen Zuges im Bahnhof der Staatsbildung« nicht stattgefunden hatte. Man möchte meinen, das »milde Amüsement« sollte da einem allemal vergehen. Der marxistisch orientierte israelische Historiker Walter Grab hat einmal gesagt, es sei doch auffällig, daß jene Länder in Europas Mitte und Südwesten, denen im 19. Jahrhundert keine bürgerliche Revolution gelang, im 20. Jahrhundert den Faschismus hervorbrachten. Wenn man nun den Rahmen der »eigenen geschichtlichen Bedingungen« unter *diesem* geschichtsträchtigen Aspekt betrachtet, ist ein anderer Zugang als der von Diwald suggerierte denkbar, ein Zugang, der einer »Selbstzerknirschung« per se die heilsame Bürde der Erkenntnis in emanzipativer Absicht aufzuerlegen vermöchte. Macht man sich darüber hinaus Walter Bußmanns Einsicht zueigen, eine Geschichte des deutschen Liberalismus im 19. Jahrhundert gewinne ihre Spannung aus der »Frage nach den Möglichkeiten einer Alternative zur Reichsgründung, die sich unter der Führung Bismarcks mit den Mitteln der Diplomatie und des Krieges vollzog«, einer Frage, deren Aktualität »nach der deutschen Niederlage von 1918 und erst recht nach der deutschen Katastrophe von 1945« verständlicherweise gewachsen sei,[2] so läßt sich die von Diwald registrierte nachmalige »Selbstzerknirschung« auch als ein nur zu gerechtfertigtes Bedauern der Nichtwahrnehmung anderer möglicher geschichtlicher Optionen, als ein Unbehagen angesichts nicht verwirklichter Alternativen zu dem von Deutschen faktisch beschrittenen historischen Weg begreifen, mag man ihn nun als »Sonderweg« apostrophieren oder nicht.

Gesellt man dem Begriff der deutschen »Selbstzerknirschung« den ihm komplementär verschwisterten der »Normalisierungssehnsucht« bei, erweist sich das Ideologische an Diwalds Anliegen mit umso größerer Deutlichkeit. Denn birgt die von Diwald attackierte »Selbstzerknirschung« noch ein emanzipatives Moment des Bewußtseins von Verbrochenem, gar von Trauer oder Reue in sich, so ist die Bestrebung nach Normalisierung gerade um die Distanzierung von aufgeladener Schuld bemüht, um die Überwindung dessen, was das narzißtische Selbstbild längerfristig trüben und schädigen könnte.

2 Walter Bußmann: »Zur Geschichte des deutschen Liberalismus im 19. Jahrhundert« (1958), in: *Historische Zeitschrift* 186, S. 527.

Nicht von ungefähr verband sich in Martin Walsers berüchtigter Friedenspreisrede in der Frankfurter Paulskirche im Jahre 1998 der (vermeintlich nur subjektive) Widerwille gegen die von ihm so bezeichnete »Dauerpräsentation unserer Schande« mit dem Einklagen der Akzeptanz der Deutschen als »normalem Volk« und einer »gewöhnlichen Gesellschaft«.[3] Taktisch läßt sich dabei auf unterschiedlichen ideologischen Ebenen verfahren: Während Diwalds Strategie der Normalisierung den in die Katastrophe des 20. Jahrhunderts mündenden »Sonderweg« seines Besonderen zu entkleiden trachtet, mithin auf die Entsorgung deutsch-spezifischer Neuralgien der Vergangenheit abzielt – ein Relativierungsverfahren, dessen sich Ernst Nolte einige Jahre später noch prononcierter bedienen sollte –, verlegt Walser das Hauptgewicht seiner ideologischen Normalisierungsbemühung auf die *gegenwarts*bezogene Entsorgung etablierter Erinnerungskultur: Er stellt vergangenes Grauen nicht in Frage, sondern thematisiert »lediglich« die Überdrüssigkeit der Konfrontation mit ihm, und zwar im Rahmen großer Öffentlichkeit, auf deren Zustimmung er weitgehend rechnen kann, denn als Angehöriger eines mittlerweile vorgeblich normalisierten Kollektivs will er sich die durch anachronistische Anomalie perpetuierte Kontamination jüngst erlangter Normalitätsseligkeit nicht mehr gefallen lassen müssen.

Bezeichnend ist in diesem Zusammenhang, daß die Insistenz auf »Normalität« vom narzißtischen Diskurs erzwungener »Normalisierung« fortwährend ihres Anomalen überführt wird – Israel darin übrigens nicht unähnlich. Denn so wie der Zionismus die »Anomalie« diasporischen jüdischen Daseins zu überwinden trachtete, bei allen zu verzeichnenden Erfolgen des zionistischen Projekts jedoch feststellen mußte, daß die aus dem Diasporischen »mitgeschleppten« Identitätsgebrochenheiten und Traumata wie der eigene Schatten nicht durch proklamierte Ideologie abzustreifen waren, so erwies sich auch die Last der deutschen Vergangenheit als resistent gegen Versuche, sie diskursverordnet normalisierendem Bewußtsein unterzuordnen. Schon die ungebrochene Persistenz des Normalisierungsdiskurses verweist aufs schwelende Vorbewußtsein davon, daß etwas zutiefst Neuralgisches, mithin Anomales, die fast schon marktschreierisch anmutende Insistenz auf die eigene »Normalität« antreibt: Sogenannte Normale pflegen nicht zu brüllen, daß sie normal seien. In der Tat mag man den Kopf darüber schütteln, daß gerade das Kollektiv, zu dessen Geschichte die Errichtung von Auschwitz gehört, und das Kollektiv, das die Auschwitz-Erfahrung unauslöschbar zu

3 Martin Walser: »Erfahrungen beim Verfassen einer Sonntagsrede«, in: Frank Schirrmacher (Hrsg.): *Die Walser–Bubis-Debatte. Eine Dokumentation*, Frankfurt am Main 1999, S. 7 ff.

seinem konstitutiven Selbstverständnis zählt, wenige Jahrzehnte nach dem monströsen Geschichtsereignis auf ihre »Normalität« meinen pochen zu sollen.

Mit diesem, hier nur holzschnittartig aufgerissenen Erbteil deutscher Geschichte und seiner (vor allem) westdeutschen Rezeption befaßt sich der vorliegende Band. Marcus Hawel rekonstruiert, basierend auf konsensuell kritischer Sicht deutscher Wege und Irrwege im 19. und 20. Jahrhundert, zentrale Aspekte bedeutender Diskurse über »Normalisierung« und »Normalität«, die ihre Wirkmächtigkeit auf die kontroverse Aufarbeitung und »Bewältigung« der katastrophischen deutschen Vergangenheit in der alten Bundesrepublik ausgeübt haben. Schon in diesem Teil nachzeichnender Erörterung wird eine beachtliche Begriffs- und Definitionsleistung erbracht. Marcus Hawel begnügt sich jedoch nicht damit, sondern thematisiert den politisch-praktischen Wandel im Umgang mit etablierten Normen und verfestigten Tabus um die »deutsche Vergangenheit«, wie er sich vor dem Hintergrund von Deutschlands veränderter Weltlage nach der Vereinigung beider deutscher Staaten mit rigoroser realpolitischer Durchschlagskraft und gewendetem ideologischen Selbstverständnis manifestiert hat, um schließlich die innovative Frage der europäischen Integration als »verlängertes Operationsfeld deutscher Normalisierung« kritisch zu erörtern. Und in diesem Kontext besinnt er sich nun auf eine *positive* Deutung des zuvor primär pejorativ besetzten »Normalisierungs«begriffs. Normalisierung, postuliert er, könnte auch »als eine selbstbewußte *Sinngebung* verstanden werden: die Dinge zu dem werden zu lassen, was sie unter dem Gesichtspunkt des geschichtlichen Fortschritts bedeuten *sollen*« (S. 409). Daß der Begriff des Fortschritts selbst agonalem Dissens unterworfen werden könnte, mag hier unerörtert bleiben. Von Bedeutung ist Hawels Einsicht, daß die »Produktion von Normalität (...) immer eine Bewegung nach vorne« sei, »die Anleihen aus der Vergangenheit nimmt – entweder in restaurativer oder in negativer Weise: in Form von bestimmter Negation. Letzteres rückt den Normalitätsdiskurs in die Nähe utopischen Denkens« (S. 410).

Zu fragen wäre freilich, ob utopisches Denken, verdinglichenden Mechanismen realer historischer Zwänge ausgeliefert, nicht Gefahr läuft, in Ideologie umzuschlagen, mithin zur moralisierenden Apologie von repressiv Bestehendem zu verkommen. Marcus Hawel ist sich solcher Möglichkeit, die denn »Normaliserung« letztlich in eine identitätslogische Affirmation von Bessergewordenem auslaufen und somit wiederum in Ideologie entarten lassen würde, durchaus bewußt. Entsprechend greift er nach den Sternen – Utopie ist ihm nicht weniger als radikale geschichtliche Loslösung vom realen schlecht Bestehenden: »Die Umkehr der (deutschen) Geschichte, hinter der die Schubkraft von mehreren hundert Jahren die Richtung grob mitbestimmt, wäre ein *utopisches* und *sinnvolles* Projekt. Wenn von Identität die Rede ist, ›so geht es für deutsche Verhältnisse um das Bedürfnis, d.h. den Mangel an Identität‹. Der kategorische Imperativ, wie ihn Adorno formuliert hat, besagt aber in seiner letzten Konsequenz, daß nicht nur ein *anderes* Deutschland, sondern auch eine *andere* Welt: eine Welt *ohne* Nationalstaaten, das heißt auch ohne Deutschland entstehen müsse. So verstandene Normalisierung wäre uneingeschränkt zu begrüßen. Sie wäre weniger eine Umkehr als vielmehr eine Kehrung, eine *eigensinnige* Rebellion gegen die Staatenwelt« (S. 412). Rebellion? Nun, wohl eher Revolution. Aber die Klärung *dieser* Nomenklaturfrage mag durchaus vertagt werden. Beginnen sollte man allemal mit der Erörterung von »Normalisierung« im Bestehenden, wie sie in diesem Band aufs überzeugendste geleistet worden ist.

Tel Aviv, November 2006
Moshe Zuckermann

»The ideal solution would be a Germany strong enough to defend itself but not strong enough to attack, united so that its frustrations do not erupt into conflict and its divisions do not encourage the rivalry of its neighbours, but not so centralized that its discipline and capacity for rapid action evoke countermeasures in self-defense.«

Henry A. Kissinger im Jahre 1960

»Nach außen gilt es etwas zu vollbringen, woran wir zweimal zuvor gescheitert sind: im Einklang mit unseren Nachbarn zu einer Rolle zu finden, die unseren Wünschen und unserem Potential entspricht.«

Klaus Kinkel im Jahre 1993

»Es gibt zwei Währungen in der Welt: wirtschaftliche Macht und die militärischen Mittel, sie durchzusetzen.«

Klaus Naumann, Generalinspekteur der Bundeswehr, im selben Jahr

»Deutschland ist nicht nur das stärkste Land Europas, sondern eine große Macht im Weltmaßstab; dies, und nichts anderes, bestimmt die Beziehung der allermeisten Staaten der Welt zu ihm. Gleichwohl ging die objektive Stärke nicht immer mit dem Bewußtsein einer Unerträglichkeit dieser Stärke mit vergangener Schuld und Schande einher. Man muß nicht germanophob sein, um sich verwundert zu fragen, was eigentlich so normal daran sei, daß eine Nation, die solches Grauen innerhalb so kurzer Zeit verursacht hat, objektiv so bald wieder dermaßen erstarkt ist. Solcher Verwunderung wird schon seit langem, besonders aber nach der Vereinigung der beiden deutschen Staaten, mit der Taktik des normalisierenden Bewußtseins begegnet: Man ist jetzt eben ein ›normales Volk‹, eine ›gewöhnliche Gesellschaft‹, positives Nationalgefühl steht einem wieder an – man fällt (historisch) eben nicht mehr aus der Reihe.«

Moshe Zuckermann im Jahre 1999

Einleitung

> »(. . .) so müßte eine Untersuchung dartun, daß die zeitgemäße Krankheit gerade im Normalen besteht.«
>
> *Theodor W. Adorno*

1. »Normalität« als diskursives Ereignis

Solange das Alltagsbewußtsein unter Normalität nicht viel mehr als »Üblichkeiten« und »Selbstverständlichkeiten des Alltags« versteht und dementsprechend unter »Normalisierung« die Anpassung an diese, bzw. die Wiederherstellung dieser, bleibt der komplexe strategische Zusammenhang zum Wandel der deutschen Außenpolitik seit 1989/90 in der Öffentlichkeit ein theoretisch blinder Fleck. In seinem »Versuch über den Normalismus« aus dem Jahre 1997 bezeichnet Jürgen Link den Wortkomplex von Normalität und Normalisierung als zur Zeit auffälligstes Beispiel für eine diskurstragende Kategorie. »Diskurstragende Kategorien sind solche, durch deren ›Entfernung‹ – wenn man sie sozusagen aus dem betreffenden Diskurs ›herauszöge‹ wie die Stahlteile aus einer Betonkonstruktion – der betreffende Diskurs nicht länger ›halten‹ könnte und in sich zusammenbräche wie ein Kartenhaus. Unter solchen Kategorien sind in der Regel nicht isolierte einzelne Wörter zu verstehen, sondern ganze semantische Komplexe einschließlich ihrer Praxisbezüge, wiederum vergleichbar mit kreuzweise angeordneten Stahlteilen in Beton.«[4] Der Komplex Normalität/Normalisierung sei eine solche diskurstragende Kategorie; »zöge man diesen Komplex etwa aus dem Diskurs der deutschen mediopolitischen Klasse seit 1989 heraus, so könnte dieser Diskurs keinen Augenblick länger ›tragen‹.«[5]

4 Jürgen Link: *Versuch über den Normalismus. Wie Normalität produziert wird* (1997), 2. Aufl., Wiesbaden 1999, S. 15.
5 Ebd.

Diskurstragende Kategorien sind allerdings nur im hypothetischen Sinne abziehbar, und die jenseits des Diskurses dazugehörende Praxis ist unabhängig von ihren tragenden Kategorien, das heißt, sie kann auch unbeirrt von ihrer Diskussion oder Nicht-Diskussion voranschreiten. So ist denn auch trennscharf zu unterscheiden zwischen dem Normalitäts- und Normalisierungsdiskurs, wie er als öffentliche Debatte in Zeitungen und Zeitschriften ausgetragen wurde, und der tatsächlichen außenpolitischen Normalisierungspraxis, die ohne öffentliche Diskussion allenfalls schwerer, weil ohne öffentliche, unterstützende Anerkennung – oder aber auch leichter, weil unbemerkter und damit ungestörter, voranschreiten kann. Jedenfalls würde mit der Entfernung der tragenden Kategorien die dem Diskurs scheinbar anhaftende, jedoch nur verwandte Praxis nicht zusammenbrechen. Anders formuliert: Wo die Praxis der herrschenden Eliten nicht ins Licht gerückt wird, vollzieht sie sich im Dunkeln und wird demzufolge auch nicht, allenfalls lediglich von Experten gesehen. Andererseits wird zwar durch die öffentliche Debatte die Praxis der herrschenden Eliten leichter gesehen und kann in einem demokratischen Staat besser kontrolliert werden, aber die Diskussion kann auch auf eine Ablenkung von der Praxis der herrschenden Eliten hinauslaufen.

Wenn zum Beispiel über die Streitkräfte öffentlich in Zeitungen und Zeitschriften diskutiert wird, sind es eher punktuelle, abstrakte Fragestellungen (Wehrpflicht- oder Freiwilligenarmee?, Einsatz der Bundeswehr auf dem Balkan oder zu Hause bleiben?, Rechtsradikale in der Bundeswehr als Folge eines antidemokratischen Führungsstils?), die ein oberflächliches Problembewußtsein oder organisiertes Ablenken von den wirklichen Problemen vermuten lassen. »Und ist der momentane Diskussionsbedarf abgearbeitet, dann wird das Militär wieder in Ruhe gelassen: Kaum Fragen danach, welche politischen Folgen es haben kann, wenn die Bundeswehr mit durchaus problematischen Strukturen die Rolle des Gegengewichts zu Rußland übernimmt. Und praktisch kein Interesse daran, den Aufbau der Krisenreaktionskräfte etwas genauer zu betrachten und zu prüfen, welche Konzeption ›vor Ort‹ eher stabilisieren kann und welche nicht. Prinzipalismus und Oberflächlichkeit haben solche Fragestellungen nicht zu- und der Bundeswehrplanung freie Hand gelassen.«[6]

Die öffentliche Auseinandersetzung erscheint als eine scheindemokratische Alibidebatte: Während öffentlich über Normalität und Normalisierung

6 Lutz Unterseher: »Deutsche Militärpolitik – Unauffällige Festlegung für die Zukunft«, in: *ZOOM*, Zeitschrift für Politik und Kultur 5/98.

gestritten wird, vollzieht sich längst in Teilschritten und mehr oder weniger unaufhaltsam der Prozeß einer außenpolitischen Normalisierung. Über »Normalität« wird begrifflich kaum Rechenschaft abgelegt, aber dennoch ist der affirmative Umgang mit dem Wort in der deutschen Öffentlichkeit: unter Politikern, Journalisten sowie Geistes- und Gesellschaftswissenschaftlern weit verbreitet. In einem Beitrag des Berliner Sozialwissenschaftlers Meinolf Dierkes für die *Frankfurter Rundschau* heißt es: »Sozialwissenschaftliche Forschung steht immer im Dienst der gesellschaftlichen Praxis«. Es sei eine Fülle von Ergebnissen der sozialwissenschaftlichen Forschung in die gesellschaftliche Praxis eingegangen. »Und zwar immer dann, wenn erstens ihr Nutzen erkannt wurde, aber zweitens oft mit großer Zeitverzögerung und drittens häufig auf nicht geplanten und sehr verschlungenen Pfaden.« Begriffe wie »Bruttosozialprodukt«, »Inflation«, »Intelligenzquotient«, »soziale Schicht«, »Risikogesellschaft« oder »Globalisierung« seien in das Alltagsbewußtsein und in die Alltagssprache eingegangen. »Und wenn solche Begriffe und Konzepte erst einmal eine gewisse Verbreitung und Popularität erlangt haben, verblaßt zumeist sehr schnell die Erinnerung daran, wo sie eigentlich entstanden sind. Zugespitzt formuliert könnte man sagen: Wenn ein Transfer von sozialwissenschaftlichen Forschungsergebnissen in die gesellschaftliche Praxis erfolgreich war, wird vergessen, daß er stattgefunden hat.«[7] Ebenso aber sind in der Regel die Begriffe, die aus der Wissenschaft Einzug in die Sphären von Wirtschaft und Politik erhalten, so ausgerichtet, daß sie nicht erst für einen affirmativen Gebrauch zurechtgestutzt werden müssen. – Man kann dasselbe auch von der »Normalität« behaupten.

2. Die öffentliche Meinung als Normalität

In seinem Aufsatz »Meinung Wahn Gesellschaft« widerspricht Theodor W. Adorno der Auffassung, Rationalität sei das Normale. »Unterm Bann der zähen Irrationalität des Ganzen ist normal auch die Irrationalität der Menschen.«[8] Keine Gruppe als Teil der gesellschaftlichen Elite – auch nicht die Wissenschaft oder der Journalismus – ist von diesem Verdikt ausgenommen. Objektivität als ein Kriterium von Wahrheit ist in einer beschädigten Öffentlichkeit, welche sich im Bewußtsein niederschlägt, ein schwieriges Unterfangen; dennoch sei es nicht aufzugeben. Der »öffentlichen Meinung«

---

7 Meinolf Dierkes: »Zukunftsforschung gilt bis heute als akademisch wenig reputierlich«, in: *FR* vom 23. Dezember 1996, S. 14.

8 Theodor W. Adorno: »Meinung Wahn Gesellschaft«, in: ders.: *Eingriffe. Neun kritische Modelle*, Frankfurt am Main 1963, S. 147–172, S. 164.

kommt, so Adorno, in einer demokratischen Gesellschaft eine Kontrollfunktion zu, die sie aber nur imstande sei auszuüben, wenn sie in die Kritik auch sich selbst mit einbezieht. Die Idee einer freien Meinungsäußerung ist von der Idee einer freien Gesellschaft nicht zu trennen. In einer unfreien Gesellschaft verkommt die Meinungsfreiheit zu dem Recht, »die eigene Meinung vorzubringen, zu verfechten und womöglich durchzusetzen, auch wenn sie falsch, irr, verhängnisvoll ist«[9].

Die öffentliche Meinung als Korrektiv ist nur so gut, wie die Subjektfähigkeit der Einzelnen es zuläßt. »Wo das Subjekt die Kraft zur vernünftigen Synthesis nicht mehr hat oder sie, verzweifelnd vor Übermacht, verleugnet, dort nistet *Meinung* sich ein.«[10] Das Meinen ist zufällig und sprunghaft, dagegen hat die Wahrheit es schwer »der Lüge von Meinung zu widerstehen«[11]. Adorno schreibt: »Das Banale kann nicht wahr sein. Was, in einem falschen Zustand, von allen akzeptiert wird, hat, indem es diesen Zustand als den ihren bestätigt, vor jedem besonderen Inhalt schon sein ideologisches Unwesen. Kruste verdinglichter Meinungen, beschirmt es das Bestehende und sein Gesetz. Dagegen sich zu wehren, ist allein noch nicht die Wahrheit und mag leicht genug in der abstrakten Negation verkommen. Aber es ist das Agens jenes Prozesses, ohne den Wahrheit nicht ist.«[12] Die Meinung hat ihre berechtigte Bedeutung, solange wie sie in einem hermeneutischen Zirkel am Beginn der Vermittlung steht und Objektivität am Ende. *Insofern* wäre die Meinung ein Moment der Wahrheit. Aber in öffentlichen Diskursen wird das Absolute durch die Meinung ersetzt, welche zugleich Ausdruck eines Konformismus ist.[13] Damit geht der öffentlichen Meinung ihre Kontrollfunktion verloren – wenn sie jemals wirklich ausgeübt werden konnte – und wird zur bloßen Legitimationsideologie, zur Apologie des Bestehenden.

Die Meinung dichtet sich ab gegen das Argument und erhält sich am Leben gegen jede argumentative Widerlegung – vor allem auch durch die Herabsetzung des Argumentes zur *Gegenmeinung*, der in einer freien, pluralistischen Gesellschaft es freisteht, vertreten zu werden wie die Meinung eben auch. Meinung und das zur Gegenmeinung herabgesetzte Argument dürfen als *gleich-gültig* nebeneinander stehen. »Meinung ist die wie immer

9 Ebd., S. 167.
10 Ebd., S. 168.
11 Ebd., S. 171.
12 Ebd., S. 172.
13 Vgl. »Ohnmacht, die sich als Bescheidwissen verkleidet. Gespräch mit Detlev Claussen und Lothar Baier über die gesellschaftliche Bedeutung der ›öffentlichen Debatten‹«, in: *Perspektiven*, Nr. 33, Mai 1998, S. 3.

auch eingeschränkte Setzung eines subjektiven, in seinem Wahrheitsgehalt beschränkten Bewußtseins als gültig.«[14] Die Meinung – ursprünglich eine objektive Stufe des Geistes – ist gepanzert gegen solche Einsicht. Adorno geht sogar soweit, der verabsolutierten Meinung pathologische Züge zu attestieren, die auf Narzißmus zurückgehen. Rechthaberei als *Selbsterhaltung*: »Was einer für eine Meinung hat, wird als sein Besitz zu einem Bestandstück seiner Person, und was die Meinung entkräftet, wird vom Unbewußten und Vorbewußten registriert, als werde ihm selber geschadet.«[15] Wirkliche Reflexion wäre dagegen ein Denken, das sich in den Gegenstand versenkt. Während die dialektische Reflexion des Gegenstands: das Sich-Versenken in den Gegenstand, wirkliches Denken ausmacht, bietet die Meinung lediglich oberflächliche Erklärungen an, »durch die man die widerspruchsvolle Wirklichkeit widerspruchslos ordnen kann, ohne sich groß dabei anzustrengen«[16]. Meinungen setzen sich mithin nicht mit Hilfe der Kraft von Argumenten durch, sondern vermöge der Kraft von Interessen, hinter denen Macht und Gewalt ihren Einfluß ausüben und der psychodynamischen Disposition von Individuen, in denen der Stellenwert der Vernunft und Verstandesleistungen herabgesetzt sind, zuträglich ist.

Symptomatisch erscheine heute die Absurdität der Meinung in der Gestalt des Nationalismus. »Mit neuer Virulenz steckt er die gesamte Welt an, in einer Phase, in der er zugleich durch den Stand der technischen Produktivkräfte, die potentielle Bestimmung der Erde als eines Planeten, zumindest in den nicht unterentwickelten Ländern, seine reale Basis verloren hat und gänzlich zu der Ideologie geworden ist, die er freilich immer auch schon war.«[17] Der Nationalismus ist die Ideologie par exelance, welche das Einzelinteresse als Gemeinsinn ausgibt. Er erhält seine Wirkmacht als kollektiver Narzißmus aufgrund der *Befangenheit* von Individuen, das heißt, der Nationalismus bietet kollektive Kompensationen individueller Unzulänglichkeiten an und gewährleistet darüber einen allgemeinen, aber pathogenen Zusammenhalt. »Je befangener die Individuen in sich selbst sind und je verhängnisvoller sie die Einzelinteressen verfolgen, die in jener Gesinnung sich abbilden und deren sture Gewalt auch wiederum von ihr verstärkt wird, desto sorgfältiger muß eben dies Prinzip verschwiegen, muß unterstellt werden, es gehe, wie der nationalsozialistische Slogan lautete, Gemeinsinn vor Eigennutz.«[18] Mehr als jedes andere pathische Vorurteil,

---

14 Adorno: *Meinung Wahn Gesellschaft*, a. a. O., S. 148.
15 Ebd., S. 150.
16 Ebd., S. 155.
17 Ebd., S. 165.

so Adorno weiter, sei der Glaube an die Nation »Meinung als Verhängnis«. »Er bläht die abscheuliche Notstandsweisheit, daß wir alle im gleichen Boot sitzen, zur moralischen Maxime auf.«[19] Das betreffe jedwede Form von Nationalgefühl, auch das vermeintlich *normale.* Vielmehr ist die Unterscheidung zwischen gesundem und pathischem Nationalgefühl selbst schon ideologisch. »Gesundes Nationalgefühl vom pathischen Nationalismus zu scheiden, ist so ideologisch wie der Glaube an die normale Meinung gegenüber der pathogenen; unaufhaltsam ist die Dynamik des angeblich gesunden Nationalgefühls zum überwertigen, weil die Unwahrheit in der Identifikation der Person mit dem irrationalen Zusammenhang von Natur und Gesellschaft wurzelt, in dem die Person zufällig sich findet.«[20]

»Normalität« in dem Sinne, wie es allgemein gebraucht wird, ist ein schillerndes Wort – ein Nicht-Begriff, der davon lebt, daß er eine geringe Substanz hat. Er funktioniert aufgrund seiner alltagsbewußten Implikationen, die vom »gesunden Menschenverstand« dirigiert werden, als bloße Meinung. Der »gesunde Menschenverstand« korrespondiert dabei reibungslos mit Normalität, gilt sie doch dem Alltagsbewußtsein als das Normalste und Gesündeste, das sich der kritischen Wissenschaft gegenüber borniert verhält. Geraten aber Nicht-Begriffe in das Spannungsfeld von Politik, werden sie zu ideologischen Instrumenten. Dabei sind sie nur Phrasen, hinter denen ein taktisches Geschäft abgewickelt wird, das camoufliert, aber gezielt ein System bereitet und Wirklichkeit verändert. »Normalität« fungiert als ein Nationalismus verschleierndes Vehikel. Soll diesem taktischen Geschäft Einhalt geboten oder sein Verlauf einer demokratischen Kontrolle unterzogen werden, muß man die ideologischen Instrumente begrifflich dechiffrieren und ihrer Macht entkleiden.

3. Methode der immanenten Kritik

Die Methode, die dazu imstande ist, Partikularinteressen, die sich als Allgemeininteressen getarnt haben, zu entschleiern, ist das ideologiekritische Verfahren der *immanenten* Kritik, wie es von Karl Marx in Bezug auf die bürgerliche Gesellschaft entscheidend entwickelt wurde.[21] Das bedeutet für die Frage des »Versprechens der Normalität«, nicht einfach ein von außen

18 Ebd., S. 166.
19 Ebd., S. 166 f.
20 Ebd., S. 167.
21 Vgl. Karl Marx: »Marx an Ruge«, in: *Briefe aus den »Deutsch-Französischen Jahrbüchern«* (1844), in: *MEW* Bd. 1, Berlin 1972, S. 345.

als Abstraktion aus der reinen Vernunft gesetztes Dogma den herrschenden Eliten entgegenzustellen, sondern an die in dem *Versprechen* verborgenen Bedürfnisse und Interessen anzuknüpfen, sie freizulegen und an ihrem eigenen Anspruch zu bewerten. Denn die immanente Kritik versteht sich schon bei Hegel als säkularisierte Theologie und bei Marx als säkularisierte Philosophie, das heißt als ein *Eingriff* in die bestehende politische Praxis der Herrschenden: Die Theorie ist *kritisch* in die Praxis involviert; sie ist »rücksichtslose Kritik« alles Bestehenden und fürchtet sich genauso wenig vor den Konsequenzen ihrer Resultate wie vor dem Konflikt mit den herrschenden Mächten.[22] Die Kriterien der Kritik sind aus der Realität vermittels der Anknüpfung an die politischen Kämpfe gewonnen, in welchen sich der politische Staat transformiert.[23]

Das Versprechen der Normalität formuliert einen Anspruch, dessen ideologische Gestalt Ausdruck der herrschenden Verhältnisse ist: »geistiges Aroma« der Verhältnisse, worin ein historisch gewachsenes und sich mit den Verhältnissen wandelndes Bedürfnis zum Vorschein kommt. Es geht mit anderen Worten darum, theoretische und politische Positionen nachzuvollziehen, auf immanente Widersprüche zu überprüfen und ihren Wahrheitsgehalt vor allem hinsichtlich der sozialen Bedeutung zu reflektieren. Da ideologische Annahmen ein Synkretismus aus Wahrem und Falschem sind, der als verdinglichte Grundposition einen Zweck erfüllt, kann der Maßstab der Kritik kein äußerlicher sein, sondern muß immanent erfolgen, das heißt, an der *Ausrichtung* des Zweckes kritisiert werden. Die Kritik muß dabei bis zu den neuralgischen Schnittstellen der verdinglichten Synkretismen in den Begriffen vordringen und durch das »Scheiden« den Begriff in die *Krise* zwingen, das heißt, das Gravitationszentrum, die Kräfteverhältnisse im Begriff verändern, wodurch der Begriff in Bewegung gerät und ein neues Gravitationszentrum erhält. Mit anderen Worten: Vermöge der immanenten Kritik wird der Begriff von innen heraus umgeleitet und sich im wahrsten Sinne des Wortes bewußt angeeignet.

»Kritik gilt gesellschaftlicher Herrschaft, die als ›Natur‹ erscheint. Solche Fetischisierung entspringt dem Vergessen der Vorgeschichte der jeweils geltenden, institutionalisierten Lebensformen. Deren Imperative dirigieren die Vergesellschafteten, ohne daß sie ihnen zu Bewußtsein kämen.«[24] Kritische Theorie beansprucht mithin, die »blinde Reproduktion des gesellschaftli-

22 Ebd., S. 344.

23 Ebd., S. 345.

24 Helmut Dahmer: *Pseudonatur und Kritik. Freud, Marx und die Gegenwart*, Frankfurt am Main 1994, S. 9.

chen Lebens« dem Bewußtsein der Einzelnen zu erhellen, damit sie die Einrichtung einer »Gesellschaftsform, in der die Menschen ihr gesellschaftliches Leben bewußt für ihre eigenen Bedürfnisse und Zwecke solidarisch organisieren und immer aufs Neue damit in Einklang bringen«[25] können, angehen.

Nach Marx ist die traditionelle Wissenschaft als »selbständige Produktionspotenz von der Arbeit [ge]trennt und in den Dienst des Kapitals [ge]preßt«.[26] Wissenschaft könne aber nach seinen Vorstellungen auch als eine kritische Kraft wirksam werden, wenn sie sich als Gegenmacht zu den herrschenden Verhältnissen verstünde.[27] Der Zweck einer solchen kritischen Wissenschaft liege in der Bewußtwerdung der Bedingungen von gesellschaftlicher Emanzipation. Weil es den Menschen nur schwer in den Sinn kommt, über das Bestehende hinauszudenken, kommt der kritischen Wissenschaft zunächst die Aufgabe zu, die Menschen daran zu erinnern, daß die gesellschaftlichen Verhältnisse veränderbar sind und die Geschichte von Menschen gemacht wird. Auf diesem Standpunkt kann die kritische Wissenschaft gleichwohl nicht verharren, wenn im Angesicht der manifest erscheinenden Herrschaft die Erinnerung nicht in Resignation münden soll. Aber daß Geschichte *vernünftig* gemacht werden kann, setzt voraus, daß man sich ihrer begrifflich *bewußt* wird und sie dadurch aus der Naturwüchsigkeit entläßt. »Denn eben wo Begriffe fehlen, da stellt ein Wort zur rechten Zeit sich ein.«[28] Weil mit Worten sich trefflich streiten und ein undemokratisches (Herrschafts)-System bereiten läßt, ist es ein Anspruch der aufklärerischen Wissenschaft, daß ein Begriff bei dem Worte sei.

Das Nicht-Begriffliche ist nach Hegel das vom Geist Unberührte; es gilt ihm als abstraktes, unmittelbares, nicht in sich reflektiertes Erscheinen überhaupt: als Natur. Als solche stellt Natur die Unfreiheit des Geistes dar,[29] komme sie aber mit dem Geist in Berührung, werde sie sukzessiv durch den Begriff aufgehoben. Der Begriff der Natur sei die Freiheit *von* der Natur, weil nur der Begriff vom Naturzwang – oder mit Marx in Bezug auf gesellschaftliche Verhältnisse gesprochen: von der Naturwüchsigkeit befreie. »Sinnliche Gewißheit« wird von Hegel in seiner »Phänomenologie« als erste Stufe des Geistes angesehen, welche für sich ein erstes Heraustreten aus

25 Max Horkheimer: »Bemerkungen zur philosophischen Anthropologie« (1935), in: *Gesammelte Schriften* (GS), Bd. 3, Frankfurt am Main 1988, S. 253.

26 Karl Marx: *Das Kapital. Kritik der politischen Ökonomie. Erster Band*, in: *MEW*, Bd. 23, Berlin 1969, S. 382.

27 Vgl. Friedrich Engels: »Das Begräbnis von Karl Marx«, in: *MEW*, Bd. 19, Berlin 1978, S. 336.

28 Johann W. Goethe: *Faust*, 1. Teil, Vers 1995 f., in: *Werke*, Bd. 3, Frankfurt am Main 1970, S. 60.

29 Vgl. G.W.F. Hegel: *Vorlesungen über die Philosophie der Religion*, Bd. II, in: *Werke* Bd. 17, Frankfurt am Main 1969, S. 253.

der Natur darstellt. In der sinnlichen Gewißheit ist die Sache aber lediglich ein Seiendes: »die Sache ist; und sie ist, nur weil sie ist; sie ist, dies ist dem sinnlichen Wissen das Wesentliche, und dieses reine Sein oder diese einfache Unmittelbarkeit macht ihre Wahrheit aus.«[30] – Die weitere Bewegung des Geistes ist die »Arbeit des Begriffs«. Der gesunde Menschenverstand bleibt auf der Stufe der sinnlichen Gewißheit stehen und kann darum notwendig im Hegelschen Sinne keine Begriffe ausbilden. Die Sprache wird als ein System von Worten genommen. Das bloße Wort hat eine Affinität zur bloßen Meinung, während der Begriff Resultat des Denkens und dadurch Ausdruck von Wissen ist. Auf der Ebene der bloßen Meinung läßt sich in der Tat trefflich streiten – aber auch nur das, weil auf dieser Ebene der Maßstab von wahr und falsch der Beliebigkeit ausgesetzt ist. »Die Meinung ist die Küche, worin alle Wahrheiten abgeschlachtet, gerupft, zerhackt, geschmort und gewürzt werden.«[31]

Bei Marx heißt es, Wissenschaft sei nicht nötig, wenn Wesen und Erscheinung zusammenfallen. Die Differenz von Wesen und Erscheinung macht erst das Spannungsfeld von Ideologien aus. Das gilt insbesondere für Herrschaftsverhältnisse. »Wo bloße unmittelbare Machtverhältnisse herrschen, gibt es eigentlich keine Ideologien.«[32] Ideologiekritik arbeitet sich an dem Kern von Rationalität in der Verschränkung von Wahrem und Unwahrem ab. Sie spürt die undurchsichtigen und vermittelten Herrschaftsverhältnisse auf, macht sie sichtbar zum Zwecke ihrer bestimmten Negation. Ideologie wird als »gesellschaftlich notwendiges und zugleich falsches Bewußtsein« begriffen. Mit *falschem Bewußtsein* ist mithin nicht gemeint, daß es sich bei Ideologien um einen Verblendungszusammenhang handelt, der bloß der anthropologischen »Grundbeschaffenheit der Menschen« oder der »logischen Unreinheit« des Bewußtseins zur Last gelegt werden könnte, wie es etwa in der »Idolenlehre«[33] von Francis Bacon unternommen wird. Die Unwahrheit von Ideologien muß statt dessen aus den gesellschaftlichen Verhältnissen, das heißt aus *objektiven* Verblendungszusammenhängen abgeleitet werden – nicht als mechanische und vielleicht verzerrte Widerspiegelung des gesell-

30 G.W.F. Hegel: *Phänomenologie des Geistes*, Frankfurt am Main 1986, S. 83.

31 Ludwig Börne: »Die Kunst, in drei Tagen ein Originalschriftsteller zu werden«, in: ders.: *Menzel der Franzosenfresser und andere Schriften*, hrsg. u. eingel. v. Walter Hinderer, Frankfurt am Main 1969, S. 54–56, S. 54; vgl. Marcus Hawel: »Ein Begriff muß bei dem Worte sein. Theorie und Praxis in den Sozialwissenschaften«, in: *Zeitschrift für kritische Theorie*, 10. Jg., Nr. 18/19 (2004), S. 73–79.

32 Theodor W. Adorno: »Beitrag zur Ideologienlehre« (1954), in: ders: *GS*, *Soziologische Schriften I*, Frankfurt am Main 1979, S. 465.

33 Vgl. Francis Bacon: *Novum organum*, in: ders: *The Works of Francis Bacon*, London 1857.

schaftlichen Seins im Bewußtsein, vielmehr liegt der Ideologie immer eine selbständige geistige Tätigkeit zugrunde, die mit einem eigenen Anspruch aus den gesellschaftlichen Zusammenhängen hervorscheint.[34] »Zur Ideologie im eigentlichen Sinne bedarf es sich selbst undurchsichtiger, vermittelter und insofern auch gemildeter Machtverhältnisse.«[35] Auch wenn Theodor W. Adorno in seinem »Beitrag zur Ideologienlehre« aus dem Jahre 1954 der Ansicht gewesen ist, daß die Gesellschaft dafür zu durchsichtig geworden sei und das gesellschaftlich bedingte, falsche Bewußtsein von heute nicht mehr von einem objektiven Geist getragen, sondern mit den Erzeugnissen der Kulturindustrie »wissenschaftlich auf die Gesellschaft zugeschnitten« werde,[36] sind die Herrschaftsverhältnisse dieser demokratisch-kapitalistisch verfaßten Gesellschaft, die nach 1945 entstanden ist, – gerade auch aufgrund der kulturindustriellen Verblendung – doch nicht so durchsichtig wie etwa im Faschismus, so daß auf Ideologiekritik im traditionellen Sinne verzichtet werden, bzw. durch die Analyse des cui bono ersetzt werden müßte. Aus diesem Grund wird sich in der vorliegenden Studie auf den Marxschen Ideologiebegriff bezogen. Gerade im Hinblick auf den Gegenstand dieser Untersuchung, an dem sich die Methode zu orientieren hat – nicht umgekehrt – zeigt sich die Relevanz des Ideologiebegriffs: Die Ideologie hat eine Hülle; sie ist nicht das ungeschminkte »drohende Antlitz der Welt«. Die gegenwärtige Welt ist, obwohl in ihr viel Terror ist, ihrer eigenen Gestalt nach (noch) nicht wieder in Terror übergegangen. Auch gegen die Annahme, daß im Spätkapitalismus durch das Prinzip der Konsensproduktion auf Legitimationstheorien verzichtet werden könne und demzufolge die herkömmliche Ideologie obsolet geworden sei, ist einzuwenden, daß gegensätzliche durch Machtinteressen transportierte Positionen, die in einem Konsens zu harmonisieren wären, mit *Sinn* erfüllt sein müssen, das heißt, es kann nicht einfach Unsinn durch bloße Gewalt- oder Machtausübung Eingang in den Konsens finden. In der Welt ist *Rechtfertigung.* Dies zeigt sich ganz besonders deutlich am Gegenstand der vorliegenden Arbeit: am Normalitäts- und Normalisierungsdiskurs.

34 »Demgemäß ist auch Ideologiekritik, als Konfrontation der Ideologie mit ihrer eigenen Wahrheit, nur soweit möglich, wie jene ein rationales Element enthält, an dem die Kritik sich abarbeiten kann.« – Adorno: »Beitrag zur Ideologienlehre«, a. a. O., S. 465. – »Denn *Ideologie ist Rechtfertigung.* Sie setzt ebenso die Erfahrung eines bereits problematischen gesellschaftlichen Zustandes voraus, den es zu verteidigen gilt, wie andererseits die Idee der Gerechtigkeit selbst, ohne die eine solche apologetische Notwendigkeit nicht bestünde und die ihr Modell am Tausch von Vergleichbarem hat.« – Ebd.

35 Ebd., S. 467.

36 Vgl. ebd., S. 475.

Dennoch: »Angesichts der unbeschreiblichen Gewalt, welche jene Medien über die Menschen heute ausüben, (...) ist die konkrete Bestimmung ihres ideologischen Gehalts unmittelbar dringlich. Er stellt synthetisch Identifikation der Massen mit den Normen und Verhältnissen her, welche seis anonym hinter der Kulturindustrie stehen, seis bewußt von dieser propagiert werden. Alles nicht Einstimmende wird zensuriert, Konformismus bis in die subtilsten Seelenregungen hinein eingeübt.«[37] Die Kulturindustrie ist damit der mediale Verstärker eines Prozesses, der den Schein der Natürlichkeit der Individuen und ihrer Meinungen im einzelnen wie der gesellschaftlichen Verhältnisse im ganzen erzeugt. Gesellschaftlich »normal« ist somit die »Anerkennung des Bestehenden selber, Modell eines Verhaltens, das der Übermacht der Verhältnisse sich fügt« und zwar »im Namen von Realismus«[38].

Ideologie ist ein »geistig-kulturelles ›Abbild‹ des real Bestehenden«, welches rückwirkend das Bestehende mitformt und strukturiert. Das macht das Allgemeine von Ideologien aus. »Sie ergibt sich aus komplexen Diskurspraktiken, die ihrerseits von im Werden begriffenen oder bereits bestehenden Macht-, Herrschafts- und Gewaltstrukturen ökonomischer, politischer oder auch kultureller Natur herrühren. Somit erfüllt Ideologie zum einen eine ›positiv‹ kittende, zum anderen eine das Bestehende in seinen teils verdeckten, teils offenen Machtverhältnissen rechtfertigende Funktion.«[39]

Moshe Zuckermann diagnostiziert am Beginn der sogenannten »Berliner Republik« im Kontext der Normalisierung eine »Zeitenwende« im Umgang mit der deutschen Vergangenheit, die mit der »eigentümlichen Besetzung der rot-grünen Koalition« zusammenfalle.[40] Gleichwohl hat diese »Zeitenwende« ihre Vorgeschichte, die bis zur deutschen Einheit zurückreicht, das heißt von der schwarz-gelben Bundesregierung vorbereitet und bereits praktiziert wurde. Der Begriff der »Zeitenwende« rekurriert auf den Begriff des »Zeitgeistes«, der, so Zuckermann, wesentlich ideologisch ist, da von einem homogenen, monolithischen Blockbewußtsein eines Kollektivs grundsätzlich und in pluralen Gesellschaften schon gar nicht die Rede sein kann.[41] Der Begriff ist aber auch als Ideologie *begreifbar* »und zwar sowohl in der statischen Funktion eines Arsenals der Inhalte der jeweils vorherrschenden sozialen, politischen und kulturellen Sichtweisen und Ausrichtungen als

37 Ebd., S. 476.
38 Ebd.
39 Moshe Zuckermann: *Gedenken und Kulturindustrie*, a. a. O., S. 23.
40 Vgl. ebd., S. 29.
41 Vgl. ebd., S. 103 f.

auch in der dynamischen Funktion eines Indikators der im Wandel der Inhalte sich jeweils abzeichnenden Tendenzwende.«[42] Dennoch lasse sich trotz der Pluralität von einer Wende sprechen; »sie bezieht sich allerdings nicht auf ›die Deutschen‹, sondern meint den von der (vorwiegend) kritischen Intelligenz über die Jahrzehnte geprägten öffentlichen Diskurs.«[43] Zuckermann bezieht seine Feststellung auf den Diskurs der Vergangenheitsbewältigung; die Aussage ist zu verallgemeinern, das heißt, auch auf die politischen Bereiche auszuweiten, auf die eine Veränderung des Umgangs mit der Vergangenheit realpolitische Auswirkungen hat. Vor allem im Bereich der Außenpolitik, wo die Vergangenheitsbewältigung mit dem objektiven Status Deutschlands in der Welt zusammenhängt. Zuckermann schreibt seine Zeilen »in einer Woche (...), in der deutsche Kampfflugzeuge für Militäraktionen im Kosovo eingesetzt werden, und zwar von einem sozialdemokratischen Verteidigungsminister in Zusammenarbeit mit einem SPD-Kanzler und einem Grünen-Außenminister.«[44]

Dieser Wandel des »Zeitgeistes«: der Normalitätsdiskurs mündet mithin in direkte, ablesbare praktische Konsequenzen in vielen Politikbereichen, vor allem im Bereich der deutschen Außenpolitik. Das politische Feld der Außenpolitik ist für die Vergangenheitsbewältigung[45] eines der wichtigsten

42 Ebd., S. 104. – »Insofern nun Zeitgeist als Ideologie verstanden wird, diese sich aber als ›Öffentlichkeit‹ durch die wissenschaftlichen (aber durchaus auch populärwissenschaftlichen) bzw. feuilletonpublizistischen und massenmedialen Produktionen und Rezeptionen in der Sphäre der Vermittlung und der Repräsentation manifestiert, kann man die in der stetigen Auseinandersetzung mit der deutschen Vergangenheit öffentlich geführten Debatten als zweierlei ansehen: zum einen als Ausdruck einer genuinen Auseinandersetzung mit dem Aufzuarbeitenden, zum anderen aber als Ausdruck der sie durchwirkenden Ideologie. Es ist nun die sich in der ideologischen Dimension der Diskurse jeweils vollziehende Veränderung, die als der sich wandelnde ›Zeitgeist‹ angesehen werden kann: Er spiegelt eine Wende des Denkens und Redens (z. B. über die Vergangenheit) wider, die ihren Ursprung in realen gesellschaftlichen, politischen oder kulturellen Wandlungen hat.« – Ebd., S. 105.

43 Ebd., S. 105.

44 Ebd, S. 109.

45 Aufarbeitung und Bewältigung der Vergangenheit sind von politischen Interessen beeinflußt. Norbert Frei hat für die konkrete politische Praxis des Umgangs mit der Vergangenheit den sehr treffenden Begriff der »Vergangenheitspolitik« vorgeschlagen. – Siehe Norbert Frei: *Vergangenheitspolitik. Die Anfänge der Bundesrepublik und der NS-Vergangenheit*, München 1996. – Während sich der von Frei geprägte Begriff eher auf justizielle, legislative und exekutive Entscheidungen im Umgang mit der Vergangenheit bezieht, wäre der von Edgar Wolfrum ins Gespräch gebrachte Begriff der »Geschichtspolitik« als allgemeiner Oberbegriff zu verstehen, wenngleich eine solche weitere Differenzierung unnötig ist, da der Begriff der »Vergangenheitspolitik« auch auf andere Bereiche ausgedehnt werden könnte. – Vgl. Edgar Wolfrum: *Geschichtspolitik in der Bundesrepublik Deutschland. Der Weg zur bundesrepublikanischen Erinnerung 1948–1990*, Darmstadt 1999.

Bereiche, wenn nicht überhaupt das wichtigste Feld, da es hier um den Status Deutschlands in der Welt geht. In der vorliegenden Untersuchung wird die (außenpolitische) »Normalisierung« der deutschen Nation und »Normalität« als Resultat dieses gesellschaftspolitischen Prozesses, gleichsam als ein ideologisches System aufgefaßt, welchem ein Muster zu Grunde liegt, das begriffen, das heißt dechiffriert werden soll. Dabei gilt es, wie bereits angemerkt, zu beachten, daß sich der Prozeß der Normalisierung parallel zum und auch unabhängig vom Normalitätsdiskurs, das heißt der bewußten Bezugnahme auf den Begriff der Normalität vollzieht.

4. Aufbau der Untersuchung

Die vorliegende Studie umfaßt drei Teile. Im ersten Teil wird nach der Methode zunehmender Konkretion eine begriffliche Herleitung von »Normalität« und »Normalisierung« vorgenommen, das heißt, die Begriffe werden etymologisch hergeleitet, theoriegeschichtlich rekonstruiert und empirisch auf die Inhalte der Außenpolitik bezogen. In diesem Teil wird angezeigt, wie sich parallel zur geschichtlichen und ökonomischen Entwicklung der Norm-Begriff verändert und ein Normalitäts-Begriff entfaltet. Im Zentrum einer Normalitätsapparatur steht schließlich die Gaußsche Normalverteilung, aus der im herrschenden Diskurs positivistisch Normalität abgeleitet wird und sich den Schein von gesetzmäßiger Objektivität erheischt. Es steckt aber eine Willkür in der Aufstellung einer Gaußschen Normalverteilung. Denn es kommt auf den »Baumeister« an, auf dessen Anliegen, das heißt, wie und wo er die »Richtschnur« (lat. *norma*) zum Hochziehen gerader und geometrisch stabiler »Bauwerke« ansetzt. In der Gaußschen Normalverteilung ist von entscheidender Relevanz, welche Daten überhaupt in Beziehung zueinander gesetzt und welche außer Acht gelassen werden. So könnten sich ganz unterschiedliche Normalverteilungen ergeben, damit auch ganz verschiedene Grenzbereiche sowie Abweichungen – im staatspolitischen Diskurs als »Sonderwege« bezeichnet.[46]

Die Willkür geht auf Interessen und Machtfragen zurück. Ein »Sonderweg« ergibt sich jedenfalls nicht aus der Geschichte selbst als eine Abweichung von einem generalisierbaren Geschichtsprinzip, das methodisch

46 Zur Bewertung des deutschen »Sonderweges« siehe Reinhard Kühnl: *Deutschland seit der Französischen Revolution. Untersuchungen zum deutschen Sonderweg*, Heilbronn 1996; vgl. Helmuth Plessner: *Die verspätete Nation. Über die politische Verführbarkeit bürgerlichen Geistes*, Frankfurt am Main 1974.

durch eine Gaußsche Normalverteilung objektiv ermittelbar wäre. Die Geschichte kennt keinen einheitlichen Verlauf, auch wenn die kapitalistische Modernisierung nach einem solchen abzulaufen scheint. Es kommt vielmehr auf die Geschichtsakteure, auf die Subjekte der Normalisierung und ihre Orientierung an. Zum Beispiel orientierten sich die herrschenden Eliten in Rußland und Japan Anfang des 20. Jahrhunderts am autoritären Modell des Deutschen Reiches (preußischer Weg). Für Rußland und Japan war das Deutsche Reich die Norm – und der Westen der »Sonderweg«.[47] Daß sich die Bundesrepublik schließlich nach Westen orientierte, ist eine Machtfrage gewesen, die durch die alliierten Befreiungsmächte und durch Konrad Adenauers Politik der Westbindung entschieden wurde. Im Historikerstreit wurde 1986 bis zum Vorabend der deutschen Einheit noch einmal zwischen Konservativen und Liberalen diese Machtfrage mit dem Versuch einer zukünftigen Richtungsweisung ausgetragen. Der Streit ging unentschieden aus und mündete mit der deutschen Einheit schließlich in eine bemerkenswerte Angleichung der Positionen, die letztendlich den Normalitätsbegriff zur diskurstragenden Kategorie beförderte.

Im zweiten Teil wird für den Bereich der deutschen Außenpolitik seit 1989/90 der Normalisierungsprozeß, wie er weitgehend unabhängig von seiner Diskussion stattfand, kursorisch behandelt – so auch im dritten Teil, in dem es darum geht, den Normalisierungsprozeß auf das Feld der europäischen Integration als erweitertes Operationsfeld auszudehnen.

Was Oskar Negt und Alexander Kluge über das »Maßverhältnis des Politischen« schreiben, läßt sich auf den Gegenstand der Normalisierung anwenden: Unter »Knotenlinien der Maßverhältnisse« verstand Hegel jene Kulminationspunkte in der Geschichte, wo die Dinge in eine lebendige Bewegung geraten. »Es gibt, sagt Hegel, keinen direkten Übergang von der Mannigfaltigkeit der Erscheinungen zu Wesen und Begriff. Erst unter der Bedingung, daß die Erscheinungen eine bestimmte Konstellation annehmen – sie verlieren ihre bisherige Existenzweise und treffen auf andere Existenzen –, verdichten sich die in ihnen enthaltenen Beziehungen und werden zu einem eigentümlichen Gefüge, das *wesentlichen Zusammenhang* konstituiert.«[48] Dieses »innere Gefüge« sei identisch mit dem Maß, da die Erscheinungen nur über Maßverhältnisse zum Wesentlichen gelangen, das heißt eine Signatur ausbilden können. Solche katalytischen Kulminationspunkte sind für den deutschen Normalisierungsprozeß das Jahr der deutschen Einheit

47 Vgl. Imanuel Geiss: *Die Habermas-Kontroverse. Ein deutscher Streit*, Berlin 1988, S. 163.

48 Oskar Negt und Alexander Kluge: *Maßverhältnisse des Politischen. 15 Vorschläge zum Unterscheidungsvermögen*, Frankfurt am Main 1992, S. 18.

1989/90, Golfkrieg 1991, der Bürgerkrieg im ehemaligen Jugoslawien mit seinen eruptiven Kulminationen 1995 (Massaker von Srebrenica) und 1999 (NATO-Krieg gegen Serbien), sowie der 11. September 2001 (Terroranschlag in den USA) und der Krieg gegen den Irak im Jahre 2003. Diese »Knotenpunkte« werden im zweiten Teil der Arbeit kursorisch behandelt.

Die Signatur ist zu entschlüsseln darüber, daß das Maß eine programmatische und strategische »Mitte« enthält. Normalität als »Idee des Wesens« (Hegel), die dem Maß als (gaußoide) *Mitte* zugrunde liegt, kann damit als strategische Bewegung, die programmatisch den Inhalt herstellt, das heißt die Erscheinungen einem Zweck unterwirft und überhaupt nach diesem Zweck konstituiert, ausfindig gemacht werden. Die Bewegung wäre sogar aus den vergangenen und gegenwärtigen Verläufen in bescheidenem Maße prognostisch in die Zukunft zu verlängern, wenn man erst einmal den Code, das heißt die Signatur des Normalisierungsprozesses entschlüsselt hat. Die Entschlüsselung des »Codes« erfolgte als Abstraktion aus der Untersuchung des empirischen Verlaufs des außenpolitischen Normalisierungsprozesses und ist in der Darstellungsform der Arbeit vorangestellt (Teil 1). Die Darstellung des Themas erfolgt mithin gegenüber der Analyse desselben im Sinne der Marxschen Vorgehensweise der Kritik der politischen Ökonomie in entgegengesetzter Reihenfolge. »Die Forschung hat den Stoff sich im Detail anzueignen, seine verschiednen Entwicklungsformen zu analysieren und deren inneres Band aufzuspüren. Erst nachdem diese Arbeit vollbracht, kann die wirkliche Bewegung entsprechend dargestellt werden.«[49]

Dem interessierten Leser sind mit dem im ersten Teil erarbeiteten Begriffsinstrumentarium Aufnahmestrukturen zum umfassenden kritischen Verständnis des Normalisierungsmusters, wie es im zweiten und dritten Teil in seinem Verlauf dargestellt wird, zur Verfügung gestellt. Diese Absicht folgt dem »exemplarischen Prinzip«, wie es Oskar Negt aufgestellt hat: »Wer einen einzigen exemplarisch entfalteten Gegenstand wirklich verstanden hat, wird leicht imstande sein, sich zur Erweiterung des Wissens Informationen über spezielle Bereiche zu verschaffen; wer dagegen mit in der Regel halbverstandenen Kenntnissen Lehrgänge verläßt, wird weder das Bedürfnis haben, in Zeitungen, Zeitschriften und Büchern für erkannte Zusammenhänge nach neuen Beweisstücken zu suchen, noch imstande sein, gelernte Gesetzesbestimmungen anzuwenden.«[50] Es geht im wesentlichen

---

49 Marx: *Das Kapital*, Bd. 1, Nachwort zur zweiten Auflage, a. a. O., S. 27.
50 Oskar Negt: *Soziologische Phantasie und exemplarisches Lernen. Zur Theorie und Praxis der*

darum, gesellschaftliche Zusammenhänge aufzudecken, das heißt, eine Reduktion der Komplexität gesellschaftlicher Erscheinungen auf Interessen vorzunehmen.

Der Normalitäts-Begriff wird in der vorliegenden Studie pejorativ entfaltet und abschließend einem utopischen Verständnis von Normalität gegenübergestellt, um zu zeigen, daß es eine Alternative zur vorherrschenden Realpolitik gibt.

Arbeiterbildung, Frankfurt am Main 1971, S. 112 f.

1 Normalität und Normalisierung

1. Etymologie der Normalität – Zu den Begriffen Norm, Normalität und Normalisierung

»Normalisierung« setzt sich semantisch aus den Lemmata Norm, Normativität und Normalität zusammen. Soll erfaßt werden, was begrifflich unter Normalisierung verstanden wird, muß inhaltlich mit diesen Wortkomplexen begonnen werden.

Normen finden sich in verschiedenen Bereichen des gesellschaftlichen Lebens; sie leiten sich aus Natur, Religion, Geschichte, Politik und nicht zuletzt aus der Ökonomie ab. »Sie bewirken eine gewisse Regelmäßigkeit und Gleichförmigkeit der sozialen Handlungsabläufe und entlasten das Individuum von der Notwendigkeit, ständig neue situationsgerechte Handlungsweisen zu entwerfen.«[1] Die Gestaltung von Normen erfolgt allgemein nach gesellschaftlichen Bedürfnissen; sie ist Bezugspunkt für die Bestimmung von Konformität und Devianz. Normen sind Teil eines realen geschichtlichen und sozialen Lebensprozesses, und in ihnen lassen sich die dahinter liegenden Herrschafts- und Klassenverhältnisse dechiffrieren.

In der säkularisierten Moderne sind Normen abstrakte Imperative des Handelns, die – zumal unter den Vorzeichen der Liberalität – im Vergleich etwa zum religiösen Mittelalter weitgehend an göttlicher Autorität verloren haben und deutlicher auf Zweckmäßigkeit und Konsensfähigkeit ausgerichtet sind. Dennoch oder gerade deshalb sind sie von eindringlichem Einfluß. Der Einfluß kann in Form von Sollensforderungen, Direktiven, Geboten, Verboten und sogar Befehlen zum Ausdruck kommen, aber er kann auch milde sein und Ratschläge oder Empfehlungen zur Orientierung ausmachen.

1 Bernhard Schäfers (Hrsg.): *Grundbegriffe der Soziologie*, 4. Aufl., Opladen 1995, Art. »Norm, Soziale«, S. 228–231, S. 229.

Normen haben gleichsam immer Aufforderungscharakter, auch wenn auf ihre Mißachtung nicht immer eine sichtbare Sanktion folgt.

Jürgen Link hält verschiedene Bedeutungen von »Norm« in der Moderne für wesentlich: 1.) *technisch*[2] als vereinheitlichender Maßstab, 2.) *methodisch* als notwendig anzuwendende Verfahrensregel, 3.) *systemtheoretisch* als Sollwert eines Regelsystems, 4.) *sozial* als Regulierung des Handelns von Menschen und sozialen Gruppen (juristisch, moralisch, allgemein sozial).[3] Letztem gilt vor allem das soziologische Interesse. – In diesem Sinne sind Normen mit dem Anspruch auf Verbindlichkeit festgesetzte Handlungsanweisungen zum Zwecke der Realisierung oder Aufrechterhaltung einer bestimmten sozialen Ordnung.

Etymologisch ist das Wort »Norm« dem lateinischen *norma*, bzw. dem griechischen κανών entlehnt und bedeutet: Winkelmaß, Richtschnur oder auch Maßstab, Regel – und in diesem Sinne: Norm. Auch das Muster, der leitende Grundsatz und die Vorschrift leiten sich aus der Norm ab.[4] In der Antike hat das Wort *norma* seine Prägung im Zusammenhang der Bautechnik erhalten. Die drei wichtigsten Werkzeuge für das Hochziehen statisch stabiler und geometrisch gerader Bauwerke waren für den Baumeister demnach die Setzwaage (lat. *libella*), das Senkblei (*perpendiculum*) und die Richtschnur (*norma)*. Bei Plinius ist die Regel der Baukunst zu entnehmen, daß jeder Aufbau nach der Richtschnur und der Setzwaage gemacht werden und der Richtung des Senkbleis genau entsprechen müsse.[5]

Die Übertragung der Bedeutung von *norma* von der Bautechnik auf geistige Phänomene war ein nachgeordneter Schritt. Dabei übernahm die Natur die Funktion der bautechnischen Richtschnur. Die Natur galt gleichsam als die vollkommene Baumeisterin des Geistigen, Sozialen und auch des Staates. Cicero schreibt, daß die Natur die Norm des Gesetzes ist.[6] Mit Zunahme des christlich-religiösen Einflusses auf die Gesellschaft zeigt die Norm schließlich den »richtigen Lebensweg« an und meint einen religiös-

2 Bezüglich der technischen Vereinheitlichung im Sinne industrieller Normung benennt Link fünf »sektorielle Entwicklungen«, die er als »pränormalistische ›Pionier‹-Dispositive« bezeichnet: 1) militärische Uniformierung, 2) Vereinheitlichung der Maße und Gewichte, 3) Festlegung des korrektesten Meßwertes bei astronomischen und physikalischen Messungen, 4) Flußregulierungen, 5) pädagogische Standardisierung. – Vgl. Jürgen Link: *Versuch über den Normalismus. Wie Normalität produziert wird* (1997), 2. Aufl., Wiesbaden 1999, S. 188.

3 Ebd.

4 Vgl. *Historisches Wörterbuch der Philosophie*, hrsg. v. Joachim Ritter und Karlfried Gründer, Bd. 6: Mo-O, Basel 1984, »Norm«, S. 906.

5 Vgl. Plinius: *Nat. hist.*, Bd. 3, S. 521.

6 Vgl. Cicero: *Acad. rel.*, Bd. II, S. 61.

moralischen Regelkodex, der zum »richtigen Leben« führe. Bei Ugutio ist nachzulesen, daß die Norm eine Regel sei, weil sie den richtigen Lebensweg zeige oder weil sie zum richtigen Leben leite und nicht erlaube abzuirren; zumindest korrigiere sie das Verkehrte und Verdrehte.[7] Mit anderen Worten: Der Normen-Begriff erfuhr eine enge Koppellung an die naturrechtliche Ausrichtung des Rechts, bzw. der Rechtsphilosophie. Jürgen Link legt allerdings auf die Feststellung wert, daß in der Diskursgeschichte zwischen Norm und Normalität, normal und Normalisierung im juristischen Diskurs zunächst keinerlei Verbindung hinsichtlich ihrer Konnotationen existierte. »Es ist, als ob zwischen beiden Diskurskomplexen eine unsichtbare, aber undurchlässige Scheidewand läge.«[8]

Durch den wachsenden Einfluß der Rechtssprache wurde der Norm-Begriff im 17. Jahrhundert gebräuchlicher. Gegen den Humanismus, der die Norm als Maßstab versteht, durch den Seiendes *normativ* am idealen Sein gewertet wird,[9] setzte sich ein zunehmend deskriptives Verständnis durch. J. J. Moser hatte etwa den Anspruch, ein anspruchsloses Völkerrecht zu formulieren, das sich rein deskriptiv mit den Normen befaßt, die lediglich das *Herkömmliche* und in diesem Sinne einen normalen Standard benennen, an dem sich die Souveränen in den Staaten Europas orientierten.[10]

Der Begriff der Norm gewann in der Moralphilosophie erst im 19. Jahrhundert eine eigenständige Bedeutung und wurde dort zu einem Grundbegriff der Ethik vor allem im deutschen Idealismus. Norm galt nunmehr als Oberbegriff für Maßstab, Regel (*regula*), Maß, Größe (*mensura*), Gesetz, Vorschrift (*lex*), Ordnung, Reihenfolge (*ordo*), Tugend und Pflicht. Eingeführt wurde der Begriff von Immanuel Kant im Zusammenhang des Sittengesetzes. Kant bestimmt die Moral formal als Gesetzgeber und postuliert die Allgemeinheit des kategorischen Imperativs. – Dagegen richtete sich Friedrich Eduard Beneke, der die formale Bestimmung des Moralischen überwinden wollte, ohne den Anspruch auf universelle Gültigkeit des Sittengesetzes preiszugeben.[11] Die Norm wurde aber von Beneke wieder zum

7 Vgl. N. Ugutio, zit. n. H. E. H. Jaeger: »La norme d'aprés la doctrine des humanistes et des auteurs du droit naturel«, in: *La norma en el Derecho Canonico*. Actas del III congr. intern des Derecho Canonico, I, Pamplona 1979, S. 312.

8 Link: *Versuch über den Normalismus*, a. a. O., S. 188.

9 Vgl. B. Keckermann: *Opera omnia*, I, Genf 1614, S. 230.

10 Siehe W. T. Krug: *Allgemeines Handwörterbuch des philosophischen Wissens*, Bd. III, 1833, S. 72.

11 Siehe Friedrich Eduard Beneke: *Grundlinien des natürlichen Systems der praktischen Philosophie*, Bd. 1: *Allgemeine Sittenlehre*, 1837; darin: Theorie der »Grundnormen des Moralischen«, S. 219 ff.; vgl. *Historisches Wörterbuch der Philosophie*, Art. »Norm«, a. a. O., S. 906.

»Maßstab«, zur »regelnden Grundlage« der moralischen Beurteilung herabgesetzt und das Sittengesetz als »Grundnorm des Moralischen« bezeichnet. Dieses sei »nichts Anderes, als die reine und fehlerlose Hervorbildung der tiefsten Grundverhältnisse der menschlichen Natur«.[12]

Zunehmend werden die sittlichen Normen, die »Normal-Gesetze des Wollens«, die auf die Verwirklichung der Sittlichkeit ausgerichtet sind, nicht mehr allein aus der Natur abgeleitet, das heißt zur *natürlichen* Willensrichtung des Menschen erklärt,[13] sondern auch mit Geschichtlichkeit konfrontiert. Weil die sittlichen und rechtlichen Normen weitgehend nichts anderes als das Mittelmaß der geltenden Überzeugungen der Mehrheit seien, bedürfe es der geschichtlichen Analyse, um den Wandel der Normen erfassen zu können. Hier deutet sich bereits eine geschichtliche Betrachtung von Normen an. Bei Auguste Comte tritt schließlich die historische Wandelbarkeit der Normativität im sozialen Kontext in den Vordergrund. An diesen Übergang zur soziologischen Betrachtungsweise knüpft Georg Simmel in Form einer kulturwissenschaftlichen Erörterung des Normen-Komplexes an. Simmel unterscheidet zwei Bedeutungen von Norm, das heißt nach dem, was sich geschichtlich entwickelt hat und Geltung besitzt (Genesis und Geltung) sowie nach dem, was geschehen und Geltung besitzen soll (normatives Telos).

Émile Durkheim hebt schließlich bewußt die Gesellschaftsstruktur von der Rechtsverfassung einer Gesellschaft ab und betrachtete die Gesellschaftsstruktur als eine eigenständige soziale Dimension. Normen sind für Durkheim – zumindest in der Soziologie – nach ihrer Geltung zu überprüfen, nicht nach ihrem moralischen Wert. Unter Norm versteht er einen »soziologischen Tatbestand« (fait sociale), das heißt eine »mehr oder minder festgelegte Art des Handelns, die die Fähigkeit besitzt, auf den Einzelnen einen äußeren Zwang auszuüben; oder auch, die im Bereiche einer gegebenen Gesellschaft allgemein auftritt, wobei sie ein von ihren individuellen Äußerungen unabhängiges Eigenleben besitzt.«[14] Durkheim unterscheidet zwischen gesamtgesellschaftlichen und spezifischen, auf gesellschaftliche Teilgruppen und Individuen bezogene Normen. Die Normen beanspruchen eine allgemeine jeweils auf ihren Bezugrahmen orientierte Gültigkeit und können mithin in der arbeitsteiligen Gesellschaft einen Zusammenhalt (in der Sprache Durkheims: »Solidarität«) garantieren, welchen er mit Normalität gleichsetzt. Erst eine Normenkrise, die sich zumeist in gesell-

12 Beneke: *Grundlinien des natürlichen Systems der praktischen Philosophie*, a. a. O.
13 Vgl. Chr. Sigwart: *Logik*, Bd. 2, 5. Aufl., Tübingen 1924.
14 Emile Durkheim: *Die Regeln der soziologischen Methode* (1895), Frankfurt am Main 1991.

schaftlichen Umbrüchen einstellt, führt zur Erosion des gesellschaftlichen Zusammenhalts und in der Folge zur Anomalität.

Ferdinand Tönnies verstand schließlich unter der Lehre von den sozialen Normen eines von fünf Gebieten der reinen Soziologie. Als Normen bezeichnet er »alle von einer Verbindung (...) ausgehenden, ihre Subjekte oder Mitglieder (...) angehenden allgemeinen Gebote und Verbote, mithin alle die Freiheit ihres Verhaltens einschränkenden, die Willen bindenden Vorschriften«[15]. Max Weber unternimmt in der Folge eine strikte methodische Trennung von Seins- und Sollensaspekten im Normen-Begriff und postuliert »Wertrationalität«, das heißt Werturteilsfreiheit in der Wissenschaft.[16] »In diesem strikten Sinne befaßt sich Soziologie nicht mit Normen, die auch für die soziologische Tätigkeit Gültigkeit hätten, sondern nur mit der Faktizität des Geltens von Normen in sozialen Zusammenhängen; das ist der Sinn der postulierten Werturteilsfreiheit der Sozialwissenschaften.«[17]

Anfang des 19. Jahrhunderts waren das Wort »Normalität« sowie seine adjektivischen und substantivischen Variationen im alltäglichen Sprachgebrauch noch nicht geläufig. »Während um 1820 noch niemand (...) hätte sagen oder verstehen können: ›Das finde ich (nicht) ganz normal‹, hatte sich diese Redeweise fünfzig Jahre später ›durchgesetzt‹: Symptom einer epochalen kulturellen Innovation.«[18] In den Enzyklopädien tauchten die Lemmata »normal«, »Normalität« und »Normalisierung« schließlich im Laufe des 19. und 20. Jahrhunderts auf – anfangs jedoch nur beiläufig, das heißt, ihnen wurden erst allmählich Spezialartikel gewidmet.[19] Dabei ist zu bemerken, daß einerseits Normalität mit Normativität in Verbindung gebracht wird, andererseits aber auch strikte Abgrenzungen erfolgen.[20] Das »Trésor de la langue francaise«, weist dasjenige als »normal« aus, was entweder »konform mit der Norm« und »dem häufigsten üblichen Zustand« und »frei von jeder Art Ausnahme-Charakter« ist oder »keine Anomalie, keine Abweichung aufweist« oder aber »eine Norm repräsentiert«.[21] Das

15 Ferdinand Tönnies: *Soziologische Studien und Kritiken*, Bd. 2, 1926, S. 438.

16 Vgl. Max Weber: »Der Sinn der ›Wertfreiheit‹ der soziologischen und ökonomischen Wissenschaften« (1917), in: ders.: *Gesammelte Aufsätze zur Wissenschaftslehre*, Tübingen 1988.

17 *Historisches Wörterbuch der Philosophie*, Art. »Norm«, a. a. O.

18 Link: *Versuch über den Normalismus*, a. a. O., S. 202.

19 Vgl. ebd., S. 185.

20 Jürgen Link benennt exemplarisch zwei Spezialartikel in denen die Begriffe Normalität und Normativität miteinander vermengt und auseinandergehalten sind. – Vgl. Art. »Normalität« (1984), in: *Historisches Wörterbuch der Philosophie*, a. a. O. – Vgl. *Trésor de la langue francaise* (1986) hrsg. v. CNRS.

21 Vgl. *Trésor de la langue francaise*, a. a. O., S. 231 ff.

»Historische Wörterbuch der Philosophie« definiert »Normalität« als das, was der Regel entspricht, »was sich weder nach rechts noch nach links neigt, sich also in der richtigen Mitte hält«[22].

Unverkennbar ist der Normalitäts-Begriff modernen und kapitalistischen Ursprungs. George Canguilhem weist in seiner Studie über »Das Normale und das Pathologische« nach, daß das Normale als moderner Terminus in Frankreich Eingang in die Umgangssprache erhalten habe aufgrund der gesellschaftlichen Institutionen des Gesundheits- und Erziehungswesens,[23] die im Zuge der Französischen Revolution radikal reformiert wurden. Mit Normalität wurde seitdem jener Zustand in Verbindung gebracht, der zum einen *organische Gesundheit* und zum anderen den Prototyp der Schule (*ecole normale*) bezeichnet.[24] »Zwischen 1759 (als das Wort *normal* aufkommt) und 1834 (als das Wort *normalisé* in Gebrauch kommt) hat eine normative Klasse die Macht erobert, die Funktion der gesellschaftlichen Normen gleichzusetzen mit dem Gebrauch, den sie selbst von diesen – inhaltlich einzig durch sie bestimmten – Normen machte, und hat damit ein schönes Beispiel ideologischen Scheins geliefert.«[25]

Ein ideologischer Schein war die Ableitung der Normalität aus Natur und naturgemäßer Gesundheit deshalb, weil das movens der normativen Normalität, welches die bürgerliche Klasse zum Maßstab nimmt, nichts anderes gewesen ist als das kapitalistische Wertgesetz, von welchem Marx schreibt, es ist der »radikale Leveller«, das heißt Normalisierer, von welchem gleichsam naturwüchsig über den abstrakten Warentausch die Vereinheitlichung des Nichtidentischen ausgeht: »Das Bedürfnis nach einem stets ausgedehnteren

---

22 *Historisches Wörterbuch der Philosophie*, Art. »Normal/Normalität«, a. a. O., S. 920–928, S. 921. – In Bezug auf die normalistischen Programmatiken der politischen Klasse und der Parteien, die um eine »Neue Mitte« buhlen, findet sich hier ein aktueller Schlüssel für das Phänomen der Angleichung: Als *normal* gilt eine Partei, wenn sie sich politisch weder nach links noch nach rechts neigt, sondern in der »richtigen Mitte« hält und damit als »Volkspartei« Wahlen gewinnen kann.

23 Hinsichtlich des Vorgangs der Normalisierung im Bereich der therapeutischen, erzieherischen und disziplinarischen Praxis des 19. und 20. Jahrhunderts siehe Michel Foucault: *Wahnsinn und Gesellschaft. Eine Geschichte des Wahns im Zeitalter der Vernunft*, Frankfurt am Main 1973; ders.: *Überwachen und Strafen. Die Geburt des Gefängnisses*, Frankfurt am Main 1976.

24 Vgl. Georges Canguilhem: *Das Normale und das Pathologische*, aus dem Französischen von Monika Noll und Rolf Schubert, München 1974, S. 162. – Die Studien von Canguilhem über *Das Normale und das Pathologische* bilden nach Jürgen Link »die Grundlage jeder theoretischen und historischen Beschäftigung mit dem Normalismus.« – Link: *Versuch über den Normalismus*, a. a. O., S. 126.

25 Canguilhem: *Das Normale und das Pathologische*, a. a. O., S. 169.

Absatz für ihre Produkte jagt die Bourgeoisie über die ganze Erdkugel. (...) Die Bourgeoisie reißt durch die rasche Verbesserung aller Produktionsinstrumente, durch die unendlich erleichterten Kommunikationen alle, auch die barbarischsten Nationen in die Zivilisation. (...) Sie zwingt alle Nationen, die Produktionsweise der Bourgeoisie sich anzueignen, wenn sie nicht zugrunde gehen wollen; sie zwingt sie, die sogenannte Zivilisation bei sich selbst einzuführen, d. h. Bourgeois zu werden. Mit einem Wort, sie schafft sich eine Welt nach ihrem eigenen Bilde.«[26] Dem Geld, mit welchem die Waren getauscht werden, ist nicht anzusehen, was es an Dingen repräsentiert. »Die Zirkulation wird die große gesellschaftliche Retorte, worin alles hineinfliegt, um als Geldkristall wieder herauszukommen. Dieser Alchimie widerstehn nicht einmal Heiligenknochen und noch viel weniger minder grobe res sacrosanctae, extra commercium hominum. Wie im Geld aller qualitative Unterschied der Waren ausgelöscht ist, löscht es seinerseits als radikaler Leveller alle Unterschiede aus.«[27]

Das Kapital ist mithin der eigentliche Modernisierer, Gleichmacher, Normalisierer. Aber der kapitalistische Warentausch ist zugleich auch ein »Denormalisierungsfaktor«, da aus ihm nicht nur die Emanzipation der Gleichheit hervorgeht, sondern auch der verdinglichende Mechanismus der Gleichgültigkeit von Mensch als Ware Arbeitskraft und dem Ding als Ware. Jener Mechanismus, der das Subjekt, zu einem bloßen Mittel herabsetzt, zum bloßen Objekt macht, produziert die dingliche, bürgerliche Kälte, von der Adorno und Horkheimer sagen, sie habe Auschwitz erst möglich gemacht, gleichsam jenes barbarische Ereignis, das als Zivilisationsbruch begriffen wird und damit als radikalste Anormalität verstanden werden muß.

Die bürgerliche Vorstellung des Normalen ist jedenfalls weitgehend ein Abglanz der Normen des Marktes. Das Normale ist Resultat von kapitalistischen Normierungs- und Normalisierungsprozessen. Unter »normalisation« wird im Französischen die Standardisierung vor allem im Sinne industrieller Normung verstanden. »Normierung« bedeutet, etwas nach einer Regel oder einem Muster einzurichten.[28] Dies entspricht den ökonomischen und technischen Rationalisierungsprozessen, das heißt normierenden Maßnahmen im industriellen Maschinensystem (zum Beispiel Fordismus). »Die

---

26 Karl Marx und Friedrich Engels: »Manifest der Kommunistischen Partei«, in: *MEW*, Bd. 4, Berlin 1959, S. 465 f.

27 Karl Marx: *Das Kapital. Kritik der politischen Ökonomie. Erster Band*, in: *MEW*, Bd. 23, Berlin 1969, S. 145 f.

28 Vgl. Krug: *Allgemeines Handwörterbuch der philosophischen Wissenschaft*, Art. »Norm«, a. a. O.

unterschiedlichen Maßnahmen schließen sich zu einem großen Programm gesellschaftlicher und politischer Normalisierung zusammen: die Durchsetzung grammatischer Normen, die Normen für die Industrie (Normalmeter, Normalspur, Normalarbeitstag) und für das Gesundheitswesen (Sanitätsnormativ, Normalgewicht), für die Erziehung (Normalschulen) bis zu den morphologischen Normen für Menschen und Pferde in der Armee.«[29] – Und auch für die Politik (Normalstaat, das heißt *Normalform*[30] bürgerlicher oder europäischer Nationalstaatlichkeit). Ob es in diesem Sinne eine Normalform europäischer oder bürgerlicher, spätkapitalistischer Nationalstaatlichkeit geben kann, ist allerdings zu bezweifeln. Für Imanuel Geiss etwa ist die Ausbildung der Nationalstaatlichkeit in den einzelnen europäischen Ländern dermaßen historisch spezifisch, daß jenes vermeintliche Abfallen von der Normalität – der »Sonderweg« – gleichsam für alle Staaten, auch für England und Frankreich gelten müßte: »England war gewiß ›Norm‹ im Sinne von Vorbild für das sich industrialisierende übrige Europa. Aber damit war England nicht ›Norm‹ im Sinne einer Durchschnittsnormalität: Das Vorbild, dem nachzueifern gilt, ist eben nicht Norm als Durchschnitt. In diesem Sinn ist jeder Versuch, einem ›normativen‹ Vorbild zu folgen, Abweichung von der Normalität, also ›Sonderweg‹. Was ist dann ›normal‹?«[31]

Im Marxschen Werk ist »Normalität« ein »blinder Begriff der materialistischen Politökonomie«[32]. Jürgen Link schreibt, daß Marx nirgends begrifflich bestimme, was »normal« sei. Marx verwende eher intuitiv und unreflektiert die Bedeutung des »Normalen« (»normaler Arbeitslohn, Normalarbeitstag« usw.). Weil die Moderne für Marx mit dem Kapitalismus identisch sei, betrachte er vermutlich das Normale ganz selbstverständlich als eine kapitalistische Kategorie. »Dementsprechend ist das Normale bei Marx von vornherein dominant dynamisch, nicht statisch. (...) Die meisten Normalitäten sind Variablen, die allenfalls zeitweilig und vorübergehend den Anschein der Stabilität gewinnen können (d. h. eine kurz- oder mittelfristig annähernd konstante Wachstumsrate).«[33] – Wenn auch Marx keine begriffliche Bestimmung der Normalität vorgenommen hat, so wird man, gerade

29 *Historisches Wörterbuch der Philosophie*, Art. »Normal/Normalität«, a. a. O.

30 »Als ›Normalform‹ bezeichnet man (...) Ausdrücke (...) einer bestimmten Form, wenn man Untersuchungen über beliebige Ausdrücke auf die Untersuchung der Ausdrücke dieser Form zurückführen kann.« – Ebd., Art. »Normalform, logische«, S. 928.

31 Imanuel Geiss: *Die Habermas-Kontroverse. Ein deutscher Streit*, Berlin 1988, S. 163.

32 Link: *Versuch über den Normalismus*, a. a. O., S. 224.

33 Ebd., S. 227. – »Implizit ist die Marxsche Normalität also bereits (...) ganz von der ›Natur‹ (als der Vorstellung eines Ensembles von außerhistorisch-vorgegebenen, schlechthin gültigen wie schlechthin verläßlichen Normen) gelöst.« – Ebd., S. 231.

weil es sich um eine Kategorie handelt, die sich in der kapitalistischen Moderne herausgebildet hat, bei einer begrifflichen Bestimmung auf Marxsche Implikationen angewiesen sein.

Da ein ärztlicher Normbegriff den Normalitätsdiskurs bis ins 18. und 19. Jahrhundert dominierte, bewegte dieser sich lange Zeit im Bereich der Medizin und Psychiatrie und war paradigmatisch an Vorstellungen des *natürlich* Normalen und an den *Bios* angelehnt.[34] Als normal galt das Gesunde, ein gesunder Zustand des Körpers, welcher von Natur aus gegeben sei, und damit galt das Normale auch als das Naturgemäße, welches als Idealzustand zum Ziel der Therapie des Pathologischen geworden war. Aber die Auffassung von der Grenze zwischen Gesundheit und Krankheit wurde durch Anregungen aus der Soziologie fließend. Allmählich galt: »Die Krankheit wird nicht mehr als fremdes Wesen oder als innerer Kampf gegensätzlicher Kräfte aufgefaßt, das Pathologische vom Normalen nicht mehr wie zwei heterogene Qualitäten voneinander unterschieden: vielmehr geht es um die Klärung des Verhältnisses von Normalem und Pathologischem.«[35] Im Laufe des 19. Jahrhunderts avancierte in der Medizin und Biologie die These von der substantiellen Identität von Gesundheit und Pathologie zu einem wissenschaftlichen Dogma, das auch die Psychologie beeinflußte. Als eine für die von Sigmund Freud begründete Psychoanalyse grundlegende Annahme gilt, daß »Gesundheit und Krankheit nicht prinzipiell geschieden, sondern nur durch eine praktisch bestimmbare Summationsgrenze gesondert sind«.[36] Freud befand sich am Anfang des 20. Jahrhunderts damit im Einklang mit der fortschrittlichen Medizin und Soziologie des 19. Jahrhunderts. »Es gehört zu den (...) Eigentümlichkeiten in den ›Wechselwirkungen zwischen den Wissenschaften vom Leben und den Sozialwissenschaften im 19. Jahrhundert‹, daß die Übertragung des medizinischen Paradigmas auf die Soziologie aus Gründen der Normalitäts-Orientiertheit der Soziologie zu einer neuerlichen ›qualitativen Differenzierung von Normalität und Anormalität‹ führt.«[37]

Um 1830 tauchten die ersten soziologischen Theorien der Normalität auf. Da in dieser Zeit der Staat noch weitgehend im Hegelschen Sinne das Universum ist, über welches nicht hinausgedacht wird und mithin in Bezug auf das staatliche Ganze die Frage nach der Normalität sich erübrigt, beginnen

---

34 Vgl. ebd., S. 236.

35 *Historisches Wörterbuch der Philosophie*, Art. »Normal/Normalität«, a. a. O., S. 923.

36 Sigmund Freud: »Die Freudsche psychoanalytische Methode« (1904), *Studienausgabe*, Erg.-Bd. 1975, S. 105.

37 *Historisches Wörterbuch der Philosophie*, Art. »Normal/Normalität«, a. a. O., S. 924.

Adolphe Quételet und Auguste Comte mit Überlegungen zur Normalität, die überwiegend auf das Subjekt bezogen sind. Die objektive, das heißt soziale und evolutive (Genesis) Seite der Normalität, ihr historisch-kultureller Parameter rückt aber im Übergang der Philosophie zur Soziologie ins Blickfeld.

Comte und Durkheim gelten als die bekannten, aber auch Quételet und Galton, die weitgehend in Vergessenheit geraten sind, gelten als die Vorgänger einer sozialwissenschaftlichen Theorie der Normalität. Comte wandte das sogenannte Broussaische Prinzip, nach dem Krankheit aufgefaßt wurde als ein Übermaß oder ein Mangel an Reizung bestimmter Organe oder Gewebe in Relation zum physischen oder psychischen »Normalzustand«, als ein allgemeines Axiom auf die Gesellschaftswissenschaft an.[38] Somit erhielt die Soziologie in ihren Anfängen Anstöße auch seitens der Medizin und der Biologie, (die sie etwas später wieder zurückgab) wenn es auch nicht unproblematisch ist, Gesellschaft als einen organischen Körper zu behandeln. Wird sozialhistorische Normalität im Sinne medizinisch-biologischer Normalität gedacht, befindet man sich im Bezug auf das Staatswesen im Denken der »Geopolitik« wieder. »Geopolitische« Normalität beruht theoretisch auf einer unzulässigen Übertragung der »Normalität des Organischen« auf soziale und politische Phänomene.

Das Broussaische Prinzip war für Comte aber ein nützlicher Ansatz, um seine Theorie der Ordnung aus der Analyse der Krise der französischen Revolution zu entwickeln. Mit dem »ordre positive« artikulierte Comte sein Bedürfnis nach einer beständigen, gegen das revolutionäre Chaos gerichteten Ordnung der gesellschaftlichen Verhältnisse, die als zu etablierender Normalzustand, gleichsam als Abschluß der französischen Revolution gelten sollte. Als »ordre positive« verstandene gesellschaftliche Normalität ist somit bei ihm als statische kollektive Identität, die fest in sich ruht und Beständigkeit verspricht, in der sich Markt und Geschäft entfalten können und zum Wohlstand der Massen beitragen, gegen den geschichtlichen Fortschritt gerichtet.

Mit Émile Durkheim, der in der Tradition von Comte steht, erfährt das Normalitätstheorem eine an Ort und Zeit gebundene Relativierung, das heißt eine »soziokulturelle Relativierung der Phänomene des normalen und anormalen Verhaltens, die immer nur im Horizont eines bestimmten Gesellschaftstypus und darin auch immer nur in Bezug auf eine bestimmte Entwicklungsphase dieses Typs verstanden werden können.«[39] Bemerkens-

38 Vgl. Auguste Comte: *System de politique positive*, 1–4, Bd. 1, Paris 1851–54, S. 651–653.

wert an Durkheim ist, daß er entgegen den allgemeinen Ansichten über Anormalitäten, Pathologien, Devianz oder widerständiges Verhalten zu der gleichsam flexiblen Ansicht gelangt, daß es keine substantiell aufzufassenden Anormalitäten (zum Beispiel Kriminalität oder Selbstmord) geben kann, sondern vielmehr diese Formen des abweichenden, vermeintlich nicht normalen Verhaltens innerhalb bestimmter zeitlicher, örtlicher und sozialer, das heißt allgemein situativer Parameter als normal gelten müssen. »Ein soziales Problem ist für einen bestimmten sozialen Typus in einer bestimmten Phase seiner Entwicklung normal, wenn es im Durchschnitt der Gesellschaften dieser Art in der entsprechenden Phase der Evolution auftritt.«[40] Erst die quantitativ signifikante Abweichung als Massenphänomen, das heißt jenseits der grenzwertigen situativen Parameter macht es zulässig, von Anormalität zu sprechen. Mit anderen Worten: Durkheim führt einen relativen und zugleich quantitativen Normalitätsbegriff ein, nach dem zum Beispiel ein bestimmtes Quantum an auftretenden Selbstmorden während einer bestimmten gesellschaftlichen Epoche als völlig normal gelte, »wobei keine substantielle Unterscheidung der beiden Quanta (nach markierbaren Individuen) möglich ist. Damit hat Durkheim gleichzeitig eine rein relative Konstitution der Normalitätsgrenze eingeführt: Sie verläuft nicht zwischen substantiell differenten und entsprechend semiotisch markierbaren Unterklassen von Populationen, sondern innerhalb und quer durch solche.«[41] Mit der Festlegung von Normalitätsgrenzen, denen die Gaußsche Normalverteilung zu Grunde liegt, ist es Durkheim möglich, die Differenz zwischen »normaler Anormalität« und »anormaler Anormalität« zu bestimmen.[42]

Als Gegenbegriff zur Normalität gilt Durkheim der Begriff der »Anomalie« im Sinne von Regelwidrigkeit, Gesetzlosigkeit oder auch Normlosigkeit, Abweichung von der Normalität. Durkheim verwendet den Begriff der Anomalie wertfrei, dennoch geht dieser Zusammenhang auf einen allgemeinen »Irrtum« in der etymologischen Ableitung zurück. Auf diesen »Irrtum« macht Georges Canguilhem aufmerksam: Weil die Anomalie von *norma* abgeleitet wurde, wird zumindest im biologisch-medizinisch-psychiatrischen Diskurs aus einem ursprünglich deskriptiven (Unregelmäßigkeit, Ungleichheit, Unebenheit) ein normativer Begriff (krankhaft abweichend, patholo-

---

39 René König: *Émile Durkheim zur Diskussion. Jenseits von Dogmatismus und Skepsis*, München 1978, S. 186; vgl. Durkheim: *Regeln der soziologischen Methode* a. a. O., darin: 3. Kap.: »Regeln für die Unterscheidung des Normalen und des Pathologischen«.

40 Durkheim: *Die Regeln der soziologischen Methode*, a. a. O.

41 Link: *Versuch über den Normalismus*, a. a. O., S. 266.

42 Vgl. ebd., S. 269.

gisch, Mißbildung in Bezug auf innere und äußere Merkmale). Geoffroy Saint-Hilaires begriffliche Differenzierung medizinischer Anomalien, die er hierarchisch von unten nach oben als Abarten, Mißbildungen, Heterotaxien und Monstrositäten klassifiziert und damit dem Bereich des Pathologischen zuordnet, basieren auf dieser »irrtümlichen« Ableitung: »Jede Abweichung vom artspezifischen Typus oder mit anderen Worten: jede organische Besonderheit, die ein Einzelwesen im Vergleich zur großen Mehrheit der Vertreter seiner Art, seines Alters und seines Geschlechts aufweist, macht das aus, was man eine Anomalie nennen kann.«[43] Dagegen wendet Canguilhem ein: »Die Anomalie ist eine individuelle Abweichung, welche verhindert, daß zwei Lebewesen einander vollständig substituieren können. Verschiedenheit aber bedeutet nicht Krankheit. Das *Anomale* ist nicht schon das Pathologische. Pathologisch enthält ja *pathos*, das unmittelbare und konkrete Gefühl des Leidens und der Ohnmacht, das Gefühl eines beeinträchtigten Lebens.«[44]

2. Jürgen Links »Versuch über den Normalismus«

Die einzige umfassende Studie, die sich dem Gegenstand der Normalität aus soziologischer Perspektive aus heutiger Zeit widmet, ist Jürgen Links »Versuch über den Normalismus«. Was Normalität sei, wird aus dem Umstand extrapoliert, wie sie hergestellt wird. Das Gewicht von Links Studie liegt auf dem Bereich der Produktion *individueller* Normalität (Normal-Subjekte), mithin auf dem medizinischen, biologischen, psychologischen und psychiatrischen Komplex. Link nennt das selbst eine »subjektivitäts- und symbolanalytische Schlagseite«.[45] Er verfährt »strickt analytisch-deskriptiv« und unternimmt keine inhaltlich-systematische Differenzierung zwischen dem medizinisch-biologisch-psychologisch-psychatrischen, dem ökonomisch-industrialistisch-technologisch-mathematischen und dem geschichtsphilosophisch-politisch-juristisch-soziologischen Komplex. Auch differenziert Link nicht systematisch zwischen individuell-subjektiver und allgemein-objektiver Normalitätsableitungen. Hinsichtlich der Produktion von gesellschaftlicher und staatlicher Normalität (Normal-Staat) ist der geschichtsphilosophische, politische, juristische und soziologische Komplex

43 Geoffroy Saint-Hilaire: *I. Histoire générale et particuliere des anomalies de l'organisation chez l'homme et les animaux*, 3 Bde, Paris, Baillière, 1832–1837, zit. n. Canguilhem: *Das Normale und das Pathologische*, a. a. O., S. 87; hinsichtlich der Klassifizierung von Anomalien siehe ebd.

44 Canguilhem: *Das Normale und das Pathologische*, a. a. O., S. 90.

45 Vgl. Link: *Versuch über den Normalismus*, a. a. O., S. 13.

von größerer Relevanz, der bei Link leider zu kurz kommt. Dennoch lassen sich aus den Erkenntnissen der Studie einige gewinnträchtige Anregungen ziehen.

Als »Normalismus« bezeichnet Link ein »Netz von Dispositiven«, das er dezidiert als ein modernes Phänomen ausweist und welches im Allgemeinen und Besonderen Normalitäten produziere, das heißt Dinge normalisiere. Normalität ist demnach im wesentlichen Resultat von Normalisierung. »Normalismus, so lautet die These (...) ist ein historisch-spezifischer ›Archipel‹ aus Diskurs-Komplexen und Dispositiven, der in der Moderne und nirgends anders zu situieren ist. Das heißt also gleichzeitig, daß Normalismus eine spezifisch okzidentale Kulturkomponente ist, in Westeuropa und Nordamerika entstanden, entwickelt und ›kristallisiert‹.«[46] Als das »Kern-Dispositiv«, welches sich gleichsam als das Herz der Normalisierungsapparatur bezeichnen ließe, identifiziert Link das mathematisch-statische Modell der Gaußschen Normalverteilung. Aus dieser leitet sich die Taktik ab, auf die Objekte, die jenseits der Grenzwertbereiche der Normalverteilung angesiedelt sind, Anpassungs- und Homogenisierungsdruck auszuüben.[47] Normalismus ist die Ideologie der gaußoiden Mitte. Ideologie ist es unter anderem deshalb, weil der Bezugsrahmen und die Daten, die für die Gaußsche Normalverteilung zueinander in Beziehung gesetzt werden, für die Bestimmung der Grenzbereiche einer Willkür unterliegen, hinter der Interessen verborgen sind. Je nachdem, welche Daten im Koordinatensystem zueinander in Beziehung und welche Daten nicht in Beziehung zueinander gesetzt werden, ergibt sich jeweils eine andere Normalverteilung, die sich mithin Objektivität nur borgt.

Zwei fundamentale normalistische Strategien seien zu unterscheiden und werden von Link idealtypisch konstruiert, die in der Wirklichkeit eher als Legierungen auftreten: als Kombinationen, deren dominierende Seite wechseln könne. Als »Protonormalismus« bezeichnet Link die normalisierende Strategie, welcher eine Tendenz zur Anlehnung an Normativität innewohne und die mit starren, konservativen Wertvorgaben operiere. Das ihm zugrundeliegende Geschichtskonzept ist der Historizismus. Als »Flexibilitätsnormalismus«, welcher sich in den 1960er Jahren durchgesetzt habe, bezeichnet Link dagegen die normalisierende Strategie mit einer vermeintlich fortschrittlichen Tendenz, Normativität aus dem Normalitätsgebilde zu entfernen. Die Wertvorgaben sind pluralistisch, dynamisch und offen

46 Ebd., S. 405.
47 Ebd., S. 342.

(Toleranz). Das zugrundeliegende antiteleologische »Geschichts«-Konzept ist der Postmodernismus.

Die wesentliche Differenz zwischen Protonormalismus und Flexibilitätsnormalismus bestehe darin, daß jener durch *Wesensschau*[48] zu wissen vorgibt, welche Befindlichkeiten (zum Beispiel Homosexualität) oder Verhältnisse (zum Beispiel ein Staat, dem der Einsatz seiner Armeen nur zur Landesverteidigung gestattet ist) *abnorm* seien, während der flexible Normalismus zunächst eine statistische Erhebung macht und dann feststellt, »daß sich zwischen 5 % und 10 % der Bevölkerung homosexuell verhalten, und daß dieser Anteil folglich normal ist.«[49] – Oder daß nur sehr wenige Staaten auf der Welt den Einsatz ihres Militärs durch dezidierte Verfassungspositionen auf die Landesverteidigung beschränkt haben und demzufolge eine solche Einschränkung nicht normal sein kann. Andererseits könnte aber auch der Flexibilitätsnormalismus zu dem Ergebnis kommen, daß die Staaten, die den Einsatz ihres Militärs auf Landes- oder Bündnisverteidigung beschränkt haben, als die Hauptschuldigen des Zweiten Weltkrieges gelten, und es demzufolge für *diese* Staaten *normal* ist, wenn sie ihr Militär nur zur Landes- oder Bündnisverteidigung einsetzen dürfen.

Wenn sich zwei widersprechende Schlußfolgerungen aus demselben Zusammenhang ableiten lassen, kann der vorherrschende Flexibilitätsnormalismus allein nicht die Erklärung sein, warum der deutsche Staat nach 1989/90 seine Außenpolitik zu normalisieren begonnen, das heißt die verfassungsrechtlichen Schranken für den Einsatz der Bundeswehr zu Zwecken jenseits der Landes- und Bündnisverteidigung erweitert hat. – Doch dazu später. An dieser Stelle sei lediglich darauf verwiesen, daß kapitallogische »Gesetzmäßigkeiten« das *ius ad bellum* scheinbar erforderlich machen, solange die staatlichen Hauptkonkurrenten auf eben dieses Recht zum Krieg auch nicht verzichten. Dieses spielt eine ebenso wichtige Rolle wie dahinter stehende Interessen der Kapitalvertreter und das Verhalten der politischen Klasse, die diese Interessen aus nationalistischen Motiven goûtieren.

Gemäß Links Unterscheidung zwischen Protonormalismus und Flexibi-

48 »Diese Verknüpfung ist charakteristisch für den Protonormalismus: Er naturalisiert die Normalität durch medizinische und biologische Modelle, und er koppelt gleichzeitig die so gefaßte Normalität an Normativität, indem er normalistische soziale Normen als ›Natur‹-komplementär, also als therapeutisch bzw. sozialtechnologisch ausgibt.« – Ebd., S. 268.

49 Ebd., S. 92. – »Es ließe sich also auch sagen: Der Protonormalismus legt seine Normen ex ante fest und ist bereit, die den Individuen repressiv aufzuzwingen (...), der flexible Normalismus errechnet die Normen ex post aus statistischen Erhebungen und überläßt es den Individuen, ihr Verhalten aufgrund ihres Wissens über die Statistik selbst zu adjustieren.« – Ebd.

litätsnormalismus könnte man aus der Perspektive des Protonormalismus schlußfolgern, daß der deutsche Faschismus eine nicht normale Herrschaftsform gewesen sei. Aus der Perspektive des flexiblen Normalismus müßte man dagegen zu dem Ergebnis kommen, daß zwar demokratische Staaten zu dieser Zeit nicht abnorm waren, aber ebensowenig der Faschismus es gewesen sei, weil es zur selben Zeit auch in vielen anderen europäischen Staaten faschistische Regierungen gegeben habe. Gegen diese Schlußfolgerung sich zur Wehr zu setzen, geht nur mit einem normativen Ansatz, der nicht nur den Konservativen und ihrem Protonormalismus vorbehalten bleiben kann. Während der Protonormalismus sich normativ gegen die Normalität des Faschismus zur Wehr setzen kann, integriert der flexible Normalismus neutral und gleichgültig den Faschismus in das Normalfeld und verhilft ihm damit zu höheren Ehren. Fatal daran ist, daß hinsichtlich der Normalisierungsstrategien letztes nach Links vorgenommener Unterscheidung als fortschrittlich und erstes als rückschrittlich ausgewiesen werden müßte.

Wenn man die beiden entgegengesetzten Strategien des Normalismus politischen Kräften zuordnen wollte, ließe sich ohne Umschweife der Protonormalismus dem an Restauration interessierten rechtskonservativen und auch reaktionären politischen Lager zuweisen, welches im Bismarckschen Reich die Glanzzeit deutscher Größe gesehen hat und an diese Tradition anknüpfen möchte. Neokonservativen und konservativen Liberalen wäre eine Mischung aus beiden Tendenzen zueigen, während Linksliberalen und Linken der flexible Normalismus gemäß wäre, obwohl auch sie nicht auf Normativität verzichten. Normativität ist nicht per se ein Merkmal der Konservativen. Es gibt auch liberale und linke Werte. Es läßt sich feststellen, daß in einer Gaußschen Normalverteilung politischer Gesinnung an den Rändern der Verteilung – rechts wie links – am intensivsten und in der politischen Mitte am geringsten normative Ansätze vertreten werden. Allerdings dürften dann Pluralismus, Toleranz und Konsensbereitschaft, die als demokratische Tugenden der »Neuen Mitte« und als Errungenschaften seit Gründung der Bundesrepublik gelten und zum Funktionieren des politischen Gemeinwesens beitragen sollen,[50] nicht als normative Werte an sich gelten. Andererseits erklärt dies aber auch, warum die politischen Parteien in der Bundesrepublik zur »Mitte« streben, das heißt sich von dezidiert traditionell bürgerlich-konservativen oder proletarisch-sozialdemokratischen Werten verabschieden und damit zu nahezu identischen und problemlos

50 Vgl. Gerhard A. Ritter: *Über Deutschland. Die Bundesrepublik in der deutschen Geschichte*, München 1998, S. 9.

austauschbaren Parteien werden, die in der Staatslenkung die Kontinuität garantieren.[51]

Die Parteien wollen Wahlen gewinnen und wissen, daß die Normalverteilung des Wahlverhaltens der Wähler in der gemäßigten Mitte ihren höchsten Ausschlag hat. Das Wahlvolk[52] tritt mithin in diesem Zusammenhang als normalisierender Faktor auf. Das Resultat der Normalisierung sind schließlich *normale*, das heißt homogene, nahezu identische Parteien, die ihrerseits aber auch rückkoppelnd als normalisierender Faktor in Erscheinung treten, etwa im Zusammenhang der Reduzierung sozialstaatlicher Leistungen, deren Durchsetzung gegenwärtig *noch* gegen den allgemeinen Willen der Bevölkerung verstößt, aber nahezu von allen Parteien (mit Ausnahme der Linkspartei) befürwortet werden. »Es kann sowohl ein ›verhaltensauffälliges Kind‹ mit bestimmten normalistischen Taktiken normalisiert wie das deutsche Volk dazu aufgerufen werden, sich nicht länger gegen die ›Normalität‹ zu sperren. Das Auftauchen solcher Diskurs-Komplexe und Dispositive in einem Spezial- oder Interdiskurs setzt offenbar jeweils zunächst die Etablierung eines ›Normalfeldes‹ voraus. Ein Normalfeld homogenisiert und kontinuiert eine bestimmte Menge von Erscheinungen innerhalb des Spezial- oder Interdiskurses, wodurch diese Erscheinungen als untereinander vergleichbare ›Normaleinheiten‹ konstituiert werden.«[53] Das Normalfeld wird konstituiert über statistische Streuungs- oder Verteilungskurven (Durchschnittswerte, Gaußsche Normalverteilung, Grenzwerte). Was an Daten diesbezüglich herangezogen wird und was ignoriert wird, unterliegt der Willkür von Interessen.

Galten Pluralismus, Toleranz und Konsensbereitschaft zwischen 1945 und 1989/90 als die entscheidenden Tugenden, um in Deutschland eine funktionierende Demokratie aufzubauen und die Republik im »Westen« zu verankern, so sorgen in der politischen »Mitte« seit 1989/90 jene drei demokratischen Tugenden (in vielleicht korrumpierter Form) für einen Mangel an Normativität in der Politik, das heißt für ein eklatantes Defizit an *konkreter Utopie* und an Mut, sie zu realisieren. Statt dessen findet in

---

51 Michael Jäger spricht in diesem Zusammenhang von einem »kybernetischen Politikmodell« – Vgl. Michael Jäger: *Probleme und Perspektiven der Berliner Republik*, Münster 1999, S. 24 ff.; ders: »Blöcke«, in: Wolfgang Fritz Haug (Hrsg.): *Historisch-kritisches Wörterbuch des Marxismus*, Bd. 2, Hamburg 1995, S. 261–267.

52 Das Wahlvolk *tritt* zwar *auf*, gleichwohl ist es wie etwa auch das kollektive Gedächtnis oder die Nation nicht wirklich ein Subjekt, weil es kein Bewußtsein, d. h. keinen bewußten Willen hat; es besteht aus der Summe einzelner Wähler, die ihre Stimme als Wähler, nicht als Wahlvolk abgeben.

53 Link: *Versuch über den Normalismus*, a. a. O., S. 75.

der politischen Mitte der realpolitische Alltagspragmatismus seine stärksten Anhänger, während die Ränder durch die allgemeine postmodernistische Entsorgung sowohl der materialistischen Geschichtsauffassung wie auch der Kritik der politischen Ökonomie auf der linken Seite aber auch nationalistischer und faschistoider Inhalte auf der rechten Seite, das heißt allgemein der pragmatischen Abwiegelung von ehemals normativen Ansprüchen linker oder rechter Couleur ohnmächtig gegenüberstehen. Der Flexibilitätsnormalismus macht aus Konsensbereitschaft und Pluralismus pluralistische Gleichgültigkeit und Beliebigkeit, solange er sich in der Mitte abspielt.

Nach der Auflösung der bipolaren Weltordnung und den normativen Legitimationsideologien (»freie Welt« versus »befreite Welt«) ist der Flexibilitätsnormalismus zur herrschenden Ideologie im deutschen Staat geworden, welcher pragmatisch gegenüber der westlichen Welt Normalität für sich beansprucht. »Zwar verfügt die Erste Normalitätsklasse[54] nun über den Trumpf der symbolischen Alternativlosigkeit gegenüber ihrem Zentralwert der ›Normalität‹ – umgekehrt sieht sie sich jetzt aber explizit mit dem Anspruch auf flächendeckende Normalisierung ›der Welt‹ konfrontiert. Das ist der unübersehbare Schatten des Konzepts der ›Globalisierung‹.«[55]

3. »Westlichkeit« als Normalfeld

Der »Westen« ist das Normalfeld für das Begehren der deutschen Eliten nach Normalität. Nach der Auflösung der Sowjetunion erlebt der Begriff der »westlichen Wertegemeinschaft«, welcher während des Kalten Krieges als ideologischer Kampfbegriff hauptsächlich gegen den Kommunismus gerichtet war, in der deutschen Öffentlichkeit eine Renaissance.[56] Das liegt vor allem daran, daß der »Westen« nicht nur eine negative Abgrenzungskategorie gegen Stalinismus und Ostblock gewesen war, sondern ebenso gegen den »Sonderweg« im politisch-geographisch verstandenen »Mitteleuropa«, mit anderen Worten: gegen die kaiserlich-deutsche Autokratie und gegen den deutschen Nationalsozialismus.[57]

54 Gemeint ist die »westliche« Staatenwelt.

55 Ebd., S. 437.

56 Vgl. Phillip Gassert: »Ex Occidente Lux? Der Westen als nationaler Mythos der Berliner Republik«, in: *vorgänge* Heft 2/2001, S. 15–22, S. 15.

57 Spätestens mit den terroristischen Anschlägen vom 11. September 2001 in New York und Washington dient der »Westen«, bzw. die »westliche Wertegemeinschaft« auch als Abgrenzung gegen den Islam, d. h. gegen den islamischen Fundamentalismus. Ideologisch vorbereitet wurde diese Konfrontation durch Samuel P. Huntigtons Buch »The Clash of Civilization«, das bereits 1993 erschien. – Vgl. Samuel P. Huntington: *The Clash of Civilization and the*

Ludolf Herbst schreibt, das »Dritte Reich« war in der deutschen Geschichte die radikalste Abkehr »von den kulturellen Werten und politischen Formkräften des ›Westens‹«, und »es bedurfte der vereinten Anstrengungen der Westmächte und der UdSSR sowie der bedingungslosen Kapitulation der Wehrmacht, um Deutschland für andere Optionen zu öffnen.«[58] – Heute gilt der »Westen« als eine »Chiffre für die freiheitliche, demokratische, liberal kapitalistische und zivile Ordnung der Gegenwart«[59], und als solche ist sie für die herrschenden Eliten in Deutschland das Ticket zur endgültigen Entsorgung der belasteten deutschen Vergangenheit. »Westlich« zu sein, bedeutet *normal* zu sein; ein weit verbreitetes republikanisches Bewußtsein hebt mit Stolz hervor, daß die Bundesrepublik inzwischen in den liberalen Wertekanon (Republikanismus, Konstitutionalismus, Parlamentarismus, Meinungsfreiheit, unabhängige Justiz etc.) des Westens tief verankert ist. »Dieses kollektive Gedächtnis preist Deutschland als eine durch und durch verwestlichte Gesellschaft, deren Werte beweisen, daß der westliche Liberalismus über alle früheren antidemokratischen Denkweisen triumphiert hat.«[60] Statt als »Wertekanon« könnte man, um den fiktiven, das heißt *imaginierten* Charakter des ganzen zu betonen, den »Westen« auch mit Benedict Anderson als »imagined community« bezeichnen: als eine »vorgestellte politische Gemeinschaft«, die freilich nicht zu verwechseln ist mit *einer* Nation.[61] Neben der *vorgestellten* Identität, welche die Chiffre des »Westens« suggeriert, geraten allerdings die realen Differenzen zwischen den »westlichen« Staaten, vor allem die nach dem Wegfall der bipolaren Systemkonfrontation wieder zunehmend Uneinigkeit hervorrufende kapitalistische Konkurrenz untereinander – vor allem zwischen den USA und Europa – zu sehr in den Hintergrund; der »Westen« ist eben keine Nation, sondern eine Ansammlung von vielen Nationen.

Die sogenannte Verwestlichungsthese gilt als etablierte »herrschende Meinung« in der deutschen Öffentlichkeit und wird angeführt, wenn es darum

---

Remaking of World order, New York 1996. – Viel älter dagegen ist die Abgrenzung des Westens, bzw. des *Abendlandes* gegen die »asiatische Despotie«. – Vgl. Oswald Spengler: *Der Untergang des Abendlandes. Umrisse einer Morphologie der Weltgeschichte* (1918), München 1923; vgl. Karl August Wittfogel: *Die orientalische Despotie*, Köln 1962.

58 Ludolf Herbst: *Option für den Westen. Vom Marshallplan bis zum deutsch-französischen Vertrag*, 2. Aufl., 1996.

59 Gassert: »Ex Occidente Lux?«, a. a. O., S. 16.

60 Andrei S. Markovits und Simon Reich: *Das deutsche Dilemma. Die Berliner Republik zwischen Macht und Machtverzicht. Mit einem Vorwort von Joschka Fischer*, Berlin 1998, S. 75 f.

61 Vgl. Benedict Anderson: *Die Erfindung der Nation: Zur Karriere eines folgenreichen Konzepts*, Frankfurt am Main/New York 1996, S. 15.

geht, die *geläuterte* Nation sichtbar werden zu lassen. Der Tübinger Historiker Anselm Doering-Manteuffel spricht zum Beispiel von der »Westernisierung« der Bundesrepublik und betreibt eine Analyse der konkreten Umsetzung westlicher Prinzipien in Gesellschaft und Politik. Seine Analyse konzentriert sich hauptsächlich auf die Jahre zwischen 1950 und 1970. Als »westliche Prinzipien« gelten ihm die »Ideen von 1789« im Gegensatz zu den mit der Ideologie des »Sonderweges« verbundenen »Ideen von 1914«.[62] – Der Berliner Historiker Heinrich-August Winkler stellt die Idee des Westens in den Mittelpunkt seiner historischen Analysen. Die Idee des Westens habe gegen das deutsche Sonderbewußtsein, das seit dem 19. Jahrhundert aufgekommen sei und seinen Kulminationspunkt antiwestlicher Ressentiments während des Hitler-Faschismus gehabt habe, triumphiert. Nach 1945 lösten sich die deutschen Sonderideologien sukzessive auf. Nach 1989/90 seien die »Sonderwege« endgültig zu Ende und Deutschland eine westliche Nation geworden.[63]

»[Es] ist zu vermuten«, schreibt Gassert, »daß die Idee einer allmählichen Verwestlichung Deutschlands seit dem Zweiten Weltkrieg Qualitäten einer sinnstiftenden ›Meistererzählung‹ besitzt, in der sich der Geist der vielbeschworenen Berliner Republik bespiegelt.«[64] Dieses Auslegungsmuster ist kritisch zu hinterfragen. Sind überhaupt Westlichkeit und Demokratie deckungsgleich, bzw. ist jene ein Garant für diese? Die »Westliche Wertegemeinschaft« ist auch etwas, bei dem einem der Atem ausgehen kann. Ein Kampfbegriff mit »geopolitischem« Einschlag zur chauvinistischen Abgrenzung und Ausgrenzung gegen den Rest der Welt: gegen den Osten und seine »asiatischen Taten«, gegen den Süden und seine »Wilden«. Aber was ist mit Auschwitz, Hiroshima, My Lai...? Die Vergangenheit ist gegenwärtig als kalte Grausamkeit, als abstrakte, dingliche Kälte, als Gleichgültigkeit von Mensch und Ware mitten im Westen. Aus den gesellschaftlichen Voraussetzungen der Moderne, die Auschwitz einmal möglich gemacht haben, wurden nicht nur in Deutschland in Bezug auf die kapitalistische Ökonomie keine weit genug reichenden Konsequenzen gezogen; sie existieren nach Auschwitz weiter.

Warum wird der »Westen« zu einer derartigen positiven Bezugsgröße mit beinahe beschwörungshaften Charakter, – will man es, bewußt oder unbe-

---

62 Vgl. Anselm Doering-Manteuffel: *Wie westlich sind die Deutschen? Amerikanisierung und Westernisierung im 20. Jahrhundert*, Göttingen 1999.

63 Vgl. Heinrich-August Winkler: *Der lange Weg nach Westen*, Bd. 1: *Deutsche Geschichte vom Ende des Alten Reiches bis zum Untergang der Weimarer Republik*; Bd. 2: *Deutsche Geschichte vom »Dritten Reich« bis zur Wiedervereinigung*, München 2000.

64 Gassert: »Ex Occidente Lux?«, a. a. O., S. 16.

wußt, nur oft genug für sich in Anspruch nehmen, weil man im Grunde von der Westlichkeit des deutschen Staates nicht überzeugt ist? Die andauernde Beschwörung der angeblich gefestigten demokratischen Kultur Deutschlands, bzw. des Westens trägt jedenfalls »wenn auch unbeabsichtigt, dazu bei, eine Debatte über Voraussetzungen und Probleme unserer demokratischen Kultur zu verschleppen.«[65]

Für Phillip Gassert ist der »Westen« ein *normatives* Konzept: eine »Herrschaft bestimmter politischer Ideale und davon abgeleiteter institutioneller Rahmenbedingungen«[66], welches aber im deutschen Kontext den Charakter eines kollektiven Mythos' aufzeige mit der Funktion einer moralischen Legitimationsgrundlage: »indem er die gegenwärtige politische Kultur Deutschlands in den größten Zusammenhang der ›westlichen Wertegemeinschaft‹ stellt und sie dadurch positiv sowohl vom wilhelminischen Obrigkeitsstaat und von der Barbarei des Nationalsozialismus, als auch vom gescheiterten Experiment der Weimarer Republik und vom realen Sozialismus der DDR abgrenzt.«[67] – »Westlichkeit« gleichsam als ein entrée billet in den Kreis der Erwachsenen. Damit wäre die Rede vom »Westen« ein sehr deutsches Thema, das zumindest bis zu den terroristischen Anschlägen vom 11. September 2001 keine bedeutsame Relevanz in den USA, aber auch in Frankreich oder Großbritannien gespielt habe.[68] »Dort wird der Westen in postkolonialen Diskursen eher hinterfragt und problematisiert als affirmativ zur Legitimierung der eigenen Kultur und Geschichte verwendet.«[69]

4. Exkurs: *allemande querelle* – Von der verspäteten Nation zum Faschismus

Im Folgenden werden Etappen der deutschen Geschichte episodenhaft behandelt, um den Begriff der »verspäteten Nation« von Helmuth Plessner zu illuminieren.[70] Der Terminus geht auf Nietzsche zurück, findet sich aber auch bei Karl Marx: »Deutschland hat (...) ein eigenes christlich-germa-

65 Ebd., S. 19.

66 Ebd.

67 Ebd., S. 16.

68 Dennoch ist es so, daß der »Angriff auf die zivilisierte Welt« (Gerhard Schröder) die Bundesregierung mit einer Vehemenz zur »uneingeschränkten Solidarität« veranlaßt hat, die darauf schließen läßt, daß das Mitgefühl zwar wirklich den Opfern galt, die Solidarität aber nicht unbedingt den USA. Vielmehr bot sich für den deutschen Staat mit der »Solidarität« die einmalige Gelegenheit, nun endgültig das Militärische in der deutschen Öffentlichkeit zu enttabuisieren und Machtpolitik nicht mehr euphemistisch umschreiben zu müssen.

69 Ebd., S. 20.

nisches Pech. Seine Bourgeoisie hat sich so sehr verspätet, daß sie in dem Augenblick ihren Kampf mit der absoluten Monarchie beginnt und ihre politische Macht zu begründen sucht, wo in allen entwickelten Ländern die Bourgeoisie schon im heftigsten Kampf mit der Arbeiterklasse begriffen ist und wo ihre politischen Illusionen bereits im europäischen Bewußtsein überlebt sind. (...) Die deutsche Bourgeoisie befindet sich also schon im Gegensatz zum Proletariat, ehe sie noch als Klasse sich politisch konstituiert hat.«[71]

Die These von der Verspätung der deutschen Nation ist nicht unumstritten. Oskar Negt schränkt ihre Gültigkeit ein, sie sei »nur zum Teil richtig; im Grunde hat es niemals *eine* deutsche Nation gegeben.«[72] Negt bringt zusammen mit Alexander Kluge noch weitere Kritik in Anschlag: »In der Bewertung der Entwicklungsschwierigkeiten in Deutschland ist kein Begriff so häufig verwendet worden wie der der Verspätung. Man spricht von verspäteter Nation (Plessner), von Verspätung der Industrialisierung, der verspätet eingetretenen Entstehung einer durchgängigen bürgerlichen Gesellschaft. In allen diesen Varianten der Verspätung findet sich eine Vorstellung von einer klar definierten Reihenfolge von Stadien, Übergängen, Perioden, Epochen, Formationen, von ›mit ehener Notwendigkeit wirkenden und sich durchsetzenden Tendenzen. Das industriell entwickeltere Land zeigt dem minder entwickelten nur das Bild der eigenen Zukunft‹.«[73] Der Geschichtsverlauf werde als eine Treppe dargestellt, das heißt, es liege ein teleologisches Geschichtsverständnis zugrunde. Die Geschichte birge in sich aber weitaus mehr Kontingenz als Gesetzmäßigkeiten. »Einer der Gründe für diese Täuschung, daß es solche Gesetzmäßigkeiten im Geschichtsverlauf gab, liegt darin, daß die Entwicklungslinie kapitalistischer Expansion mit der geschichtlichen Entwicklung mehr oder minder parallel gesetzt wird. Indem sich das Kapital in nichtkapitalistische Räume hineinfrißt, entsteht der Eindruck, daß *diese* Logik gleichzeitig die Logik der geschichtlichen

---

70 Vgl. Helmuth Plessner: *Die verspätete Nation*, a. a. O.; siehe Carola Dietze: *Nachgeholtes Leben. Helmuth Plessner 1892–1985*, Göttingen 2006; vgl. dies.: »Selbstvergewisserung im Exil. Autobiographische Dimensionen einer Meistererzählung: ›Die verspätete Nation‹ von Helmuth Plessner«, in: Gerald Hartung und Kay Schiller (Hrsg.): *Weltoffener Humanismus. Philosophie, Philologie und Geschichte in der deutsch-jüdischen Emigration*, Bielefeld 2006, S. 111–131.

71 Karl Marx: »Die moralisierende Kritik und die kritisierende Moral«, in: *MEW*, Bd. 4, Berlin 1959, S. 351.

72 Oskar Negt: »Die Misere der bürgerlichen Demokratie in Deutschland«, in: ders.: *Keine Demokratie ohne Sozialismus. Über den Zusammenhang von Politik, Geschichte und Moral*, Frankfurt am Main 1976, S. 17–46, S. 41.

73 Oskar Negt und Alexander Kluge: *Geschichte und Eigensinn*, Bd. 2: *Deutschland als Produktionsöffentlichkeit*, Frankfurt am Main 1993, S. 567.

Entwicklung bestimmt. Von da aus entsteht eine Vorstellung von Linerai-tät, denn die Aufzehrung nicht-kapitalistischer Räume wird vorgestellt als ein Prozeß, der gleichzeitig notwendig die Gegenkräfte erzeugt, die in dem Maße erstarken, wie sich das Kapital selber entwickelt. (...) Was aber wäre, wenn einer auf Reifungsprozesse oder Stufen wartet, die nach der spezifischen Kristallisation einer Vorgeschichte *so* nie eintreten werden, obwohl es Tatsachen gibt, die bisher darauf hingedeutet haben, daß Ähnlichkeiten zur Bewegungslinie eines geschichtlichen Vorbildes existieren? Dann gab es in Wirklichkeit keine Geschichtsuhr, und es gab nicht dieses, sondern ein ganz anderes Gesetz, dem die Entwicklung gefolgt ist. Die Verfrühtheit oder Unreife eines gesellschaftlichen Kampfes oder die Verspätung einer Gesellschaft existieren dann nur als falsches Meßsystem und nicht authentisch. Für die deutschen Verhältnisse nehmen wir in fast keinem Fall eine Verspätung an, sondern vermuten in jedem Fall, wenn von Unreife oder Verspätung gesprochen wird, eine genuine Entwicklung, die eben nicht durch Vergleich mit Verhältnissen in westlichen anderen Ländern zu deuten ist.«[74]

Dennoch soll auf das umstrittene Theorem an dieser Stelle ein affirmativer Bezug erfolgen. Denn im Kontext der Normalisierung ist weniger entscheidend, inwiefern die Geschichte sich tatsächlich nach einheitlichen Gesetzmäßigkeiten vollzieht, sondern vielmehr daß von den politischen Akteuren der Normalisierung eine Verspätung unterstellt und der als *westlich* bezeichnete und als *typisch* angenommene Geschichtsverlauf als generalisierende Norm angenommen wird und deshalb als Orientierung dient. Entwicklungsrichtungen, die in der Geschichte konträr verlaufen können, werden damit durch die normalisierenden Akteure auf ein Ziel hin gelenkt und zusammengefaßt, das heißt zu *normieren* versucht. Geschichte wird allgemein von den Menschen gemacht. Aber nicht alle Menschen sind gleichermaßen am geschichtlichen Entwurf beteiligt. Für Hegel waren die »historischen Individuen« – etwa Napoléon – direkte Gefäße des »Weltgeistes«. Zwar fragt Bertolt Brecht ironisch, ob Julius Cäsar auf dem Schlachtfeld nicht wenigstens einen Koch dabei gehabt habe, als er die Gallier schlug.[75] Dennoch ist unzweifelhaft der Feldherr der größere »Strippenzieher« als sein Koch. Die geschichtliche Betätigung ist eine Frage der Macht, wenngleich selten Geschichte auf den Willen einzelner zurückzuführen ist, da in den meisten Fällen gegen den Willen ein Gegenwille, gegen die Macht eine Gegenmacht opponiert – das ist die »Ironie der Geschichte« oder die

74 Ebd., S. 568 f.

75 Vgl. Bertolt Brecht: »Fragen eines lesenden Arbeiters«, in: ders.: *Kalendergeschichten*, Hamburg 1953, S. 74.

»List der Vernunft« (Hegel). Solange die Normalisierung ein Kampfplatz von Macht und Gegenmacht ist, verläuft sie nicht gradlinig, das heißt, sie ist nicht auf den Entwurf eines einzelnen Akteurs zurückzuführen. Darum stoßen Entwicklungsrichtungen aufeinander, brechen ab, werden umgelenkt und steuern auf andere Zielbestimmungen zu.

Helmuth Plessner spürt in seinem Buch die Wurzeln der Ideologie des »Dritten Reiches« auf, um Erklärungen zu finden, warum in Deutschland der Nationalsozialismus eine derartige demagogische Wirkung entfalten konnte. Die Blickrichtung ist bereits im Titel erkennbar; es geht um die »politische Verführbarkeit bürgerlichen Geistes«. Plessners Kernthese ist schnell umrissen: Politischer Liberalismus, wie er in England, und demokratischer Rationalismus, wie er in Frankreich entstand und deren rationale Rechtsidee es vermochte, das ancien regime zu überwinden, das heißt, mit der feudalen Tradition radikal zu brechen, blieben der deutschen Kultur fremd. In Deutschland soll statt dessen – und gegen die bürgerlichen Emanzipationsprozesse im übrigen Europa gerichtet – die »Idee des Volkstums« kultiviert worden sein.[76] Diese Eigenart teile Deutschland noch mit Spanien und Italien; in diesen Ländern war denn auch später der Faschismus von herausragender Qualität. »Als die zu spät gekommene, von vornherein auf den Gegensatz zu ihren Vorbildern verwiesene Nation distanziert sich das deutsche Volk von den (gleichwohl als maßgeblich empfundenen) [›westlichen‹; MH] Normen der Latinität und Urbanität, indem es seinem eigenen Elan ein Vorrecht auf Ursprünglichkeit, Urtümlichkeit, damit aber auch auf Tiefe im Innern einräumt, d. h. sich in der Rolle eines Vulkans gefällt, zu dessen eruptiven Äußerungen nun einmal Maßlosigkeit und Wildheit gehören; ein angebliches Vorrecht aus natürlicher Anlage, die ihm schon von den Römern als furor teutonicus bezeugt worden ist.«[77]

In der Folge blieb das deutsche Bürgertum unterentwickelt; eine eigenständige bürgerliche Gesellschaft bildete sich nicht heraus; es herrschte ein eklatanter Mangel an bürgerlicher Zivilisation. Als kulturelle Substanz der bürgerlichen Gesellschaft lassen sich der politische Liberalismus und der demokratische Rationalismus (rationale Rechtsidee) bestimmen, welche in England und Frankreich das Ergebnis eines ökonomischen, politischen sowie kulturellen Transformationsprozesses tief im Gesellschaftsgefüge verwurzelter Traditionen waren. Politischer Liberalismus und demokratischer Rationalismus bedurften für ihre Entstehung vieler vorgeschichtlicher Vor-

76 Vgl. Plessner: *Die verspätete Nation*, a. a. O., S. 52.
77 Vgl. ebd., S. 24.

aussetzungen. Eine sehr wichtige Voraussetzung war die in der Renaissance und Reformation, in der rationalen Naturrechtslehre und Naturwissenschaft vorangetriebene Loslösung der weltlichen Herrschaft von der Vorherrschaft der Kirche: die Säkularisierung. Das Hervortreten des bürgerlichen Individuums aus den sich auflösenden, mittelalterlichen Bindungen, ausgelöst durch ursprüngliche Enteignung und Umwälzung der Produktionsverhältnisse, war nicht minder wichtig.[78]

In der Französischen Revolution von 1789 befreite sich das längst ökonomisch und kulturell selbstbewußt gewordene Bürgertum auch politisch vom Feudalismus. Die Prinzipien der bürgerlichen Demokratie, des Liberalismus und der Rechtsstaatlichkeit lösten als politische Gebilde allmählich und auch gegen immer wieder emporkommende reaktionäre Tendenzen die feudale Herrschaftsordnung ab. Das Bürgertum übernahm die Herrschaft in Form von Nationalstaat und Parlamentarismus. »Der Staat als Vertrag im Sinne der Übereinkunft zwischen freien Bürgern ist spezifisch westliches Ideal. In seinem Ursprung steht die Umwertung des Menschen zum civis. Seine Substanz ist ein tägliches Plebiszit. Seine Grundform ist Gesellschaft als die im Bindemittel des Rechts und streng beobachteter Gewohnheiten verkehrende Einheit von Bürgern. Wer sich zu ihm bekennt, gehört zu ihm. Seine Idee verleiht ihm ewige Gegenwart. Er hat keine ›natürlichen‹, sondern nur politische Gegner, er kann für sich werben und ist darum auf Universalität angelegt.«[79]

Der Nationalstaat erfüllte zwei wichtige Funktionen für das Bürgertum: Zum einen sollte er die territorial abgegrenzten, wirtschaftsliberalen Gesellschaften voreinander schützen, wenn auch gerade durch diese Problematik handfeste Kriege einer neuen Qualität in die Welt gekommen sind. Außerdem bediente er das Bedürfnis der aus den traditionellen Bindungen des Feudalismus entlassenen Einzelnen nach Zugehörigkeit und kollektiver Geborgenheit: nach einer kollektiven Identität. Während der Kapitalisierungsprozeß die Einzelnen zunehmend vereinzelte, entfremdete und anonyme Bindungen hinterließ, konnten diese abstrakten Bindungen durch ein Nationalbewußtsein kompensiert und wieder konkretisiert werden.

Im Deutschen Reich allerdings lief dieser Prozeß abweichend und führte zu einem langlebigen autoritären Obrigkeitsstaat,[80] der schließlich nach gescheiterter Revolution in den Faschismus überging. In »Deutschland« war es weder frühzeitig oder »rechtzeitig« zu einer bürgerlichen Revolution (erst

78 Vgl. ebd., S. 76; vgl. Negt: »Die Misere der bürgerlichen Demokratie in Deutschland«, a. a. O.
79 Plessner: *Die verspätete Nation*, a. a. O., S. 63.
80 Vgl. ebd., S. 46.

1848/49, die aber scheiterte), noch zu einer Nationalstaatsbildung (erst 1871, die aber ein Reich, keine Republik war) gekommen. Aus diesen Umständen resultierte das Unvermögen der bürgerlichen Öffentlichkeit(en), eine funktionierende Demokratie zu praktizieren, und mehr noch: die Verführbarkeit des bürgerlichen Geistes gegenüber dem Faschismus. »Wir sind, mit Nietzsche – und nicht nur mit ihm – zu reden, die Zuspätgekommenen, und wir holen als Nation die geschichtliche Verzögerung nicht ein.«[81] – Versteht man dies als ein Verdikt, das von vornherein über jedwedes Programm der Normalisierung urteilt, gibt es allerdings kein Programm, das zur Normalität des deutschen Staates führen kann, wenn darunter die Aufholung der historischen Verspätung verstanden wird. Aber so ist es nicht. Da es sich hier nicht um Schicksal handelt, weil Geschichte ein menschliches Faktum, ein von Menschen Gemachtes ist, kann die zukünftige Geschichte auch von den Menschen gestaltet werden. Plessner behauptet nicht, es handele sich um eine natürliche Charaktereigenschaft der deutschen Nation, sondern um verfestigte Handlungsweisen des Reagierens auf geschichtliche Ereignisse, um historische Gewordenheit, die jedoch so weit in die Geschichte zurückreicht, daß allerdings von einer gewissen Hartnäckigkeit gesprochen werden darf, die nicht so ohne weiteres und vor allem nicht durch Ignoranz der Historie umgekrempelt werden kann.[82]

Napoléonische Fremdherrschaft in den deutschen Ländern

Hegel schrieb, die Deutschen machten ihre Revolution im Geiste. Heinrich Heine hat diesen Gedanken aufgegriffen. Seine Kritik am deutschen Idealismus liest sich in der Schrift »Zur Geschichte der Religion und Philosophie in Deutschland« wie eine düstere Prophezeiung teutonischer Apokalypse. Er prophezeite, es werde ein Stück in Deutschland aufgeführt werden, das die Französische Revolution in den Schatten stellt, es werde dieselbe Revolution sein, die zuvor im Geiste stattgefunden habe. Diese Erruption im deutschen Volke falle jedenfalls nicht milder aus, weil ihr Kant, Fichte und Schelling vorausgegangen seien; vielmehr »werden Kantianer zum Vorschein kommen, die auch in der Erscheinungswelt von keiner Pietät etwas wissen wollen, und erbarmungslos, mit Schwert und Beil, den Boden unseres europäischen Lebens durchwühlen, um auch die letzten Wurzeln der Vergangenheit auszurotten. Es werden bewaffnete Fichteaner auf den Schauplatz treten, die in ihrem Willensfanatismus, weder durch Furcht noch durch Eigennutz zu

81 Ebd., S. 11.
82 Vgl. ebd., S. 25.

bändigen sind; denn sie leben im Geiste, sie trotzen der Materie, gleich den ersten Christen, die man ebenfalls weder durch leibliche Qualen noch durch leibliche Genüsse bezwingen konnte (...). Doch noch schrecklicher als alles wären Naturphilosophen, die handelnd eingriffen in eine deutsche Revolution und sich mit dem Zerstörungswerk selbst identifizieren würden.«[83] Die Natur werde zum Wegbereiter für die Wiederbelebung der dämonischen Kräfte des altgermanischen Pantheismus. Die alte germanische Kampfeslust werde erweckt, die nur zum Selbstzweck kämpfte: aus Lust am Kampf. Das Christentum könne dagegen nichts ausrichten. Der christliche Talisman, das Kreuz, sei morsch »und kommen wird der Tag, wo er kläglich zusammenbricht. Die alten steinernen Götter erheben sich dann aus dem verschollenen Schutt, und reiben sich den tausendjährigen Staub aus den Augen, und Thor mit dem Riesenhammer springt endlich empor und zerschlägt die gotischen Dome.«[84] Heine hat auf eine beklemmende Weise rechtbehalten, wenn es auch nicht die gotischen Dome, sondern die Synagogen (und vor allem die Juden) waren, die »hinweggefegt« wurden. Dennoch ist Heine auch zu widersprechen: Der Gedanke geht nicht in dieser Eindeutigkeit der Tat voraus wie der Blitz dem Donner; jedenfalls sind Kant, Fichte und Schelling nicht in der Art in einen Kontext von Ursache und Wirkung zu stellen, daß sie für die »völkische Revolution« des Nationalsozialismus in Anschlag zu bringen wären.

Für den deutschen Idealismus, namentlich für Hegel, war die Französische Revolution von 1789 der Aufbruch in den »Völkerfrühling«. Er feierte diesen Augenblick mit den pathetisch großen Worten als den Fortschritt der Menschheit im Bewußtsein der Freiheit. Zum ersten Mal schien politische Freiheit als Recht objektiv, das heißt in Gestalt des Gesetzes universal geworden zu sein. Der bürgerliche Staat sollte die neue politische Ordnung sichern und den Rückfall in obsolet gewordene politische Gestalten verhindern. Alle Institutionen und positiven Rechte, die sich auf alte Formen des Freiheitsbewußtseins stützten und der neu sich etablierenden Ordnung widersprachen, verloren für Hegel ihren legitimen Anspruch auf Geltung. Es sollte kein Zurück mehr geben.

In Napoléon sah Hegel schließlich jenes »historische Individuum«, das die positiven Errungenschaften der Revolution in Europa durch seine Expansionspolitik verbreitete. Während Napoléons Truppen im Anmarsch waren, stand Hegels »Phänomenologie des Geistes« in Jena kurz vor der

83 Heinrich Heine: *Zur Geschichte der Religion und Philosophie in Deutschland*, in: ders.: *Werke in drei Bänden*, Bd. 3: *Schriften zu Literatur und Politik*, München, S. 395–520, S. 517 f.
84 Ebd., S. 518 f.

Vollendung. Es heißt, Hegel habe die letzten Sätze geschrieben, als der Donnerhall der französischen Kanonen aus der Ferne schon zu hören war. Den in Jena als Sieger einreitenden Napoléon beschrieb Hegel als die »Weltseele zu Pferde«. Seine Faszination gegenüber Napoléon riß auch nicht ab, als die französischen Truppen sein eigenes Haus geplündert hatten.[85]

Was aber Hegel affirmierte, war nicht eine sich abzeichnende Diktatur Napoléons, sondern eine neue Gestalt des Geistes. »Wir stehen in einer wichtigen Zeitepoche, einer Gährung«, sagte Hegel zum Abschluß seiner Vorlesung in Jena, »wo der Geist einen Ruck gethan, über seine vorige Gestalt hinausgekommen ist und eine neue gewinnt. Die ganze Masse der bisherigen Vorstellungen, Begriffe, die Bande der Welt, sind aufgelöst und fallen wie ein Traumbild in sich zusammen. Es bereitet sich ein neuer Hervorgang des Geistes. Die Philosophie hat vornämlich seine Erscheinung zu begrüßen und ihn anzuerkennen, während Andere, ihm unmächtig widerstehend, am Vergangenen kleben und die Meisten bewußtlos die Masse seines Erscheinens ausmachen. Die Philosophie aber hat, ihn als das Ewige erkennend, ihm seine Ehre zu erzeigen.«[86] Die Idee eines vernünftigen, das heißt des sittlichen Staates nahm für Hegel nunmehr realistische Züge an.

Von einer vernünftigen Autorität zu einer Autorität der Vernunft habe sich endgültig die Funktion des Staates gewandelt, welcher immer weniger ein »mechanisches Räderwerk« darstellte und immer mehr einem organischen Gebilde zu gleichen begann. Der Begriff der Sittlichkeit nahm den Gedanken der Vermittlung zwischen Allgemeinem und Besonderen in sich auf und brachte die Idee der Versöhnung hervor, in der die bürgerlichen Individuen vom Staat sowohl durchdrungen, als auch Teil desselben wurden und deshalb auf ihre eigene Autonomie nicht zu verzichten brauchten, solange sie sich als Staatsbürger, das heißt vernünftig zueinander verhielten.

Die Grundlage für diese begriffliche Entfaltung war die politische Entwicklung in Europa, die mit der Französischen Revolution angeschoben worden war und zu zahlreichen Revolutionskriegen geführt hatte, in die durch das revolutionäre und napoléonische Frankreich eine Reihe von monarchischen Staaten wie Preußen, Österreich, Rußland, Württemberg, Bayern und andere verwickelt wurden. Die napoléonische Fremdherrschaft führte 1806 zum Ende des Heiligen Römischen Reiches Deutscher Nation, indem auf ein Ultimatum Napoléons hin der Kaiser Franz die deutsche Kaiserkrone niederlegte. Drei Jahre später hatte Napoléon bereits den Süden und die

85 Vgl. Peter Heintel: *Hegel. Der letzte universelle Philosoph*, Göttingen 1970, S. 54.

86 G.W.F. Hegel: *Vorlesungen über Speculative Philosophie*, in: *Schriften und Entwürfe 1799–1808*, *GW* Bd. 5, hrsg. v. Manfred Baum u. Kurt Rainer Meist, Hamburg 1998, S. 474 f.

Mitte Europas unter seine Kontrolle gebracht. Der *Code Napoléon* fand hier seine Anwendung, und es wurden Verwaltungs- und Gesellschaftsreformen »von oben« eingeleitet aus der Einsicht heraus, daß die überkommenen Herrschaftsverhältnisse des *ancien régime* nicht mehr überlebensfähig waren.

Die Reformen orientierten sich am französischen Vorbild der Herstellung wirtschaftsliberaler Binnenräume und des bürgerlichen Rechts; es wurde die Gewerbefreiheit eingeführt, das heißt das Zunft- und Standesrecht aufgehoben und eine Rechtsgleichheit in wirtschaftlichen Fragen hergestellt, indem Sonderrechte für einzelne Personen und Gruppen sowie ständische Privilegien beseitigt wurden. Toleranzedikte für den Bereich der Religion wurden erlassen, und den Juden sollte eine gesellschaftliche und ökonomische Gleichberechtigung zugestanden werden. In der Lehre und Forschung sollte an den Universitäten Freiheit herrschen und eine Humanistische Bildung gelehrt werden. So geschah es seit 1806 auch in Preußen erst unter Freiherr von Stein und seit 1808 unter Hardenberg.

Der preußische Adel und der König trieben die Reformen nicht aus eigener liberaler Gesinnung voran, sondern weil das ancien régime an Legitimationsverlust litt. Die preußische Bevölkerung war zunehmend nicht mehr bereit, für ein Staatswesen in den Krieg zu ziehen, das sie unterdrückte und knechtete. Die Reformen dienten dazu, den Identifikationsgrad mit dem preußischen Staat zu erhöhen, indem Zugeständnisse an das liberale Bürgertum und an die Bauern gemacht wurden. Viele der Reformvorhaben aus dieser Zeit scheiterten jedoch am Widerstand des preußischen Adels.

Napoléon, 1799 durch einen Staatsstreich an die Macht gekommen, wurde erst 1815 wieder gestürzt. Im selben Jahr fand der Wiener Kongreß statt, auf dem es zu einer politischen Neuordnung Europas kam. Dem vorangegangen waren die immer stärker unter national-staatlichen Vorzeichen stattgefundenen Kriege zur Befreiung von der napoléonischen Fremdherrschaft in den einzelnen europäischen Ländern, nachdem die französischen Truppen im Feldzug gegen Rußland kolossale Verluste hinnehmen mußten und der Mythos der Unbesiegbarkeit Napoléons beschädigt worden war. Auch die europäischen Verbündeten hatten immense Verluste zu erleiden, was zur Verbitterung bei den jeweiligen Bevölkerungen führte, weil sie durch rigide Beschlagnahmungen und eine hohe Kriegssteuer belastet wurden. In den deutschen Ländern, die von französischen Truppen besetzt waren, entstand allmählich eine Art volkstümlicher Patriotismus, der sich nicht nur gegen die französische Besatzung, sondern auch gegen die französische Bürgerkultur, gegen die »Civilisation« richtete.

Kultur ist der Gegenbegriff zu *civilisation*; er entsteht als *cultura animi* im städtischen Zusammenhang und taucht im modernen Sinne das erste Mal bei Cicero auf.[87] Dort ist damit die Pflege der Seele in Abgrenzung zur Beackerung des Bodens (*cultura agri*) gemeint. »Zivilisation« meint »Bürgerkultur« (lat. *civis* = Bürger) und entsteht im Kontext der Französischen Revolution von 1789 als Kampfbegriff gegen die feudalen Tugenden. »Kultur« grenzt sich im deutschen Kontext der Befreiung von der napoléonischen Fremdherrschaft wiederum davon ab. Im 18. Jahrhundert waren noch die französischen Ideen europäisch verehrt, zum Beispiel bei Fichte, der die Französische Revolution als »Evolution des Naturrechts« bezeichnete.[88] Im 19. Jahrhundert wurden die Kulturen nationalisiert. Franzosenhaß, Burschenschaftsbewegung, Befreiungskriege gründeten auf Herders begrifflicher Bestimmung der »Kulturnation«. »Kultur« wird zur Innerlichkeit; das deutsche Bürgertum hat es nicht geschafft, den Staat zu erobern, also hält es sich fortan von diesem fern. Kultur wird zu einem deutschen »Inbegriff für geistige Tätigkeit«, während er eben nicht Zivilisation, Kultiviertheit, Bildung, Arbeit bedeutet. »All diese Begriffe sind zu nüchtern oder zu flach, zu formal bzw. ›westlich‹ oder an eine andere Sphäre gebunden.« »Ihnen fehlt die Schwere, die trächtige Fülle, das seelenhafte Pathos, das sich im deutschen Bewußtsein des 19. und 20. Jahrhundert mit diesem Wort verbindet und seine oft emphatische Verwendung verständlich macht.«[89]

Das Zarenreich Rußland sowie die Königreiche Preußen und Österreich waren imstande, gegen Frankreich Krieg zu führen. Auf Betreiben Metternichs trat Bayern aus dem Rheinbund aus, woraufhin der Rheinbund zusammenbrach und Napoléons Niederlage besiegelt war. 1814 marschierten die Koalitionstruppen in Frankreich ein und besetzten Paris. Napoléon mußte abdanken, und Frankreich wurde auf seine Grenzen von 1792 zurückgedrängt. Auf dem Wiener Kongreß unternahmen schließlich alle involvierten

87 Vgl. Marcus Tullius Cicero: *Gespräche in Tusculum*, Berlin 2003.

88 Vgl. Johann Gottlieb Fichte: *Beitrag zur Berichtigung der Urteile des Publikums über die französische Revolution* (1794), Hamburg 1973.

89 Plessner: *Die verspätete Nation*, a. a. O., S. 73. – Wenn in der vorliegenden Untersuchung von »civilpolitischer« und nicht von »zivilpolitischer« Normalisierung die Rede ist, dann handelt es sich genau um diese Differenz zwischen »civilisation« und »Kultur«. Denn was im Deutschen das »Zivile« bedeutet, ist im französischen Verständnis gewißermaßen das direkte Gegenteil. Im Zusammenhang der Normalisierung kommt es aber auf das französische Verständnis an, da es das Telos der Normalisierung sein soll. Das Zivile ist das dem Staat Entgegengesetzte, während »civil« (civis) die bürgerliche Sphäre benennt, die seit den französischen Revolutionen den Staat erobert hat. Gegenüber einem Obrikkeitsstaat *kann* man zivil sein, der bürgerliche Staat aber *ist* seinem eigenen Anspruch nach zivil.

politischen Mächte den Versuch, Europa politisch und unter völkerrechtlichen Bedingungen neu zu ordnen. Dies geschah vor allem unter restaurativen Vorzeichen, das heißt, die alten Verhältnisse vor der Revolution sollten wiederhergestellt werden. Das war in mancherlei Hinsicht allerdings nicht mehr möglich, da die liberalen Ideen der französischen Revolution Einzug in das gesellschaftliche Getriebe erhalten hatten und viele der Reformen nicht mehr rückgängig zu machen waren, so daß man sich mit den liberalen Ideen zwangsläufig auseinanderzusetzen hatte. In Preußen hatten die Reformen etwa zu einer Erhöhung der landwirtschaftlichen Produktion geführt.

Die europäischen Mächte beschlossen, sich gegenseitig nach den festgelegten territorialen Grenzen als souveräne Staaten anzuerkennen. Für die deutschen Länder auf dem ehemaligen Gebiet des »Heiligen Römischen Reiches deutscher Nation«, deren Zusammenschluß fortan »Deutscher Bund« genannt wurde, beschloß man eine föderative Bundesverfassung, in die viele fortschrittliche Elemente der bürgerlich-liberalen Bewegung aufgenommen wurden. 34 souveräne Staaten und vier freie Reichsstädte gehörten dem Deutschen Bund an, die sich alle gemäß der Wiener Bundesakte dazu verpflichteten, landständische Verfassungen zu verabschieden. Diese Verfassungen sollten die Sicherheit des Privateigentums und die formale Rechtsgleichheit aller vor dem Gesetz gewährleisten. Sie sicherten nach innen mehr oder weniger wirtschaftsliberale Binnenräume, sollten aber die Staatsgewalt trotz der Verfassungen im monarchischen Prinzip vereint lassen. Die Realisierung verlief allerdings sehr zögerlich.

In den deutschen Ländern tobte sich weiterhin eine national-liberale Befreiungsbewegung aus, die in der Folge des Sieges gegen Napoléon an Selbstbewußtsein hinzugewonnen hatte und an deren Spitze die reaktionären Burschenschaften standen. Dort war ein bürgerliches Nationalbewußtsein entstanden, das gleichzeitig chauvinistisch eingefärbt war. Ihr Befreiungskampf war verbunden mit einer grundsätzlichen Ablehnung der durch Napoléon ins Land gekommenen bürgerlichen Errungenschaft des *code civil*, den sie feierlich 1817 auf ihrem Wartburgfest verbrannten. Plessner deutet den Hintergrund: »Deutsches Volk bedeutet Verbundenheit mit dem Boden, der Heimat, altväterischer Sitte. Insofern ist es allem künstlichen, zivilisierten Wesen fremd. Nichts kann es über sich als Form und Ordnung dulden, was nicht aus ihm selber kommt. Darin zeichnet sich die alte Frontstellung gegen Frankreich ab. In Deutschland einheimisch-ursprüngliches Brauchtum, in Frankreich, besonders in dem für Deutschland zugleich verlockenden und bedrohlichen Frankreich der Aufklärung, der Revolution und des Bonapartismus, abstrakt rationale Gesellschaftskultur.«[90] Die deutsch-nationale Befreiungsbewegung wollte zugunsten einer völkischen Nationenbildung jene mit Napoléon verbundenen fortschrittlichen Momente des bürgerlichen Rechts rückgängig machen. Hegel war darüber wenig begeistert. Er sah darin zu Recht eine symbolische Handlung für aufkommendes Deutschtum, das eine Freiheitsbewegung ohne fortschrittliche, das heißt freiheitliche Momente darstellte. Hegel schrieb: »Daß man bei einer feierlichen Gelegenheit den Code Napoléon verbrannt hat, kann als eine traurige Erscheinung unter unserer Jugend betrachtet werden. (...) Der Code Napoléon enthält jene großen Prinzipien der Freiheit, des Eigentums und der Beseitigung alles dessen, was aus der Feudalzeit überkommen ist.«[91] Hegel war der Auffassung, daß man nicht hinter das bürgerliche Gesetzbuch zurückfallen dürfe, nur weil es aus Frankreich importiert worden war. Das verletzte die Prinzipien der Vernunft und brachte schlicht zum Ausdruck, daß diese Volksbewegung nicht wußte, was sie wollte, was zu ihrem Besten diente, was die Vernunft wollte. »Da nach Hegel keine legitime Möglichkeit besteht, hinter das von der Revolution erreichte, universale Prinzip der Freiheit und der Rechtsordnung zurückzufallen, ohne die Gesamtentwicklung auf eine niedrigere, weltgeschichtlich bereits überholte Stufe des Bewußtseins herabzudrücken, sind die Postulate der Revolution inhaltlich in jede künftige gesellschaftliche Ordnung aufzunehmen.«[92]

Der Wunsch nach einem völkischen Krieg, der nach Hegels Argumentation gewiß kein *glücklicher* gewesen wäre, wurde in Teilen dieser Volksbewegung offen ausgesprochen; er sollte zur Herstellung der deutschen Einheit führen. Von dieser Bewegung gingen auch Bücherverbrennungen und Pogrome gegen Juden aus. In der national-liberalen Befreiungsbewegung kam ein komplexes Ressentiment-Bewußtsein gegen das schlicht Fremde zum Ausdruck, das mit einer völkischen Identität in Einklang zu bringen versucht wurde. »Dort wurde viel von Freiheit und Gleichheit gesprochen, aber es war eine Freiheit, die das althergebrachte Vorrecht einzig der germanischen Rasse sein sollte und eine Gleichheit, die allgemeine Armut und Entsagung bedeutete, Kultur wurde als Besitz der Reichen und Ausländer betrachtet, dazu angetan, das Volk zu korrumpieren und zu verweichlichen. Franzosenhaß ging mit dem Haß gegenüber Juden, Katholiken und ›Adligen‹ einher.«[93]

---

90 Ebd., S. 53 f.

91 G.W.F. Hegel zit. n. Detlev Claussen: *Grenzen der Aufklärung. Die gesellschaftliche Genese des modernen Antisemitismus*, Frankfurt am Main 1994, S. 129.

92 Oskar Negt: *Die Konstituierung der Soziologie zur Ordnungswissenschaft. Strukturbeziehungen zwischen den Gesellschaftslehren Comtes und Hegels*, Frankfurt am Main/Köln 1974, S. 89.

Aufgrund der Ermordung des Schriftstellers und mutmaßlichen russischen Spions Kotzebues durch Burschenschaftler im Jahre 1819 spitzten sich die Verhältnisse in den deutschen Ländern zu. Die Karlsbader Beschlüsse sahen schließlich eine autoritäre Handhabe gegen sämtliche liberalen Gruppierungen vor. Die Repressionen trafen nicht nur die Burschenschaften, die verboten und verfolgt wurden, sondern auch die noch verbliebenen deutschen Jakobiner sowie im Prinzip das gesamte liberale Bürgertum, das ohnehin nach der Enthauptung des Königs Ludwig XVI. im Jahre 1793 von dem radikalen Verlauf der Französischen Revolution tief geschockt war und die alte Ordnung: das *ancien régime* zu romantisieren begonnen hatte.[94]

Die Karlsbader Beschlüsse erstickten bis 1830 die liberale Bewegung in den deutschen Ländern. Die bürgerlichen Oppositionellen emigrierten oder zogen sich wegen der politischen Hoffnungslosigkeit resigniert ins Private zurück. Erst die Julirevolution in Paris im Jahre 1830 belebte schließlich wieder die Opposition in den deutschen Ländern. 1832 nahmen trotz des politischen Versammlungsverbots etwa 30 000 Demokraten an dem Hambacher Fest teil, einer nationalen Feier aus Anlaß des Jahrestages der bayrischen Verfassung. Auf diesem Fest wurde abermals die nationale Einheit verlangt, und es tauchten zum ersten Mal schwarz-rot-goldene Fahnen auf, die seitdem als Symbol der national-demokratischen Bewegung galten. Diese Bewegung erstarkte kontinuierlich über das nächste Jahrzehnt, so daß bis 1848/49, als abermals über Europa eine Welle von Revolutionen ging, sich in den deutschen Ländern wieder eine politische oppositionelle Öffentlichkeit mit Vereinen, politischen Klubs und Zirkeln herausgebildet hatte.

Von der mißglückten Revolution 1848/49 bis zum Ersten Weltkrieg

Die oppositionelle Bewegung in den deutschen Ländern verlangte 1848 die Aufhebung der Karlsbader Beschlüsse, eine Gewährleistung der Menschen- und Bürgerrechte, sowie politische Mitbestimmung, soziale Gerechtigkeit und außerdem die Einheit der deutschen Nation, die immer noch nicht zustande gekommen war. Die Revolution verlief zunächst durchaus erfolgreich: Es wurden viele liberale Kabinette gebildet, und Verfassungen wiedereingeführt. Die liberalen Regierungschefs hoben die Karlsbader Beschlüsse in ihren Ländern auf. Aber die progressive Entwicklung währte nicht lange,

93 Herbert Marcuse: *Vernunft und Revolution. Hegel und die Entstehung der Gesellschaftstheorie*, 8. Aufl., Frankfurt am Main 1990, S. 162 f.

94 Vgl. Moshe Zuckermann: *Das Trauma des »Königsmordes«. Französische Revolution und deutsche Geschichtsschreibung im Vormärz*, Frankfurt am Main 1989.

weil aufgrund eines Zusammengehens des liberalen Besitzbürgertums mit den reaktionären Klassen die Revolution wieder niedergeschlagen wurde, so daß sich in Preußen und Österreich wie auch in den deutschen Klein- und Mittelstaaten die Reaktion durchsetzen konnte, die sämtliche progressiven Beschlüsse wieder rückgängig machte. Die Paulskirchenbewegung hatte sich in der Auseinandersetzung mit dem Problem der deutschen Einheit an der Frage, wie groß dieses Deutschland werden solle, zerstritten und der Reaktion damit genügend Zeit gegeben, ihre Kräfte zu reorganisieren.[95]

Die liberale Mehrheit des deutschen Bürgertums wollte keine radikalen Veränderungen unterstützen; letzten Endes war ihr die Freiheit des Eigentums wichtiger als die politische Selbstbestimmung. Der politische Liberalismus war zutiefst gespalten: Er mußte einen Kampf an zwei Fronten führen. Sein Ziel war die Errichtung eines verfassungsmäßigen Rechtsstaats, als deren notwendige Voraussetzung die Herstellung der deutschen Einheit in Form eines zu schaffenden Nationalstaates galt. Während in anderen europäischen Ländern dieser Prozeß längst vollzogen war, schien sich in den deutschen Ländern das ganze zu einem scheinbar unlösbaren Problem zu entwickeln. Einheit und politische wie ökonomische Freiheit waren auf keinen gemeinsamen Nenner zu bringen, zumal mittlerweile einerseits sozialistische Ideen Einzug in Teile der liberalen und radikaldemokratischen Bewegung erhielten, die den bürgerlichen Liberalismus, insbesondere die liberalen Eigentumsrechte in Frage zu stellen begannen, und andererseits Nationalliberale zugunsten der Einheit Deutschlands zu dem Verzicht auf bürgerliche Freiheiten bereit waren.

Mit dieser gescheiterten Revolution war dem deutschen Bürgertum endgültig die revolutionäre Herausbildung von Selbstbewußtsein abgegangen. Der Obrigkeitsstaat wurde nicht beseitigt, im Gegenteil: Aus Furcht vor der stetig erstarkenden Arbeiterbewegung begann das obrigkeitshörige Besitzbürgertum mit der obrigkeitsstaatlichen Gewalt zu paktieren. Die Nicht-Emanzipation der bürgerlichen Gesellschaft gegenüber der Aristokratie und den feudalen Klassen wirkte sich fatal aus. Ihrem Verständnis und politischen Gebilde nach war die deutsche Gesellschaft eine Kulturnation, die die Sphäre des politischen Staates nicht erreicht hatte, statt dessen dem völkischen Programm der Herstellung einer territorialen und ethnisch homogenen Einheit der deutschen Nation den Boden bereitete. Die Einheit sollte notfalls auch durch Krieg hergestellt werden; jedenfalls hatte sich in der Frankfurter Nationalversammlung unter den liberalen Abgeordneten

95 Vgl. Wolfgang J. Mommsen: *1848. Die ungewollte Revolution. Die revolutionären Bewegungen in Europa 1830–1849*, Frankfurt am Main 1998.

derart aggressiver Nationalismus und Kriegseuphorie breitgemacht,[96] so daß sämtliche ursprünglich vorhandenen Sympathien etwa seitens Frankreich oder England wieder verloren gingen.[97] Mit anderen Worten: Der Einheitsgedanke gewann Vorrang gegenüber den politischen Freiheitsrechten und der politischen Selbstbestimmung.

Die Reaktion nahm die 1848/49 für kurze Zeit realisierten liberalen Errungenschaften wieder zurück und festigte die alten Regime in den folgenden Jahrzehnten derart, daß bis 1918 sich keine bürgerliche Partei oder Gruppierung mehr getraut hatte, sich demokratisch zu nennen. Die reaktionären Regierungen in den deutschen Ländern begannen zwar Verfassungen einzuführen, aber diese waren keine Konzessionen an die liberalen Kräfte, sondern das Resultat des Sieges der Reaktion über die demokratische Bewegung. Die Verfassung war wie etwa in Preußen von oben oktroyiert und stellte den durchsichtigen Versuch dar, die Bevölkerung mit der Monarchie auszusöhnen. Gleichzeitig wurde die Wirtschaft weiter liberalisiert, womit die Obrigkeit den Rückzug des Bürgertums, dem die Sicherung seines Eigentums wichtiger war als politische Selbst- oder Mitbestimmung, aus dem Politischen förderte. Die preußische Verfassung blieb in ihren wesentlichen Aspekten bis 1918 in Kraft.

In den sechziger Jahren des 19. Jahrhundert wuchs in den deutschen Ländern und vorrangig in Preußen die Überzeugung heran, daß die Reichseinigung nur hergestellt werden könne über einen Krieg gegen Frankreich, das ein verhaßter Konkurrent im Streit um die Hegemonie im europäischen Kräftespiel war. Der deutsch-französische Krieg von 1870/71 führte denn auch zur Einigung der deutschen Länder, die sich geschlossen Frankreich entgegenstellten. Der Krieg fungierte als Nationalkrieg. Die Reichsgründung von 1871 im Spiegelsaal von Versailles hatte zwar die deutsche Einheit erbracht, nicht aber die Volkssouveränität. »Als eine Gründung des 19. Jahrhunderts ohne Staatsidee fiel die nur bedingt nationalstaatliche Konsolidierung des deutschen Volkes in die Zeit einer bereits vorgeschrittenen Skepsis an dem Wertesystem des Humanismus. Der Mangel einer Staatsidee hielt den Antagonismus der beiden Reichstraditionen im deutschen Bewußtsein wach. Das im Zuge der Verweltlichung immer stärker werdende Nationalbewußtsein fand in Deutschland auch nach der Bismarckschen Reichsgründung keine Form und keinen Halt an einer Staatsidee, wie schon

96 »Wir werden ein blutiges und völliges Kriegsleben zu führen haben.« – Wie eine unheilvolle Prophezeiung, die sich bewahrheitet hat, wirkt dieser Satz, der von dem liberalen Abgeordneten Friedrich CH. Dahlmann stammt, 100 Jahre und zwei Weltkriege später.

97 Vgl. Hans Seifert: *Die deutsche Frage 1848/49*, Stuttgart 1968, Nr. 33, 35, 37 und 39.

Jahrhunderte früher Frankreich, England und die Vereinigten Staaten ihn gefunden hatten.« – »Als Ersatz (…) übernahm der romantische Begriff des Volkes die Rolle einer politischen Idee.«[98]

Die Reichsgründung war das Werk des preußisch-konservativen Monarchisten Bismarck. Als Monarchist lehnte er die Mit- oder Selbstbestimmung des Volkes ab. Die Reichsverfassung, die Bismarck entwarf, sah den preußischen König stets als deutschen Kaiser vor, der die exekutive Gewalt ausübte und die Oberbefehlsgewalt über das Reichsheer innehatte. Parlament und Regierung hatten keinerlei Kontrolle über die Streitkräfte. Der Reichskanzler, Chef der Regierung, wurde allein vom Kaiser ernannt und war allein diesem gegenüber verantwortlich. Die Regierung war dem Parlament gegenüber nicht verantwortlich. Lediglich über das Budgetrecht konnte der Reichstag Einfluß etwa auf die deutsche Außenpolitik ausüben.

Auch wenn im europäischen Ausland gegenüber der deutschen Einheit überwiegend Verständnis aufgebracht wurde, regte sich aufgrund der Hegemonie der preußischen Monarchie über das Deutsche Reich die Besorgnis, mit der neuen Macht in der Mitte des Kontinents könnte eine preußisch-deutsche Hegemonie in Europa entstehen, deren Folgen Krieg und Unterdrückung sein könnten. Wenn auch Bismarcks außenpolitische Bündnispolitik darauf abzielte, das Deutsche Reich in das politische Gefüge Europas zu integrieren, um einen Krieg zu verhindern, wie Konservative hervorzuheben nicht müde werden, so war diese Politik keineswegs friedlich; sie mündete geradewegs in die imperialistische Phase deutscher Großmachtphantasie und in den Ersten Weltkrieg.[99] Dies ins allgemeine Bewußtsein geführt, gar eine Kontinuität von Bismarck zu Hitler aufgezeigt zu haben, war das Verdienst des Historikers Fritz Fischer, der mit seinem 1961 erschienenen Buch »Griff nach der Weltmacht« die konservative Hegemonie in der Geschichtsschreibung, begleitet von einem Sturm der konservativen Entrüstung, beendete.[100]

---

98 Plessner: *Die verspätete Nation*, a. a. O., S. 41.

99 Vgl. Gregor Schöllgen: *Das Zeitalter des Imperialismus*, München 1986, S. 23.

100 »Erst eine neue Sichtweise, die den Ersten Weltkrieg und die dreißigjährige Regierungszeit Wilhelms II. in den Mittelpunkt der historischen Analyse der neueren deutschen Geschichte stellte, mitsamt ihren verfassungspolitischen Voraussetzungen in der Bismarckschen Reichsverfassung sowie mit ihren Auswirkungen auf Gesinnung und Vorstellungen vor allem der Führungseliten in den zwei Jahrzehnten nach dem Krieg, ermöglichten es, Linien der Kontinuität von Bismarck zu Hitler zu ziehen (so verschieden auch beide Persönlichkeiten sein mochten), durch die das Preußisch-Deutsche Reich trotz aller relativen Diskontinuitäten als eine historische Einheit gegenüber dem Vor- und Nachher geschichtlicher Erscheinungen auf deutschem Boden erscheint.« – Fritz Fischer: *Juli 1914: Wir sind nicht hineingeschlittert. Das Staatsgeheimnis um die Riezler-Tagebücher*, Hamburg 1983, S. 7.

Weimarer Republik und »Drittes Reich«

Mit Ende des Krieges wurde die erste Republik auf deutschem Boden gleich zweimal ausgerufen. Die bürgerliche Republik kam für Deutschland so spät, daß eine revolutionäre Arbeiterbewegung auf ihrem Weg zu sozialistischen Ufern diese am liebsten gleich übersprungen hätte. Dem Wesen nach war die Weimarer Republik allerdings nur ein Gestaltwandel des weiterhin fortexistierenden Deutschen Reiches. Der Nationalstaat blieb für breite Teile des konservativen und nationalliberalen Bürgertums unvollendet; dies zum einen weil der Versailler Vertrag zu diversen Gebietsverlusten geführt hatte, so daß etwa zehn Millionen Deutsche außerhalb des Reichsgebiets lebten. Zum anderen, weil der Versailler Vertrag zu massiven Einschränkungen der nationalstaatlichen Souveränität führte. »In seiner Bedrängnis derart auf sich selber zurückgeworfen, erlebte Deutschland am Konflikt mit den alten Nationen Europas das europäische Schicksal in der Potenz. Sein Kampf mit Europa um Europa, primär gerichtet auf Wiederherstellung seiner Macht, mußte den Boden der humanistisch-liberalen Tradition der saturierten, im Kriege siegreichen Westmächte in Frage stellen. Sein Protest gegen den Frieden von 1919 ist also nicht einfach der Ausdruck seiner Niederlage, auch nicht die bloße Antwort auf die Ideen der Demokratie und der bürgerlichen Freiheit, mit denen die Gegner ihn gewonnen haben. Er ist der Protest gegen das geschichtliche Verhängnis, das einem zentraleuropäischen Staat weit mehr aus Gründen seiner vieldeutigen Tradition als durch einfache Gewalt den Weg zur nationalen Einheit verwehrt. In ihm sucht Deutschland nach einer neuen Existenzform für sich selbst in einem national durchgegliederten Europa und entfesselt damit einen Konflikt zwischen seinen ihm geschichtlich zugefallenen Möglichkeiten und der humanistischen Ideologie Westeuropas.«[101]

Es war eine weit verbreitete Ansicht in der deutschen Bevölkerung gewesen, man müsse den als »Schanddiktat« verpönten Friedensvertrag wieder ungeschehen machen, zugleich wurde Deutschland in diesem Kontext »das Zentrum der Skepsis am europäischen Wertesystem«[102], um Auswege aus den auferlegten Beschränkungen der politischen und ökonomischen Souveränität zu finden. Aus diesem Grund folgte auf den Versailler Vertrag nicht bloß Revisionismus, sondern »Verlangen auf eine Umwertung der Grundlagen jenes Systems (...), nach dem die Siegermächte die Beschränkung fixiert haben.«[103] Das Wertesystem, gegen das sich der Widerstand

---

101 Plessner: *Die verspätete Nation*, a. a. O., S. 37.
102 Ebd., S. 35 f.

richtete, ist der politische Humanismus (»westliche Wertegemeinschaft«).[104] Dem verbalen Revisionismus sollten die Taten Hitlers folgen, der mit dem Anschluß Österreichs, der sogenannten »Heimholung ins Reich« auch der sudetendeutschen Gebiete der Tschechoslowakei sowie des Memelgebiets Litauens auf breite Zustimmung in der deutschen Bevölkerung und zunächst noch auf Verständnis im westeuropäischen Ausland stieß, jedenfalls solange die »Heim-ins-Reich«-Politik nicht allzu aggressiv, das heißt ohne Krieg verlief.[105]

Die Weimarer Republik war nicht zu letzt daran gescheitert, daß der bürgerliche Liberalismus aufgrund der vorangegangenen Geschichte des 19. Jahrhunderts zu schwach gewesen war, die Republik gegen den aufkommenden Nationalsozialismus zu verteidigen. Das Proletariat war wiederum nicht revolutionär genug, um den Kapitalismus zu überwinden. Der obrigkeitshörige autoritäre Charakter des deutschen liberalen Bürgertums bildete letztendlich das massenpsychologische Fundament: die Keimzelle für den Faschismus. Nach der Niederschlagung der Arbeiterbewegung durch eine opportunistisch handelnde SPD (Noske, Ebert) war der Weg in den Faschismus ohne große Hindernisse. In der letzten Phase der zunehmenden, von der Weltwirtschaftskrise ausgelösten materiellen Not konnten sich viele Arbeitslose und Arbeiter für Hitler begeistern, der den Glanz der alten Größe des Reiches wiederherzustellen versprach, sowie die innere Einheit der Volksgemeinschaft jenseits von Klassenkämpfen, derer viele während der Weimarer Zeit überdrüssig geworden waren. So hatten die Nationalsozialisten ein leichtes Spiel gehabt, die republikanischen Fundamente wieder zu beseitigen und die demokratischen Ansätze als »undeutsch« zu geißeln – auch wenn sie bei den Wahlen 1933 auf demokratischem Wege keine eigene Mehrheit erlangt hatten.

Die Nazis waren nicht nur die zynischen Erben des monarchistischen Reichsgründers Bismarcks, sondern auch der national-liberalen Bewegung in den deutschen Ländern seit ihren Anfängen – jedenfalls hinsichtlich der völkischen, chauvinistischen und antisemitischen Traditionslinie. Die Nationalsozialisten liquidierten die liberal-demokratischen Ansätze am nationalstaatlichen Prinzip und führten damit einen vom monarchischen Geist befreiten Absolutismus ein; das Ergebnis war ein faschistischer, totalitärer Führerstaat, der als Grundlage für den zweiten kriegerischen Griff nach der

103 Ebd., S. 36.

104 Vgl. Gregor Schöllgen: *Die Macht in der Mitte Europas. Stationen deutscher Außenpolitik von Friedrich dem Großen bis zur Gegenwart*, München 1992, S. 92 ff.

105 Vgl. ebd., S. 104 f.

Weltmacht diente, auch um die Folgen des ersten und mißratenen Griffs (Versailler Vertrag) wieder ungeschehen zu machen. Mit dem Massenmord an den europäischen Juden begangen die Nationalsozialisten zudem das größte Verbrechen in der Menschheitsgeschichte, das bis auf den heutigen Tag einzigartig geblieben ist. Plessner schreibt, daß die »rassenmäßige Begrenzung der menschlichen Natur« dem Blutglauben ein Mittel gewesen ist, die »demokratische Gleichmacherei« zu beenden, und das eigene Volk in der Welt als Herrenvolk zu behaupten.[106]

1945–1989: Besatzungszeit, Teilung

Der Zweite Weltkrieg endete mit der bedingungslosen Kapitulation und Besetzung des deutschen Staatsgebiets durch die alliierten Siegermächte. Mit dem »deutschen Sonderweg« jenseits der historisch gewachsenen und als *westlich* verstandenen demokratischen sowie republikanischen Normen sollte ein für alle mal Schluß sein. Die alliierten Siegermächte aberkannten die außen- und innenpolitische Souveränität des Deutschen Reiches und übernahmen die oberste Regierungsgewalt. Sie teilten das deutsche Staatsgebiet entsprechend den Grenzen von vor 1937 in vier Besatzungszonen auf. Im Potsdamer Abkommen verständigten sich die Siegermächte auf den zukünftigen Umgang mit dem besiegten deutschen Staat, der demokratisiert, entmilitarisiert sowie entnazifiziert, dekartellisiert und dezentralisiert werden sollte. Einig wurden sich die Alliierten auch darüber, daß die Deutschen wegen ihrer preußisch-autoritären Traditionen, die als Wurzeln des Militarismus identifiziert wurden, einer allgemeinen Umerziehung unterworfen werden müßten. Von Deutschland sollte nie wieder eine Gefahr für die Welt ausgehen.

Die Potsdamer Konferenz enthielt aber auch das Angebot der Wiedererlangung nationaler Souveränität insofern der deutsche Staat auf einen zukünftigen Hegemonieanspruch innerhalb Europas für alle Zeiten verzichten würde.[107] Der Marshallplan sah nicht nur für die wirtschaftlich durch den Krieg extrem geschwächten Länder Europas, sondern auch für die deutschen Besatzungszonen ein Wiederaufbauprogramm vor. Da die Bedingung für die US-Kreditvergabe die Einigung auf ein einheitliches Wirtschaftssystem innerhalb Europas gewesen war, wurden allerdings zwangsläufig die unter den Einfluß der Sowjetunion geratenen Länder, insbesondere die

106 Vgl. Plessner: *Die verspätete Nation*, a. a. O., S. 187.

107 Vgl. Gerhard Stuby: *Die »gefesselte« Souveränität der Bundesrepublik. Zur Entwicklung der BRD im Rahmen der US-Globalstrategie*, Heilbronn 1987, S. 215.

sowjetisch besetzte Zone Deutschlands vom Marshallplan ausgeschlossen. Damit war die Teilung Deutschlands, die 1949 mit der Gründung zweier deutscher Staaten vollzogen wurde, – aber ebenso die Teilung Europas – eine besiegelte Angelegenheit.

Mit Beginn des Kalten Krieges erhielt in der US-Globalstrategie die Eindämmung des Kommunismus gegenüber der Eindämmung des deutschen Imperialismus, welche ein besonderes Sicherheitsbedürfnis Frankreichs gewesen ist, Vorrang. Der US-Präsident Truman hatte den Globus in eine freie und eine totalitäre Welt eingeteilt. Mit Hilfe des Marshall-Planes sollte die freie Welt vor der Ausbreitung des Totalitarismus stalinscher Prägung verhindert werden, indem die vom Krieg gezeichneten westeuropäischen Länder umfassende Wirtschaftshilfen erhielten. Aber die Produktivität der westeuropäischen Wirtschaft konnte nicht wiederhergestellt werden, ohne Westdeutschland in die Wirtschaftshilfe mit einzubeziehen. Die Truman-Doktrin aus dem Jahre 1947 machte deutlich, daß es zu einer bipolaren Konfrontation zwischen dem Westen und Osten in Form von antagonistischen militärischen Paktsystemen kommen und Westdeutschland als Demarkationslinie innerhalb Europas eine Schlüsselrolle einnehmen werde. Dies galt zu diesem Zeitpunkt auch schon in militärischer Hinsicht: In US-amerikanischen Kreisen war spätestens mit den erfolgreichen Atombombenversuchen der Sowjetunion Ende 1949 die Wiederaufrüstung Westdeutschlands eine zwingende Angelegenheit, deren Umsetzung lediglich eines günstigen Zeitpunktes bedurfte, um vor allem Frankreich gegen seine Sicherheitsbedürfnisse von der Notwendigkeit überzeugen zu können. Der US-Außenminister John F. Dulles schreibt 1950: »Nur mit Deutschland kann man zu einer Militärmacht in Westeuropa gelangen, die stark genug wäre, den Kommunismus zurückzudrängen.«[108]

Das zwangsläufige Auseinanderbrechen der Anti-Hitler-Koalition führte schließlich in den Westzonen zur Relativierung der Entfaschisierungs- und Demokratisierungsabsichten; sie wurden nur insofern weiter ernsthaft durchgezogen, als sie die kapitalistische Grundstruktur Westdeutschlands nicht gefährdeten.[109] Das Sicherheitsbedürfnis Frankreichs gegenüber einer widererstarkenden deutschen Wirtschafts- und Militärmacht versuchte man parallel über die Westbindung der Bundesrepublik zu bedienen. Nur im Rahmen einer europäischen Integration sei es möglich, ein wieder zu Kräften gekommenes Wirtschaftspotential Westdeutschlands zu kontrollieren.[110]

108 John F. Dulles: *Krieg oder Frieden*, Wien/Stuttgart 1950, S. 229.
109 Vgl. Stuby: *Die »gefesselte« Souveränität der Bundesrepublik*, a. a. O., S. 58.

Die Bundesrepublik wurde über eine Reihe von Abkommen und Verträge (Petersberger Abkommen, NATO-Beitritt, Pariser Verträge, WEU-Beitritt, EVG-Vertrag, Deutschland-Vertrag) systematisch in den »Westen« einbezogen. Diese Westintegration hatte den Zweck, die Gefahr, die in der Vergangenheit von Deutschland ausging, einzudämmen. Gleichzeitig sollte damit im begonnenen Kalten Krieg eine Eindämmung des Expansionsdranges der Sowjetunion erfolgen. Mit der Westintegration wurden der Bundesrepublik Souveränitätsrechte wieder zuerkannt, die 1955 zum Ende der offiziellen Besatzungszeit führten. Die Souveränität der Bundesrepublik konnte bis 1989/90 allerdings nur als *eingeschränkt* gelten, da die Westmächte in einigen wesentlichen Fragen weiterhin Vorbehaltsrechte beanspruchten.[111] Seit 1989/90 genießt das vereinte Deutschland *formal* vollständige Souveränität nach innen und außen.

Weil das heutige Europa durch seinen politischen Humanismus und in tiefer Skepsis vor den Folgen einer ausufernden Globalisierung trotz EU-Integration an der Nationalstaatlichkeit festhält, konnte die »postnationale Konstellation«, in der sich Deutschland seit 1945 und bis 1989/90 befunden hat, nicht zur Norm für Europa werden. Deshalb mußten sich in dieser Hinsicht weniger die anderen europäischen Staaten »normalisieren«, als vielmehr der deutsche Staat an die europäische Norm in Gestalt der »westlichen« Nationalstaatlichkeit anpassen, das heißt, die Attribute eines souveränen Nationalstaats aneignen.[112] In einem weiteren Schritt mußte und muß der deutsche Staat zusammen mit seinen europäischen Nachbarn zugunsten der höheren, europäischen Integrationsebene in bestimmtem Umfang seine nationalstaatliche Souveränität wieder abgeben. – Die nationalstaatliche Normalisierung ist deshalb eine Zwischenphase, die von einer abschließenden Phase der europäischen Normalisierung abgelöst wird, worunter kaum etwas anderes verstanden werden kann als die sukzessive Herausbildung einer europäischen Nationalstaatlichkeit.

---

110 Vgl. John Gimbel: *The Origins of the Marshall Plan*, Stanford 1976, S. 197 ff.

111 Vgl. Herbst: *Option für den Westen*, a. a. O., S. 61.

112 Die postnationale Konstellation – adäquate Konsequenz aus der Niederwerfung des deutschen Imperialismus durch die europäischen und transatlantischen Mächte, erscheint am Ende des 20. Jahrhunderts im europäischen Maßstab als nicht mehr *zeitgemäß*, gemessen an den Zeitmaßen der europäischen Integration zu *früh*. Die deutsche Nation bekommt schon wieder ein Problem mit den Zeitmaßen und will keine neue *Sonderrolle* einnehmen und verteidigt einen Rückschritt.

5. Das »Versprechen der Normalität« – Zum Verhältnis von Vergangenheitspolitik und außenpolitischer Normalisierung

Hinter den Normalisierungsprozessen stand in der alten Bundesrepublik ein Kampf um kulturelle und politische Hegemonie zwischen Liberalen und Linken auf der einen und Konservativen und Rechten auf der anderen Seite. Man könnte diesen »Normalisierungskampf« auch zeitlich bereits mit dem Ende des Ersten Weltkrieges beginnen lassen. Damals ging es den Rechten um die Wiederherstellung der alten Reichsgröße und der Handlungsfreiheit des Deutschen Reiches, welches durch den Versailler Vertrag eingeschränkt wurde, sowie um den Stellenwert der Weimarer Republik. Unter diesen vorgelagerten ersten Normalisierungsversuch fielen dann auch das »Dritte Reich« und der Weg in die Katastrophe. Im ganzen wäre dieser Normalisierungsversuch bis 1945 eindeutig reaktionären Charakters, der im Zuge der Katastrophe genau den Ausgangspunkt geschaffen hat, der sich nach Ende des Zweiten Weltkrieges und der Befreiung von Auschwitz für den westdeutschen Staat, der die Rechtsnachfolge des zerschlagenen »Dritten Reiches« angetreten ist, ergeben hat. Die Normalisierungsschritte der zweiten Phase (1945–1989), die vor allem Konrad Adenauer mit der Westbindung und Willy Brandt mit der Ostannäherung vollzogen haben, sind nicht mehr reaktionären, wohl aber zu Beginn mit Adenauer restaurativen Charakters gewesen,[113] denn es ging einerseits zwar um die demokratische Verankerung des deutschen Staates im »Westen«, andererseits aber um die Wiederherstellung einer größtmöglichen Handlungsfreiheit inmitten der bipolaren Blockkonfrontation des Kalten Krieges, das heißt auch zwischen dem geographischen Westen und Osten, als mitteleuropäischer und geteilter »Frontstaat«. Die Nachkriegszeit bis 1989/90 als zweite Normalisierungsphase hat es mit der Realisierung der Vorbedingungen einer vollständigen Re-Souveränisierung des nach 1945 in seiner Souveränität aberkannten deutschen Staates zu tun gehabt, die bis 1989 nur in eingeschränktem Maße zurückerlangt werden konnte.

Die dritte und letzte Normalisierungsphase, die 1989/90 begann, ist schließlich diejenige, die in ihrer Begriffsbezeichnung zu sich selbst gekommen ist. Erst die Aufhebung der deutschen Teilung im Zuge der deutschen Einheit hat einen gesamtdeutschen Normalisierungsprozeß, das heißt die Bedingungen ihrer Finalität möglich gemacht. Alles Gerede von Normalisierung, welches

113 Allerdings in dem komplexen Sinne, wie der Restaurationsbegriff in Kapitel 6, Teil I diskutiert wird.

vor der Wiedervereinigung mit der sogenannten »Tendenzwende«[114] Mitte der 1970er Jahre begann und 1986 schließlich im Historikerstreit kulminierte, war noch durch die Fortexistenz der deutschen Teilung, die dem Wunsch nach Normalität gleichsam wie eine offene Wunde erscheinen mußte, ins Zwielicht gerückt.

Die Wendung vom »Versprechen der Normalität« stammt von dem Erlanger Historiker und ehemaligen Kohl-Berater Michael Stürmer, der 1986 besorgt danach fragte, wie die Deutschen in der Zukunft ihr Land sehen würden. Stürmer konstatierte in Deutschland in Bezug auf die jüngste Geschichte (»Drittes Reich«) eine eklatante Erinnerungslosigkeit. »Wer (...) meint, daß alles dies auf Politik und Zukunft keine Wirkung habe, der ignoriert, daß in einem geschichtslosen Land die Zukunft gewinnt, wer die Erinnerung füllt, die Begriffe prägt und die Vergangenheit deutet.«[115] Vor diesem Hintergrund sah Stürmer eine große Gefahr, ausgehend von der Rechten und der Linken, die in der allgemeinen Orientierungslosigkeit der Gegenwart die Geschichte für ihre Zwecke instrumentalisierten und dem Bedürfnis nach nationaler Identität ihre verzerrte Interpretation der Geschichte anböten. Durch diese Instrumentalisierungen nehme die politische Kultur schweren Schaden. Die »Suche nach der verlorenen Geschichte« erweise sich als »moralisch legitim und politisch notwendig«, weil die Bundesrepublik »weltpolitische und weltwirtschaftliche Verantwortung« zu tragen habe. »Denn es geht um die innere Kontinuität der deutschen Republik und ihre außenpolitische Berechenbarkeit.«[116] Angestoßen durch Stürmers Überlegungen fingen die Konservativen ihren Orientierungsverlust durch Identitätssuche zu kompensieren an.

Im Historikerstreit ging es darum, bestimmte Phasen der deutschen Vergangenheit aus dem nationalsozialistischen Kontext herauszulösen, um durch einen positiven Bezug auf sie die Gegenwart zu normalisieren. Jürgen

---

114 »Wir sind wieder wer, nämlich eine Nation, die ihren Nachbarn eine Gänsehaut über den Rücken jagt. Man hat diese Normalisierung unseres politischen Lebens auf den Namen Tendenzwende taufen wollen. Er ist allzu bescheiden. Ein solcher Ausdruck stellt als passives Geschehenlassen hin, wozu doch eine erhebliche Anstrengung nötig war, ein wahrer Kraftakt, ein methodisches Zertrümmern demokratischen Porzellans, ein zielsicheres, fleißiges, elefantenhaftes Trampeln. (...) Wie vieler Überstunden bedurfte es, um eine gesellschaftliche Bewegung einzuschüchtern, die Hunderttausende von jungen Deutschen ergriffen hatte!« – Hans Magnus Enzensberger: »Traktat vom Trampeln«, in: *Der Spiegel* vom 14. Juni 1976.

115 Michael Stürmer: »Geschichte in geschichtslosem Land«, in: *»Historikerstreit«, Die Dokumentation der Kontroverse um die Einzigartigkeit der nationalsozialistischen Judenvernichtung*, München 1987, S. 36–38; vgl. *FAZ* vom 25. April 1986.

116 Ebd.

Link schreibt, daß Befürworter und Gegner einer Historisierung des Nationalsozialismus einen »nicht definierten, diskussionslos als tragfähig vorausgesetzten Normalitäts-Begriff« benutzten, in dem ganz unterschiedliche, sich kreuzende und auch widersprechende Konnotationen zum Ausdruck kamen.[117]

Die sich aufgrund unterschiedlicher politischer Referenzsubjekte bezüglich dessen, was »deutsche Identität« sein soll, ergebene Unsicherheit ist mit den Ereignissen von 1989/90 aus der Welt geschaffen und damit das »Versprechen der Normalität« scheinbar eingelöst worden und ihre Debatte unter günstigeren Vorzeichen in die finale Phase eingetreten. Der Historiker Christian Meier nimmt 1990 eine Bilanzierung vor, die die ganze oberflächliche Ambivalenz einer undialektischen Inanspruchnahme von Normalität erkennen läßt.[118] Normalität wird zugleich verneint und Normalisierung vollzogen: Was immer sich bewußt oder unbewußt durch Geschichte an »typisch deutschen« Eigenschaften tradiert habe, nunmehr könne nicht mehr die Gefährlichkeit dieser Eigenschaften behauptet werden. Der totale Zusammenbruch des Faschismus 1945 habe den problematischen Attitüden den Garaus gemacht. »Beachtliche Resultate« eines unumkehrbaren Lernprozesses (pluralistische Toleranz, Demokratie, Rechtstaatlichkeit, Verfassungspatriotismus) sollen Garanten für eine unwiderruflich überwundene Phase des deutschen Nationalismus sein. Die Erinnerung an Auschwitz werde durch die in der Bundesrepublik »insgesamt erfreuliche Geschichte« seit 1945 »ein Stück weit gemildert«; jedenfalls dürfe Auschwitz kein Hinderungsgrund für die Integration der deutschen Republik in die Weltgesellschaft sein. Neuen Aufgaben müsse sich die deutsche Nation stellen, die nunmehr keine Möglichkeit mehr habe, einen Sonderweg zu gehen, das heißt, »den politischen Zwerg zu

117 Vgl. Link: *Versuch über den Normalismus*, a. a. O., S. 18. – Drei unterschiedliche Konnotationen im Gebrauch des Normalitätsbegriffs stellt Link fest: 1.) Normalisierung als »Einreihung eines Phänomens in ein Feld vergleichbarer anderer Phänomene«, 2.) Normalität als »Normal-Biographie« bzw. als »normale Entwicklung/Reifung« eines Staates, dessen »Sonderweg« geleugnet wird, um einem »Normal-Nationalismus« zu etablieren, und 3.) Normalität als psychiatrische/psychologische Pathologie (»erschreckende Normalität« Eichmanns – vgl. Hannah Arendt: *Eichmann in Jerusalem. Ein Bericht von der Banalität des Bösen* (1964), 9. Aufl., München 1995, S. 326) – vgl. dazu Habermas: »Die komplexe Vorbereitung und weitverzweigte Organisation eines kühl kalkulierten Massenmords, in den Hunderttausende, indirekt ein ganzes Volk verwickelt waren, hat sich ja im Schein der Normalität vollzogen, war auf die Normalität eines hochzivilisierten gesellschaftlichen Verkehrs geradezu angewiesen. Das Ungeheuerliche ist geschehen, ohne den ruhigen Atemzug des Alltags zu unterbrechen.« – Jürgen Habermas: *Die nachholende Revolution*, Frankfurt am Main 1990, S. 150.

118 Vgl. Christian Meier: »Wir sind ja keine normale Nation«, in: *Die Zeit* 39/90.

spielen«. Gleichwohl sei Skepsis geboten, schließlich sei Deutschland »ja keine normale Nation«. Die gebotene Skepsis könne zu einem »aufgeklärten Nationalbewußtsein« beitragen, vermöge dessen »wir uns unseren Aufgaben« besser stellen könnten. – Solche Positionierungen legen den Schluß nahe, daß im Zuge der deutschen Einheit ein Normalisierungsprozeß eingeleitet wurde, mit dem ein Wandel des liberalen Selbstverständnisses einherging.[119] Damit ergeben sich für den Staat politische Handlungsspielräume, welche in der Nachkriegszeit noch unter vernünftig begründete Tabus gefallen waren.

Der Bundesaußenminister Klaus Kinkel interpretiert 1993 den möglich gewordenen Handlungsspielraum denn auch sehr klar: »Deutschland zu einem Partner zu machen, der in der Lage ist, das gesamte Spektrum an Pflichten zu übernehmen (...), ist eine vorrangige Aufgabe, mit der wir uns auf die Zukunft vorbereiten. Unsere Bürger wissen, daß die Zeiten vorbei sind, in denen wir uns in einer außergewöhnlichen Situation befinden. Wir sollten unsere Fähigkeit zur Normalität zu Hause und im Ausland demonstrieren, wenn wir nicht ernsthaften politischen Schaden davontragen wollen.«[120]

Weniger von politischer, aber dafür gleich von einer *existentiellen Bedrohung* schreibt Brigitte Seebacher-Brandt im selben Jahr in der *Frankfurter Allgemeinen Zeitung*, falls man nicht endlich zur Normalität zurückkehre: »Nazideutschland war von der Norm abgefallen, und so blieb den nachfolgenden Teilstaaten verboten, Normalität zu üben. Es gedieh jenes Ausnahmebewußtsein, das wie Blei auf der Seele liegt und nicht nur die Selbstgewißheit nach außen behindert, sondern auch nach innen. (...) Dürfen, weil die nazistischen Verbrechen jede Norm gesprengt haben, die Erben der Normalität entsagen? Folgt das eine aus dem anderen? Das Verbot von Normalität aus dem Bruch der Norm? (...) Die Norm, die gebrochen wurde, war eine sakrale. Die Gesetze, nach denen gelebt – weitergelebt – wird, sind profaner Natur und schreiben Normalität vor. Was sonst? Was soll sein, wenn nicht Normalität? (...) Normalität heißt: sein, wie andere sind. Andere Demokratien, die je auf eigene Weise zur Normalität haben finden müssen.«[121]

In Seebacher-Brandts Beitrag muß man verstärkt zwischen den Zeilen lesen. Die Norm die gebrochen wurde, sei eine »sakrale Norm« – es han-

---

119 Siehe dazu Kapitel 6, Teil I.

120 »Responsibility, Realism: Providing for the Future German Foreign Policy in a World Undergoing a Process of Restucturing«, *Statements and Speeches 16*, New York 1993, zit. n. Markovits und Reich: *Das deutsche Dilemma*, a. a. O., S. 33.

121 *FAZ* vom 15. November 1993.

delt sich dabei um die höchste Norm der Zivilisation, das ist das Prinzip der Menschlichkeit. Der Massenmord an den europäischen Juden war ein Verbrechen gegen die Menschlichkeit. Dieses als Verstoß gegen eine sakrale Norm zu bezeichnen, wäre durchaus zutreffend, solange mit »sakral« die Unantastbarkeit der Norm, nicht aber ihre Unerreichbarkeit gemeint ist. Seebacher-Brandt aber stellte das »Sakrale« dem »Leben« gegenüber, so als seien für sie sakrale Prinzipien in der Welt nicht lebbar. Was sie versuchte, ist eine pragmatische Abwiegelung der sakralen Norm zugunsten des Alltags. Es geht um das »Weiterleben«, und das sei »profaner Natur«, die nach nicht ausschaltbaren »Gesetzen« eingerichtet sei. Der Mensch lebt von seinem täglichen Brot, wollte sie sagen, Prinzipien allein machen nicht satt. Das Gesetz des Lebens, des *Überlebens* schreibe Normalität vor. Einer Bevölkerung könne deshalb das Recht auf Normalität nicht vorenthalten werden – auch wenn sie verantwortlich ist für das schlimmste Verbrechen in der Menschheitsgeschichte. Denn es sei kaum ein Recht als vielmehr eine Notwendigkeit, gleichsam ein Naturzwang, im Zustand der Normalität zu leben. Seebacher-Brandt gab der Frage des Überlebens, aus der sie mit Notwendigkeit die Praxis der Normalität ableitete, den Vorrang gegenüber einer Normativität, die sich gegen Normalität zur Wehr setzt. Ihr Argument ist das des alltagspolitischen Pragmatismus, in dem die utopischen Gehalte nahezu restlos aus den moralischen Impulsen entfernt sind.

Gegen das undialektische Normalitätsversprechen haben sich zunächst noch Anfang bis Mitte der 1990er Jahre viele Liberale und Linke zur Wehr gesetzt. Zusehends aber verblaßten die Gegensätzlichkeiten zu den Fragen des Umgangs mit der Vergangenheit, des Staatsverständnisses und der deutschen Außenpolitik. Jürgen Habermas bezeichnete die Beanspruchung von Normalität als »Lebenslüge«, hinter der eine Zweckmäßigkeit stehe, aus der sie ihre Stabilität bekomme und ihre gesellschaftliche Verbreitung finde. Schon in der Adenauerzeit erhielt eine solche Lebenslüge als gesellschaftlicher Konsens Einzug in die offizielle Staatsideologie, nämlich daß alle Deutschen sich zu Demokraten gewandelt hätten. »Wenn seit 1989 eine *zweite Lebenslüge* im Entstehen begriffen sein sollte, dann eher die, daß wir ›endlich wieder normal geworden sind‹. Ein Gefühl der Erleichterung steckt hinter der zweideutigen Formel von der ›Verabschiedung der alten Bundesrepublik‹. Über den trivialerweise richtigen Sinn hinaus wird nämlich dieser ›Abschied‹ mit merkwürdig irrationalen Deutungen aufgeladen. Die aufatmend-triumphierende Feststellung ›Wir sind endlich wieder ein normaler Nationalstaat‹ sinnt uns eine Perspektive an, aus der die eben noch gefeierte ›Erfolgsgeschichte‹ der Bundesrepublik als der eigentliche

›Sonderweg‹ erscheint – in ihr soll sich die erzwungene Abnormalität einer geschlagenen und geteilten Nation verkörpert haben. Die Floskeln sind in aller Munde: Wir müssen aus unserer Nichtexistenz heraus, brauchen uns nicht mehr als moralische Musterschüler zu überanstrengen, dürfen uns nicht an den harten Realitäten vorbeidrücken, sollen uns nicht länger zieren, eine europäische Führungsrolle zu übernehmen, statt sensibel bis weinerlich auf die Weltgeschichte zu reagieren.«[122] Habermas verteidigte damit die Rede von Manfred Frank, welche dieser 1992 am symbolträchtigen Ort, in der Paulskirche gehalten hatte. Seebacher-Brandts Beitrag konnte als Gegenrede zu Frank aufgefasst werden. Statt Normalität forderte Habermas wiederum *Normativität.* Link stellt jedoch fest, daß Habermas wie die meisten darauf verzichtet habe zu definieren, was Normalität überhaupt sei, während er in aller Ausführlichkeit Normativität bestimmt habe.[123]

Die Form des neuen Normalitätsanspruches setzte sich im öffentlichen Diskurs durch, mußte aber freilich der deutschen Bevölkerung erst noch erklärt werden. Als größte Hürde zeigte sich dabei das Verständnis im Umgang mit der Vergangenheit. Mit der deutschen Einheit hat sich deshalb in der Absicht, die NS-Vergangenheit zu entsorgen, eine neue Strategie der herrschenden Eliten etabliert, weshalb Moshe Zuckermann »schlimme Gespenster« konstatierte, die seitdem durch das »deutsche Debattenreich« geisterten.[124] Zuckermann faßt die deutsche Einheit als eine historische Wende im Bezug auf das »archaische Grundverhältnis der Täter-Opfer-Dichotomie des Holocaust«.[125] Wer die deutsche Teilung mehr als gerechte Strafe für die Verbrechen des Nationalsozialismus, denn als politische Folge des Anfang der 1950er Jahre begonnenen Kalten Krieges auffaßt, durch die jedenfalls die Deutschen »zu Opfern ihrer selbst« geworden seien, wird kaum davor gefeit sein, in der deutschen Einheit nicht viel mehr als die Aufhebung der vermeintlichen Strafe und damit das Ende der Schuld zu entdecken; jedenfalls eine Rehabilitierung des deutschen Staates, dessen Schuld nunmehr abgegolten sei. Die 50-jährige »Erfolgsgeschichte«[126] der demokratischen

---

122 Jürgen Habermas: »Die Asyldebatte, Pariser Vortrag vom 14. Januar 1993«, in: ders.: *Vergangenheit als Zukunft. Das alte Deutschland im neuen Europa? Ein Gespräch mit Michael Haller* (1991), München 1993, S. 179 f.; vgl. ders: *Eine Art Schadensabwicklung*, Frankfurt am Main 1987, S. 14; ders.: *Die nachholende Revolution*, a. a. O., S. 149 f.

123 Vgl. Link: *Versuch über den Normalismus*, a. a. O., S. 17.

124 Vgl. Moshe Zuckermann: *Zweierlei Holocaust. Der Holocaust in den politischen Kulturen Israels und Deutschlands*, Göttingen 1998, S. 179.

125 Ebd., S. 178

126 Z. B. Axel Schildt: *Ankunft im Westen. Ein Essay zur Erfolgsgeschichte der Bundesrepublik*, Frankfurt am Main 1999; siehe Josef Joffe, der die Ansicht vertritt, es gebe auch ohne

Bundesrepublik wird als schützender Puffer zwischen Vergangenheit und Gegenwart in Stellung gebracht; er verspricht, die Vergangenheit, die einmal nicht vergehen wollte,[127] nun endlich vergehen zu lassen. Joachim Perels entmystifiziert diese Lebenslüge für die Sphäre des Rechtstaates, indem er minutiös aufzeigt, wie die Justizpraxis des Dritten Reiches auf Basis der NS-Normen in der jungen Bundesrepublik unter modifizierten Vorzeichen fortgesetzt wurde.[128]

Post festum verweist das Begehren nach Normalität nicht nur auf vergangenheitspolitische Entsorgung von Schuld, sondern auch auf den Mangel an staatlicher Souveränität seit der Nachkriegszeit bis zur deutschen Einheit, den Jürgen Habermas als »postnationale Konstellation« bezeichnet hat.[129] Normalisierung wird in diesem Kontext als Wiedererlangung der nationalstaatlichen Souveränität verstanden – und oft genug gleich auch als Anknüpfung an die Staatstradition des Bismarckschen Reiches von 1871;[130] dies ist auch während des Vollzugs der deutschen Einheit allgemein in dem Wort *Wieder*vereinigung zum Ausdruck gekommen.

Die Notwendigkeit eines deutschen Nationalbewußtseins wird von Konservativen wie von Liberalen vor dem Hintergrund einer sich drastisch verändernden Weltlage diskutiert, die zunächst durch die Auflösung der bipolaren Weltordnung und dann durch die sogenannte Globalisierung gekennzeichnet ist. Aus den veränderten weltpolitischen Konstellationen

---

Deutschtümelei gute Gründe auf Deutschlands »Erfolgsgeschichte« nach 1945 stolz zu sein, »daß auf einem autoritär und totalitär verseuchten Boden eine Demokratie Wurzeln geschlagen hat, die in mancher Hinsicht liberaler ist als die französische oder britische.« – Josef Joffe: »Deutsch und stolz: worauf? Auf die Demokratie, die europäische Bindung und die Abkehr von der alten Arroganz«, in: *Die Zeit* vom 22. März 2001; siehe Andrei S. Markovits und Simon Reich: »Tatsächlich können nur wenige Regierungen so bewundernswerte Erfolge zu ihren Leistungen rechnen wie die der alten Bonner Republik, die nicht zuletzt eine stabile Demokratie geschaffen hat. Jetzt ist Berlin gefordert, die zweite, gewissermaßen komplementäre Aufgabe zu erfüllen: nämlich Deutschland zu einem normalen Land zu machen und dabei auch seine Macht zu normalisieren.« – Markovits und Reich: *Das deutsche Dilemma*, a. a. O., S. 329.

127 Vgl. Ernst Nolte: »Vergangenheit, die nicht vergehen will. Eine Rede, die geschrieben, aber nicht gehalten werden konnte«, in: *FR* vom 6. Juni 1986, abgedruckt in: *»Historikerstreit«*, a. a. O., S. 39–47.

128 Joachim Perels: *Entsorgung der NS-Herrschaft? Konfliktlinien im Umgang mit dem Hitler-Regime*, Hannover 2004, S. 205.

129 Vgl. Jürgen Habermas: *Die postnationale Konstellation. Politische Essays*, Frankfurt am Main 1998.

130 Exemplarisch für diese Ansicht: »Wir leben noch immer, leben seit 1990 wieder im Deutschland Bismarcks.« – Arnulf Baring: »Vortrag vor der Hans-Martin-Schleyer-Stiftung«, Bd. 36, Stuttgart 1992, zit. n. Habermas: *Vergangenheit als Zukunft*, a. a. O., S. 180.

sollen sich neue Anforderungen und Folgeprobleme für den deutschen Staat ergeben haben, die er nur dann zu bewältigen imstande sei, wenn die Deutschen ein gefestigtes Nationalgefühl besäßen.[131] Vor allem in den ersten Jahren nach der deutschen Einheit entbrannte in der Öffentlichkeit eine Debatte um die Frage der »nationalen Identität«, die von Konservativen mit den Begriffen Nation, Nationalismus und Patriotismus genährt wurde. Dabei wurde sich affirmativ auf Thomas Nipperdey berufen, der qualitativ zwischen drei affektiven Bindungen zur Nation (»durchschnittlicher Nationalpatriotismus«, »Normal-Nationalismus« und »Radikalnationalismus«) unterscheidet.[132] Weder vom »durchschnittlichen Nationalpatriotismus« noch vom »Normal-Nationalismus«, wohl aber vom »Radikalnationalismus« führte der Weg zu Hitler. Für Nipperdey entgleiste 1914 der »Normal-Nationalismus« während seiner »Aufholjagd« im imperialistischen Wettlauf mit den anderen mächtigen Staaten – mit den bekannten katastrophalen Folgen: der Metamorphose in den »Radikal-Nationalismus«.

Durch die trennscharfe Unterscheidung zwischen den qualitativen Stufen, die in der deutschen Geschichte zeitlichen Phasen zugeordnet werden, können mithin bestimmte Bereiche der jüngsten deutschen Geschichte von der Last der Vergangenheit befreit und als vermeintlich unbelastete, positive Anknüpfungspunkte für die Gegenwart angeboten werden. Genau diesen Zweck scheint Nipperdey mit seinen Differenzierungen auch verfolgt zu haben, jedenfalls entpuppt sich diese Absicht bei den Konservativen, die sich affirmativ auf Nipperdey beziehen, wenn sie einem gewöhnlichen deutschen Nationalgefühl und dem Stolz auf historische Errungenschaften das Wort reden.[133]

Der von Konservativen entfachten Diskussion um die nationale Identität der Deutschen standen die meisten Liberalen zunächst nicht positiv gegenüber.[134] Ein umfassender Konsens stellte sich aber allmählich zwischen

131 Vgl. Reinhold Schmücker und Rainer Hering: »Identität und Nation. Über eine vermeintliche Zukunftsfrage der Deutschen«, in: *Nation, Nationalstaat, Nationalismus, Rechtsphilosophische Hefte*, Bd. 3, Frankfurt am Main/Berlin/New York/Paris/Wien 1994, S. 34.

132 Vgl. Thomas Nipperdey: *Deutsche Geschichte 1866–1918*, Zweiter Band: *Machtstaat vor der Demokratie*, München 1992, S. 595 ff., 597 ff., 602 ff.

133 »Unsere Vergangenheit hat viele große Momente. Auch wir haben Anlaß zu Selbstvertrauen, Würde und bescheidenen Stolz. Was uns im letzten Jahrhundert gelungen ist, war nach dem Vorangegangenen nicht selbstverständlich. Es ist, alles in allem, eine großartige Leistung.« – Arnulf Baring: *Es lebe die Republik, es lebe Deutschland! Stationen demokratischer Erneuerung 1949–1999*, Stuttgart 1999, S. 336.

134 Vgl. Gunter Hofmann: »Lauter Versuche, auf der Höhe der Zeit zu bleiben«, in: *Die Zeit* 12/90.

der linksliberalen und der bürgerlich-konservativen Öffentlichkeit her, den deutschen Nationalstaat in seiner Orientierung nicht nur an den westlichen Werten anzuerkennen,[135] sondern auch selbst- und verantwortungsbewußt mit Anspruch auf eine Führungsrolle in der Welt aufzutreten, sich der europäischen Integration und den globalen Anforderungen zu stellen. Die 1998 gewählte rot-grüne Bundesregierung gilt Liberalen endgültig als Ausdruck auch einer sich vollzogenen *civilpolitischen* Normalisierung. Mit der affirmativen Inanspruchnahme von Normalität wird von ihnen ein Vergleich mit den westlichen Demokratien angestrengt, und sie betrachten Deutschland nunmehr als einen Nationalstaat *westlichen Typs*, das heißt als eine »Bürgernation«.[136] Insbesondere die Reform des Staatsangehörigkeitsrechts, das Ausdruck einer Abkehr vom bisherigen archaischen *ius sanguinis* zum modernen *ius solis* gewesen sein soll, wird von Liberalen als Beweis hierzu angeführt. An der Debatte über den »inneren Einigungsprozeß« lassen sich andererseits im Subkutanen verlaufende Tendenzen ablesen, in denen sich die Vorstellungen von einem ethnisch homogenen Volk fortsetzen, die mit dem offiziellen Staatsverständnis einer westeuropäischen Zivilgesellschaft im Widerspruch und Widerstreit stehen.[137] Diese subkutanen Tendenzen beeinflußten bereits 1992 die Verschärfung des Asylrechts und haben ihren Reflex in den konservativen Phantasien von »Nationalstolz« und »Leitkultur«.[138]

Hatte sich das deutsche Grundverständnis der Nation wenigstens bis 1989 aus der homogen ethnischen Volksidee, die auf Johann Gottfried Herder, aber auch auf Schlegel und Fichte zurückgehen, gespeist, so soll nunmehr die deutsche Nation *mehr* als ein Volk sein, jedenfalls eine Gesellschaft ohne ethnischen Nationalismus, indem sie sich von der Reichstradition verabschiedet habe und mit den universalistischen Ideen der Französischen Revolution von 1789 im Einklang befinde. Mit anderen Worten: Die deutsche Nation gründe ihre Identität nunmehr und endlich auf den politischen Begriff der *civilisation*, sie sei eine Zivilgesellschaft geworden: tolerant und offen. Unter dem Begriff der »zivilen Bürgergesellschaft« greift in diesem Zusammenhang die rot-grüne Regierung den von Habermas ausgearbeiteten Begriff eines abstrakten Verfassungspatriotismus' teilweise auf und leitet zu-

135 Siehe z. B. Heinrich August Winkler: »Für den Westen – ohne Vorbehalt«, in: *Die Zeit* 4/93.

136 Vgl. Heinrich August Winkler: »Abschied von der Abweichung – Deutschland am Ende seiner Sonderwege«, in: *Die Zeit* vom 15. Dezember 2000; vgl. »Deutschland ist eine Nation westlichen Typs geworden«, Interview mit dem Koordinator für eine deutsch-französische Zusammenarbeit, Rudolf von Thadden, *FR* vom 10. Juni 2000.

137 Vgl. Hans-Joachim Veen: »Einheit, Einheit über alles. Das Gerede vom nötigen Zusammenwachsen Ost- und Westdeutschlands führt in die Irre«, in: *Die Zeit* 24/2001.

138 Vgl. Jürgen Habermas: »Die Festung Europa und das neue Deutschland«, in: *Die Zeit* 22/93.

dem ihr nationales Selbstverständnis aus einem aus Auschwitz abgeleiteten Verantwortungsbewußtsein ab. Dieses nationale Selbstverständnis liest sich streckenweise wie eine Versöhnung mit den neokonservativen Interessen.

Trotz einiger auffälliger Diskrepanzen zwischen seinen politisch-theoretischen Ansichten und der Politik der rot-grünen Bundesregierung scheint Jürgen Habermas seit dem Regierungswechsel zunehmend in den Rang eines zentralen Stichwortgebers jener Berliner Republik gehoben worden zu sein. Darin und hinsichtlich der mehr oder weniger ungewollten Vereinnahmung könnte er durchaus mit dem späten Hegel verglichen werden. Wenn Habermas feststellt, daß der durch Carl Schmitt inspirierte Verdacht der Subversion seit der deutschen Einheit an der Linken ihren Gegenstand verloren habe, weil sie pragmatisch geworden sei,[139] kann man dies auch auf Habermas beziehen.[140] Sein staatstragendes, pragmatisch-politisches Engagement besteht darin, auf theoretischer Ebene die »geschichtliche Symbiose des Republikanismus mit dem Nationalismus aufzulösen und die republikanische Gesinnung der Bevölkerung auf die Grundlage eines Verfassungspatriotismus umzustellen.«[141] – Das versteht Habermas als ein politisches Gegenkonzept zu jenem »undialektischen Zurück zur Normalität«, das die Neokonservativen sich wünschten und nunmehr auch von Liberalen umgesetzt wird.

Der Begriff des Verfassungspatriotismus' stammt ursprünglich von Dolf Sternberger, dem es dabei hauptsächlich um einen republikanischen Bezug auf das Vaterland ging. Bei Sternberger ist Verfassungspatriotismus ein Synonym für die von ihm bereits früher reklamierte »Staatsfreundschaft«. In beiden Begriffen kommt bei Sternberger eine deutliche Abgrenzung zum von ihm so genannten »Protest-Patriotismus« der Linken zum Aus-

---

139 »Die Allerweltsformel von der sozialen und ökologischen ›Bändigung‹ des Kapitalismus ist sogar in ihrer dynamischen Lesart vom ›Umbau‹ der Industriegesellschaft auf allen Seiten akzeptiert. Nachdem der Streit um Eigentumsformen schon – längst – seine dogmatische Bedeutung verloren hat, verlagert sich der Wettstreit der politischen Ideen weitgehend von der Ebene der gesellschaftspolitischen Ziele auf die Ebene ihrer Operationalisierung.« – Jürgen Habermas: »Europas zweite Chance«, in: ders.: *Vergangenheit als Zukunft*, a. a. O., S. 207.

140 Heinrich August Winkler kommt zu diesem Ergebnis, auf den seine Feststellung freilich ebenso zutrifft. An jener *Adenauerschen Linken*, zu der Habermas sich selbst hinzuzählt, bemerkt er ihr apologetisches Verhalten gegenüber der rot-grünen Bundesregierung, durch die es jenen möglich geworden sei, sich mit der Realpolitik zu identifizieren. – Vgl. Ulrich Herbert: »Vom Reich zur ›postklassischen Nation‹ – Heinrich August Winklers ›Deutsche Geschichte‹«, in: *NZZ* vom 25./26. November 2000; vgl. Winkler: *Der lange Weg nach Westen*, Bd. II, a. a. O.

141 Habermas: *Die postnationale Konstellation*, a. a. O., S. 116.

druck. Wichtig ist ihm ein *freundschaftliches* Verhalten zum Vaterland sowie Loyalität gegenüber dem Staat.[142] Bei Habermas erlangt der Begriff des Verfassungspatriotismus allerdings eine andere Bedeutung. Er löst den Patriotismus aus seinem nationalen Rahmen. Erst dadurch läßt sich von einem »abstrakten Verfassungspatriotismus« sprechen.[143]

Die theoretischen Überlegungen von Habermas sind in der rot-grünen Europapolitik alles andere als eindeutig und widerspruchsfrei umgesetzt. Joschka Fischer formulierte in seiner Rede vom 12. Mai 2000 an der Humboldt Universität seine Vision eines politischen Europas, welches in keinem »leeren politischen Raum« entstehen werde.[144] Die politischen Nationalkulturen gehörten zu einer unaufhebbaren europäischen Identität, die vor allem auch ihre sprachlichen Abgrenzungen habe. Deshalb müsse ein europäisches Parlament »immer ein Doppeltes repräsentieren: ein Europa der Nationalstaaten und ein Europa der Bürger.« Beifall für Fischers Vision kam auch von der CDU/CSU, die Fischer wohlwollend verdächtigte, aus ihrem Parteiprogramm abgeschrieben zu haben.

In der undialektischen Inanspruchnahme deutscher Normalität werden im Kontext der europäischen Integration die aus ihrer »historischen Verspätung« (Helmuth Plessner) resultierende Problematik der deutschen Nation und ihre nötige Aufarbeitung der Vergangenheit gleichsam unreflektiert ad acta gelegt,[145] damit sich auch ein normalisiertes Europa den Anforderungen im 21. Jahrhundert stellen könne. Der Berliner Historiker Heinrich August Winkler bringt es auf den Punkt: »Seit dem 3. Oktober 1990 gibt es keine deutsche Frage mehr. Dafür haben wir jetzt eine europäische, und sie wird uns in den nächsten Jahrzehnten intensiv beschäftigen.«[146] Das vereinigte Deutschland habe sich die politische Form eines »postklassischen

142 Vgl. Dolf Sternberger: »Der Begriff des Vaterlandes«, in: ders.: *Staatsfreundschaft*, Schriften, Bd. IX, Frankfurt am Main 1980, S. 9 ff.; vgl. ders.: *Verfassungspatriotismus*, Schriften, Bd. X, Frankfurt am Main 1990.

143 Vgl. Jürgen Seifert: »Verfassungspatriotismus im Licht der Hegelschen Verfassungstheorie«, in: ders.: *Politik zwischen Destruktion und Gestaltung. Studie zur Veränderung von Politik*, Hannover 1997, S. 67 ff.: vgl. ders.: *Kampf um Verfassungspositionen*, Frankfurt am Main 1974.

144 Vgl. Joschka Fischer: »Vom Staatenbund zur Föderation – Gedanken über die Finalität der europäischen Integration.«, Rede am 12. Mai 2000 in der Humboldt-Universität zu Berlin.

145 »Normalität heißt nicht, einen Schlußstrich unter die Vergangenheit zu ziehen (…). Aber europäische Normalität, das heißt angekommen sein in festen Grenzen. Im eigenen Nationalstaat, mit all den Brüchen, aber auch der Verantwortung, die sich aus den Brüchen der Nationalgeschichten ergibt.« – »Streitgespräch Joschka Fischer contra Jean Pierre Chevènement«, *Die Zeit*, Nr. 26/2000.

146 »Die Sonderwege sind zu Ende«, Gespräch mit dem Berliner Historiker Heinrich August Winkler, in: *Der Spiegel* 40/2000, S. 85.

Nationalstaats« gegeben und sei fest eingebunden in die supranationale Gemeinschaft. Jedwede Form des »Sonderweges« sei damit abgeschlossen worden, denn Deutschland teile mit jedem Nationalstaat innerhalb der Europäischen Union dasselbe Schicksal, welches eben darin bestehe, in der Souveränität zugunsten einer supranationalen Konstellation relativ eingeschränkt zu sein.

Die Äußerungen Winklers sind insofern bemerkenswert, als Winkler ein Beispiel dafür ist, daß auch Personen, die einmal eher dem links-liberalen Spektrum zuzuordnen gewesen wären, die Existenz eines deutschen Nationalstaates nach der deutschen Einheit nicht nur akzeptieren, sondern auch begrüßen. Im Historikerstreit hatte Winkler noch geschrieben, daß Deutschland angesichts der Tatsache, für zwei Weltkriege verantwortlich zu sein, einen souveränen Nationalstaat nicht mehr wollen dürfe.[147] – Vierzehn Jahre später attestiert derselbe Historiker Außenminister Fischer bemerkenswerte Lernfähigkeit, was die Einsicht in die Notwendigkeit des Nationalstaates für Europa anbelangt.[148] Fischer hatte geäußert, daß Deutschland nunmehr in seinem Nationalstaat angekommen sei, ironischerweise aber zu einem Zeitpunkt, als die klassischen europäischen Nationalstaaten nicht mehr in der Lage seien, aus sich heraus die Probleme der Gegenwart und Zukunft zu lösen. Deshalb gehe es darum, sich für ein starkes und politisches Europa einzusetzen, mithin das Prinzip der europäischen Integration zu vollenden.[149]

Die »Dialektik der Normalisierung«, die Habermas dem konservativen Versprechen nach Normalität entgegensetzt hat und damit einen Schlüssel zur Versöhnung als Leitlinie für eine Gestalt annehmende Berliner Republik lieferte,[150] sollte nicht das bloße Anknüpfen an die vermeintlich bessere deutsche Tradition bedeuten, sondern impliziert die Kultivierung des Bruches mit der Tradition um einer ganz anderen Normalität willen, die in der Zukunft erst als Tradition erscheinen kann.[151] Denn im Angesicht der moralischen Katastrophe (Auschwitz) erweise sich auch die deutsche Geschichte und Kultur vor Auschwitz als belastet, so daß an sie nach Auschwitz nicht unbefangen angeknüpft werden kann. Die historischen Inhalte einer

147 Vgl. Heinrich August Winkler: »Auf ewig in Hitlers Schatten? Zum Streit über das Geschichtsbild der Deutschen«, in: *»Historikerstreit«*, a. a. O., S. 262 f.

148 Vgl. »Die Sonderwege sind zu Ende«, a. a. O., S. 86.

149 Vgl. »Streitgespräch Joschka Fischer contra Jean Pierre Chevènement«, a. a. O.

150 Vgl. Jürgen Habermas: *Die Normalität einer Berliner Republik*, Frankfurt am Main 1995.

151 Vgl. Jürgen Habermas: »Der Golf-Krieg als Katalysator einer neuen deutschen Normalität?«, in: ders.: *Vergangenheit als Zukunft*, a. a. O., S. 41 f.

kollektiven Identität haben sich in Deutschland vor allem moralisch aufgrund der NS-Vergangenheit verbraucht; sie können den gesellschaftlichen Wandel nicht mehr absorbieren, sondern werden von ihm verdrängt und müssen vergehen. Statt dessen ist es geboten, sich eindeutig zu den westlichen Werten, zu der Tradition der englischen und französischen Aufklärung und ihren bürgerlichen Revolutionen zu bekennen. Dieses Bekenntnis zu den westlichen Werten konkretisiert sich bei Habermas in jenem abstrakten, nicht nationalistischen Verfassungspatriotismus, unter dessen praktizierten Vorzeichen einer zivilen Gesellschaft der citoyen die Deutschen sich einen Anspruch auf Normalität erwerben könnten.

Habermas begründet sein emphatisches Projekt eines abstrakten Verfassungspatriotismus, der die deutsche Identität zukünftig ausmachen soll, als moralisch-politische Konsequenz aus der NS-Vergangenheit. Eben weil das geschehene Unrecht nicht wirklich wieder gutgemacht werden kann, komme es um so mehr darauf an, jene wenn auch »schwache Kraft einer sühnenden Erinnerung« zu mobilisieren, die es möglich machen soll, mit einer den Opfern geschuldeten Sensibilität eine *reflexive Distanz* zu den »abgründigen Ambivalenzen der Überlieferungen, die unsere eigene Identität geformt haben«, einzunehmen, um jene vorgefundene Tradition bewußt anders fortzusetzen als sie aus sich heraus kontinuierlich sich fortsetzen würde.[152]

Habermas' Ausführungen zur Normalität verstreuen sich unsystematisch, das heißt essayistisch auf viele seiner politischen Schriften; diese Stellen zusammenzutragen, ist lohnenswert, weil sich hier als Ertrag genau das ergibt, was nach einer Wendung von ihm selbst als »Dialektik der Normalisierung« bezeichnet werden kann. Diese spezifische Dialektik hat Habermas nicht als Theoriegebäude entworfen, aber man kann die einzelnen Bausteine zu einem solchen zusammentragen. Jene Kraft der »sühnenden Erinnerung«, die eine »Dialektik der Normalisierung« ausmache, vermag sich allerdings kaum allein gegen die fortgesetzten Anforderungen einer kapitalistischen Realität durchzusetzen, welche die materielle Basis einer *kapitallogisch-systematischen* Normalisierung ausmachen. Die politisch-ökonomischen Interessen bilden den Hintergrund für einen angestrengten Kulturkampf um Hegemonie in der Öffentlichkeit (Gramsci), dem deshalb nicht allein mit den moralischen Prinzipien einer zivilen Diskursethik beizukommen ist. Als demokratische Diskursethik faßt Habermas eine »moralisch-praktische Verfahrensrationalität«, die sich an die »Regeln eines fairen Ausgleichs von

152 Jürgen Habermas: »Grenzen des Neohistorismus«, in: ders.: *Die nachholende Revolution*, a. a. O., S. 155. – »Wir können uns unsere Traditionen nicht aussuchen, aber wir können wissen, daß es an uns liegt, *wie* wir sie fortsetzen.« – Ebd.

Interessen«, gleichsam an eine Ethik des Kompromisses hält: »Kompromißbildung bestimmt in Systemen unseres Typs auf weite Strecken die politischen Entscheidungsprozesse (…). Aber erst wenn diese Kompromisse nach Regeln eines fairen Ausgleiches von Interessen zustande kommen, sind sie auch rational im Sinne einer moralisch-praktischen Verfahrensrationalität.«[153] Die Diskursethik von Habermas scheint der Ungleichheit der Machtverhältnisse, die demokratische Diskurse nicht egalitär ablaufen läßt, Kompromisse zu erzwungenen, erpreßten Zugeständnissen macht und letztlich das gesamte moderne Zeitalter der Aufklärung als eine Geschichte erscheinen läßt, in der das vernünftige Argument – wenn überhaupt – nur in Zusammenhang vermittelter Autorität und Macht sich durchsetzen konnte, keinen großen Stellenwert einzuräumen. – *Auctoritas, non veritas facit legem* hatte Thomas Hobbes zum Beginn der Moderne treffend erkannt. Setzt man Habermas' Diskursethik in eine praktische Beziehung zu Adornos kategorischen Imperativ, wie er ihn in seiner »Negativen Dialektik« formuliert hat,[154] so müßte man zu dem Ergebnis kommen, daß Habermas Adornos Imperativ von Marx abgeschnitten und auf Kantische Moralphilosophie reduziert hat.

Die Frage aber, die Habermas aufgeworfen hat, *wie* die Tradition fortgesetzt, welche Konsequenzen aus Auschwitz gezogen werden sollen, ist von sehr großer Relevanz. Die Antwort hängt von dem hegemonialen Geschichtsbild ab, um das deshalb konservative und links-liberale Kreise nicht nur im Historikerstreit gestritten haben. Der Historikerstreit ereignete sich im Laufe des Jahres 1986. Insofern ist er eine genau zeitlich einzugrenzende Debatte, in dem jedoch andererseits nur aufbrach, was längst zuvor schon zur Sprache kam.[155] Insofern hat dieser Streit eine Vorgeschichte und ihre Fortsetzung. Deshalb kann man allgemein von einem »hegemonialen Kampf um das Geschichtsbild« sprechen,[156] der sich von der Gegenwart bis zum Ende des Ersten Weltkrieges zurückverfolgen ließe.

153 Jürgen Habermas: »Was Theorien leisten können – und was nicht«, in: ders.: *Vergangenheit als Zukunft*, a. a. O., S. 143.

154 Vgl. Theodor W. Adorno: *Negative Dialektik*, Frankfurt am Main 1975, S. 358.

155 Zuckermann erinnert an Hans Ebeling, der in diesem Sinne einen Briefwechsel zwischen Martin Heidegger und Herbert Marcuse aus den Jahren 1947/48 anführt, in dem der Historikerstreit vorweggenommen war. – Vgl. Hans Ebeling: *Martin Heidegger und Ideologie*, Reinbeck 1991, S. 143. – In den gleichen Kontext gehört auch der Streit um die Wiedervereinigung, den Karl Jaspers 1960 durch ein Fernsehgespräch mit Thilo Koch auslöste, in dem er die Wiedervereinigung für politisch abwegig erklärte. – Vgl. Karl Jaspers: *Freiheit und Wiedervereinigung. Über Aufgaben deutscher Politik*, München 1990.

156 Vgl. Reinhard Kühnl: »Ein Kampf um das Geschichtsbild: Voraussetzungen – Verlauf – Bilanz«, in: ders. (Hrsg.): *Streit ums Geschichtsbild. Die »Historiker-Debatte«. Dokumentation, Darstellung und Kritik*, Köln 1987.

Dieser Kampf um das Geschichtsbild erfolgt nicht zum Selbstzweck. Das Eingreifen der politisch engagierten Intellektuellen erfolgt nicht aus berufsnotorischer Rechthaberei, sondern hat einen gesellschaftspolitischen Hintergrund. Denn unmittelbar aus dem hegemonialen Geschichtsbild leiten sich die politischen Konsequenzen für die Gegenwart und Zukunft ab: »Tatsächlich (...) geht es auch und wesentlich darum, welche Konsequenzen sich aus der faschistischen Vergangenheit für uns ergeben und welchen Weg dieses Land einschlagen soll. Nicht um die Vergangenheit also geht es primär, sondern um die Zukunft.«[157] Schon die Art des Rückblickes auf das 20. Jahrhundert, die Frage, wie Auschwitz im geschichtlichen Kontext gesehen wird, ist ausschlaggebend. Wird Auschwitz und der deutsche Faschismus in eine totalitäre Epoche gleichermaßen wie Gulag und Stalinismus eingeordnet (Totalitarismustheorie) und als »Zeitalter der Ideologien« (Hildebrand) interpretiert, gegen das sich der liberale und demokratische Westen zur Wehr gesetzt habe, oder gar als Abwege von der »Weltdemokratie« verstanden, die mit der russischen Revolution und mit Lenin begonnen haben und in Auschwitz als »irrationale Verzweiflungstat« (Nolte) aus Angst vor dem Bolschewismus gemündet haben soll, wären daraus andere politische Konsequenzen zu ziehen als etwa aus einem marxistischen Verständnis der Geschichte, wonach die sozialen und ökonomischen Ursachen in der Faschismusanalyse von tragender Relevanz sind. Habermas' Implikationen laufen wiederum auf eine *zivile Gesellschaft* liberaler Prägung hinaus, die auch von der deutschen Sozialdemokratie seit ihrem Regierungsantritt 1998 mit ihrem Ideal eines »Dritten Weges« favorisiert wurde – mit dem jedoch die ökonomischen Machtverhältnisse nicht mehr in Frage gestellt werden.

Die offizielle Staatsideologie der Berliner Republik erscheint nach dem rot-grünen Regierungswechsel im Jahre 1998 als versöhntes Gemälde liberaler und konservativer Ansichten. Im wesentlichen ist es gelungen, auf eine umgedeutete Vergangenheit einen nicht mehr belastenden, sondern das nationale Selbstbewußtsein affirmierenden Staatsmythos aufzubauen. Vor allem spielt hierbei das Schweigen seitens vieler links-liberaler Politiker, Journalisten und Wissenschaftler seit 1990 bzw. allzuhäufig auch die Übernahme konservativer Geschichtsbilder eine entscheidende Rolle für diesen Prozeß.[158]

Angesichts der Schwierigkeiten einer staatlichen, das heißt allgemein kollektiven Erinnerungsarbeit, die stets einer »interessegeleiteten Instrumen-

157 Ebd., Vorwort, S. 13.

158 Vgl. Marcus Hawel: »Die normalisierte Nation? Zur Geschichtsbewältigung in der Berliner Republik«, in: *vorgänge* 155, 40. Jg., 2001, Heft 3, S. 331–337.

talisierung«[159] zum Opfer zu fallen scheint, stellt sich immer wieder von neuem die Frage, was eine adäquate Auseinandersetzung und Aufarbeitung der NS-Vergangenheit überhaupt bedeuten kann. Denn »wie an dem Mitte der achtziger Jahre entbrannten Historikerstreit deutlich geworden sein sollte, läßt sich Auschwitz auch gerade vermittels eines in bestimmter ideologischer Absicht *historisierenden* Ansatzes seines spezifischen historischen Kontextes solcherart entkleiden, daß es ein die reale deutsche Vergangenheit entsorgendes, das deutsche Selbstbild dabei entschuldendes Konstrukt einer geschichtlich verfahrenen Enthistorisierung zeitigen kann.«[160] Eine adäquate Aufarbeitung der Vergangenheit setzt vor allem die Reflexion auf die sozio-ökonomischen und -kulturellen Verhältnisse voraus, das Eingedenken der *historischen Situation*, »die wehrlose Opfer hat entstehen lassen, um daraus zu folgern, daß es solche Situationen niemals mehr geben darf, und das heißt: daß Gegengewalt überflüssig geworden ist, wie Gewalt selbst.«[161] Nach wie vor existiert eine Verantwortung jedes einzelnen für ein kritisches Infragestellen kapitalistischer Herrschaftsverhältnisse, die die deutsche Gesellschaft über alle Epochenumbrüche hinweg prägten und prägen. Daraus erwächst das an der theoretischen Einsicht orientierte praktische Primat, Auschwitz für alle Zeiten der Vergangenheit angehören zu lassen, das heißt, die gesellschaftlichen Voraussetzungen für Entmenschlichung weltweit zu überwinden. Damit die aus Auschwitz zu ziehenden Konsequenzen deutlich werden, muß der Massenmord an den Juden aus der Geschichte heraus erklärt werden. Die kategorische Behauptung der Inkommensurabilität von Auschwitz mit allem, was davor war und danach kommt, läuft allerdings Gefahr, Auschwitz als einmaliges Ereignis, quasi als historischen Unfall, aus der Geschichte zu katapultieren. Auschwitz ist das »permanent Vorwaltende« (Zuckermann), das solange als Warnsignal auf unserer Zivilisation lastet, wie gesellschaftliche Bedingungen fortexistieren, die zu seinem Auftauchen im historischen Antlitz des 20. Jahrhunderts beigetragen haben. »Man spricht vom drohenden Rückfall in die Barbarei. Aber er droht nicht, sondern Auschwitz *war* er; Barbarei besteht fort, solange die Bedingungen, die jenen Rückfall zeitigten, wesentlich fortdauern. Das ist das ganze Grauen.«[162]

---

159 Vgl. Zuckermann: *Zweierlei Holocaust*, a. a. O., S. 177.

160 Ebd., S. 175.

161 Ebd., S. 176 f.

162 Theodor W. Adorno: »Erziehung nach Auschwitz« (1966), in: ders.: *Erziehung zur Mündigkeit. Vorträge und Gespräche mit Hellmut Becker 1959-1969*, Frankfurt am Main 1971, S. 88–104; S. 88.

Eine zivilgesellschaftliche Moral ist für sich alleine genommen eine stumpfe Waffe, die gegen die politische Ökonomie, von der sie maßgeblich beeinflußt wird, allein nichts wirklich zu verändern vermag.[163] Die *moralische* Aufarbeitung der Katastrophe ist auch von den politisch-ökonomischen Interessen der Gegenwart gelenkt. Diese Interessen sind, gepaart mit der psychischen Abwehr von Schuld, derart einflußreich, daß die Vergangenheit zum Spielball der Gegenwart wird, die sich die Traditionen neu erfindet bzw. instrumentalisiert. Deutschland in der Gegenwart als einen normalen, normalisierten Nationalstaat westlichen Typs darzustellen, geht nur unter Vernachlässigung einer vernünftigen Aufarbeitung von Auschwitz.

Ideologiekritik muß an den Verzerrungen der Geschichte ansetzen, um sich – mit Walter Benjamin gesprochen – der Erinnerung zu bemächtigen, damit diese nicht länger gezwungen ist, sich als Werkzeug der Herrschenden herzugeben und Geschichte für politische Zwecke bis zur Unkenntlichkeit verzerrt.[164] Dies ist ein neuralgischer Punkt für die Möglichkeit oder Unmöglichkeit zukünftiger Emanzipation. Erst, wenn der Anspruch einer vernünftigen Aufarbeitung der Vergangenheit und die daraus resultierenden *praktischen* Konsequenzen eingelöst wurden, wäre es gerechtfertigt, Normalität in Anspruch zu nehmen.

Bisher sind jedenfalls die umfassenden Voraussetzungen für eine Dialektik der Normalisierung, aus der ein legitimer Anspruch auf Normalität resultieren könnte, nicht erfüllt worden. In der deutschen (und europäischen Öffentlichkeit) müssen die gesellschaftlichen Strukturen erst noch geschaffen werden, auf die man sich in der Zukunft als positive Traditionen wird berufen können. Was bisher geschah – auch im Kontext der europäischen Integration – kann nur als eine undialektische, schlechte Aufhebung der Vergangenheit begriffen werden, die strukturell die Züge einer modernisierenden, das heißt auch neue Strukturen schaffende Restaurationsphase trägt und in der sich die Prinzipien des Nationalstaats auf höherer Integrationsebene fortsetzen. Als rein restaurativ kann die außenpolitische Normalisierung deshalb auch nicht bewertet werden, denn die Normalisierung der deutschen Außenpolitik muß gegenüber einer dynamisierten Norm erfolgen: Einerseits ist es die traditionelle Norm des souveränen Nationalstaats, andererseits transformiert sich im Zuge der europäischen Integration der allgemeine Standard in Europa. Diese Transformation hat einen Sog- oder

163 Ein umfassender empirischer Vermittlungsnachweis ist von der Gesellschaftswissenschaft noch nicht unternommen worden. Es wäre ein sinnvolles Vorhaben für eine Doktorarbeit.

164 Vgl. Walter Benjamin: »Über den Begriff der Geschichte«, in: ders.: GS, Bd. I.2, Frankfurt am Main 1974, S. 691–704; These VI.

Gravitationseffekt auf den Normalisierungsprozeß des deutschen Staates und seiner Außenpolitik, wodurch der Prozeß beschleunigt wird, aber in gewisser Hinsicht auch eine neue, zumindest gewandelte Norm von außenpolitischer Souveränität (GASP und ESVP) etabliert, an der sich die Normalisierung orientiert.

Es wäre mit Sicherheit übertrieben, Gemeinsamkeiten zwischen der Berliner Republik und der europäischen Konstellation zwischen der deutschen Reichsgründung von 1870/71 und dem Ersten Weltkrieg zu behaupten, wie dies mancher (über-)kritische Autor Mitte der 1990er Jahre getan hat.[165] Die von Deutschland erworbene Normalität ist in anderer Hinsicht bedenkenswert. Wenn es um die politische Bewertung der Normalisierung geht, wird deutlich, daß das deutsche Engagement für die europäische Integration, nach innen betrachtet, als eine adäquate Konsequenz aus zwei Weltkriegen, Faschismus und Auschwitz nur erscheint, insofern es sich dabei allgemein um einen Ausklang der nationalen Konstellation handelt. Andererseits wird im Zuge der europäischen Integration vor dem Hintergrund der marktgetriebenen »Globalisierung« das europäische Sozialmodell schrittweise reduziert. Insbesondere der deutsche Sozialstaat und die »soziale Marktwirtschaft« galten als Nachkriegskonzepte, um die die Gesellschaft erodierenden zentrifugalen Mechanismen des Kapitalismus zu beschränken, was den sozialen Frieden absichern sollte. Wenn nach dem Ende der bipolaren Weltordnung in dem europäischen Sozialmodell nur noch ein Konkurrenzmodell zum Realsozialismus gesehen wird, welches nach der osteuropäischen Transformation obsolet geworden sei und mithin zerschlagen werden könne, um im »Zeitalter der Globalisierung« konkurrenzfähiger zu werden, wird fatalerweise übersehen, daß soziale Sicherungssysteme der wesentliche Beitrag für Stabilität und Frieden nach innen und damit auch notwendige Grundlagen zur Produktivitätsentwicklung sind. Das sukzessive Absterben des Sozialstaates zeugt davon, daß man diesbezüglich nicht mehr gewillt zu sein scheint, dem Kapitalismus ein »menschliches Antlitz« zu geben, das heißt, aus Klassenkampf, zwei Weltkriegen, Faschismus und Auschwitz weiterhin wenigstens annähernd adäquate innenpolitische Konsequenzen zu ziehen.

Aber der deutsche Staat erlangt auch mit den traditionellen außenpolitischen Mitteln seine Dominanz vor allem in Osteuropa zurück und arbeitet

165 Vgl. z. B. Wolfgang Michal: *Deutschland und der nächste Krieg*, Berlin 1995, S. 13: »Wie viele Jahre wird es nach der Wiedervereinigung dauern, bis Deutschland jene mächtepolitische Konstellation von damals wieder aufbaut, jene Sachzwänge und Argumentationsketten schafft, die den nächsten Krieg so unvermeidlich erscheinen lassen wie den von 1914?«

daran, sich der klassischen Attribute eines souveränen Nationalstaats zu bedienen, die er wie die anderen europäischen Nationalstaaten im europäischen Einigungsprozeß nur sukzessive und quid pro quo wieder abzugeben bereit ist. Längst bestimmt dabei der deutsche Staat (noch zusammen mit Frankreich) weitgehend Weg und Ziel der Europäischen Union, auch wenn sich immer mal wieder das deutsch-französische »Führungsduo« nicht durchsetzen kann – wie zunächst im EU-Verfassungsprozeß. Der deutsche Staat ist nicht zuletzt mit Hilfe der europäischen Integration zu einer hegemonialen Mittelmacht in Europa aufgestiegen.[166]

Ironisch mutet der Umstand an, daß der deutsche Drang nach einer Führungsrolle in Europa – abgeleitet aus der »geographischen Mittellage« – in zwei angezettelten Weltkriegen nicht realisiert werden konnte und nunmehr, abgeleitet aus der ökonomischen Potenz des deutschen Staates, zu gelingen scheint. Mit Hilfe der EU-Integration und im Zuge der Osterweiterung bleibt Deutschland das ökonomisch mächtigste Land und erhält eine »geographische Mittellage« zurück, aus der zusätzliche Argumente bezüglich einer Führungsrolle abgeleitet werden, obwohl aus einer »geographischen Mittellage« heute kaum noch eine »Geostrategie« abgeleitet werden kann. »Mit diesen falschen Akzenten leuchtet freilich die Parole, daß wir endlich wieder ein normaler Nationalstaat geworden seien, erst recht nicht ein: als gäbe es heute überhaupt noch die Art von Nationalstaat, auf dem der ideologische Abglanz des 19. Jahrhunderts ruhen könnte; und als ob die altneue Bundesrepublik, die ins Netz politischer und wirtschaftlicher Interdependenzen tiefer verstrickt ist als jeder andere Staat, je wieder auf das antiquierte Vorbild zurückgestutzt werden könnte.«[167]

Um dem deutschen Staat den Glanz seines antiquierten Vorbildes zu verleihen und den Anspruch einer Hegemonie in Europa zu realisieren, erfordert es neben einer vergangenheitspolitischen auch einer militärpolitischen Normalisierung: »Die Vereinigung hat Deutschland zu einem normalen Land gemacht. Zu den wesentlichen Attributen eines normalen Landes gehört – zumindest der Möglichkeit nach – der konventionelle Einsatz seiner Streitkräfte. Normale Staaten besitzen normale Armeen, die sie für normale Zwecke einsetzen – wie zum Beispiel zur Verteidigung im Falle eines nicht provozierten Angriffs. Kaum ein anderes Merkmal kündet so eindeutig von nationaler Souveränität. Seit dem 3. Oktober 1990 (...) unterscheidet sich Deutschland in dieser Hinsicht nicht mehr von seinen Nachbarn.«[168] Mar-

166 Siehe Teil III, Kap. 1.
167 Habermas: »Die Asyldebatte«, a. a. O., S. 182.
168 Markovits und Reich: *Das deutsche Dilemma*, a. a. O., S. 227.

kovits und Reich schreiben, die Normalität stellte sich 1989 automatisch mit der deutschen Einheit her – sie mußte aber erst durch *Normalisierung* hergestellt werden. 1989/90 sind lediglich die Voraussetzungen geschaffen worden, damit sich der deutsche Staat außenpolitisch normalisieren kann.

Der Prozeß der Normalisierung kennzeichnet die deutsche Außenpolitik bis zum heutigen Tage. Die von Markovits und Reich angeführten Attribute eines »normalen Landes«, gelten als durchschnittliche Norm nur bis für das Jahr 1991 – sie entsprechen der traditionellen Norm des Kalten Krieges (wenn man einmal von der »Notwendigkeit« des Besitzes von Atombomben als spezifisches Attribut der nationalstaatlichen Souveränität im Zeitalter des Kalten Krieges absieht, welches Deutschland mit der Einheit noch lange nicht erreicht hat). Nach dem Wegfall der bipolaren Weltordnung begann der Transformationsprozeß der NATO; seitdem wird unter dem Besitz *normaler Armeen*, unter *normalen Zwecken* etwas Neues verstanden als bloß konventionelle Streitkräfte zur Landesverteidigung im Falle eines Angriffes. War die alte NATO noch ein Verteidigungsbündnis, so bildet sich mit der neuen NATO eine Militärgemeinschaft zum Zwecke von Angriffen heraus: moderne, schnelle, mobile Eingreiftruppen zur Verteidigung nationaler Interessen weltweit. Darum ist Deutschland in militärpolitischer Hinsicht zwar auf die eine traditionelle Weise »normal« geworden, auf neue Weise aber »muß« die Bundeswehr sich fortschreitend an eine neue Norm anpassen (normalisieren): Anpassung an das Werdende, das in der teilweisen Aufgabe der militärischen Souveränität besteht (zugunsten einer gemeinsamen europäischen Verteidigungs- und Sicherheitspolitik, welche die Umstrukturierung der Bundeswehr erforderlich macht).

Schritte in diese Richtung wurden gleich Anfang der 1990er Jahre im Zuge der Umstrukturierung der NATO und im Kontext des Golfkrieges 1991, an dem sich die Bundesrepublik aufgrund verfassungsrechtlicher Bedenken hinsichtlich des Einsatzes der Bundeswehr außerhalb des Bündnisgebietes und nicht zu Verteidigungszwecken weitgehend nur finanziell beteiligen konnte, in die Wege geleitet. Schon während des Golfkrieges 1991 wurde von vielen auch im Ausland ein militärisches Engagement deutscher Streitkräfte erwartet. Die *Frankfurter Allgemeine Zeitung* kommentierte diesen Umstand mit den Worten: »Die Wiedervereinigung hatte der Nation den Wortschatz staatlicher Symbolik zurückgegeben. Jetzt hätte sie zum ersten Mal in dieser Sprache reden müssen. Statt dessen blieb sie stumm und muß nun dafür zahlen.«[169] Die Bundeswehr wurde schließlich sukzessiv zu einer

169 *FAZ* vom 18. Februar 1991.

Interventionsarmee umgebaut, aber auch die politischen und rechtlichen Voraussetzungen für einen militärischen Einsatz der Bundeswehr out of area mußten erst noch geschaffen werden. Habermas bezeichnete diesbezüglich treffend den Golfkrieg 1991 als »Katalysator eines undialektischen Zurück zur Normalität«.[170]

Dabei wurde oft genug die deutsche Bevölkerung aufgrund eines dringlich erscheinenden Handlungsbedarfs meist im Sinne der normativen Kraft des Faktischen vor mehr oder weniger vollendete Tatsachen gestellt. Gleich nach dem Golfkrieg fand im Bundestag eine Debatte zur Änderung des Grundgesetzes statt, damit zukünftig der Einsatz der Bundeswehr außerhalb des NATO-Gebietes möglich werden könne. Dabei ließ sich beobachten, daß die Konservativen – als sie noch die Regierung stellten – viel dafür taten, ihren Anspruch, der deutsche Staat müsse innerhalb Europas eine Führungsrolle übernehmen, ideologisch zu maskieren. Sie folgten dem Ratschlag der *Frankfurter Allgemeinen Zeitung*, »den westdeutschen Willen, eine Führungsrolle anzunehmen, weniger durch Worte als durch Taten zu beweisen.«[171] Schon mit der Aufgabe des sogenannten »Genscherismus« – der sensiblen Rücksichtnahme auf die Interessen und Befindlichkeiten der europäischen Nachbarn und des Gebots der außenpolitischen Zurückhaltung – durch Genscher selbst, als er im Alleingang ohne Absprache mit den europäischen Nachbarn die diplomatische Anerkennung der vom Bundesstaat Jugoslawien sich lossagenden Teilrepubliken Bosnien-Herzegowina und Kroatien forcierte und damit den Bürgerkrieg im Jugoslawien weiteren Vorschub leistete, begann sich diese Strategie in die Tat umzusetzen. Seitdem, stellt Habermas fest, habe der Einfluß der Gewalt-Strategen in der Bundeswehr auf die deutsche Außenpolitik zugenommen.[172] Große Anstrengungen wurden geleistet, um auf eine nationalstaatliche Souveränität auch in militärpolitischer Hinsicht: die Wiederherstellung des, wenn auch durch das Völkerrecht eingeschränkte *ius ad bellum* hinzuwirken.

Die Bundeswehr wurde von der Bundesregierung mit einer Salamitaktik für den Kriegseinsatz vorbereitet, indem sie zunächst im Grauzonenbereich an sogenannten »humanitären Einsätzen« beteiligt wurde. Bundeswehreinheiten wurden mit Beschluß des Bundestages zum Beispiel nach Kambodscha, Bosnien (1992) und Somalia (1993) entsendet, um an militärischen »Blauhelm-Missionen« *out of area* mitzuwirken. Das Grundgesetz konnte

170 Habermas: »Der Golf-Krieg als Katalysator einer neuen deutschen Normalität?«, a. a. O., S. 42.

171 Siehe *FAZ* vom 7. Februar 1987.

172 Vgl. Jürgen Habermas: »Nachwort«, in: ders.: *Vergangenheit als Zukunft*, a. a. O., S. 193.

hinsichtlich dessen aufgrund einer fehlenden Zweidrittelmehrheit nicht angepaßt werden. Der politische Kurswechsel der oppositionellen SPD, der eine Grundgesetzänderung prinzipiell möglich gemacht hätte, dann aber nicht mehr erforderlich war, erfolgte erst unter dem Vorsitz Rudolf Scharpings Mitte der 1990er. Die verfassungsrechtliche Hürde wurde statt dessen schleichend genommen: Eilanträge der parlamentarischen Opposition und der an der Regierung beteiligten FDP, um die Bundeswehreinsätze zu stoppen, wurden vom Bundesverfassungsgericht zurückgewiesen, und zuletzt deutete das Bundesverfassungsgericht aufgrund einer eingereichten Klage zu *out of area*-Einsätzen von Awacs-Flugzeugen, in denen Bundeswehrsoldaten zur Überwachung des Luftraums über Bosnien mitfliegen sollten, die verfassungsrechtlichen Schranken als nicht existent.[173] Von da an waren sämtliche verfassungsrechtlichen Bedenken endgültig ausgeräumt worden. Vor dem Hintergrund der sich zuspitzenden Balkankrise (Massaker von Srebrenica 1995), die bei Links-Liberalen ein Umdenken bezüglich des außenpolitischen Selbstverständnisses bewirkte, setzte sich der politische Wille durch, in Krisenregionen *mehr Verantwortung wagen* und gegenüber den Bündnispartnern *mehr Verläßlichkeit zeigen* zu wollen. Die Bundesregierung konnte deshalb aber nicht gleich in der Bevölkerung für Kampfeinsätze der Bundeswehr auf eine größere Akzeptanz hoffen.

Die 1998 gewählte rot-grüne Bundesregierung beschloß zwar gleich nach dem Regierungswechsel unter den in Anspruch genommenen Vorzeichen der Normalität die militärische Beteiligung der Bundeswehr an Kampfeinsätzen im NATO-Krieg gegen das Milosevic-Régime und beendete damit endgültig die altbundesrepublikanische Tradition militärischer Zurückhaltung, mußte aber dies rhetorisch legitimieren, indem sie den serbischen Regierungschef mit Hitler gleichsetzte sowie die Verbrechen an der nichtserbischen Bevölkerung im Kosovo mit Auschwitz verglich.[174] In keinem anderen europäischen Staat wurde die Einzigartigkeit der nationalsozialistischen Judenvernichtung relativiert, um die NATO-Intervention legitimieren zu können. Daß dies aber in der deutschen Öffentlichkeit geschehen ist, verweist auf die Schwere des bundesrepublikanischen Konsenses angesichts der deutschen Vergangenheit. »Nie wieder Krieg« und »Nie wieder Ausch-

---

173 »Mithilfe eines kooperationsbereiten Bundesverfassungsgerichts, das sich auf der Grundlage eines streng prozeduralistischen Verständnisses seiner Normenkontrollbefugnisse hätte zurückhalten müssen, betreiben Kohl, Schäuble und Rühe unverhohlen eine Politik der schleichenden Militarisierung unserer Außenpolitik – sie vertrauen auf die normative Kraft des Faktischen.« – Ebd., S. 191.

174 Siehe Teil II, Kap. 7.

witz« – zuvor noch unzertrennlich im Selbstverständnis der Deutschen nach 1945 fest verankert gewesen – sind gegeneinander ausgespielt worden und zur Bejahung eines Krieges im Namen der Humanität geworden, um Völkermorde zu verhindern. Die nationalsozialistischen Verbrechen wurden an der düsteren Seite der in der Gegenwart stattfindenden Gewaltexzesse relativiert. Unter die NS-Vergangenheit wird so ein Schlußstrich gezogen und zur Normalität übergegangen, *indem* von Verantwortung geredet *und zugleich* vorgegeben wird, wie wichtig es sei, die richtigen außenpolitischen Konsequenzen aus einer notwendig in Erinnerung zu behaltenen Vergangenheit zu ziehen.[175] Dabei ging es offensichtlich mehr darum, die deutsche Öffentlichkeit im Sinne einer praktizierten Normalität von der Notwendigkeit eines militärischen Einsatzes der Bundeswehr politisch und moralisch zu überreden, als daß der Vergleich, Milosevic sei wie Hitler, der Wahrheit tatsächlich entsprochen hätte.

Etwa zur gleichen Zeit – wenige Wochen zuvor im November 1998 – sprach der Schriftsteller Martin Walser anläßlich der Verleihung des Friedenspreises in der Frankfurter Paulskirche das aus, was viele aus der sogenannten Nachgeborenengeneration, die sich nicht als Täter begreifen, zu empfinden scheinen, jedoch nicht zu äußern gewagt haben.[176] Walser wandte sich gegen eine »Dauerpräsentation unserer Schande« und bezeichnete diese als »Drohroutine«, zu der Auschwitz sich nicht eigne. Er machte deutlich, daß er von Auschwitz nichts mehr hören und sehen wollte, denn Deutschland sei schließlich ein ganz normales Land, die Deutschen ein ganz normales Volk geworden.[177] Walsers Intention war die entgegengesetzte Strategie zu der Rhetorik der rot-grünen Bundesregierung im Kosovo-Konflikt. Schwerlich konnte allerdings Walsers Schelte zur Dechiffrierung einer Auschwitz instrumentalisierenden Kriegslegitimation herangezogen werden, weil in seinen Sätzen noch viel deutlicher, nämlich die schlichte Schlußstrichmentalität zum Ausdruck kam, während die rot-grüne Bundesregierung

175 Siehe z. B. Joschka Fischer im Streitgespräch mit Jean Pierre Chevènement, *Die Zeit*, Nr. 26/2000: »Die Deutschen sind nach einer 150-jährigen Geschichte, der Suche nach dem eigenen Nationalstaat, der Verführung zur Hegemonie und schließlich dem Absturz ins Verbrechen endlich bei sich selbst angekommen: politisch und auch kulturell. Heute sind die Deutschen genauso mit sich selbst im Reinen wie die Franzosen. Auch mit ihrer Geschichte. Nur ist unsere Geschichte leider anders. Zu uns gehört die anhaltende Auseinandersetzung mit und die moralisch-historische Verantwortung für Auschwitz. Das ist Teil unserer Nationalgeschichte.«

176 Vgl. Leserbriefe: »Weg mit den Verbalkeulen!«, in: *Die Zeit* 46/98; Leserbriefe: »Wir sind nicht schuldig«, in: *Die Zeit* 53/98.

177 Martin Walser: »Die Banalität des Guten«, in: *FAZ* vom 12. Dezember 1998, S. 15.

sich gerade sehr bewußt auf Auschwitz bezog, um ihre Entscheidung für einen Kriegseinsatz moralisch zu legitimieren.

Dem Wunsch nach einem normalisierten Umgang mit der eigenen Geschichte stand aber die selbstkritische und verantwortungsvolle Reflexion auf die Naziverbrechen, insbesondere auf den Massenmord an den Juden in beiden Fällen deutlich im Wege. Deshalb ist es keineswegs abwegig, hinter den neokonservativen Argumenten, die gleichermaßen von Konservativen und Liberalen vorgetragen worden sind, die mehr oder weniger verschleierte Absicht zu vermuten, die Schmach der Vergangenheit relativierend zu entsorgen, sich der Verantwortung endgültig zu entziehen. War es Mitte der 1980er Jahre noch das Auftreten allein rechter Realpolitiker vom Schlage eines Strauß' oder Dreggers, die mit wissenschaftlicher und publizistischer Rückendeckung durch Historiker wie Michael Stürmer oder Ernst Nolte den Schlußstrich unter die Vergangenheit sowie das »Ablegen des Büßergewandes«, das Richten des Blickes nach vorne in die Zukunft und das »Heraustreten aus dem Schatten Hitlers« forderten,[178] so wurden diese Ansichten seit der deutschen Einheit oder spätestens seit dem rot-grünen Regierungswechsel auch von Liberalen vertreten, wenn sie auch eine weniger deutliche Sprache wie die Rechtskonservativen sprechen.

Sehr eindeutig ist dagegen nach den terroristischen Anschlägen vom 11. September 2001 der affirmative Bezug auf »geostrategische Interessen« geworden, der Anfang der 1990er noch auf Bundeswehrkreise, das Bundesverteidigungsministerium und ihr konservatives Umfeld beschränkt war. Nach dem 11. September 2001 sollte es um die »Positionierung Deutschlands« in einer sich abrupt völlig veränderten Weltordnung gehen.[179] Man wolle im Kampf gegen den Terrorismus nicht »Alliierte zweiter Klasse« sein, nachdem das politische Gewicht Deutschlands nach der Einheit in der Weltpolitik gewachsen sei, kehre man jetzt nicht zur »Scheckbuchdiplomatie« zurück, sondern folge den Prinzipien eines weiterentwickelnden Selbstverständnisses deutscher Außenpolitik, nach dem das Militärische kein Tabu mehr sei. Der 11. September 2001 war für die finale Normalisierung der deutschen Außenpolitik, das heißt der Enttabuisierung des Militärischen, ein katalytisches Ereignis.

Das Operationsfeld der Normalisierung ist aber in vollem Umfang auf Europa ausgeweitet. Mit maßgeblich deutscher Forcierung erwirbt sich

178 Vgl. *Bayernkurier* vom 9. Februar 1985 und 4. Mai 1985.

179 Vgl. Gerhard Schröder: »Bekenntnis zur politischen und moralischen Solidarität«, Rede des Bundeskanzlers vor dem Deutschen Bundestag vom 19. September 2001, in: *Die Zeit* 39/2001; vgl. ders,: »›Wir werden gemeinsam vorgehen‹«, in: *Die Zeit* 41/2001.

die Europäische Union allmählich sämtliche außenpolitischen Attribute einer souveränen Föderation von Nationalstaaten. ESVP und GASP führen zu einer europäischen Interventionsarmee, die im Kräftespiel mit der NATO bzw. den USA und anderer imperialer Mächte konkurriert. Inwieweit diese Entwicklungen zu mehr Sicherheit in der »globalisierten« Welt beitragen können, ist nicht wirklich zu erkennen. Kriege zwischen den EU-Mitgliedstaaten sind zwar undenkbar geworden, aber solche zwischen dem integrierten Europa und anderen Weltmächten werden damit wahrscheinlicher, zumal für Kriege in der modernen Welt nicht nur Nationalismus, sondern vor allem die politisch-ökonomischen Verhältnisse des Kapitalismus einen wesentlichen Hintergrund darstellen. Für diese Entwicklung war von wesentlicher Ausschlagkraft der zuvor und parallel in die Wege geleitete Prozeß der militärpolitischen Normalisierung der deutschen Außenpolitik.

6. Souveränität als Normalität: Das *ius ad bellum*

> »Souveränität entspricht dem, was für einen Einzelmenschen Würde heißt: das, was keinen Preis hat, weil es unverkäuflich ist.«
>
> *Alexander Kluge*

Außenpolitik im traditionellen Sinne zielt auf den Erhalt, Ausbau und die Festigung von Machtpositionen des souveränen Nationalstaats. Im internationalen Umfeld nimmt der Staat seine ökonomischen und sicherheitsstrategischen Interessen wahr. Die Politik ist ausgerichtet auf Nutzen- und Effizienzmaximierung der eigenen Nationalökonomie. Nachteile, die sich für andere Staaten dadurch ergeben, sind im »besten« Falle nicht von Interesse, im schlimmsten Falle aber sogar intendiert. Internationale Solidarität zwischen den Nationalstaaten scheint im Kapitalismus schwer realisierbar. Innerhalb des kapitalistischen Staatensystems treten die einzelnen Nationalstaaten notwendig zueinander in Konkurrenz und sind im internationalen Kräftespiel jeweils zur Selbstbehauptung gezwungen. Die in der Außenpolitik einsetzbaren Machtmittel resultieren aus der wirtschaftlichen und militärischen Potenz des Staates sowie aus seinem Ansehen im Ausland. Konflikte sind vorprogrammiert, die in der Regel mit den Mitteln der Diplomatie aber auch mit militärischen Mitteln gelöst werden können.

Der systemimmanente Konkurrenzmechanismus impliziert die Notwendigkeit einer staatlichen oder auch suprastaatlichen Souveränität, die bereits durch die Existenz anderer Staaten oder Suprastaaten relativ eingeschränkt und damit immer wieder herausgefordert wird. Das staatliche Militär erfüllt deshalb den Zweck des Schutzes nicht nur der Grenzen und des Staatsvolkes, sondern vor allem der Umsätze und Profite nationaler wie transnationaler Kapitale. Der Status einer Nation drückt sich damit vor allem auch in der Schlagkraft ihres Militärs aus. Die Voraussetzung für die Souveränität eines kapitalistischen Staates besteht in der Abgestimmtheit und Funktionalität der Triade aus Wirtschaft, Politik und Militär nach innen und außen. Als besonders evident mag dieser Umstand dann erscheinen, wenn, wie im Falle der Bundesrepublik in den Jahren nach 1945, die staatliche Souveränität aberkannt und nur langsam wieder zurückzugewinnen war. »Es wurde klar, daß in einer Zeit wie der unsrigen Politik so viel Kraft hat, wie die [militärische] Kraft bedeutet, die hinter ihr steht (...). Ohne Kraft wird unser Wort nicht beachtet.«[180]

Die Souveränität der Bundesrepublik Deutschland war bis 1989/90 eingeschränkt. Bis zur deutschen Einheit galt der westdeutsche Staat vielen Konservativen zugleich als ein »wirtschaftlicher Riese« und als ein »politischer Zwerg«, weil er seine Außenpolitik nicht unabhängig gestalten konnte und sich den Weltmächten innerhalb der Bündnissysteme unterordnen mußte. »Die alte Bundesrepublik wies zwei wichtige Merkmale auf: Das erste bestand darin, daß sie ihre Außenpolitik nicht unabhängig gestalten konnte, das zweite in ihrer untergeordneten Rolle als Militärmacht. Beides war Ausdruck der unvollkommenen Souveränität der Bundesrepublik und ihrer damit einhergehenden Abhängigkeit von den Vereinigten Staaten in der Weltpolitik und von Frankreich in Europa.«[181] Aus diesem Umstand ist ein kontinuierliches Bestreben des Staates nach außenpolitischer Normalisierung im Sinne der Erlangung eines Großmachtstatus' und von politischer Gleichwertigkeit[182] mit anderen Weltmächten ableitbar. Man kann diesen Umstand auch als deutschen Normalisierungskomplex bezeichnen. »Weil die politische Gleichrangigkeit nur über den Weg der Wiedervereinigung, also nicht aus eigener Kraft erreichbar war, hat sich die deutsche Politik in besonders starkem Maße auf (...) das militärische Gebiet verlegt. Die starke

180 Konrad Adenauer zit. n. David Meienreis und Frank Renken (Hrsg.): *Krieg und Globalisierung. Der Imperialismus: Vom Kolonialismus zu den Kriegen des 21. Jahrhunderts*, Frankfurt am Main 2002, S. 52.

181 Markovits und Reich: *Das deutsche Dilemma*, a. a. O., S. 51.

182 Vgl. Gregor Schöllgen: *Die Außenpolitik der Bundesrepublik Deutschland. Von den Anfängen bis zur Gegenwart*, Bonn 1999, S. 227.

Konzentration der deutschen Außenpolitik auf den Bereich der Sicherheits-, Verteidigungs- und Allianzpolitik erklärt sich mithin nicht nur aus der exponierten strategischen Lage an der Nahtstelle zwischen den beiden Blöcken des Kalten Krieges. Vielmehr ging es der Bundesrepublik von Anfang an auch darum, wenigstens auf diesem Gebiet den Anschein der Zweitklassigkeit zu vermeiden.«[183] Sicherheitspolitik von Adenauer bis Kohl konzentrierte sich auf die verdeckte Frage, inwiefern die Bundesrepublik Deutschland im Bereich der Sicherheitspolitik jener zweitrangigen Rolle, die ihr aufgrund der eingeschränkten Souveränität allgemein auferlegt wurde, umgehen könnte.

Auch aufgrund des Nicht-Besitzes von nuklearen Waffen mußte der westdeutsche Staat zwangsläufig eine »mindere Rolle im Kreis der Verbündeten« spielen, was für Franz Josef Strauß mit der »nationalen Würde« nicht zu vereinbaren war. Während des Kalten Krieges galt die Verfügungsgewalt über Atombomben als *das* »entscheidende Merkmal der Souveränität«.[184]

Strauß verfolgte darum als Verteidigungsminister das Ziel, nukleare Waffen unter die Verfügungsgewalt des westdeutschen Staates zu bringen; es ging hier nicht mehr bloß um Wiederbewaffnung, sondern um die Frage der Gleichberechtigung innerhalb der westlichen Mächte, vor allem mit Großbritannien und Frankreich.[185] Der sogenannte »deutsche Gaullismus«[186] markierte seit Mitte der 1960er Jahre den Anfang eines Ablösungsprozesses von den Siegermächten. Frankreich war unter der Politik von Charles de Gaulles Anfang der 1960er Jahre zu einer selbständigen Atommacht aufgestiegen und nahm einen Sonderstatus innerhalb der NATO und gegenüber den USA ein. Strauß und Adenauer hofften auf ein Bündnis mit Frankreich, um so zur eigenständigen Atommacht aufzusteigen, bzw. an der französischen Atommacht partizipieren zu können. Die französische Regierung zeigte sich zunächst sogar interessiert, dann aber folgte aufgrund internationalen Drucks, nicht zu letzt auch seitens der Anti-Atom-Bewegung[187] die Aufgabe der Pläne. Die französische Regierung machte einen Rückzieher in ihrer Annäherung an die deutschen Gaullisten.

---

183 Ebd., S. 226.

184 Vgl. Franz Josef Strauß: *Die Erinnerungen*, Berlin 1989, S. 310.

185 Vgl. Stuby: *Die »gefesselte« Souveränität der Bundesrepublik*, a. a. O., S. 130.

186 Prominente Vertreter des »deutschen Gaullismus« waren u. a. Franz Josef Strauß (CSU), Konrad Adenauer (CDU) und auch der Verleger Axel Springer. – »Sie nahmen nur vorweg, was sich seitdem schrittweise vollzogen hat und noch immer vollzieht: die Wiederherstellung Deutschlands als eigenständige imperialistische Macht.« – Meienreis und Renken (Hrsg.): *Krieg und Globalisierung*, a. a. O., S. 56.

187 Vgl. Hans-Karl Rupp: *Außerparlamentarische Opposition in der Ära Adenauer. Der Kampf gegen die Atombewaffnung in den 50er Jahren*, Köln 1980.

Der »deutsche Gaullismus« war nur ein erster Versuche, ein Test, wie weit es möglich wäre, die Fesseln der Souveränität zu sprengen.[188] Die rot-gelbe Bundesregierung schlug eine andere Richtung ein. 1969 wurde ein Atomwaffensperrvertrag unterzeichnet. Heftiger Gegner der Vertragsunterzeichnung war der CSU-Vorsitzende Strauß, der den Vertrag als »Versailles kosmischen Ausmaßes« bezeichnete. Bundeskanzler Willy Brandt vertröstete die Gegner des Vertrages auf eine absehbare Zukunft: »Wenn es eines Tages die Vereinten Staaten von Europa geben wird, so sind sie nicht gebunden durch den Nichtverbreitungsvertrag, sondern können eine Atommacht werden.«[189]

Anzumerken ist, daß im Kontext des Kräftegleichgewichtes in vergleichbaren Waffengattungen, aber vor allem hinsichtlich des atomaren Zerstörungspotentials zwischen West und Ost die Atombombe mehr den Charakter einer *politischen* als einer militärischen Waffe besaß. Die Atombombe diente zur Abschreckung; ihre Existenz sollte garantieren, daß es zu einem militärischen Einsatz ihrer nicht kommt.[190] Die Abschreckungsdoktrin bedeutet gegenüber dem mehr oder weniger eingeschränkten *ius ad bellum* einen schmalen zivilisatorischen Fortschritt. Zwar schließe ihre paritätische Existenz nicht aus, so Gerhard Stuby, daß die Atommächte weiterhin nach militärischer Überlegenheit streben, dennoch gehöre ein solches Streben eben zur Glaubhaftigkeit und damit zur immanenten Logik der Abschreckung wie auch die tatsächliche mehr oder weniger glaubhaft vorgetragene kaltblütige Einsatzbereitschaft. »In dem Augenblick jedoch, in dem man das militärische Potential lediglich auf seinen Abschreckungseffekt reduzierte, akzeptierte man zumindest verbal das Gewaltverbotsprinzip und gestand grundsätzlich zu, daß militärisches Potential auf Verteidigung, d. h. hier auf Vergeltung eines vorausgegangenen Angriffs beschränkt bleiben müsse. Eine Militärstrategie des Blitzkrieges, d. h. also des überraschenden Erstschlages, konnte damit offen nicht propagiert werden.«[191] Gleichwohl war die Phase der atomaren Abschreckungspolitik kein nachhaltiger zivilisatorischer Fortschritt, denn mit Auflösung der bipolaren Weltordnung und dem Wegfall der militärischen Parität, erhielt das *ius ad bellum* wieder Vorrang vor der Abschreckung, zumal mittlerweile der Einsatz von Atomwaffen in Form von

---

188 Vgl. Stuby: *Die »gefesselte« Souveränität der Bundesrepublik*, a. a. O., S. 216.

189 Franz Josef Strauß und Willy Brandt zit. n. Volkhard Mosler: *An Krieg wieder gewöhnen? Niemals! Die Rückkehr des deutschen Militarismus*, Frankfurt am Main 1999, S. 32.

190 Vgl. J. Strelzow: »Warum das annähernde militärische Gleichgewicht gewahrt werden muß«, in: *horizont*, 27/1982, S. 10; zur militärischen Parität siehe auch Adelbert Weinstein: »Verwirrung in der Allianz. Die NATO und der Atom«, in: *FAZ* vom 20. April 1982, S. 12.

191 Stuby: *Die »gefesselte« Souveränität der Bundesrepublik*, a. a. O., S. 124.

mini-nukes nicht mehr bedeutet, gleich die ganze Welt atomar zu vergiften. Nach 1989/90 verlor denn auch mit dem Untergang der Sowjetunion die atomare Abschreckung an Einfluß, und die USA als einzig verbliebene Supermacht machten zunehmend ihr *ius ad bellum* gegenüber NATO und UN gleichsam als ein exklusives Recht geltend; sie müssen keine ernsthaften Gegenschläge befürchten, weil ihnen keine militärische Macht gewachsen ist. Für Staaten, die von der imperialen Strategie der USA und zunehmend auch der EU bedroht werden, gilt aber nach wie vor die Abschreckung als ein Verteidigungsszenario, insofern sie über Atombomben – wie etwa das kommunistische Nordkorea – verfügen und damit sich diplomatische Beziehungen zu den USA, EU etc. erkaufen, statt wie der Irak »einfach« angegriffen zu werden.

Deutsche Außenpolitik in der Zeit des Kalten Krieges bedeutete, »mit den verfügbaren Mitteln die bestehenden Rahmenbedingungen zu nutzen«[192] und eine Politik der kleinen Schritte zur Umgestaltung der Rahmenbedingungen zu betreiben. Für Gregor Schöllgen habe diesbezüglich Deutschland eine »beachtliche Bilanz« vorzuweisen. Ganz im Gegensatz zur Außenpolitik des Deutschen Reiches, dessen Prinzip es gewesen sei, die Rahmenbedingungen zu mißachten und das »Unmögliche«[193] zu realisieren, habe die deutsche Außenpolitik nach 1944 einen gemäßigten Realitätssinn bewiesen und sei dem Prinzip »Ermöglichung des Erforderlichen« gefolgt.[194] Was aber ist für einen Nationalstaat im globalen Kapitalismus außenpolitisch *erforderlich*?

Während des Kalten Krieges war die Konkurrenz der kapitalistischen Staaten untereinander von einer bipolaren Systemkonkurrenz überlagert. Wenn auch nach der Auflösung der bipolaren Weltordnung die kapitalistische Staatenkonkurrenz wieder ungezügelt zum Vorschein gekommen ist, sind die Staaten auch zunehmend gezwungen, aufgrund zunehmender Interdependenzen innerhalb der Weltpolitik und der globalen ökonomischen Verflechtung (»Globalisierung«), miteinander zu kooperieren, so daß der traditionelle Begriff nationalstaatlicher Souveränität immer weniger zeitgemäß ist und sich die Prinzipien der nationalen Außenpolitik verändert haben. Allerdings ist Außenpolitik niemals eine rein nationale Angelegenheit, weil sie auf Aktionen und Ambitionen anderer verbündeter oder konkurrierender Staaten in unmittelbarer Nähe und aus fernen Regionen reagieren muß.[195]

192 Schöllgen: *Die Außenpolitik der Bundesrepublik Deutschland*, a. a. O., S. 230.

193 Vgl. Kurt Riezler: *Die Erforderlichkeit des Unmöglichen. Prolegomena zu einer Theorie der Politik und zu anderen Theorien*, München 1913.

194 Vgl. Schöllgen: *Die Außenpolitik der Bundesrepublik Deutschland*, a. a. O., S. 230.

195 Vgl. Schöllgen: *Die Macht in der Mitte Europas*, a. a. O., S. 42.

Nach der Auflösung der bipolaren Weltordnung zu Beginn der 1990er Jahre kamen euphorische Visionen eines »global governance« in Mode. »Governance (...) [meint] die Gesamtheit der zahlreichen Wege, auf denen Individuen sowie öffentliche und private Institutionen ihre gemeinsamen Angelegenheiten regeln. Es handelt sich um einen kontinuierlichen Prozeß, durch den kontroverse und unterschiedliche Interessen ausgeglichen werden und kooperatives Handeln initiiert werden kann. Der Begriff umfaßt sowohl formelle Institutionen und mit Durchsetzungsmacht versehene Herrschaftssysteme als auch informelle Regelungen, die von Menschen und Institutionen vereinbart oder als im eigenen Interesse angesehen werden.«[196] »Governance« ist, so schreiben Ines Katenhusen und Wolfram Lamping, allmählich zu einer »sprachlich attraktiv klingenden Projektionsfläche für vage ›Soll-Zustände‹ neuer Staatlichkeit und kooperativ-partizipativer Aufgabenbewältigung geworden und definiert sich als Differenz zu etwas, das man mit ›altem‹, ›traditionellem‹ Regieren assoziiert.«[197]

Es werde nunmehr die Menschheit zu einer Weltgesellschaft zusammenwachsen, hieß es. Eine neue Ära des Friedens und der Entwicklung wurde feierlich verkündet. Die Rede war von der alternativlosen *one world* des Kapitalismus. Es ging um das viel diskutierte »Ende der Geschichte«, das im Kapitalismus als der besten aller möglichen Welten erreicht worden sei.

Alles dies erwies sich schnell als Illusion. Aber die alte Frage inwieweit im Kapitalismus »Antriebe zu imperialistischer Politik innewohnen«[198], wurde außerhalb linker Diskurse nicht gestellt; Imperialismus wurde als ein überholtes Vergangenheitsphänomen ad acta gelegt. Der Imperialismus des 19. Jahrhunderts, wie er in der ersten Hälfte des 20. Jahrhunderts in die Katastrophe von zwei Weltkriegen geführt hat, gehört zwar der Vergangenheit

---

196 Commission on Global Governance: *Nachbarn in einer Welt. Der Bericht der Kommission für Weltordnungspolitik*, Stiftung Entwicklung und Frieden, Bonn 1995, S. 4. – »Insbesondere grenzt sich *Governance* gegen *government* ab. Während mit letzterem Begriff das institutionalisierte staatliche Steuerungssystem bezeichnet wird, meint *Governance* das Regulierungssystem, das kollektives Handeln steuert.« – Dietrich Fürst: »Regional Governance zwischen Wohlfahrtsstaat und neo-liberaler Marktwirtschaft«, in: Ines Katenhusen und Wolfram Lamping (Hrsg.): *Demokratien in Europa. Der Einfluß der europäischen Integration auf Institutionenwandel und neue Konturen des demokratischen Verfassungsstaates*, Opladen 2003, S. 251–267; S. 251.

197 Ines Katenhusen und Wolfram Lamping: »Über diesen Band: Demokratie, europäische Integration und Institutionenwandel«, in: dies. (Hrsg.): *Demokratien in Europa*, a. a. O., S. 9–28; S. 24.

198 Arno Klönne: »Empire und Empirie. Zum Diskurs über US-amerikanische Globalpolitik«, in: Rainer Butenschön und Eckart Spoo (Hrsg.): *Töten – Plündern – Herrschen. Wege zu neuen Kriegen*, Hamburg 2003, S. 126–130; S. 127.

an. Imperiales und hegemoniales Denken ist dennoch nicht aus der Welt. Heute konkurrieren allerdings immer weniger die europäischen Staaten untereinander, sondern die Europäische Union, die USA, China, Rußland.

Das Wort Imperialismus (lat. *imperium* = Herrschaft, Herrschaftsgebiet) kam Mitte des 19. Jahrhunderts auf und bezog sich auf das Regierungssystem Napoléons III. (1852–1870). Wenige Jahre später kam das Wort auch in Großbritannien auf. Britische Liberale verwendeten es als »Kampfparole« gegen den konservativen Premierminister Benjamin Disraeli. Dieser hatte Anfang der 1870er Jahre »die Erhaltung und den Ausbau des Empire durch Föderation und Expansion zu einem vordringlichen Ziel britischer Außenpolitik« erklärt.[199] Erst im ausgehenden 19. Jahrhundert erhielt der Begriff des Imperialismus jene Bedeutung, die auch heute noch ihm beigemessen wird. Dies steht im Zusammenhang mit der territorialen Ausdehnung der europäischen Nationalstaaten, die seit 1881 einen »Wettlauf« um die Aufteilung der »Kolonien«, das heißt der noch nicht beanspruchten Gebiete begannen.

Die Hochphase des Imperialismus lag zwischen 1881 und dem Ende des Ersten Weltkrieges. Die Phase davor, die mit dem Wiener Kongreß begann, wird als Epoche des Frühimperialismus (1815–1880) bezeichnet. 1881 besetzte französisches Militär Tunesien und 1882 britisches Militär Ägypten. Damit wurde allgemein der Run auf die kolonialisierbare Welt ausgelöst. Nachdem nahezu die meisten überseeischen Gebiete restlos unter den europäischen Nationalstaaten aufgeteilt waren, gerieten diese miteinander in kriegerische Konflikte. Als besonders aggressiv trat dabei der deutsche Staat in Erscheinung, der in Bezug auf den Kolonialismus reichlich »zu spät« unterwegs gewesen war, aber nunmehr auch seinen »Platz an der Sonne« einforderte. Am Ende des Ersten Weltkrieges beabsichtigte Thomas Woodrow Wilson die imperialistischen Herrschaftsverhältnisse zu beseitigen und verlangte die Berücksichtigung der legitimen Interessen der kolonialisierten Länder bei der bevorstehenden Neuordnung der kolonialen Ansprüche. In denselben Kontext gehört auch Lenins »Dekret über den Frieden« vom 8. November 1917, in dem die Beseitigung der kolonialen Herrschaft und das Selbstbestimmungsrecht für die kolonialisierten Völker gefordert wurde. 1920 wurde der Völkerbund als internationale Institution des nationalen Interessenausgleichs gegründet. Der Entkolonialisierungsprozeß begann, brach sich aber endgültig erst nach 1945 Bahn.

---

199 Vgl. Peter Alter: *Der Imperialismus. Grundlagen – Probleme – Theorien*, Stuttgart 1988, S. 2; vgl. Rede des Premierminister Benjamin Disraeli vor Vertretern der Wahlkreisorganisationen der Konservativen Partei im Londoner Kristallpalast am 24. Juni 1872, zit. n. ebd., S. 12 f.

Die Bestrebungen, die imperialistische Ordnung zu überwinden, waren nicht tiefgreifend genug. Man wird den Imperialismus nicht durch eine politische Neuordnung und Entkolonialisierung überwinden können. Auch andere *immanente* Versuche – etwa staatliche Regulierungseingriffe in die Ökonomie, wie zum Beispiel der Keynesianismus sind dazu untauglich. Gleichwohl verweist letzter darauf, daß wenn die Binnennachfrage (Konsum) in den Volkswirtschaften sinkt, der kapitalistische Zwang zum Absatz im Ausland (Waren- und Kapitalexport) steigt. Geht es allen Ländern so, entsteht ein verschärfter Konkurrenzdruck, der durch umfassende keynesianistische Politik in begrenztem Umfang abzufedern wäre, wenn man damit auch nicht imstande ist, Imperialismus zu verhindern.[200]

Imperialismus erscheint mittlerweile als ein schillernder Begriff, der im affektiven Gebrauch als Waffe im politisch wissenschaftlichen Handgemenge stumpf geworden ist, weil mit einer inhaltlichen Mannigfaltigkeit beladen, so daß die Trennschärfe des Begriffes verloren ging. Zum Verlust der Trennschärfe könnte auch die Unterscheidung zwischen »formellem« und »informellem« Imperialismus beigetragen haben. »Während der formelle Imperialismus auf die direkte politische und militärische Kontrolle eines Territoriums abzielte, beschränkte sich die informelle Variante auf die sogenannte ›pénétration pacifique‹, also auf die friedliche Durchdringung eines Gebietes. Das Ziel lag auch hier in seiner Kontrolle, aber eben in der indirekten, d. h. in der Regel wirtschaftlichen. Der informelle Imperialismus konnte verschiedene Formen annehmen. Dazu zählten der (...) Freihandelsvertrag ebenso wie der Freundschafts- oder Schutzvertrag. Die häufigste und zugleich effektivste Methode der indirekten Kontrolle bestand freilich darin, Länder der überseeischen Welt wirtschaftlich und finanziell in einem Maße von den europäischen Staaten abhängig zu machen, das sich gelegentlich nur noch graduell von einer direkten politischen Kontrolle unterschied.«[201] Der Begriff des »informellen Imperialismus« sollte dazu dienen, schreibt Peter Alter, »die zahlreichen Zwischenformen politischer, wirtschaftlicher oder auch kultureller Abhängigkeit unterentwickelter Regionen gegenüber den industriell fortgeschrittenen imperialistischen Mächten in dieser Zeit abzudecken«. Diese Begriffsdifferenzierung sei in Wahrheit eine Begriffsverallgemeinerung gewesen, die Konturen verschwimmen, so daß »alle Beziehungen zwischen unterschiedlich entwickelten Ländern imperialistisch genannt werden« können. »In letzter Konsequenz wäre dann beispielsweise jedes wirtschaftliche Austauschverhältnis zwischen Staaten

200 Vgl. kritisch John A. Hobson: *Der Imperialismus* (1902), Köln/Berlin 1970.
201 Schöllgen: *Das Zeitalter des Imperialismus*, a. a. O., S. 39.

unterschiedlichen wirtschaftlichen Potentials von imperialistischen Beziehungen kaum mehr zu trennen.«[202] Alter rät aus diesem Grund zu einem zurückhaltenden Gebrauch des Imperialismus-Begriffes. – Dagegen spricht die Aktualität des Imperialismus. Aber so ähnlich, wie »Kolonialismus« die präzisierende Bezeichnung für die Hochphase des Imperialismus (1881–1917) gewesen ist, könnte man für die andauernde Phase nach 1990 eine präzisierende Bezeichnung finden. Da die neue Phase des Imperialismus nicht mehr damit zu tun hat, fremde Gebiete durch Landnahme unter direkte Kontrolle zu bringen, dafür aber andere Regierungen massiv unter Druck zu setzen und in ihrer Souveränität einzuschränken, um vermittelten oder gar direkten Zugriff und Gestaltungsmacht auf die ausländischen Märkte zu erhalten, mithin es um die Frage der Hegemonie geht, könnte man diese neue Phase des Imperialismus als *Hegemonialismus* begreifen.

Es ist jedenfalls eine weitverbreitete Illusion, davon auszugehen, daß der Imperialismus der Vergangenheit angehöre. Für gewöhnlich wird die Antiquiertheit des Imperialismus damit begründet, daß es den modernen Nationalstaaten im Zeitalter der sogenannten Globalisierung nicht mehr um die Erweiterung ihres territorialen Besitzes und schon gar nicht mit dem Mittel der feindlichen Landnahme: der Landnahme durch Krieg gehen könne. Die »Gier nach Land« entspricht denn auch – so die klassische Imperialismustheorie – dem Habitus der Feudalklassen, von denen heute in den modernen Gesellschaften keine Rede mehr sein kann. Aber auch, wenn die Feudalklassen in den fortgeschrittenen Industrienationen aufgelöst sind, bedeutet das nicht, daß moderne Kriege in der Gegenwart keinen imperialistischen Grund mehr haben.

Heute reicht schon die Kontrolle über die ausländischen Kapitale aus, ohne das Land feindlich nehmen zu müssen, um die nationalen Kapitalinteressen zu realisieren. Aber Krieg dient nach wie vor als letztes Mittel, um die nationalen Interessen gegenüber dem Ausland, die »Gier nach Märkten« oder mit Marx ausgedrückt: den »Heißhunger nach Mehrarbeit« durchzusetzen. Kriege sind in der Regel Ausdruck wirtschaftlicher Interessen. Und schon der Aufbau militärischer Überlegenheit gegenüber anderen Nationalstaaten dient der Durchsetzung wirtschaftlicher Interessen. Dies gilt nach wie vor, auch wenn die Interessen des Kapitals immer weniger national ausgerichtet sind. Die staatliche »Gier nach Märkten« im Ausland hat sich seit etwa Mitte der achtziger Jahre des letzten Jahrhunderts quantitativ gesteigert und damit eine neue Qualität geschaffen, die man mit dem Wort

202 Alter: *Der Imperialismus*, a. a. O., S. 3.

»Globalisierung« zu begreifen versuchte. Dahinter steckte ein Trend, massiv Produktionsstätten im Ausland zu errichten, das heißt, das Kapital statt der Waren zu exportieren. Seit 1985 dominierte allmählich die Warenproduktion im Ausland gegenüber dem Warenexport. Der Absatz ausländischer Tochterkonzerne übertraf im Jahre 1992 mit 5,2 Billionen Dollar den des Welthandels mit 4,9 Billionen Dollar. Im Jahre 2000 ist der Umsatz der Tochterkonzerne im Ausland bereits doppelt so hoch wie das Weltexportvolumen. 2000 lag das Volumen der »Auslandsdirektinvestitionen« (Kapitalexport) bei 20 Prozent des Weltsozialprodukts; 1980 hatte es noch bei fünf Prozent gelegen.[203] Man sprach schließlich vom »Transnationalen Kapital«. Die Trendwende zum Kapitalexport macht den qualitativen Wandel: die »Globalisierung« aus. Das staatliche Interesse, die ausländischen Märkte zu gestalten nahm damit zu; denn der Kapitalexport muß wesentlich intensiver als der Warenexport durch eine demokratische und kapitalfreundliche Infrastruktur im Ausland abgesichert werden. Dies gilt weniger für die westlichen und transatlantischen Nachbarstaaten, in denen demokratische und kapitalistische Strukturen in den Gesellschaften fest verankert sind; es gilt vor allem für die weniger entwickelten, vor- oder halbmodernen Länder dieser Welt.

Der qualitative Wandel, der durch die Transformationsprozesse zu Beginn der 1990er Jahre ausgelöst wurde, ist mit dem Wort »Globalisierung« sehr unscharf bezeichnet worden. Denn die Globalisierung ist kein historisches Novum, das mit dem Zusammenbruch der bipolaren Weltordnung begann – wenn mit ihr die Tendenz des Kapitals gemeint ist, sich aufgrund des »Heißhungers nach Mehrwert« über den ganzen Erdball auszubreiten und alles Stehende zu verdampfen, das heißt, die jeweiligen rückständigen gesellschaftlichen Verhältnisse an die für das Kapital erforderlichen modernen Standards anzupassen. Bereits Marx und Engels brachten vor mehr als 150 Jahren dieses politisch-ökonomische Zwangsverhältnis des Kapitalismus auf den Punkt.[204] Verändert hat sich an dem Sachverhalt bis heute nichts Wesentliches. So täuscht der Begriff »Globalisierung« Gleichzeitigkeit der Verhältnisse vor, wo die Gleichzeitigkeit von Ungleichzeitigkeit der treibende Impuls der modernisierenden Dynamik in den weniger entwickelten Gesellschaften ist.[205]

---

203 Vgl. Le Monde diplomatique (Hrsg.): *Atlas der Globalisierung*, Berlin 2003, S. 30, S. 26 f.

204 Vgl. Marx und Engels: »Manifest der Kommunistischen Partei«, a. a. O.

205 Zur »Globalisierungskritik« siehe mit einigen Vorbehalten Christiane Grefe, Matthias Greffrath und Harald Schumann: *attac. Was wollen die Globalisierungskritiker?*, Berlin 2002; wesentlich umfassender und fundierter findet sich die »Globalisierungskritik« bei Michel Chossudovsky: *Global Brutal. Der entfesselte Welthandel, die Armut, der Krieg*, Frankfurt am Main 2002.

Der qualitative Wandel der politischen Ökonomie besteht eher darin, daß die Universalgeschichte des Wertgesetzes seit Anfang der 1990er Jahre von etlichen Beißhemmungen befreit wurde. Erstmals in der Geschichte geriet die stets prekär gewesene Einheit aus Nationalökonomie und Nationalstaat in die Erosion und hinterließ einen mehr und mehr depotentierten Staat gegenüber einem transnationalen Kapital. Das Kapital kennt kein Vaterland mehr, aber es ist deshalb von diesem nicht völlig entbunden: Das Kapital kennt viele Vaterländer, und eines ist so gut wie das andere, solange in ihnen als »Standorte« die Bedingungen für eine optimale Kapitalakkumulation bereitgestellt werden. Dazu fühlen sich die kapitalistischen Staaten verpflichtet, und zugleich müssen sie dafür sorgen, daß die Bedingungen »ihrer« nationalen Kapitale im Ausland gute Geschäftsbedingungen vorfinden. Natürlich spielt das Kapital auch die verschiedenen »Vaterländer« gegeneinander aus, um den Modernisierungsprozeß in den einzelnen Staaten zu beschleunigen.

Nach der klassischen Marxschen Analyse galt der Staat als das ausführende Organ, das die Interessen der Kapitalisten organisiert. Er organisiert nicht so sehr die Partikularinteressen der einzelnen Kapitalisten als viel mehr das Allgemeininteresse des Gesamtkapitals, so daß die Politik des Staates häufig im Konflikt mit einzelnen Kapitalisten stehen konnte. Die notwendige Konkurrenz unter den ihrer Natur gemäß kurzsichtigen Einzelnen gefährdete das Wohl des »ideellen Gesamtkapitalisten«, der deshalb eine Politik der Weitsicht verfolgen, das heißt zwischen den partikularen Interessen vermitteln und Entscheidungen treffen muß, die oftmals den Widerstand der Einzelnen erregen können. Obwohl insgesamt die allgemeinen Interessen des Kapitals durch die weitsichtige Politik des Staates gewahrt bleiben, werden die einzelnen Kapitalisten in der Regel die Macht des Staates bekämpfen, jedenfalls für mehr Bewegungsfreiheit kämpfen. Die Konzerne sind demnach für eine Expansion auf einen starken Nationalstaat angewiesen, dessen Diplomatie und militärische Kraft im Hintergrund steht. Ein solcher Nationalstaat muß kriegsfähig sein.

Seit den 1970er Jahren hatte die Chicago School um Milton Friedman, die den Begriff des Neoliberalismus geprägt hat, die passende Ideologie des Freihandels bereitgestellt, nach deren Konzepten die sogenannte Globalisierung gestaltet wird – zunächst modellhaft in Lateinamerika, dann auch in den USA und in Westeuropa und nach 1989 schließlich in den Ländern des ehemaligen real existierenden Sozialismus. Die Freihandelslehre ist eine Kampfansage gegen den Marktprotektionismus, mit dem Staaten ihre jeweiligen Nationalökonomien vor dem Weltmarkt resistenter zu machen versucht haben. Diese Abschottungsmentalität gegenüber dem westlichen Kapital sollte beendet werden.

Nach dem Ende des Kalten Krieges beginnen die USA im Rahmen ihrer neuen Globalisierungsstrategie ihren Status als Supermacht auszubauen. Die Umfunktionalisierung der internationalen und supranationalen Institutionen des »global governance« zu Instanzen der unmittelbaren Einflußnahme zur Durchsetzung einer neoliberalen Weltwirtschaftsordnung steht in einem direkten Wechselverhältnis mit der Beendigung der Systemkonfrontation. »Die Vereinigten Staaten sind dabei, die Architektur internationaler Politik so zu verändern, daß ihre ökonomische und militärische Hegemonie in der methodischen Umsetzung keiner Beschränkung, keiner korrigierenden Macht und keinem Veto mehr unterliegt. Dies schließt die Kompetenz ein, sich über die Souveränitätsrechte anderer Nationen hinwegzusetzen, auch die Definitionsherrschaft, Staaten oder Organisationen als terroristische Gefahrenherde zu etikettieren und kriegerisch ›stillzulegen‹, gegebenenfalls auch präventiv. Verändert wird damit auch die Funktion der Vereinten Nationen, ebenso die der NATO. Herkömmliche völkerrechtliche Anforderungen werden im Zuge der weltarchitektonischen Neuordnung obsolet.«[206]

Mit den supranationalen Institutionen IWF, Weltbank und WTO wird den neoliberalen Konzepten eine machtvolle Durchschlagskraft verliehen. Durch die Koppelung der Kreditvergabe und der Entschuldung der Dritten Welt gegenüber den reichen westlichen Industrienationen an die Einhaltung bestimmter Kriterien, die im wesentlichen die Aufgabe des Protektionismus bedeuten (Öffnung der nationalen Märkte für ausländisches Kapital, Aufgabe der Zollschranken, Koppelung der nationalen Währung an den Dollar, Reduzierung der Inflationsrate durch Einsparungen der Staatsausgaben vorrangig im sozialen Bereich, Abbau der Arbeitsrechte, Schwächung der Gewerkschaften, etc.), geraten die abhängigen Länder unter direkten Einfluß der Ersten Welt, das heißt, sie werden in ihrer innen- und außenpolitischen Souveränität beschränkt.

Über »Supervision« und »Konsultationen« kontrolliert der IWF die Währungs- und Finanzpolitik fast aller Länder der Welt und reguliert die Bereitstellung internationalen Geldes. Allein die G8-Staaten verfügen im Kontrollgremium des IWF annähernd über 50 Prozent der Stimmrechte, das ist eine Dominanz, gegen die die restlichen Staaten der Welt kaum ankommen können. Die Weltbank vergibt jährlich zirka 30 Milliarden US-Dollar für Kapitalhilfe an Entwicklungsländer in Form von Krediten.[207] IWF und

206 Klönne: *Empire und Empirie*, a. a. O., S. 129.

Weltbank machen Währungs-, Finanz- und Strukturpolitik. Mit den neoliberalen Kriterien der Kreditmittelvergabe greifen sie aktiv in die Innen- und Außenpolitik anderer Länder ein. Die WTO ist seit 1994 die Nachfolgeorganisation von GATT (Allgemeines Zoll- und Handelsabkommen); ihre Aufgabe besteht in der Regulation des internationalen Handels mit dem Ziel der vollständigen Liberalisierung des Welthandels (Abbau von Zollschranken und anderer Handelshemmnisse); 142 Mitgliedstaaten gehören ihr an.

Internationale Regulation und »Interessenausgleich« funktionieren mittlerweile weitgehend ohne Ausübung direkter Gewalt; die Hegemonie des Rechts wird allgemein anerkannt. »Obwohl dazu kein offener Einsatz von Gewalt erforderlich ist, stellt die rücksichtslose Durchsetzung dieser Wirtschaftsreformen dennoch eine Form der Kriegsführung dar. In diesem allgemeineren Sinne sind Krieg und Globalisierung keine getrennten Probleme. (...) Zu Beginn des dritten Jahrtausend gehen Kriege und ›freie‹ Märkte Hand in Hand. Der Krieg ist gewissermaßen das multilaterale Investitionsabkommen der letzten Instanz. Er zerstört physisch, was durch Deregulierung, Privatisierung und die Erzwingung von ›Marktreformen‹ noch nicht vernichtet wurde. (...) Die ›Raketendiplomatie‹ von heute wiederholt die Kanonenbootdiplomatie, die im 19. Jahrhundert zur Durchsetzung des ›Freihandels‹ diente.«[208]

Solche Staaten, die sich der internationalen Regulation widersetzen und die »westlichen Normen« nicht anerkennnen, setzen sich dem Risiko aus, Zielscheibe für militärische Aggressionen zu werden. Die westlichen Werte Pluralismus, Individualismus und Privateigentum sollen universell anerkannt werden und als Normen des gesellschaftlichen Zusammenlebens weltweit Gültigkeit besitzen. Insofern diese normative Grundlage in Frage gestellt wird oder noch nicht gewährleistet werden kann, werden gewaltmäßige Machtfaktoren in die Politik miteinbezogen oder sogar durch sie abgelöst, »die Macht der USA hat (...) gegenwärtig weltweit keine gleichgewichtigen Konkurrenten, aber es bestehen Staaten, die nicht die Absicht haben, die USA als imperiales Zentrum anzuerkennen, auch wenn sie deren ökonomischer und militärischer Vormacht zur Zeit nicht Paroli bieten können. (...) Aus alledem läßt sich schließen: Das Zeitalter des Imperialismus ist nicht vorbei.«[209]

207 Vgl. dazu »Real existierende Strukturen internationaler politischer Regulierung«, in: Ulrich Brand u. a.: *Global Governance*, Münster 2000, S. 89–128.

208 Chossudovsky: *Global Brutal*, a. a. O., S. 33 f.

209 Klönne: *Empire und Empirie*, a. a. O., S. 130.

Seit 1945 hat es auf der Welt weit über 150 Kriege gegeben. An den meisten waren unmittelbar oder vermittelt entweder die USA, Großbritannien oder Frankreich mit eigenen Truppen oder Kriegsgerät beteiligt. Nur dem deutschen Staat blieb das militärische Mittel der Durchsetzung nationaler Interessen vergönnt; es hat zweimal in dem Versuch, nach der Weltmacht zu greifen, diese Welt mit fürchterlichen Kriegen überzogen und Auschwitz zu verantworten. In der Folge war Deutschland von den alliierten Sieger- und Befreiungsmächten die staatliche Souveränität aberkannt worden. Im internationalen Kräftespiel hatte der deutsche Staat aufgrund der über 50 Jahre währenden eingeschränkten Souveränität einen »Standortnachteil«. »Die Bundesrepublik mußte sich mit der Rolle des Juniorpartners zufriedengeben. Lediglich tastende Schritte einer eigenen Außenpolitik in einem strengen Ordnungsrahmen waren ihr gestattet.«[210] Das *ius ad bellum* mußte im Rahmen einer außenpolitischen Normalisierung zunächst erst wieder hergestellt werden, da es als wichtigstes Kriterium der Staatssouveränität nach außen gilt – jedenfalls auf der Grundlage der imperialistischen Weltordnung von 1914 und aus kapitallogisch-systematischer Perspektive, die nach dem Zweiten Weltkrieg von den Konservativen am ehesten eingenommen wurde.

Die außenpolitische Normalisierung des vereinten deutschen Staates ist in erster Linie auf das *ius ad bellum* gerichtet, dessen Wiederherstellung nicht nur ein Problem der Vergangenheitspolitik und der diplomatischen bilateralen Beziehungen, sondern auch ein strukturelles Problem der Bundeswehr gewesen ist. Die Bundeswehr war nach einhelliger Ansicht der deutschen Militärs und Außenpolitiker zwar verteidigungsfähig, aber nicht kriegsfähig und mithin nach 1989/90 nicht wirklich bündnisfähig, da die NATO sich von ihrem Verteidigungsauftrag »emanzipierte«. Normalisierung meint im außenpolitischen Bereich demzufolge die Herstellung von Einsatzfähigkeit der Bundeswehr in Kriegen (»Kriegsfähigkeit«) sowie ihre damit gleichbedeutende »Bündnisfähigkeit«.

Jedwede Einbindung in kollektive Sicherheitssysteme (UNO, NATO etc.), in denen das freie Recht, Krieg zu führen, den Mitgliedstaaten eingeschränkt oder gar aberkannt wird, mußten jedoch die Konservativen als unbillige Einschränkung der staatlichen Souveränität auffassen. Für Deutschland gilt aber auch, daß über die Einbindung in kollektive Sicherheitssysteme und die daraus resultierenden Bündnisverpflichtungen die strikte Absage ans *ius ad bellum* teilweise umgangen werden konnte.[211] Nachdem die alliierten

210 Stuby: *Die »gefesselte« Souveränität der Bundesrepublik*, a. a. O., S. 11.

211 Siehe Dieter S. Lutz: »Das Grundgesetz fordert Friedenspolitik. Zum Streit um unsere sicherheitspolitische Zukunft«, in: ders. (Hrsg.): *Deutsche Soldaten weltweit? Blauhelme,*

Siegermächte der BRD eine eingeschränkte Souveränität zubilligten, mußten die Konservativen diese als »gefesselte Souveränität« auffassen; zumal sie für sie auch unvollständig war, da sie sich nur auf das halbe Territorium des ehemaligen Deutschen Reiches bezog.[212] Die Herstellung des *ius ad bellum* für den gesamtdeutschen Staat war mithin zunächst eine wesentliche Angelegenheit der konservativen Eliten, mußte sich aber stets mit der NATO und nach der deutschen Einheit zunehmend mit der Schaffung einer europäischen Verteidigungs- und Sicherheitspolitik im Rahmen der EU-Integration arrangieren. Nach dem Zweiten Weltkrieg hatte nicht nur Deutschland seine Souveränität, sondern das gesamte Europa: die alten Mächte hatten ihre Unabhängigkeit verloren. Die Einflußsphären verlagerten sich zugunsten der neuen Supermächte USA und UdSSR; das Britische Empire löste sich auf, es kam zur Blockbildung, Konfrontation, zum Kalten Krieg. Anfang der 1990er Jahre begannen sich die Einflußsphären neu zu sortieren. Die UdSSR verlor aufgrund ihrer Auflösung abrupt, die USA verloren im Zuge der EU-Integration sukzessive ihre Hegemonien über Ost- und Westeuropa.

Staatliche Souveränität im traditionellen Sinne bestimmt sich nach der von Carl Schmitt vorgenommenen Definition, wonach Souverän ist, wer über den Ausnahmezustand nach innen und außen verfügt.[213] Die beiden wesentlichen Potentiale des über den Ausnahmezustand verfügenden souveränen Staates ist die »Befehlsunabhängigkeit« sowie das »Befehlenkönnen«.[214] Dieser Souveränitätsaspekt fungiert in Deutschland als traditioneller Normalitätsstandard, der allerdings selbst einer Dynamik nach beiden Richtungen hin unterlegen ist, sich aufhebt: Nach innen ist die staatliche Souveränität dem »westlichen Standard« entsprechend unveräußerliches Eigentum des Volkes geworden, auch wenn die Ausübung der Souveränität

Eingreiftruppen, »out of area« – Der Streit um unsere sicherheitspolitische Zukunft, Reinbek bei Hamburg 1993, S. 43.

212 Vgl. Stuby: *Die »gefesselte« Souveränität der Bundesrepublik*, a. a. O., S. 10.

213 Vgl. Carl Schmitt: *Politische Theologie. Vier Kapitel zur Lehre von der Souveränität* (1922), 2. Aufl., München, Leipzig 1934, S. 11.

214 Vgl. Stuby: *Die »gefesselte« Souveränität der Bundesrepublik*, a. a. O., S. 10; zur historischen Entwicklung des Souveränitätsbegriffs aus marxistischer Perspektive siehe Roland Meister: *Studie zur Souveränität*, Berlin (Ost) 1981; vgl. Bertrand de Jouvenel: *Über die Staatsgewalt. Die Naturgeschichte ihres Wachstums*, Freiburg 1972, S. 39 ff.; zur Zielsetzung der Souveränitat vgl. kritisch Hermann Jahrreiß: »Die Souveränität der Staaten. Ein Wort – mehrere Begriffe – viele Mißverständnisse«, in: Hanns Hermann (Hrsg.): *Die Entstehung des modernen souveränen Staates*, Köln/Berlin (West) 1967, S. 35 ff. – Jahrreiß bejaht die imperialistische Tradition. »Anderes kann von einem Vertreter des Völkerrechts nicht erwartet werden, der im Nürnberger Prozeß als Gutachter auf der Seite der Verteidigung die Verbindlichkeit des Aggressionsverbotes bezweifelte.« – Stuby: *Die »gefesselte« Souveränität der Bundesrepublik*, a. a. O., S. 10.

an staatliche Institutionen und der dort versammelten herrschenden Elite delegiert wird. Daß alle Staatsgewalt vom Volke ausgehen solle (Artikel 20, Absatz 2, Grundgesetz), ist in der parlamentarischen Demokratie jedoch mit der radikaldemokratischen Idee der Volkssouveränität nicht zu verwechseln. Oskar Negt schreibt: »Deutsche Geschichte besteht aus Herrschaftszusammenhängen, zugleich: aus fehlgeschlagenen Versuchen zur Souveränität.«[215] Michael Jäger schreibt: »In diesen westlichen Gesellschaften ist der Staat zwar auch von der Gesellschaft abgehoben, aber die Staatsabstraktion hat einen angebbaren Inhalt. Es ist jedesmal der Inhalt, daß das Volk selber den Staat übernahm, um sich selber in Staat und Gesellschaft zu spalten, wovon der dazwischen vermittelnde Parlamentarismus nur zeugt; und daß diese Staatsübernahme in bestimmten Ereignissen, Kämpfen um bestimmte Ziele geschah. Die Bestimmtheit der Ereignisse und der Ziele ging in die jeweilige Staatsabstraktion ein, um sie wenigstens teilweise zu konkretisieren.«[216]

Nach außen ist die staatliche Souveränität weniger demokratisiert als nach innen. Immer dann, wenn von »Staatsräson« die Rede ist, ist der spezifische Inhalt der staatlichen Politik der demokratischen Kontrolle und Verfügung mehr oder weniger entzogen. Außenpolitik ist mehr als die Summe der einzelnen Entscheidungen und Handlungen, sondern hinter diesen steht ein Prinzip: eine Gesamtstrategie, die nicht immer – sogar in den seltensten Fällen – ganz offen liegt. Die Gesamtstrategie wird kaum demokratisch festgelegt; sie ist Angelegenheit der staatlichen Eliten. Das hat Tradition, die bis in die Monarchien zurückgeht und bis in die Gegenwart reicht. In der öffentlichen Meinung sehen die herrschenden Eliten eher ein Hindernis oder einen instrumentalisierbaren Faktor. Die herrschenden Eliten ziehen hin und wieder gerne die öffentliche Meinung zur Legitimation außenpolitischer Entscheidungen heran. Der Einfluß der öffentlichen Meinung auf die Außenpolitik ist allerdings sehr gering. Es wird lediglich die Möglichkeit eines demokratischen Entscheidungsprozesses suggeriert. – Existiert Übereinstimmung zwischen der öffentlichen Meinung und der Außenpolitik, wird sie zur Legitimation herangezogen; existiert Divergenz, wird die öffentliche Meinung zum Objekt propagandistischer Kampagnen, um Deckungsgleichheit einseitig herzustellen. Oder es wird die öffentliche Meinung aus anderen Staaten zur Legitimation instrumentalisiert, um auf die eigene Öffentlichkeit Druck auszuüben. Es wäre mithin eine vernünftige Forderung, außenpolitische Entscheidungen einer demokratischen Kontrolle und Einflußmöglichkeit zu unterziehen.

215 Negt und Kluge: *Geschichte und Eigensinn*, Bd. 2, a. a. O., S. 482.
216 Jäger: *Probleme und Perspektiven der Berliner Republik*, a. a. O., S. 76.

Außenpolitische Souveränität des Staates wird zunehmend durch interstaatliche Institutionen aufgehoben. Das moderne Völkerrecht tritt mit dem Anspruch auf, die außenpolitische Souveränität von Staaten einzuschränken, das heißt, bestimmten Regeln zu unterwerfen. Die Einhaltung der Regeln ist allerdings davon abhängig, daß Staaten den Regelkodex allgemein und freiwillig anerkennen, da es noch kein vollständig ausgebildetes überstaatliches Gewaltmonopol gibt, das die Nichteinhaltung effektiv genug sanktionieren könnte. Ansätze der Herausbildung eines überstaatlichen Gewaltmonopols gibt es dennoch, und sie stellen einen zivilisatorischen Fortschritt im Sinne der Abkehr vom Schmittschen Diktum dar.

Die Genfer Konventionen entsprangen der Idee, mittels internationalen Rechts Kriege zu domestizieren. Mit dem Völkerbund wurde nach dem Ersten Weltkrieg (1920) versucht, Mittel der Sanktion zu etablieren, wenn Kriege gegen den Gerechtigkeitskodex verstießen. Mit dem Briand-Kellog-Pakt (1928) wurde erstmals auch explizit der Angriffskrieg geächtet und eine Einschränkung des *absoluten* ius ad bellum für souveräne Staaten unternommen. Die UN-Charta erlaubt staatliche Gewalt gegen andere Staaten (Mitglieder der UN) nur, insofern es sich um eine Verteidigung gegen einen bewaffneten Angriff handelt.[217] In diesem relativen Sinne sind Staaten außenpolitisch nicht absolut souverän. Die rechtliche Regelung zwischenstaatlicher Gewalt im modernen Völkerrecht ist dreigeteilt; man unterscheidet zwischen dem *ius ad bellum* (Recht zum Krieg), dem *ius in bello* (Recht im Krieg) und dem *ius armorum* (Recht der Rüstung).[218] Im »Recht zum Krieg« werden Gerechtigkeitsmaßstäbe angelegt. Nur »gerechte« Kriege sollen geführt werden dürfen. »Ungerechte« Kriege werden international zumindest geächtet.[219] Das »Recht im Krieg« soll die Verwendung von Waffen regeln, um »Gerechtigkeit« *im* Krieg zu schaffen, zum Beispiel durch die »menschliche« Behandlung von Opfern und Kriegsgefangenen. Im »Kriegsvölkerrecht« ist man zumindest zu einer fortschrittlichen Erkenntnis gelangt, daß alle vom Krieg Betroffenen Opfer sind.[220] Schwierig allerdings ist es, den Aggressor und Schuldigen ausfindig zu machen, weil die Aggressoren unter dem moralischen Primat des Gewaltverzichtes ihre Ag-

217 Vgl. Charta der Vereinten Nationen, Art 51, Internet: ⟨`http://www.unric.org/Charter.html`⟩.

218 Vgl. Stefan Brunner: *Deutsche Soldaten im Ausland. Fortsetzung der Außenpolitik mit militärischen Mitteln?*, München 1993, S. 119–128.

219 »Die Unterscheidung zwischen gerechten und ungerechten Kriegen mußte scheitern, da die Gerechtigkeit als Bemäntelung der Macht ›entdeckt‹ und für die Ideologisierung der Kriege verantwortlich gemacht wurde.« – Ebd., S. 119.

220 Vgl. ebd., S. 120.

gression als *Verteidigung* kaschieren und demzufolge nur noch beiderseitige »Verteidigungskriege« geführt werden (preemptive strike). Das »Recht der Rüstung« regelt den Besitz von Waffen (zum Beispiel Atomwaffensperrvertrag 1968, B-Waffen-Konvention 1972, C-Waffen-Konvention 1993). Durch das Einwirken auf staatliche Rüstungsprogramme können zum Teil die Mittel, die Voraussetzung für Kriege sind, eingeschränkt werden, wenn auch die strukturellen Gründe für die Entstehung von Kriegen damit nicht beseitigt werden. Immerhin können vertrauensbildende Maßnahmen, etwa Rüstungskontrolle, Sperrverträge, Transparenz der Industrien etc. dazu beitragen, daß ein gefährliches Wettrüsten verhindert oder es sogar zu einem gegenseitigen Abrüsten kommt.

Alle diese mehr oder weniger verbindlichen durch das Völkerrecht abgesicherten Einschränkungen zeigen, daß eine militärpolitische Normalisierung, das heißt die Wiederherstellung von »Kriegsfähigkeit« der Bundeswehr nicht bedeuten kann, das klassische Recht zum Krieg zu restaurieren. Was hier unter dem *ius ad bellum* verstanden wird, ist ein an das zeitgemäße Völkerrecht angepaßter moderner Normalitätsstandard, der für den deutschen Staat seit 1945 nicht gegolten hat, nach Auflösung der bipolaren Weltordnung aufgrund der zu Buche schlagenden Aktualität des Hegemonialismus aber den herrschenden Eliten in Deutschland erforderlich scheint. Preußischer Militarismus gehört gleichsam der Vergangenheit an.

7. Neopragmatische Abwiegelung von Normativität – Zur Homogenisierung von liberalen und konservativen Positionen in Politik und Gesellschaft

> »Der Neokonservativismus ist das Netz, in das sich der Liberale fallen lassen kann, wenn er vor seinem eigenen Liberalismus Angst bekommt.«
>
> *Peter Glotz*

In und zwischen den Dimensionen einer historischen, moralischen, civilpolitischen, außenpolitischen und kapitallogisch-systematischen Normalitätsableitung herrschen Spannungen vor, die den inneren, dialektischen Widerspruch des Begriffs in der politischen Sphäre ausmachen. So lange, wie dieser Widerspruch als Resultat der inhaltlichen Differenzen zwischen den Positionen der politischen Öffentlichkeit selbst noch nicht als Teilresultat der Normalisierung eingeebnet war, verlief die Bewegung der Normalisierung nicht gradlinig. Die Politik der Normalisierung war vielmehr solange ein Kampfplatz zwischen liberalen und konservativen Vorstellungen, die aber im Zuge der Normalisierung zunehmend ihre Angleichung aneinander erfahren haben. Die Angleichung macht mithin selbst ein Bestandteil der Normalisierung aus, bedeutet gleichsam die Normalisierung der Normalisierer.

Das Resultat der Einebnung der qualitativen Differenzen: der Homogenisierung des Nichtidentischen in den politischen Positionen zwischen Liberalen und Konservativen als Ausdruck des herrschenden Geists ist Eindimensionalität, ein »Verlust von Dialektik, d. h. von Widerspruch und Antagonismus aus Praktiken wie aus Diskursen«[221]. Normalisierung verstanden als Eindimensionalisierung meint postmoderne Einebnung utopischer Gehalte durch die alltagspragmatische Realpolitik.[222] Dies gilt sowohl für die schwarz-gelbe Bundesregierung zwischen 1989 und 1998 als auch für die rot-grüne Bundesregierung von 1998 bis 2005; das Phänomen war jedoch bereits in der alten Bundesrepublik zu beobachten. Michael Jäger bezeichnet den neuen Zuschnitt von Herrschaft als »kybernetisches Politikmodell«, in dem »Demokratie nur noch eine Technik [ist] zur Optimierung von Verschleiß- und Ersatzprozessen. Jede Glühbirne fällt einmal aus, dann muß die gleiche andere Birne zur Stelle sein: der andere Block soll sie haben und einschrauben. Politik könnte da nur stören. Man hat errechnet, daß ein kybernetisches System dann am wenigsten störanfällig ist, wenn es zu etwa 50 Prozent aus Ersatzteilen besteht – diese Bedingung erfüllt eine ›Opposition‹.«[223] Damit soll aber nicht gesagt werden, daß heute gänzlich keine Unterschiede mehr zwischen Liberalen und Konservativen in den politischen Positionen zu erkennen sind, jedoch sind die Differenzen zunehmend weniger qualitativ als viel mehr quantitativ ausgerichtet, das heißt, das Politische hat generell an utopischer Normativität eingebüßt. Mit anderen Worten: Es geht, wie schon Theodor W. Adorno in seinem Aufsatz zum »Fortschritt« schrieb,[224] nicht mehr um Fortschritt *des* gesellschaftlichen Ganzen, sondern nur noch um Fortschritt *im* Ganzen.

---

221 Link: *Versuch über den Normalismus*, a. a. O., S. 109.

222 Hinsichtlich der Bewertung der Aktualität von *Eindimensionalität* siehe die noch in Arbeit befindliche Dissertation von Tatjana Freytag.

223 Jäger: *Probleme und Perspektiven der Berliner Republik*, a. a. O., S. 24; siehe ders.: »Blöcke«, a. a. O.

224 Vgl. Theodor W. Adorno: »Fortschritt«, in: ders.: *Stichworte. Kritische Modelle 2*, Frankfurt am Main 1969, S. 29–50.

Die großen Parteien orientieren sich als Volksparteien an der sogenannten »Neuen Mitte«; in dieser gilt Konformität als unscheinbare und harmlose Normalität.[225] Das Klientiel der »Mitte« sind die Kleinbürger, deren Status in sozialpsychologischer Hinsicht als problematisch angesehen wird; Oskar Negt schreibt: »Die Bundesrepublik Deutschland lebt vom Mythos der ›Mitte‹; jedoch von dieser ›Mitte‹ droht die eigentliche Gefahr für die Demokratie.«[226] Berthold Franke konkretisiert: »In der sozialen Dimension sehen sich die Kleinbürger als ausgleichende Mitte zwischen oben und unten; in ökonomischer Hinsicht leben sie von der Idee der Selbständigkeit aus dem persönlichen Arbeitseigentum; im politischen Bereich hegen sie rückwärtsgewandte Utopien vom Ständestaat.«[227] – »Die Orientierung nach oben und die Angst vor dem Abrutschen nach unten, eine prinzipielle Neigung zur Unschlüssigkeit, zum Schwanken und zu Opportunismus, Neid, Borniertheit, Egoismus und feiges Kompromißlertum sind die Folgen: politische Identität seiner sozialökonomisch nichtidentischen Klasse. Der politische Ratgeber des Kleinbürgers ist allemal die Angst vor gesellschaftlicher Bewegung. Sie führt ihn schließlich ins reaktionäre Lager.«[228]

Der Angleichungsprozeß zwischen den politischen Lagern, der den Normalisierungsprozeß des deutschen Staates durchsetzungsfähig machte, wirkte wenn auch verhalten aufgrund der ideologischen Systemkonfrontation schon während des Kalten Krieges. Dieser war aber aus weltpolitischen Gründen in den Jahren nicht gleichermaßen wirkmächtig. Zwischen 1945–1989 war der Angleichungsprozeß aufgrund der besonderen Lage Deutschlands als geteilter Frontstaat im Kalten Krieg eingedämmt gewesen und wirkte bis zur Auflösung der bipolaren Weltordnung 1990/91 verhaltener als in den Jahren danach. Während im (links-)liberalen Lager nach 1945 auch die Vision eines *neuen* Deutschlands vorherrschte,[229] ging es im konservativen Lager um Restauration.

---

225 »Es gibt aber keine harmlose Normalität, der ›Normale‹ ist schon auf dem Weg zum Handlungsgehilfen des politischen Systems. Nur wer zu nichts Bürgerlichem taugt, taugt auch nicht zum Faschisten.« – Peter Brückner: *Das Abseits als sicherer Ort. Kindheit und Jugend zwischen 1933 und 1945*, Berlin 1980, S. 64.

226 Negt: »Die Misere der bürgerlichen Demokratie in Deutschland«, a. a. O., S. 41.

227 Berthold Franke: *Die Kleinbürger. Begriff, Ideologie, Politik*, Frankfurt am Main/New York 1988, S. 7.

228 Ebd., S. 102; siehe auch S. 202.

229 »Die völlige Zerschlagung des Nationalsozialismus und die Teilung Deutschlands hatten ein großes institutionelles und politisches Vakuum hinterlassen, das bei der Linken Hoffnungen auf eine Umstrukturierung und Demokratisierung der Wirtschaft in einem wiedervereinigten, nicht bewaffneten und friedlichen Deutschland nährte. Die Vision der Linken hatte vier Schwerpunkte: Mitbestimmung; eine staatliche gelenkte Wirtschaft, in der der Markt eine

Anfang der 1950er Jahre waren CDU/CSU und SPD noch durch wesentliche Differenzen auseinanderzuhalten, auch wenn Walter Dirks bereits ahnt, daß es dabei nicht bleiben würde, da die restaurativen Kräfte in beiden Parteien in der Mehrzahl sind. 1950 schreibt Dirks: »Noch immer kämpft und arbeitet in der CDU/CSU christlicher Geist gegen den Geist der Restauration, ebenso wie in der SPD sozialistischer Geist dagegen kämpft, aber in beiden Parteien liegt das Schwergewicht auf der restaurativen Seite. Die Formel der politischen Demokratie, welche beide Parteien verbindet, ist ehrlich gemeint; gemeinsam ist beiden auch der Griff nach der Staatsbürokratie, einer mächtigen und anspruchsvollen Staatsbürokratie. Auf der rechten Seite mischt sich dieser Wille mit Wirtschaftsliberalismus, mit patriarchalischen Vorstellungen, mit dem Traumbild einer Gesellschaft, in der die Persönlichkeiten, die Honoratioren, die kirchlichen Würdenträger ihre Rolle spielen – auf der linken mit dem Wunschbild einer perfekten sozialen Apparatur.«[230] Mit ihrem Godesberger Programm Ende der 1950er Jahre wurde auch die SPD eine Volkspartei. »Der wichtigste Wendepunkt dieser Phase der Geschichte der Bundesrepublik lag zweifellos in der endgültigen Anpassung der SPD an die außenpolitischen, militärpolitischen und gesellschaftspolitischen Grundentscheidungen, die unter Führung der Unionsparteien für die Politik der Bundesrepublik getroffen worden waren. Durch ihr Godesberger Programm nun auch deklaratorisch abgesichert, ging die westdeutsche Sozialdemokratie den Weg hin zur ›Volkspartei‹, d. h. zur Gewinnung größerer Teile der Mittelschichten und zum Kompromiß mit der Unternehmerschaft. Man kann wohl annehmen, daß eben dadurch die vergleichsweise glatte Verarbeitung der politischen und wirtschaftlichen Verunsicherungen der Bundesrepublik in den Sechziger Jahren ermöglicht wurde.«[231]

Die Restaurationsthese wurde erstmals erhoben von Hans Werner Richter (Gruppe 47), der in der Zeitschrift »Der Ruf« 1946 kritisierte, daß es nach Kriegsende in Deutschland nicht zu einer notwendigen revolutionären Neuordnung komme.[232] Der katholische Publizist Walter Dirks griff das Thema auf und schrieb vier Jahre später in den von ihm mit herausgegebenen

---

wichtige, aber begrenzte Rolle spielen sollte; Ostpolitik/Wiedervereinigung und schließlich Abrüstung. Man kann mit gutem Grund davon ausgehen, daß die überwältigende Mehrheit der westdeutschen Bevölkerung diese Vision teilte.« – Andrei S. Markovits und Philip S. Gorski: *Grün schlägt Rot. Die deutsche Linke nach 1945*, Hamburg 1997, S. 62 f.

230 Walter Dirks: »Der restaurative Charakter der Epoche«, in: *Frankfurter Hefte* 5, (1950), S. 942–954, wieder abgedruckt in: *Konservativismus*, hrsg. v. Hans Gerd Schumann, Köln 1974, S. 262–275; S. 269.

231 Arno Klönne: *Zurück zur Nation? Kontroversen zu deutschen Fragen*, Köln 1984, S. 22.

232 Siehe Hans Werner Richter: »Deutschland ist ein ...«, in: *Der Ruf* vom 15. November 1946.

»Frankfurter Heften« einen bedeutenden Aufsatz,[233] in dem es nicht bloß darum ging, die Integration von Altnazis in der jungen Bundesrepublik zu kritisieren – dies begriff Dirks als Verwechslung von Ursache und Folge[234] – vielmehr nahm Dirks eine komplexe Bestimmung des Restaurationsbegriffes vor.[235] Unter Restauration verstand er nicht bloß die Wiederherstellung der kapitalistischen Wirtschaftsform, der Bürokratie oder die Fortsetzung der reaktionären obrigkeitsstaatlichen Traditionen, sondern einen Prozeß, in welchem aufgrund des industriellen Fortschritts ein nahtloses Anknüpfen an die obrigkeitsstaatlichen Traditionen, Bürokratie und Ökonomie ohne Berücksichtigung des gesellschaftlichen Wandels gar nicht möglich wäre. Restauration sei aber ein Vorgang der Bequemlichkeit,[236] das heißt der »Weg des geringsten Widerstandes«;[237] »sie entsteht mehr aus der Trägheit (der sehr geschäftigen Trägheit) der Menschen als aus ihrem Willen. (…) Die Restauration weiß nicht, was sie tut, sie hat insgesamt ein verworrenes, im einzelnen oft ein falsches Bewußtsein und meist sogar ein gutes, wenn auch irriges Gewissen.«[238] Was aber europaweit versäumt worden sei, wäre die geschichtliche Aufgabe der Völker Europas gewesen: »nach dem Zusammenbruch der alten Welt eine menschlichere aufzubauen«. Statt dessen wurde einfach nur »wieder aufgebaut«: »Die Welt, die sich selbst zerstört hat, ›wiederaufzubauen‹, heißt ja, eine Welt wiederaufzubauen, die abermals den Keim des Unheils in sich trägt. So zu existieren, ist lebensgefährlich für uns und unsere Kinder, obwohl die Restauration sich selber geradezu als eine Versicherung gegen Lebensgefahr versteht.«[239] Restauration ist die Wiedereinführung von Herrschaftsstrukturen, die eine Wiederholung der Geschichte möglich macht; als Tragödie, nicht als Farce. Mit der Adenauer-Ära ist die Phase der Restauration eingegrenzt. Die Nach-Adenauer-Ära ist nicht mehr die Zeit der Restauration, sondern eine restaurierte Zeit. Normalisierung setzt den Prozeß der Restauration auf deren Basis fort: bis 1989/90 und vor allem danach.

Historisch geht der Restaurationsbegriff auf die Zeit des Wiener Kongresses (1815) und auf die Metternich-Ära, die bis zur Julirevolution 1830

233 Vgl. Dirks: »Der restaurative Charakter der Epoche«, a. a. O.; vgl. Eugen Kogon: »Die Aussichten der Restauration. Über die gesellschaftlichen Grundlagen der Zeit«, in: *Frankfurter Hefte*, Nr. 7, Jg. 1952, S. 165–177, wiederabgedruckt in: *Konservativismus*, a. a. O., S. 276–289.

234 Vgl. Dirks: »Der restaurative Charakter der Epoche«, a. a. O., S. 270.

235 Siehe dazu auch die noch in Arbeit befindliche Dissertation von Gregor Kritidis.

236 Vgl. Dirks: »Der restaurative Charakter der Epoche«, a. a. O., S. 266.

237 Vgl. ebd., S. 262.

238 Ebd., S. 265.

239 Ebd., S. 262.

reichte, zurück. Zu dieser Zeit verstand man darunter die Wiederherstellung der Monarchie. Das *ancien régime* konnte aber aufgrund des sozialen Fortschritts gar nicht mehr identisch wiederhergestellt werden. Carl Ludwig von Haller prägte in den deutschen Ländern den Restaurationsbegriff dieser Epoche als *Rückkehr zur Natur* (Gottesgnadentum als natürliche Ordnung) und verstand darunter die Wiederherstellung jener »fortschrittlichen« Ordnung, welche dann im 16. Jahrhundert durch Martin Luther und die Reformation, die von Haller als den zweiten Sündenfall verstand, bis zu der bürgerlichen Emanzipationsbewegung ihren vermeintlich unheilvollen Lauf genommen habe.[240]

Auf diesen klassischen Begriff der Restauration sich zu beziehen, davor warnt Dirks, weil man zwangsläufig die Möglichkeiten unterschätze, die der Restauration im Bündnis mit der Realpolitik gegeben seien. »Die ›Realpolitik‹ ist immer ein gewichtiges Element der Restauration. In einer doppelten Bedeutung: als die Politik der greifbaren Tatsachen des Vordergrundes und der Gegenwart, und als die Politik, die für die Zukunft nicht mit dem möglichen Guten, sondern mit dem wahrscheinlichen Bösen rechnet. (…) Die Restauration machen als Realisten im übrigen nicht nur böse, sondern auch viele nützliche Dinge. Sie sind weder Verbrecher noch Sadisten, sondern normale, ja allzu normale Menschen.«[241] Das unterscheidet Akteure der Restauration von Reaktionären oder Konservativen, die freilich auch unter den Akteuren der Restauration zu finden seien, ebenso aber auch mancher Liberale und Linke. »Restauration (…) ist ein Vorgang, ein Prozeß, ein Zustand, ein Klima; sie hat viele Subjekte, die wohl miteinander zusammenhängen, die aber durchaus nicht miteinander zu kooperieren brauchen.«[242]

Nach 1945 bot für Walter Dirks, Eugen Kogon und andere die katholische Soziallehre im Kampf gegen die Restauration in Deutschland Anknüpfungspunkte für einen sogenannten »Dritten Weg« zwischen Kapitalismus, wie er für den Weg in die Katastrophe mitverantwortlich gemacht wurde, und Sozialismus, wie er in der Sowjetunion erstarrt war. Dirks knüpft an die Lehre des Christentums in Abgrenzung zur CDU an: »Das Christentum ist nicht ohne weiteres ein politisches Prinzip. Eine wahrhaft christliche Partei müßte eine revolutionäre christliche Bewegung sein, eine sehr unbequeme Bewegung, denn die Forderungen des Christentums sind unbequem, und

240 Vgl. Carl Ludwig von Haller: *Restauration der Staatswissenschaft oder Theorie des natürlichgeselligen Zustands, der Chimäre des künstlichbürgerlichen entgegengesetzt*, Bd. 1–6, Winterthur 1816–1834.

241 Dirks: »Der restaurative Charakter der Epoche«, a. a. O., S. 263.

242 Ebd., S. 264.

sie richten sich nicht an die anderen, nicht an den Staat, an die Partner, sondern an die Christen selbst. Das Opfer ist eine politische Zumutung, und die Verwirklichung der Gerechtigkeit ist ein revolutionäres Ziel. (...) Wird diese heroische Form einer christlich-politischen Bewegung verfehlt, so steht eine christliche Partei in Deutschland (...) in der schweren Versuchung, eine restaurative Partei zu werden. Denn sie wird nach der Lage der Dinge eine Partei von vielen Kleinbürgern und Mittelständlern, angesehenen und christlich sanktionierten Honoratioren und Würdenträgern, Bauern und einer Schicht von Arbeitern sein, die in gewisser Hinsicht eine positive Auslese aus der Arbeiterschaft ist, sich aber nicht gerade durch die politische Energie auszeichnen wird. Es gibt heutzutage kein unpolitisches Christentum mehr: wo es nicht als erneuernde Kraft wirkt, wirkt es als die Sanktion des Bestehenden.«[243] – Das gleiche gilt auch für die SPD, wenn man als moralische Bezugsgröße statt das Christentum den Humanismus nimmt, der die Werte des Christentums in säkularisierter Form in sich aufgehoben hat und im westlichen Marxismus eine wesentliche Bezugsgröße ist.

Die Orientierung an der katholischen Soziallehre kam nicht von ungefähr, sondern stand im Kontext der Diskreditierung des politisierten Protestantismus, der eine Affinität zum Preußentum hatte. Helmuth Plessner erkannte in der Reformationsbewegung und in Martin Luther eine ideologische Revolte gegen die römischen Rechtsprinzipien, die später mit der bürgerlichen Revolution von 1789 in der geschaffenen *Republik* Frankreich realisiert wurden und wiederum in den deutschen Landen in Gestalt der Romantik und des »Franzosenhasses« bekämpft wurden.[244] Von Frankreich kommt mit der französischen Staatsidee der »spezifisch westliche Geist normalisierter Durchschnittlichkeit«.[245] Die »Feindschaft gegen das Römische« erscheint als Ressentiment gegen den modernen Repräsentanten des Römischen: gegen Frankreich.

Am Verlauf des nördlichen Limes des alten Römischen Reiches scheideten sich räumlich die römisch-katholischen und die lutherisch-protestantischen Schichten der deutschen Bevölkerung: »Deutschland tendiert geistig nach Westen, seine Achse ist der Rhein, während seine politischen Möglichkeiten nach Osten weisen. Östlich der Elbe hat sich Preußens Geschichte entschieden, liegt Berlin. An diesem *Auseinandertreten politischer und kultureller Blickrichtung* leidet Deutschland.«[246] Während in den geographischen Re-

243 Ebd., S. 269.
244 Vgl. Plessner: *Die verspätete Nation*, a. a. O., S. 54 ff. und S. 57.
245 Ebd.
246 Ebd., S. 55.

gionen jener, etwa in den linksrheinischen Gebieten, die Begeisterung für die französische Revolution am größten, sogar von der Existenz deutscher Jakobiner die Rede war,[247] nahm die Ablehnung der bürgerlichen Prinzipien in den (nördlichen) Regionen des Protestantismus zu;[248] dort waren die Menschen auch viel später in der Geschichte mit dem Christentum in Berührung gekommen, hatten ihre heidnisch-germanische Religion später abgelegt und waren dann im Zuge der Reformation auch empfänglicher für den Protestantismus, den Plessner als eine Revolte nicht nur gegen den Katholizismus, sondern auch gegen das Römische begreift. Das Römische Reich hat als »kultivierende Weltmacht« in seiner Ausdehnung »die Germanen in den Lichtkreis der Geschichte gezogen und sie als römisch-katholische Kirche christianisiert«.[249] Der Protestantismus bleibt zwar im christlichen Rahmen, befreit sich aber vom Einfluß der römisch-katholischen Kirche. Mit dem Staate Preußen war schließlich ein protestantisches Machtzentrum aufgestellt, das im Kern antiwestlich, das heißt antifranzösisch eingestimmt war. Fatal für die Geschichte war es, daß Preußen das einzige fortschrittliche Staatengebilde in den deutschen Landen gewesen war, das die Stärke und Wirkmacht besaß, zur Form eines Nationalstaats zu werden, aber keine eigenständige Staatsidee besaß.[250]

Wenn man Deutschland in seinen Grenzen von 1871 als das Kernland des Heiligen Römischen Reiches deutscher Nation begreift, jedenfalls das, was zuletzt nach der Auflösung und der Umbenennung zum Deutschen Bund davon übriggeblieben ist, nachdem in den vergangenen Jahrhunderten von jenem Reiche sich Gebiete abgetrennt und zu eigenständigen territorialen Nationalstaaten geworden waren, dann ist es nicht verwunderlich, daß dieses Kernland, das den Bruch mit dem Kaiser nicht vollzog, bis zuletzt am Reichsgedanken festgehalten hat: Es war geschichtlich unfähig, das Neue

---

247 Die Feindschaft gegen das Römische »hat in Österreich, im katholischen Süddeutschland und Rheinland keinen Sinn und verrät die Einseitigkeit norddeutscher, preußischer, evangelischer Perspektive. Da diese Perspektive jedoch für Deutschlands staatliche Entwicklung unter Preußens Führung maßgebend geworden, das Bismarcksche Reich vom preußischen Geist getragen ist, rückte der Begriff des deutschen Volkes trotz seiner Neutralität gegen staatliche und konfessionelle Gegensätze in die Blickrichtung der politischen Herrenschicht.« – Ebd.

248 Die Verspätung der deutschen Nation führt Plessner auf die »religiösen Triebkräfte« zurück. Der Protestantismus ist ein wesentlicher Grund für die deutsche Verspätung: »Auf lutherischem Boden hat sich eine Aufklärungskultur jedenfalls nicht entwickeln können. Ihr Produkt, der innerweltlich-rationale Staat demokratisch-parlamentarischer Form, ist Deutschland innerlich fremd geblieben.« – Ebd., S. 58.

249 Ebd., S. 54.

250 Vgl. ebd., S. 47.

zu verkörpern, es verkörperte zwangsläufig die Vergangenheit: »Keiner der Landesfürsten kann ohne Bruch mit dem Kaiser die Idee der Nation von der Idee des heiligen Reiches loslösen (…).«[251] Von Preußen ging als treibende Kraft die Einigung des deutschen Reiches 1870/71 aus; es ging aber in diesem nicht auf, sondern blieb ein antiwestliches Machtzentrum im Bismarckschen Reich, das auch für die Entstehung des »Dritten Reiches« und dessen antiwestliche Einstellung eine erhebliche Rolle gespielt hat.

Dirks' Arbeit am Begriff machte es möglich, die Restauration als eine erneuernde, aber rückwärtsgewandte Wiedergeburt (Renaissance) zu verstehen, das heißt, so wenig wie 1815 die reaktionären Kräfte mit der Monarchie nicht auch das ancien régime wiederherstellen konnten, so wenig war es aufgrund des sozialen und industriellen Fortschritts möglich, 1945 zu den alten obrigkeitsstaatlichen Traditionen und Klassenverhältnissen zurückzukehren. Preußen und das preußische Junkertum waren von der Bildfläche verschwunden, die Eigentumsgrundlage und die Klassenverhältnisse hatten sich grundlegend gewandelt:[252] »*Restaurationen sind niemals konsequent.* Ein ›wiederhergestelltes‹ Haus ist niemals ganz das alte Haus. (…) Die Bourbonen von 1814 sind nicht dieselben wie die von 1792, Hindenburg war nicht ganz Wilhelm I., die Bonner Republik ist nicht ganz die von Weimar. Die Restauration ist eine selbständige Integration, in der die Absicht der Wiederherstellung (aus Angst, Romantik und Interesse) überwiegt, in der viele Elemente der Vergangenheit tatsächlich wiederhergestellt werden, die aber auch einen Teil der neuen Elemente in sich einbauen muß, um überhaupt wirksam und erfolgreich sein zu können.«[253] – In diesem Sinne ist auch die Normalisierung restaurativ; denn Wiederherstellung von Souveränität hat sich nicht nur an der Souveränität des traditionellen Nationalstaats, sondern auch an einem durch EU-Europa gewandelten und durch die supranationalen Systeme (UN, KSZE etc.) eingeschränkten Souveränitätsbegriffs zu orientieren.

Die Hauptstadt der Bundesrepublik wurde Bonn, nicht Berlin, womit eine nicht nur symbolische Orientierung nach Westen, nicht nach Osten und

251 Ebd., S. 46.

252 »Das kapitalistische Wirtschaftssystem innerhalb der politischen Demokratie hat (…) die Eigentumsgrundlage unserer Gesellschaft außerordentlich erweitert, bis die geschichtlichen Ereignisse selbst sie für groß und klein fast völlig zerrütteten. So gibt es also heute, in den Demokratien Kontinentaleuropas weder ein klares Klassenbewußtsein noch eine klare Klassenherrschaft mehr. Früheres unter solchen Umständen hier einfach restaurieren zu wollen, ist unmöglich geworden.« – Kogon: »Die Aussichten der Restauration«, a. a. O., S. 287.

253 Dirks: »Der restaurative Charakter der Epoche«, a. a. O., S. 265.

Norden verbunden war: eine Abkehr von der preußisch-protestantischen Dominanz und eine Hinwendung zur römisch-katholischen Tradition, welche auch in der Gestalt von Konrad Adenauer (statt Kurt Schumacher) als erster Bundeskanzler der Bundesrepublik verkörpert war. Adenauers Politik bestand in der schrittweisen Resouveränisierung des westdeutschen Staates, worunter auch die Wiederbewaffnung zu fassen ist, aber vor allem in der Westbindung, ohne die selbst eine beschränkte Souveränität nicht zurückzuerlangen gewesen wäre und die ihm wichtiger war als die deutsche Einheit, während Schumacher in dieser Hinsicht einen deutlich nationalistischeren Standpunkt vertrat. In Bezug auf die Westbindung zählte Jürgen Habermas sich selbst rückblickend zur »Adenauerschen Linken«. Der »westliche Marxismus« habermasscher Auslegung bestand retrospektiv bei aller Kritik am Kapitalismus im besonderen Maße in der Einsicht, daß die Westbindung ein unverzichtbarer Schutz vor einer Wiederholung deutschen Weltmachtstrebens sei. Die zu dieser Zeit entstandenen außenpolitischen Prinzipien der Westbindung sowie die exponierten zweigleisigen Beziehungen zu den USA und zu Frankreich machten die Bundesrepublik wirtschaftlich stark – so stark, daß die Bindungen an Europa und die USA heute zu einem mindestens gleichberechtigten Verhältnis des deutschen Staates zu seinen wichtigsten Bündnispartnern geführt haben.

Mit anderen Worten: In dem von Dirks vorgestellten Restaurationsbegriff, waren die Fronten zwischen links und rechts auf mehreren Ebenen verschoben und derart komplex ineinander verwoben, daß eine einfache Polarisierung zwischen liberal (= fortschrittlich) und konservativ (= reaktionär) schlechterdings kaum möglich war;[254] nur so ist die ansonsten paradox anmutende Wendung der »Adenauerschen Linken« verständlich. Im Zuge der 1960er Jahre nahm die Komplexität des Restaurationsbegriffes allerdings ab und die Polarisierung zu,[255] weshalb Gerhard A. Ritter von Tendenziosität spricht: »Für die spätere Zeit nach der Gründung der Bundesrepublik wird der Begriff der Restauration, der bewußt Stagnation und Inflexibilität impliziert, nicht dem Wandel gerecht, der im politischen System eingetreten ist, vor allem aber Wirtschaft und Gesellschaft und schließlich auch die Verhaltensweisen und die Mentalität der Menschen von Grund auf verändert hat.«[256] Auch bemängelt Ritter, daß nicht klar gewesen sei, worauf sich

254 »Ob in der Regierungskoalition oder in der Opposition: der viel wichtigere Schritt zwischen den Kräften der Erneuerung und denen der Restauration geht quer durch die beiden Lager hindurch, obwohl aus vielen Gründen das neoliberal-christlich-demokratische Regiment mit der Restauration besonders zu tun hat.« – Ebd., S. 274.

255 Vgl. Rolf Badstübner: *Restauration in Westdeutschland 1945–1949*, Berlin (Ost) 1965.

der Begriff bezöge: auf die Wiederherstellung der NS-Zeit, die Weimarer Republik oder obrigkeitsstaatlich-autoritäre Elemente des Kaiserreiches. Inzwischen sei die Restaurationsthese in der Forschung – jedenfalls ihre »sterile Fixierung« aufgeben worden. Ritter vertritt die Ansicht, daß »Modernisierung« der Begriff sei, der auf die 1950er Jahre der Bundesrepublik besser passe.

Von »Modernisierung« ist auch nach 1989/90 wieder verstärkt die Rede, es ist vor allem im politisch-ökonomischen Bereich ein Synonym für »Normalisierung«, während »Restauration« den Sachverhalt der Normalisierung nur dann trifft, wenn man an der Begrifflichkeit von Walter Dirks anknüpft, das heißt, in ihr die modernisierenden Aspekte betont, was geboten erscheint. Die Moderne ist allerdings ein epochaler Begriff; die moderne Epoche beginnt im 16. Jahrhundert und zieht sich bis in die Gegenwart hindurch. Was kann dann Modernisierung bedeuten, wenn nicht einen Prozeß, der sich reflexiv auf die Moderne bezieht und damit die Moderne entwickelt und stets unter sich wandelnden Bedingungen neu konstituiert. Der moderne Fortschritt seit dem 16. Jahrhundert bis in die Gegenwart ist derart fundamental, daß auch schon von der »zweiten Moderne« die Rede ist (Ulrich Beck), was die gesellschaftlichen Verhältnisse nur vernebelt – oder sogar von der »Postmoderne«, was an den Verhältnissen vorbeigeht. Akzeptiert man die postmodernistischen Implikationen, dann gerät der Begriff der Modernisierung ins Hintertreffen und kann nur die Wiederherstellung der Moderne unter gewandelten Vorzeichen bedeuten: Restauration. Die Vorzeichen können als gewandelte Norm nicht ignoriert werden; mit Reaktion hat der Prozeß mithin nichts zu tun. Normalisierung, Restauration und Modernisierung unterliegen gleichermaßen einem historischen Prozeß, sind notwendig auch Renaissance (erneuernde Wiedergeburt).

Die Befreiung vom Faschismus ermöglichte im Rahmen der re-education-Programme, so Karl Otto Apel, eine radikale Neuorientierung der Moral: eine Abkehr von der »Law and Order-Moral« und den »preußischen Tugenden« (Fleiß, Gehorsam, Ordnungsliebe, Sorgfalt, Tapferkeit etc.), die auch das reibungslose Betreiben eines Konzentrationslagers ermöglichten, sowie eine Hinwendung zur sogenannten »postkonventionellen Moral« (Humanität, Universalismus, Kosmopolitismus), das heißt zu ethischen Leitprinzipien, die sukzessive verrechtlicht werden und den objektiven Geist der gesellschaftlichen und staatlichen Institutionen bestimmen (Rechts- und Sozialstaat, selbstbeschränkte Friedensmacht).[257] »Nie wieder Krieg!« und

---

256 Vgl. G. A. Ritter: *Über Deutschland*, a. a. O., S. 15.

»Nie wieder Auschwitz!« konnten als die Grundsäulen der moralischen Neuorientierung der Bundesrepublik gelten,[258] die sich als Rechtsnachfolgerin des »Dritten Reiches« verstand. Für Konservative ist die »postkonventionelle Moral« nicht als neue Normalität zu akzeptieren gewesen; für sie war Normalität verbunden mit einer Rückkehr zur traditionellen, das heißt konventionellen Moral, das sind die preußischen Tugenden, die für den Nationalsozialismus nicht in Anschlag zu bringen seien. Vielmehr sei im Nationalsozialismus eine Abkehr von der konventionellen hin zu einer »völkischen Moral« erfolgt, die Konservative gerne als anormal und in diesem Sinne als postkonventionell bewerteten.[259] Die linksliberale Vorstellung von Normalität zielte dagegen auf das Selbstverständnis Deutschlands als *Friedensmacht*. Erste Kompromisse der Moral an den realpolitischen Zeitgeist fanden aber schon in der Adenauerära, zum Beispiel mit der Wiederbewaffnung, statt, die von links zu verhindern versucht wurde.

Die Suche nach einem »Dritten Weg« wurde allmählich abgeschwächt, bzw. vom mittlerweile aufgekommenen »Wirtschaftswunder« und den Errungenschaften der Sozialen Marktwirtschaft absorbiert, wenngleich der Kalte Krieg die Suche nach Alternativen auch genährt hat. »Forderungen nach einer antikapitalistischen Strukturreform, wie sie die SPD und die Gewerkschaften vertraten und wie sie unmittelbar nach 1945 auch beim linken Flügel der Unionsparteien geäußert wurden, schienen durch die positiven sozialen Folgen der marktwirtschaftlichen Entwicklung rasch widerlegt. Die Kritik intellektueller Minderheiten am ›restaurativen‹ Charakter des westdeutschen Gesellschaftssystems blieb fernab von den konkreten Interessen der Massen, auch denen der Arbeiterschaft. Die soziale Marktwirtschaft fand breite Akzeptanz.«[260] Mit dem Vertrauen in den demokratischen Verfassungsstaat entwickelte sich im Rahmen der »postnationalen Konstellation« unter den Liberalen und vielen Linken eine relative Zufriedenheit, die sich

257 Vgl. Karl Otto Apel: »Zurück zur Normalität? – Oder könnten wir aus der nationalen Katastrophe etwas Besonderes gelernt haben? Das Problem des (welt-)geschichtlichen Übergangs zur postkonventionellen Moral aus spezifisch deutscher Sicht«, in: ders.: *Diskurs und Verantwortung. Das Problem des Übergangs zur postkonventionellen Moral*, Frankfurt am Main 1990, S. 370–471; S. 424; vgl. Walter Resse-Schäfer: *Karl Otto Apel zur Einführung*, mit einem Nachwort von Jürgen Habermas, Hamburg 1990, S. 27 f.

258 »Nie wieder Krieg! Nie wieder Faschismus! – das waren Parolen, die die politische Struktur der Gesellschaftsordnung verändern wollten, aber gleichzeitig darauf gerichtet waren, die Grundlagen der Wirtschaft und des Systems gesellschaftlicher Arbeit so zu korrigieren, daß die Möglichkeit autoritärer Entwicklungen an ihrer Wurzel getroffen wird.« – Oskar Negt: *Wozu noch Gewerkschaften? Eine Streitschrift*, Göttingen 2004, S. 56.

259 Vgl. Apel: »Zurück zur Normalität?«, a. a. O., S. 428.

260 Klönne: *Zurück zur Nation?*, a. a. O., S. 20.

mit dem von Jürgen Habermas weiterentwickelten Begriff des Verfassungspatriotismus am besten in Verbindung bringen läßt. Die 68er-Bewegung polarisierte die Positionen eine Zeitlang wieder von links und manifestierte eine linksliberale Hegemonie in der Öffentlichkeit, die aber noch während der Brandt-Ära zu schwinden sich anschickte.

»1968« war in Westdeutschland der radikale Versuch eines Neuanfangs, wie er in den Jahren nach 1945 im Geist der Restauration untergegangen war. Die Entstehung einer außerparlamentarischen Linken verdankt sich nicht zuletzt einem ironischen Umstand, der im Zusammenwirken des Bundesverfassungsgerichts und der SPD zu finden ist. Fand im heftig antikommunistischen Klima der Restaurationszeit der 1950er Jahre, die 1956 mit dem Verbot der KPD durch das Bundesverfassungsgericht einen ihrer traurigen Höhepunkte erfuhr, die radikale linke Intelligenz noch eine politische Heimat in der SPD als Auffangbecken, so drängte die SPD nach ihrer Verabschiedung des Godesberger Programms im Jahre 1959 und dem Unvereinbarkeitsbeschluß von gleichzeitiger SPD- und SDS-Mitgliedschaft im November 1961 die radikale linke Intelligenz regelrecht auf die Straße.[261] Es waren »SPD und DGB von Anfang bis Mitte der 60er Jahre so fest in das gesellschaftliche und politische System der Bundesrepublik eingebunden, daß sie die utopischen Bestrebungen von radikalen Angehörigen der Mittelschicht nicht mehr repräsentieren bzw. auffangen konnten. Die Energien dieser Gruppe fanden statt dessen ein Ventil in der außerparlamentarischen Opposition oder APO.«[262]

Auf die Protestbewegung der sechziger Jahre folgte Anfang der siebziger Jahre der linksextremistische Terrorismus.[263] Die Reaktion des von SPD und FDP regierten Staates folgte der Aufforderung von CDU/CSU, auf den Terrorismus wesentlich härter zu reagieren.[264] Das gesellschaftliche Klima ging über in die sogenannte »Tendenzwende«[265] , die dem schwarz-

261 Vgl. Markovits und Gorski: *Grün schlägt Rot*, a. a. O., S. 61–78.

262 Ebd., S. 80.

263 Hinsichtlich der Zersplittung in K-Gruppen und dem Übergang zum linken Terrorismus siehe ebd., S. 98–124.

264 Vgl. ebd., S. 122 f.; vgl. Klönne: *Zurück zur Nation?*, a. a. O., S. 30.

265 Oskar Negt kritisiert den Begriff als Euphemismus. Genauer benannt wäre die Phase als »*Form der präventiven, vorbeugenden Gegenrevolution*«, die man auch als zweite Restaurationsphase (gekennzeichnet durch eine breite Polarisierung der gesellschaftlichen Kräfte) bezeichnen könne. – Vgl. Negt: »Die Misere der bürgerlichen Demokratie in Deutschland«, a. a. O., S. 17 f. – »Gegenrevolutionäre Gewalt« (z. B. in Gestalt der Berufsverbote) komme in Deutschland *präventiv* zum Einsatz; es gebe Restaurationen *ohne* vorherige Revolutionen. – Vgl. ebd., S. 35.

gelben Regierungswechsel von 1982 und der von Helmut Kohl verkündeten »geistigen und moralischen Wende« vorausging.

Mit dem Bewußtsein, daß die Republik noch immer auf tönernen Füßen stehe und nunmehr verstärkt gegen rechts (Neukonservativismus) verteidigt werden müsse, weil die linke Hegemonie der sechziger Jahre verloren gehe, gab Jürgen Habermas 1979 einen Sammelband mit dem Titel »Stichworte zur ›Geistigen Situation der Zeit‹« heraus, in dem sich, so Habermas, eine »nachdenkliche Linke, ohne Militanz, aber auch ohne Wehleidigkeit oder Resignation, gleich weit entfernt von Gewißheit wie von Unsicherheit« präsentierte.[266] In der Einleitung schreibt Habermas: »Wenn an der Parole, der Geist stehe links, je etwas dran gewesen ist, ich meine in Deutschland, dann während der Jahre, als trotz der massiven gesellschaftlichen Restauration die Erinnerung an den Nazismus und an die Traditionen, mit denen dieser gebrochen hatte, wachgehalten wurde – von einer intellektuellen Linken, die das kulturelle Milieu mit einer gewissen Selbstverständlichkeit prägen konnte.«[267] – Damit sei es nun vorbei.

Wolfgang J. Mommsen verweist auf »tiefgreifende Veränderungen im politischen Selbstverständnis der Deutschen, die auf die Dauer auch eine veränderte Rolle der Bundesrepublik innerhalb der europäischen und internationalen Politik nach sich ziehen werden«[268]. Man sei wieder wer; das neue Selbstbewußtsein der Deutschen beruhe auf ihren ökonomischen Erfolgen, und das bedeute, »daß man sich nicht mehr im Gefolge der erfolgreichen westlichen Nationen bewegt, sondern ihnen den Weg zu weisen beansprucht«, das heißt selbst als *Normalisierer* in Erscheinung tritt. Wer wem gegenüber als Normalisierer gegenübertritt, ist eine Frage von Macht und Herrschaft. Mommsen erkennt, daß die Bundesrepublik vor einer neuen Entwicklungsphase stehe, die mit einer grundlegenden Wandlung der politischen Positionen von Liberalen und Konservativen, ihrer Annäherung, einhergehen wird. Das Phänomen der Tendenzwende verbindet er mit einer Reetablierung des Konservativismus: »es ist charakteristisch, daß während es in der Bundesrepublik bisher keine Partei gewagt hatte, sich eindeutig konservativ zu nennen, das Wort Konservativismus heute wieder respektabel geworden ist. Für eine offen konservative Politik, die

266 Jürgen Habermas: »Einleitung«, in: ders. (Hrsg.): *Stichworte zur »Geistigen Situation der Zeit«*, Bd. 1: *Nation und Republik*, Frankfurt am Main 1979, S. 7–35; S. 12.

267 Ebd., S. 8.

268 Wolfgang J. Mommsen: »Wir sind wieder wer.« Wandlungen im politischen Selbstverständnis der Deutschen, in: Habermas (Hrsg.): *Stichworte zur »Geistigen Situation der Zeit«*, a. a. O., S. 185–209; S. 187.

auf die Wiederherstellung traditioneller Selektionstrukturen in Wirtschaft und Gesellschaft gerichtet ist und allzuviel staatliche Intervention als Übel bekämpft, ist, zum ersten Mal seit vielen Jahren, wieder eine potentielle Massenbasis vorhanden«[269]. Vielleicht sei es nur eine Wiederherstellung des »normalen« Parteienspektrums, das typisch für westliche Gesellschaften sei. Damit einher geht aber eine Neu-Sortierung des Spektrums, wenn sich die CDU/CSU nach rechts und die SPD im Zuge dessen mehr zur Mitte, mithin ebenfalls nach rechts bewege. Gleichzeitig fehle eine dezidiert linke Massenpartei, wie sie im »normalen« Parteienspektrum westlicher Gesellschaften ebenso üblich und etabliert ist.[270] Das Eis sei dünn, auf dem sich die vielfach beschworene »Normalität« bewege, da sie lediglich auf wirtschaftlichen Erfolgen aufbaue, nicht aber auf einer grundlegenden und in die Tiefe gewachsenen demokratischen politischen Kultur.[271] »Dem neuen Konservativismus gelingt es vielfach ohne große Schwierigkeiten, an das Selbstwertgefühl der Deutschen, die das in den vergangenen Jahrzehnten Erreichte nicht aufs Spiel gesetzt sehen wollen, zu appellieren und es für politische Strategien zu mobilisieren, die auf die schroffe Ablehnung aller von der herrschenden Meinung abweichenden Werthaltungen und politischen Positionen hinauslaufen.«[272]

Iring Fetscher stellt fest, daß die Tendenzwende vor allem auch ein Phänomen innerhalb der Linken ist: »Einige Linke entdecken die Nation und beginnen ohne Zögern über ihre ›Liebe zum deutschen Volk‹ und ihren Stolz auf dessen Eigenart zu reden.« Und: »Offenbar gibt es in der jüngeren Generation ein wachsendes Bedürfnis nach ›nationaler Identität‹. Nach vielen Jahrzehnten maximaler Distanz zu Deutschland, die bei den einen in sozialistischem Internationalismus, bei den anderen in kosmopolitischem Konsumismus sich äußerte, ist das Bedürfnis, der Wunsch, ›man selbst‹,

269 Ebd., S. 206.

270 Wenn das Bundesverfassungsgericht die westdeutsche KPD 1956 nicht verboten hätte, wäre vermutlich Anfang der 1960er Jahre nach der Verabschiedung des Godesberger Programms ein numerisch nicht unbedeutender Teil enttäuschter linker Sozialdemokraten in die KPD hinübergewechselt, und die radikale linke Intelligenz wäre im parlamentarischen System der Bundesrepublik repräsentiert gewesen.

271 Daran zu erinnern ist, daß die Herausbildung einer liberalen Demokratie in der Bundesrepublik nicht aufgrund einer Bewegung von unten – aus der Bevölkerung heraus –, sondern als wesentliche Folge der Befreiung vom Nationalsozialismus durch die alliierten Siegermächte des Zweiten Weltkrieges, d. h. von oben – dekretorisch – zustande kam. Mögen nach mehreren Jahrzehnten die staatlichen Institutionen halbwegs demokratisch gefestigt sein (was schon angezweifelt werden darf), gilt dies auch in gleichem Maße für die gesellschaftlichen Institutionen – z. B. für die Familie – oder für die Bevölkerung insgesamt?

272 Ebd., S. 207.

auch national etwas Eigentümliches zu sein, wieder erwacht.«[273] Fetscher erklärt das beobachtete Phänomen zum einen mit dem Nachlassen eines Schocks, der noch die kriegserfahrene Generation ummantelte und Ekel vor Nationalismus und der Berührung mit dem Nationalen aufkommen ließ. Zum anderen komme die Enttäuschung über das Scheitern des sozialistischen Internationalismus in Gestalt des Ostblockes hinzu, der sich durch mehrere Vorkommnisse, zum Beispiel durch die sowjetisch-chinesischen Grenzkonflikte diskreditiert hatte. Aber auch der Konsumismus verlöre seine Anziehungskraft als Identitätsersatz fürs Nationale. Die deutsche Linke sei damit auf sich selbst zurückgeworfen worden, das heißt, habe die deutsche Nation für sich entdeckt.

Zu Beginn der 1970er Jahre ließen sich innerhalb der linken Bewegung drei Tendenzen bemerken: Revolution, Rückzug und Reform.[274] Während die Tendenz zur Revolution in der Sackgasse des Terrorismus endete, der Rückzug ins Private in der Entpolitisierung, führte die Reformbewegung zur Gründung der Grünen, deren Protestpotential aus der neuen Anti-Atomkraft-, Ökologie-, Friedens- und Frauenbewegung stammte. Vor allem in den ersten drei One-Point-Movements war eine Hinwendung zum Nationalen in einigen Gruppen bereits angelegt: Anti-Atom richtete sich gegen Atomkraftwerke im *eigenen* Land, Umweltschutz gegen Waldsterben und Umweltzerstörung durch die Industrie im *eigenen* Land, und die Friedensbewegung richtete ihren Protest unter anderem gegen die Stationierung von Atomwaffen auf *deutschem Boden* und verband zum Teil eine Garantie für Frieden mit nationaler Souveränität, war mithin gegen die alliierten Besatzungsmächte gerichtet und zielte auf die deutsche Einheit.[275]

Dieter Wellershof nahm eine von Ambivalenz nicht freie Position zur Tendenzwende ein: »Es ist demoralisierend so zu denken, aber auch beruhigend. Mit wachsendem Abstand zum Geschehen kehrt immer Ruhe ein. Es ist, wie es ist, nichts läßt sich mehr rückgängig machen oder nachträg-

273 Iring Fetscher: »Die Suche nach der nationalen Identität«, in: Habermas: *Stichworte zur »Geistigen Situation der Zeit«*, a. a. O., S. 115–131; S. 118, S. 123.

274 Vgl. Markovits und Gorski: *Grün schlägt Rot*, a. a. O., S. 125 ff.

275 Hinsichtlich des Aufkommens von »pazifistischen Befreiungsnationalismus« in der Friedensbewegung, der in mancherlei Hinsicht kompatibel zum Nationalismus der Rechten wurde, siehe Klönne: *Zurück zur Nation?*, a. a. O., S. 33 ff.; vgl. kritisch dazu Hans Ebeling: *Rüstung und Selbsterhaltung*, Paderborn 1983, S. 97; vgl. kritisch dazu Peter Brandt und Herbert Ammon: *Die Linke und die nationale Frage*, Reinbeck 1981, S. 10 f., S. 25 ff.; hinsichtlich der Bewertung der grünen Bewegung und ihrem Trend zum Nationalen, auch im Vergleich mit der ökologisch orientierten, völkischen »deutschen Bewegung« zur Zeit vor Hitlers Machtergreifung siehe Klönne: *Zurück zur Nation?*, a. a. O., S. 135–142.

lich ändern. Diese Einsicht segnet das Faktische ab und läßt die verlorenen Möglichkeiten aus dem Bewußtsein verschwinden. Geschichte, das ist auch die vereinfachte Vergangenheit, die so aussieht, als habe es damals nur eine Zukunft gegeben, nicht die alternativen Zukünfte der unbegangenen Wege, die nun freilich verschlossen sind.« Wellershoff affirmiert indirekt im Sinne einer Normalisierung des Nationalbewußtseins eine kollektive (nationale) Identität: »Ich glaube, daß die Spannungen, Ängste und Aggressionen, die seit der sogenannten Tendenzwende Anfang der siebziger Jahre die bundesrepublikanische Gesellschaft beunruhigen, sämtlich Symptome einer kollektiven Identitätsstörung sind.«[276] An Wellershoffs Aussage läßt sich eine analog dazu rechte Interpretation anknüpfen.[277]

Am deutlichsten aber kam in dem Beitrag von Martin Walser die neue Tendenz selbst zum Vorschein. In Hinblick auf seine Rede, die Walser 1998 in der Paulskirche anläßlich der Friedenspreisverleihung gehalten hat und in der er dem Bedürfnis nach Normalität im Umgang mit Auschwitz und Deutschland freien Lauf ließ, legte sein Beitrag für den von Habermas herausgegeben Sammelband 19 Jahre zuvor Zeugnis von der beginnenden Metamorphose des Martin Walsers ab, der sich selbst zwar schon als »Heuchler« sieht und keine Lust mehr hat, zu heucheln, aber noch darüber entsetzt ist, – nicht daß er heuchelt, sondern über die Lustlosigkeit am Heucheln. Er strebe dem »Bösen« entgegen und fragt sich noch unentschieden, ob er sich gegen die verspürte Tendenz wehren könne, oder ob er »da durch« müsse. »Es könnte einen – antizipativ – schütteln.«[278] 1979 handelte es sich noch »um etwas, das ihm bevorsteht. Was ihn schon eingenommen hat. Aber er stimmt ihm noch nicht ganz zu.«[279] Schon 1979 schrieb Walser über

276 Dieter Wellershoff: »Deutschland – ein Schwebezustand«, in: Habermas (Hrsg.): *Stichworte zur »Geistigen Situation der Zeit«*, a. a. O., S. 77–114; S. 93 f. und S. 109.

277 »Auch diesseits der einstigen Zonengrenze hat eine Ent-Volkung, Ent-Deutschung stattgefunden, auch hier gibt es überwiegend nur noch sich befreit und nicht mehr besiegt Fühlende (...). Die besiegten Deutschen sind auf die jeweilige revolutionäre Befreier-Überzeugung hin sozialisiert worden, 35 Jahre lang hat keine Sozialisation in Richtung auf ein ›deutsches‹ Bewußtsein stattgefunden (...). Der ›Sinnverlust‹, der hier auftritt, und der sich stellenweise bereits in akuten psychosomatischen Krankheiten manifestiert, kann wohl (...) mitsamt seinem politischen, sozialen und gesundheitlichen Folgen wie Drogensucht, Abdriften, Ausflippen ganzer Jahrgänge, chaotischen Radikalismus und Terrorismus usw. ganz überwiegend der unzureichenden Sozialisation auf bloße Gesellschaftlichkeit hin angelastet werden, bei Ermangelung von konkreter Staatlichkeit und historischem Volksbewußtsein (...).« – Hans-Joachim Arndt: »Über die Belastbarkeit der Deutschen«, in: *Criticón,* Ausgabe Juli–Oktober 1980, S. 163 f.

278 Martin Walser: »Händedruck mit Gespenstern«, in: Habermas (Hrsg.): *Stichworte zur »Geistigen Situation der Zeit«,* a. a. O., S. 39–50; S. 39.

das Begehren nach Normalität: »Wer sind *wir*? Sobald man im Ausland ist, ist man ein Deutscher. Aber wer bin ich hier? Und selbst in Moskau oder New York darf ich nicht so rückhaltlos deutsch sein, wie die dort russisch oder amerikanisch sind. Man erwartet von mir geradezu, daß ich mein Deutschsein mit einer Art Fassung trage, wie man ein Leiden erträgt, für das man nichts kann, das man aber auch nicht mehr loswerden kann. (...) Auschwitz. Und damit hat sich's. Verwirkt. Wenn wir Auschwitz bewältigen könnten, könnten wir uns wieder nationalen Aufgaben zuwenden.«[280] In seiner Friedenspreisrede im Jahre 1998 hat sich Walser längst entschieden, und es schüttelte ihn nicht, auch nicht aus der Retrospektive.

Die eigentlichen »Tendenzliteraten«, exemplarisch nennt Habermas Kurt Sontheimer und Helmut Schelsky,[281] redeten der Öffentlichkeit ein, daß in Deutschland alles mit rechten Dingen zugehe und suggerierten einen Begriff von Normalität, der schamlos gesellschaftliche Defizite ins Gegenteil verwandle: »neu ist die [noch] implizit mitgeführte Normalitätsdefinition, der zufolge Krisen des Bewußtseins und der Motivation keine Krisen, Störungen der Sozialisation keine Störungen, privatisierte, d. h. ins Psychische verlagerte Konflikte keine Konflikte, Anfälligkeiten der politischen Kultur keine Anfälligkeiten, die Erosionen von Wertorientierungen und Lebensformen keine Erosionen, Verfassungsbrüche nicht Verfassungsbrüche, sondern lediglich linke Hirngespinste mit medienverstärkten Effekten sind.«[282] Der Normalitätsbegriff sei darauf ausgerichtet, »die Wahrnehmung für abweichende Phänomene, für alles, was sich den Mechanismen der sozialen und der psychischen Integration entzieht, abzustumpfen«[283]. Es gehe um ein »Desensibilisierungstraining«. Habermas stellt eine »semantische Enthemmung von Affekten [fest], die bis dahin unter der Decke eines dezidiert liberalen Meinungsklimas wohltätig geschlummert hatten«[284]. Das betrifft nicht nur Konservative, sondern vor allem solche, die sich selbst als liberal bezeichnet haben und die liberalen Chiffren der öffentlich-symbolischen Sprachregelung eingeübt hatten und nun im Wandel des Meinungsklimas enthemmt zeigen, wessen Geistes sie (geworden) sind. Das Erstarken von

279 Ebd., S. 42.
280 Ebd., S. 47 f.
281 Vgl. Kurt Sontheimer: *Die verunsicherte Republik*, München 1979; Helmut Schelsky: *Die Arbeit tun die anderen*, Opladen 1975; vgl. G. Frankenberg, Th. Krämer-Badoni, S. Menschel und U. Rödel: »Politische Tendenzwende«, in: M. Tohidipur (Hrsg.): *Der bürgerliche Rechtsstaat*, 2. Bd., Frankfurt am Main 1978.
282 Habermas: »Einleitung«, a. a. O., S. 18.
283 Ebd., S. 17.
284 Ebd., S. 21.

neokonservativen Denkweisen werde von Carl Schmitts Kritik an den unerwünschten Folgen einer Moralisierung der Politik von links, von Arnold Gehlens Kritik an einer vermeintlichen Überforderung der Subjekte durch zuviel Autonomie und Freiheit sowie von Joachim Ritters und Hans Freyers Neuhegelianismus, der in Form einer postmodernen Theorie der Nachaufklärung zurechtgemacht werde, beeinflußt. »Die Neue Rechte warnt vor der diskursiven Verflüssigung der Werte, vor der Erosion naturwüchsiger Traditionen, vor der Entmächtigung automatisch geltender Institutionen, vor Überlastung des Subjekts und überzogener Individuierung; sie möchte die Modernisierung gern aufs kapitalistische Wachstum und den technischen Fortschritt begrenzt sehen und gleichzeitig den kulturellen Wandel, die Identitätsbildung, den Motiv- und Einstellungswechsel anhalten, den Traditionsbestand einfrieren.«[285] Die »neukonservativen Erben« mißtrauten den Errungenschaften der eigenen bürgerlichen Emanzipation und beschwörten die Liberalen, welche jene auch einmal waren, die bürgerlichen Ideale nicht allzu wörtlich zu nehmen. Als Gegenstrategie schlägt Habermas vor, die »Dimensionen einer *unverkürzten* Rationalität« in Erinnerung zu rufen, das heißt, eine Kritik an der Einebnung des Aufklärungsbegriffs zur instrumentellen Vernunft vorzunehmen, »auf deutschem (Blut – und) Boden haben wir schon einmal das Experiment einer auf Wirtschaftswachstum und technischen Fortschritt *eingeschränkten* Modernisierung gemacht«[286].

Habermas kommt es darauf an, der »Erschöpfung der utopischen Energien« entgegenzuwirken. Dabei unterscheidet er grundlegend zwischen einem utopischen und einem historischen Denken; während auf diesem das konservative Gewicht, habe auf jenem das liberale Gegenwicht gelegen, und sich als Einheit gegenseitig ergänzt: »Das erfahrungsgesättigte *historische Denken* scheint dazu berufen zu sein, die utopischen Entwürfe zu kritisieren; das überschwengliche *utopische Denken* scheint die Funktion zu haben, Handlungsalternativen und Möglichkeitsspielräume zu erschließen, die über die geschichtlichen Kontinuitäten hinausschießen.«[287] Im modernen Zeitbewußtsein seien historisches und utopisches Denken miteinander verschmolzen, und diese Einheit kennzeichnete die politische Öffentlichkeit seit der Französischen Revolution. »Heute sieht es so aus, als seien die utopi-

285 Ebd., S. 22.

286 Ebd., S. 23.

287 Jürgen Habermas: »Die Krise des Wohlfahrtsstaates und die Erschöpfung utopischer Energien« (1984), in: ders.: *Die Neue Unübersichtlichkeit*, Frankfurt am Main 1985, S. 141–163; S. 142.

schen Energien aufgezehrt, als hätten sie sich vom geschichtlichen Denken zurückgezogen. Der Horizont der Zukunft hat sich zusammengezogen und den Zeitgeist wie die Politik gründlich verändert.«[288]

Als Resultat der Normativitätsarmut sei die Lage objektiv *unübersichtlich* geworden. »Wenn die utopischen Oasen austrocknen, breitet sich eine Wüste von Banalität und Ratlosigkeit aus.«[289] Die Annahme, jenes Amalgam von geschichtlichem und utopischen Denken löse sich nunmehr wieder auf und verändere die Struktur des Zeitgeistes und den Aggregatzustand der Politik, will Habermas aber nur auf eine »bestimmte Utopie – die sich um das Potential der Arbeitsgesellschaft zentriert hatte«[290], beschränken. Heute ist gegen Habermas vorsichtige Einschätzung viel besser zu erkennen, daß das dialektische Spannungsverhältnis zwischen beiden Gewichten *allgemein* eingeebnet wurde und das Politische unter dem Diktat des realpolitischen Sachzwangs *grundlegend* verkümmert ist. Davon profitiert die Normalisierungspolitik des deutschen Staates; der Weg ist weitgehend frei von Hindernissen.

Habermas schreibt, daß nach dem Zweiten Weltkrieg in den westlichen Ländern Regierungsmehrheiten nur »im Zeichen sozialstaatlicher Zielsetzungen« möglich gewesen seien. »Seit Mitte der siebziger Jahre kommen aber die Grenzen des sozialstaatlichen Projektes zu Bewußtsein – ohne daß bis jetzt eine klare Alternative erkennbar wäre.«[291] Die »Neue Unübersichtlichkeit« gehöre demnach zu einer Situation, in der die arbeitsgesellschaftlichen Utopien, von denen die Sozialstaatsproblematik zehrte, an Kraft verlieren und keine Lösungsmöglichkeiten mehr für ein zukünftig besseres Leben geben können. Das brachte den Neokonservativismus auf den Vormarsch, der seine Kritik gegen die soziale Absicherung formulierte und individuelle, das heißt eigenverantwortliche Leistungsethik forcierte. So bewertet es auch Helga Grebing: »die Gesellschaft soll sich als Leistungsgemeinschaft begreifen, ›die Härte ihres ökonomisch-technischen Leistungskampfes akzeptieren‹, die Unterwerfung unter die Gebote von Dienst und Pflicht sollen als Entlastung von der subjektiven Motivbildung durch die Institutionen dankbar angenommen werden. Am zuverlässigsten aber erscheint immer noch das ›tragfähige schöpferische Nationalbewußtsein‹, das natürlich nicht verstanden werden soll im Sinne ›verkommener Traditionen‹, sondern sich erfüllen soll in der Überzeugung, daß die Deutschen in der Bundesrepublik in der

288 Ebd., S. 143.
289 Ebd., S. 161.
290 Ebd., S. 145.
291 Ebd., S. 147.

Modellierung der (gegen den Kommunismus gedachten) Weltzivilisation am weitesten vorangekommen sind (...)«[292].

Vertreter des Neokonservativismus seien Anfang der 1980er Jahre in den USA nur Einzelne gewesen, so Habermas; sie unterscheideten sich insbesondere vom Populismus der Neuen Rechten, weil sie nicht versuchten, Politik und Religion miteinander zu vermengen. Ihre Wirkmacht entfalteten die Neokonservativen durch ihren intellektuellen Einfluß als *think tanks*, der nicht unmittelbar in Wählerstimmen zu messen sei.[293] Noch 1960 schrieb Philip C. Chapman, daß es niemanden zu geben scheine, der sowohl ein anerkanntes Mitglied der neukonservativen Bewegung als auch ein konsequenter politischer Theoretiker sei. Dies sei sogar kein Zufall; vielmehr seien die Neukonservativen an politischer Theorie gar nicht interessiert.[294] Die Neokonservativen ebneten den Weg für die Regierungsübernahme in den USA durch die Reagan-Administration, in Großbritannien durch Thatcher und in der Bundesrepublik durch Kohl – jeweils Anfang der 1980er Jahre. Bemerkenswert an den Neokonservativen ist, daß sie als Sozialwissenschaftler und Philosophen zuvor (in den fünfziger Jahren) noch dem liberalen und manchmal sogar dem linken Spektrum angehört haben sollen, sich von diesem aber enttäuscht abgewandt haben. »Insofern ist der Neokonservativismus das Ergebnis einer Enttäuschungsverarbeitung.«[295]

Für die Bundesrepublik gebe es allerdings, so Habermas, in Abgrenzung zu den USA und Großbritannien eine Besonderheit. Ideenpolitik und Rhetorik bestimmten in Deutschland die öffentliche Auseinandersetzung mehr als sozialwissenschaftliche Analyse. »Die philosophischen Wortführer des deutschen Neokonservativismus (...) haben ihre Identifikation mit der gesellschaftlichen Moderne nicht in Begriffen einer unzweideutigen liberalen Theorie vollzogen – die dann enttäuscht worden wäre. Die Theorien, von denen sie *ausgegangen* sind, hatten vielmehr einen jungkonservativen Einschlag und damit einen spezifisch deutschen Hintergrund.«[296] – »Die Überlebenden und die Erben dieser Revolutionäre von rechts [aus der Wei-

292 Helga Grebing: *Positionen des Konvervatismus in der Bundesrepublik, Konservatismus – Eine deutsche Bilanz*, München 1971, S. 33–66, wieder abgedruckt in: Schumann (Hrsg.), *Konservativismus*, a. a. O., S. 290–314; S. 309.

293 Vgl. Jürgen Habermas: »Die Kulturkritik der Neokonservativen in den USA und in der Bundesrepublik«, in: ders.: *Die Neue Unübersichtlichkeit*, a. a. O., S. 30–56; S. 30.

294 Vgl. Philip C. Chapman: »The New Conservatism. Cultural Criticism vs. Political Philosophy«, in: *Political Science Quarterly* 75, 1960, p. 17–34; übersetzt und abgedruckt in: Schumann (Hrsg.), *Konservativismus*, a. a. O., S. 355–369; S. 357.

295 Habermas: »Die Kulturkritik der Neokonservativen«, a. a. O., S. 31.

296 Ebd., S. 39 f.

marer Republik; MH] haben nach 1945 eine Operation vorgenommen, die die beiden erwähnten Komponenten trennt: sie haben sich mit dem zivilisatorischen Fortschritt ausgesöhnt, aber die Kulturkritik beibehalten. Es ist dieser Kompromißcharakter einer halbherzigen Aussöhnung mit der Moderne, der die deutschen von den amerikanischen, die ehemals jungkonservativen von den ehemals liberalen Neukonservativen trennt.«[297]

Der analoge Prozeß zu den USA vollzog sich in Deutschland erheblich zeitversetzt. Seit der deutschen Einheit gibt es das Phänomen enttäuschter Linker und Liberaler, die sich zu Neokonservativen, das heißt zu Neoliberalen wandelten. Oskar Negt bezeichnet dieses opportunistische Phänomen des politischen Konvertitentums als die eigentliche »Geisteskrankheit der Intellektuellen«: »Zornig bin ich, weil ich in der intellektuellen Landschaft der deutschen Gesellschaft, die sich wieder in ihren normalen geschichtlichen Rhythmen bewegt, immer mehr öffentliche Auftritte von Personen wahrnehme, die sich selbst als 68er bezeichnen, um mit glaubwürdiger Geste alles abwerten zu können, wofür sie sich einst haben schlagen lassen. (...) Wo diese ihren Eigensinn, die bohrende und widerständige Kraft ihrer Entwurfsphantasien einbüßen, werden sie zu abrufbaren Legitimationsproduzenten mit beschleunigten Häutungen, und am Ende bleibt nur die Haut übrig, die man selbst zu Markte tragen muß.«[298]

Peter Glotz schreibt, der Neokonservativismus sei das Netz, in das sich der Liberale fallen lassen könne, wenn er vor seinem eigenen Liberalismus Angst bekommt.[299] Aber was ist es genau, wovor der Liberale Angst bekommen hat? Traut er seinen Idealen nur so lange über den Weg, wie sie den Status des Provisorischen und Unverbindlichen haben, gleichsam als Oppositionsideologie gut zu Gesicht stehen, sich aber nicht in der Praxis als wahr erweisen müssen? Verläßt den Liberalen der Mut in dem Augenblick, da es auf die liberalen Werte mehr als zuvor ankäme? Für diese Vermutung gibt es zum Beispiel nach den terroristischen Anschlägen vom 11. September 2001, als in den USA und in Europa als Reaktion darauf die rechtsstaatlichen und freiheitlichen Rechte auf den Prüfstand gelangten und eingeschränkt wurden, einige Bestätigung. Auch die Jahre 1989–91 und danach sind in diesem Sinne katalytische Knotenpunkte für nachhaltige Bewußtseinswandel durch kollektive Angsterfahrungen. Die Auflösung der bipolaren Weltordnung und die Ungewißheit, was danach kommen könnte, dürfte in den USA die Angst vor der »Einsamkeit« als einzige verbliebene Supermacht,

297 Ebd., S. 40.

298 Oskar Negt: *Achtundsechzig. Politische Intellektuelle und die Macht*, Göttingen 1995, S. 9.

299 Vgl. Peter Glotz, zit. n. Habermas: »Die Kulturkritik der Neokonservativen«, a. a. O., S. 32.

deren Sicherheitssysteme funktionslos geworden sein könnten, weil der (»geliebte«) Feind von der Bildfläche verschwunden ist, genährt – und damit auch die Suche nach neuen Feindbildern (Islam, Terrorismus) vorangetrieben haben, um die Sicherheitssysteme erhalten zu können. Im vereinigten Deutschland wiederum dürfte der außenpolitische Normalisierungsprozeß dadurch zusätzlich angeschoben worden sein, weil die Angst davor, in einer neuen Weltordnung aufgrund der hinsichtlich des ius ad bellum (selbst-) beschränkten Souveränität nur ein zweit- oder gar drittklassierter Staat zu sein, wirkmächtig gewesen war.

Habermas bringt das Phänomen des Konvertitentums Ende der 1970er Jahre mit Veränderungen in der außenpolitischen Konstellation in Verbindung. Die Neokonservativen in den USA haben die militärische Niederlage in Vietnam, den Rückzug der amerikanischen Truppen und die Entspannungspolitik von Henry Kissinger als eine auch in moralischer Hinsicht bedeutende Niederlage im Kampf gegen den Weltkommunismus empfunden.[300] Diese »moralische Entwaffnung« habe fatale innenpolitische Auswirkungen, da das gesellschaftliche und staatliche Institutionengefüge durch den ausdauernden Protest der Jugendbewegung bedroht werde. Habermas schreibt, die Neokonservativen entdeckten die Krisenursachen in »kulturell bedingten Legitimationsproblemen« sowie insgesamt in einem »gestörten Verhältnis von Demokratie und Kultur«, statt in der Funktionsweise der kapitalistischen Ökonomie und des Staatsapparates. Die Neokonservativen seien davon überzeugt, daß es einen Autoritätsverlust der zentralen gesellschaftlichen und politischen Institutionen gebe, was sie zur Beunruhigung veranlasse.[301] Verdrehung von Ursache und Wirkung ist die entscheidende theoretische Schwäche der Neokonservativen. »Während Neokonservative in Worten Umwelt, Menschenwürde und Sittlichkeit verteidigen, tragen sie gleichzeitig durch ihre vorbehaltlose Verteidigung des existierenden Wirtschaftssystems und der bestehenden politischen Machtverhältnisse zur Fortsetzung jener zerstörerischen Dynamik bei, für die sie ›Sündenböcke‹ aus dem Lager der linken Intellektuellen und der Anwälte des Wohlfahrtsstaates verantwortlich zu machen suchen. Kritische Linke wissen, daß Umwelt, Menschenwürde und humane Beziehungen von Mensch zu Mensch nur wiederhergestellt werden können, wenn das bestehende Wirtschaftssystem und die von ihm geprägten Machtverhältnisse radikal verändert werden.«[302]

---

300 Vgl. ebd., S. 32.

301 Vgl. ebd., S. 33.

302 Iring Fetscher: »Bewahren zur Sicherung der Zukunft. Eine Aufgabe für die Linke«, in: *Konservativismus in der Strukturkrise*, hrsg. v. Thomas Kreuder und Hanno Loewy, Frankfurt am Main 1987, S. 205–220; S. 216.

Die Strategie der Neokonservativen, welche diese zur Lösung der vermeintlichen Probleme anboten, gehört heute zum hegemonialen Programm des weltumspannenden Neoliberalismus, der ein Analogon zum Neokonservativismus ist. Die Entsprechung liegt unter anderem in der Bevorzugung aristokratischer Werte, während aber im Neoliberalismus diese als demokratische Werte verschleiert werden, werden sie im Neokonservativismus offen ausgesprochen. Profiteure sind jedoch stets die Reichen, die allein einen »schlanken Staat« sich leisten können und ihre egoistischen Interessen gegen das soziale Gewissen und gegen das solidarische Prinzip des Gemeinwesens abdichten können. Die katholische Soziallehre findet darin keine Berücksichtigung mehr. Das Subsidiaritätsprinzip, das einmal in menschenrechtliche Auffassungen eingebunden war und soziale Gerechtigkeit herstellen sollte, wird Schritt für Schritt aufgegeben. »Gäbe es in der Bundesrepublik noch eine wirksame Tradition katholischer Soziallehre, so wäre es kaum denkbar, daß – wie es zur Zeit geschieht – der Abbau des Sozialstaats unter Berufung auf das Subsidiaritätsprinzip schmackhaft gemacht wird.«[303]

Neokonservativismus und Neoliberalismus setzen eine angebotsorientierte Wirtschaftspolitik zur Steigerung des Wirtschaftswachstums sowie eine Verbesserung der Wettbewerbsbedingungen um.[304] Gleichzeitig werden Einkommensumschichtungen von unten nach oben vollzogen, Steuererleichterungen für Reiche praktiziert und sozialstaatliche Leistungen immer massiver eingeschränkt. Legitimationskosten des politischen Systems sollen gesenkt und im Sinne eines »schlanken Staates« öffentliche Dienste so weit wie möglich privatisiert werden. Die rhetorischen Schlagwörter zur stärkeren »Entkoppelung von Administration und öffentlicher Willensbildung« sind »Inflation der Ansprüche« und »Unregierbarkeit«[305]. Eine weitere Strategie der Neokonservativen bestehe in der Diskreditierung der Intellektuellen in Form konservativer Kulturpolitik, wodurch eine Desintegration aus der öffentlichen Meinungsbildung erfolgen soll. Dies war auch der versteckte Sinn von Kohls »geistiger und moralischer Wende«, denn »postmaterielle

303 Klönne: *Zurück zur Nation?*, a. a. O., S. 127.

304 Diese neuen Strategien fanden auch Anklang in der Bundesrepublik regierenden SPD unter Helmut Schmidt, der das von Willy Brandt eingeleitete soziale Reformprojekt (»Reformeuphorie«, »Mehr Demokratie wagen«) unter dem Eindruck der Weltwirtschaftskrise stoppte und vom Keynesianismus Abschied nahm. – Vgl. Markovits und Gorski: *Grün schlägt Rot*, a. a. O., S. 126. – Schmidt leitete Sparmaßnahmen zur Stabilisierung des Status Quo ein (»Stabilisierung des Erreichten«, »Modell Deutschland«), wovon viele Linke in der SPD enttäuscht wurden und sich den Grünen zuwandten.

305 Vgl. Habermas: »Die Krise des Wohlfahrtsstaates«, a. a. O., S. 153; siehe Claus Offe: »›Unregierbarkeit.‹ Zur Renaissance konservativer Krisentheorien«, in: Habermas (Hrsg.): *Stichworte zur »Geistigen Situation der Zeit«*, a. a. O., S. 294–318.

Werte, vor allem die expressiven Bedürfnisse nach Selbstverwirklichung und die kritischen Urteile einer universalistischen Aufklärungsmoral, gelten als Bedrohung für die motivationalen Grundlagen einer funktionierenden Arbeitsgesellschaft und der entpolitisierten Öffentlichkeit. Auf der anderen Seite soll die traditionale Kultur, sollen die haltenden Mächte der konventionellen Sittlichkeit, der Patriotismus, der bürgerlichen Religion und der Volkskultur gepflegt werden.«[306]

Mit der Auflösung der bipolaren Weltordnung Anfang der neunziger Jahre verlor der Wohlfahrtsstaat seine herrschaftsstrategische Funktion als Konkurrenzmodell zum Realsozialismus. Den Neokonservativen kam der Umstand verschärfter kapitalistischer Konkurrenz (Globalisierung) zupaß, die Umsetzung ihrer neokonservativen und neoliberalen Ideologie mit unhintergehbaren »Sachzwängen« zu rechtfertigen. Die kapitalistische Konkurrenz der Nationalökonomien gegeneinander »zwinge« die westlichen Staaten innenpolitisch zum Abbau ihrer Wohlfahrtssysteme, um ihre wirtschaftlichen Standorte für das Kapital attraktiver zu machen als woanders auf der Welt. Außenpolitisch müsse auf die neuen Bedrohungen, die den reibungslosen Ablauf des Handels auf dem Weltmarkt gefährden könnten, reagiert werden; mithin müsse massiv in die Umstrukturierung der militärischen Sicherheitssysteme investiert werden. Denn Außenpolitik wird von ihnen als Instrument zur optimalen Realisierung national-ökonomischer Interessen begriffen, für deren Durchsetzung auch der Einsatz militärischer Mittel legitim sein müsse.

Noch im Historikerstreit, der 1986 von Jürgen Habermas aus Protest gegen einen von Ernst Nolte anvisierten Vortrag auf den Römerberggesprächen ausgelöst wurde und sich bis zum Vorabend der deutschen Einheit fortsetzte, waren auf sehr anschauliche Weise die verhärteten und gegensätzlichen Positionen im Kampf um die kulturelle Hegemonie zwischen Liberalen und Konservativen zu Fragen der Vergangenheit, des Staatsverständnisses und der deutschen Außenpolitik offen zu Tage getreten. Im Zuge der deutschen Einheit verstummte aber sukzessive der Streit, und es verblaßten zusehends die Gegensätzlichkeiten. Jedenfalls kann man feststellen, daß seitdem Liberale und Konservative nicht mehr so sehr um Begriffe wie Befreiung oder Besatzung, Singularität oder Vergleichbarkeit, Aufarbeitung oder Schlußstrich gestritten haben. Diese Kämpfe um ein hegemoniales Geschichtsbild, in denen – wie der konservative Historiker und damalige Leitartikler der *Frankfurter Allgemeinen Zeitung* Michael Stürmer gesagt hatte – die Begriffe

306 Habermas: »Die Krise des Wohlfahrtsstaates«, a. a. O., S. 154.

geprägt werden, mit welchen die Geschichte interpretiert wird zu Zwecken der Instrumentalisierung, das heißt zur Beherrschung von Gegenwart und Zukunft, diese Kämpfe scheinen mit der deutschen Einheit 1990 beendet worden zu sein. Spätestens Mitte der 1990er Jahre, als die historischen Eckdaten deutscher Barbarei sich zum 50. Mal jährten, konnte man statt dessen vermehrt das allgemeine Gerede von »Normalität« vernehmen,[307] die der deutsche Staat nunmehr mit der Berliner Republik für sich in Anspruch nahm. Zwischen Liberalen und Konservativen ist seitdem kaum ein Unterschied zu erkennen in ihren aus der deutschen Vergangenheit abgeleiteten praktischen Konsequenzen. Es herrscht diesbezüglich weitgehende Einigkeit zwischen den politischen Lagern, weshalb ja gerade auch nicht mehr um die Begriffe gestritten wird. Die ausgemachte Streitlust für oder gegen Normalisierung ist einer pragmatisch-realpolitischen und realitätsgesättigten Konsensbereitschaft auf beiden Seiten gewichen, so daß sich die gegensätzlichen Positionen zwischen Liberalen und Konservativen zu einer neuen Einheit zusammenfanden. Diese Konsensbereitschaft hat den finalen Weg der Normalisierung zumindest erleichtert.

Der Versuch, die Linke in Deutschland mit der Nation zu versöhnen, ist schon öfter und mit den unterschiedlichsten Motiven unternommen worden. In den Jahren nach der deutschen Einheit und der Auflösung des Ostblockes sind wesentlich zwei Motivationsherde für den Versuch, die deutsche Nation als einer positiven Bezugsgröße auch für die Linke schmackhaft zu machen, hinzugekommen. Zum einen hat der Untergang des real existierenden Sozialismus und Kommunismus, selbst bei undogmatischen Linken in Deutschland wie in der gesamten Welt, mehr als bloß Irritationen hervorgerufen; vielen war im wahrsten Sinne des Wortes die Orientierung verloren gegangen.[308] Im Osten ging mit der Sowjetunion auch die politische Utopie von 1917: der Traum von einer befreiten Weltgesellschaft unter, den die undogmatische Linke trotz und gegen Stalin nicht aufgehört hatte zu träumen. Aber dann wurde mit der Sowjetunion auch der Marxismus allgemein zu Grabe getragen, weil man diesen verantwortlich machte für den Stalinismus. Jedoch nicht Marx, sondern ein zur Legitimationsideologie korrumpierter Marxismus hätte beerdigt werden müssen. Mit Marx ist man weitgehend auch der Begriffe verlustig gegangen, die veränderte Welt adäquat zu interpretieren. Der Orientierungslosigkeit folgte der Rückzug ins Private: die Innerlichkeit, das Nach-Innen-Schauen. Greifbar war die Nation – nicht als

307 Siehe Teil I, Kapitel 4.

308 »Orientierung« leitet sich aus dem lateinischen Worte *oriens* = Osten ab und bedeutet dann sinngemäß: nach Osten schauen.

Religionsersatz, sondern – was mindestens genauso problematisch ist – als esoterische Bezugsgröße, um sich gemütlich beisammen zu fühlen. Dieser Schwenk war schon im Herbst '89 in Leipzig und Dresden zu vernehmen, als die Parole nicht mehr hieß »Wir sind das Volk«, sondern »Wir sind ein Volk«.

Die westdeutsche Linke hat sich nicht frühzeitig genug mit den Möglichkeiten einer deutschen Einheit sowie der Auflösung der bipolaren Weltordnung auseinandergesetzt und die Chance einer gesellschaftlichen Erneuerung nach ihren Vorstellungen nicht wahrgenommen. Sie hätte sich auf eine Art und Weise damit auseinandersetzen müssen, die keinen Anlaß hätte bieten dürfen, sich der Deutschtümelei verdächtig zu machen. Die westdeutsche Linke hat im Herbst 1989 nicht gesehen, wie wichtig auch für sie selbst es gewesen wäre, für ein Gelingen der ostdeutschen und osteuropäischen Reformbemühungen mit einzustehen. Der ostdeutsche Bürgerrechtler Werner Schulz resümierte in einem Interview für den *Spiegel*: »Unser 89 wäre ohne das West-68 nicht zu erklären. Aber die Westlinken haben ihren Anteil an der Beseitigung der deutschen Teilung bis heute nicht kapiert (…). Zu viele haben nicht gemerkt, wie sehr das kulturelle 68 im Westen uns Dissidenten im Osten beeinflußt und motiviert hat.«[309]

Statt dessen gerieten die Linken in eine defensive Position. Es griff eine weitgehende Paralysierung um sich, die durch den Zusammenbruch der Sowjetunion ihren Höhepunkt erreichte und schließlich politisches Konvertitentum, die Abkehr von Marx und sozialistischen Leitideen hervorbrachte.[310] Zu dem Pendant des »Wendehals« im Osten fand Oskar Negt die treffende Bezeichnung des »politischen Konvertiten« im Westen. Daß es dazu kam, ist bemerkenswert, denn im undogmatischen Teil der westdeutschen Linken hat es im Nachkriegsdeutschland nie einen Zweifel daran gegeben, daß der sogenannte real existierende Sozialismus, eine marxistisch-leninistische Einparteienherrschaft, bürokratischer Dogmatismus, sowie Verstaatlichung der Gesellschaft mit wirklichem Sozialismus nichts gemein haben. Statt als verlängerter Arm der am demokratischen Sozialismus interessierten DDR-Opposition zu wirken, hat sich die westdeutsche Linke in den Monaten der osteuropäischen Loslösung von den starren, poststalinistischen Strukturen weitgehend von den Idealen des Sozialismus abgewandt und endgültigen Frieden mit der gezähmten kapitalistischen Variante: der sozialen Marktwirtschaft geschlossen, die aber schon im Begriff war abzusterben.

---

309 »Kein '89 ohne '68«, Interview mit Werner Schulz, in: *Der Spiegel*, 12/2001, S. 56 f.
310 Vgl. Negt: *Achtundsechzig*, a. a. O., S. 9.

In der westdeutschen Öffentlichkeit begann eine breite Debatte über das Scheitern des Sozialismus. Glasnost und Perestroika wurden als Eingeständnis für seinen Bankrott interpretiert. Gleichzeitig erfreute sich Michail Gorbatschow in der Bundesrepublik größter Beliebtheit; während die meisten in ihm lediglich den Bringer der deutschen Einheit sahen, nahmen die wenigsten zur Kenntnis, daß Gorbatschow in seinem Reformprojekt am Sozialismus festhielt.[311] Vorherrschendes Paradigma in der Wahrnehmung war das von Francis Fukuyama zu dieser Zeit postulierte »Ende der Geschichte«. Zwar wurde vornehmlich in der links-liberalen Öffentlichkeit verhaltene Kritik an einem vermeintlichen Sieg des Kapitalismus geübt, aber eine grundlegende Abkehr von der materialistischen Geschichtsauffassung und von ihrem Philosophen, Karl Marx, war auch darin zu vernehmen.[312]

Als einen besonderen Einschnitt ließ sich die Abkehr vom programmatischen Sozialismus bei den Linken innerhalb der Grünen beobachten. Joschka Fischer äußerte im Vorfeld eines Perspektivkongresses, der im November 1989 stattfand, daß der Kapitalismus gewonnen habe, der Sozialismus verloren. Hatte sich im Vorfeld dieses Kongresses die sozialistische Linke innerhalb der Grünen durch Fischers Äußerung noch provozieren lassen, nahm sie es im November bereits achselzuckend und zustimmend hin. Jutta Ditfurth blieb innerhalb der Grünen nahezu die einzige, die ihren antikapitalistischen Standpunkt nicht revidierte;[313] damit hatte sie sich aber ganz plötzlich innerhalb der Partei isoliert.[314]

Noch bis 1994 vertraten die Grünen in ihrem Programm das pazifistische Konzept der außenpolitischen Zurückhaltung; der deutsche Staat sollte vollständig demilitarisiert werden. Deutschland als Friedensmacht zu posi-

311 Vgl. Sabine Schürer-Wagner: »Am Sozialismus wird festgehalten – Eine sorgfältige Nachlese in Gorbatschows Erfolgsbüchern kann sich lohnen«, in: *Die Zeit* vom 1. Dezember 1989; vgl. Michail Gorbatschow: *Perestroika. Die zweite russische Revolution. Eine neue Politik für Europa und die Welt*, München 1989; vgl. ders.: *Glasnost. Das neue Denken*, Berlin 1989.

312 Vgl. exemplarisch Marion Gräfin Dönhoff: »Am Ende aller Geschichte? – Die Niederlage des Marxismus bedeutet nicht den Triumph des Kapitalismus«, in: *Die Zeit* vom 22. September 1989.

313 Jemand wie Rudolf Bahro hat in dieser Zeit eine besonders tragisch-komische Erfahrung machen müssen: Als verfolgter Dissident aus der DDR über Gefängnishaft und Freikauf in den Westen gekommen, faßte er vor dem Eindruck des politischen Wandels innerhalb der Grünen den Entschluß, sich in der noch bestehenden DDR wieder einbürgern zu lassen – in der Hoffnung, für einen demokratischen Sozialismus in Ostdeutschland noch kämpfen zu können. Er konnte ja nicht wissen, daß die deutsche Einheit schon vor der Tür stand?

314 Vgl. Günter Bannas: »Manchem fällt der Abschied vom Sozialismus schwer – Der Perspektiv-Kongreß der Grünen im Zeichen des Wandels in der DDR«, *FAZ* vom 20. November 1989, S. 7.

tionieren, war auch die programmatische Vorstellung der Sozialdemokraten. Die von 1982 bis 1998 sich in der Opposition befindlichen Grünen und Sozialdemokraten erweckten den Anschein, es handele sich bei einer zukünftigen rot-grünen Regierungskoalition um ein grundlegendes Reformprojekt, das die Republik auf fortschrittliche Weise – jedenfalls als Gegenprogramm zur Normalisierung von schwarz-gelb – verändern könnte, so daß Andrei S. Markovits und Simon Reich noch eine Polarisierung feststellen konnten, die heute bereits befremdet: »Die deutsche Linke und viele Liberale wünschen, daß die Bundesrepublik aus der Welt der Macht ausscheidet und der Welt des kollektiven Gedächtnisses treu bleibt. Große Teile des konservativen Lagers wollen das Gegenteil: Abwendung vom kollektiven Gedächtnis – exakt das, was mit dem Begriff ›Schlußstrich‹ gemeint ist – und zunehmende Interessenwahrnehmung innerhalb der Welt der Macht.«[315]

Die Hoffnungen auf einen grundlegenden Wandel der Normalisierung durch rot-grün wurden gleich wenige Wochen nach dem Regierungswechsel von 1998 mit der Beteiligung der Bundeswehr am NATO-Krieg gegen Jugoslawien zunichte gemacht. Mit den terroristischen Anschlägen vom 11. September 2001 war der links-liberale Aktionsradius in der Politik endgültig auf das bloß Quantitative eingeengt worden. Der gewandelte Liberalismus und Konservativismus hatte gesiegt, »aber dieser Sieg besteht darin, daß er seine Toleranz verloren hat. Es ist ein verfolgender Liberalismus entstanden, der alles Denken unter Radikalismusverdacht stellt, das nach Alternativen zu den bestehenden Verhältnissen sucht. Linkes Denken gilt immer schon als linksextrem, rechtes Denken als rechtsextrem. Der siegreiche Liberalismus hat die Mentalität eines Staatsschutzes angenommen, der überall Verfassungsfeinde sieht. Denn Staatsräson ist zum Kern des Liberalismus geworden, nachdem er den Staat erfolgreich gekapert hat.«[316] Es sei kaum gelungen, so Jens Jessen, die blinden Affekte des Antikommunismus zu überwinden. Die gemäßigte Mitte, aus der die Normalitätsvorstellungen hervorkommen, ist nicht *sine ira et studio*, sondern moralischer Eifer eines totalitären, jedenfalls intoleranten Maßhaltens. »Wenn es bloß darum ginge, alle Meinungen auf die Mitte des politischen Spektrums zu begrenzen, was wäre der Unterschied zur Diktatur?«[317]

Auch mehr als ein Jahrzehnt nach der deutschen Vereinigung wird fortwährend festgestellt, daß die Deutschen innerlich noch nicht zusammenge-

---

315 Markovits und Reich: *Das deutsche Dilemma*, a. a. O., S. 27.

316 Jens Jessen: »Der Liberalismus hat gesiegt … aber seine Toleranz verloren. Die Mitte ist das Maß, der Streit wird zum Spektakel«, in: *Die Zeit*, vom 21. März 2002, Nr. 13.

317 Ebd.

wachsen seien. Das Thema der inneren Einheit ist zu einer immer wieder entflammbaren Dauerdebatte geworden – vorzugsweise zu den geschichtsträchtigen, sich immer mal wieder jährenden Bezugsdaten, zu denen feierliche Festakte unterhalten werden. Wie eine quälende *malaise*, unter der das deutsche Gemüt wankt wie unter einer schweren Last und des Nachts, wenn es wie schon Heine an Deutschland denkt, um seines Schlafes gebracht ist, nimmt sich dieses Laborieren an der inneren Einheit so, als sei die innere Sicherheit gefährdet. Beinahe traumatisch kommt jedes Debatten-Etappen-Resultat immer wieder zu demselben Ergebnis: Die innere Einheit sei noch längst nicht vollzogen, sie sei sogar gefährdet und gefährde dadurch wiederum auch die äußere Einheit der Nation. So etwas trägt freilich den Charakter einer Hysterie, von der vorrangig Politiker, Journalisten und Geisteswissenschaftler eingenommen sind, also ein intellektueller Stand, der von Berufswegen zunehmend damit beschäftigt ist, das Sprachrohr: das Stimmorgan der Nation statt deren schärfste Kritiker zu sein.

Hinter solchen Indikatoren des Einheitsprozesses vermuten selbst Konservative wie der langjährige Forschungsdirektor der der CDU nahestehenden Konrad-Adenauer-Stiftung, Hans-Joachim Veen, eine Vorstellung des innerlichen Zusammenwachsens, die der Volksgemeinschaft verdächtig nahe komme. Das angestrebte Ziel der inneren Einheit liege in der Homogenisierung, das heißt in der mehr oder weniger totalen, vielleicht sogar totalitären Angleichung der kulturellen, politischen und sozialen Differenzen: Absolute Unterschiedslosigkeit in allen politischen Einstellungen, Weltanschauungen (hier ist der Plural wichtig), Mentalitäten, Vorurteilen, Verhaltensweisen, Lebensstilen, Empfindungen und Gemütszuständen sei die vorgestellte vollendete innere Einheit Deutschlands. Wo es um Innerlichkeit geht, da sollten »wir Deutschen« nach wie vor wachsam sein und mißtrauisch werden. Geht es etwa um die alte *deutsche* Sehnsucht nach Harmonie? »Für viele scheint die innere Einheit erst dann wirklich vollendet, wenn die totale Gleichartigkeit aller in allem hergestellt ist, wenn am Ende der völlige Gleichklang der Seelen und Herzen des Denkens und Fühlens und Handelns gegeben ist.«[318] Für Veen ist die innere Einheit längst vollendet; alles weitere gehe in Richtung eines »neuen Gemeinschaftsmythos«, das soll heißen: Volksgemeinschaft. So etwas könne vernünftigerweise eine aufgeklärte Demokratie nicht wollen dürfen. »Kaum jemand will die Homogenisierung bewußt, die Einheit total. Aber historisches Wissen über die Erhöhung der Volkseinheit und das Ende der Freiheit lassen uns frühzeitig Alarm

318 Veen: »Einheit, Einheit über alles«, a. a. O.

schlagen, damit das wabernde Einheitsgerede nicht unreflektiert und unter der Hand zum Einfallstor für einen neuen Gemeinschaftsmythos wird.«[319] »Homogenisierung«, das klingt nach einer Vorstellung der Nation als ethnische Kulturgemeinschaft (Herder), von der sich diese Republik offiziell entfernt zu haben wähnt. Die innere Einheit also als Indikator für Existenz und Grad ethnischer Homogenität bzw. kulturell-nationaler Identität. Aus dem vermeintlichen Mangel dieser Zusammengehörigkeit wird immer mal wieder von Konservativen die vermeintlich notwendige Anhebung des Nationalbewußtseins ohne wenn und aber geschlußfolgert: offiziell von oben verordneter Nationalismus, dessen Geist sich am besten bis in die Schulbücher von Sechsjährigen ausbreiten soll. Innere Einheit? Plötzlich zeigt sich in dem Nicht-Begriff die Maske, hinter der sich etwas Gefährliches versteckt. Innere Einheit ist eine Chiffre für die Volksgemeinschaft. Das Räsonieren über den Mangel an innerer Einheit ist die Fortsetzung des alten Traumas der unbeantworteten oder in seinen Antworten häufig gewechselten deutschen Frage. Das Volk »ist real, aber nicht sichtbar. Sein Wesen ist Einheit und schöpferischer Grund, bewegter Einklang im Bilde des Organismus. Diese Kategorie, von Herder in Opposition gegen die einebnende Abstraktheit der allgemeinen Menschheitsidee geprägt, um das Vakuum zwischen dem einzelnen vernünftigen Wesen und der generellen Menschenvernunft, dem Gattungswesen Mensch zu überwinden, ist romantisch und im 19. Jahrhundert zu der bedeutsamen Wirklichkeit gediehen, durch welche sie heute die Gewalt einer politischen Idee entfaltet.«[320]

Neben dem »Ende der Utopie« (Joachim Fest) – oder auch dem »Ende der Geschichte«, wie es Francis Fukuyama nannte, muß als zweiter Motivationsherd, der auch Linke freiwillig in die behütete Umklammerung der deutschen Nation: in ihren Mutterschoß getrieben haben mag, die Angst vor einer entfesselten Weltökonomie, vor der Globalisierung genannt werden. Aus dieser Angst leitet sich das Bedürfnis nach Schutz, welches Horkheimer als das Urphänomen von Herrschaft bezeichnet hat, ab. Inwieweit die Nation, bzw. der Nationalstaat im Stande ist, dieses rationale Bedürfnis nach Schutz überhaupt zu bedienen, sei grundsätzlich infragestellt. Die spätkapitalistische »Globalisierung« beschleunigt die Vermittlung entfremdeter, abstrakter Verhältnisse auf der ganzen Welt und provoziert Angst und Irrationalismus bei den Bevölkerungen, so daß ein subjektives Bedürfnis nach dem Nationalstaat als Schutzraum entsteht, der objektiv für den globalen Kapitalismus

319 Ebd.
320 Plessner: *Die verspätete Nation*, a. a. O., S. 53.

zunehmend an Notwendigkeit verliert. Dieses Auseinanderklaffen von Subjekt und Objekt könnte bewirken, daß der neu aufkommende Nationalismus und Rechtspopulismus besonders aggressiv in Erscheinung tritt. Wer als Linker meint, man dürfe die Nation nicht den Rechten überlassen,[321] der unterschätzt besonders in Deutschland den nationalistischen Drift, der sich nicht beherrschen läßt, sondern von dem man beherrscht wird, dem man sich sehr wohl aber verweigern kann. Aus diesem Grund ist das unachtsame Gerede von der Nation als Schutzraum vor der Globalisierung nicht nur trügerisch, sondern auch extrem fahrlässig. Der Nationalismus folgt auf dem Fuße, weil nach innen wie nach außen sich die politisch-ökonomischen Mechanismen der Vereinzelung und Ausbeutung fortsetzen.

In dem Schutzraum der Nation gedeihen besonders gut Rassismus und Antisemitismus: Im Nationalismus werden die kulturellen Differenzen zu nationalen stilisiert und mit kollektiven Ressentiments beladen. Der Nationalismus ist eine unbewußte, konformistische Rebellion gegen die verdinglichenden Tendenzen der Normalform bürgerlicher Gewalt, die den Einzelnen ihre Anerkennung zugleich ermöglicht und wieder annulliert und dem Individuum die Gefühle der Ohnmacht und Gleichgültigkeit zuteil werden läßt. Diese Gefühle kommen in der Regel ideologisch zu Bewußtsein; sie stellen die Quellen dar, aus denen der Nationalismus seine aggressiven Energien entfaltet. In der Verdinglichung ist die individuelle Differenz nivelliert und damit, ausgehend von der subjektiven Wahrnehmung, die gegenseitige Anerkennung wieder zurückgenommen. Es bleibt die mechanische Anerkennung des Menschen als produktives Mittel: als warenproduzierende Ware Arbeitskraft – und oft bleibt bei Arbeitslosigkeit nicht einmal diese mechanische Anerkennung. Die Verdinglichung besteht darin, als Person auf ein jeder Zeit ersetzbares Instrument reduziert zu sein, das Zwecken dienen muß oder für diese als nutzlos erachtet wird, die nicht die eigenen sind. Der Nationalismus beseitigt aber nicht die Mechanismen der Verdinglichung, sondern er betreibt eine kompensatorische, feindliche Abgrenzung vom außen, durch das er sein Inneres definiert. Die nationale Identität, die hier konstruiert wird, ist eine aggressive Ausgrenzung dessen, was mit den neu erfundenen Traditionen nicht mehr identisch ist. Das Nicht-Identische wird degradiert; alle Aggression richtet sich gegen es: Pogrom, Vertreibung und Massenmord standen am Ende dieser eskalierenden Dynamik. Der Nationalismus stellt eine Gemeinschaft, die von der kapitalistischen Ökonomie in einzelne,

321 Siehe Erhard Crome: *Die Linke und ihr Verhältnis zu Nation und Nationalstaat. Die Nation zwischen Europäischer Union und Regionen*, Berlin 2001; vgl. Marcus Hawel: »Warum sollen Linke sich an dieser Nation erfreuen?«, in: *Freitag*, 17/2002.

anonyme und abstrakte Robinsonaden vereinzelt und durch das Gewaltmonopol des Nationalstaats mehr schlecht als recht zusammengehalten wurde, verzerrt wieder her. Da die ökonomischen Mechanismen, die eine Vereinzelung und Anonymisierung der Menschen vorantreiben, dabei unangetastet bleiben, kann es denn in dieser unbegriffenen und ineinander verwobenen Dynamik des Kapitalismus und Nationalismus immer so weitergehen.

Auch der Nationalsozialismus konnte bereits als ein *Schutzraum* begriffen werden. Als ein solcher ist er allerdings, so Adorno, nicht bloße Ideologie gewesen. »Gegenüber dem laissez faire beschützte die Hitlerwelt tatsächlich bis zu einem gewissen Grade die Ihren vor den Naturkatastrophen der Gesellschaft, denen die Menschen überlassen waren. Gewalttätig nahm sie die gegenwärtige Krisenbeherrschung vorweg, ein barbarisches Experiment staatlicher Lenkung der Industriegesellschaft. Die vielberufene Integration, die organisatorische Verdichtung des gesellschaftlichen Netzes, das alles einfing, gewährte auch Schutz gegen die universale Angst, durch die Maschen durchzufallen und abzusinken.«[322] Adorno schreibt 1959, daß der Nationalismus zugleich überholt und nach wie vor aktuell sei. Überholt, weil die zwangsläufige »Verbindung von Nationen zu Großblöcken unter der Suprematie der mächtigsten, wie sie allein schon die Entwicklung der Waffentechnik diktiert, die souveräne Einzelnation, zumindest im fortgeschrittenen kontinentalen Europa, ihre geschichtliche Substantialität eingebüßt hat. Die Idee der Nation, in der einmal sich die wirtschaftliche Einheit der Interessen freier und selbständiger Bürger gegenüber den territorialen Schranken des Feudalismus zusammenfaßte, ist selbst, gegenüber dem offensichtlichen Potential der Gesamtgesellschaft, zur Schranke geworden. Aktuell aber ist der Nationalismus insofern, als allein die überlieferte und psychologisch eminent besetzte Idee der Nation, stets noch Ausdruck der Interessengemeinschaft in der internationalen Wirtschaft, Kraft genug hat, Hunderte von Millionen für Zwecke einzuspannen, die sie nicht unmittelbar als die ihren betrachten können.«[323]

Nur in der Trunkenheit: im nationalen Suff wird man dann nicht mehr spüren müssen, wie leichenkalt der Mutterschoß Nation im Kältestrom des Kapitalismus in Wahrheit ist.[324] Warum der Nationalismus überholt sei, weil

---

322 Theodor W. Adorno: »Was bedeutet: Aufarbeitung der Vergangenheit« (1959), in: ders.: *Erziehung zur Mündigkeit*, a. a. O., S. 10–28; S. 18.

323 Ebd., S. 21.

324 Vgl. Marcus Hawel: »Weltgesellschaft ohne Revolution?«, in: Michael Jäger (Hrsg.): *Globalisierung, Nation, Internationalismus. Orte des Widerstands – eine linke Debatte*, Berlin 2002, S. 77–97.

sich Staaten zu größeren Bündnissen zusammenfinden, will allerdings heute nicht mehr einleuchten. Denn gerade im Zusammenhang der europäischen Integration wird deutlich, daß einerseits nationalstaatliche Identitäten in den höheren Integrationseinheiten nicht aufgehen, sondern allenfalls durch neue Identitätsbildungen ergänzt werden, die obendrein nach denselben Gesetzmäßigkeiten wie der Nationalismus zu funktionieren scheinen. Dies zumindest läßt sich für die USA behaupten und schon bald auch für die Europäische Union. Im Zusammenhang der Globalisierung erhalten die Nationen eine aktualisierte Bedeutung.

An keiner Nation kann man aus Vernunft Freude haben wollen. Freude kommt gleichwohl am wenigsten bei der deutschen auf – auch nicht, in der Zeit zwischen 1998 und 2005, als das rot-grüne Lager die Bundesregierung stellte. Mit der Bundestagswahl von 1998 dürfte für sozialdemokratische und grüne Linksliberale ein dritter Motivationsherd für den positiven Bezug auf die Nation zustande gekommen sein: Da 1998 zum ersten Mal die »Linken« im Rahmen freier Wahlen an die Macht gekommen sind, ohne mit einem bürgerlichen Koalitionspartner sich diese teilen zu müssen, könne nach Ansicht von Micha Brumlik, diese deutsche Nation von links gestaltet werden, so daß abschließend diese kaum noch einen Anlaß bieten dürfte, sie von links abzulehnen.[325] Die Nation wird kaum noch von links abgelehnt und nur von rechts besetzt. Grundsätzlich abgelehnt wird die Nation von links hauptsächlich von den sogenannten Antideutschen, deren Kritik an der Nation aber nicht weniger nationalistisch ist als die nationalistische Bejahung der Nation von rechts – allerdings in *invertierter*, das heißt negativer Form. Heute erfreut sich die Nation allgemeiner Beliebtheit. Die Nation von links zu gestalten, bedeutet im deutschen Kontext freilich nicht mehr und nicht weniger, als die Nation in Einklang mit dem französischen Typus zu bringen. Das ist einerseits nicht viel, wenn man als Linker sich mit der Strategie identifizieren kann, wie sie von Oskar Negt und Alexander Kluge formuliert wurde, nämlich »der herrschenden Klasse die Benutzung des Staates streitig zu machen«[326]. Andererseits ist es auch keine Kleinigkeit, wenn dieses Ziel ernsthaft und erfolgreich verfolgt werden würde. Die französische Nation hat ein besonderes Prestige, das von ihren bürgerlichen Revolutionen seit 1789 herrührt. Deutsche Linksliberale können im französischen Republikverständnis, das gemeinhin als »westliches Prinzip« gilt, ein

325 Vgl. Micha Brumlik: »Die Linke an der Macht«, in: *Blätter für deutsche und internationale Politik*, Nr. 12, 1998.

326 Vgl. Oskar Negt und Alexander Kluge: *Öffentlichkeit und Erfahrung. Zur Organisationsanalyse von bürgerlicher und proletarischer Öffentlichkeit*, Frankfurt am Main 1972, S. 13.

Potential der Versöhnung auch mit der deutschen Nation sehen, insofern sich diese über einschneidende Reformen jenem annähert. Dem liegt freilich eine Unterschätzung zugrunde: der Gegenwart der Vergangenheit. Diesem Nationalstaat ist nicht etwa durch symbolische Gesten bloß ein peppiger Anstrich zu verleihen, indem Joseph Fischer in seinem Büro des Auswärtigen Amtes ein Bild Otto von Bismarcks entfernt, sich aber von den Prinzipien preußisch-deutscher Außenpolitik in der Praxis nicht abgrenzt.[327]

Angetreten war die rot-grüne Bundesregierung mit einer links-liberalen civilpolitischen Normalitätsableitung, die sich im Gegensatz zu den Konservativen an der Vergesellschaftung des Staates und an der Fundamentalnorm des mündigen Bürgers, das heißt an einer Zivilgesellschaft orientierte. Als Ideal einer solchen westlichen »Normalnation« diente wie gesagt Frankreich. Die Norm wurde aus den Idealen der französischen Revolution entlehnt.[328] Bei Marx findet sich eine Passage über die *normale* »geschichtliche Kindheit« der Griechen, die ewigen Reiz ausübe: »Warum sollte die geschichtliche Kindheit der Menschheit, wo sie am schönsten entfaltet, als eine nie wiederkehrende Stufe nicht ewigen Reiz ausüben? Es gibt ungezogene Kinder und altkluge Kinder. Viele der alten Völker gehörten in diese Kategorie. Normale Kinder waren die Griechen.«[329] Als normale, geschichtlich Erwachsene können in Analogie zu dieser Passage die Franzosen der Revolutionsepoche gelten, während die Deutschen zur selben Zeit ungezogene *Spätpubertierer* waren?

Die rot-grüne Bundesregierung beansprucht die westliche Norm realisiert zu haben. – Und das ironischerweise in dem Augenblick, als der Regierungsumzug von Bonn nach Berlin und damit eine symbolische Re-Orientierung nach Preußen erfolgte. Deutschland sei keine verspätete Nation und beschreite auch keine Sonderwege mehr. Was mit Willy Brandts Diktum »Mehr Demokratie wagen« in Abgrenzung zu den Konservativen noch eine reale Wirkmacht entfalten konnte, ist 1998 mit dem rot-grünen Regierungswechsel lediglich als »links-liberale Lyrik« wieder aufgegriffen worden, hinter der offenbar nichts wirklich Utopisches, sondern die Fortsetzung des von den Konservativen nach 1989/90 angestoßenenen Normalisierungsprogrammes steckte. Ein übergeordnetes Zukunftsprogramm, das sich wie noch bei Willy Brandt in einen Zusammenhang mit konkreter Utopie stellen ließ,[330] fehlt oder war schnell aufgebraucht und in die »Politik der ru-

327 Vgl. Brumlik: »Die Linke an der Macht«, a. a. O.

328 Vgl. Joseph Görres: »Der allgemeine Frieden, ein Ideal von 1798«, in: *Ausgewählte Werke*, hrsg. v. Wolfgang Frühwald, Bd. 1, Freiburg u. a. 1978, S. 5–78.

329 Karl Marx: *Grundrisse der Kritik der Politischen Ökonomie*, Berlin 1974, S. 31.

higen Hand« (Gerhard Schröder) überführt worden. In einem öffentlichen Brief an Gerhard Schröder schreibt Oskar Negt: »Was fehlt, ist eine Gesellschaftsutopie! In den einzelnen Handlungsschritten muß das Energie- und Bewegungszentrum spürbar und glaubwürdig nachempfindbar sein. Es fehlt der Zusammenhang der den Einzelteilen dieser sinnvollen Reformschritte einen verständlichen und überzeugenden Bezug zum Ganzen gibt.« – »Ich war selbst an den Diskussionen aktiv beteiligt, und mir wurde bald klar, daß das von Dir bevorzugte Begriffspaar ›modernes Regieren‹ und ›Zivilgesellschaft‹ nur dann Farbe und Kontur annehmen kann, wenn es in einer harten Kapitalismuskritik begründet ist. Und da liegt jetzt der wunde Punkt der Gesellschaftsanalyse, der die gegenwärtige rot-grüne Koalition belastet. Die kürzlich verstorbene Gräfin Dönhoff sprach in ihren letzten Schriften davon, daß der Kapitalismus domestiziert werden müsse; die ›Frankfurter Allgemeine‹ spricht unbefangen von Kapitalismus als einem Gesellschaftssystem, keineswegs immer unkritisch. Doch in der rot-grünen Koalition, in der ja auch ehemals radikale Kapitalismuskritiker höchste Funktionen einnehmen, ist allenfalls vom Neoliberalismus die Rede; die gegenwärtige Gesellschaftsordnung als eine durchgängig kapitalistische zu begreifen ist im Kontext der Koalition eher eine Seltenheit.«[331]

Der Aggregatzustand des Politischen hat sich verändert. Normativität ist weitgehend einem alltagspolitischen Pragmatismus gewichen, ganz in dem Sinne, wie es Karl Otto Apel in seinem Essay »Zurück zur Normalität?« Ende der 1980er Jahre vorausgesehen hat.[332] Apel konstatierte eine neopragmatische Abwiegelung der sogenannten »postkonventionellen Moral«, die auf einem besonderen Lernerfolg nach Auschwitz beruht habe, und eine Reetablierung der traditionellen Moral.

330 Die Rücknahme der Zukunftsorientierung und die Hinwendung zu nüchterner Realpolitik erfolgten allerdings bereits mit dem Kanzlerwechsel von Brandt zu Schmidt. – Vgl. Klönne: *Zurück zur Nation?*, a. a. O., S. 27. – Gleichwohl ist nach dem Godesberger Programm die Ära Brandt hinsichtlich der Orientierung der SPD an »konkreter Utopie« eine Ausnahme gewesen. Walter Dirks kritisierte 1950 den grundlegenden Wandel der SPD nach 1945, der später vermutlich nur durch Willy Brandt unterbrochen worden ist: »Die Partei hat es vorgezogen, sich selbst zu restaurieren, und zwar nicht als soziale Bewegung, sondern als Staatspartei, als die Partei Eberts und Scheidemanns, als die Partei der Fehler von 1914, 1918 und 1932. Erst als sie von der CDU hier und dort und zuletzt im Bund überrundet wurde, begann sie sich darauf zu besinnen, daß ihre geschichtliche Aufgabe nicht der Staat der Gegenwart, sondern die Gesellschaft der Zukunft ist. Ob sie daraus eine antirestaurative Politik entwickeln wird, ist noch fraglich. Wo sie regiert, ist sie eine Kraft der Beharrung, nicht der Änderung.« – Dirks: »Der restaurative Charakter der Epoche«, a. a. O., S. 268.

331 Oskar Negt: »Sehr geehrter Herr Bundeskanzler, lieber Gerhard«, in: ders. (Hrsg.): *Ein unvollendetes Projekt. Fünfzehn Positionen zu Rot-Grün*, Göttingen 2002, S. 27–47; S. 38 und 41.

332 Vgl. Apel: »Zurück zur Normalität?«, a. a. O., S. 370–474.

Der alltagspolitische Pragmatismus konservativer und liberaler Couleur ist qualitativ schwer zu unterscheiden. Die Teilhabe am System korrumpiert die Herausforderung des Systems und normalisiert die politischen Subjekte, ob liberal oder konservativ, im Schatten von Sachzwanglogik, Realpolitik und der Logik des Machterhalts, weil man zur Erreichung politischer Ziele die Kanäle der Herrschaft nach den vorliegenden Regeln nutzen will und muß. So finden die unterschiedlichen Positionen zum Konsens.

Bei der moralischen Ableitung von Normalität ging es ursprünglich um die Frage, welche Konsequenzen aus Deutschlands zweimaligem Griff nach der Weltmacht und vor allem aus Auschwitz gezogen werden sollen. Aber unter der Prämisse des realpolitischen Pragmatismus, daß der deutsche Staat handlungsfähig bleiben bzw. werden soll und seinen Bündnisverpflichtungen nachkommen kann, ist der utopische Gehalt, der sich aus den moralischen Impulsen gegen restaurative Tendenzen speiste, verdrängt worden, so daß die normalisierenden Tendenzen auch von Liberalen bejaht und praktiziert werden. Während sich die historisch abgeleitete Normalität zunächst zwischen dem westlichen Typus der Nationalstaatsbildung und dem deutschen Sonderweg bzw. zwischen Westorientierung und Mittelmachtdenken bewegt hat, kommt es im Zuge der europäischen Integration in Deutschland zunehmend zu einer Vorstellung von Normalität, die eine Vermittlung aus beiden Antipoden darstellt: westorientierter deutscher Staat mit »geopolitischer Mittelposition« in einem integrierten Europa und mit daraus resultierendem deutschen Hegemonieanspruch.

Das Selbstverständnis einer Nation prägt maßgeblich ihre Innen- und Außenpolitik. Aus dem neuen Selbstverständnis der deutschen Republik leiten sich selbstverständlich nützliche Konsequenzen für die nationale Interessenpolitik im Ausland ab. Aus diesem Grund wird im selben Atemzug die Gleichbehandlung als gleichberechtigter Partner gegenüber den anderen westlichen Staaten eingefordert. Die europäische Integration, die einmal nach dem Krieg verstanden wurde als Eindämmung Deutschlands, geriert nach 1989/90 zu einem mehr als profitablen Geschäft für deutschen Staat und Kapital. Wenn Linke dazu auffordern, sich mit der deutschen Nation versöhnlich zu stimmen, dann betätigen sie sich nicht für die Vereinzelten als »Schutzhelfer« vor den unsozialen Folgen der Globalisierung, sondern spielen dem Kapital und den Hegemonieinteressen des deutschen Staates in die Hände.

Die Normalisierung ist kein Kampfplatz mehr; sie verläuft gradlinig und befindet sich damit im Einklang einer (idealtypisch) kapitallogisch-systematischen Ableitung von Normalität. Die kapitallogisch-systematische

Ableitung von Normalität berührt die Frage nach der Zwecksetzung und Funktion des Nationalstaats im globalisierten Kapitalismus, bzw. nach den Aspekten staatlicher Souveränität. Das Kapital hat seine Beißhemmungen verloren. Staat und Gesellschaft richten sich stromlinienförmig zum Kapital, seinen Anforderungen und Interessen aus, so daß zum ersten Mal in der Geschichte, wie Oskar Negt schreibt, das Kapital so funktioniert, wie es Karl Marx in seiner »Kritik der politischen Ökonomie« beschrieben hat: »Das absolut Neue besteht darin, daß die Kapital- und Marktlogik von nahezu allen Barrieren, Kontrollen, Widerständen, Gegenmachtpositionen befreit ist. Die Erosion dieser kollektiven Widerstandspotentiale, ob sie nun den Staat betreffen, die sozialen Sicherungssysteme, die Kampfbereitschaft von Organisationen der Arbeiterbewegung, ist zu einem zentralen Problem nicht nur der demokratischen Organisationsformen unserer Gesellschaft geworden, sondern sogar ihres solidarischen Zusammenhalts.«[333]

In der »Kritik der politischen Ökonomie« zeigt Marx auf, wie die Menschen nach der ökonomischen Rationalität des Äquivalententausches sich gegenseitig als Personen anerkennen. Damit die Waren zirkulieren können, bedarf es eines gemeinsamen gewaltfreien Willensaktes der Warenbesitzer, die sich als Ware oder die ihre Waren aufeinander beziehen. Die Personen erkennen sich gegenseitig im Tausch erst als Personen in Gestalt von Privateigentümern an. Die Form ist der bürgerliche Vertrag, in dessen gemeinsamen Willensverhältnis sich das ökonomische Verhältnis widerspiegelt. Dieses scheinbar gewaltfreie ökonomisch-rationale Verhältnis ist das versachlichte Resultat eines vorangegangenen, gewalttätigen Kampfes um gegenseitige Anerkennung, der ausgefochten wurde, solange kein Gewaltmonopol eingerichtet war, das die Einhaltung der Verträge sowie für die Sicherheit der Person und ihres Eigentums garantieren konnte. Viel Blut ist dabei geflossen, um ein staatliches Gewaltmonopol mit der Aufgabe zu betreuen, den inneren Frieden zu garantieren, jedenfalls das Blutvergießen dort zu verhindern, wo Anerkennung vereinzelt verweigert wird. Diesen geschichtlichen Prozeß haben sämtliche westlichen Gesellschaften auf ihrem Weg zur Konstituierung eines territorialen Nationalstaates durchgemacht.

Was hier durch das Gewaltmonopol gewährleistet werden soll, ist aber keineswegs Gewaltfreiheit, sondern der mehr oder minder versteckte, ökonomische Bürgerkrieg der Konkurrenz aller gegen alle auf nationaler Ebene. Dieser unblutige ökonomische Krieg der Konkurrenz kann sich erst ent-

333 Oskar Negt: »Ironie der Geschichte oder: Der Kaiser ist nackt. Über alte und neue Kleider, den Kapitalismus, die Globalisierung und die Notwendigkeit der Solidarität«, in: *FR* vom 4. Juni 1998, S. 7.

falten, wenn auf der Oberfläche der Schein von Gewaltfreiheit, abstrakter Rechtsgleichheit, Vertragssicherheit und ökonomischer Freiheit durchgesetzt wurden. Sie werden durch eine Verfassung garantiert, in der sich die Normalform bürgerlicher Gewalt manifestiert. Nach außen, das heißt, zwischen den Staaten herrschen diese bürgerlichen Prinzipien nicht oder nur moralisch, das heißt auf Basis von freiwilliger Übereinkunft, da kein Gewaltmonopol über dem Staat existiert, daß die Einhaltung bilateraler Verträge etc. garantieren könnte. Zwischen den souveränen Nationalstaaten herrscht gleichsam der Naturzustand, das heißt das Recht des Stärkeren, welches mit diplomatischen, ökonomischen oder militärischen Mitteln durchgesetzt wird.

Die Staatsmacht hat die Aufgabe, die Integration des nationalen Kapitals in den Weltmarkt sicherzustellen. Da jede Staatsmacht mit einer solchen Aufgabe betreut ist, stoßen auf dem Weltmarkt die Interessen aufeinander. Die Mittel, die die Staaten einsetzen, um den Konkurrenzkampf zugunsten ihrer zugeordneten Kapitale zu entscheiden, reichen bis zur ultima ratio militärischer Drohung und des Krieges.

Für Deutschland zeigte sich 1989/90 und während des Stadiums einer noch nicht vollzogenen politischen Union Europas, in der es noch keine gemeinsame Außen- und Sicherheitspolitik gab, zunächst das Problem einer postnationalen Konstellation, so daß sich die Vorstellung von Normalität einerseits zwischen dem Erfordernis der Wiedererlangung von nationalstaatlicher Souveränität auch in militärpolitischer Hinsicht (ius ad bellum) und andererseits der Übergabe von Souveränitätsrechten an die sich herausbildende höhere Integrationseinheit (EU) bewegte. Das »Zurück zur Normalität« (Karl Otto Apel), das für den Bereich der Außenpolitik als Reetablierung imperialistischer Prinzipien übersetzt werden kann, ist allerdings kein reines Zurück zur konventionellen Moral, sondern tritt als Legierung von traditioneller und postkonventioneller Moral auf: als Vermischung von kühler imperialer Machtprojektion und moralischer Rechtschaffenheit. Insofern ist das ursprüngliche Amalgam aus historischem und utopischen Denken, das Habermas benannte, zu einer Legierung aus kapitallogisch-systematischen und gesinnungsethischen Denken geworden. Stefan Brunner stellt gerade für den Bereich der Außen- und Sicherheitspolitik fest, daß mit der Beendigung des Kalten Krieges eine »gesinnungsethische Ausrichtung an politischen Glaubensfragen«[334] stark zugenommen habe: »Militärischer Interventionismus wird als eine Fortsetzung der Menschenrechte mit ande-

334 Vgl. Brunner: *Deutsche Soldaten im Ausland*, a. a. O., S. 24.

ren Mitteln ausgegeben. Die Beteiligung an Kriegen wird mit den Opfern unter der Zivilbevölkerung begründet und überhaupt erst gerechtfertigt. Mit einer doppelbödigen Interpretation des Völkerrechts wird militärischer Interventionismus legitimiert.«[335]

Das herkömmliche Amalgam hat sich mithin nicht aufgelöst, sondern die beiden Antipoden haben sich lediglich verwandelt und damit den Aggregatzustand des Politischen verändert. Am deutlichsten ist das im Bereich der Außenpolitik zu erkennen. Die (oberflächliche) Gemeinsamkeit der beiden politischen Strömungen ergibt in der Konsequenz eine militärisch enttabuisierte Außenpolitik, die als »humanitärer Interventionismus« daherkommt, aber aus gegensätzlichen Motiven affirmiert wird: im konservativen Spektrum mehr durch »geopolitisches Machtdenken« im Interesse des deutschen Staates, im (links)-liberalen Spektrum mehr durch menschenrechtliche Ethik zum Wohle der leidtragenden, das heißt betroffenen Menschen in den Krisenregionen. Während für dieses »humanitäre Interventionen« moralisch gebotene Maßnahmen einer Friedenspolitik darstellen, um Völkermorde oder ähnliches zu verhindern, sind sie für jenes ein camoufliertes Instrument zur Realisierung »geopolitischer Interessen«.

335 Ebd., S. 94.

2 Außenpolitische Normalisierung seit 1989/90

1. Deutsche Einheit 1989/90 – Entlassung in die vollständige, aber selbstbeschränkte Souveränität?

Neues gesamtdeutsches Nationalbewußtsein im Zuge der osteuropäischen Transformation

Als 1949 zwei in ihrer Souveränität eingeschränkte deutsche (Teil-)Staaten gegründet worden waren, begann nach Peter Brückner in Westdeutschland eine ganz bestimmte, kollektive Verdrängungsleistung bezüglich der Schuld, die das gesamtdeutsche Reich in der Zeit zwischen 1913 bis 1945 auf sich geladen hatte: Die Gründung der DDR als eigenständiger Staat wurde von den Westdeutschen hingenommen auch in Form einer Art Opfergabe für die Schuld des Schreckens, den die Deutschen während des Wilhelminismus und NS-Faschismus verbreitet hatten und die nicht nur in zwei Weltkriegen, sondern vor allem in Auschwitz kulminierte. Die Möglichkeit einer »Wieder«-Vereinigung wurde deshalb über viele Jahrzehnte der bundesrepublikanischen Geschichte von den breiten Schichten der Öffentlichkeit so gut wie nicht gewollt, denn basierend auf dieser Lebenslüge galt: »Verlorenes Land ist verlorene Schuld«.[1] Die Gegenleistung des Opfers: Relative Schuldfreiheit. Eine »Wieder«-Vereinigung schien denn auch solange nicht in Frage zu kommen wie der Kalte Krieg fortexistierte. Beide deutschen Staaten hatten nämlich die größtmögliche Abgrenzung voneinander gewählt: die des wechselseitigen Ausschlusses von Kapitalismus und Sozialismus sowie der militärischen Eingliederung in NATO und Warschauer Pakt. – Folge der Kalten-Kriegs-Logik.

Erst völlig andere Umstände – das absehbare Ende des Kalten Krieges im Jahre 1989 – konnte ein neues gesamtdeutsches Nationalbewußtsein in der

1 Vgl. Peter Brückner: *Versuch, uns und anderen die Bundesrepublik zu erklären*, Berlin 1979, S. 21; vgl. ebd., S. 23.

Bundesrepublik auch unter Liberalen und Linken wieder salonfähig machen, welches das kollektive Bedürfnis nach Wiedervereinigung im Westen vorbereitete, indem es eine umgekehrte, zweite Form der Verdrängung von Schuld möglich machte: Wiedergewonnenes Land wäre in diesem Sinne bestätigte Unschuld. Im Zentrum des neuen gesamtdeutschen Nationalbewußtseins standen die mehrschichtigen Begriffe der Selbstbestimmung und der Souveränität, die im Laufe des deutschen Einigungsprozesses durch Instrumentalisierung von verschiedenen Seiten einen Inhaltswechsel erfuhren und den Verlauf des Einigungsprozesses beeinflußt haben.

Ende der 1980er Jahre hatten Glasnost und Perestroika, die mit der Person des sowjetischen Staatschefs Michail Gorbatschow verbunden waren, längst dazu geführt, daß von einem einheitlichen »Ostblock« nicht mehr die Rede sein konnte. Enthemmt durch den neuen Reformgeist hatten die osteuropäischen Staaten damit begonnen, ihre politische, ökonomische und soziale Ordnung im Innern zunehmend nach eigenen Prinzipien zu gestalten. Der »Ostblock« befand sich somit Anfang 1989 in einem sukzessiven, sichtbaren Auflösungsprozeß. Zu Konfrontationen mit der sowjetischen Seite kam es immer seltener; Reformer konnten offen ihre Widersprüche diskutieren, ohne gleich harte Interventionen der sowjetischen Machthaber befürchten zu müssen. Der sowjetische Staatschef hatte die bis dahin gegoltene Breschnew-Doktrin, nach der sich die Sowjetunion in die politischen Prozesse der Staaten des Warschauer Paktes nötigenfalls auch mit militärischer Gewalt einmischen würde, um die Einheit des »Ostblocks« zu wahren, gelockert.

Das reformfreudige Klima in Polen, Ungarn oder der Tschechoslowakei drang jedoch zunächst nicht bis in die DDR vor, die neben einigen anderen Staaten des Warschauer Paktes – etwa Rumänien oder Bulgarien – offiziell eine konservative, poststalinistische Haltung einnahm.[2] Erich Honecker verkündete im Januar 1989, daß die Berliner Mauer noch in 50 und 100 Jahren stehen werde.[3] Es setzte allerdings in dem Augenblick eine Massenflucht in den Westen ein, als die ungarischen Behörden Anfang Mai 1989 den Eisernen Vorhang an der Grenze zu Österreich kurzerhand einrissen und somit den Weg über die grüne Grenze in den Westen freigaben. Seit Mai sammelten sich in den westdeutschen Botschaften in Budapest, Ost-Berlin, Prag und Warschau sehr viele DDR-Bürger, die in den Westen fliehen wollten.

---

2 Vgl. Inge Schwammel: *Deutschlands Aufstieg zur Großmacht. Die Instrumentalisierung der europäischen Integration 1974–1994*, Frankfurt am Main 1997, S. 171.

3 Vgl. »Schlußbemerkung Erich Honeckers auf der Tagung des Thomas-Müntzer-Komitees«, in: *Neues Deutschland* vom 20. Januar 1989.

Anfang Juni ereignete sich in Peking auf dem »Platz des himmlischen Friedens« jenes Massaker an demonstrierenden Studenten, welches in den reformfreudigen osteuropäischen Staaten und ganz besonders von den ostdeutschen Reformgruppen gemeinhin als »chinesische Lösung« gefürchtet wurde. Denn in einer Erklärung der DDR-Volkskammer vom 8. Juni 1989 billigte die SED das Vorgehen in Peking gegen die demonstrierenden Studenten ausdrücklich.[4] Egon Krenz reiste im September sogar als Diplomat der DDR nach China, um der chinesischen KP für die Niederschlagung des »konterrevolutionären Aufruhrs« zu gratulieren.

Eine gemeinsame Erklärung von Helmut Kohl und Michail Gorbatschow am 13. Juni 1989 nahm die offizielle Abkehr von der Breschnew-Doktrin vorweg. Es sollte das »Recht aller Völker und Staaten, ihr Schicksal frei zu bestimmen und ihre Beziehungen zueinander auf der Grundlage des Völkerrechts souverän zu gestalten«[5] sichergestellt sein, so daß wenigstens mit einiger Sicherheit davon ausgegangen werden konnte, daß den Reformbestrebungen in den einzelnen Ostblock-Staaten nicht durch militärische Einmischung seitens der Roten Armee – wie etwa zum Arbeiteraufstand 1953 in Ost-Berlin – ein jähes und blutiges Ende bereitet werden würde. Diese Erklärung hatte wiederum Strahlkraft auf den gesamten von der Sowjetunion beherrschten politischen Osten, aber in den konservativeren und gegenüber Gorbatschows Perestroika-Politik kritisch eingestellten Staaten erhöhte sich für die Reformgruppen damit das Risiko, daß die kommunistischen Führungscliquen des Staates auf eigene Faust hart durchgreifen könnten.

Da sich zuerst in Osteuropa, in den baltischen Staaten,[6] Polen und Ungarn, Reformgruppen in Bewegung gesetzt hatten, bevor sich auch in der DDR spürbar etwas bewegte, liegt die Vermutung nahe, daß Kohl sich der besonderen Brisanz bewußt war und deshalb die gemeinsame Erklärung mit Gorbatschow Bestandteil eines strategischen Kalküls gewesen ist: Wenn sich der Fortbestand der Reformbewegung in Osteuropa absichern ließe, würde der Reformgeist vielleicht auch auf die DDR übergreifen und sich damit die deutsche Einheit einen Meilenstiefelschritt näher bringen lassen. Wenig glaubhaft erscheint dagegen die immer wieder geäußerte Behauptung der westdeutschen Protagonisten der deutschen Einheit: Kohl und Genscher hätten die deutsche Einheit nicht vorausgesehen und wären von der »Wende« völlig überrascht worden.

4 Siehe *Archiv der Gegenwart*, 59, 1989, S. 33 396.

5 *Europa-Archiv*, 44, 1989, D 382.

6 In Estland, Lettland und Litauen war es bereits im Oktober 1988 zu Gründungen von Volksfronten zur Wiederherstellung der nationalstaatlichen Unabhängigkeit gekommen.

Immerhin befand sich Helmut Kohl zu dem Zeitpunkt der Maueröffnung symbolträchtig auf Staatsbesuch in Polen, dem Land, das aufgrund der Solidarnosc-Bewegung der achtziger Jahre eine Schlüsselstellung für den osteuropäischen Transformationsprozeß eingenommen hat. Kohls Polenbesuch im Herbst 1989 diente dem Versuch, den dort in Gang gekommenen Reformfluß durch finanzielle Hilfen abzusichern – nicht aus vollständiger Uneigennützigkeit der vermeintlich west-deutschen Interessen, sondern um die Wahrscheinlichkeit einer deutschen Einheit größer werden zu lassen, denn eine ostdeutsche Bewegung hätte es im Falle eines Scheiterns der Reformbewegung in Polen sehr schwer gehabt, sich von den verkrusteten Staatsstrukturen der DDR zu befreien. Die Angst vor einer »chinesischen Lösung«, das heißt einer blutigen Niederschlagung der Opposition, wie sie in China am 3. September 1989 unter der Führung von Deng Xiaoping auf dem Platz des himmlischen Friedens vonstatten gegangen war, ist weit verbreitet gewesen; zu Recht, wie es sich kurze Zeit später in Rumänien unter Ceausescu bestätigen sollte.

Einiges ist mittlerweile bekannt geworden, daß darauf schließen läßt, daß die osteuropäischen Transformationsprozesse und damit auch der Wandel in der DDR, der zur deutschen Einheit geführt hat, wenigstens seit Beginn 1989 vorhersehbar gewesen ist. Westdeutsche Unternehmer und einige Politiker wußten offensichtlich sehr genau, was in absehbarer Zeit in Deutschland geschehen würde. Vom Westberliner Senat kaufte der Konzern Daimler-Benz frühzeitig, als noch niemand in der Öffentlichkeit die deutsche Einheit für möglich gehalten hatte, ein riesiges Grundstück am Potsdamer Platz, welches mit der deutschen Einheit und dem Wegfall der Mauer zu einem Filetstück Europas geworden war. Und der Malteser-Hilfsdienst hatte bereits im Frühjahr in Ungarn Auffanglager für DDR-Bürger gebaut, die erst im Sommer über die offene Grenze flüchteten.[7]

Die offizielle Abkehr von der Breschnew-Doktrin erfolgte schließlich am 8. Juli 1989 in einer Erklärung zum Abschluß des Bukarester Gipfeltreffens der Warschauer-Pakt-Staaten. Darin wurde das Recht eines Volkes festgehalten, »selbst das gesellschaftspolitische und ökonomische System, die staatliche Ordnung, die es für sich geeignet betrachtet, zu wählen«. Außerdem wurde festgestellt, daß die gesellschaftliche und politische wie ökonomische Stabilität »die Unzulänglichkeit einer direkten und indirekten Einmischung in die inneren Angelegenheiten anderer Staaten« voraussetze.

---

7 Vgl. Wolfgang Rüddenklau: *Störenfried. ddr-opposition 1986–1989, mit Texten aus den »Umweltblättern«*, Berlin 1992, S. 366.

Mit anderen Worten: »Kein Land darf den Verlauf der Ereignisse innerhalb eines anderen Landes diktieren, keiner darf sich die Rolle eines Richters oder Schiedsrichters anmaßen.«[8]

Aus den Basisgruppen, die seit 1986 vermehrt in Ostdeutschland oppositionelle Arbeit geleistet hatten, formierten sich seit Juli 1989 die Bürgerbewegungen, die mit der Organisation von Massendemonstrationen – vornehmlich in Leipzig und Dresden – schließlich das DDR-Regime zu Fall brachten.[9] Allerdings hatte keine der Protestgruppen einen solchen Sturz des Regimes tatsächlich beabsichtigt. »Die Basisgruppen taten 1989 nur das, was sie immer getan hatten, sie leisteten Widerstand und erweiterten den rechtsfreien Raum, in dem sie ihre Anliegen verwirklichten. Und auch von Seiten der neuentstehenden Bürgerbewegung ging es zunächst um nichts anderes als eine Erweiterung der Diskussions- und Handlungsmöglichkeiten. Und dann passierte das, woran mancher nur im Traum gedacht hatte: Die Bevölkerung ging auf die Straße, das Regime wich vor den Forderungen der Bevölkerung zurück, das Neue Forum wurde zugelassen usw.«[10] Die Basisgruppen und Bürgerbewegungen hatten den Untergang der DDR weder vorausgesehen, noch hatten sie ihre Oppositionsarbeit zum Zwecke einer Überwindung von DDR und Sozialismus geführt, sondern waren vielmehr an einer Demokratisierung des real existierenden Sozialismus interessiert, an einem Sozialismus mit menschlichem Gesicht.[11] Die Opposition ver-

8 *Europa-Archiv* 44, 1989, D 605.

9 Die wesentlichen Plattformen und Bürgergruppen, die in dieser Zeit zwischen Juli und September 1989 gegründet wurden, waren das Neue Forum, Demokratie jetzt, Demokratischer Aufbruch und die Böhlener Plattform. – Einen guten Überblick über die wichtigste Bürgerbewegung, »Neues Forum«, sowie den politischen Verlauf der heißen Phase von acht Wochen im Herbst 1989 bietet die Publikation des Neuen Forum Leipzig: *Jetzt oder nie – Demokratie! Leipziger Herbst '89. Zeugnisse, Gespräche, Dokumente.* Mit einem Vorwort von Rolf Henrich, hrsg. v. Reinhard Bohse, Grit Hartmann, Ulla Heise u. a., Leipzig 1989; siehe *Die Zeit* vom 29. September 1989, S. 7.

10 Rüddenklau: *Störenfried*, a. a. O., S. 364.

11 »Vielen, wenigstens in der DDR, haben die Ziele des Sozialismus eingeleuchtet, wir haben den Weg angezweifelt, den diese Einheitspartei nahm. Und wir haben aus anarchistischer, aus christlicher, aus liberaler oder aus marxistischer Gesinnung von einer Gesellschaft geträumt, in der das Glück des einzelnen nicht im Widerspruch zum Glück aller steht.« Ebd., S. 366. – »Und ebensowenig haben wir den Kapitalismus gewollt, der nach dem Ende des Regimes von außen hereinbrach. Daß Kapitalismus keine Alternative ist, braucht man uns nicht zu erzählen. Es ist richtig, daß wir kein Konzept hatten und den Eindringenden unvorbereitet und blauäugig in die Hände fielen. Aber wir haben mittlerweile erfahren, daß unsere redseligen Brüder und Schwestern im Westen auch kein Konzept haben. Wenn wir sie früher danach fragten, haben sie erklärt, daß sie nicht mit uns reden wollen.« – Ebd., S. 369.

mochte der DDR, die wie ein Koloß auf tönernen Füßen stand, nur noch den Gnadenstoß zu versetzen. Die weitere Entwicklung schien von höheren Mächten vorherbestimmt.

Am 25. August 1989 trafen sich Kohl und Genscher mit dem ungarischen Ministerpräsident Németh und Außenminister Horn, um über eine bald mögliche Ausreisegewährung der in der deutschen Botschaft in Budapest ausharrenden DDR-Bürger zu verhandeln. Das geschah dann am 1. September, nachdem der ungarische Außenminister die Grenzöffnung zu Österreich bekanntgegeben hatte. In den darauffolgenden zwei Tagen reisten über 10 000 Flüchtlinge aus der DDR nach Österreich ein. Die Fluchtwelle riß damit aber nicht ab, weitere Besetzungen der deutschen Botschaften in Warschau und Prag durch Tausende DDR-Bürger ereigneten sich. Genscher führte in der Folge dieselben Verhandlungen auch mit den Außenminister Polens und der Tschechoslowakei sowie mit dem DDR-Außenminister Oskar Fischer. Das Ergebnis der Gespräche war die Vereinbarung, daß die in den besetzten Botschaften versammelten DDR-Bürger ausreisen durften.

Am 6. und 7. Oktober fanden die Staatsfeiern zum 40. Geburtstag der DDR-Gründung statt, und der ostdeutsche Staat konnte den desolaten Zustand, in dem er sich befand, nicht mehr verbergen. Der sowjetische Staatschef Michail Gorbatschow, der als Gast zu den Staatsfeiern geladen war, ermahnte die SED-Führung zu grundlegenden Reformen, und parallel zu den Staatsfeiern skandierten die Bürger in Leipzig und Dresden und anderen Großstädten »Wir sind das Volk!« und demonstrierten für mehr Selbstbestimmung. Die mehr oder weniger »freiwillige« Absetzung Erich Honeckers von allen seinen Funktionen und Ämtern als Staats- und Parteichef erfolgte schließlich am 18. Oktober 1989. Sein Nachfolger, Egon Krenz, versprach den unaufhörlich demonstrierenden Massen nun Reformen und insbesondere eine Lockerung der Reisebestimmungen. Auf diese Weise hoffte die SED, der in diesen Monaten erstarkten Bürger-Opposition das Wasser abzugraben und den innerlichen Zusammenbruch der DDR aufhalten zu können. Aber Krenz genoß in der ostdeutschen Bevölkerung kein Vertrauen, weil er sich als China-Claqueur vollständig diskreditiert hatte. Außerdem gingen die Reformversprechen nicht weit genug. Krenz wollte an dem Führungsanspruch der SED sowie an der marxistisch-leninistischen Staatsdoktrin festhalten. Was aber der SED und ihrem offiziellen Marxismus-Leninismus vornehmlich von den ostdeutschen Intellektuellen und Künstlern entgegengehalten wurde, war nichts Geringeres als die Auffassung Rosa Luxemburgs, daß es keinen Sozialismus ohne Demokratie geben könne und Freiheit immer die Freiheit des Andersdenkenden sei.[12] Entsprechend wurden auf den Montagsdemonstrationen neben Reisefreiheit auch freie Wahlen und Parteienpluralismus gefordert – konkrete Forderungen für die Umsetzung eines demokratischen Sozialismus.

Am 8. November trat aufgrund der politischen Führungskrise das gesamte Politbüro zurück, um den Weg zur Wahl eines neuen, verkleinerten Politbüros freizumachen. Die SED versuchte nunmehr, aus ihren hinteren Reihen vermeintlich unbelastete Kader auf Führungspositionen zu setzen. Egon Krenz wurde erneut Generalsekretär des ZK der SED. Einen Tag später, am 9. November 1989 blieb der DDR-Führung aufgrund des angeschwollenen politischen Drucks der oppositionellen Gruppen nichts anderes übrig, als die Grenzen zur Bundesrepublik und zu Berlin-West zu öffnen. Es verließen in der Folge Zehntausende die DDR und reisten in den Westen.[13] Helmut Kohl befand sich in diesem Augenblick gerade auf einem Staatsbesuch in Polen, den er sofort abbrach, um nach Berlin zu reisen.

Das 10-Punkte-Programm Helmut Kohls

Am 28. November 1989 ergriff Helmut Kohl die Initiative und präsentierte dem Bundestag während einer Haushaltsdebatte ein »Zehn-Punkte-Programm zur Überwindung der Teilung Deutschlands und Europas«.[14] Zwar formulierten prominente ostdeutsche Oppositionelle als Gegenreaktion einen Aufruf (»Für unser Land«), in dem sie als soziale Alternative zur Bundesrepublik eine eigenständige DDR forderten, aber auf den Leipziger Montagsdemonstrationen tauchten zum ersten Mal die Deutschlandflaggen (West) auf. Kohl konnte sich deshalb mit seinem Zehn-Punkte-Programm an die Spitze der ostdeutschen Bewegung stellen.

---

12 Vgl. Stefan Heym: »Ist die DDR noch zu retten? – Aus dem real existierenden muß ein wirklicher Sozialismus werden«, in: *Die Zeit* vom 13. Oktober 1989, S. 5: »Damals warnte Rosa Luxemburg, die Revolution könne auf die Dauer nur gelingen, wenn sie zugleich sozialistisch und demokratisch wäre, und Lenin und seine Genossen glaubten, der Erfolg ihrer Revolution hänge ab von einer zweiten, die der ersten zu Hilfe kommen müsse, der deutschen nämlich. Aber die deutsche versandete bald nach ihrem Ausbruch, und die russische blieb isoliert in ihrem rückständigen Lande und geriet zu einer Diktatur, nicht des Proletariats, sondern des Staats- und Parteienapparats: zum Stalinismus.«

13 »Das noch wenig zuvor für unmöglich gehaltene Ereignis einer Öffnung der deutsch-deutschen Grenze war das Ereignis von Zufall, Chaos, Druck, Ratlosigkeit und zugleich Teil eines revolutionären Prozesses, der längst weite Teile Ost-, Ost-mittel- und Südosteuropas erfaßt hatte.« – Gregor Schöllgen: *Die Außenpolitik der Bundesrepublik Deutschland. Von den Anfängen bis zur Gegenwart*, Bonn 1999, S. 188.

14 Vgl. *Europa-Archiv* 24/1989, S. D 728 ff.

Der deutsche Bundeskanzler ging in seinem »Zehn-Punkte-Programm zur Überwindung der Teilung Deutschlands und Europas« von einem zeitlichen Fahrplan aus, der nur sehr vorsichtigen Enthusiasmus erkennen ließ. Die Vollendung des EU-Binnenmarktes, welche für den 31. Dezember 1992 anvisiert war, sollte seiner Einschätzung nach eher realisiert sein als die deutsche Einheit.[15] Der fünfte Punkt im Programm war der zentralste. Darin ging es um den Vorschlag der Einführung von »konföderativen Strukturen« als einem Zwischenschritt zur vollständigen Einheit der beiden deutschen Staaten in einem Gesamtdeutschland. Voraussetzung dafür sei aber eine »demokratisch legitimierte Regierung in der DDR«.[16]

Das Programm sei mit niemandem außer zwei Geistlichen und seiner Ehefrau am heimischen Wohnzimmertisch in Oggersheim abgesprochen und schließlich auf einer Reisemaschine abgetippt worden.[17] Die tiefe Symbolik, die hier Teil der Inszenierung des Gründungsmythos' eines neuen Nationalstaats gewesen ist, drängt den Beobachter zur hermeneutischen Deutung. Kohl hatte ein Programm zur Herstellung der deutschen Einheit entworfen, daß weder auf demokratischem Wege vom Bundestag diskutiert und beschlossen worden oder parteiintern durch die einzelnen relevanten Gremien gegangen war, noch wurde es zuvor – was angesichts des offiziellen Status der eingeschränkten Souveränität der Bundesrepublik und der DDR in Fragen in Bezug auf Gesamtdeutschland wesentlich gravierender war – von den vier offiziellen Siegermächten abgestimmt und abgesegnet; die vier Mächte waren nicht einmal in Kenntnis gesetzt worden, sie mußten den Inhalt jenes »Zehn-Punkte-Programms« aus der Presse erfahren. Faktisch bedeutete das »Zehn-Punkte-Programm« einen riskanten, weil äußerst fragwürdigen Alleingang, der keinerlei rechtliche Legitimation besaß und deshalb seine Legitimation durch etwas scheinbar Gleichwertiges oder sogar Höheres als geltendes Recht erhalten mußte.

Die beiden Geistlichen, die Kohl zur Beratung hinzugezogen hatte, gaben dem »Zehn-Punkte-Programm« ein sakrales und heiliges Antlitz. Mit der symbolischen Anleihe im Religiösen als Legitimationsersatz für die demokratischen, aber langwierigen Entscheidungsprozesse gegenüber den Vier Mächten, Parlament, Regierung und Partei erhielt der Gründungsmythos der in einem Staat zu einenden Nation einen gewichtigen Legitimationsersatz. Gegenüber den langwierigen demokratischen und auf Konsens zielenden Entscheidungsprozessen stand Kohls Spontaneität des Augenblicks und der

15 Vgl. Schöllgen: *Die Außenpolitik der Bundesrepublik Deutschland*, a. a. O., S. 189.
16 Deutscher Bundestag: *Stenographischer Bericht*, Bd. 151, S. 13 510 ff.
17 Vgl. Schöllgen: *Die Außenpolitik der Bundesrepublik Deutschland*, a. a. O., S. 189.

zeitsparende Verzicht auf komplizierte Organisationsapparate. Kohl ergriff als Privatmann die Initiative; als Bundeskanzler stellte er zwar im Bundestag den Inhalt seines Programms vor, aber der Privatmann Kohl – so sollte es erscheinen – hatte es am heimischen Wohnzimmertisch in Oggersheim ausgeheckt. Die Symbole der asketischen Schlichtheit: Der zurückgezogene Privatmann, seine Kühnheit und Fortune, sein entschlossener, unbeirrbarer Tatendrang, die reduzierte Zahl seiner Berater – dazu Geistliche gar – und auch die Reisemaschine, die ein bißchen für den heimatlosen Dichter oder Intellektuellen steht,[18] sind bestechend. Kohl verschaffte sich mit dieser Symbolik für einen kurzen Augenblick die Attribute eines charismatischen Führers. Wenn sein Alleingang erfolgreich verlaufen sollte, blieb ihm auch keine andere Wahl, denn jeder andere undemokratische und damit autoritäre Legitimationsversuch, hätte am Parlament oder an den Vier Mächten scheitern müssen, wenn denn gerade das Hauptargument der 50-jährigen Geschichte erfolgreich praktizierter Demokratie stimmig sein sollte, auf das sich dieses Land berufen wollte, vermöge dessen dieses Land Normalität beanspruchte und für Vertrauen bei den europäischen Nachbarn warb.

Ganz ohne Reibung verlief aber Kohls Alleingang dann doch nicht. Die Tatsache, daß der Deutsche Bundestag, die Koalitionsparteien, die Bundesregierung, die parlamentarische Opposition, das Auswärtige Amt, die westlichen NATO-Verbündeten, die Vier Mächte auf dieselbe Weise und zum selben Zeitpunkt vom Inhalt des »Zehn-Punkte-Programms« erfuhren wie der Rest der Bevölkerungen in Deutschland, Europa und in der Welt: im Augenblick der Verlesung und aus der Presse, löste erhebliche Irritationen vor allem in Frankreich und Großbritannien aus. Die ehemaligen Siegermächte und EG-Partner fühlten sich übergangen. Denn gemäß den Vereinbarungen der Einheitlichen Europäischen Akte bezüglich der Europäischen Politischen Zusammenarbeit hätten die EG-Partner über Schritte, die die Einheit Deutschlands herstellten, zuvor informiert und konsultiert werden müssen.[19] Von Konsultationen der vier Siegermächte ganz zu schweigen, schließlich war die staatliche Souveränität bei Fragen in Bezug auf Gesamtdeutschland definitiv eingeschränkt.

Kohl rechtfertigte später (am 6. Juni 1991) im Bundestag seinen Alleingang damit, »daß es eben nur ein paar Wochen waren, in denen die deutsche Einheit international durchsetzbar war«.[20] »Bundeskanzler Kohl hatte mit

18 »Denk' ich an Deutschland in der Nacht, / Dann bin ich um den Schlaf gebracht, / Ich kann nicht mehr die Augen schließen, / Und meine heißen Tränen fließen. « – Heinrich Heine: »Nachtgedanken«, in: ders.: *Werke* Bd. 1, Köln 1995, S. 295–297; S. 295.

19 Vgl. Schwammel: *Deutschlands Aufstieg zur Großmacht*, a. a. O., S. 173.

20 *Stenographischer Bericht*, Bd. 156, S. 2092.

seinem Vorpreschen aller Welt klar gemacht, daß seiner Überzeugung nach die deutsche Frage in erster Linie von den Deutschen selbst beantwortet werden sollte; wohl sollten europäische Organisationen und das westliche Verteidigungsbündnis miteinbezogen werden, doch für die Lösung der Probleme in der DDR und die Regulierung der daraus resultierenden Veränderungen auch im deutsch-deutschen Verhältnis waren nach Kohls Auffassung die beiden deutschen Staaten zuständig. Es entsprang daher rein nationalem Interesse, ohne Berücksichtigung der in der EEA übernommenen Verpflichtung zu Konsultationen mit den EPZ-Partnern die sich bietende Chance einer Überwindung der Teilung Deutschlands zu ergreifen.«[21]

Die Entwicklung nahm immer rasantere Züge an. Hatte Kohl zu Beginn seiner Initiative noch von einer »Vertragsgemeinschaft« gesprochen, »die ein immer dichteres Netz von Vereinbarungen in allen Bereichen und auf allen Ebenen umfassen und auch entsprechende gemeinsame Institutionen«[22] erhalten solle, so war bald schon von einer engeren Konföderation und schließlich von einer nationalstaatlichen Einheit im Sinne eines Anschlusses der DDR an die Bundesrepublik Deutschland die Rede. Die Betonung lag jedoch stets auf *freien Wahlen*, in denen die Ostdeutschen selbst darüber zu entscheiden hätten.

Schon am 18. November 1989 war ein neuer Ministerrat mit Hans Modrow zum Vorsitzenden in offener Abstimmung gewählt worden. – Das war noch keine freie und demokratische Wahl gewesen, die Kohl zur Realisierung der staatlichen Einheit zur Bedingung gemacht hatte. Dennoch handelte Kohl mit Hans Modrow und Egon Krenz, die demokratisch nicht legitimiert waren, Verträge über eine deutsch-deutsche Vertragsgemeinschaft aus, die weitreichende Gültigkeit hatten, das heißt systemüberwindend waren und damit noch gegen den Willen breiter, nicht gefragter ostdeutscher Reformgruppen standen, die ihr Recht auf Selbstbestimmung in Form von freien Wahlen forderten, um offen und frei über die Zukunft der DDR entscheiden zu können. Dieses Recht blieb ihnen verwehrt, denn zu freien Wahlen kam es erst zu dem Zeitpunkt (18. März 1990), als die systemüberwindenden Weichen hin zur freien Marktwirtschaft bereits gestellt waren (6. März 1990).

Am 6. Dezember 1989 trat Egon Krenz von seinem Amt als Staatsratsvorsitzender zurück. Ein runder Tisch wurde eingerichtet, von dem aus die alten Parteien mit den neuen Oppositionsgruppen in Dialog traten und gemeinsam »regierten«. Gregor Gysi wurde zum neuen Chef der SED ge-

---

21 Schwammel: *Deutschlands Aufstieg zur Großmacht*, a. a. O., S. 173.

22 Rede des Bundeskanzlers der Bundesrepublik Deutschland, Helmut Kohl, im Centre de Conférences Internationales in Paris am 17. Januar 1990, in: *Europa-Archiv* 4/1990, S. D 113.

wählt, die sich knapp eine Woche später in PDS umbenannte und mit dem Grundsatz des Marxismus-Leninismus brach.

Hans Modrow hatte zunächst Kohls »Zehn-Punkte-Programm« und auch die Herstellung der deutschen Einheit abgelehnt. Aber die Ereignisse überschlugen sich derart, vor allem die Tatsache, daß auf den Montagsdemonstrationen nun nicht mehr »Wir sind *das* Volk!«, sondern »Wir sind *ein* Volk!« und sogar »Deutschland einig Vaterland« skandiert wurde, führten dazu, daß die Pläne von einer simplen Vertragsgemeinschaft und Konföderation schließlich bei einer nationalstaatlichen Einheit anlangten.

Kollektivsymbolik der deutschen Vehikel: Zug, Auto, Flugzeug, Rakete

Die westdeutsche Presse hatte das Glockengeläut der vermeintlich aufgewachten deutschen Nation schon einige Wochen zuvor mit angeheizt. Exemplarisch sei hier aus einem Leitkommentar der *Zeit* von Theo Sommer zitiert: »In den Herzen der Deutschen läuten die Glocken. Die Nation lebt, ihr Zusammengehörigkeitsgefühl ist ungebrochen; die größte Wiedersehensfeier des 20. Jahrhunderts hat es aller Welt kundgetan.«[23] In den deutschen Zeitungen war zuvor noch umfassend davor gewarnt worden, die deutsche Einheit mit Ach und Krach forcieren zu wollen. Eine große Gefahr wurde darin gesehen, daß die Reformen (vor allem in der Sowjetunion und in Polen) ins Stocken geraten könnten und damit auch die Reformen in Ungarn, Tschechoslowakei und in der DDR. Die Emanzipation in ganz Osteuropa und die europäische Integration stünden auf dem Spiel, wenn etwa an der deutschen Frage Gorbatschows Perestroika-Bemühungen zunichte gemacht würden. Aber zwischen den Zeilen ließ sich in den Kommentaren nahezu aller bürgerlichen Zeitungen die »vorherbestimmte« Einheit der Deutschen herauslesen.[24]

In Jürgen Links »Versuch über den Normalismus« findet sich eine eindrucksvolle Passage, in der der Autor eine Medien-Analyse der im Zusammenhang des deutsch-deutschen Einigungsprozesses in der Öffentlichkeit

23 Theo Sommer: »›O Freiheit! kehrest Du zurück?‹ – Vom Aufbruch in der DDR zum Durchbruch der Mauer – Wie weiter in Deutschland?«, in: *Die Zeit* vom 17. November 1989.

24 Für *Die Zeit* vgl. exemplarisch Theo Sommer: »Lange Schatten von Schuld und Scham – Vor fünfzig Jahren entfesselte Hitler den Zweiten Weltkrieg«, in: *Die Zeit* vom 1. September 1989; Helmut Schmidt: »Brüderlichkeit – auch im eigenen Interesse – Der Exodus aus der DDR und die Lage Polens wie Ungarns verlangen nach Tatkraft«, in: *Die Zeit* vom 15. September 1989; Theo Sommer: »Kleine Schritte oder große Luftsprünge? – Deutschlandpolitik zwischen Torschlußpanik und Anschlußeuphorie – Das Ziel muß bleiben: Wandel ohne Explosion«, in: *Die Zeit* vom 22. September 1989.

gebrauchten Kollektivsymbolik des *Vehikels* unternimmt.[25] Die Analyse greift den Wandel der symbolischen Vehikel vom Zug übers Auto zum Flugzeug bis zur Rakete auf, aus denen nicht nur die unterschiedlichen Fahrtgeschwindigkeiten, sondern auch die Steuerungsmöglichkeiten des Einigungsprozesses benannt werden. Oskar Negt bezeichnete die politische Sprache der Wiedervereinigungsphase als »verdorben«: »Nie zuvor in der Geschichte der Bundesrepublik ist ein der Größenordnung der Wiedervereinigung vergleichbares Ereignis in einer derart verarmten politischen Sprache erwogen und gedeutet worden. Von abgefahrenen Zügen ist die Rede; unentwegt werden Fahrpläne entwickelt; Autobahn und Schnellzüge liefern Politikern beider deutscher Staaten Kurzformeln für das, was die knauserige Zeitökonomie, die den Begriff des Politischen prägt, für den Alltagsverstand offenbar plausibel macht. Die eigentümliche politische Sprache, wie die amerikanischen und französischen Verfassungsgründer sie schufen, ist verdorben; das Politische lebt von Anleihen bei anderen gesellschaftlichen Bereichen, und nicht nur die Sprache.«[26]

Auf dem Nationalparteitag der SPD in Berlin Mitte Dezember 1989 bediente sich Willy Brandt in Bezug auf die Frage zur deutschen Einheit der Zug-Symbolik, als er die Ansicht vertrat, die »deutschen Wagons« dürften nicht auf einem »Abstellgleis« warten müssen, bis der »Europäische Zug« vorbeigefahren komme.[27] »Dadurch war symbolisch ein eigener *Deutscher Zug mit Vorfahrt* gefordert.«[28] Brandt wollte allerdings auch gerne zugeben, daß der zweite Zug, der gesamteuropäische, bei seiner Fahrt nicht durch den deutschen Zug behindert werden dürfe. Umgekehrt aber auch nicht. Beide Züge müßten bei ihren Fahrten »vernünftig« koordiniert werden. »Wer hätte etwas davon, wenn sie irgendwo auf der Strecke zusammenstießen?«[29]

Link erkennt in der Metaphorik der angeblichen Koordinationsprobleme zwischen dem *Deutschen* und dem *Europäischen* Zug, derer sich Brandt bediente, eine gewisse Unverfrorenheit. Der Deutsche Zug sei rücksichtslos und mit Affenzahn unterwegs gewesen. Aber die Deutschen hatten nicht kopflos diesen Zug ins Rollen gebracht und würden nun ohnmächtig und ängstlich daneben stehen. »In Wirklichkeit waren es die ›Großen‹, die ohn-

25 Siehe Jürgen Link: *Versuch über den Normalismus. Wie Normalität produziert wird* (1997), 2. Aufl., Wiesbaden 1999, S. 363 ff.

26 Oskar Negt: »Geschwindigkeit als Politik«, in: Oskar Negt und Alexander Kluge: *Maßverhältnisse des Politischen. 15 Vorschläge zum Unterscheidungsvermögen*, Frankfurt am Main 1992, S. 306.

27 Vgl. *taz* vom 19. Dezember 1989.

28 Link: *Versuch über den Normalismus*, a. a. O., S. 363.

29 Willy Brandt zit. n. *taz* vom 19. Dezember 1989.

mächtig, hilflos und schließlich völlig vergeblich den *Deutschen Zug* zu stoppen versuchten. Aus ›Vier plus Zwei‹ wurden bald schon ›Zwei plus Vier‹, die ›kleine‹ Hauptstadt wurde durch die ›große‹ abgelöst, die ›deutsche Verantwortung‹ wuchs gerade auch im *Spiegel* besonders militärisch rasant in globale Dimensionen, und kaum zwei Jahre später forderte der ›kleine Fahrdienstleiter‹ bereits das Vetorecht im Weltsicherheitsrat für sich.«[30] Die Aufmerksamkeit für den Deutschen Zug sei auch deshalb so interessant, weil die Eisenbahn in der vorherrschenden westlichen Kollektivsymbolik assoziativ mit Planwirtschaft (»Fahr-Plan«), Sozialismus (»Bindung an eine feste Schiene«) steht und eher mit dem 19. Jahrhundert in Verbindung gebracht wird, jedenfalls nicht als »Vehikel der Freiheit« gilt. Das Freiheitsvehikel sei eher das *Auto*. Die vorherrschende Inanspruchnahme der Zug-Symbolik verweise mithin darauf, daß gegenüber der Freiheitseuphorie der Deutschen bestimmte Ängste vor einem allzu beunruhigenden Tempo des deutschen Einigungsprozesses in einer Situation der allgemeinen politischen Instabilität, welche durch den osteuropäischen Transformationsprozeß ausgelöst wurde, zumindest eine Zeitlang vorherrschend waren – wenigstens solange, bis der *Zug* durch das *Auto* abgelöst wurde. Die Zug-Symbolik suggerierte ein festes *Gleis, Bahnhöfe* und vor allem einen *Fahrplan*, von denen etwas Beruhigung und die Illusion der Beherrschbarkeit des gesellschaftlichen Prozesses ausgingen. »Vielleicht spielte auch die Tatsache eine Rolle, daß der *Zug* konnotativ eher einen symbolisch gemeinsamen Nenner mit der ›sozialistischen DDR‹ zu liefern schien. Aus all dem mußte sich die Prognose ergeben, daß sich bei weiterer *Steigerung des Tempos* das *Deutsche Auto* durchsetzen würde.«[31]

Das Auto sei dann auch – zunächst als Melange (aus Zug und Auto) in Erscheinung getreten: der Deutsche Zug als *Motor* des Europäischen Zuges.[32] »Kollektivsymbolisch besitzen nur Autos und nicht Züge einen ›Motor‹.«[33] Und wenn der damalige IG-Metall-Vorsitzende, Franz Steinkühler, erwähnte, daß der deutsch-deutsche Zug mit hoher Geschwindigkeit in Richtung staatliche Einheit rase und die IG Metall gegen das Tempo immer Bedenken erhoben habe, aber einige sich vielleicht fragten, »ob dies denn nicht ein Widerspruch ist, bei der staatlichen Vereinigung für ein langsameres Tempo zu plädieren und bei der Herstellung der gewerkschaftlichen Einheit selbst

30 Link: *Versuch über den Normalismus*, a. a. O., S. 363.

31 Ebd., S. 364.

32 Siehe Kompromißformel des Neuen Forums auf der nationalen Gründungskonferenz vom 28. Januar 1990, *FAZ* vom 29. Januar 1990.

33 Link: *Versuch über den Normalismus*, a. a. O., S. 364.

auf das Gaspedal zu drücken«,[34] stellt Link ironisch fest, daß Züge für gewöhnlich auch kein *Gaspedal* besitzen, »der inzwischen rasende *Deutsche Zug* war also, wie das *Gaspedal* beweist, längst ein *Auto*. Insgeheim war er das seit der *Wende* selber gewesen, die kollektivsymbolisch entweder *Boot*-Wende oder *Auto*-Wende ist.«[35]

Auf dem *Spiegel*-Cover der Ausgabe vom 21. Mai 1990 war schließlich ein entschlossener Helmut Kohl in einem rasenden Auto zu sehen. Neben ihm auf einem »Babysitz« saß ein verängstigter Lothar de Maizière. Wer die Richtung des deutsch-deutschen Vehikels bestimmen würde, war eindeutig, denn ein gewöhnliches Auto hat schließlich nur ein Lenkrad. Der Titel lautete: »In Eile zur Einheit«.[36] Link sieht hier schon assoziativ den Übergang zur Flugzeugsymbolik; es sei nicht verwunderlich, wenn das »Deutsche Auto« bei noch größerem Tempo endlich *abhebe* und sich in ein »Deutsches Flugzeug« oder gleich zur »Deutschen Rakete« verwandle; »kein Wunder also, daß etwa vom Jahreswechsel 1990/91 an mit den *Turbulenzen* der Post-Wiedervereinigung und den *Warteschleifen*, schließlich der Denormalisierungsangst vor dem *Absturz*[37], das *Flugzeug* zum Leit-Vehikel wurde.«[38]

Link ist auch aufgefallen, daß in der Serie der verwandten Kollektivsymboliken und ihrer verwandelnden Übergänge das *Boot*-Vehikel weitgehend fehlte. Immerhin kenne die Kollektivsymbolik das in der Vergangenheit häufig gebrauchte Symbol des *Staats-Schiffes*, das für Stabilität stehe. Auch die Wendung »Wir sitzen alle in einem Boot« tauchte in den Kommentaren der Politiker und in den Medien nicht auf; ebenso nicht die *Ausgewogenheit* des Bootes, das sich je nach Wetterlage und Wassergang in den Wind legt und dadurch eben seine Schiffstauglichkeit beweise.

Darüber hinaus fehlte der gesamte »hydraulische symbolische Komplex (*Fluten*)«.[39] Lediglich zu Beginn des deutsch-deutschen Einigungsprozesses, als dieser noch im Schrittempo voranging, sei von einer »Trabbi-Flut« die Rede gewesen; so richtig wollte man im Westen aber davon nicht sprechen. »Das einzige *Boot*, das vorübergehend auftaucht, ist das schiffbrüchige und versinkende Boot der DDR, ein alter Pott und nicht einmal eine *Titanic*. Nur die scheiternde DDR setzt vorübergehend höchst ambivalente symbolische *Fluten* frei. Die wimmelnden Schiffbrüchigen, die sich schwimmend

34 Franz Steinkühler: Leitartikel, in: *Metall* vom 1. Juni 1990.
35 Link: *Versuch über den Normalismus*, a. a. O., S. 364.
36 *Der Spiegel* vom 21. Mai 1990.
37 Siehe z. B. *FR* vom 20. März 1991.
38 Link: *Versuch über den Normalismus*, a. a. O., S. 365.
39 Ebd.

zu retten versuchen, sind ja symbolisch ein integraler Bestandteil der bedrohlichen subjektlosen *Fluten* selbst, die ›unser Boot‹ zum Kippen bringen können. Begreiflich, daß dieser hydraulische Komplex zunächst nicht ›zum Zuge‹ kam. Er ließ sich allerdings, wie sich zeigen sollte, nicht auf Dauer verdrängen. Mit der ›Liquidierung‹ der DDR-Industrie tauchte das flüssige Element im wahrsten Sinne auf: Die Normalisierung der DDR wurde symbolisch nun als die Aufgabe kodiert, ein *Gefälle auszugleichen*: ›Wenn in einer Schleuse, die in ihren beiden Kammern unterschiedlich hohes Wasser führt, das Tor hochgerissen wird, kommt es zum abrupten, unkontrollierten Zusammenschießen der Wassermassen (*Die Zeit* 2. 2. 1990).‹«[40] Die Öffnung der Mauer sei also nicht als ein ruhiges und beruhigendes Öffnen einer zuvor noch verschlossenen Tür, die zwei »deutsche Zimmer« miteinander verbindet und in denen eine Familie getrennt voneinander lebt, sondern als ein »beunruhigendes *Hochreißen einer Schleusentür*« vernommen worden.[41]

Selbstbestimmung der ostdeutschen Bevölkerung als Farce

Während führende westdeutsche Politiker und Journalisten immer wieder gleichsam mit erhobenem moralischen Zeigefinger darauf hinwiesen, daß es in erster Linie um die Selbstbestimmung der DDR-Bürger gehe, wurde von denselben, wie aus der Kollektivsymbolik herauszulesen ist, der Fahrplan hin zu einem vereinten kapitalistischen Deutschland schnellstmöglich forciert. Kohl griff die Forderung der ostdeutschen Bürgerbewegung nach Selbstbestimmung auf, instrumentalisierte aber die dahinterstehende Begrifflichkeit, indem er unter Selbstbestimmung nicht die des Volkes, sondern des Staates verstand.[42] Er richtete in diesem Zusammenhang vor allem seinen Appell an die Alliierten und Besatzungsmächte Deutschlands, die ihrer Verantwortung hinsichtlich der offenen deutschen Frage nachzukommen hätten.

Den Begriff der Selbstbestimmung auf die politischen Referenzsubjekte der vorhandenen Zweistaatlichkeit zu beziehen, erfolgte von westdeutschen Politikern mit taktischem Kalkül. Denn wenn es zu einer deutschen Einheit in absehbarer Zeit nicht gekommen wäre, hätte sich wenigstens auch für die BRD die Souveränität wieder herstellen lassen können. Solch taktisches Kalkül (Selbstbestimmung als Chiffre für die Wiedererlangung nationalstaatlicher Souveränität) war keineswegs nur den CDU-Politikern vorbehalten.

40 Ebd., S. 366.
41 Ebd.
42 Vgl. »Selbstbestimmung ist und bleibt Herzstück unserer Deutschlandpolitik – Bundeskanzler Kohl zur Lage der Nation«, in: *FAZ* vom 9. November 1989, S. 10.

Auch ein Egon Bahr – SPD-Hauptstratege für Deutschlandpolitik – vertrat die Auffassung, nationales Bewußtsein müsse in der Bevölkerung Westdeutschlands dadurch untermauert werden, daß alliierte Besatzungsrechte abgebaut und beide deutsche Staaten souverän würden.[43] Darauf schienen die Deutschlandpolitiker zu spekulieren: Wenn es im ersten Anlauf mit der deutschen Einheit nicht klappen würde – etwa aufgrund eines Vetos der Alliierten – so doch vielleicht in einem zweiten, späteren Versuch, wenn aufgrund der wiedererlangten Souveränität nunmehr die ehemaligen Besatzungsmächte ihr Vetorecht verloren hätten. Indem sie auf der Woge des ostdeutschen Protestes mitgeschwommen sind, haben die Westpolitiker für die Bundesrepublik den im Osten zur materiellen Gewalt gewordenen emanzipativen Begriff der Selbstbestimmung für ihre nationalistischen Zwecke instrumentalisiert, das heißt den Inhalt der demokratischen Volkssouveränität zu staatlicher Selbstbestimmung verkehrt. Das hat freilich auch vor dem Bewußtsein der ostdeutschen Massen nicht halt gemacht; bei ihnen dürfte das Kalkül der westdeutschen Protagonisten ein gesamtdeutsches Nationalbewußtsein entfacht haben, das die Idee der »Wiedervereinigung« nicht nur in Ost- und Westdeutschland, sondern in der gesamten Welt populär und legitim gemacht haben dürfte.

Hans Modrow legte am 1. Februar 1990 in Ost-Berlin den Plan für ein einheitliches Deutschland im Sinne einer Konföderation vor, und bereits neun Tage später hatte Gorbatschow seine Zustimmung für eine deutsche Einheit gegeben.[44] Der Weg zur deutschen Einheit nahm den Charakter eines Automatismus an, und es schien nunmehr auch selbstverständlich, daß die Einheit den Charakter einer Erweiterung der Bundesrepublik um das Gebiet der aufzulösenden DDR annehme, das heißt als Anschluß oder gar Übernahme gedeutet werden konnte.

Am 18. März 1990 erfolgten in der DDR vorgezogene Volkskammerwahlen. Es waren die ersten Wahlen in der Geschichte der DDR, bei der mehrere politische Parteien in Konkurrenz zueinander und unabhängig von ideologischen Vorgaben des Staates um die Stimmen der wahlberechtigten Bevölkerung warben. Gleichwohl waren von westlichen Parteien große Anstrengungen geleistet worden, damit die DDR-Bürger nicht in einem Anflug von volkssouveräner Selbstbestimmung etwa für die Fortexistenz der DDR oder gar der sozialistischen Wirtschaftsweise stimmen würden. Bereits unabhängig von den Wahlen war das Schicksal der DDR zwölf Tage zuvor,

43 Vgl. Brigitte Seebacher-Brandt: »Die Linke und die Einheit – Unwägbarkeiten der deutschen Geschichte«, in: *FAZ* vom 21. November 1989, S. 33.

44 Siehe *Europa-Archiv* 8/1990, S. D 193 f.; S. 193.

am 6. März 1990, durch die Unterzeichnung der Vereinbarung einer deutsch-deutschen Vertragsgemeinschaft, die Kohl mit Hans Modrow und Egon Krenz ausgehandelt hatte, besiegelt worden. Das Vertragswerk bedeutete die Überwindung des Staatssozialismus und die Hinwendung zur freien Marktwirtschaft.

Die westlichen Bundesparteien hatten im Vorfeld der Volkskammerwahlen ihre Fühler nach ihren ostdeutschen Pendants ausgestreckt: die SPD nach der neugegründeten SDP, die Liberalen nach der LDPD und etwas zeitversetzt schließlich auch die Christdemokraten nach der Ost-CDU. Die Kontaktaufnahme der West-CDU mit der CDU-Ost erfolgte deshalb später als bei den anderen Westparteien mit ihren östlichen Ablegern, weil zwischen CDU-West und Ost-CDU die größte systemideologische Differenz existierte. Die Ost-CDU hielt zunächst die Demokratisierung des Sozialismus für adäquat. Aber hier kam bald Lothar de Maiziere an die Spitze, der sich von Kohls Plänen faszinieren ließ und schließlich als der letzte Ministerpräsident der DDR den Vertrag zur deutschen Einheit unterzeichnete. Einzig die Grünen orientierten sich aufgrund ihrer eigenen basisbewegten Tradition am Neuen Forum. Die Inhalte des Zehn-Punkte-Plans wurden von den ehemaligen Blockparteien aufgegriffen, so daß sie, nachdem sie sich zur freien und sozialen Marktwirtschaft hingewendet hatten und womit sie eine wesentliche Voraussetzung erfüllten, die Kohl in seinem Zehn-Punkte-Plan an umfangreiche finanzielle Hilfen gekoppelt hatte,[45] von den westdeutschen Parteien infrastrukturelle, finanzielle und ideologische Unterstützung erhielten. Die damalige Vorsitzende der Wahlkommission der DDR, Petra Bläss, die die Volkskammerwahlen zu beaufsichtigen hatte, weist zehn Jahre nach den Wahlen in einem Gespräch auf die Chancenungleichheit hin, die sich durch die Wahlkampfhilfen ergeben haben. Obwohl sich damals am Runden Tisch eine Mehrheit gegen Wahlkampfhilfen aus dem Westen ent-

45 Geld gegen Reformen: Kohl sagte finanzielle Hilfen zu, stellte aber Bedingungen wie freie Wahlen, Parteienpluralismus, Bekenntnis zur freien und sozialen Marktwirtschaft, Öffnung der Märkte für ausländische Investoren, insbesondere für westdeutsches Kapital, durch Wettbewerb bedingte Einkommensverteilung, verfassungsgemäße Verankerung von Vertragsfreiheit, Gewerbefreiheit, Gewährleistung des Privateigentums etc. – Vgl. *FAZ* vom 29. November 1989, S. 14. – Hinter Kohls Plan standen handfeste kapitalistische Interessen, die sich mit Kriterien der neoliberalen Politik von IWF und Weltbank decken und vom wissenschaftlichen Beirat des Bundeswirtschaftsministeriums unter der Anleitung von Prof. Christian Watrin ausgearbeitet wurden. – »Keinesfalls in Betracht kommen aus Steuermitteln finanzierte Finanzhilfen der BRD an die DDR, die nicht an Bedingungen gebunden sind.« – Vgl. »Das Einmaleins der Marktwirtschaft«, in: *Die Zeit* vom 1. Dezember 1989, S. 30.

schieden habe, hielten sich CDU, SPD und FDP an diesen Beschluß nicht, so daß von Chancengleichheit keine Rede sein konnte.[46]

Gleichzeitig appellierten westdeutsche Medien und Politiker an die DDR-Bürger, im Land zu bleiben, um die für eine deutsche Einheit eintretende Opposition noch stärker zu machen. Die ostdeutschen Basis- und Bürgergruppen, von denen die populären Sprecher der ostdeutschen Volksbewegung in den Wochen der Herbstwende kamen, hatten ihre Schuldigkeit getan. – Bei den Volkskammerwahlen blieben sie unter fünf Prozent. Die geläuterten »Blockflötenparteien«, die von ihren großen und einflußreichen Pendants im Westen adoptiert worden waren, übernahmen die Regie des weiteren Verlaufs.

Mit diesen erfolgreichen taktischen Schachzügen wurde die ostdeutsche Emanzipationsbewegung in eine nationalisierende Manövriermasse mit Kurs hin zur deutschen Einheit gewandelt. Mit zunehmender Wirtschaftskrise, die zum Teil erheblich durch die Masse an Ausreisenden noch verstärkt wurde, verblaßte die Reformidee eines demokratischen Sozialismus, die den Rückhalt in der Bevölkerung verlor. Die Offenlegung der Stasimachenschaften bewirkte schließlich das übrige, so daß das Vertrauen in die Reformierbarkeit der DDR rapide abnahm und immer mehr Menschen die deutsche Einheit zu wollen begannen. Am 15. Januar 1990 ereignete sich der Sturm auf die Stasi-Zentrale in Ost-Berlin, weil die Stasi beabsichtigte, ihre Bespitzelungs-Akten zu vernichten.

Damit waren Fakten geschaffen worden, deren normative Kraft den sozialistisch-demokratischen Reformideen der ostdeutschen Intellektuellen das Wasser abgegraben hatten.[47] Die DDR-Opposition war faktisch ausgebotet

46 Vgl. »Petra Bläss im Gespräch: ›2.17 Uhr war alles vorbei‹«, in: *Freitag*, Nr. 17 vom 17. März 2000.

47 Zwei Zitate aus der *Zeit*, die nur zweieinhalb Monate auseinander liegen, verdeutlichen diesen Sachverhalt: »Einer stimmte das Lied an, Hunderte fielen ein, einer alten Frau in der langen Reihe vor den Fahrkartenschaltern knickten buchstäblich die Knie ein: ›Völker, hört die Signale …‹, die Internationale. Und danach: ›We shall overcome‹. Als ein Baß versuchte, mit dem Deutschlandlied durchzukommen, ging er in Pfiffen unter. Es mochten fünfzehn Minuten vergangen sein, als sich aus den Lautsprechern eine bahnamtliche Stimme krächzend bemerkbar machte: ›Wir bitten Sie, die Vorhalle zu verlassen. Sie blockieren den Zugverkehr und anderen Bürgern die Heimfahrt.‹ Nur einmal gesagt, und schon räumten die Demonstranten diszipliniert die Treppe und entschwanden durch die Portale ins Freie. Im Handumdrehen verloren sie sich im dichten Nebel: Leipziger Herbst 1989.« – Jochen Steinmayr, *Die Zeit* vom 29. September 1989. – »Eure wirtschaftliche Lage wird sich zunächst verschlechtern. Vertraut auf unsere Hilfsbereitschaft. Sagt uns, was Ihr braucht. Habt keine Angst vor dem Gespenst Kapitalismus, von dem Ihr angeblich aufgefressen werden sollt; denn nichts kann in der DDR geschehen ohne den Willen der von Euch frei gewählten Volksvertreter.« – Helmut Schmidt, *Die Zeit* vom 15. Dezember 1989.

worden; ihren Intellektuellen und Bürgerrechtlern blieb nicht genügend Zeit, alternative Konzepte zu durchdenken. Im Endeffekt waren sie Laien, zwar unbelastet, aber auch unerfahren, die mit erfahrenen, windigen Berufspolitikern aus dem Westen zu tun hatten, die ihnen mit strategisch-taktischem Kalkül den Rang abliefen. Oskar Negt sprach in diesem Zusammenhang von einer »zweiten Besetzung« des Territoriums der DDR, von einer »kapitalistischen Kolonialisierung«: »Daß die betriebsamen Anschlußpolitiker (die der SPD dabei nicht ausgenommen) mit ihren Klientelparteien in der DDR zentrale politische Eigeninteressen verfolgten, diese Bürgerinitiativen, welche die wirklichen Probleme der DDR benannten und zu Gegenständen eines öffentlichen Kommunikationsprozesses machten, der schließlich zum Zerfall dieses Herrschaftssystems führte, mit aller Macht in die politische Bedeutungslosigkeit zu drängen versuchen, ist ein deutlicher Hinweis darauf, womit es künftig die demokratische und sozialistische Linke der DDR in einem vereinigten Deutschland zu tun haben wird.«[48]

Das Ergebnis schlug sich in den Volkskammerwahlen vom 18. März 1990 mehr als eindeutig nieder: Bei einer Wahlbeteiligung von zirka 93 Prozent erhielt die CDU 40,8 Prozent der Stimmen und war damit die eindeutige Siegerin der Wahlen. Die SPD kam überraschend lediglich auf 21,9 Prozent der Stimmen. Die PDS erreichte 16,4 Prozent. Die »Allianz für Deutschland« – ein Zusammenschluß aus CDU, DSU und Demokratischem Aufbruch – wurde mit 192 Sitzen mit Abstand die stärkste Fraktion in der Volkskammer.[49] Einhellig wurde diese »demokratische« Wahl als ein Votum der ostdeutschen Bevölkerung für die deutsche Einheit gewertet, wodurch die Vorabweichenstellung durch Kohl, Modrow und Krenz eine nachträgliche Legitimation erfahren habe. Lothar de Maizière wurde neuer Ministerpräsident einer großen Koalition, die aus allen »demokratischen« Parteien gebildet wurde und die sich selbstverständlich mit dem Ziel der deutschen Einheit identifizieren konnten. Die neue Regierung wurde damit beauftragt, zur Herstellung der deutschen Einheit Verhandlungen mit der Bundesrepublik zu führen. Die deutsche Einheit sollte nach Artikel 23 des Grundgesetzes vollzogen werden. – Am 18. Mai 1990 wurde der Vertrag über die Schaffung einer Währungs-, Wirtschafts- und Sozialunion unterzeichnet; er trat am 1. Juli 1990 in Kraft.

48 Oskar Negt: »Die Demontage der Bürgerinitiativen«, in: *FR* vom 17. März 1990.

49 Vgl. Endergebnis der Volkskammerwahlen am 18. März 1990, abgedruckt im *Freitag* vom 17. März 2000.

Funktion der Außenwahrnehmung für den Normalisierungsprozeß – Reaktionen des Auslands auf eine mögliche Einheit Deutschlands

Die Bundesrepublik Deutschland war seit Anfang der 1980er Jahre bereits zu einer ernstzunehmenden Wirtschaftsmacht herangewachsen. Sie hegte zu den meisten Staaten gute diplomatische Beziehungen, die sich im wirtschaftlichen Handel bezahlt machten. Ein geeintes Deutschland mit einer Bevölkerung von zirka 80 Millionen Menschen und von der Wirtschaftskraft der alten Bundesrepublik, die sich noch gigantischer entwickeln könnte, wären erst einmal die Kosten und anderweitigen Probleme eines Vereinigungsprozesses überwunden, mußte zwangsläufig einen noch gewichtigeren Einfluß in Europa und in der Welt erhalten, als ihn die BRD bereits ausübte, denn »die Bundesregierung könnte dann sowohl im Westen als auch gegenüber dem Osten diese neuen, noch intensiver zu gestaltenden Wirtschaftsbeziehungen in politischen Einfluß ummünzen.«[50]

Die Reaktionen der ausländischen Regierungen, insbesondere von den ehemaligen Siegermächten: ihr Deutschlandbild konnte allerdings der Bundesregierung hinsichtlich eines machtbewußten Auftretens nicht egal sein, – gegen deren Willen wäre die deutsche Einheit nicht zu realisieren gewesen. Die Bundesregierung hat es allerdings gut verstanden, die Nuancen in den Deutschlandbildern der westlichen und osteuropäischen Regierungen sowohl außen- als auch innenpolitisch zu nutzen. Die *Außenwahrnehmung* erfüllte insbesondere innenpolitisch gegenüber der linksliberalen Opposition die nicht zu gering zu schätzende Funktion, andere in eigener Sache sprechen zu lassen, ohne dafür selbst gescholten werden zu können. Gerade in Hinblick auf die Übernahme internationaler Verantwortung wurde die neue Rolle Deutschlands ganz offen diskutiert und dabei kein Blatt vor den Mund genommen. Exemplarisch kann diesbezüglich ein einflußreicher Artikel des amerikanischen Politologen John Mearsheimer gelten, der für die britische Öffentlichkeit publiziert worden war. Mearsheimer schrieb darin, daß Deutschland wieder zu einem normalen Land geworden sei. Folglich solle die Balance zwischen den europäischen Mächten wiederhergestellt werden, indem der deutsche Staat die Verantwortung für eigene Atomwaffen übernehme.[51] Der Beitrag mag ganz besonders der britischen Öffentlichkeit gegolten haben, deren Deutschlandbild im Vergleich zu dem der anderen

50 Schwammel: *Deutschlands Aufstieg zur Großmacht*, a. a. O., S. 175.

51 Vgl. John J. Mearsheimer: »Back to the Future: Instability in Europe after the Cold War«, in: Sean Lynn-Jones (Hrsg.): *The Cold War and After: Prospects for Peace*, Cambridge 1991, S. 174.

ehemaligen Siegermächte während des deutschen Einigungsprozesses am wenigsten wohlwollend ausfiel.

Die Ängste vor einer sich im Zeichen der deutschen Vereinigung anbahnenden gesamtdeutschen Hegemonie auf dem europäischen Kontinent und vor allem in der Europäischen Union waren entsprechend bei den europäischen Nachbarn, insbesondere bei den ehemaligen Rivalen Großbritannien und Frankreich vorhanden, aber auch in ganz besonderem Maße bei den Ländern, deren Bevölkerungen – zum Beipsiel die Polen – unter dem zweimaligen Griff der Deutschen nach der Weltmacht sowie unter den Massenmorden der Nazis besonders zu leiden hatten.[52]

Dementsprechend war für die europäischen Staaten die Auseinandersetzung mit der offenen deutschen Frage, die nun darauf drängte, beantwortet zu werden, eine schwierige Angelegenheit. Vorrangig ging es für sie darum, durch ein Mitspracherecht sich zu versichern, daß ihre Interessen, vor allem ihre Sicherheitsinteressen ausreichend Berücksichtigung fänden.[53] Aufgrund der engen wirtschaftlichen Verflechtung der europäischen Staaten mit Deutschland, aber vor allem wegen der unmittelbaren geographischen Nähe waren sie dazu stärker angehalten als die USA, die am wenigsten Probleme mit einer deutschen Einheit zu haben schienen. Sie waren auch in der Geschichte aufgrund der räumlichen Distanz des Pazifiks, der den europäischen und den amerikanischen Kontinent voneinander trennt, nie unmittelbar von Deutschland bedroht worden.

Großbritannien und Frankreich nahmen deshalb im Gegensatz zu den USA eine zögerliche Haltung ein. Für sie stand zudem auf dem Spiel, den Status einer Großmacht einzubüßen, den sie aufgrund ihres Status als alliierte Siegermächte noch inne hatten. Zwar haben sie den Status einer Großmacht auch aufgrund des Besitzes von Atomwaffen und ihres ständigen Sitzes im UN-Sicherheitsrates gewahrt, aber das wären nach dem Verlust ihres Status als Siegermächte, welcher schon keine ausreichende Kompensation ihres Status-Verlustes als Kolonialmächte Ende der 1950er Jahre gewesen war, keine ausreichend befriedigenden Insignien einer Großmacht mehr, zumal der Besitz von Atombomben nach 1989/90 aufgrund der Auflösung des Ostblockes kurzfristig an Bedeutung verlor und die UN während des Kalten Krieges aufgrund des Vetorechtes der Sowjetunion und China als Antipoden zur *westlichen* Welt faktisch neutralisiert, das heißt in wichtigen Fragen handlungsunfähig war.

52 Hinsichtlich der Reaktionen der europäischen Nachbarn vgl. Schöllgen: *Die Außenpolitik der Bundesrepublik Deutschland*, a. a. O., S. 190 ff.

53 Vgl. Schwammel: *Deutschlands Aufstieg zur Großmacht*, a. a. O., S. 177 f.

Vom 20.–22. Dezember 1989 machte der französische Präsident François Mitterand seinen ersten Staatsbesuch in der DDR. Mitterand wollte durch seinen Besuch die DDR bewußt symbolisch aufwerten, um auf diese Weise seinem Protest gegenüber einer absehbaren Einheit Deutschlands Ausdruck zu verleihen.[54] Die deutsche Einheit konnte von den europäischen Nachbarstaaten sowie von den Siegermächten des Zweiten Weltkrieges nur akzeptiert werden, wenn sich das vereinigte Deutschland in den starken Rahmen einer europäischen Union integrieren lassen würde, »um Befürchtungen der europäischen Partner vorzubeugen, Deutschland könnte zu mächtig werden, die Ereignisse in Europa dominieren, nationale Alleingänge unternehmen, unkontrollierbar, zur Hegemonialmacht werden«[55].

Die europäischen Staaten sahen in einer fortgesetzten Mitgliedschaft Deutschlands in der NATO eine Sicherheitsgarantie, daß es nicht ein drittes Mal zu dem Versuch des deutschen Nationalstaats kommen werde, nach der Weltmacht zu greifen und seine europäischen Nachbarn mit kriegerischen Mitteln zu überrollen. Die USA bestanden deshalb auch aus Rücksicht auf die Sicherheitsinteressen der europäischen Staaten auf die Mitgliedschaft eines Gesamtdeutschlands in der NATO. »Die NATO blieb nach der Revolution der Weltpolitik weiterhin das, was sie stets auch gewesen war: eine Sicherheitsgarantie vor Deutschland. Für viele Mitglieder der Allianz blieb diese Funktion im Zentrum der NATO-Planungen.«[56]

Die USA erhofften sich darüber hinaus aber auch – und dies wiederum nicht unbedingt im Einklang mit den europäischen Nachbarn –, daß ein vereintes und mächtiger gewordenes Deutschland als starker Partner an der Seite der USA stehen werde und zudem die NATO gestärkt aus dem absehbaren Ende des Kalten Krieges hervorginge. Der amerikanische Präsident George Bush nannte diese neue Partnerschaft mit Deutschland »partner in leadership« und löste mit seinem Vorstoß mehr als nur Kopfschütteln bei den englischen und französischen Regierungen aus. Sicher ist aber, daß Bush seinen Vorstoß gegenüber Deutschland nicht getan hätte, wenn nicht der deutsche Staat sich angeschickt hätte, mehr Macht und Stärke auf sich zu vereinen und wenn gleichzeitig nicht mit der deutschen Einheit der Beginn der Infragestellung der US-amerikanischen Hegemonie auf dem europäischen Kontinent begonnen hätte.

Die amerikanische Regierung erklärte sich mit der deutschen Einheit sehr schnell einverstanden. Der US-Außenminister bot am 12. Dezember 1989 in

54 Vgl. Schöllgen: *Die Außenpolitik der Bundesrepublik Deutschland*, a. a. O., S. 191.
55 Schwammel: *Deutschlands Aufstieg zur Großmacht*, a. a. O., S. 29.
56 Schöllgen: *Die Außenpolitik der Bundesrepublik Deutschland*, a. a. O., S. 194.

West-Berlin sogar seine Unterstützung an, allerdings müsse sichergestellt werden, daß den »legitimen Sorgen der Nachbarländer Deutschlands Rechnung« getragen werde.[57] – »Etwas weniger diplomatisch formuliert, lief die Position der US-Administration darauf hinaus, daß die Vereinigten Staaten dem deutschen Einigungsprozeß nicht im Wege stehen würden, zugleich aber keineswegs gewillt waren, im Falle der Realisierung der deutschen Einheit eine Reduzierung ihrer Rolle und ihres Einflusses in Europa hinzunehmen oder gar an einen Rückzug von dem alten Kontinent zu denken.«[58]

Aber die sowjetische Regierung, die anfangs sogar strikt gegen eine deutsche Einheit gewesen war, hatte wiederum bestimmte Sicherheitsinteressen im Blick, die angesichts einer deutschen Einheit zuvor garantiert werden müßten. Vor dem EU-Parlament fragte der sowjetische Außenminister Eduard Schewardnadse am 19. Dezember 1989: »Wo sind die politischen, gesetzlichen und materiellen Garantien, daß die deutsche Einheit nicht in Zukunft eine Bedrohung für die nationale Sicherheit anderer Staaten und für den Frieden in Europa schafft?«[59]

Der sowjetische Staatschef Michail Gorbatschow machte die Zustimmung zur deutschen Einheit davon abhängig, daß ein geeintes Deutschland eben nicht Mitglied der NATO sei. Die Sowjetunion schlug ein neutrales Gesamtdeutschland vor, welches aber vom bundesdeutschen Außenminister Hans-Dietrich Genscher entschieden aus dem Wissen abgelehnt wurde, daß die US-amerikanische Regierung ihre einzige Bedingung für die Zustimmung zur deutschen Einheit niemals aufweichen lassen würde.

Die westdeutsche Regierung stand mithin vor einem Problem. Die Bedingungen, welche von den USA und von der Sowjetunion gestellt wurden, um die deutsche Einheit zuzulassen, waren diametral entgegengesetzt, und damit bot sich wenig Spielraum für Vermittlung. Genscher fand dennoch einen möglichen Kompromiß: Das Gesamtdeutschland müsse selbstverständlich Mitglied der NATO bleiben, aber die militärische Ausdehnung der NATO könne auf das Gebiet der ehemaligen BRD beschränkt werden.[60] Aber Gorbatschow ließ sich zunächst weiterhin nicht von seiner Forderung abbringen, es gehe um Sicherheitsinteressen, die Berücksichtigung finden müßten.

Die polnische Regierung forderte im Angesicht der immer wahrscheinlicher werdenden Einheit Deutschlands und aus Angst vor möglichen Ansprü-

57 Siehe *Europa-Archiv* 1/1990, S. Z 1.
58 Schwammel: *Deutschlands Aufstieg zur Großmacht*, a. a. O., S. 176.
59 *Europa-Archiv*, Bd. 45, 1990, D 132.
60 Vgl. *Europa-Archiv* 4/1990, S. Z 30.

chen des vereinten Deutschlands auf Gebiete, die jenseits der Oder-Neiße-Linie liegen, daß die gesamtdeutsche Regierung die Oder-Neiße-Linie als offizielle Grenze zwischen Deutschland und Polen verbindlich, das heißt völkerrechtlich anerkenne und darüber hinaus Entschädigungen für polnische Zwangsarbeiter des Zweiten Weltkrieges garantiere. Ferner verlangte die polnische Regierung an den Verhandlungen zur Lösung der deutschen Frage (Zwei-plus-Vier-Verhandlungen) beteiligt zu werden.

2. Einbettung der deutschen Einheit in den »gesamteuropäischen Prozeß«

Das kontinuierliche Bekenntnis zu Europa

Seit der Ära Konrad Adenauers existierte ein Bekenntnis in der deutschen Außenpolitik, das den Rahmen der Möglichkeiten von Deutschlandpolitik in der Nachkriegszeit verdeutlichte und bis 1989/90 bei den wechselnden Bundesregierungen Gültigkeit behielt: Die Überwindung der Teilung Deutschlands war nur über den Weg der europäischen Integration zu erreichen. Einen anderen Weg hatten Adenauer und die ihm folgenden Bundeskanzler aufgrund der Sicherheitsbedürfnisse der europäischen und transatlantischen Nachbarn für unbegehbar gehalten und sollten damit auch Recht behalten. »Dem Bekenntnis wiederum lag ein ganzes Bündel von Motiven zugrunde, wirtschaftliche, politische, militärische. Europa wurde auch für die deutsche Außenpolitik mehr und mehr zu einem Wert an sich.«[61] So war das Bekenntnis zur europäischen Integration zu einem kontinuierlichen Bestandteil der deutschen Staatsräson geworden. Aber das bedeutete nicht, daß der deutsche Staat keine nationalen Interessen mehr verfolgt hätte. Die jeweilige Bundesregierung unterstützte die europäische Integration nur insoweit, wie diese im Einklang mit den nationalen Interessen der Bundesrepublik waren, jedenfalls diesen nicht zuwider liefen.

Um den Bedenken und Ängsten der europäischen Nachbarn vor den etwaigen Konsequenzen einer deutschen Einheit im europäischen Kräftespiel – insbesondere den Befürchtungen vor zukünftigen deutschen Alleingängen oder dem Abdriften und Ausscheren aus dem europäischen Kanon als Folge des Zuwachses von Macht sowie vor einer möglichen deutschen Hegemonie in Europa – vorzubeugen, ließen der deutsche Außenminister

61 Gregor Schöllgen: *Die Macht in der Mitte Europas. Stationen deutscher Außenpolitik von Friedrich dem Großen bis zur Gegenwart*, München 1992, S. 148.

Hans-Dietrich Genscher und Bundeskanzler Helmut Kohl keine Gelegenheit aus, zu erwähnen, daß der vereinte deutsche Nationalstaat sich freiwillig in die europäischen Institutionen einbinden lassen und angesichts seines Machtzuwachses weiterhin selbst beschränken wolle.

Genscher plädierte von Anfang an für eine bedachte Einbettung des Einigungsprozesses in die gesamteuropäische Integration, und Kohl gab sogar das Versprechen des deutschen Staates, sich nach dem Vollzug der deutschen Einheit noch stärker als zuvor für die europäische Integration einzusetzen. In seiner Rede auf dem 1. Parteitag der vereinten ost- und westdeutschen CDU sagte Kohl noch einmal das deutsche Glaubensbekenntnis zu Europa auf: »Für mich sind die deutsche Einheit und die europäische Einheit zwei Seiten derselben Medaille (...). In Wahrheit sind wir deutsche Patrioten und überzeugte Europäer (...). Europa ist unsere Zukunft, Deutschland unser Vaterland.«[62]

Ohne Bekenntnis zu Europa wäre die deutsche Einheit nicht zu haben gewesen. Das legte freilich den Verdacht nahe, daß der Enthusiasmus der Deutschlandpolitiker für Europa nur solange anhalten könnte, bis der Einheitsprozeß der beiden deutschen Staaten vollzogen worden sei oder jedenfalls deutsche Interessen den europäischen zuwiderlaufen könnten. Helmut Schmidt bringt es in seiner Deutlichkeit exemplarisch auf den Punkt: »Kein Politiker, der sich seiner Verantwortung vor der eigenen Nation bewußt ist, könnte für die europäische Integration eintreten, wenn er nicht überzeugt wäre, damit zugleich den Interessen seines Landes zu dienen.« Schmidt bekennt, lediglich ein europäischer Patriot aus nationalen Interessen zu sein und darüber hinaus sich selbst nie für einen »Europa-Idealisten« gehalten zu haben: »Ich war und bleibe ein engagierter Anhänger der europäischen Integration aus strategischem, patriotischem Interesse.«[63] Die Normalisierungspolitiker konservativer Couleur wie Wolfgang Schäuble und Edmund Stoiber, die nach Peter Glotz weder deutsch-national noch reaktionär gestimmt seien, mögen nach Glotz' Einschätzung dennoch Protagonisten einer Abkehr von der »europäisch-abenländischen, antinationalen Politik der Westintegration Deutschlands« sein, die mit Adenauer begann und mit Kohl vermutlich zu Ende gegangen sei. »Die Normalisierungsidee führt zu dem Gedanken: Das besondere Engagement der Deutschen bei der Entwicklung eines supranationalen Europas sei ein Produkt unseres schlechten Gewissens, das wir mit der Rückgewinnung des Nationalstaates nun nicht mehr nötig

62 Zit. n. Andrei S. Markovits und Simon Reich: *Das deutsche Dilemma. Die Berliner Republik zwischen Macht und Machtverzicht. Mit einem Vorwort von Joschka Fischer*, Berlin 1998, S. 87.

63 Helmut Schmidt: *Die Selbstbehauptung Europas*, Stuttgart/München 2000, S. 251.

hätten.«[64] Glotz schrieb diese Sätze im Jahr 1993; er mußte davon ausgehen, daß Schäuble oder Stoiber Helmut Kohl als Bundeskanzler folgen könnten.

1998 wurde allerdings die schwarz-gelbe Regierungskoalition abgewählt und durch das rot-grüne Duo Gerhard Schröder/Joseph Fischer ersetzt. Die Analyse der deutschen Außen- und Europapolitik ist dadurch komplizierter geworden. Schröder/Fischer traten schillernd als Europa-Befürworter auf, aber auch als nationale Machtpolitiker innerhalb Europas. Sie suchten die Konfrontation mit den USA und waren bereit, die transatlantische Partnerschaft erheblichen Spannungen auszusetzen, wenn es um die Selbstbehauptung Europas gegenüber den USA geht. Unter Westintegration verstanden sie zunehmend exklusiv das ganze Europa seiner geschichtlichen Tradition gemäß. Innerhalb dieses Europas strebten sie als liberale Normalisierer eine »harmonische Mittellage« an, die Deutschland, das zudem wirtschaftlich und demographisch innerhalb Europas der größte Staat ist, zur Hegemonie berechtige. Als was soll man diese Strategie der rot-grünen Bundesregierung kennzeichnen? Einerseits gaben sie die Westbindung auf, wenn es um Amerika ging. Andererseits verstanden sie sich als überzeugte Europäer und wollten die nationalen Politiken der europäischen Staaten zu einer homogenen Politik europäisieren – gleichwohl mit dem Anspruch, daß die deutsche Stimme – und dann auch die französische – am deutlichsten aus dem europäischen Kanon herauszuhören sei.

Aus dem bedeutungsvollen Bekenntnis der schwarz-gelben Bundesregierung zur europäischen Integration im Augenblick des Einigungsprozesses interpretiert Inge Schwammel zweierlei: »Erstens war sich die Bundesregierung bewußt, daß sie die Rechte der vier Vertragspartner des Deutschlandvertrages beachten mußte; ohne Beteiligung und Mitwirkung von Frankreich, Großbritannien, den Vereinigten Staaten und der Sowjetunion war die deutsche Einheit nicht zu erreichen. Zweitens sollten aber auch die übrigen europäischen Staaten die Gelegenheit erhalten, ihre Meinung kundzutun, mögliche Ängste und Sorgen zu artikulieren, und letzten Endes das Ereignis – die deutsche Einheit – absegnen, ohne jedoch ein echtes Mitspracherecht bei dem Prozeß der deutschen Einigung zu haben.«[65]

Zur Einbettung der deutschen Einheit in den »gesamteuropäischen Prozeß« finden sich entsprechende Passagen in Kohls Zehn-Punkte-Programm.

64 Peter Glotz: »Deutschland mutiert im Kern oder Abschied von der Bonner Republik. Die jungkonservative Wende und die drohende Veränderung im Parteiensystem«, in: ders.: *Die falsche Normalisierung. Die unmerkliche Verwandlung der Deutschen 1989 bis 1994*, Frankfurt am Main 1994, S. 66–74; S. 72.

65 Schwammel: *Deutschlands Aufstieg zur Großmacht*, a. a. O., S. 175.

Die Einbindung sollte nach seinem Vorschlag in die EG, KSZE und auch in die NATO erfolgen. Auf die Einbindung in die EG bestanden vorrangig die europäischen Nachbarn. Die sowjetische Regierung legte Wert auf die Einbindung in die KSZE, und den USA war die Mitgliedschaft in der NATO von großer Wichtigkeit. Auf Drängen des französischen Präsidenten Mitterand sollte das Inkrafttreten der Maastrichter Verträge, das heißt die zweite und dritte Stufe der europäischen Wirtschafts- und Währungsunion (EWWU) vorgezogen werden, um die Stärke der deutschen Wirtschaft, genauer der Fiskalpolitik der Deutschen Bank für eine harte deutsche Währung, die den europäischen Ländern, insbesondere der französischen Wirtschaft zu schaffen machte, den Stachel zu ziehen, bzw. diese in einer europäischen Währung und Wirtschaft aufgehen zu lassen, um davon im europäischen Rahmen zu profitieren. Kohl hatte ursprünglich einen späteren Zeitpunkt für die Wirtschafts- und Währungsunion anvisiert; für ihn stellte ein früheres Datum jedoch keine größere Schwierigkeit dar, da er die deutsche Einheit und die europäische Integration als die beiden Seiten einer Medaille ansah.[66]

Mit dem gesicherten Fortbestand der Westbindung Deutschlands wuchs die Zustimmung der europäischen Nachbarstaaten zur deutschen Einheit. Diese Zustimmung wurde nach dem Vollzug der deutschen Einheit nochmals in einer gemeinsamen »Charta für ein neues Europa« hervorgehoben. Darin begrüßten die 34 Staats- und Regierungschefs der KSZE-Mitgliedstaaten »aufrichtig, daß das deutsche Volk sich in Übereinstimmung mit den Prinzipien der Schlußakte der Konferenz über Sicherheit und Zusammenarbeit in Europa und in vollem Einvernehmen mit seinen Nachbarn in einem Staat vereinigt hat«[67].

Doch bis dahin war es noch ein beschwerlicher Weg, der das ganze diplomatische Geschick der Bundesregierung erforderte, um insbesondere die Position der sowjetischen Regierung (neutrales Gesamtdeutschland) mit den Bedingungen der USA (unbedingte Mitgliedschaft des vereinten Deutschland in der NATO) in einen konsensfähigen Einklang zu bringen. Die sowjetische Regierung war sich völlig darüber im Klaren, »daß sie die deutsche Einheit nicht verhindern, den Einigungsprozeß nicht mehr aufhalten, sehr wohl aber daraus für sich Vorteile wirtschaftlicher und politischer Art herausschlagen konnte«[68]. Michail Gorbatschow ließ sich von der Bun-

66 Vgl. Schöllgen: *Die Außenpolitik der Bundesrepublik Deutschland*, a. a. O., S. 192.

67 *Sicherheit und Zusammenarbeit in Europa. Dokumentation zum KSZE-Prozeß 1990/91*, hrsg. vom Auswärtigen Amt, Bonn 1991, S. 151.

68 Schwammel: *Deutschlands Aufstieg zur Großmacht*, a. a. O., S. 188.

desregierung seine Zustimmung zur deutschen Einheit in Form einer nicht unbedeutenden Höhe an finanzieller Unterstützung in Form der Stundung von Staatsschulden und in Form wirtschaftlicher Hilfen der ökonomisch massiv in die Krise geratenen Sowjetunion bezahlen.[69]

Darüber hinaus war eine weitere zentrale Forderung der sowjetischen Regierung die Anerkennung der Unantastbarkeit der Grenzen. Diese vertragliche Anerkennung galt lediglich als eine Formsache, da innerhalb des KSZE-Prozesses selbiges schon schriftlich mehrfach festgelegt worden war. Von dem Verzicht Deutschlands auf eine NATO-Mitgliedschaft als eine unerläßliche Bedingung für die Zustimmung zur deutschen Einheit ließ sich Gorbatschow nach wie vor nicht abbringen. »Tatsächlich dürfte die sowjetische Regierung Ende Juni 1990 endlich bereit gewesen sein, die deutsche Einheit auch bei einem Verbleib des geeinten Deutschlands in der NATO zu akzeptieren, sofern erstens den sicherheitspolitischen Interessen der Sowjetunion Rechnung getragen werden würde, zweitens die Bundesregierung die Erfolgsaussichten der innerstaatlichen sowjetischen Reformen durch umfangreiche ökonomische und finanzielle Hilfestellung erhöhen und drittens ihren Einfluß als bedeutende Weltwirtschaftsmacht im Rahmen der EG und der G-7-Gruppe geltend machen würde, um auch andere Länder zur vor allem ökonomischen Unterstützung der Sowjetunion zu bewegen.«[70]

Am 15. und 16. Juli 1990 traf Kohl den sowjetischen Staatschef in dessen kaukasischer Datscha. Das Treffen, auf dem Gorbatschow endgültig seine Zustimmung zur deutschen Einheit gab und von seiner Bedingung eines militärpolitisch neutralen Gesamtdeutschlands abließ, wurde treffend medial in Szene gesetzt. Die Öffentlichkeit ereilten Fernsehbilder von zwei Staatsmännern, die in lockerer und privater Atmosphäre zusammensaßen. Die Herren hatten ihre Masken staatsmännischer Attitüden abgelegt und saßen in legerer Kleidung an einem schnell fließenden Fluß in der Natur. Die Bilder sollten zeigen, daß alles im Fluß ist (*panta rhei*), wie gut sich die beiden persönlich verstehen und Dinge aushandeln können, die auf der Ebene der Diplomatie sehr zähflüssig verliefen: eine wahre Männerfreundschaft sollte die deutsche Einheit möglich gemacht haben. Daß es um handfeste materielle Interessen ging, sollte ein wenig durch die Inszenierung in den Hintergrund geraten. Tatsächlich aber war die Zustimmung Gorbatschows zur NATO-Mitgliedschaft des vereinten Deutschlands von einem weiteren geleisteten Schritt abhängig gewesen: Die NATO sollte zusichern, daß sie

69 Vgl. Schöllgen: *Die Außenpolitik der Bundesrepublik Deutschland*, a. a. O., S. 195.
70 Schwammel: *Deutschlands Aufstieg zur Großmacht*, a. a. O., S. 189.

den Warschauer Pakt nicht mehr als militärischen Gegner betrachte und zu einer Kooperation bereit sei.[71] – Die Liquidation des Feindbildes war bereits durch eine offizielle Erklärung der NATO am 5./6. Juli 1990 erfolgt.[72]

Nach dem freundschaftlichen Zusammentreffen mit Gorbatschow trat Kohl am 16. Juli in Schelesnowodsk vor die Presse und informierte die Öffentlichkeit über acht Punkte, die er mit dem sowjetischen Staatschef ausgehandelt hatte. Darin zentral war: »Das vereinte Deutschland kann in Ausübung seiner uneingeschränkten Souveränität frei und selbst entscheiden, ob und welchem Bündnis es angehören will.«[73] Bei Gregor Schöllgen heißt es, Gorbatschow habe nicht das *ob*, wohl aber die Entscheidung, *welchem* Bündnis Deutschland angehören wolle, ausgehandelt. *Daß* Deutschland einem Bündnis angehören müsse, stand für Gorbatschow nicht zur Disposition.[74] Außerdem sollte in den abschließenden Vertrag zur deutschen Einheit, der mit den Vier Mächten auszuhandeln sei (»Zwei-plus-Vier-Verhandlungen«), der deutsche Gesamtstaat sich zur militärischen Selbstbeschränkung verpflichten, das heißt, es sollten die deutschen Streitkräfte innerhalb von drei Jahren auf eine Gesamtanzahl von 370 000 Soldaten reduziert werden und niemals wieder überschreiten. Diesbezüglich gab es seitens der Bundesregierung eine gesonderte Erklärung.[75] Ferner sollte der deutsche Staat sich dazu verpflichten, für alle Zukunft auf die Herstellung, den Besitz und die Verfügung von ABC-Waffen zu verzichten.[76]

Nicht weniger unwichtig waren auch die anderen Punkte, etwa daß das Bezugsobjekt der deutschen Einheit territorial eingeschränkt wurde auf die Gebiete der Bundesrepublik, DDR und auf Berlin und daß Deutschland nach dem Vollzug der Einheit und dem Erlöschen der Rechte der Besatzungsmächte sowie deren Verantwortlichkeiten seine volle und uneingeschränkte Souveränität zurückerhalte. In einem weiteren Punkt wurde die Abwicklung des sowjetischen Truppenabzugs, der durch einen bilateralen Vertrag zwischen Deutschland und der Sowjetunion zu vereinbaren sei, erwähnt. Die NATO-Strukturen sollten erst dann auf das Gebiet Ostdeutschlands ausgeweitet werden, wenn die sowjetischen Truppen abgezogen sind. Solange sowjetische Truppen noch in Berlin stationiert sind, sollten auch Truppen der NATO in Berlin präsent bleiben.

---

71 Vgl. Schöllgen: *Die Außenpolitik der Bundesrepublik Deutschland*, a. a. O., S. 197.

72 Siehe *Europa-Archiv* 45, 1990, S. 456 ff.

73 *Europa-Archiv* 18/1990, S. D 480.

74 Vgl. Schöllgen: *Die Macht in der Mitte Europas*, a. a. O., S. 48.

75 Siehe »Erklärung der Regierung der Bundesrepublik Deutschland über die Personalstärke der deutschen Streitkräfte«, in: *Europa-Archiv* 24/1990, S. D 653f.

76 Siehe *Europa-Archiv* 45, 1990, D 480.

Kohl hatte diese Regelungen, vor allem auch die relativ weitreichenden Zugeständnisse bezüglich der NATO, um von Gorbatschow die Zustimmung zur deutschen Einheit zu bekommen, ohne Rücksprache mit den EG-Partnern und dem westlichen Bündnis getroffen. Inge Schwammel spricht diesbezüglich von einem »einzigartigen deutschen Alleingang« und einer bemerkenswerten »Kaltblütigkeit« Kohls: »Das Vorgehen des Kanzlers verdeutlichte unmißverständlich, daß die Bundesregierung (zumindest in dieser Angelegenheit) nicht bereit war, sich ihren außenpolitischen Spielraum von den Westmächten oder anderen Ländern einengen, den Einigungsprozeß vereiteln oder auch nur verzögern zu lassen; um der deutschen Einheit willen nahm die Bundesregierung durchaus auch die Möglichkeiten von bündnisinternen Verstimmungen und getrübten Beziehungen zu den Partnerländern in EG und NATO in Kauf.«[77] Die Bundesregierung habe sich stark und unabhängig genug gefühlt, den Einigungsprozeß maßgeblich zu gestalten und das Tempo selbst zu bestimmen.[78]

Wiedererlangung der nationalstaatlichen Souveränität – »Zwei-plus-Vier«-Vertrag

Ohne die Zustimmung der vier Siegermächte des Zweiten Weltkrieges und in gewisser Hinsicht auch der Nachbarstaaten Deutschlands konnte die deutsche Einheit jedoch nicht vollzogen werden. Seit dem Potsdamer Abkommen von 1945, das für »Deutschland als Ganzes« festgeschrieben worden war und die Rechte der Alliierten als Besatzungsmächte regelte, galt die staatliche Souveränität Deutschlands für aberkannt und war durch die Politik Adenauers, der über die Strategie der Westintegration eine schrittweise Souveränisierung des westdeutschen Staates versucht hatte, nur in eingeschränktem Maße zurückgegeben worden. Die Bundesrepublik blieb über das Jahr 1955, welches in der Deutschlandpolitik hinsichtlich der Pariser-Verträge als »Datum der außenpolitischen Souveränität« gilt,[79] bis in das Jahr 1990 hinein nur eingeschränkt souverän. In wesentlichen Fragen, die vor allem Gesamtdeutschland betrafen, galten weiterhin die Vorbehaltsrechte der Alliierten, und dies bedeutete, daß eine deutsche Einheit nicht nur der Zustimmung der Vier Mächte bedurfte, sondern diese auch die Bedingungen der deutschen Einheit diktieren durften. Aus diesem Grund mußten

77 Schwammel: *Deutschlands Aufstieg zur Großmacht*, a. a. O., S. 194.

78 Vgl. Stanley Hoffmann: »Abschied von der Vergangenheit. Politik und Sicherheit im künftigen Europa«, in: *Europa-Archiv* 20/1990, S. 595 ff.

79 Vgl. Bernd Stöver: *Die Bundesrepublik Deutschland*, Darmstadt 2002, S. 2.

die Regierungen der beiden deutschen Staaten Verhandlungen mit den Vier Mächten führen, in denen es dann auch um die Ablösung der Rechte der Alliierten ging, wie diese im Potsdamer Abkommen festgehalten waren.

Seit dem 5. Mai 1990 verhandelten schließlich die Außenminister der vier Siegermächte des Zweiten Weltkrieges in diplomatischen »Zwei-plus-Vier«-Gesprächen mit den Außenministern der beiden deutschen Staaten über die Bedingungen und Konsequenzen der deutschen Einheit. Im Vorfeld der Verhandlungen hatten die sechs Verhandlungsparteien noch darum gestritten, ob die Verhandlungen »Vier-plus-Zwei« oder »Zwei-plus-Vier« heißen sollten. Die Reihenfolge entschied seiner symbolischen Wirkung nach nämlich darüber, wer die tatsächlichen Hauptakteure des deutsch-deutschen Einigungsprozesses seien. Die Bundesregierung wollte verschleiern, daß die beiden deutschen Staaten von dem politischen Willen der Siegermächte des Zweiten Weltkrieges abhängig seien, und sie wollte die Gravität der beiden deutschen Staaten als Hauptakteure ins Licht rücken. Aus diesem Grund trat sie massiv dafür ein, daß die Verhandlungen »Zwei-plus-Vier« genannt würden.[80] Die Bundesregierung hatte sich gegenüber den Vier Mächten durchsetzen können. Am 12. September 1990 kam der »Zwei-plus-Vier«-Vertrag zum Abschluß. Es war kein Friedensvertrag, wenn er auch dessen Funktion übernahm.[81] Es war vielmehr ein Vertrag, der die äußeren Aspekte der deutschen Einigung: die Frage der Bündniszugehörigkeit und weitere Integrationsverpflichtungen, Grenzfragen sowie militärische Truppenstärke und den Verzicht auf ABC-Waffen regelte. Der »Zwei-plus-Vier«-Vertrag verbot aber nicht die Möglichkeit der Mitverfügung über Atomwaffen im Rahmen einer künftigen Europäischen Union.[82] Diese Spitzfindigkeit ist von großem Ernst, wurde doch vor allem in der Zeit des Kalten Krieges, zum Beispiel von Franz-Josef Strauß, der mit dem Konzept eines »deutschen Gaullismus« eine enge Anbindung an Frankreich und damit eine Mitverfügung über Atomwaffen für den deutschen Staat ersuchte, staatliche Souveränität mit Besitz von Atomwaffen verknüpft.

Das Territorium des vereinten Deutschlands wurde in dem Vertrag auf »die Gebiete der Bundesrepublik Deutschland, der Deutschen Demokratischen Republik und ganz Berlins« festgelegt (Artikel 1.1).[83] Darüber hinaus

---

80 Vgl. Schwammel: *Deutschlands Aufstieg zur Großmacht*, a. a. O., S. 180.

81 Vgl. Schöllgen: *Die Außenpolitik der Bundesrepublik Deutschland*, a. a. O., S. 199.

82 Vgl. Christoph-Matthias Brand: *Souveränität für Deutschland. Grundlagen, Entstehungsgeschichte und Bedeutung des Zwei-plus-Vier-Vertrages vom 12. September 1990*, Köln 1993, S. 264 f.

83 Vgl. *Europa-Archiv* 45, 1990, S. D 510.

mußte sich das vereinte Deutschland dazu verpflichten, seine Ostgrenze zu Polen in einem gesonderten Vertrag zu bestätigen (Artikel 1.2). Dies geschah dann auch am 14. November 1990 in Warschau.[84] Aber die Grenzfrage zu Polen war für die Bundesregierung eine nicht problemlose Angelegenheit; die endgültige Anerkennung der Oder-Neiße-Grenze erfolgte durch die Bundesregierung nur nach längerem Zögern und nur mit einigem Widerwillen, die Anlaß für die Vermutung gab, daß sie Rücksicht auf rechts-konservative Interessengruppen wie die Vertriebenenverbände nehmen wollte, die unter einer territorialen Normalisierung des deutschen Staatsterritoriums nicht nur die Vereinigung der Bundesrepublik, der DDR und Berlins, sondern vermutlich auch die nach 1945 osteuropäischen Staaten zugeschlagenen ehemaligen ostdeutschen Gebiete und damit annähernd ein Deutschland in seinen Grenzen von 1937 verstanden.

Nach dem Zweiten Weltkrieg unterstützten die Siegermächte große Umsiedlungsaktionen der deutsch-stämmigen Bevölkerung in Osteuropa, weil »ethnische Heterogenität« in der Vergangenheit Anlaß kriegerischer Konflikte gewesen war. Die Grenzregulierungen, die zu Lasten Deutschlands vorgenommen wurden, dienten auch dazu, gesicherte Grenzen im Osten zu schaffen und vor allem zu verhindern, daß in Zukunft ein möglicherweise wieder aggressiv gewordenes Deutschland nach seinen ehemaligen Gebieten im Osten mit waffenstarrenden Augen schielen könnte.[85] Seit dem waren die Vertriebenenverbände die einflußreichsten Interessengruppen, die viele Konservative und auch Reaktionäre oder Alt-Nazis um sich versammelten und großen Einfluß auf die konservativen Bundesregierungen ausübten. Ihr vorrangiges politisches Ziel war bis zur deutschen Einheit 1989/90 die Wiederherstellung des Deutschen Reiches in seinen Grenzen von 1937.[86]

Für Konrad Adenauer war die Festlegung der Ostgrenze gemäß des Potsdamer Abkommens schon nicht endgültig, da eine solche endgültige Festlegung durch einen Friedensvertrag mit Gesamtdeutschland geregelt werden müßte. Ein Friedensvertrag aber wurde nicht abgeschlossen.[87] Adenauer vertrat zudem die Ansicht, daß kein Deutscher jemals eine solche Festlegung zuungunsten Deutschlands akzeptieren könne, vielmehr müsse man »den

---

84 Vgl. *Europa-Archiv* 46, 1991, S. D 310.

85 Siehe Gerhard Stuby: *Die »gefesselte« Souveränität der Bundesrepublik. Zur Entwicklung der BRD im Rahmen der US-Globalstrategie*, Heilbronn 1987, S. 41; vgl. Thomas Weingartner: *Die Außenpolitik der Sowjetunion seit 1945. Eine Einführung*, Düsseldorf 1973, S. 13 ff.

86 Vgl. Samuel Salzborn: *Heimatrecht und Volkstumskampf. Außenpolitische Konzepte der Vertriebenenverbände und ihre praktische Umsetzung*, Hannover 2001.

87 Vgl. Hans Georg Lehmann: *Der Oder-Neiße-Konflikt*, München 1979, S. 163.

Glauben behalten, daß Recht eines Tages wieder Recht werde und dieses Land zurückkomme«[88]. Adenauer wollte sich für eine Wiedervereinigung »innerhalb vernünftiger Grenzen« einsetzen, wie er auf einer Sitzung des Ausschusses für gesamtdeutsche Fragen des Deutschen Bundestages sagte, wobei er offen ließ, was unter *vernünftigen Grenzen* zu verstehen sei.[89] Einerseits wollte er die ehemaligen ostdeutschen Gebiete nicht verloren geben, andererseits gab Adenauer gegenüber internen Zirkeln zu verstehen, daß eine Wiederherstellung des Deutschlands in seinen Grenzen von 1937 nicht mehr durchsetzbar sei.

Öffentlich hielt Adenauer gleichwohl einen anderen Eindruck aufrecht, was man als taktisches Vorgehen bezeichnen muß. In der Öffentlichkeit beharrte Adenauer auf dem Standpunkt, eine deutsche Wiedervereinigung könne nur unter der Voraussetzung stattfinden, daß die Gebiete jenseits von Oder und Neiße an Deutschland zurückgegeben würden. Adenauers taktisches Vorgehen galt vermutlich vor allem den reaktionären Vertriebenenverbänden, denen er zwar nicht unbedingt nach dem Mund redete, aber ihnen auch nicht widersprach, wenn diese auf die »Befreiung« der ehemaligen ostdeutschen Gebiete pochten. Der erste Bundeskanzler der Bundesrepublik soll noch im Jahre 1958 ostpreußischen Vertriebenen gegenüber zugesichert haben, daß sie in ihre Gebiete zurückkehren könnten unter der Voraussetzung, daß die Bundesrepublik ihren Kurs der Westbindung insbesondere ihre Treue zur NATO weiter fortsetzte.[90] »Tatsächlich konnte man aus Adenauers Äußerungen in Bonn die Verbindung von offensiver amerikanischer Befreiungspolitik und Wiedervereinigung Deutschlands in den Grenzen von 1937 ableiten.«[91] Adenauers taktische Spiele waren Wasser auf die Mühlen der revisionistischen Vertriebenenverbände, die sich Hoffnungen machten. Diese Hoffnungen wurden auch im Jahre 1989 genährt, als der deutsch-deutsche Einigungsprozeß in Fahrt gekommen war, Kohl aber sich auffallend zurückhielt und zögerte, bedenkenlos die Oder-Neiße-Gren-

---

88 Zit. n. ebd., S. 163; vgl. Axel Frohn: »Adenauer und die deutschen Ostgebiete in den fünfziger Jahren«, in: *Vierteljahreshefte für Zeitgeschichte* 44, 1996, S. 485–525.

89 Vgl. Andreas Biefang: *Der gesamtdeutsche Ausschuß. Sitzungsprotokolle des Ausschusses für gesamtdeutsche Fragen des Deutschen Bundestages 1949–1953*, Düsseldorf 1998, S. 515.

90 Vgl. Stöver: *Die Bundesrepublik Deutschland*, a. a. O., S. 106; Stöver bezieht sich auf Patrik von zur Mühlen, B. Müller und K. Schmitz: »Vertriebenenverbände und deutsch-polnische Beziehungen nach 1945«, in: Carl Christoph Schweitzer und Herbert Feger (Hrsg.): *Das deutsch-polnische Konfliktverhältnis seit dem Zweiten Weltkrieg. Multidisziplinäre Studien über konfliktfördernde und konfliktmindernde Faktoren in den internationalen Beziehungen*, Boppard 1975, S. 96–185; S. 122.

91 Stöver: *Die Bundesrepublik Deutschland*, a. a. O., S. 107.

ze völkerrechtlich verbindlich anzuerkennen. Die ehemaligen ostdeutschen Gebiete waren ein brisantes innenpolitisches Thema. »Wenn die Ostgebiete wirklich kein innenpolitisches Thema mehr wären, dann hätte Kohl nicht gewartet, bis er zur Unterzeichnung des Abkommens durch die empörte öffentliche Meinung in Europa und in der Welt mehr oder minder genötigt wurde.«[92]

So gab denn auch Kohl in seinem »Zehn-Punkte-Programm« vom 28. November 1989 keinerlei Garantien für den Fortbestand der Oder-Neiße-Linie als verbindliche Grenze des vereinten Deutschlands zu Polen. »Kohl wollte den rechten Flügel seiner Partei beschwichtigen, womit er natürlich die polnischen Befürchtungen, die Bundesrepublik trüge sich mit dem Gedanken einer Grenzänderung, nur nährte.«[93] Folgerichtig lehnte die polnische Regierung Kohls Programm strikt ab, solange keine Garantien für Polen gegeben würden.[94] Darüber hinaus verlangte die polnische Regierung, an den »Zwei-plus-Vier«-Verhandlungen beteiligt zu werden, um sicherzustellen, daß die strittige Grenzfrage nicht erst nachträglich mit einem vollständig souveränen Deutschland, sondern vor dem Vollzug der deutschen Einheit geklärt werde. Die polnische Regierung konnte sich damit nur teilweise durchsetzen; der polnische Außenminister sollte zwar bei den »Zwei-plus-Vier«-Verhandlungen hinzugezogen werden, wenn die Grenzfrage zu Polen auf der Tagesordnung stünde, aber eine Klärung der strittigen Frage vor dem Vollzug der deutschen Einheit stand nicht an. Die Befürchtungen vieler polnischer Staatsbürger vor etwaigen Gebietsansprüchen blieben bestehen. Nach einer Umfrage von *Der Spiegel* und *Emnid* im Sommer 1991 sind die Sorgen der Polen auch nach dem am 14. November 1990 unterzeichneten deutsch-polnischen Vertrag, in dem die bestehende Grenze zwischen den beiden Staaten verbindlich festgeschrieben wurde, und nach dem »Abkommen über gute Nachbarschaft und friedliche Zusammenarbeit« vom 17. Juni 1991 nicht geringer geworden: 42 Prozent hielten die Oder-Neiße-Grenze für »ziemlich unsicher«, neun Prozent für »sehr unsicher« und nur vier Prozent für »sehr sicher«, 45 Prozent für »relativ sicher«.[95]

Während der »Zwei-plus-Vier«-Verhandlungen gab es schließlich in Bezug auf die deutsch-polnische Grenzfrage im Prinzip keinen Streit mehr, wenn man einmal davon absieht, daß die polnische Regierung auf zusätzliche Zusicherungen und Versicherungen seitens der deutschen Regierung

92 Markovits und Reich: *Das deutsche Dilemma*, a. a. O., S. 100.
93 Ebd., S. 188.
94 Vgl. Michael Ludwig: *Polen und die deutsche Frage*, Bonn 1991, S. 22–25.
95 Vgl. Markovits und Reich: *Das deutsche Dilemma*, a. a. O., S. 189.

wartete. Auf dem dritten Außenministertreffen der »Zwei-plus-Vier«-Verhandlungen vom 17. Juli 1990 in Paris wurde schließlich der polnische Außenminister Krzysztof Skubiszewski zu den Gesprächen hinzugezogen. Dort wurde vereinbart, daß die bestehende Grenze zwischen Deutschland und Polen möglichst rasch nach der Vereinigung in einem bilateralen Grenzvertrag zwischen dem geeinten Deutschland und Polen verbindlich anerkannt werden solle.[96]

Gleichwohl die Bundesregierung kaum hinter ihre gleich mehrfachen Bekenntnisse zur Unantastbarkeit der bestehenden Grenzen, die sie im Rahmen des KSZE-Prozesses ausgesprochen hatte, zurückgekonnt hätte, löste die Bundesregierung mit ihrem offensichtlich taktischen Zögern, die Grenze zu Polen verbindlich anzuerkennen, auch bei den westeuropäischen Nachbarn, insbesondere in den Niederlanden, große Empörung aus. Der niederländische Ministerpräsident Ruud Lubbers fragte auf der Straßburger Konferenz (Dezember 1990) den deutschen Bundeskanzler, was er gemeint habe, als er immer wieder in seinen öffentlichen Stellungnahmen den Begriff des »deutschen Volkes« verwendete: ob die »polnischen Staatsbürger deutscher Herkunft« damit auch gemeint seien. Kohl beharrte darauf, die Grenzfrage erst von einem demokratisch gewählten Gesamtparlament des vereinten Deutschland beantworten zu lassen und durch einen noch auszuhandelnden separaten Friedensvertrag mit Polen zu klären.

Ein Sturm der Entrüstung folgte Kohls Äußerungen. Am 12. Dezember 1990 hob das niederländische Parlament sogar noch einmal demonstrativ hervor, daß die polnische Westgrenze unverletzlich sei und die deutsche Einheit an den Prozeß der europäischen Integration gekoppelt bleiben müsse.[97] Die Sorge der niederländischen Regierung vor etwaigen territorialen Ansprüchen des vereinten Deutschlands war so groß, daß der westdeutsche Botschafter in den Niederlanden, von der Gablentz, drei Tage später, am 15. Dezember, in der Öffentlichkeit zu beschwichtigen versuchte, indem er versicherte, daß die Westgrenze Polens die Grenze Polens bleiben werde. »Die Niederländer waren aufgebracht über das Benehmen und den Ton der Deutschen in all diesen Vorgängen. Die ständige Rede von den Rechten der Deutschen und die schnellen Reaktionen der Bonner Politiker auf das Geschehen in der DDR weckten Zorn und Mißtrauen.«[98]

Am 12. September 1990 wurde der »Zwei-plus-Vier«-Vertrag unterzeichnet. Der Einigungsprozeß hatte zu diesem Zeitpunkt ein ungeheures Tempo

96 Vgl. *Europa-Archiv* 16/1990, S. Z 170.

97 Vgl. Markovits und Reich: *Das deutsche Dilemma*, a. a. O., S. 164.

98 Ebd.

erreicht. Am 20. September 1990 verabschiedeten Bundestag und Volkskammer den deutsch-deutschen Einigungsvertrag.[99] Nachdem auch der Bundesrat am 21. September 1990 dem Vertrag zugestimmt und der Bundespräsident Richard v. Weizsäcker das Gesetz drei Tage später unterzeichnet hatte, war die Einigung vollzogen und rechtsgültig geworden.

Die staatliche Souveränität Deutschlands war damit aber noch nicht wiederhergestellt. Die Rechte und Verantwortlichkeiten der Vier Mächte waren zunächst nur vorläufig ausgesetzt. Endgültiges Erlöschen der Rechte und Verantwortlichkeiten hing von dem Inkrafttreten des »Zwei-plus-Vier«-Vertrages ab, dessen Ratifizierung in den Parlamenten und im Obersten Sowjet der Vier Mächte erst noch stattfinden mußte. Die Ratifizierung des Vertrages durch den Obersten Sowjet ließ am längsten auf sich warten und erfolgte erst am 4. März 1991. Die sowjetische Regierung knüpfte an die Ratifizierung weitere Bedingungen, die wichtigste war der Abschluß eines »Vertrag[es] über gute Nachbarschaft, Partnerschaft und Zusammenarbeit«, in dem »regelmäßige Konsultationen« vereinbart werden sollten, wie sie auch zwischen der Bundesrepublik und Frankreich einmal verabredet und vertraglich festgehalten worden waren.[100] Außerdem wünschte die sowjetische Regierung einen Neutralitäts- bzw. Nichtangriffsvertrag mit Deutschland.

Am 3. Oktober 1990 wurde der Vollzug der deutschen Einheit offiziell gefeiert. In seiner Dankesrede, die an die europäischen und transatlantischen Nachbarn gerichtet war, hob der Bundespräsident von Weizsäcker die Zuverlässigkeit der Deutschen hervor, denen schließlich einmal nach den Verbrechen von zwei Weltkriegen und dem Massenmord an den Juden jedes Vertrauen abgesprochen worden war: »Ohne das Vertrauen der Völker in uns Deutsche hätten wir uns nicht vereinigen können. (...) Die Deutschen sind berechenbare, zuverlässige und geachtete Partner geworden. Das hat die innere Zustimmung unserer Nachbarn und der ganzen Welt zu unserer Einheit ganz entscheidend gefördert.«[101]

Nach dem Vollzug der deutschen Einheit erfolgte der Versuch einer umfassenden bilateralen Normalisierung der nachbarschaftlichen Verhältnisse zwischen Deutschland und den osteuropäischen Ländern. Am 9. November 1990 wurde der »Vertrag über gute Nachbarschaft, Partnerschaft und Zusammenarbeit« zwischen Deutschland und der Sowjetunion abgeschlossen. Am

---

99 Vgl. »Vertrag zwischen der Bundesrepublik Deutschland und der Deutschen Demokratischen Republik über die Herstellung der Einheit Deutschlands«, in: *Europa-Archiv* 20, 1990, S. D 515 ff.

100 Vgl. *Europa-Archiv*, 1991, D 86 f.

101 Richard von Weizsäcker zit. n. *FAZ* vom 4. Oktober 1990.

14. November folgte der deutsch-polnische Grenzvertrag, in dem die Grenzfrage verbindlich geregelt wurde, und ein deutsch-polnisches Abkommen über »gute Nachbarschaft und freundschaftliche Zusammenarbeit« wurde am 17. Juni 1991 geschlossen. Mit der ČSFR unterschrieb die Bundesrepublik einen ähnlichen »Vertrag über gute Nachbarschaft und freundschaftliche Zusammenarbeit«. Außerdem wurden am 28. August 1991 diplomatische Beziehungen zu den souverän gewordenen baltischen Staaten aufgenommen.

3. Golfkrieg 1991: »Zuschauertribüne« und »Scheckbuch«

Der deutsche Einigungsprozeß war noch nicht abgeschlossen, da ereignete sich bereits die Golfkrise. War zuvor noch die volle Aufmerksamkeit der Weltmächte auf Deutschland gerichtet, so richtete sich nunmehr diese auf die Golfregion, als am 2. August 1990 der irakische Diktator, Saddam Hussein, Kuwait annektierte und irakische Truppen den souveränen Staat am Golf besetzten. Auf Betreiben der USA befaßte sich der UN-Sicherheitsrat mit der völkerrechtswidrigen Annexion und verabschiedete eine Resolution, in der Saddam Hussein ein Ultimatum zur Räumung des Kuwait gesetzt wurde. Falls es zu einem geordneten Rückzug der irakischen Truppen auf irakisches Gebiet nicht bis zum Ablauf des Ultimatums kommen sollte, würden gegen den Irak von der UNO sanktionierte militärische Schritte in die Wege geleitet. Das Ultimatum verstrich ohne positive Wirkung am 16. Januar 1991. In der Nacht zum 17. Januar begannen die Kampfhandlungen der alliierten Truppen aus 29 Staaten gegen den Irak mit der massiven Bombardierung Bagdads.[102]

Die USA hatten eine breite Allianz gegen den Irak zustande gebracht. Der wichtigste NATO-Partner, Deutschland, blieb allerdings eher passiv im Hintergrund. Die Gründe für die passive Haltung der Bundesregierung im Irak-Krieg 1991 sind vielschichtig. Inge Schwammel beobachtet bei den politischen Eliten des deutschen Staates Hemmungen, unmittelbar nach der deutschen Einheit sich machtbewußt im Irak-Konflikt zu engagieren und somit gegebenenfalls Wasser auf die Mühlen derer zu spülen, die sich als Konsequenz der deutschen Einheit über ein allzu imperial auftretendes Deutschland Sorgen machten. Hinzu kamen skandalöse Nachrichten

102 Über die Ursachen und Perspektiven des Golfkrieges siehe Gert Krell und Bernd W. Kubbig (Hrsg.): *Krieg und Frieden am Golf. Ursachen und Perspektiven*, Frankfurt am Main 1991; Bassam Tibi, Anke Houben und Kai W. Dierke: *Die Golfregion zwischen Krieg und Frieden. Vom Golf-Krieg zu einer Neuordnung des Nahen Ostens*, Hannover 1992.

von deutschen Lieferungen von Waffen und Giftgas an den Irak, mit denen Saddam Hussein nunmehr Israel bedrohen konnte. Um so mehr geriet der deutsche Staat in die negativen Schlagzeilen bei seinen europäischen und transatlantischen Nachbarn. »Es war unübersehbar, daß die Bundesregierung peinlich darauf bedacht war, ihre gerade vor etwas mehr als drei Monaten erlangte volle Souveränität nicht auszuspielen, keine deutschen Muskeln zu zeigen und im Hintergrund zu bleiben.«[103]

Überforderung der deutschen Außenpolitik direkt nach der nationalstaatlichen Einheit?

Als eine weitere Begründung für die relative Passivität der Bundesregierung im Irak-Konflikt erkennt Gregor Schöllgen eine Überforderung der deutschen Außenpolitik direkt nach der deutschen Einheit. »Unversehens und unvorbereitet befand sich die Bundesrepublik in einer neuen, ungewohnten Rolle, der Rolle einer europäischen Großmacht. Damit nicht genug, war sie auch sogleich gefordert, als solche zu agieren.«[104]

War Deutschland 1989/90 noch die politische Hauptbühne der Weltgeschichte (zuletzt auf dem KSZE-Gipfel im November 1990), so überschlugen sich Anfang 1991 die weltpolitischen Ereignisse an anderen Orten: Zeitgleich zum Irak-Krieg im Januar 1991 ereignete sich die schwere internationale Krise auf dem Balkan. Im Sommer 1991 begann der Bürgerkrieg im auseinanderfallenden Jugoslawien, wenige Monate später folgte ein Putschversuch in der UdSSR gegen die Reformbemühungen Gorbatschows, welcher zwar scheiterte, aber die Auflösung der Sowjetunion beschleunigte.

Dieses internationale Krisenszenario habe den deutschen Staat auf dem falschen Fuß getroffen, welcher noch im großen und ganzen mit sich selbst beschäftigt gewesen sei und seine vermeintlich neue Rolle in der Welt noch nicht begriffen hatte. Schöllgen führt mehrere historische Gründe für eine zu attestierene »Machtvergessenheit« des deutschen Staates an. Nach 1945 sei von den alliierten Siegermächten viel daran gelegt worden, den Deutschen klarzumachen, daß die Zeiten aktiver Großmachtpolitik für Deutschland endgültig vorbei seien. Die Traditionslinie preußisch-deutscher Außenpolitik von Friedrich dem Großen über Bismarck zu Hitler sollte nach 1945 gekappt und niemals wieder aufgenommen werden. »Das deutsche Machtbewußtsein war entsprechend gründlich demontiert worden, zunächst von außen, durch die alliierten Siegermächte des Zweiten Weltkrieges, dann von

103 Schwammel: *Deutschlands Aufstieg zur Großmacht*, a. a. O., S. 201.
104 Schöllgen: *Die Macht in der Mitte Europas*, a. a. O., S. 169.

innen, durch ein schlechtes Gewissen, das in seiner unreflektierten Radikalität die angemessene Bewältigung nationaler Vergangenheit eben keineswegs gefördert, sondern vielmehr gerade verhindert hatte.«[105] Schöllgen stimmt der These von Hans-Peter Schwarz zu, daß aus ungezügelter »Machtbesessenheit« der deutschen Herrschaftseliten eine notorische »Machtvergessenheit« geworden sei.[106] Auch die ansonsten der deutschen Machtpolitik eher kritisch eingestellte Inge Schwammel vertritt die Ansicht, daß die vom deutschen Staat erwartete Rolle, als Großmacht in der Weltpolitik zu agieren, die Bundesregierung überforderte: »Diese Rolle war für alle Deutschen – die Bundesregierung und die Bevölkerung – ungewohnt: Sie waren darauf nur mäßig vorbereitet; zu sehr war man in den letzten Monaten mit dem Prozeß der deutschen Einigung beschäftigt gewesen.«[107]

Die Annahme der Überforderung deutscher Außenpolitik leuchtet wenig ein, schließlich haben die Deutschlandpolitiker gerade erst im deutschen Einigungsprozeß bewiesen, daß sie machtbewußt gegen die Einwände und zögerliches Verhalten der vier ehemaligen Siegermächte die Einheit durchsetzen konnten. Spätestens seit dem Historikerstreit im Jahre 1986 hatten sich konservative Kreise auf eine selbstbewußte Machtpolitik vorbereitet. Damals gaben Personen wie Michael Stürmer den Anstoß, in die Richtung einer selbstbewußten Machtpolitik zu denken und zu handeln. Stürmer hatte in der *Frankfurter Allgemeinen Zeitung* gefragt, wie die Deutschen »morgen ihr Land, den Westen, sich selbst sehen« werden.[108] Er konstatierte in Deutschland in Bezug auf seine jüngste Geschichte (»Drittes Reich«) eine eklatante Erinnerungslosigkeit. Vor diesem Hintergrund sah er eine große Gefahr, ausgehend von der Rechten und der Linken, die in der allgemeinen Orientierungslosigkeit der Gegenwart die Geschichte für ihre Zwecke instrumentalisierten und dem Bedürfnis nach nationaler Identität ihre verzerrte Interpretation der Geschichte anböten. Durch diese Instrumentalisierungen habe die politische Kultur schweren Schaden genommen. Die »Suche nach der verlorenen Geschichte« erweise sich als »moralisch legitim und politisch notwendig«, weil die Bundesrepublik »weltpolitische und weltwirtschaftliche Verantwortung« zu tragen habe. Die Deutungsmuster der

---

105 Ebd., S. 173.

106 Vgl. Hans-Peter Schwarz: *Die gezähmten Deutschen. Von der Machtbesessenheit zur Machtvergessenheit*, Stuttgart 1985.

107 Schwammel: *Deutschlands Aufstieg zur Großmacht*, a. a. O., S. 203.

108 Michael Stürmer: »Geschichte in geschichtslosem Land«, in: *»Historikerstreit«, Die Dokumentation der Kontroverse um die Einzigartigkeit der nationalsozialistischen Judenvernichtung*, München 1987, S. 36–38; *FAZ* vom 25. April 1986.

Linken (»progressive Erwürgung«) und Rechten (»technokratische Geringschätzung«), mit der Geschichte interpretiert würden, hätten eher fatale als verantwortungsgerechte Auswirkungen in Bezug auf die weltpolitische und weltwirtschaftliche Bedeutung der Bundsrepublik. »Denn es geht um die innere Kontinuität der deutschen Republik und ihre außenpolitische Berechenbarkeit.«[109] Gerade die Tragweite dieser Bedeutung kam wenige Monate nach der deutschen Einheit vollends zur Geltung: Nach Ansicht der herrschenden Eliten sei der deutsche Staat zu einem verantwortungsvollen Handeln in der Weltpolitik gezwungen und könne sich demzufolge nicht mehr hinter seiner Geschichte verstecken. Vor diesem Hintergrund fingen Konservative und Liberale an, ihren Orientierungsverlust durch Identitätssuche zu kompensieren – gemäß Stürmers Aussage, Orientierungsverlust und Identitätssuche seien Geschwister. Der politische Ertrag, den diese geistige Anstrengung verspreche, sei das »Versprechen der Normalität«.[110]

Die Bundesregierung wird aus taktischen Gründen auf eine aktive Machtpolitik verzichtet haben, weil sie bereits im deutschen Einigungsprozeß einiges diplomatisches Porzellan zerschlagen hatte und damit bei den europäischen Nachbarn, insbesondere in Großbritannien auf tiefe Skepsis gestoßen war. Alten Ängsten, es könne zu einer Wiederaufnahme der preußisch-deutschen Außenpolitik und zu einem aggressiven deutschen Nationalismus kommen, der seine Großmachtansprüche gegen die Interessen der europäischen Nachbarn richtet, könnte die Bundesregierung vorzubeugen versucht haben. Immerhin hatte Deutschland in der britischen Presse kein gutes Image. Dort wurde während des deutschen Einigungsprozesses das Bild vom »häßlichen Deutschen« revitalisiert. Die britische Premier Margret Thatcher hatte zudem im März 1990 ein »Deutschland-Seminar« organisiert, auf dem sie sich und ihre Regierungsmannschaft von britischen und amerikanischen Historikern darüber unterrichten ließ, inwieweit ein vereintes Deutschland abermals zu einem Unsicherheitsfaktor für Europa werden könnte. Thatchers Initiative wurde wenige Monate später bekannt und erregte großes Aufsehen in der deutschen Öffentlichkeit.[111]

Die Bundesregierung könnte vor diesem Hintergrund zwar nicht eingeschüchtert, aber tatsächlich bemüht gewesen sein, keinen Anlaß aufkommen zu lassen, welcher die Skepsis vor dem vereinten Deutschland weiter genährt hätte. Aber dies scheint nur ein äußerst dürftiges Argument zu sein, welches kaum dafür spricht, warum die Bundesregierung zurückhaltend, gar

109 Ebd.
110 Ebd.
111 Vgl. »Komplott gegen Europa«, in: *Der Spiegel*, Nr. 29/1990.

eingeschüchtert in der Frage zum Irak reagiert haben soll. Wesentlich einleuchtender erscheint dagegen die Tatsache, daß der Bundesregierung die Ratifizierung des »Zwei-plus-vier-Vertrages« durch den Obersten Sowjet wichtiger war als eine militärische Beteiligung im Irak-Krieg, welche unter Umständen die Ratifizierung in Gefahr bringen, zumindest hätte verzögern können. Die Bundesregierung wollte sich nicht die Mißgunst der Sowjetunion einhandeln, um die deutsche Einheit nicht nachträglich zu gefährden, denn bis dato waren die alliierten Vorbehaltsrechte lediglich außer Kraft gesetzt worden und damit die vollständige Souveränität Deutschlands noch nicht wirklich wiederhergestellt. Auf deutschem Staatsgebiet waren zudem noch 350 000 Soldaten der Roten Armee stationiert, an deren Abzug die Bundesregierung in hohem Maße interessiert war. Die Ratifizierung des »Zwei-plus-vier-Vertrages« durch den Obersten Sowjet erfolgte erst am 4. März 1991. Der Vertrag über den Abzug der sowjetischen Truppen wurde am 2. April 1991 ratifiziert. Schwammel erwähnt Gerüchte, »wonach die Sowjetunion davor gewarnt habe, deutsche Truppen an den Golf zu entsenden, da es in diesem Fall zu einer Gefährdung der Ratifizierung des ›Vertrages über die abschließende Regelung in Bezug auf Deutschland‹ im Obersten Sowjet sowie zu Verzögerungen beim Abzug der Sowjettruppen aus Deutschland kommen könnte.«[112]

Bilaterale Verstimmungen aufgrund der zögerlichen Haltung der Bundesregierung – Der deutsche Staat droht isoliert zu werden?

Das ausschlaggebendste Argument für die zögerliche Haltung dürfte allerdings die ungeklärte Verfassungsrechtslage gewesen sein, welche hauptsächlich von einer starken linksliberalen Opposition im Inland, weniger jedoch von den ausländischen Regierungen problematisiert wurde. Der Druck, den ausländische Öffentlichkeiten in dieser Zeit auf die Bundesregierung ausübten, hätte aus Sicht des deutschen Staates es rechtfertigen können, die Verfassungslage in Deutschland grob zu mißachten, schließlich hätten die herrschenden Eliten auf diese Weise eine Normalisierung der deutschen Außenpolitik mit schnellen Schritten verwirklichen können. Statt dessen entschieden sie sich für eine schrittweise Normalisierung mit langsamerem, salamitaktischem Tempo und nahmen eine drohende Isolation des deutschen Staates, zumindest bilaterale Verstimmungen mit den USA, Großbritannien und Frankreich in Kauf. »Nicht einmal vier Monate später zeigte

112 Schwammel: *Deutschlands Aufstieg zur Großmacht*, a. a. O., S. 202; siehe William R. Smyser: *Deutschland gegen Amerika? Eine Bestandsaufnahme für die Zukunft*, Freiburg 1992, S. 76.

sich mancher jener Nachbarn, denen der Bundespräsident mit gutem Grund den Dank des nunmehr vereinten Deutschland abgestattet hatte, irritiert, gelegentlich auch empört über die Deutschen. Der Grundtenor war eindeutig. Einer zunehmenden Zahl von Briten, Franzosen, Amerikanern und vielen anderen mehr galten die Deutschen weder als berechenbar noch als zuverlässig und eben deshalb schon gar nicht mehr als ›geachtete Partner‹. Das ›Vertrauen der Völker‹ in die Deutschen, so schien es, war geschwunden.«[113] Einzig mit der Sowjetunion blieben die staatlichen Beziehungen ohne Trübung.

Die noch ausgestandene Ratifizierung des Zwei-plus-Vier-Vertrages durch die Sowjetunion brachte die Bundesregierung im Angesicht des heraufziehenden Irak-Krieges mithin in ernsthafte Schwierigkeiten. Die westlichen Verbündeten verlangten eine eindeutige Positionierung Deutschlands gegen den Irak und ferner eine größere Solidarität mit den alliierten UNO-Mächten. »Erwartet wurde zunächst eine umgehende, öffentliche Solidarisierung führender Repräsentanten aller politischen Parteien und insbesondere der Bundesregierung mit den Alliierten, z. B. in Form demonstrativer Besuche in London, Paris, Washington oder Rom.«[114] Solche Besuche kamen erst nach Einstellung der Kampfeshandlungen am 28. Februar 1991 zustande. Der alliierte Angriff zur Befreiung des Kuwait sei legitim und notwendig gewesen, und man stehe »fest und unverbrüchlich« an der Seite der Alliierten, hieß es schließlich.[115] Die Solidaritätsbekundung kam so spät, weil die Bundesregierung auf die sowjetische Regierung Rücksicht nehmen mußte, um die Ratifizierung des Zwei-plus-Vier-Vertrages nicht zu gefährden. So zumindest ist teilweise der Umstand zu erklären, warum die Bundesregierung schließlich sich »lediglich« einverstanden erklärte, logistische und finanzielle Unterstützung zu leisten. Die Bundesregierung übernahm mit 17 Milliarden DM einen Großteil der Kosten des Krieges. Für eine militärische Beteiligung stünde aber das Grundgesetz im Wege, das solche *out of area*-Einsätze nicht zulasse. In etwas abfälliger Weise wurde dieser Zusammenhang als »Scheckbuchdiplomatie« benannt.[116]

Gregor Schöllgen verweist auf den Umstand, daß allerdings der unterstützende Beitrag des deutschen Staates im Krieg gegen den Irak weitaus umfangreicher gewesen war. Wegen der unklaren oder besser: ungeklärten

---

113 Schöllgen: *Die Macht in der Mitte Europas*, a. a. O., S. 170.

114 Ebd., S. 172.

115 Vgl. *FAZ* vom 25. Februar 1991.

116 Vgl. »Shaky Ground«, in: *International Herald Tribune* vom 23. April 1991; vgl. »Abmarsch in Richtung Sonderweg«, in: *SZ* vom 20. Juni 1991.

Rechtslage hinsichtlich der Verfassungsmäßigkeit von in Kampfeshandlungen verstrickten Truppen der Bundeswehr *out of area* sollte die nicht gerade gering ausgefallene militärische Unterstützung Deutschlands im Irak-Krieg nicht großartig publik gemacht werden. US-Amerikanische Stützpunkte auf deutschem Territorium dienten als Basis und logistischer Umschlagort für die Bombardements auf Bagdad. Deutsche Mienensuchboote befanden sich im Persischen Golf zur vorsorglichen Verhinderung eines Angriffs gegen die Türkei bereits vor dem später vereinbarten Waffenstillstand zwischen irakischen und alliierten Truppen. Ferner beteiligten sich 30 Piloten und Mechaniker der Heeresflieger mit CH53-Hubschraubern an der Aufdeckung des geheimen irakischen Rüstungspotentials. Seit Oktober 1991 flogen dann Bundeswehreinheiten fünf Jahre lang UN-Inspektoren zu ihren Einsätzen im Irak.[117]

(Bündnis)-Pflichten des souveränen Deutschlands versus ungeklärte Verfassungslage

Schwammel schreibt, daß die deutsche Sonderstellung, die aufgrund der eingeschränkten Souveränität seit der Gründung der Bundesrepublik 1949 mit Recht eingenommen und beansprucht worden war, im Zuge der deutschen Einheit beendet worden sei.[118] Deutschland sei nunmehr mit den gleichen Rechten ausgestattet, die einem Staat aufgrund seiner Souveränität zukommen. Damit verbunden machten sich aber nicht nur im Inland Stimmen lautstark bemerkbar, die auch die Wahrnehmung derselben Pflichten einforderten. Das ist allerdings einigermaßen zweifelhaft, denn worin sollen außenpolitische Pflichten eines souveränen Staates bestehen? Außenpolitische Souveränität schließt eben auch die Möglichkeit mit ein, »Nein« sagen zu können. Kein souveräner Staat verpflichtet sich zu etwas, was nicht in seinem »nationalen Interesse« liegt. Zwar gehen souveräne Staaten auch Bündnisverpflichtungen vertraglich ein, die sie dann mehr aus moralischen Gründen auch einhalten müssen, aber gerade in Bezug auf die deutsche Vergangenheit: die historische Schuld, die Deutschland sich mit zwei Weltkriegen und Auschwitz aufgebürdet hat, verpflichtet aus weitaus schwerwiegenderen moralischen Gründen den deutschen Staat dazu, außenpolitische Zurückhaltung zu üben, wenn es um die Beteiligung an Kriegseinsätzen geht.

117 Vgl. Schöllgen: *Die Außenpolitik der Bundesrepublik Deutschland*, a. a. O., S. 210 f.
118 Vgl. Schwammel: *Deutschlands Aufstieg zur Großmacht*, a. a. O., S. 203.

Aber die Bundesregierung durfte tatsächlich eher als kriegswillig angesehen werden, wie sich etwa an den »Verteidigungspolitischen Richtlinien« (VPR), an denen zeitgleich gearbeitet wurde und die sich als eine grundlegende Weichenstellung zur Herstellung der Kriegsfähigkeit des deutschen Staates erweisen sollten, ablesen läßt. Nur konnte die Bundesregierung nicht, wie sie wollte. Zur historischen Schuld hatten die herrschenden Eliten ein instrumentelles Verhältnis; auf sie wurde verwiesen, wenn es nützlich erschien, aber ansonsten stand sie innenpolitisch der Normalisierung der deutschen Außenpolitik, das heißt der Herstellung von Kriegsfähigkeit eher im Wege. Die deutsche Bevölkerung mußte erst noch von der angeblichen Notwendigkeit überzeugt werden.

Die US-Regierung verhielt sich gegenüber der Bundesregierung durchaus ambivalent. Einerseits war ihr das deutsche Geld willkommen, andererseits schien sie die deutsche Regierung für ihre spärliche Solidarität abzustrafen, indem sie die Bundesregierung über den Beginn der Kampfeshandlungen gegen den Irak vorab nicht informierte.[119] Nicht zuletzt aufgrund der Befürchtung, von den USA in der Weltpolitik isoliert zu werden, sollte es das letzte Mal sein, daß die »Scheckbuchdiplomatie« zur Anwendung kam. Deutschland müsse »runter von der Zuschauertribüne der Weltpolitik, um seine Interessen vertreten und verteidigen« zu können, hieß es etwa bei Bundesaußenminister Klaus Kinkel zu dieser Zeit. Die *Frankfurter Allgemeine Zeitung* kommentierte den Umstand folgendermaßen: »Die Wiedervereinigung hatte der Nation den Wortschatz staatlicher Symbolik zurückgegeben. Jetzt hätte sie zum ersten Mal in dieser Sprache reden müssen. Statt dessen blieben sie stumm und muß nun dafür zahlen.«[120]

Der *Zeit*-Verleger Gerd Bucerius hielt angesichts der drohenden Isolation des frisch vereinten Deutschlands im Zuge der Irak-Krise eine schnelle Grundgesetzänderung für unabänderlich: »wenn die Nation entschlossen ihre Pflicht tun« wolle, müsse die »Verfassung schnell geändert« werden; dies sei möglich, sei sie doch »oft genug schon einer neuen Lage angepaßt« worden.[121] 1991 versprach Hans-Dietrich Genscher vor der UNO-Versammlung in New York, daß die Deutschen ihre Verfassung ändern würden, um den Bestimmungen der Charta der Vereinten Nationen hinsichtlich der Rechte und Pflichten, einschließlich der kollektiven Maßnahmen für Sicherheit gerecht werden zu können. Dies erfordere jedoch Zeit, da die Mehrheitsver-

119 Vgl. Günther Latsch und Klaus Wiegrefe: »Einsatz im Machtspiel«, in: *Der Spiegel* 46/2001, S. 37.

120 *FAZ* vom 18. Februar 1991.

121 Gerd Bucerius: »Unsere Anmaßung«, in: *Die Zeit* vom 1. Februar 1991.

hältnisse noch gegen eine Grundgesetzänderung sprachen. In der deutschen Öffentlichkeit formierte sich statt dessen ein lautstarker Protest gegen eine deutsche Beteiligung am Krieg gegen den Irak, der nach Schöllgen von einer Minderheit betrieben worden sei, die es zeitweilig vermocht habe, die »Außendarstellung der Republik« zu übernehmen und dem Ansehen des deutschen Staates zu schaden.[122] – Bei dieser »lautstarken Minderheit« handelte es sich aber um nichts Geringeres als um das linke und linksliberale Lager, welche reflexiv am Irak-Konflikt die sukzessive verblassenden Grundprinzipien der alten Bundesrepublik (»Nie wieder Krieg«, »Nie wieder Auschwitz«) diskutierten und dabei sich neu zu positionieren begannen.

Hans Magnus Enzensberger: Saddam Hussein als »Hitlers Widergänger«

Drei Wochen nach Beginn der Kampfeshandlungen gegen den Irak publizierte *Der Spiegel* einen Essay von Hans Magnus Enzensberger, der in der deutschen Öffentlichkeit und ganz besonders in linksliberalen Kreisen für einiges Aufsehen sorgte. Enzensberger bezeichnete darin den irakischen Diktator als »Hitlers Widergänger«.[123] Zwar habe man in der Nachkriegszeit aus guten Gründen auf die Singularität der deutschen Verbrechen im Hitler-Faschismus bestanden und jeden Vergleich zurückgewiesen, weil sie relativierend in Bezug auf die Schuld der Verbrechen wirkten. Vergleiche zählten aber zur notwendigen Voraussetzung, um historische Vorgänge überhaupt verstehen zu können. Wenn indessen »substantielle Ähnlichkeiten« vorliegen, sei ein Vergleich sogar geboten.

Enzensberger schickte sich an, solche »substantiellen Ähnlichkeiten« zwischen Hitler und Hussein zu sehen. Letzter sei eine auf arabische Verhältnisse übersetzte Hitler-Gestalt, ein »genuiner Nachfolger« Hitlers. Der deutsche Diktator habe sich nämlich genauso wie Hussein von seinem Selbsterhaltungstrieb nicht leiten, oder besser: einschränken lassen. Genau diese Überlegenheit gegenüber dem Selbsterhaltungstrieb unterscheide die ganz gewöhnlichen »Monster«, die zur »Normalität der Staatenwelt« gehörten, »so wie wir sie kennen«, und die nach einem bestimmten Interessenkalkül vorgehen, das sie ihrerseits kalkulierbar mache. Der Feind Husseins sei dagegen wie schon bei Hitler nichts Geringeres als die gesamte Welt: »Die Entschlossenheit zur Aggression ist der primäre Antrieb; Objekte, Anlässe, Gründe werden gesucht, wo sie sich finden. Wer bei der Vernichtung zuerst an die Reihe kommt, ob Iraner oder Kurden, Saudis

122 Vgl. Schöllgen: *Die Macht in der Mitte Europas*, a. a. O., S. 171.
123 Vgl. Hans Magnus Enzensberger: »Hitlers Widergänger«, in: *Der Spiegel* 6/1991.

oder Palästinenser, Kuwaitis oder Israelis, hängt nur von den Gelegenheiten ab, die sich bieten. Auch dem eigenen Volk ist dabei keine Sonderstellung zugedacht; seine Vernichtung ist nur der letzte Akt der Mission, zu der sich Saddam berufen fühlt. Der Todeswunsch ist sein Motiv, sein Modus der Herrschaft ist der Untergang. (...) Er selbst wünscht sich nur das Privileg, als letzter zu sterben.«[124] Jürgen Habermas fragt dagegen: »Das deutsche Bürgertum, das sich nach Versailles mit der Republik nicht anfreunden konnte, auf der einen Seite; das irakische Volk, nachdem es in einem acht Jahre währenden Krieg gegen den Iran ausgepowert worden ist, auf der anderen Seite, deutschnationale Vorurteile hier und schiitischer Fundamentalismus dort – wo ist da der gemeinsame historische Nenner für den Atavismus gedemütigter Völker, aus deren Todestrieb die Diktatoren geboren werden sollten? Vor dem anthropologisierenden Blick und auf der Flucht ins Subhistorische verschwinden alle handfesten Differenzen.«[125]

Wenn gerade für die Person Adolf Hitlers eine solche anthropologisierende dämonische Attributierung unzulässig ist,[126] weil man mit ihr nur den Teufel an die Wand malt, deutsche Geschichte einseitig personifiziert, die deutsche Bevölkerung abstrakt als Verführte von Schuld und Verantwortung freispricht und ansonsten keinerlei gesellschaftliche Zusammenhänge zu erklären vermag, nur zu einer einzigen zweiseitigen Aussage fähig ist: erstens, daß Hitler oder Hussein Psychopathen seien und zweitens, daß »solange Millionen von Menschen [Hitlers; MH] Wiederkehr leidenschaftlich herbeisehnen« es nur eine Frage der Zeit sei, bis dieser Wunsch in Erfüllung gehe – sei es unter unverbesserlichen Deutschen oder eben auf arabische Verhältnisse übersetzt im Irak, so ist eine solche Attributierung für die Person Saddam Husseins nicht zulässiger. Oskar Negt fragt: »Was veranlaßte einen klugen Kopf wie Enzensberger, seine oft bewiesene Differenzierungskraft einer plumpen *Anthropologie der Zweiteilung der Menschheit* zu opfern: auf der einen Seite die *Feinde der Menschheit*, auf der anderen wohl, wie er nahelegt, die *Freunde der Menschheit?* (...) Es ist eine Götterdämmerungs-Atmosphäre, in die Enzensberger den Golfkrieg mit seinen brutalen

124 Ebd.

125 Jürgen Habermas: »Der Golf-Krieg als Katalysator einer neuen deutschen Normalität?«, in: ders.: *Vergangenheit als Zukunft. Das alte Deutschland im neuen Europa? Ein Gespräch mit Michael Haller* (1991), München 1993, S. 25.

126 »Außerdem haben wir aus der Geschichte der Hitler-Historiographie gelernt, daß eine Dämonisierung der großen Führerpersönlichkeiten den Blick auf die historischen Tatsachen verstellt.« – Ebd., S. 25.

Interessenkonstellationen taucht. Doch Vereinfachungen im Denken leisten einer unheilvollen Praxis Vorschub.«[127] – Wie falsch Enzensberger mit seiner Behauptung gelegen hat, Hussein sei von einem Todestrieb beseelt, der ihn im Gegensatz zu ganz gewöhnlichen »Monstern« unberechenbar mache, ist spätestens mit der Ergreifung Husseins durch amerikanische Soldaten Ende 2003 widerlegt worden. Hussein versteckte sich über mehrere Monate, nachdem die USA und ihre alliierten Truppen im Krieg gegen den Irak das Land besetzt hielten, zuletzt in einem Erdloch in der Nähe seines Heimatortes Tikrit. In diesem Versteck befanden sich neben einem Maschinengewehr auch einige Tausend Dollar – alles drei: Erdloch, Geld und Waffe waren unzweideutige Mittel, mit denen Hussein dem rationalen Interesse seines Selbsterhaltes diente. Er mußte schließlich ganz real um sein Leben fürchten, nachdem die USA auf Plakaten in Wild-West-Manier Hussein »dead or alive« suchten (»wanted«), ein hohes Kopfgeld für Hinweise zu seiner Ergreifung ausgesetzt und damit klargemacht hatten, daß sie Hussein nicht die Ehre eines Staatsmannes erweisen würden, wenn sie ihn gefaßt hätten.

Habermas wendet gegenüber Enzensbergers analytischen Fähigkeiten scheinbar verteidigend ein: »Nicht als Historiker oder politischen Analytiker, als Seismographen muß man Enzensberger ernstnehmen. Er hat die Nase im Wind. (...) Wenn er jetzt Argumente für die Kriegspartei zusammensucht, zeigt sich darin vielleicht ein Stimmungsumschwung.«[128] Wenn es auch den Anschein hat, Habermas lobte an dieser Stelle etwa Enzensbergers intellektuelle Qualitäten, so ist das Gegenteil der Fall: Enzensberger habe kein besonders gutes analytisches: weder historisches noch politisches Abstraktionsvermögen, besitze eher die mechanische (Anti-)Fähigkeit eines Seismographen, sei mithin ohne eigenen Willen bzw. ohne eigene Vernunft, der eben nicht anders könne, als seine Nadel den Stimmungen gemäß zum Schwingen zu bringen. Zwischen den Zeilen steht, daß Enzensberger weniger die Nase im Wind hat, als er viel mehr seine politische Fahne in den Wind hänge, zumal er »Argumente für die Kriegspartei zusammensucht«.

Da Enzensberger zu den einflußreichsten Intellektuellen in der deutschen Öffentlichkeit zu zählen ist, wäre es allemal gerechtfertigt, in ihm nicht nur jemanden zu sehen, der mit seiner eigenen, wenig reflektierten Parteinahme für die Kriegsbefürworter zwar auch einen Stimmungsumschwung goûtierte,

127 Oskar Negt: »Golfkrieg und Politik. Abstraktionsfähigkeit konkreter Gewalt / Ideologische Bilder mit hohem Gefühlswert / Gegen die Militär- und Kriegslogik«, in: Negt und Kluge: *Maßverhältnisse des Politischen*, a. a. O., S. 178.

128 Habermas: »Der Golf-Krieg als Katalysator einer neuen deutschen Normalität?«, a. a. O., S. 25.

aber vermutlich um so mehr zu diesem beitrug, ihn aufgrund seines publizistischen Einflusses zusätzlich beförderte. Enzensbergers essayistischer Stoßrichtung mag denn auch ein bewußtes Motiv zu Grunde gelegen haben, welches indirekt in der unheilvollen Drohung, mit welchem er seinen Essay schließt, sichtbar wird: »Woran Hitler und Saddam gescheitert sind, am Endsieg, das heißt, an der Endlösung – ihrem nächsten Widergänger könnte sie gelingen.«[129] Mit anderen Worten: Die gegenwärtige und zukünftige politische Brisanz sei so ernst zu nehmen wie damals, als sich die Menschheit nur zögerlich zur Anti-Hitler-Koalition zusammentat, um Hitler militärisch Einhalt zu gebieten. Der in links-liberalen Kreisen, denen sich Enzensberger selbst zuzählte, weit verbreitete Pazifismus müsse also überwunden werden, damit die Welt durch die bösen Machenschaften der Widergänger Hitlers nicht zugrunde gerichtet werde. So ähnlich argumentierte auch Wolf Biermann: »In den Nachrichten sehe ich die Bilder von Friedensdemonstrationen vor US-Air-Bases. Die meisten Losungen sind antiamerikanisch, als wären die USA der Aggressor. (...) Man kommt sich vor wie auf der falschen Beerdigung. (...) Die Friedensbewegung konnte die Aufrüstung des Irak durch deutsche Firmen nicht verhindern, schlimm genug. Aber jetzt möchte sie die Zerstörung der ABC-Fabriken und Raketen aufhalten, mit denen Saddam & Co. Israel vernichten wollen.«[130] Gegen Biermann stellt Oskar Negt richtig: »Kriegsgrund dort war nicht das von Vernichtung bedrohte Israel, sondern die Besetzung und daraus abgeleitete Notwendigkeit der Befreiung Kuwaits. Wäre Israel der Grund für diesen Krieg gewesen, so hätte er viel früher geführt werden müssen, nämlich als sich Saddam mit Hilfe der Industrieländer aufrüstete und die gelieferten Mordgeräte an den Kurden und den Iranern vor den Augen der Weltöffentlichkeit erprobte.«[131]

Habermas sah im Golfkrieg 1991 den »Katalysator einer neuen deutschen Normalität«, Enzensberger aber war einer der wichtigsten Protagonisten, die diesen Katalysator zum Laufen brachten mit Hilfe einer moralisierenden Legitimationsrhetorik, aus der praktische Konsequenzen abgeleitet und gutgeheißen werden, die auch diejenigen der Kriegsparteien sind. Eines instrumentellen Rückgriffs vermochte sich diese moralisierende Rhetorik nicht zu erwehren und wollte es auch gar nicht.

Das Muster der rhetorischen Legitimation militärischen Aufrüstens und des Führens von Kriegen hatte sich mit Beendigung des Kalten Krieges gewandelt. Noch im Kalten Krieg war es das *antikommunistische Muster*, die

129 Enzensberger: »Hitlers Widergänger«, a. a. O.
130 Wolf Biermann in der *Zeit* vom 1. Februar 1991.
131 Negt: »Golfkrieg und Politik«, a. a. O., S. 176.

Beschwörung einer kommunistischen Bedrohung der vermeintlich freien Welt. Der »Kampf gegen die Ausbreitung des Kommunismus« erforderte militärische Aufrüstung und erhöhte Wachsamkeit des westlichen Verteidigungsbündnisses. Schon die Ära nach Stalin war im Westen nachhaltig davon bestimmt, daß man immer wieder Stalin mit Hitler gleichzusetzen versuchte – die Totalitarismustheorie lieferte die nötige Legitimationsideologie. Der US-Präsident George Bush (sen.) bezeichnete die Sowjetunion noch als das »Reich des Bösen«.

Nachdem das vermeintliche »Reich des Bösen« zusammengebrochen war und der kapitalistische Westen sich als Sieger des Kalten Krieges nicht nur in ökonomischer und militärischer, sondern eben auch in moralischer Hinsicht wähnte, hatte der Antikommunismus als Legitimationsrhetorik ausgedient. Die Metapher des *Bösen* blieb aber bestehen, George Bush wandte sie schon vor Enzensbergers Essay auf Saddam Hussein an und verglich diesen auch mit Hitler. Enzensberger war lediglich der erste, der in der deutschen Öffentlichkeit dieses *antifaschistische Muster* aufgriff. Insbesondere in der deutschen Öffentlichkeit sensibilisierte diese moralisierende Rhetorik das Bewußtsein für ein Dilemma, in das sich die Realpolitik hineinbewegte, wenn sie die beiden deutschen Grundüberzeugungen der Nachkriegszeit aufeinander bezog und damit neutralisierte: »Nie wieder Krieg!« und »Nie wieder Faschismus!« Das Dilemma tritt zu Tage, wenn faschistoide Verhältnisse entstehen, die eine Person wie Hitler an die Macht gelangen lassen und die zu einem mit Auschwitz Vergleichbaren imstande wären. Unter diesen Umständen müßte ein Krieg gerechtfertigt sein, um eine solche mit Hitler zu vergleichende Person zu stürzen oder das mit Auschwitz Ähnliche zu verhindern. Wie steht es dann aber mit dem kategorischen Nein zum Krieg? Aufgrund Enzensbergers publizistischer Intervention während des Golfkrieges 1991 setzte sich die liberale Öffentlichkeit mit diesem Dilemma erstmals auseinander.

Wurde Enzensbergers Rhetorik 1991 in seiner Tragweite von der liberalen Öffentlichkeit noch mehrheitlich durchschaut und zurückgewiesen, weil die Gleichsetzung von Hussein und Hitler bemerkenswert grotesk erschien, hatte sich 1998/99, als Verteidigungsminister Rudolf Scharping und Außenminister Joschka Fischer der gerade jüngst vereidigten rot-grünen Bundesregierung den jugoslawischen Staatschef Slobodan Milosevic mit Hitler gleichsetzten, die Akzeptanz gegenüber solchen Vergleichen in der Öffentlichkeit beträchtlich erhöht. 1991 bildete sich während des Golfkrieges das *antifaschistische Muster* der Legitimationsrhetorik lediglich heraus; während der Kosovo-Krise 1998/99 hatte es sich dagegen bis zur Perfektion entwickelt und diente der rot-grünen Bundesregierung dazu, die deutsche Öffentlichkeit davon zu überzeugen, daß deutsches Militär das erste Mal seit Ende des Zweiten Weltkrieges aktiv an Kampfeshandlungen teilnehmen müsse.[132]

4. Rolle und Aufgaben Deutschlands angesichts drängender Weltprobleme

Änderung der Rahmenbedingungen der deutschen Außenpolitik: Ordnungsaufgaben angesichts der neuen Krisen nach der Auflösung der bipolaren Weltordnung

Mit Beendigung des Kalten Krieges und im Zuge der Auflösung der bipolaren Weltordnung, aber vor allem auch im Kontext der qualitativen Umstrukturierung der NATO haben sich für das vereinigte Deutschland die Rahmenbedingungen seiner Außenpolitik maßgeblich verändert. In Osteuropa und der ehemaligen Sowjetunion sind neue Nationalstaaten entstanden, zu denen politische und ökonomische Beziehungen einer neuen Qualität aufgenommen wurden. Gleichzeitig sind verbunden mit den ethnisierenden Auflösungsprozessen und dem aufgekommenen Nationalismus in Osteuropa nach dem Untergang der Sowjetunion neue Probleme entstanden, an deren Lösung der deutsche Staat massiv interessiert und dementsprechend auch beteiligt gewesen ist. Die Rede war auch von einer neuen ordnungspolitischen Aufgabe, die dem deutschen Staat für Europa nunmehr zukomme, nachdem die USA ihre Vorherrschaft über den Kontinent durch die deutsche Einheit 1989/90 sukzessive verloren hätten.[133]

Der deutsche Staat, einst eine sicherheitspolitische Bedrohung, soll sich nach Gregor Schöllgen zu einem Garanten des Friedens entwickelt haben: »War die deutsche Teilung nach 1945 eine der Ursachen des Kalten Krieges mit seinen gefährlichen Krisen und jahrzehntelangen Spannungen, so gilt das vereinte Deutschland, die Großmacht in der Mitte Europas, heute vielen als Garant für die politische und wirtschaftliche Stabilität des Kontinents. Die deutsche Außenpolitik muß sich auf diese neue Lage und die Risiken wie die Möglichkeiten, die sie in sich birgt, vor allem aber auch auf die Verantwortung, die sie mit sich bringt, einstellen.«[134] Es hieß nunmehr,

132 Siehe Teil II, Kap. 7.

133 Hans Ulrich Klose, Vorsitzender des Auswärtigen Ausschusses der SPD-Bundestagsfraktion, brachte es in einer NDR-Talkshow auf den Punkt: »Was die USA für die Welt sind, das ist Deutschland für Europa.«

134 Schöllgen: *Die Macht in der Mitte Europas*, a. a. O., S. 177.

Deutschland sei zu einer neuen Hegemonialmacht in Europa aufgestiegen und müsse diesen Anforderungen auch gerecht werden, schließlich gehe es um *außenpolitische Berechenbarkeit* der deutschen Republik.[135] Das heißt vor allem auch, man solle sich jetzt von der »Last der Vergangenheit« befreit haben. Unweigerlich kommen die Äußerungen des damaligen Kanzlerberaters Michael Stürmer aus dem Jahr 1986 zurück ins Gedächtnis. Stürmer war auf der »Suche nach der verlorenen Geschichte« gewesen, weil die BRD »weltpolitische und weltwirtschaftliche Verantwortung« zu tragen habe, aber von den Linken »progressiv erwürgt« und von den Rechten »technokratisch geringschätzt« werde, so daß die Zukunft Deutschlands im Begriff sei, verspielt zu werden.[136]

In der Tat ist nach der deutschen Einheit und der weitgehenden Zurückhaltung im Golfkrieg 1991 in gewisser Hinsicht der Druck auf die deutsche Regierung durch das westliche Ausland größer geworden. Man erwartete vom deutschen Staat die verstärkte Übernahme internationaler Verantwortung. Die Sorge vor neuen deutschen Sonderwegen und Großmachtallüren teilten konservative Historiker wie Gregor Schöllgen dabei nicht. Zwar könne er sie nicht völlig ausschließen; aber der Spielraum der »neue[n] deutsche[n] Großmacht« sei hinsichtlich zu befürchtender Großmachtallüren und aggressiver Alleingänge nicht wirklich zu erwarten; schließlich sei Deutschland »fest in die europäischen und atlantischen Gemeinschaften eingebunden und insofern in einigen Bereichen ohnehin nicht alleine entscheidungs- bzw. handlungsfähig«.[137] Was Schöllgen dabei allerdings unterschlägt, ist die zunehmende Möglichkeit der Bundesregierung, aufgrund ihrer dazu gewonnenen Machtchancen die europäischen und atlantischen Gemeinschaften dazu zu bewegen, die deutschen Interessen zu realisieren. Was schließlich nicht mehr als deutsche Alleingänge oder Sonderwege erscheint, weicht mitnichten vom deutschen Großmachtstreben ab.

Die Sorglosigkeit vieler Konservativer bezüglich eines zu befürchtenden Rückfalls in nationale Überheblichkeit, das heißt nationalistische Machtpolitik begründet sich in der Annahme, man könne zwischen einem vermeintlich guten und einem pervertierten Nationalismus trennscharf un-

135 Vgl. Christian Hacke: »Nationales Interesse als Handlungsmaxime für die Außenpolitik Deutschlands«, in: Karl Kaiser und Joachim Krause (Hrsg.): *Deutschlands neue Außenpolitik*, Bd. 3: *Interessen und Strategien*, 1996, S. 3–13.

136 Vgl. Stürmer: »Geschichte in geschichtslosem Land«, a. a. O.

137 Schöllgen: *Die Macht in der Mitte Europas*, a. a. O., S. 177. – Wie noch zu zeigen sein wird, waren deutsche Alleingänge dennoch möglich – etwa als die Bundesregierung Kroatien und Bosnien als unabhängige Staaten anerkannte und damit dem Bürgerkrieg im auseinanderfallenden Jugoslawien zusätzlichen Zündstoff gab.

terscheiden. Während dieser als verwerflich gilt, weil er Deutschland ab 1933 in die Katastrophe geführt habe, soll jener für die Existenz auch eines deutschen Staates lebensnotwendig sein; jedenfalls könne man wie jeder westliche Nationalstaat auf einen »Normalnationalismus« nicht verzichten. Die Scheidelinie des Abgrundes zwischen gutem und pervertiertem Nationalismus wird dabei zwischen Otto von Bismarck und Adolf Hitler verortet. »Während noch Otto von Bismarck das nationale Interesse Deutschlands mit einer Staatsräson der klugen Einhegung der Macht umhüllte, geriet die Interessenpolitik seiner Nachfolger auf eine abschüssige Bahn und mündete 1933 in eine rassistische und menschenverachtende Politik ein.«[138] Dieser Ansicht haben sich in den Jahren nach der deutschen Einheit von 1989/90 angesichts der neuen weltpolitischen Bedrohungsszenarien auch zunehmend Liberale angeschlossen, die zuvor noch im Historikerstreit darauf gepocht hatten, daß der deutsche Staat aufgrund seines eskalierten Nationalismus zwischen 1870 und 1945 und der in seinem Namen begangenen Verbrechen das Recht, nationale Interessen zu verfolgen – mit militärischen Mitteln gar – verspielt habe.

Neue US-Sicherheitsstrategie – Schleichende Transformation der NATO

Kurz nach dem Fall der Berliner Mauer hatten der sowjetische Staatschef Michail Gorbatschow und der amerikanische Präsident George Bush im Dezember 1989 eine »Ära des Friedens und der Entwicklung« verkündet und den Kalten Krieg als für beendet erklärt. Im Rückblick haben sich diese Verlautbarungen an der Realität blamiert. Vier große und verheerende Kriege sind seitdem unter der militärischen Führung der USA und – mit Ausnahme in der Golfregion – auch mit deutscher Beteiligung geführt worden: gegen den Irak mit UNO-Mandat 1991; gegen Serbien ohne UNO-Mandat unter Schirmherrschaft der NATO 1999; gegen eine »Achse des Bösen« seit den Terroranschlägen in den USA vom 11. September 2001, nachdem auf unbestimmte Zeit der NATO-Bündnisfall ausgerufen und von den USA ein »Feldzug gegen den Terrorismus« begonnen wurde, der sich 2002 zuerst gegen das Taliban-Regime in Afghanistan und 2003 abermals gegen das Regime von Saddam Hussein im Irak richtete.

Die NATO war einmal als westliches Verteidigungsbündnis gegen die kommunistischen Expansionsbestrebungen des Sowjetimperiums gegründet worden. Mit der Auflösung des Warschauer Paktes hatte mithin die NA-

138 Hacke: »Nationales Interesse als Handlungsmaxime für die Außenpolitik Deutschlands«, a. a. O., S. 3.

TO als Geschöpf des Kalten Krieges ihre Existenzberechtigung verloren und hätte folgerichtig im Einvernehmen der alliierten Bündnisstaaten aufgelöst werden können. Statt dessen erarbeitete sich die NATO einen neuen Aufgabenbereich und legitimierte sich durch eine Ausweitung des Sicherheits-Begriffes, das heißt über die Schaffung neuer Feindbilder (Schurkenstaaten und internationaler Terrorismus).

Die neuen Aufgabenbereiche der NATO waren von den USA angeregt worden, die über eine komplett neue Sicherheitsstrategie für ihr Territorium nachgedacht hatten und diesbezüglich das atlantische Sicherheitsbündnis in die US-Strategie miteinbezogen. Der US-Präsident, Bill Clinton, erläuterte Mitte der neunziger Jahre (1994): »Unsere nationale Sicherheitsstrategie besteht darin, die Gemeinschaft der Marktdemokratien zu vergrößern und gleichzeitig eine Reihe von Bedrohungen gegen unsere Nationen, unsere Verbündeten und unsere Interessen abzuwehren.«[139] Die USA und ihre westlichen Verbündeten sollten sich demzufolge in den Dienst einer universellen *Markt*-Freiheit (Neoliberalismus als hegemoniale Ideologie der Globalisierung) stellen und sich massiv für Sicherheit und Frieden engagieren. Wie Clinton betont hatte, ging es dabei hauptsächlich um die Erweiterung der »Gemeinschaft der Marktdemokratien«, mithin um den freien Zugang zu ausländischen Märkten, Zugriff auf Rohstoffe und Transportwege in Ländern, die noch wirtschaftlichen Protektionismus betrieben oder sich weigerten, diesen zugunsten einer neoliberalen Ideologie aufzugeben. Geographisch handelte es sich bei diesen gemeinten Ländern um die südliche Hemisphäre, um die Entwicklungs- und Schwellenländer, weshalb unter Kritikern davon die Rede war, daß nach dem politischen Ost-West-Konflikt nunmehr ein ökonomischer Nord-Süd-Konflikt folgen werde. Wenn in diesen südlichen Ländern neben ihrer wirtschaftlichen Entwicklungsschwäche zugleich auch in politischer Hinsicht ein demokratisches Defizit sowie eine Instabilität der staatlichen Institutionen auszumachen war, galten diese Länder nicht nur als *Schurkenstaaten*, sondern sie gerieten mehr oder weniger offen auch in das Visier eines potentiellen Angriffs. Zum ersten Mal wurde in einer Sicherheitsdoktrin der USA nationale Sicherheit mit dem Umsturz von Gesellschaftssystemen in Verbindung gebracht. Was 1994 noch ein strategisches Planspiel war, welches durch den Golfkrieg 1991 Anregung gefunden hatte, wurde mit dem NATO-Krieg gegen Serbien 1998 konkret und geriet nach den Anschlägen vom 11. September 2001 richtig in Fahrt.

Zwecks dafür wurden die US-Streitkräfte umstrukturiert und umgerüstet, so daß sie nicht mehr wie bisher nur imstande sind, zwei größere

139 Zit. n. Wolf Biermann und Arno Klönne: *Globale Spiele*, Köln 2001, S. 152.

militärische Operationen gleichzeitig zu führen, sondern mit »schnellen Eingreiftruppen« an vielen Orten der Welt militärisch handlungsfähig zu sein, das heißt, sich auf die jeweilige besondere geographische, klimatische und strategische Situation einzurichten und den jeweiligen spezifischen Herausforderungen gewachsen zu sein. Die Umstrukturierungen der NATO begannen bereits auf dem NATO-Gipfel in Rom im November 1991, auf dem beschlossen wurde, die Streitkräfte in drei Kategorien zu gliedern: 1. *Rapid Reaction Forces* (Sofort- und Schnellreaktionskräfte), 2. *Main Defense Forces* (Hauptverteidigungskräfte) und 3. *Augmentation Forces* (Verstärkungskräfte). Ferner wurde auf demselben Gipfel eine neue Richtlinie verabschiedet. Darin heißt es: »Die zur Verfügung stehenden Streitkräfte müssen in einem begrenzten, aber militärisch bedeutenden Umfang Sofort- und Schnellreaktionsverbände der Land-, Luft- und Seestreitkräfte umfassen, die in der Lage sind, auf ein breites Spektrum von vielfach unvorhersehbaren Eventualfällen zu reagieren. Ihre Qualität, ihre Quantität und ihr Bereitschaftsgrad werden ausreichen, um von einem begrenzten Angriff abzuschrecken und erforderlichenfalls das Hoheitsgebiet der Verbündeten gegen Angriffe zu verteidigen, insbesondere wenn sie ohne lange Warnzeit eingeleitet werden.«[140] Das atlantische Verteidigungsbündnis wandelte sich demzufolge seit Anfang der 1990er Jahre schleichend zu einer qualitativ neuen Militärmacht.

Die offizielle neue NATO-Doktrin wurde allerdings erst zum Ausklang des Jahrhunderts nachgereicht. Das neue strategische Konzept wurde aus Anlaß des 50. Jahrestages des Bündnisses auf dem NATO-Gipfel in Washington im April 1999 verabschiedet. Die neuen Sicherheitsrisiken werden darin vor allem in der Verbreitung von Massenvernichtungswaffen, Bedrohung des Zugangs zu lebenswichtigen Ressourcen (Wasser, Öl, Gas) und in Terror- und Sabotageakten gesehen. In Artikel 20 der neuen NATO-Doktrin heißt es: »Die Sicherheit des Bündnisses bleibt einem breiten Spektrum militärischer und nichtmilitärischer Risiken unterworfen, die aus vielen Richtungen kommen und oft schwer vorherzusagen sind. Zu diesen Risiken gehören Ungewißheit um den euro-atlantischen Raum sowie die mögliche Entstehung regionaler Krisen an der Peripherie des Bündnisses, die sich rasch entwickeln können.«[141] In Artikel 24 wird noch einmal präzisiert, daß das Sicherheitsrisiko vor allem in der Gefahr der »Unterbrechung der Zufuhr lebenswichtiger Ressourcen« bestehe, woraus sich das »Sicherheitsinteresse

140 Siehe Streitkräfterichtlinien der NATO von 1991, Abschnitt »Streitkräftedispositiv des Bündnisses«, Ziffer 47, in: *Bulletin* des Presse- und Informationsdienstes der Bundesregierung, Nr. 128 vom 13. November 1991, S. 1033 ff.

141 »Das Strategische Konzept des Bündnisses am 23. und 24. April 1999«, in: *NATO-Brief*, Jg. 47, Nr. 2, Brüssel 1999; vgl. *Bulletin*, Nr. 24 vom 3. Mai 1999, S. 230.

des Bündnisses« ableite. In Artikel 11 wird versichert, daß die NATO »die friedliche Beilegung von Streitigkeiten in Übereinstimmung mit der Charta der Vereinten Nationen« anstrebe. Angesichts der tatsächlichen Praxis im Balkankrieg 1999, Afghanistankrieg 2002 und Irakkrieg 2003 darf man diese Versicherung nachträglich als ein Lippenbekenntnis beurteilen. »Anstreben« ist allerdings im juristischen Sinne auch kein wirklich verbindliches Wort, so daß Michael Jäger anmerkt, wenn die neue Doktrin verkündet, »sie wolle sich in der Regel an das UNO-Statut halten, in der Ausnahme wolle sie sich aber nicht daran halten, dann wird (…) [Carl] Schmitts Satz illustriert, die Souveränität liege bei dem, der über den Ausnahmefall entscheide.«[142] Die Bundesregierung stimmte den Beschlüssen über das neue strategische Konzept der NATO auf der Gipfelkonferenz der Staats- und Regierungschefs in Washington am 23. und 24. April 1999 zu, ohne zuvor den Bundestag darüber abstimmen zu lassen. Die PDS-Bundestagsfraktion klagte im Oktober 1999 beim Bundesverfassungsgericht, weil sie der Ansicht war, die Bundesregierung habe dadurch die Rechte des Deutschen Bundestages verletzt und damit gegen Artikel 59, Absatz 2, Satz 1 des Grundgesetzes verstoßen.[143] Das Bundesverfassungsgericht war allerdings anderer Ansicht.[144]

5. Militärpolitische Weichenstellungen – Festlegung »deutscher Interessen« und die qualitative Aufrüstung der Bundeswehr

Umsetzung der NATO-Beschlüsse in Deutschland

Die Umsetzung der NATO-Beschlüsse Anfang der 1990er Jahre wurde in Deutschland umgehend vorbereitet. Die Bundesregierung folgte dem neuen Sicherheitskonzept der USA nicht nur als folgsamer NATO-Bündnispartner, sondern weil in den neuen Beschlüssen für Deutschland das Potential angelegt war, eine militär- und außenpolitische Normalisierung schnellstmöglich und mit dem Segen der transatlantischen wie europäischen Bündnispartner voranzutreiben.

---

142 Michael Jäger: *Probleme und Perspektiven der Berliner Republik*, Münster 1999, S. 12.

143 Vgl. AG Friedensforschung an der Uni Kassel, Veranstalter des Friedenspolitischen Ratschlags: »Durfte Berlin der neuen NATO-Strategie zustimmen? Verhandlung vor dem Bundesverfassungsgericht Fischer und Scharping haben gegen die PDS-Argumente einen schweren Stand«, Internet: ⟨`http://www.uni-kassel.de/fb5/frieden/themen/NATO/klage.html`⟩.

144 Vgl. *FAZ* vom 23. November 2001.

Die deutschen Militärs begannen 1990/91 auch vor dem Hintergrund der weitgehend passiven Haltung des deutschen Staates während des Golfkrieges eine interne Debatte in ihrer Fachpresse über die vermeintliche Notwendigkeit des Umbaus der nationalen militärischen Streitkräfte, damit sie den neuen Anforderungen auf internationalem Terrain gewachsen seien. Ziel und Zweck der Debatte sollte sein, das deutsche Militär *bündnis-* im Sinne von kriegseinsatzfähig jenseits der vertraglich festgehaltenen Landesverteidigung oder des NATO-Hoheitsgebietes zu machen. Im besonderen ging es dabei um die Frage, mit welchen Mitteln die Abhängigkeit der deutschen Wirtschaft von der globalen Verflechtung derart zu meistern sei, daß politische Instabilitäten in fernen Ländern nicht zu Ausfällen und Krisen der deutschen Nationalökonomie führen. Bei kollektiven Bemühungen der militärischen Krisenreaktion müsse den deutschen Interessen größerer Einfluß verschafft werden.[145] Möglichst wenige Unterschiede müsse deshalb das deutsche Militär zu anderen Streitkräften der NATO-Staaten aufweisen, war die einhellige Auffassung unter den deutschen Militärs.

In Bezug auf die drei Optionen, die sich für die Bundeswehr als neue Aufgabengebiete prinzipiell anboten: Katastrophenhilfe und Humanitäre Hilfe, Bündnisverteidigung oder weltweites Engagement, war von Anbeginn die Priorität auf die letzte Option ausgerichtet worden. Der damalige Generalinspekteur der Bundeswehr Klaus Naumann verfaßte neue Leitlinien für die zukünftige Rolle der Bundeswehr,[146] in denen er eine grundlegende Umrüstung der Armee von einer Territorialstreitkraft zu einer Interventionsarmee auch außerhalb von Europa einforderte. Der zu diesem Zeitpunkt noch amtierende Verteidigungsminister Gerhard Stoltenberg nahm Naumanns Leitlinien zur Grundlage für eine grundlegende Umwälzung der bisherigen militärpolitischen Strategie. Manifestiert wurde dies in den sogenannten »Verteidigungspolitischen Richtlinien« (VPR), die November 1992 vom Verteidigungsministerium veröffentlicht wurden.[147]

In den VPR war zum ersten Mal nicht mehr bloß die Rede von der »Verteidigung der Nation«, sondern die Bundeswehr habe »nationale Interessen« zu verfolgen, die sich nicht mehr auf die Verteidigung der Landesgrenzen reduzieren lassen, sondern weltweit definiert sind. Im wesentlichen bestehen

---

145 Vgl. Lutz Unterseher: »Deutsche Militärpolitik – Unauffällige Festlegung für die Zukunft«, , in: *ZOOM*, Zeitschrift für Politik und Kultur 5/98.

146 Vgl. »Militärpolitische und militärstrategische Grundlagen und konzeptionelle Grundrichtungen der Neugestaltung der Bundeswehr«, Bonn 1992.

147 Vgl. Bundesministerium der Verteidigung (Hrsg.): »Die Verteidigungspolitischen Richtlinien für den Geschäftsbereich des Bundesministers der Verteidigung« (VPR), Bonn 1992.

diese »vitalen Sicherheitsinteressen Deutschlands« neben dem obligatorischen »Schutz Deutschlands und seiner Staatsbürger vor äußerer Gefahr« sowie der »Beendigung von Krisen und Konflikten, die Deutschlands Unversehrtheit und Stabilität beeinträchtigen« könnten, in der »Aufrechterhaltung des freien Welthandels« sowie in dem »ungehinderten Zugang zu Märkten und Rohstoffen« im Rahmen einer Weltordnung, in der es vermeintlich gerecht zugehe.[148] Zur Wahrung der in den VPR formulierten nationalen Sicherheitsinteressen sollte das Mittel der militärischen Intervention legitim werden.

»Trotz prinzipieller Übereinstimmung« der deutschen Interessen mit denen der europäischen und transatlantischen Partner und Verbündeten verfolge Deutschland auf der Grundlage der Werte des Grundgesetzes »seine legitimen nationalen Interessen«, die »nicht in jedem Einzelfall mit den Interessen der verbündeten und anderer Partner« übereinstimmen mögen. Die »nationale Interessenlage« – nicht die multilaterale – sei daher auch »Ausgangspunkt der Sicherheitspolitik eines souveränen Staates«; sie sei »Maßstab für die Beurteilung von Risiken und der Handlungserfordernisse zur Wahrnehmung der Chancen zukünftiger Entwicklung«, wie es recht unscheinbar in den VPR heißt.[149] Gemeint ist damit, daß der deutsche Staat sich im Zweifelsfalle vorbehalte, ohne gemeinsame Absprache mit seinen Partnern und Verbündeten – vor allem mit den USA, Frankreich und Großbritannien – und gegebenenfalls sogar gegen deren eigene oder gemeinsame Interessen auch mit militärischen Mitteln in der Welt vorzugehen, wenn es denn den eigenen nationalen Interessen willkommen erscheint.

Die wesentlichen »deutschen« Interessen werden neben der Landesverteidigung und dem Schutz deutscher Staatsbürger im In- und Ausland in der »Aufrechterhaltung des freien Welthandels« und im »ungehindertem Zugang zu Märkten und Rohstoffen« gesehen. Diese Interessen, die in den VPR als erweiterte Landesverteidigung ausgewiesen sind,[150] werden auch von jedem anderen kapitalistischen Staat für sich beansprucht. Sie stehen damit als allgemeine Interessen notwendig gegen die Interessen eines jeden einzelnen kapitalistischen Staates, da sie aufgrund der systemimmanenten Konkurrenz gegeneinander geltend gemacht werden müssen; der ungehinderte Zugang zu den ausländischen Märkten soll schließlich für das Kapital

148 Vgl. VPR, a. a. O., Nr. 1, 2 und 8.

149 Vgl. VPR, a. a. O., Nr. 7.

150 Landesverteidigung dürfe als »Risikovorsorgung (...) nicht auf das eigene Territorium beschränkt bleiben«; sie bedeute in Zukunft auch »Aufrechterhaltung des freien Welthandels und des ungehinderten Zugangs zu Märkten und Rohstoffen«. – VPR, a. a. O.

des eigenen Staates leichter sein als für die anderen. Gerade vor diesem Hintergrund wurden die Umstrukturierungen der Bundeswehr: der Umbau der Streitkräfte von einer reinen Verteidigungs- zu einer Interventionsarmee als notwendige Anpassung an den Standard sämtlicher souveränen Nationalstaaten, das heißt eine *militärpolitische Normalisierung* mit Nachdruck vorangetrieben.

Qualitative Aufrüstung der Bundeswehr

Der Prozeß der militärpolitischen Normalisierung fand aber keineswegs in Form einer quantitativen Militarisierung statt. Im Gegenteil von *Militarisierung* zu sprechen, ist in diesem Zusammenhang abwegig. In dem »Zwei-Plus-Vier-Vertrag« über die deutsche Einigung war mit den ehemaligen alliierten Siegermächten vereinbart worden, daß die Stärke der deutschen Streitkräfte eine Obergrenze von 370 000 Soldaten nicht überschreiten dürfe. Man wollte damit einen wiedererstarkenden Militarismus in Deutschland, der zu einer Bedrohung für Europa werden könnte, verhindern. In den folgenden Jahren ist aus finanziellen Gründen die Zahl der deutschen Streitkräfte sogar unter 332 000 Soldaten zurückgegangen. Die Quantität ist allerdings kein wichtiger Indikator mehr für militärische Aufrüstung, weil in der neuen Weltordnung nach Ende des Kalten Krieges militärische Einsätze immer weniger Soldaten, dafür aber technisch hochentwickelte Ausrüstung erfordern. Der Blick muß deshalb auf die qualitative Umstrukturierung der Bundeswehr als solche und auf ihr Waffenarsenal gerichtet werden. Tobias Pflüger spricht in diesem Zusammenhang von quantitativer Abrüstung und von »qualitativer Aufrüstung«.[151]

Weitaus wichtiger als die Rüstungsvorhaben der Bundesregierung ist mit Blick auf die militärpolitische Normalisierung jedoch die Tatsache, daß eine deutliche Tendenz zu einer deutschen Dominanz in den internationalen Verteidigungsstrukturen zu erkennen ist. Das deutsche Heer nimmt bereits eine Schlüsselrolle im europäischen, aber auch im atlantischen Bündnis ein. »Es ist Hauptträger und Gravitationszentrum multinationaler Strukturen und eigentliches Fundament für die multinationalen Korps. (...) Deutschland dominiert die internationalen oder europäischen Korps eindeutig. Die politische Implikation dieser Militärstrukturen ist klar: Ohne deutsche Mitsprache ist ein militärisches Agieren in Europa nicht möglich.«[152]

---

151 Vgl. Tobias Pflüger: *Die neue Bundeswehr. Mit neuer Strategie, Struktur und Bewaffnung in den Krieg?*, Köln 1997, S. 42 f.

152 Ebd., S. 36 f.

Ohne daß die rechtliche Unsicherheit von Bundeswehreinsätzen außerhalb des NATO-Gebietes in die eine oder andere Richtung geklärt worden wäre, wurden bereits im Frühjahr 1992 mehrere deutsche Großverbände dem sogenannten *Allied Rapid Reaction Corps* (ARRC) der NATO zugeordnet. Das ARRC ist eine Großformation, die auf militärische Eingreifzwecke spezialisiert ist; sie umfaßt Heeresverbände im Umfang von mehr als 140 000 Soldaten aus 14 NATO-Staaten. Das ARRC dient nicht nur zu Verteidigungszwecken des Bündnisgebietes, sondern vor allem für *out of area*-Missionen unter der Führung entweder der NATO, der UN oder der OSZE. Es kam zum ersten Mal zum Einsatz im Rahmen der IFOR-Mission in Bosnien/Herzegowina im Dezember 1995.[153] Indem die deutschen Truppen dem ARRC zugewiesen wurden, hat der deutsche Staat damit begonnen, Fakten zu schaffen, die später ihre normative Kraft entfalten würden. Deutschland sollte gemäß der Staatsräson in militärpolitischer Hinsicht wieder souverän werden – auch gegen den Willen der Bevölkerung.

Kurz nach der Gründung des ARRC wurde das deutsch-französische Eurokorps gegründet, dem sich später Spanien und Belgien noch anschließen sollten. Auch hier beteiligte sich wie im ARRC die deutsche Bundeswehr mit schwergepanzerten Formationen, die keinesfalls Verteidigungszwecken dienen konnten, sondern Angriffs- und Eroberungszügen. Mit dem Eurokorps ist man dazu übergegangen eine eigenständige EU-Streitmacht – zunächst noch eingebunden in das westeuropäische Verteidigungsbündnis (WEU) – aufzubauen. Die WEU hatte während des Kalten Krieges keine bedeutungsvolle Aufgabe gespielt, dominierend war die NATO, aber nach 1989/91 spielte die WEU zumindest als Mittel der europäischen Profilbildung in der Konkurrenz zwischen den USA und Europa eine wichtigere Rolle. Das deutsch-französische Eurokorps umfaßt ein Truppenkontingent von zirka 50 000 Soldaten und sollte den Kern einer zu schaffenden WEU-Armee bilden; dies wurde vom WEU-Rat unter deutscher Präsidentschaft im Juni 1992 beschlossen. Die USA meldeten ihren Mißmut darüber an, weil sie um ihren Einfluß in Europa bangten.[154]

Deutlich ist zu erkennen, daß der deutsche Staat ein Interesse daran hat, diese neuen europaischen Verteidigungsstrukturen nicht nur zu dominieren, sondern parallel eine deutsche Interventionsstreitmacht aufzubauen, die imstande ist, schnell und militärisch effektiv überall in der Welt zu intervenieren. Eigens für diese Zwecke wurde in der Bundeswehr ein »Füh-

153 Vgl. International Institute of Strategic Studies: *The Military Balance 1992–1993*, S. 29 ff.
154 Vgl. *FR* vom 21. Mai 1992 und vom 22. Mai 1992.

rungszentrum« aufgebaut, das mit der Kommandostruktur der ehemaligen Obersten Heeresleitung (OHL) der Wehrmacht vergleichbar ist, damit das deutsche Militär unabhängig von der NATO, aber auch unabhängig von einer zukünftigen EU-Armee eingesetzt werden kann.[155] – Das alles freilich ist aus der Sicht eines souveränen Nationalstaats recht gewöhnlich. Jeder souveräne Staat behält sich diese Optionen vor; sie sind inhärenter, gleichsam substantieller Bestandteil der Souveränität an und für sich. Vor dem Hintergrund historischer Schuld, die sich in noch gar nicht allzu langer Vergangenheit mit Auschwitz und zwei angezettelten Weltkriegen zugetragen hat, sind diese militärpolitischen Normalisierungsschritte jedoch in besonderem Maße kritikabel.

In den neuen Zuordnungen und militärischen Bündnissen (ARRC und Eurokorps) sollte die Bundeswehr Erfahrungen mit ihren zukünftigen Aufgaben sammeln, die ihr bisher verwehrt geblieben waren, und zugleich demonstrieren, daß sie imstande ist, in ihre neue Rolle hineinzuwachsen. Das kriegerische Handwerkszeug hatte das deutsche Militär fast ein halbes Jahrhundert nach der Auflösung der Wehrmacht nicht mehr praktiziert. Das Grundgesetz definierte die Aufgabe der Bundeswehr als Verteidigungsarmee. Nunmehr war der Umbau der Bundeswehr zu einer weltweiten Interventionsarmee voll im Gange. Der Plan sah vor, die deutsche Armee in zwei Bereiche zu teilen: in eine »Mobilmachungsarmee« und in eine sogenannte »schnelle Eingreiftruppe«. Während zur Mobilmachung knapp 300 000 Soldaten sowie eine gleiche Anzahl an Reservisten vorgesehen wurden, die für den Landeinsatz in Europa, das heißt zu unmittelbaren Verteidigungszwecken einsetzbar würden, sollte die »schnelle Eingreiftruppe« nicht mehr als 53 000 Berufssoldaten umfassen (Stand: 1998), die mit entsprechender Spezialausbildung und Ausrüstung als »Krisenreaktionskräfte« binnen 30 Tagen überall in der Welt eingesetzt werden könnten.[156]

Der deutsche Beitrag für die zukünftige EU-Armee sollte 18 000 Soldaten betragen. Zweidrittel davon sollte aus dem Kontingent des Heeres erfolgen und aus schnell verlegbaren Verbänden, Panzer-, Artillerie-, Fernmelder-, Sanitäter- sowie Versorgungseinheiten bestehen. Das restliche Drittel des deutschen Beitrages sollte aus Soldaten der Luftwaffe und Marine zusammenkommen.[157] »All dies untermauert den Anspruch der Bundesrepublik,

155 Vgl. David Meienreis und Frank Renken (Hrsg.): *Krieg und Globalisierung*, a. a. O., S. 69.
156 Vgl. Gero Koch: »Krisenreaktionskräfte des Heeres«, in: *Soldat und Technik* (SuT), 7/1993, S. 404; vgl. Wiener Dokument: *Bundesrepublik Deutschland, jährlicher Informationsaustausch über Verteidigungsplanung*, Bonn 1998, S. 19.
157 Vgl. *FAZ* vom 25. September 2000.

die europäische Sicherheits- und Verteidigungspolitik zu prägen«, kommentierte die *Frankfurter Allgemeine Zeitung*.[158]

Die Ausrüstung der Krisenreaktionskräfte läßt dagegen darauf schließen, daß dem massiven Gegenschlag gegenüber der deeskalierenden Strategie der Stationierung von Truppenteilen, die vielleicht nicht von vornherein durch ihr schweres Kaliber Gegenwehr provozieren könnten, der Vorzug eingeräumt wurde; jedenfalls scheinen die Militärs der Vorbeugung und Sicherung von Gefahrensituationen keine besondere Bedeutung zuzumessen, weil die entsprechenden Truppenformationen in der Zusammenstellung der Krisenreaktionskräfte gegenüber den schweren Truppenformationen einen marginalen Anteil ausmachen. »Mit anderen Worten: Nicht nur vom Umfang, sondern auch von der Struktur her sind mit dem Krisenreaktionspotential der Bundeswehr politisch-symbolisch Signale gesetzt, die eine Militarisierung der internationalen Beziehungen begünstigen.«[159] Spätestens im Jahre 2000 sollte diese deutsche Interventionsarmee imstande sein, auch in extremen Witterungs- und Naturverhältnissen Kampfeinsätze optimal durchzuführen: im Dschungel, in der Wüste oder zur See. Auffallend hoch ist das Kontingent der Marine im Arsenal der deutschen Eingreiftruppe, das mit 40 Prozent gegenüber dem der Luftwaffe mit 25 Prozent und dem des Heeres mit nur 15 Prozent bei weitem dominiert.[160]

In der Zeitschrift *Wehrtechnik* erläuterte das Mitglied im Führungsstab der Marine, Dieter Stockfisch, warum der Marine im Rahmen einer Interventionsarmee eine derart hohe Bedeutung zukommt: Sieben Zehntel der Erde bestünden aus Wasser, die Meere seien die größte unzerstörbare Rollbahn in Frieden und Krieg. »See- und Seeluftstreitkräfte sind Kräfte der ersten Stunde. In der Regel können sie aus dem Stand heraus flexibel und weiträumig eingesetzt werden – und damit eine zunächst politische Aufgabe erfüllen, nämlich Flagge zeigen und Präsenz und Entschlossenheit demonstrieren.« Mit Seestreitkräften habe man »immer die Wahl zwischen einer Cocktailparty oder einer Bombardierung«. Die Marine stelle darüber hinaus die »Politikfähigkeit« der Nation sicher: »Deutschland zählt zu den größten Handelsnationen der Welt. Mehr als 50 Prozent unseres Imports und Exports werden über See abgewickelt. Unsere Rohstoffe werden überwiegend über See importiert. Die Zugehörigkeit zum Seebündnis der NATO und unsere Beteiligung an der Sicherung der Seeverbindung besitzen für unsere Handelsnation den Rang einer Überlebensfrage«, schreibt er.

158 *FAZ* vom 20. November 2000.
159 Vgl. Unterseher: »Deutsche Militärpolitik«, a. a. O.
160 Vgl. Meienreis und Renken (Hrsg.): *Krieg und Globalisierung*, a. a. O., S. 68.

Die Marine hat denn auch noch in der Regierungszeit von Helmut Kohl sieben neue Zerstörer und vier neue U-Boote bekommen in einem Gesamtwert von DM 7,7 Milliarden. Außerdem wurde der Bau eines neuen Großlandungsschiffes (»Mehrzweckschiff«) begonnen, das für lange Distanzen ausgestattet ist und eine Kapazität von 800 Soldaten inklusive Ausrüstung und schwerem Gerät umfaßt.[161] Für den Einsatz *out of area* besitzt die Bundeswehr aber noch keine entsprechenden Transportmöglichkeiten schwerer Ausrüstung. Das Lufttransportproblem ist vergleichsweise mit immensen Kosten verbunden. Wenngleich insgesamt immer wieder von leeren Staatskassen und einer immensen Staatsverschuldung die Rede ist, sehen Politiker sämtlicher Couleur (mit Ausnahme der PDS) keine Alternative gegenüber den als notwendig erachteten und beschlossenen Rüstungsprogrammen.[162] Die Pläne der Bundesregierung sehen vor, annähernd 200 Milliarden DM für Rüstungsprojekte und andere Vorhaben auszugeben.[163] Eine solche Riesensumme an Geld kann nicht auf einmal vom Staat bereitgestellt werden. Schritt für Schritt müssen die Summen aus gestückelten Einsparungen aus anderen Haushaltsetats über Jahre hinweg zusammenkommen. Dies geschieht nahezu unmerklich. Volker Rühe ließ noch 1996 verlautbaren, daß »alles, was militärisch notwendig ist«, auch von der Bundesregierung verwirklicht werde.[164] Was militärisch notwendig ist, vermag dagegen die Öffentlichkeit schwer einzusehen. »Diese Aufrüstung geschieht in einer Zeit, in der im Bundestag ein von der Bundesregierung vorgelegtes sogenanntes ›Sparprogramm‹ verabschiedet wurde, bei dem viele Sozialleistungen (u. a. Sozialhilfe, Renten, Lohnfortzahlung im Krankheitsfall und Kündigungsschutz) getroffen wurden. Nicht betroffen vom Sparprogramm waren die wesentlichen Teile der geplanten Beschaffungen für die Bundeswehr!«[165]

Keines der wesentlichen militärischen Vorhaben ist bisher gestrichen worden. Auch die rot-grüne Bundesregierung hat die Rüstungsvorhaben der vorherigen Regierung übernommen, diese allenfalls wegen der schwierigen Haushaltslage des Bundes unter Finanzierungsvorbehalt gestellt. »Der Verteidigungshaushalt wurde bis 2006 auf einem exorbitant hohen Niveau von 46,2 Milliarden DM eingefroren. Mehr noch: Offene und versteckte Zuwendungen aus anderen Etats lassen die Militärausgaben des vergangenen Jahres

161 Ebd.

162 Siehe Übersicht über die wesentlichen Großvorhaben (Tabelle 3) bei Pflüger: *Die neue Bundeswehr*, a. a. O., S. 42 f.

163 Vgl. ebd., S. 88.

164 Vgl. *Stuttgarter Nachrichten* vom 22. Mai 1996.

165 Pflüger: *Die neue Bundeswehr*, a. a. O., S. 83.

auf insgesamt 59,6 Milliarden Mark steigen. (...) Laut Generalinspekteur Harald Kujat sollen in den kommenden Jahren rund 220 Milliarden Mark für die Beschaffung neuer Waffensysteme ausgegeben werden.«[166] Die Höhe der Ausgaben für militärische Forschung und Entwicklung wird in Europa nur noch von Großbritannien überboten; die Ausgaben der USA sind allerdings noch zehnmal höher.[167]

Aufgrund der ins Stocken geratenen Bundeswehrreform rief Bundeskanzler Schröder die sogenannte »Zukunftskommission der Bundeswehr« ins Leben, deren Vorsitz der Altbundespräsident Richard von Weizsäcker übernahm. Von dieser Kommission ging zunächst das Signal einer öffentlichen und transparenten, mithin demokratischen Debatte über die Zukunft des Militärs im vereinten Deutschland aus. Aber eine öffentliche Debatte, die die Attribute *transparent* und *demokratisch* verdient hätte, ist nicht zustande gekommen. Getrübt war bereits schon der Beginn, weil kritischere Personen wie etwa die bündnisgrünen Kandidaten Otfried Nassauer und Peter Lock nicht zugelassen wurden. Die Kommission hatte also bei der ihr zugestandenen Unabhängigkeit offenbar ein der »Staatsräson« entsprechendes Ergebnis abzuliefern, das durch kritische Stimmen nicht gefährdet werden sollte. Aber selbst das, was die Kommission »unabhängig« erarbeitete, wurde vom Verteidigungsminister Scharping, aber auch weitgehend durch das gesamte Parlament mit stiefmütterlicher Ignoranz ausgehebelt.[168]

Die Ergebnisse der Kommission sind in einem regierungsamtlichen »Weißbuch« Ende 2000 veröffentlicht worden. Aus deren »Risikoanalyse« geht hervor, daß Deutschland auf absehbare Zeit militärisch nicht mehr bedroht werde – auch die NATO sei ohne Gegner; die Möglichkeit eines NATO-Bündnisfalls sei nicht gegeben. Das freilich war das Ergebnis der Analyse vor dem 11. September 2001. Im wesentlichen sei es vernünftig, das Truppenkontingent der Bundeswehr zu reduzieren. Der Bundeswehr müßten neue Aufgaben zugesprochen werden, die dem Bereich der Entwicklungszusammenarbeit und der Menschenrechtspolitik entsprechen. Die deutschen Soldaten könnten in Konfliktbewältigungsstrategien geschult und als »Friedensfachkräfte« eingesetzt werden.

166 Jürgen Grässlin: »Bronze für Deutschland«, in: *Zeitung zum Sonntag*, vom 24. Juni 2001.

167 Vgl. Michael Fischer: »New World Order statt Weltherrschaft. ›Globale Sicherheit‹ aus transatlantischer Perspektive«, in: *sopos* 7/2002, Internet: ⟨`http://www.sopos.org/aufsaetze/3d1ca0fa61d41/1.phtml`⟩.

168 Vgl. Ulrich Albrecht: »Nachdenken über Militär in Deutschland. Zwei Jahre Rot-Grün. Eine friedenspolitische Zwischenbilanz«, Dossier Nr. 36: Halbzeit!, in: *Wisssenschaft und Frieden* (W&F), 4/2000: *Frieden als Beruf*, Oktober 2000.

Die Bundeswehrreform wurde von Scharping auch nach den Ergebnissen der »Zukunftskommission« nur zögerlich vorangetrieben. Weder wurden drastische Einschnitte im Militärhaushalt gewagt, noch traute sich die Bundesregierung den Wehretat gemäß den Wünschen der Militärs drastisch aufzustocken. Militärexperten wie der Friedens- und Konfliktforscher der Studiengruppe für Alternative Sicherheit (SAS), Lutz Unterseher, sehen in den Konzepten zur Bundeswehrreform deshalb auch nur einen »Maßnahmenmix«, der die Lösung der Strukturprobleme des deutschen Militärs auf lange Zeit vertage.[169] Der Maßnahmenmix bestehe aus einer unauffälligen, geringen Erhöhung des Verteidigungsetats, einer leichten Absenkung der Bundeswehrpräsenz, ohne den Fortbestand der kostensparenden Wehrpflicht zu gefährden, spürbaren Einschnitten in der Mobilmachungsstärke, ohne den Status einer »großen Armee« zu riskieren, sowie einiger Rationalisierungsbemühungen – etwa der Reduzierung der Personalkosten, indem weniger Berufssoldaten und Zivilbedienstete eingestellt würden.

Die Bundeswehrreformer sind mit einem handfesten politischen und sozialen Problem konfrontiert. Drastische Erhöhungen der Militärausgaben sind nur umzusetzen, wenn auf der anderen Seite drastische Einschnitte im sozialen Bereich vorgenommen werden. Daß die Akzeptanz dafür in der Bevölkerung nicht sonderlich hoch ist, dürften auch die verantwortlichen Politiker und Militärs sehr gut wissen. Scheibchenweise werden die Staatsgelder vom Sozialetat in den Rüstungsetat umgeschichtet.[170] Den Zusammenhang zwischen Sozialabbau und Normalisierung der deutschen und europäischen Außenpolitik stellt Gerhard Schröder auch selbst her: »Es gibt einen Zusammenhang zwischen Emanzipation im Äußeren und den Reformen zur Wiedererlangung der ökonomischen Kraft.«[171] Zur Eröffnung der Hannover-Messe im April 2003 sagte Schröder: »Das, was ich mit der Agenda 2010 bezeichnet habe (…) hat mit dem Thema zu tun, das ich anfangs erörtert habe. Wenn Deutschland seine Rolle in Europa und damit Europa seine Rolle in der Welt in dem gekennzeichneten Maße spielen will und soll, (…) dann reicht es eben nicht aus, das nur zu wollen, sondern dann muß man das Land ökonomisch in Stand setzen, auch die Kraft zu haben und sie diesem Europa zur Verfügung zu stellen, um diese Rolle realisieren zu können.«[172]

Anfang Dezember 2001 beschloß der Bundestag schließlich die bislang größten Rüstungsinvestitionen in der Geschichte der Bundesrepublik: 73

169 Vgl. Unterseher: »Deutsche Militärpolitik«, a. a. O.
170 Vgl. Anne Rieger: »Abrüstung statt Sozialabbau«, in: *Ossietzky* 1/2004.
171 Gerhard Schröder, zit. n. *Der Spiegel*, 13/2003.
172 Ebd.

neue Transportflugzeuge vom Typ A400M im Wert von € 8,3 Milliarden wurden in Auftrag gegeben. Weil es dabei aber nicht demokratisch zuging, der Bundestag hintergangen wurde, entwickelte sich daraus eine politische Affäre, die zusätzlich zu dem Skandal um Photos aus einem Swimmingpool im Badeurlaub, wo sich Scharping ablichten ließ, während deutsche Soldaten in Krisengebieten ihr Leben einsetzten, ein halbes Jahr später dem Verteidigungsminister der rot-grünen Bundesregierung, Rudolf Scharping, das Amt kostete.

6. Überwindung verfassungsrechtlicher Bedenken für Kampfeinsätze – Das Ende der »Scheckbuchdiplomatie«

Die jeweiligen Bundesregierungen interpretierten bis in die 1990er Jahre hinein die verfassungsrechtliche Legitimation von militärischen Einsätzen der Bundeswehr, wie sie in den entsprechenden Artikeln im Grundgesetz festgeschrieben stehen,[173] derart, daß die Rechtslage den Einsatz von deutschen Soldaten nur im Falle eines Angriffs auf die Bundesrepublik zulasse. Helmut Kohl ließ zu seinem Amtsantritt 1982 sogar den Bundessicherheitsrat eine Grundsatzentscheidung treffen: *out of area*-Einsätze sollten verfassungswidrig sein, es sei denn, die BRD werde angegriffen.[174] Diese Interpretation wurde zu einer gültigen Richtlinie der deutschen Außenpolitik, bis der deutsche Staat durch die Einheit 1989/90 souverän geworden ist. Von da an veränderte sich die Interessenlage schlagartig. Die Richtlinie der deutschen Außenpolitik wurde zunehmend in Frage gestellt. Der offene Bruch kam schließlich mit dem Somalia-Einsatz der Bundeswehr im Frühjahr 1993, das heißt mit dem Urteilsspruch des Bundesverfassungsgerichts zu *out of area*-Einsätzen im Juni 1994. Die Abstinenz von Kampftruppen der Bundeswehr bei kriege-

173 Artikel 26, Abs. 1, GG: »Handlungen, die geeignet sind und in der Absicht vorgenommen werden, das friedliche Zusammenleben der Völker zu stören, insbesondere die Führung eines Angriffskrieges vorzubereiten, sind verfassungswidrig. Sie sind unter Strafe zu stellen.«; § 80 StGb: »Wer einen Angriffskrieg, an dem die Bundesrepublik Deutschland beteiligt sein soll, vorbereitet und dadurch die Gefahr eines Krieges für die Bundesrepublik Deutschland herbeiführt, wird mit lebenslanger Freiheitsstrafe oder mit Freiheitsstrafe nicht unter zehn Jahren bestraft.«; Artikel 87a, Abs. 1, GG: »Der Bund stellt Streitkräfte zur Verteidigung auf.«; Artikel 115a, Abs. 1, GG: »Die Feststellung, daß das Bundesgebiet mit Waffengewalt angegriffen wird oder ein solcher Angriff unmittelbar droht (Verteidigungsfall), trifft der Bundestag mit Zustimmung des Bundesrates. Die Feststellung erfolgt auf Antrag der Bundesregierung und bedarf einer Mehrheit von zwei Dritteln der abgegebenen Stimmen, mindestens der Mehrheit der Mitglieder des Bundestages.«

174 Vgl. Latsch und Wiegrefe: »Einsatz im Machtspiel«, a. a. O.

rischen Einsätzen der Weltgemeinschaft kompensierte der deutsche Staat bis dato durch finanzielle Zuwendungen an die USA, NATO und UN, um nicht gänzlich ohne Einfluß bei der Mitgestaltung der jeweiligen Nachkriegsordnungen zu sein. Dieses Mittel der Einflußnahme endete 1991 im Golfkrieg. Die »Scheckbuchdiplomatie« kam faktisch zu ihrem Ende, weil sich nunmehr größere Einflußnahmen des deutschen Staates in der Außenpolitik durch die aktive Mitwirkung an militärischen Interventionen anboten.

Überzeugungsrhetorik für das Verlassen der »Zuschauertribüne«

Wenn schon die praktizierte »Scheckbuchdiplomatie« in der deutschen Öffentlichkeit alles andere als populär gewesen war, so stand die deutsche Bevölkerung noch viel mehr möglichen Kampfeinsätzen der Bundeswehr äußerst skeptisch gegenüber. Nach Bundeswehrangaben sprachen sich nahezu 80 Prozent der Deutschen 1990/91 gegen »militärische Verteidigung« aus.[175] Das Umfrageinstitut Forsa ermittelte noch 1996, nachdem mithin die Verfassungslage für militärische Einsätze der Bundeswehr durch das Bundesverfassungsgericht längst geklärt worden war, in der Bevölkerung ein sehr distanziertes Verhältnis zu Auslandseinsätzen der Bundeswehr. Während 69 Prozent der Befragten dem militärischen Aufgabenbereich der »Landesverteidigung« positiv gegenüberstanden, stimmten lediglich 27 Prozent einer »verstärkten Ausrichtung auf Einsätze im Ausland« zu.[176]

Die herrschenden Eliten aus Politik und Militär mußten, um ihr Ziel einer deutschen Interventionsarmee, welche auch umstandslos eingesetzt werden kann, realisieren zu können, die deutsche Öffentlichkeit zum Umdenken bewegen. Dazu bedienten sie sich zweier taktischer Vorgehensweisen: zum einen einer sklavenspracheartigen Sprachregelung bzw. Überzeugungsrhetorik, zum anderen einer salamitaktischen Praxis, die sich als Strategie die Gewißheit der normativen Kraft des Faktischen verinnerlicht hat, das heißt die Bundeswehr durch Kriseneinsätze vom Unbedenklichen in den Grauzonenbereich führte, aus dem schließlich die Notwendigkeit abgeleitet wurde, die Verfassungslage zu klären, um »Schaden von der Bundesrepublik Deutschland« durch Verlust ihres außenpolitischen Ansehens abzuwenden. Diesem normativen Druck, die Verfassungslage einer neu geschaffenen Verfassungswirklichkeit anzupassen, entsprach schließlich das Bundesverfassungsgericht und machte damit den Weg frei für zukünftige Kampfeinsätze der Bundeswehr *out of area*.

175 Vgl. *Information für die Truppe* (IfdT), 5/91, S. 68.
176 Vgl. *Die Woche* vom 27. September 1996.

Die Überzeugungsrhetorik, derer sich Politiker und Militärs nach 1989/90 als offizielle Sprachregelung bedienten, kam einer Kriegspropaganda sehr nahe. Der amtierende Generalinspekteur der Bundeswehr, Dieter Wellershoff, forderte im März 1991 die Besetzung, das heißt Instrumentalisierung von Begriffen wie Frieden, Freiheit, Sicherheit, Verantwortung, Solidarität, Humanität oder Menschenrechte sowie euphemistische Umschreibungen militärischer Praxis etwa durch »humanitäre Maßnahme«, oder »Friedenserzwingung«. Auf diese Weise sollte eine »kriegsarme Gesellschaft« von der Unabdingbarkeit militärischer Praxis als legitimes Mittel der Politik überzeugt und im gleichen Zuge eine antimilitaristische oder pazifistische Weltanschauung als verantwortungslos, weil unsolidarisch und gleichsam inhuman diskreditiert werden.[177] Wellershoffs Äußerungen weisen eine sicher nicht bewußt intendierte, aber dennoch deutliche Parallele zu nationalsozialistischer Propaganda auf. Im Nürnberger Gefängnis erläuterte 1946 Hermann Göring gegenüber dem amerikanischen Psychologen Gustave M. Gilbert die Strategie der nationalsozialistischen Kriegspropaganda: »Natürlich, das *Volk* will keinen Krieg. Warum sollte irgendein armer Landarbeiter im Krieg sein Leben aufs Spiel setzen wollen, wenn das Beste ist, was er dabei herausholen kann, daß er mit heilen Knochen zurückkommt. (...) Aber schließlich sind es die *Führer* eines Landes, die die Politik bestimmen, und es ist immer leicht, das Volk zum Mitmachen zu bringen, ob es sich nun um eine Demokratie, eine faschistische Diktatur, um ein Parlament oder eine kommunistische Diktatur handelt.«[178] Man brauche nicht viel mehr zu tun, als der Bevölkerung zu sagen, sie würde bedroht werden. Man müsse lediglich den Pazifisten ihren Mangel an Patriotismus vorwerfen und sie beschuldigen, daß sie das Land in Gefahr brächten. Die Methode funktioniere immer.

Nur wenige Wochen nach der Konferenz von München und dem noch »gewaltfreien« Anschluß der sudetendeutschen Gebiete an das Deutsche Reich sprach im November 1938 Adolf Hitler in seiner »Geheimrede« vor Journalisten, Verlegern und anderen Funktionären des zu einem Propagandaapparat gleichgeschalteten Pressewesens darüber, welche Strategie hinter einer nationalsozialistischen Friedensrhetorik gestanden habe, die Schrittweise in eine Kriegsrhetorik überführt wurde: »Die Umstände haben mich gezwungen, jahrzehntelang fast nur vom Frieden zu reden. Nur unter der

177 Vgl. *Information für die Truppe* (IfdT), 5/91, S. 2.

178 *Nürnberger Tagebuch*, von Gustave M. Gilbert, Gerichts-Psychologe beim Nürnberger Prozeß gegen die Hauptkriegsverbrecher, aus dem Amerikanischen übertragen von Margaret Carroux, Frankfurt am Main 1962, S. 270.

fortgesetzten Betonung des deutschen Friedenswillens und der Friedensabsichten war es mir möglich, dem deutschen Volk Stück für Stück die Freiheit zu erringen und ihm die Rüstung zu geben, die immer wieder für den nächsten Schritt als Voraussetzung notwendig war. Es ist selbstverständlich, daß eine solche jahrzehntelang betriebene Friedenspropaganda auch ihre bedenklichen Seiten hat; denn es kann nur zu leicht dahin führen, daß sich in den Gehirnen vieler Menschen die Auffassung festsetzt, daß das heutige Regime an sich identisch sei mit dem Entschluß und dem Willen, einen Frieden unter allen Umständen zu bewahren. Das würde aber nicht nur zu einer falschen Beurteilung der Zielsetzung dieses Systems führen, sondern es würde vor allem auch dahin führen, daß die deutsche Nation (...) mit einem Geist erfüllt wird, der auf die Dauer als Defaitismus gerade die Erfolge des heutigen Regimes wegnehmen würde und wegnehmen müßte. Der Zwang war die Ursache, warum ich jahrelang nur vom Frieden redete. Es war nunmehr notwendig, das deutsche Volk psychologisch umzustellen und ihm langsam klarzumachen, daß es Dinge gibt, die, wenn sie nicht mit friedlichen Mitteln durchgesetzt werden können, mit den Mitteln der Gewalt durchgesetzt werden müssen. Dazu aber war es notwendig, nicht etwa nur die Gewalt als solche zu propagieren, sondern es war notwendig, dem deutschen Volk bestimmte außenpolitische Vorgänge so zu beleuchten, daß die innere Stimme des Volkes selbst langsam nach der Gewalt zu schreien begann.«[179] Wer wird es besser wissen als die deutschen Nazis, wie man eine Bevölkerung emotional auf einen Krieg vorbereitet. Herrschaftswissen scheint in Deutschland nicht verloren zu gehen. Der Nationalsozialismus hat viele technische Erkenntnisse der Herrschaftsausübung ermöglicht, die jeder bestehenden Herrschaft, auch manchem Demokraten, von Nutzen zu sein scheinen.

Die nach 1945 jahrzehntelang betriebene Friedenserziehung, die mit der *reeducation* begonnen hatte, schien jedenfalls nach Ansicht der militärischen und konservativen politischen Eliten seit 1989/90 ihre »bedenklichen Seiten« zu offenbaren: einen – wenn auch so nicht benannten – *Defaitismus* in der Bevölkerung, den der damalige Verteidigungsminister Gerhard Stoltenberg aber mit Blick auf die pazifistischen Massenproteste gegen den Golfkrieg als einen »weit verbreiteten Friedensrigorismus« umschrieb. Gegen die Friedensbewegung äußerte auch Wellershoff auf einer Kommandeurstagung,

179 Adolf Hitler, zit. n. Joachim C. Fest: *Hitler*, Frankfurt am Main/Berlin 1995, S. 738 ff. – Michael Jäger fragt polemisch, ob Hitlers Geheimrede »etwa noch zwischen 1990 und 2000 den Journalismus inspirierte«. – Jäger: *Probleme und Perspektiven der Berliner Republik*, a. a. O., S. 114.

zu der viele ranghohe Offiziere geladen waren: »Nicht die Überwindung von Angst, sondern das Ausleben von Angst ist zur Nationaltugend erhoben worden. (...) Es ist zu fragen, ob wir nicht den Gedanken an Krieg, Tod und Verwundung zu weit in den Hintergrund geschoben haben.« Führende Militärs erkannten mithin in dem populären und verfassungskonformen Friedensauftrag der Bundeswehr gleichsam ein nationales Sicherheitsrisiko: »Wir müssen kämpfen können und wollen, wenn wir kämpfen müssen.«[180] Und Verteidigungsminister Volker Rühe antwortete im Juli 1992 in einem *Spiegel*-Gespräch auf die skeptische Frage, ob die Deutschen auf militärische Kampfaktionen der Bundeswehr vorbereitet seien: »Das ist ja meine These. Deswegen müssen wir Schritt für Schritt vorgehen. Es geht auch nicht nur darum, die Soldaten, sondern die ganze Gesellschaft auf diese neuen Aufgaben vorzubereiten.«[181]

Dies sind nur einige der zahlreichen politischen Statements, die angeführt werden könnten als Zeugnisse einer Überzeugungsrhetorik, die darauf abzielte, das Ende der »Scheckbuchdiplomatie« moralisch vorzubereiten: Deutschland müsse aktiv in der Weltpolitik mitmischen, um seine nationalen Interessen zu verteidigen, statt auf der »Zuschauertribüne« zu sitzen. Damit dies realisiert werden könne, müßten auch hohe individuelle Risiken bis zum Tod in kaufgenommen werden, denn die Welt sei seit 1989/90 nicht sicherer geworden. So sagte es 1995 auch Hans-Ulrich Klose: »So paradox es klingt: weil Ost und West sich nicht mehr mit wechselseitiger Vernichtung bedrohen, ist heute die Wahrscheinlichkeit kriegerischer Konflikte eher größer (...). Anders als früher müssen sich heute auch deutsche Soldaten an den bitteren Gedanken des Waffeneinsatzes gewöhnen.«[182]

Die Bundesregierung war zu diesem Zeitpunkt schon seit zwei Jahren »Schritt für Schritt« vorgegangen. Seit August 1990 bis Ende 1992 waren kleinere Einheiten der Bundeswehr bereits dreizehnmal im Ausland eingesetzt worden. Die Bundesregierung konnte sich im August 1992 schon einer Zweidrittelmehrheit im Bundestag für sogenannte Blauhelm-Einsätze der Bundeswehr versichern. Lediglich für Kampfeinsätze gab es noch große Vorbehalte.

---

180 Helge Hansen, Heeresinspekteur der Bundeswehr, zit. nach *Stuttgarter Zeitung* vom 9. September 1992.

181 Interview mit Volker Rühe, in: *Der Spiegel*, 30/1992, S. 32–35.

182 Hans-Ulrich Klose, zit. n. *Die Woche* vom 8. September 1995.

Beteiligung der Bundeswehr an Einsätzen seit dem Golfkrieg bis zum Urteil des Bundesverfassungsgerichts zu out of area-Einsätzen

Der Abgang von der »Zuschauertribüne« erfolgte seit 1990 in einem salamitaktischen Tempo. Der seit April 1992 amtierende Verteidigungsminister Volker Rühe forcierte eine Reihe von Bundeswehreinsätzen im militärischen Grauzonenbereich. Im Mai 1992 wurden 150 Sanitäter und Ärzte der Bundeswehr nach Kambodscha entsendet, um dort ein Krankenhaus für UNO-Soldaten aufzubauen. Die SPD-Opposition im Bundestag hatte kein Problem damit, auch wenn ihr damaliger Verteidigungsexperte Walter Kolbow die Ansicht vertrat, die Aktion überschreite den Rahmen humanitärer Hilfe und sei damit verfassungswidrig. Der Etappenerfolg bestand für Rühe darin, den »zivilen« Einsatz der Bundeswehr *out of area* allgemein etabliert zu haben.

Am 4. Juli 1992 begann sich die Bundeswehr an der Luftbrücke zur Versorgung der Bevölkerung des von Serben eingekesselten Sarajevo zu beteiligen. Die deutschen Transall-Maschinen standen unter UNO-Befehl, und deshalb hatte es wiederum keinen Dissens mit der SPD im Bundestag gegeben, obwohl es bei diesem Einsatz bereits eindeutig militärisch zuging. Das war ein weiterer Etappenerfolg für die schwarz-gelbe Bundesregierung und insbesondere für Volker Rühe. Zwei Wochen später wurden zwei Kriegsschiffe und drei Flugzeuge der Bundesmarine in die Adria verlegt, um das UN-Embargo gegen Staaten des ehemaligen Jugoslawiens zu überwachen. Erst jetzt rief die SPD das Bundesverfassungsgericht an, weil sie der Ansicht war, es handele sich um einen vom Grundgesetz nicht gedeckten *out of area*-Einsatz. Der Eilantrag wurde jedoch vom BVG abgewiesen. Als nächstes folgte die Beteiligung der Bundeswehr mit AWACS-Flugzeugen zur Überwachung der Flugverbotszonen für serbische Maschinen über Bosnien. SPD und diesmal auch die an der Regierung beteiligte FDP beantragten die sofortige Stoppung der deutschen Beteiligung beim BVG. Der Eilantrag wurde abermals abgewiesen.

Im Dezember 1992 beschloß die Bundesregierung, der UN ein Angebot der militärischen Unterstützung der Somalia-Mission (UNOSOM) zu unterbreiten. Das Engagement der Bundeswehr sollte »innerhalb befriedeter Regionen« Somalias stattfinden und sich auf »humanitäre Aufgaben« beschränken. Zu diesem Zweck beabsichtigte die Bundesregierung ein Nachschub- und Transportbataillon von bis zu 1500 Bundeswehrsoldaten zur Verfügung zu stellen, welches von italienischen und nigerianischen Einheiten beschützt werden sollte, da die deutschen Einheiten selbst in keine eindeutigen Kampfeshandlungen involviert werden durften.[183] Der Einsatz wurde am 2. Juli 1993 vom Bundestag gebilligt. Die SPD reichte dagegen beim Bundesverfassungsgericht eine Klage ein, nachdem eine einstweilige Anordnung abermals abgewiesen worden war. Rühe kommentierte bereits im Vorfeld die Klageabsicht selbstbewußt mit den Worten: »Wer verhungert, kann nicht aufs deutsche Verfassungsgericht warten.«[184] Der Somalia-Einsatz der Bundeswehr endete am 28. Februar 1994 mit dem Abzug der gesamten UN-Truppen. Man mußte sich die Niederlage eingestehen, in der Region ein desaströses »Konfliktmanegement« betrieben zu haben. Schon Rühes Besuch des Bundeswehrstandortes in Belet Huen, wo er vor laufenden Fernsehkameras über einen spitzen Stein stolperte und zu Boden stürzte, offenbarte den Einblick in die PR-Maßnahmen des Verteidigungsministeriums, die aufgrund ungeschickter Pannen möglich wurden, daß es mit dem hervorgehobenen Charakter der Humanität nicht allzu glaubwürdig bestellt war. »Bei einem Besuch Rühes im Lager von Belet Huen hielten Einheimische Schilder hoch, auf denen sie dem Minister in englischer Sprache für die Unterstützung im Kampf gegen den Hunger dankten. Als Journalisten nachforschten, warum einige die Tafeln falsch herum an ihre Stöcke genagelt hatten, stellte sich heraus, daß die Jubel-Somalis des Englischen gar nicht mächtig waren. Deutsche Soldaten hatten sie mit den Gruß-Elementen versorgt und deren Anbringung nicht richtig überwacht: kleine Unsicherheiten auf dem Weg zur Weltsicherheitspolitik.«[185] Für Volker Rühe war die Mission dennoch ein »humanitärer« Erfolg.

Debatte über Rechtmäßigkeit von out of area-Einsätzen – Urteil des BVG im Juni 1994

Naumanns und Stoltenbergs Vorstöße, die 1991 die neuen Verteidigungspolitischen Richtlinien (VPR) möglich machten, hatten die innenpolitische Debatte bezüglich der verfassungspolitischen Rechtmäßigkeit einer Neuorientierung der Bundeswehr in Bezug auf *out of area*-Einsätze ausgelöst. Neben logistischen oder materiellen Problemen hinsichtlich der Einsatzfähigkeit der Bundeswehr in fernen Regionen galt es vor allem die unklare Rechtslage zu klären. Der Golfkrieg im Jahre 1991, an dem sich deutsche Truppenkontingente noch nicht beteiligen konnten, veranschaulichte das Problem sehr deutlich: Die meisten Politiker nahezu aller ernstzunehmen-

183 Siehe *Europa-Archiv* 48, 1993, D 112.
184 Vgl. »SPD: Regierung will den ›Verfassungsbruch‹«, in: *taz* vom 21. Dezember 1992.
185 Latsch und Wiegrefe: »Einsatz im Machtspiel«, a. a. O.

den Parteien gingen zunächst davon aus, daß *out of area*-Einsätze nicht ohne Grundgesetzänderung möglich seien. Das Grundgesetz zu ändern, stieß zwar allgemein auf Bereitschaft. Die konservativen außenpolitischen Sprecher der CDU/CSU wie Karl Lamers und Jürgen Rüttgers wollten allerdings nicht wie viele aus der oppositionellen SPD *out of area*-Einsätze der Bundeswehr von UNO-Mandaten abhängig machen, schließlich sei das wiederum eine Beschränkung der nationalstaatlichen Souveränität, die nach der deutschen Einheit nicht mehr hinnehmbar sei. Eine Mehrheit für eine spezifische Grundgesetzänderung war zu diesem Zeitpunkt also im Bundestag nicht denkbar – auch nicht, als Hans-Dietrich Genscher im September 1991 vor der UNO in New York verkündete, das vereinte Deutschland werde »alle Rechte und Pflichten der Charta der Vereinten Nationen, einschließlich der Maßnahmen der kollektiven Sicherheit, übernehmen«[186] und dafür auch seine Verfassung ändern.

Im Januar 1993 stattete Butros Butros Ghali der Bundesregierung einen Besuch ab und mischte sich in die Bewußtseinsbildungsprozesse der deutschen Öffentlichkeit ein. Der UN-Generalsekretär sprach sich für die »volle Beteiligung Deutschlands« an sämtlichen militärischen Einsätzen der UN aus.[187] Eineinhalb Jahre später, am 12. Juni 1994 sprach das Bundesverfassungsgericht sein Urteil zu *out of area*-Einsätzen der Bundeswehr. Das Urteil war möglich geworden, weil die Bundestagsfraktion der SPD Klage wegen des Bosnien-Einsatzes der Bundeswehr (Beteiligung an AWACS-Flügen zur Überwachung der Flugverbotszonen) erhoben hatte. Anhand der zahlreichen Abweisungen der Eilanträge, die nach und nach wegen anderer Einsätze der Bundeswehr, zum Beispiel in Somalia, von der Opposition beim BVG gestellt wurden, um die Beteiligung der Bundeswehr an militärischen Einsätzen in Krisenregionen *out of area* zu verhindern, konnte man schon ungefähr ablesen, zu welchem Urteil das Verfassungsgericht kommen würde. Es hatte den Anschein, als praktizierten die herrschenden Eliten in Deutschland – einige Richter des Bundesverfassungsgerichts mit inbegriffen – einen zum Realpragmatismus variierten hegelianischen Idealismus, der den Übergang von der normativen Kraft des Faktischen zur faktischen Kraft des Normativen exekutierte: *Was notwendig ist, muß wirklich werden – was wirklich geworden, ist notwendig.*

186 Hans-Dietrich Genscher auf der 46. Generalversammlung 1991 der UNO, zit. n. Wichard Woyke: »Deutschland und die UNO«, in: Bundeszentrale für politische Bildung (Hrsg.): *Handwörterbuch des politischen Systems der Bundesrepublik*, Internet: ⟨`http://www.bpb.de/wissen/02845404933227706162665797817421.html`⟩.

187 Vgl. *Europa-Archiv* 48, 1993, Z 26.

Mit einer knappen Abstimmung der neun Richter (5:4) entschied das Bundesverfassungsgericht, daß »die deutsche Beteiligung an friedenssichernden Operationen der Vereinten Nationen (...) durch Artikel 24 Abs. II GG verfassungsrechtlich legitimiert [sei]«[188].

Der Artikel 24, Abs. II des Grundgesetzes lautet: »Der Bund kann sich zur Wahrung des Friedens einem System gegenseitiger kollektiver Sicherheit einordnen; er wird hierbei in die Beschränkungen seiner Hoheitsrechte einwilligen, die eine friedliche und dauerhafte Ordnung in Europa und zwischen den Völkern der Welt herbeiführen und sichern.« – Egon Bahr hatte 1993 noch die ursprüngliche allgemeine Auffassung auf den Punkt gebracht: »Eid und Verpflichtung, für alle verbindlich, Soldaten wie Beamte, Minister wie Kanzler und Präsident, sind auf das Grundgesetz bezogen, nicht auf UNO-Charta und NATO. Kaum ein größerer Schaden könnte dem deutschen Ansehen zugefügt werden, wenn unsere Nachbarn und Verbündeten den Eindruck gewinnen müßten, die deutsche Politik könne in einem Kurs der Beliebigkeit, der Nützlichkeit, der Bequemlichkeit abgleiten, mit der die Verfassung behandelt wird (...).«[189]

Problematisch an dem Urteil des BVG vom 17. Juli 1994 ist der Umstand, daß nunmehr Bündnisverpflichtungen über der Verfassung stehen; eine Grundgesetzänderung ist nur mit Zweidrittelmehrheit im Bundestag zu erwirken, aber die Aushebelung von Artikel 87a, Absatz I ist mithin mit einfachen Mehrheiten und Beschlüssen zu erwirken, indem sich der Bund einem »System gegenseitiger kollektiver Sicherheit«, zum Beispiel der NATO anschließt. Das Urteil reichte über den konkreten Einzelfall (AWACS-Flüge über Bosnien) hinaus. Das deutsche Grundgesetz autorisiere den deutschen Staat »nicht nur zum Eintritt in ein System gegenseitiger kollektiver Sicherheit und zur Einwilligung in damit verbundene Beschränkungen seiner Hoheitsrechte«, auch die verfassungsrechtliche Grundlage »für die Übernahme der mit der Zugehörigkeit zu einem solchen System typischerweise verbundenen Aufgaben«[190] sei damit gegeben. Prinzipiell seien mithin Einsätze der Bundeswehr außerhalb des NATO-Gebietes im Rahmen von friedenssichernden UNO-Missionen mit dem Grundgesetz vereinbar. Das Urteil betraf darüber hinaus auch die Frage nach der rechtlichen Grundlage im Falle eines NATO-Bündnisfalls sowie

188 Bundesverfassungsgericht: *Urteil vom 12. Juli 1994*, 2 BvE 3/92.

189 Egon Bahr: »Die Verfassung steht über dem Bündnis«, in: Dieter S. Lutz (Hrsg.): *Deutsche Soldaten weltweit? Blauhelme, Eingreiftruppen, »out of area« – Der Streit um unsere sicherheitspolitische Zukunft*, Reinbeck bei Hamburg 1993, S. 53–59; S. 58 f.

190 Vgl. *Europa-Archiv* 49, 1994, D 430.

die weniger Beachtung gefundene Feststellung der Bundeswehr als Parlamentsheer.[191]

Die Bundeswehr als Parlamentsheer

Über jeden Einsatz der Bundeswehr, so stellte das Bundesverfassungsgericht noch einmal fest, müsse der Bundestag entscheiden. Auch »im Falle eines Angriffes auf einen Bündnispartner« bedürfe es der »regelmäßig vorhergehenden parlamentarischen Entscheidung über den konkreten Einsatz nach Maßgabe der bestehenden Bündnisverpflichtung«.[192] Die Verfassungswirklichkeit weicht allerdings von der Verfassungsnorm ab: Die Tendenz geht dahin, den Parlamentsvorbehalt als schwer praktikabel zu betrachten und aus pragmatischen Gründen zu umgehen, das heißt, Einsätze der Bundeswehr durch das Kabinett entscheiden zu lassen.[193] Die Bundeswehr sei in Kriegszeiten, die durch unvorhersehbare Unwägbarkeiten gekennzeichnet sind und schnelles Handeln und effiziente Entscheidungshierarchien erforderlich machen, nicht handlungsfähig, wenn erst ein Votum des Bundestages, das heißt insbesondere langatmige Debatten abgewartet werden müßten. »Damit nicht der Bundestag zum Feldherrn wird, muß in dem Zustimmungsbeschluß die notwendige Flexibilität der Regierung erhalten bleiben.«[194] Einen nötigen Interpretationsspielraum, die Bundeswehr einerseits als Parlamentsheer, andererseits als Kabinettsheer anzusehen, sahen auch die Verfassungsrichter. Die parlamentarische Mitwirkung, so ihr Urteil, dürfe jedenfalls »die militärische Wehrfähigkeit und die Bündnisfähigkeit der Bundesrepublik Deutschland nicht beeinträchtigen. Deshalb ist die Bundesregierung bei Gefahr im Verzug berechtigt, vorläufig den Einsatz von Streitkräften zu beschließen und an entsprechenden Beschlüssen in den Bündnissen oder internationalen Organisationen ohne vorherige Einzelermächtigung durch das Parlament mitzuwirken und diese vorläufig zu vollziehen. Die Bundesregierung muß jedoch in jedem Fall das Parlament umgehend mit dem so beschlossenen Einsatz befassen. Die Streitkräfte sind zurückzurufen, wenn es der Bundestag verlangt.«[195]. Der Verfassungsrichter Hans Hugo Klein wird vom *Spiegel* in bedeutsamen Nuancen vom Urteil des

191 Hinsichtlich der unterschiedlichen und gegensätzlichen Interpretationen in der Öffentlichkeit sowie zur Auslegung der entscheidenden Artikel des Grundgesetzes durch das Urteil des BVG siehe Stefan Brunner: *Deutsche Soldaten im Ausland. Fortsetzung der Außenpolitik mit militärischen Mitteln?*, München 1993, S. 29–69.

192 Vgl. »Zustimmung auf Vorrat«, in: *Der Spiegel*, 46/2001.

193 Vgl. Reinhard Mutz: »Es geht um den scharfen Schuß«, in: *Freitag*, Nr. 26, vom 18. Juni 2004.

194 Torsten Steil, Staats- und Völkerrechtler, zit. n. *Der Spiegel*, 46/2001.

BVG abweichend zitiert: »Niemand kann verlangen, daß der Bundestag über jeden konkreten Gefechtseinsatz und jede Begleitung eines Schiffskonvois entscheidet«; die parlamentarische Zustimmung sei deshalb »immer eine Art Vorratsbeschluß«[196].

Es wäre ein Freibrief, der nur noch dadurch eingeschränkt ist, daß er durch Zweck, zeitliche Frist, Ort oder Umfang des militärischen Einsatzes eingegrenzt wird.[197] Die mit einem Vorratsbeschluß verbundene temporäre Selbstentmachtung des Bundestages hinsichtlich seiner Kontrollbefugnisse führt unweigerlich zu einer Geheimdiplomatie der Bundesregierung und ist ein eklatantes Zeichen für Demokratieverlust. In der Militärfrage kristallisiert sich die Demokratiefrage der Berliner Republik heraus. »Das Parlament symbolisiert den Raum von Öffentlichkeit der Politik, während das Kabinett für das Arkanum (wörtlich: Geheimnis), die Nichtöffentlichkeit von Politik steht.«[198]

Kaum hatte das Bundesverfassungsgericht geurteilt, wurde auch schon in der Außenpolitik zu einer verschärften Gangart übergegangen. »Nachdem das Gericht solchermaßen den Weg gewiesen hatte, war es nunmehr an der Politik, ihn zu beschreiten.«[199] Am 12. Juli 1994 – am selben Tag der Verkündung des BVG-Urteils – legte das Bundesverteidigungsministerium die neuen »Konzeptionellen Leitlinien zur Weiterentwicklung der Bundeswehr« vor, in denen eine Aufgabenzuteilung der deutschen Krisenreaktionskräfte vorgenommen wird. In der Landesverteidigung sollen sie aufgrund ihrer besonderen Fähigkeit »zum sofortigen geschlossenen Einsatz« zur Abwehr

---

195 BVerfG-Urteil 90, 286, 388 zu Auslandseinsätzen der Bundeswehr vom 19. September 2001; vgl. Peter Strutynski: »Auslandseinsätze der Bundeswehr sollen erleichtert werden. SPD-Parlamentarier legen brisanten Gesetzentwurf vor – Die Selbstentmachtung des Parlaments«, AG Friedensforschung an der Uni Kassel, Internet: ⟨`http://www.uni-kassel.de/fb5/frieden/themen/Bundeswehr/gesetz.html`⟩.

196 Hans Hugo Klein zit. n. *Der Spiegel*, 46/2001.

197 Der Bundeswehrauftrag im »Kampf gegen den Terror« trägt diesbezüglich den Charakter eines Blankoschecks, in dem temporär die Befugnisse des Parlaments hinsichtlich ihres Vorbehalts außer Kraft gesetzt sind. Der Einsatz in Afghanistan sollte zunächst für ein ganzes Jahr gelten, der Ort des Einsatzes der Bundeswehrtruppen im »Krieg gegen den Terror« erstreckte sich über die halbe Welt, und der Zweck des Einsatzes ist so allgemein ausgelegt (Beistand für die Weltmacht USA im Kampf gegen den internationalen Terrorismus), daß man hier summa summarum davon sprechen kann, das Parlament hat sich mit diesem Beschluß hinsichtlich seiner Kontrollbefugnisse temporär selbst entmachtet. – Siehe Teil II, Kap. 8.

198 Ulrich Albrecht: »Zwei Jahre Rot-Grün – Eine friedenspolitische Zwischenbilanz. Nachdenken über Militär in Deutschland«, in: *W&F* 4/2000: »Frieden als Beruf«, Dossier Nr. 36: *Halbzeit!*, Oktober 2000.

199 Schöllgen: *Die Außenpolitik der Bundesrepublik Deutschland*, a. a. O., S. 216.

potentieller Angreifer eingesetzt werden. Darüber hinaus sollen aber die deutschen KSK-Kontingente viel mehr der Krisenbewältigung und Konfliktverhinderung sowie der Verteidigung im Rahmen von NATO-, WEU- oder UN-Einsätzen dienen. Die Aufgaben umfassen das gesamte »Spektrum von humanitären Maßnahmen bis hin zu militärischen Einsätzen nach der Charta der Vereinten Nationen«[200].

Im September 1994 erklärte Hans-Dietrich Genscher vor der 49. Generalversammlung der Vereinten Nationen, »daß Deutschland sich voll an UN-Friedensoperationen beteiligen könne«[201]. In einer Grundsatzrede des Bundespräsidenten vor der »Deutschen Gesellschaft für Auswärtige Politik« verkündete Roman Herzog, der kurz zuvor noch Präsident des Bundesverfassungsgerichts gewesen war, das Ende der »Trittbrettfahrerei« sei erreicht, weil das Gewicht Deutschlands in der Welt gewachsen sei.[202] Im Dezember 1996 beschloß der Bundestag zur Beteiligung an der Friedensmission im Rahmen des SFOR-Kontingentes der NATO in Bosnien die Stationierung von mehr als 3000 deutschen Soldaten. Die Dauer des Bundeswehreinsatzes *out of area* sollte eineinhalb Jahre dauern. Im Juni 1998 wurde noch einmal eine Verlängerung der Mission mit großer Mehrheit – sogar mit einer Mehrheit der Grünen-Abgeordneten – im Bundestag beschlossen.

7. Kontinuitäten preußisch-deutscher Außenpolitik auf dem Balkan im Gewand von Moral und Verantwortung?

Anerkennung Sloweniens und Kroatiens durch Genscher

Am 1. Juli 1991 sagte Helmut Kohl in einer Pressekonferenz, Deutschland könne den jugoslawischen Teilrepubliken Slowenien und Kroatien das Recht, sich einen eigenen und souveränen Staat zu geben, nicht absprechen. Die geteilte deutsche Nation sei gerade aufgrund des Selbstbestimmungsrechts der Völker in einem Staat wieder zueinandergekommen. Dasselbe Selbstbestimmungsrecht müsse auch für Kroaten und Slowenen gelten, und es dürfe ihnen nicht verwehrt werden, sich von der Bundesrepublik Jugoslawien loszusagen. Mit anderen Worten: Die Bundesregierung könne und wolle nicht den beiden Teilrepubliken die Anerkennung als souveräne Staaten verweigern, falls diese sich für unabhängig erklären wollen.[203] Inwieweit

200 Bundesministerium für Verteidigung (Hrsg.): »Konzeptionelle Leitlinien zur Weiterentwicklung der Bundeswehr«, Bonn, 12. Juli 1994.

201 *Archiv der Gegenwart*, 64, 1994, S. 39 338.

202 Vgl. *Bulletin*, Nr. 20, 15. März 1995, S. 162 f.

die Bundesregierung aus rein moralischen Gründen mit Hilfe des Selbstbestimmungsrechts argumentierte, darf angezweifelt werden. Moralische Kategorien haben in der Außenpolitik seit je nur einen rhetorischen Ausdruck eingenommen, um darüber materielle Interessen, die dafür nicht zur Sprache kommen, zu legitimieren.

Welche Interessen aber im Einzelnen dafür in Anschlag zu bringen sind, bedarf einer eingehenderen Betrachtung. Für die Fragestellung der vorliegenden Studie steht jedoch die allgemeine Annahme im Vordergrund, daß sich der deutsche Staat in der Krisenregion sicherheitspolitisch engagierte, weil es ihm ermöglichte, schrittweise mehr außenpolitische Verantwortung zu übernehmen und in diesem Zuge eine militärische Normalisierung voranschreiten zu lassen. Ferner wird angenommen, daß der deutsche Staat ein Interesse daran gehabt hat, seinen Machtbereich im Rahmen der EU auf Osteuropa auszuweiten. Die Abspaltung der reicheren Teilrepubliken von Jugoslawien, die dann in die EU integriert werden könnten, wird als ein »deutsches« Interesse unterstellt. Der Strategie zur Unterstützung des Separatismus, die der deutsche Staat verfolgte, lag eine naheliegende entwicklungssoziologische Annahme zu Grunde: Wenn das föderale System des Bundesstaates Jugoslawien aufgrund ausbleibender staatlicher Ausgleichzahlungen an die Teilrepubliken in die Krise gerät, kann ein sozialer Zusammenhalt der jugoslawischen Gesellschaft nicht mehr gewährleistet werden. In der Folge dürften sich die reicheren Regionen von den ärmeren trennen wollen, um selbst überlebensfähig zu bleiben. Bezeichnend ist, daß dabei das Bluts- und Stammesdenken in den sich separierenden Regionen als Legitimation für den Separatismus auflebt. Dies wurde offenbar ins Kalkül miteinbezogen, als die Bundesregierung den Teilrepubliken finanzielle Hilfen anbot, insofern sich diese vom Bundesstaat Jugoslawien lossagen.

Das Selbstbestimmungsrech der Völker, das für die deutsche Bundesregierung diesbezüglich ein positiver Anknüpfungspunkt gewesen war, um den Separatismus der Teilrepubliken Slowenien und Kroatien offiziell zu unterstützen, diente als rhetorisches Vehikel, um das dahinterstehende Kalkül nicht sichtbar werden zu lassen. – Darüber, wie konsistent die Argumentation mit dem Selbstbestimmungsrecht von denselben Politikern auch durchgehalten werden würde, wenn es den deutschen Staat selbst beträfe – etwa wenn, was freilich etwas unrealistisch erscheint, die Deutschen im Bundesland Bayern einmal separatistische Bestrebungen an den Tag legten, kann man nur spekulieren. Als gewiß dürfte jedoch gelten, daß eine sol-

203 Vgl. *NZZ* vom 3. Juli 1991, S. 2.

che Situation als Ausnahmezustand interpretiert wird und die Bundeswehr angehalten werden würde, im Inneren für die Wiederherstellung der Ordnung, das heißt der »inneren Einheit« zu sorgen. Der deutsche Staat würde mithin von jenem Recht Gebrauch machen, welches er dem Bundesstaat Jugoslawien absprach.

Am 27. November 1991 kündigte die Bundesregierung an, daß sie die Unabhängigkeitserklärungen der beiden Teilrepubliken frühzeitig anerkennen wolle. Die Entscheidung erfolgte gegen die zum Teil sehr massiven Einwände der wichtigsten europäischen Nachbarn sowie auch gegen den Rat der US-Regierung, die zuvor noch die Bundesregierung ermahnt hatte, sie solle ihre Außenpolitik in Einklang mit den Mitgliedstaaten der Europäschen Union bringen. Die EU-Außenminister hatten verabredet, die neuen Republiken frühestens am 15. Januar 1992 anzuerkennen. Zuvor sollte noch der Bericht der Schiedskommission abgewartet werden, der Auskunft darüber geben sollte, inwieweit die Richtlinien über die Anerkennung neuer Staaten in Osteuropa und der Sowjetunion von den beiden Republiken auch eingehalten würden. Die deutsche Regierung wartete nicht bis zum 15. Januar 1992, sondern sprach die Anerkennung bereits am 23. Dezember 1991 aus.

Dieser selbstbewußte Alleingang war die erste Kostprobe der Umsetzung dessen, was die Bundesregierung unter der vom US-amerikanischen Präsidenten George Bush gewählten Formel »partner in leadership« verstand. Der Alleingang löste erhebliche Irritationen in der EG/EU aus. In dieser sehr heiklen Frage hatte der gerade einmal 14 Monate geeinte deutsche Staat sich angeschickt, eine von der europäischen Gemeinschaft abweichende Position zu beziehen. »Mit ihrem Vorgehen nötigte die Bundesregierung ihre EG-Partner, Slowenien und Kroatien – und zwar unabhängig vom Ergebnis des Schiedskommissionsberichts – ebenfalls anzuerkennen, sollte der Vertrag zur Schaffung einer Europäischen Union, der eine Gemeinsame Außen- und Sicherheitspolitik vorsah und auf den man sich eben erst geeinigt hatte, nicht schon vor seiner Unterzeichnung zur Farce geraten.«[204]

Die Irritationen gegenüber der deutschen Außenpolitik waren auch auf ein widersprüchliches Verhalten der Bundesregierung im Vergleich zu ihrer Position im Golfkrieg zurückzuführen. Wenige Monate zuvor hatte sie noch im Golfkrieg Zurückhaltung geübt, die auf zum Teil massive Kritik der alliierten Bündnispartner gestoßen war, und nun machte sich die Bundesregierung in der Balkanfrage durch ein vorschnelles Agieren unbeliebt. Aufgrund dieses widersprüchlichen Verhaltens handelte sich die Bundes-

204 Schwammel: *Deutschlands Aufstieg zur Großmacht*, a. a. O., S. 214.

regierung den Vorwurf der Unberechenbarkeit ein – dies auch noch zu einem Zeitpunkt, als aufgrund der Unabhängigkeitsbestrebungen der Balten (seit Januar 1991) und der damit zusammenhängenden Kollabierung des Sowjet-Imperiums (am 12. Juni 1991 wurde in der UdSSR ein Putschversuch unternommen, der freilich scheiterte, aber die Auflösung der Sowjetunion beschleunigte) in Ost-Europa ein »Machtvakuum« zu entstehen drohte. In der Folge sei die Erwartungshaltung an den deutschen Staat sehr groß gewesen. Gleichsam über Nacht seien bei den fernen und nahen Nachbarn des deutschen Staates die Sorge über die unabsehbaren Folgen der deutschen Einheit in den Hintergrund geraten und der vereinte deutsche Staat »zur fest einkalkulierten Normalität des politischen Lebens in Europa«[205] geworden – mit allen damit verbundenen Erwartungen hinsichtlich der Ausübung machtpolitischer Ordnungsaufgaben, was den deutschen Staat nicht nur irritierte, sondern auch schlicht überfordert haben soll. Für Gregor Schöllgen ist das widersprüchliche Handeln der Bundesregierung in den ersten Monaten nach der deutschen Einheit »Ausdruck einer tiefen Verunsicherung über die neue Lage und die ungewohnte Rolle.«[206]

Schöllgen zufolge habe diese Unsicherheit den Verdacht nahegelegt, Deutschland verfolge eine neue Taktik, um sein altes Ziel der kontinentalen Hegemonie wieder zu erreichen. Das Ausland aber habe mehr Großmachtallüren befürchtet, als tatsächlich vorhanden gewesen seien, denn Deutschland habe sich seit der Auflösung des Deutschen Reiches 1945 konsequent von allem Machtstreben verabschiedet.[207] Schöllgen fragt in einem fast vorwurfsvollen Ton, als sei die verbrecherische deutsche Vergangenheit schon Beweis genug, daß man heute sich gebessert habe: »Gab es nicht angesichts des Vernichtungswahns, dem die Deutschen während des Zweiten Weltkrieges verfallen und mit einer in der zivilisierten Welt beispiellosen Mordmaschinerie gefolgt waren, geradezu eine Verpflichtung, das Land von jeder Form der militärischen Machtausübung fernzuhalten?«[208] Die Verpflichtung, sich von jeder militärischen Machtausübung fernzuhalten, werde auch heute noch eingehalten. »Konnte es da überraschen, daß die Republik, als sie im Jahre 1990 unerwartet in die Pflicht souveränen Agierens als europäische Großmacht genommen wurde, hilflos und verunsichert wirkte?«[209]

205 Schöllgen: *Die Außenpolitik der Bundesrepublik Deutschland*, a. a. O., S. 209.
206 Ebd., S. 206.
207 Vgl. ebd., S. 207.
208 Ebd.
209 Ebd., S. 207 f.

Widersprüchlich und hilflos erscheint das außenpolitische Verhalten der Bundesregierung keineswegs, wenn man berücksichtigt, daß der deutsche Staat stärkere nationale Interessen auf dem Balkan als am Golf für sich in Anspruch nahm.

Deutsche Unterstützung des ethnischen Separatismus auf dem Balkan

Was viele Liberale offensichtlich nicht zur Kenntnis nehmen wollten, war die Tatsache, daß der deutsche Staat ethnischen Sezessionismus auf dem Balkan unterstützte. Der Soziologe Karl Otto Hondrich formulierte die Position vieler Liberaler, die sich gutgläubig gegenüber der deutschen aber mißtrauisch gegenüber der Außenpolitik der europäischen Nachbarn verhielten: Es erschien ihm beunruhigend, daß die Außenpolitik der europäischen Bündnispartner sich um machtpolitische, nationale Interessen neu sortieren sollte, statt sich an kollektiven, der Nation übergeordneten Prinzipien zu orientieren. Für die Bundesregierung sollte das auf keinen Fall zutreffen, denn sie habe sich über mehrere Generationen hinweg vom nationalen Ehrgeiz distanziert. Die deutsche Forderung nach völkerrechtlicher Anerkennung Sloweniens und Kroatiens diente nicht der Vergrößerung der Einflußsphäre des deutschen Staates, vielmehr sei sie auf der Basis eines kollektiven Wertprinzips: im Namen des Selbstbestimmungsrechts der Völker erhoben worden. Selten sei Hondrich eine politische Entscheidung so glaubwürdig erschienen – ethische Prinzipien, nicht Interessen seien die Motive der Bundesregierung gewesen.[210] »Mit welchen Gefühlen haben wir 1991/92 die Loslösung Sloweniens, Kroatiens, später Bosnien-Herzegowinas aus dem jugoslawischen Staat verfolgt? Unser Herz schlug für die neuen kleinen Staaten. In der Sensation der Separation ist es auf seiten des Neuen gegen das Alte, der Kleinen gegen die Großen, der Freiheit gegen die Zwänge, des Volkes gegen die Herren. Gegen zwei Herrschaften in einem, die kommunistische und die serbische, sahen wir die Slowenen, Kroaten, Muslime auferstehen; als Demos – gegen ›die da oben‹ – und zugleich als Ethnos – gegen – ›die anderen‹, Fremden – rührte sich das Volk, erhoben sich die Völker. Erhebende Gefühle, auch für uns, aus der Ferne gesehen.«[211]

Das war all zu sehr aus der Ferne betrachtet. Der Blick aus der Ferne schärft nicht immer die Sinne. Hondrichs antikommunistischer Affekt ließ ihn wie viele andere übersehen, daß die »Kleinen« genausowenig wie die

210 Vgl. Karl Otto Hondrich: »Krieg der Gefühle«, in: ders.: *Wieder Krieg*, Frankfurt am Main 2002, S. 65–82; S. 73.

211 Ebd., S. 70.

»Großen« demokratisch waren. Der Demos hat sich gleichermaßen nationalistisch und völkisch aufgestellt und wurde von einer neuen Machtclique in die bekannten autoritären Herrschaftsstrukturen zurückgedrängt.

Hondrich formulierte aber auch das westliche Gefühl der Ambivalenz: »In einer Welt, in der wir mehr und mehr auf das Individuum setzen, das sich aus allen kollektiven, insbesondere völkischen Zwängen befreien soll, muß das Denken und Fühlen in Volkszusammenhängen irritieren. In dieser Ethnisierung sozialer Beziehungen befürchten wir einen historischen Rückfall, einen Rückschritt zum völkischen Nationalismus.«[212] Dennoch habe es gegolten, dem Aufbruch der kleinen Völker enthusiastisch Beifall zu zollen. Zu seiner großen Verwunderung teilten andere westliche Staaten die »deutsche Meinung« nicht; sie wollten den jugoslawischen Staat als Ganzes erhalten. »Der Universalismus der Menschen- und Selbstbestimmungsrechte, so stellten wir beleidigt fest, stand selbst bei den hochzivilisierten Staaten des Westens niedriger im Kurs als der Status quo, also der Partikularismus des zum einmal bestehenden Nationalstaatensystems!«[213] Hondrich argumentierte mit einem sehr deutschen Begriff des ethnisch homogenen Volkes; er legte das Selbstbestimmungsrecht allzu ethnisch aus. Ein moderner Staat aber leitet seine politische Legitimation nicht mehr aus der ethnischen Zugehörigkeit seiner Bevölkerung ab, wie Bill Clinton deutschen Politiker entgegenhielt, die 1999 auch die Lostrennung des Kosovo von Serbien forderten.[214]

Die Unterstützung des Separatismus erfolgte durch den deutschen Staat schrittweise. Bereits 1977 initiierte die bayrische Landesregierung unter Franz Josef Strauß die sogenannte Alpen-Adria-Gruppe, die eine »Raumordnung« der Alpen-Adria-Region gemeinsam mit Vertretern aus Bayern, Österreich, Ungarn, Italien sowie den jugoslawischen Teilrepubliken Slowenien und Kroatien abstimmte. Der Bundesnachrichtendienst (BND) begann nach 1979 mit der Anwerbung kroatischer Separatisten, die dem späteren Präsidenten Franjo Tudjman nahestanden. »Was die Art der Hilfe anbelangt, die Deutschland Kroatiens Geheimdienst angedeihen läßt, ist die Schulung der Kader die wichtigste Förderermaßnahme. (...) Die wichtigste geheimdienstliche Verbindung in Kroatien ist darauf aus, seine Dienste zu zersplittern und letztendlich zu zerstören.«[215]

Zu den Personen, zu denen der BND Kontakte aufgebaut hatte, zählten

212 Ebd.
213 Ebd., S. 72.
214 Vgl. *FAZ* vom 17. April 1999.
215 *Jane's Intelligence Review* (britische Militärfachzeitschrift), Nr. 9/1994.

auch Ibrahim Rugova, seit 1992 Präsident der Republik Kosovo, sowie der 1993 zum albanischen Präsidenten gewählte Sali Berisha, ein Vertreter der groß-albanischen Position; seine Regierung wurde bis zu ihrem Niedergang 1997 finanziell von der Bundesregierung in einer Höhe von zirka einer Milliarde DM gefördert. »Kein anderes Land hat (...) von Bonn pro Kopf der Bevölkerung so viel Entwicklungshilfe erhalten«, kommentierte die *Frankfurter Allgemeine Zeitung*.[216]

Anfang der 1980er Jahre ereignete sich parallel zur Weltwirtschaft auch eine dramatische Wirtschaftskrise in Jugoslawien. Das Kosovo war im Vergleich zum Rest Jugoslawiens die wirtschaftlich rückständigste Region und zugleich mit einer sehr hohen Arbeitslosigkeit konfrontiert. Das waren die Hauptursachen für die spätere Eskalation des nationalen Konflikts im Kosovo. Die *Neue Zürcher Zeitung* empfahl 1987 die Wiederherstellung größtmöglicher Handlungsfähigkeit der jugoslawischen Zentralregierung und der Bundesorgane gegen die Partikularinteressen des Kosovos, aber auch gegen die Autonomiebestrebungen der reicheren Teilrepubliken Slowenien und Kroatien.[217] Letztere hatten einseitig ihre Zahlungen für den Bundesentwicklungsfond aufgekündigt. Aus diesem Fond hatte das Kosovo größtenteils seine finanziellen Hilfen bekommen. Mit der Weigerung der reichen Teilrepubliken Slowenien und Kroatien in den Bundesentwicklungsfond einzuzahlen, wurde das Kosovo zu einem serbischen Problem, jedenfalls war es keine gesamtjugoslawische Angelegenheit mehr; das Kosovo gehörte zu Serbien.

Die von Serben dominierte jugoslawische Regierung hob 1989 als Gegenmaßnahme den Autonomiestatus des Kosovo auf und ersetzte dort die bis dahin überwiegend albanischen Beamten in den öffentlichen Ämtern, insbesondere bei der Polizei, durch Serben. Außerdem wurde die offizielle Amtssprache, vom Albanischen ins Serbische gewechselt. Es handelte sich hierbei um eine Verschiebung der Machtverhältnisse zugunsten Serbiens im Bundesexekutivrat und ein Auswechseln der lokalen Eliten in der Herrschaftshierarchie. Die albanische Reaktion auf die Entmachtung der muslimischen Eliten im Kosovo war die Forderung nach nationaler Selbstbestimmung. Es popularisierte sich die großalbanische Position für eine Zusammenfassung aller von Albanern bewohnten Gebiete zu einem ethnisch homogenen Staatsgebilde. In einem Referendum, welches auf die Initiative des Albaner-Führers Rugova zurückging, wurde die Unabhängigkeit des

216 *FAZ* vom 9. Februar 1998.
217 Vgl. *NZZ* vom 16. November 1987.

Kosovo gefordert. Die serbischen und jugoslawischen Parlamentswahlen wurden im Kosovo mit dem Argument boykottiert, das Kosovo sei unabhängig. Rugova betrieb eine offensive Abspaltungspolitik und suchte dafür Unterstützung im westlichen Europa.

Milosevic versuchte gleichzeitig gegen die Stimmen der slowenischen und kroatischen Vertreter im Staatspräsidium eine Mehrheit für die Auflösung Jugoslawiens zu verhindern; er hatte die Stimmen der Vertreter aus Serbien, Montenegro und Mazedonien auf seiner Seite. Weil über die rechtlich-institutionelle Ebene die sich separierenden Teilrepubliken Slowenien und Kroatien sowie das seines Autonomiestatus verlustig gegangene Kosovo ihren Separatismus folglich rechtlich nicht legitimieren konnten, wählten sie den Weg der Radikalisierung. Der deutsche Staat ermutigte die Teilrepubliken Slowenien und Kroatien Anfang der 1990er Jahre, unter Bruch der jugoslawischen Verfassung einseitig ihre Unabhängigkeit zu erklären. Militärische Auseinandersetzungen wurden dabei in Kauf genommen.

Ein militärischer Einsatz der jugoslawischen Bundesarmee gegen die vor Gewalt nicht zurückschreckenden Separatisten war demnach mit der jugoslawischen Verfassung zu vereinbaren gewesen. Ebenso wäre ein offizieller Protest gegen das deutsche Vorgehen auf diplomatischer Ebene plausibel gewesen, denn die deutsche Bundesregierung sperrte im Sommer 1991 die Kredite für den Gesamtstaat Jugoslawien und bot statt dessen gesonderte Hermes-Kredite den Teilstaaten Slowenien und Kroatien an. Die Hermes-Kredite waren Bestandteil eines Stabilitätspaktes für die jugoslawischen Teilstaaten mit dem Angebot von Aufbauhilfen im Falle der Lossagung vom Bundsstaat.[218] Das Konzept, das im Auswärtigen Amt entworfen wurde, hatte gewisse Ähnlichkeit mit seinem politisch-strategischen Vorbild des Marshall-Planes, welcher damals im Endeffekt zur Teilung Europas und Deutschlands geführt hatte, weil die kommunistischen Länder von der Hilfe ausgenommen wurden, es sei denn, sie hätten sich der freien Marktwirtschaft zugewandt. Die Bedingung der Bundesregierung für die Vergabe der Hermes-Kredite auch für den Bundesstaat Jugoslawiens war, daß Milosevic von seinem Amt als jugoslawischer Präsident zurücktreten müsse. – Das freilich war unrealistisch.

Deshalb waren die beiden Teilstaaten durch das Angebot der Hermes-Kredite seitens der Bundesregierung zu weiteren Schritten der Lossagung vom Bundesstaat ermutigt worden. Im Winter 1991 erfolgte schließlich die diplomatische Anerkennung Sloweniens und Kroatiens durch Deutschland.

---

218 Vgl. Jäger: *Probleme und Perspektiven der Berliner Republik*, a. a. O., S. 47.

Während damit die Zerstörung Jugoslawiens besiegelt war,[219] sprach Helmut Kohl von einem »große[n] Sieg für die deutsche Politik«.[220]

Genschers Verantwortung

Das außenpolitische Verhalten der Bundesregierung, namentlich des Bundesaußenministers Hans-Dietrich Genscher, der sonst auf die Interessen und Befindlichkeiten der europäischen Nachbarn sensibel Rücksicht genommen und das Gebot der außenpolitischen Zurückhaltung ernstgenommen hatte, wofür man das geflügelte Wort des »Genscherismus« erfand, hat den in der Folgezeit aufgetretenen Bürgerkrieg im auseinanderbrechenden Jugoslawien zu einem gewichtigen Anteil mit zu verantworten.[221] Verantwortung tragen aber auch die restlichen Mitgliedstaaten der EU, die es zusammen nicht vermocht haben, die Bundesregierung energisch genug zurückzuhalten. Die Passivität und Unentschlossenheit der Europäischen Union hatte ebenso ihren Anteil an der Verschärfung des Balkan-Konfliktes. Denn so mußte zwangsläufig der Eindruck entstehen, daß die europäischen Staaten sich in einer so wichtigen Frage schnell genug nicht einig werden könnten, während der deutsche Staat die Situation zu nutzen wußte und »Blankoschecks« für alle diejenigen ausstellte, die sich vom jugoslawischen Bundesstaat lossagen wollten. Die »Blankoschecks« mußten schließlich von der EU gedeckt werden. Um so passiver die EU blieb, desto agiler konnte die deutsche Bundesregierung ihre Politik durchsetzen. Der deutsche Alleingang war möglich, weil von einer »Gemeinsamen Außen- und Sicherheitspolitik« (GASP) noch nicht die Rede sein konnte. »Problematisch war, kurz gesagt, die Tatsache, daß das geeinte Deutschland in ein nur unzureichend geeintes (West-)Europa integriert war; deutsche Einigung und europäische Einigung hatten sich nicht parallel, synchron, entwickelt, wodurch das vorgesehene Korrelat zum deutschen Schwergewicht zu schwach ausgeprägt war. Eine echte Europäische Union, wie sie in Maastricht vereinbart wurde, wäre möglicherweise imstande gewesen, das widerspenstige Mitglied zu konformem Verhalten zu nötigen; eine solche Union existierte jedoch nicht, und ihre Entwicklung wird wahrscheinlich Jahrzehnte in Anspruch nehmen – falls sie überhaupt gelingt. Die Europäische Gemeinschaft war gleichsam paralysiert.«[222]

219 Vgl. Ralph Hartmann: *Die ehrlichen Makler. Die deutsche Außenpolitik und der Bürgerkrieg in Jugoslawien. Eine Bilanz*, Berlin 1998.

220 Helmut Kohl auf dem CDU-Parteitag im Dezember 1991.

221 Zur Kritik an Genscher siehe Heinz-Jürgen Axt: »Hat Genscher Jugoslawien entzweit? Mythen und Fakten zur Außenpolitik des vereinten Deutschland«, in: *Europa-Archiv* 12, 1993, S. 351 ff., Fn. 3.

Der deutsche Alleingang in der Anerkennung Sloweniens und Kroatiens war vor allem auch bedenklich, weil die Bundesregierung damit einen Bruch der KSZE-Verträge begangen hatte. Der Leiter der Forschungsgruppe für Militärsoziologie, Allain Joxe, schreibt, die EU-Partner seien vor den deutschen Kriterien der ethnischen Selbstbestimmung sowie vor dem »Recht des Blutes« (ius sanguinis) zurückgewichen. »Indem das reiche Slowenien und das völkische Kroatien kooptiert wurden, legitimierte man notwendigerweise die Entfesselung der ethnischen Gewalttätigkeiten.«[223] Und auch der Korrespondent der *New York Times* David Binder, im Januar 1992 in den *ARD-Presseclub* eingeladen, spart nicht mit klaren Schuldzuweisungen: »Die separate Anerkennung von Kroatien und Slowenien durch die BRD war ein Fehler, eine Kette von Fehlentscheidungen. Wenn schon Kriegsverbrecher anzeigen, dann würde ich Helmut Kohl und Hans-Dietrich Genscher auch auf die Liste der Kriegsverbrecher stellen.«[224] Aber Michael Jäger weist darauf hin, daß das Interesse an einer Auflösung Jugoslawiens nicht nur von der Bundesregierung verfolgt wurde. Der EG-Vermittler Lord Carrington habe dieses Ziel bereits vor der deutschen Anerkennung von Slowenien und Kroatien offensiv verfolgt. Der damalige italienische Außenminister soll sogar der Republik Montenegro eine Milliardensumme angeboten haben, für den Fall der Lostrennung von Serbien.[225] »Von deutscher Eigenart war nur die ethnizistische Motivation und das einsame, gegen die Verbündeten rücksichtslose Vorgehen.«[226]

Eine besonders intensive Schelte bekam die Bundesregierung darüber hinaus für ihren heiklen außenpolitischen Alleingang nicht; vielmehr wurde in Europa die Paralysierung der faktisch nicht existenten gemeinsamen EU-Außenpolitik als besondere Schmach gegenüber den USA bewertet, auf deren diplomatisches und militärisches Engagement man in letzter Instanz in den folgenden Jahren angewiesen gewesen sei, um auf dem europäischen Kontinent für Ordnung zu sorgen.[227] Die Aufmerksamkeit verlegte sich seit der Balkan-Krise gleichsam von dem Problem deutscher Hegemonie auf die Frage der Selbstbehauptung Europas gegenüber den USA. Der Balkan-

222 Schwammel: *Deutschlands Aufstieg zur Großmacht*, a. a. O., S. 215.

223 Alain Joxe, zit. n. Joscha Schmierer: *Mein Name sei Europa. Einigung ohne Mythos und Utopie*, Frankfurt am Main 1996, S. 95.

224 *Presseclub* der ARD, Januar 1992; siehe *junge welt* vom 18. Juni 2003.

225 Vgl. Dokumentationsfilm: »Der Bruderkrieg«, von P. Mitchell, ORF, Teil III: »Der Kampf um Titos Erbe«, ausgestrahlt im ZDF am 30. November 1995.

226 Jäger: *Probleme und Perspektiven der Berliner Republik*, a. a. O., S. 45.

227 Vgl. Franz H. U. Borkenhagen: *Außenpolitische Interessen Deutschlands. Rolle und Aufgabe der Bundeswehr*, Bonn/Berlin 1997, S. 128.

Konflikt war die Initialzündung für die Koordination einer »Gemeinsamen Europäischen Außen- und Sicherheitspolitik« (GASP). Europäische Identität entsteht durch eine dreifache Abgrenzung: zunehmend gegen die Hegemonie der USA, gegen das »vergangene Europa«, welches auf dem Balkan wieder aufzublitzen begann,[228] und drittens gegen Deutschlands Vergangenheit, deren Wiederholung man allerdings zunehmend weniger zu befürchten schien. Daß die deutsche Regierung durch ihren Alleingang bewiesen hatte, ohne Rücksicht auf mögliche Verschärfungen der Konflikte ihre Interessenpolitik durchzusetzen, dürfte im Verborgenen dennoch für die Außenpolitik der europäischen Nachbarn eine gewichtige Rolle gespielt und dazu geführt haben, die politischen Integrationsprozesse in Europa auch aus diesem Grund maßgeblich zu beschleunigen.

Michael Jäger jedenfalls spricht von einigen Gegenreaktionen auf den deutschen Alleingang; er schreibt, daß seitdem umfassend der deutschen Außenpolitik entgegengetreten worden sei.[229] So seien die Verträge von Maastricht, die das Ende der Deutschen Mark einleiteten, vorgezogen und bereits 1992 zum Abschluß gebracht worden. Helmut Kohls ursprünglicher Wille war es gewesen, eine Währungsunion erst nach dem Zusammenschluß Westeuropas zu einer politischen Union einzuleiten. Jedoch schienen die europäischen Nachbarregierungen, insbesondere Mitterand, auf ein Vorziehen der Währungsunion zu bestehen, weil die über die deutsche Währung vermittelte deutsche Wirtschaftsmacht auf diese Weise besser in Europa eingebunden wäre und die Währungspolitik der Deutschen Bank aufhörte, ein Mittel der politisch-nationalökonomischen Machtausübung zu sein.

Während sich die europäischen Staaten darauf verständigten, über eine gemeinsame Währung den Einfluß der deutschen Wirtschaftsmacht zu beschränken, habe die amerikanische Gegenstrategie zur deutschen Machtpolitik, die sich offensichtlich auch gegenüber dem größeren »Partner in Leadership« ignorant verhielt, darin bestanden, der UNO den Rücken zu kehren und statt dessen stärker auf die NATO zu setzen. Das transatlantische Militärbündnis bedeutete für die USA mittelfristig, ihre hegemoniale Position in Europa aufrechtzuerhalten, weil die USA innerhalb der NATO-Strukturen unanfechtbar dominierend waren, der deutsche Staat stand hinsichtlich der militärpolitischen Außenpolitik wie jeder andere Bündnisstaat auch indirekt unter dem Oberbefehl des Pentagons. Jäger sieht auch

---

228 Vgl. Fritz Klein: »Was heißt Europa? Lag Belgrad nicht immer in Europa?«, in: *Das Blättchen*, 3. Jg., Nr. 23, 13. November 2000, Internet: ⟨`http://www.linksnet.de/artikel.php?id=140`⟩.

229 Vgl. Jäger: *Probleme und Perspektiven der Berliner Republik*, a. a. O., S. 44 f.

einen Zusammenhang darin, daß erst kurz nach dem Krieg in Jugoslawien die »Gemeinsame Sicherheits- und Außenpolitik« der EU beschlossen werden konnte, als hätte die US-Regierung Druck ausgeübt, um den GASP-Prozeß zu verzögern. Gewöhnlich werde das »Versagen« der europäischen Diplomatie und die evident gewordene Abhängigkeit von den USA als Ordnungsmacht auch auf dem europäischen Kontinent als Initialzündung für die Wiederaufnahme der Bemühungen angesehen, die europäische Außen- und Sicherheitspolitik zu vereinheitlichen und zu institutionalisieren.[230]

Auf die Einbindungsaktivitäten der transatlantischen und europäischen Partner als Reaktion auf den deutschen Alleingang in der Anerkennungsfrage der neuen Balkan-Republiken reagierte die Bundesregierung wiederum mit einem neuen strategischen Konzept. Michael Jäger sieht das von Wolfgang Schäuble, Karl Lamers und Michael Glos verfaßte und 1994 der Öffentlichkeit vorgestellte »Kerneuropa-Papier« jedenfalls in direktem Zusammenhang und erkennt darin das Ende des Versuchs, an Bismarcks Tradition des *Friedensmaklers* anzuknüpfen, statt dessen offen den Führungsanspruch des deutschen Staates – wenn auch zusammen mit Frankreich – zu proklamieren und auf diesem Wege seinen Handlungsspielraum größtmöglich zu entgrenzen.[231]

Der Rücktritt des Außenministers Hans-Dietrich Genschers war bereits auf vermeintlich eigenen Wunsch zwei Jahre zuvor erfolgt. *Die Zeit* hatte den Abgang mit einer Karikatur kommentiert, auf der Genscher in Offiziersuniform das Schiff verließ: »Der Lotse geht von Bord« stand unter der Karikatur. Eine Anspielung auf Bismarck war nicht zu übersehen. Bismarck gilt einerseits als Architekt der deutschen Reichseinigung von 1871 und andererseits als der »ehrliche Makler«, der durch eine ausgetüftelte Bündnispolitik in Europa eine sicherheitspolitische Balance hergestellt habe. Die konservative Geschichtsschreibung versucht das Bild festzuschreiben, daß erst die Abweichung von der Politik Bismarcks durch seine Nachfolger, nachdem dieser 1890 durch Wilhelm II. entlassen worden war, den Weg in die Katastrophe des Ersten Weltkrieges geführt habe. Aber Bismarcks »Maklerfähigkeiten« waren keineswegs so »ehrlich« wie es den Anschein hatte. Bismarck versuchte nach den traditionellen Prinzipien der deutsch-preußischen Außenpolitik die Sicherheitsinteressen für das Reich zu verwirklichen. Die Strategie scheiterte am Balkan, wo die Interessen sämtlicher europäischer Großmächte (Großbritannien, Rußland, Frankreich, Deutsches Reich)

230 Vgl. ebd., S. 45.
231 Ebd., S. 45 f.

aufeinanderprallten. Gerade in der Balkan-Frage nutzte Bismarck sein positives Image bei den anderen Mächten und involvierten Staaten, um die Interessen des Deutschen Reiches hinter vermeintlicher Uneigennützigkeit und politischer Neutralität zu verschleiern. Gleichwohl wollte Bismarck einen Weltkrieg verhindern. Nach seinem Ermessen hatte das Deutsche Reich noch nicht genügend militärische Potenz aufgebaut, um einen Krieg zu gewinnen. – Wenn für einen Preußen ein Krieg nicht zu gewinnen war, setzte dieser auf die Strategie der Bündnispolitik, um Kriege zu vermeiden. Auf Betreiben Wilhelm II., der aber längst auf die Kriegsstrategie eines Tirpitz oder Treitschke gesetzt hatte, die beide einer jüngeren Generation von Kriegstreibern angehörten und auf Konfrontation und Ausdehnung des Reiches setzten, mußte Bismarck abdanken.[232]

Es ist unklar, inwieweit *Die Zeit* mit ihrer Karikatur eine vollständige Parallele zwischen dem Abdanken Bismarcks und dem Rücktritt Genschers in Betracht gezogen hat. Aber plausibel war dieser Vergleich allemal. Genscher, der sich als Architekt der deutschen Einheit und davor bereits während des Kalten Krieges als Entspannungspolitiker zwischen Ost und West einen Namen gemacht hatte, gewann über das Image eines »ehrlichen Maklers« außenpolitisches Gewicht. Sein Vorpreschen in Bezug auf die diplomatische Anerkennung von Kroatien und Slowenien, hinterließ um so mehr einen schalen Beigeschmack, als sein Betreiben unter Verdacht geriet, die ethnisch-nationalistischen Bürgerkriegskonflikte damit verschärft zu haben. Der Schein der Uneigennützigkeit des deutschen Staates war dahin, während zugleich eine härtere deutsche Gangart im Machtpoker angesagt zu sein schien, mit der Genscher vielleicht nicht Schritt halten wollte oder konnte. Sein Nachfolger Kinkel trat jedenfalls für eine härtere Linie gegen Serbien ein. Auf der Frühjahrstagung der Parlamentarischen Versammlung der WEU in Paris im Juni 1992, erklärte Kinkel erstmals, daß auch militärische Maßnahmen gegen Serbien und Montenegro in Erwägung gezogen werden müßten, wenn auf anderem Wege die beiden Restrepubliken Jugoslawiens nicht dazu bewegt werden könnten, die UN-Resolution 757 einzuhalten.[233]

---

232 Vgl. Fritz Fischer: *Griff nach der Weltmacht. Die Kriegszielpolitik des kaiserlichen Deutschland 1914/18*, Düsseldorf 1961.

233 Vgl. *taz* vom 3. Juni 1992. – Am 24. Mai 1992 hatte Außenminister Kinkel bereits im scharfen Ton gefordert: »Wir müssen Serbien in die Knie zwingen.« – Vgl. *Die Zeit* vom 2. September 1994. – Das erinnerte an die Parole des deutschen Kaisers während des Ersten Weltkriegs: »Serbien muß sterbien.«. Wie nah der Zusammenhang von Kinkel intendiert war, erschließt sich, wenn man sich auch diese Äußerung von Klaus Kinkel vom 18. März 1993 vergegenwärtigt: »Nach außen gilt es etwas zu vollbringen, woran wir zweimal zuvor gescheitert sind: im Einklang mit unseren Nachbarn zu einer Rolle zu finden, die unseren Wünschen

Die USA haben sich auf diese Haltung der Bundesregierung eingelassen.

Überhaupt schien die Clinton-Administration der Ansicht zu sein, auf die politische Macht des deutschen Staates nicht mehr verzichten zu können. Bill Clinton erneuerte während seines Deutschland-Besuches vom 10.–12. Juli 1994 das Angebot der Führungspartnerschaft und betonte, an einem starken Deutschland interessiert zu sein.[234] Er unterstrich die Bedeutung der deutsch-amerikanischen Freundschaft und forderte, daß Deutschland mehr Verantwortung sowie selbstbewußter zusammen mit den USA die Führung übernehme. Clintons Rede war explizit auf die Konflikte im ehemaligen Jugoslawien gerichtet. Man konnte zwischen den Zeilen durchaus auch die Warnung vor deutschen Alleingängen herauslesen. Selbstbewußt sollte der deutsche Staat nur in enger Partnerschaft mit den USA auftreten, diese in der Außenpolitik – wie etwa in der Anerkennungsfrage von Kroatien und Slowenien geschehen – aber nicht vor vollendete Tatsachen stellen.

Tradition des deutschen Interesses am Balkan

Hinter den durch den Bezug auf das Selbstbestimmungsrecht der Völker moralisch aufgeladenen Motiven, strategische Interessen für die Anerkennung von Slowenien und Kroatien hervorzuheben und dabei auch auf eine »geopolitische« Tradition der deutschen Interessen am Balkan hinzuweisen, war nicht die Angelegenheit der liberal-bürgerlichen Öffentlichkeit. Dabei hätte es genügend Anknüpfungspunkte gegeben. Einer dieser Anknüpfungspunkte war die »Mitteleuropa-Ideologie«, die zumindest rhetorisch wiederbelebt wurde.[235] Mit »Mitteleuropa« waren in der Geopolitik die ehemaligen Gebiete der Habsburger Monarchie, welche einmal zum »deutschen Kulturkreis« gehörten, zusammengefaßt. Zu diesen Gebieten zählten auch Slowenien und Kroatien, aber nicht die südjugoslawischen Gebiete, die gemeinhin in abfälliger Weise dem »unzivilisierten Orient« zugeschrieben wurden. Vor diesem Hintergrund erscheint das neuerliche Bemühen des deutschen Staa-

---

und unserem Potential entspricht.« – *FAZ* vom 19. März 1993. – Aber auch dies läßt sich noch deutlicher ausdrücken. Der Bayrische Ministerpräsident Edmund Stoiber sagte im August 1992: »Kohl vollendet das, was Kaiser Wilhelm und Hitler nicht erreicht haben.« – *Fürstenfeldbrucker Neueste Nachrichten* vom 5. August 1992.

234 Vgl. »Clintons Besuch bekräftigt ›Partnerschaft in der Führung‹«, in: *FAZ* vom 11. Juli 1994; vgl. Klaus-Dieter Frankenberger: »Neue strategische Partnerschaft«, in: *FAZ* vom 12. Juli 1994.

235 Vgl. Wolfgang Schäuble: »Überlegungen zur europäischen Politik: Positionspapier der CDU/CSU-Bundestagsfraktion vom 1. September 1994«, abgedruckt in: *Blätter für deutsche und internationale Politik*, Oktober 1994, S. 1271–1280.

tes um die Zerschlagung Jugoslawiens, die seit den 1970er Jahren des letzten Jahrhunderts begonnen wurde und spätestens Anfang der 1990er Jahre unter den günstigeren Vorzeichen des vereinten Deutschlands in eine äußerst aktive Phase überging, sehr verdächtig an die ideologische Tradition der deutschen »Geopolitik« anzuknüpfen.[236]

Das politische Schlagwort »Balkanisierung«, welches schon in der *Brockhaus*-Enzyklopädie des Jahrgangs 1973 zu finden ist und allgemein die Zerreißung eines Gebiets in Kleinstaaten meint, geisterte seit Mitte der 1990er Jahre vermehrt durch die Gazetten. Diese allgemeine Begriffsdefinition stammt noch aus der Zeit des Imperialismus am Anfang des 20. Jahrhunderts, als auf dem Balkan die nationalen Interessen der Weltmächte miteinander kollidierten und aus der Kollision ein vom Deutschen Reich angezettelter Weltkrieg resultierte. Nach den »geopolitischen« Analysen dieser Zeit galt der Balkan als eine geographische Region, in der die dort lebenden Völker zu einer soliden Staatenbildung nicht fähig wären. Die Argumentation lief darauf hinaus, aus der vermeintlichen Instabilität der Region ein eklatantes Sicherheitsrisiko auf dem europäischen Kontinent abzuleiten und aus diesem wiederum eine vermeintlich notwendige Unterwerfung der Region unter deutsche Herrschaft. Tatsächlich ging es aber um den Zugang zu Rohstoffen aus der ferneren Region des Nahen Ostens, wohin das deutsche Kapital wichtige Kontakte aufbaute und der Bau einer Eisenbahnstrecke (Bagdad-Bahn) geplant war, um die reichhaltigen Rohstoffe in der Region auszubeuten. Der Balkan war geographisch gesehen eine Verbindungsschnittstelle, eine Brücke zum Nahen Osten und damit von besonderer »geostrategischer« Wichtigkeit für die deutschen Pläne. Die Eisenbahnstrecke ist heute nicht mehr von zentraler Bedeutung, wohl aber die Strecke selbst für den Bau von Piplines.

Aber Südosteuropa wurde nicht nur als Zugang zum Nahen Osten als bedeutsam angesehen. Bereits 1842 schrieb der preußische Nationalökonom, Friedrich List: »Der ganze Südosten jenseits Ungarns ist unser Hinterland.«[237] Mit »Hinterland« waren mithin die Regionen Südosteuropas, von der Donau bis zum Schwarzen Meer, gemeint, die für die deutsche

236 Zu Begriff und Geschichte der deutschen »Geopolitik« auf dem Balkan siehe: Karl Korsch: »Eine geschichtliche Betrachtung der Geopolitik« (1943), wiederabgedruckt in: *Berliner Debatte Initial*, 4/5, 1995; Michael Buckmiller: »Geopolitik: Eine Weltmachttheorie für ›Jebildete‹. Randglossen zu einer neuerwachten Diskussion mit Hinweisen auf eine Ideologiekritik von Karl Korsch aus dem Jahre 1943«, in: *Berliner Debatte Initial*, 4/5, 1995.

237 Friedrich List: »Die Ackerverfassung, die Zwergwirthschaft und die Auswanderung«, in: ders.: *Schriften/Reden/Briefe, Bd. 5,* Berlin 1928, S. 497–507; S. 502

Kriegswirtschaft eine wichtige Quelle für Rohstoffe und Agrarprodukte gewesen war. Lists Ansichten wurden zur Grundauffassung der deutschen Außenpolitik im ausgehenden 19. Jahrhundert. Damit die auf dem Balkan lebenden Völker sich auch ohne weiteres gemäß der deutschen »Geopolitik« unterwerfen ließen, mußte aktiv verhindert werden, daß die Völker auf dem Balkan selbständige, größere und damit schlagkräftige, verteidigungsfähige Nationalstaaten ausbilden. Da aber nachhaltige Hegemonie auf Anerkennung beruhte, und die Ausübung von direkter Gewalt zur Herstellung von Hegemonie bereits mittelfristig zu Aufständen und Kriegen und damit zum Verlust der Hegemonie führen konnte, bemühte sich das Deutsche Reich um eine ethische Grundlage ihrer beabsichtigten Herstellung von Hegemonie und verschleierte ihre wahren Interessen. Nach dem Ersten Weltkrieg, Anfang 1918, galt dem Deutschen Reich der sogenannte »Ethische Imperialismus« (oder auch »moralische Eroberungspolitik«) als entsprechende Legitimationsideologie für seine »geopolitischen« Ambitionen. Der später Reichskanzler gewordene Max von Baden formulierte die Ideologie in einer Denkschrift folgendermaßen: »Eine so ungeheure Kraft, wie wir sie in diesem Kriege entfaltet haben, muß sich vor der Welt ethisch begründen, will sie ertragen werden. Darum müssen wir allgemeine Menschheitsziele in unseren nationalen Willen aufnehmen. (...) Sie müssen so formuliert werden, daß der Vorwurf der Hinterhältigkeit und Unaufrichtigkeit nicht mehr erhoben werden kann. (...) Wir müssen es deutlich machen, daß wir ehrlich als Rechtsschützer an allen Randvölkern handeln wollen. Untrügliche Beweise sind hier notwendig, daß, wer uns vertraut, nicht mißbraucht wird. (...) Andere Menschheitsziele, die unser Interesse und das Recht in gleicher Weise fordern, müssen formuliert werden: Kolonisieren heißt Missionieren. (...) Für Deutschland aber heißt es, heute im Lichte der schärfsten Weltkritik die Grundlagen seines Imperialismus erst zu legen. (...) Besonders in Europa schnürte uns der Panzer ein (...) der Panzer (...) ist gesprengt. Die Geschicke ganzer Völker sind erneut zur Entscheidung gebracht. Mächtige Länderstrecken an unserer Grenze sind frei geworden. Neu entstandene Staatengebilde bedürfen der Anlehnung und des Schutzes. (...) Wir sind ihre Nachbarn und ihre Befreier. (...) Überall regt sich die Lust, an der gemeinsamen Sache mitzuschaffen.«[238]

In der Ideologie des »Ethischen Imperialismus« erhielt explizit die Bezugnahme auf das »Selbstbestimmungsrecht der Völker«, auf das sich auch

238 Max von Baden: »Denkschrift über den ›ethischen Imperialismus‹ vom 20. März 1918«, in: ders.: *Erinnerungen und Dokumente*, hrsg. v. Golo Mann und Andreas Burckhardt, Stuttgart 1968.

Woodrow Wilson 1918 bei der Neuordnung des europäischen Kontinents nach dem Ersten Weltkrieg berufen hatte, eine zentrale Bedeutung. Aber gerade Wilsons Strategie der Nationenbildung entsprach insbesondere im Osten, wo er im Interesse der kontinentalen Sicherheit eine Pufferzone zwischen dem Deutschen Reich und Rußland aus größeren, wehrhaften Staaten schaffen wollte und zu diesem Zweck auch mehrere Nationen zu Vielvölkerstaaten zusammenfaßte (Tschechoslowakei, Jugoslawien), nicht dem deutschen Interesse an leicht überwindbaren und niederzuwerfenden Staaten. Das Wilsonsche Konzept, welches dem deutschen Expansionsdrang starke Hürden entgegensetzte, sollte verhindern, daß das Deutsche Reich ohne weiteres die östlich von sich liegenden Länder einverleiben könnte. Das Deutsche Reich inszenierte sich unter Zuhilfenahme des »Selbstbestimmungsrechts der Völker« als Anwalt für die angeblich von Rußland unterdrückten Nationen in Ost- und Südosteuropa, um Wilsons politische Neuordnung in Ost- und Südosteuropa wieder zu zerschlagen.

Zwanzig Jahre nach der rhetorischen Erfindung des »Ethischen Imperialismus« gilt in der Phase des »Dritten Reiches« für Heinrich Himmler, der seit 1939 auch »Reichskommissar für die Festigung des deutschen Volkstums« war, in der deutschen Außenpolitik dasselbe Prinzip: »Bei der Behandlung der Fremdvölkischen im Osten müssen wir darauf sehen, so viel wie möglich einzelne Völkerschaften anzuerkennen und zu hegen, also neben den Polen und Juden die Ukrainer, die Weißrussen, die Goralen, die Lemken und die Kaschuben. Wenn sonst noch irgendwo Volkssplitter zu finden sind, auch diese. Ich will damit sagen, daß wir nicht nur das größte Interesse daran haben, die Bevölkerung des Osten nicht zu einem, sondern im Gegenteil in möglichst viele Teile und Splitter zu zergliedern. Aber auch innerhalb der Völkerschaften selbst haben wir nicht das Interesse, diese zu Einheit und Größe zu führen, ihnen vielleicht allmählich Nationalbewußtsein und nationale Kultur beizubringen, sondern sie in unzählige kleine Splitter und Partikel aufzulösen.«[239] Franz Neumann schreibt im »Behemoth« in Bezug auf die Taktik des Nationalsozialismus, sich in der Außenpolitik auf das Selbstbestimmungsrecht zu beziehen: »Das Selbstbestimmungsrecht ist nichts als eine Waffe. Man nutze jede aus dem Minderheitenproblem erwachsene Spannung. Man schüre nationale und rassische Konflikte, wo man kann. Jeder Konflikt wird Deutschland, dem neuen selbsternannten weltweiten Hüter der Ehre, Freiheit und Gleichberechtigung in die Hände

239 Heinrich Himmler: »Denkschrift über die Behandlung der Fremdvölkischen im Osten« (Mai 1940), in: *Vierteljahreshefte für Zeitgeschichte*, Nr. 5, 1957, S. 194–198.

spielen.«[240] Da sich die Nationalsozialisten, insbesondere Adolf Hitler, auf das »Selbstbestimmungsrecht der Völker« bezogen und den Vielvölkerstaat auf dem Balkan als »Völkergefängnis« geißelten, um seine beabsichtigte Zerschlagung als Befreiung zu rechtfertigen, gingen die westlichen Regierungen, aber auch die Sowjetunion in den 1930er Jahren auf Distanz zu der Formel. In der Sowjetunion bezog man sich ohnehin auf das von Lenin formulierte Recht der Völker auf Selbstbestimmung. Auf dem Zweiten Sowjetkongreß im Oktober 1917 formulierte Lenin die Leitlinie, indem er das gewalttätige Festgehaltenwerden einer Nation in den Grenzen eines gegebenen anderen Staates als eine kriegerische Annexion, als Eroberung und Vergewaltigung bezeichnete.[241] Eine solche Definition war nicht nur dem Ersten Weltkrieg geschuldet, sondern lag vor allem im Machtkalkül der Kommunisten. Während ihrer revolutionären Machtergreifung in Osteuropa ließen die Kommunisten die nationale Frage nicht unbeantwortet und konnten mit ihrer Antwort die Massen geschickter mobilisieren als die bürgerlich-nationalen Bewegungen zur selben Zeit. Während des Kalten Krieges erhielt Lenins Leitlinie in den sich entkolonialisierenden Ländern der Dritten Welt erneute Popularität.[242]

Die Nationalsozialisten hatten in der Sudetenkrise und im Münchener Abkommen von 1938 vorgemacht, wie man unter Berufung auf Menschen- und Volksgruppenrechte einen souveränen Staat zerschlagen kann. Die UN-Charta soll mit dem Prinzip der Verteidigung territorialer Integrität der Staaten verhindern, daß es noch einmal zu einer solchen Vorgehensweise kommen kann.[243]

Der westdeutsche Staat hielt nach 1945 aufgrund der Teilung seines in der Souveränität eingeschränkten Territoriums enthusiastisch an dem »Selbstbestimmungsrecht der Völker« fest; zwar gestand er immer wieder ein, die deutsche Einheit gewaltfrei erreichen zu wollen, aber darüber hinaus versuchte er auch erfolgreich, auf UN-Ebene das »Selbstbestimmungsrecht der Völker« im Sinne eines Volksgruppenrechts (Schutz für »volkseigene« Minderheiten außerhalb des Geltungsbereichs des eigenen Staatsterritoriums)

240 Franz Neumann: *Behemoth. Struktur und Praxis des Nationalsozialismus 1933–1944* (1944), hrsg. und mit einem Nachwort von Gert Schäfer, Frankfurt am Main 1984, S. 185.

241 Siehe Wladimir Iljitsch Lenin: »Rede über den Frieden vom 26. Oktober 1917«, in: *Lenin Werke*, Bd. 26, S. 240.

242 Vgl. Marcus Hawel: »Weltgesellschaft ohne Revolution?«, in: Michael Jäger (Hrsg.): *Globalisierung, Nation, Internationalismus. Orte des Widerstands – eine linke Debatte*, Berlin 2002, S. 77–97.

243 Vgl. Charta der Vereinten Nationen, Art. 1, Abs. 2, Internet: ⟨`http://www.unric.org/Charter.html`⟩.

auszuweiten. Das zielte eindeutig auf die deutschen Minderheiten jenseits von Oder und Neiße.[244]

Als in Folge der Grundsatzentscheidung des Bundesverfassungsgerichts vom 12. Juli 1994 (Awacs-Urteil) der Einsatz der Bundeswehr im auseinanderfallenden Jugoslawien, das heißt *out of area* des NATO-Bündnisgebietes, auf eine rechtliche Grundlage gestellt worden war, ließ sich der Eindruck nicht mehr vermeiden, der deutsche Staat strebe auch in militärischer Hinsicht wieder mehr Geltung und eine Großmachtrolle an. In der Bosnien/Herzegowina Krise 1993–95 flogen im Rahmen der IFOR/SFOR-Kontingente deutsche Piloten der Luftwaffe in den Awacs-Aufklärungsflugzeugen mit. Die Strategie bestand im symbolischen Flaggezeigen. Rhetorisch legitimiert wurden die Einsätze der Bundeswehr als »Humanitäre Intervention«. Die deutsche Öffentlichkeit sollte sukzessive an immer ernsthaftere Einsätze deutscher Truppen außerhalb des NATO-Gebietes gewöhnt werden. Fatal daran war, daß das Betätigungsfeld – vorsichtig formuliert – historisch vorbelastet war und die Bezeichnung »humanitäre Intervention« eine historische Vorgeschichte hatte, die bis in die Zeit des Imperialismus und der Vorphase des Ersten Weltkrieges zurückreicht.

»Menschenrechtskampfeinsätze« der Bundeswehr out of area – Mehr Verantwortung wagen und Zuverlässigkeit zeigen

Humanitäre Einsätze der Bundeswehr *out of area* hatte es auch schon seit den 1960er Jahren gegeben. Bundeswehreinheiten wurden eingesetzt zur humanitären Katastrophenhilfe etwa nach Erdbeben in Marokko 1960, Iran 1968 oder während Dürrekatastrophen, zum Beipsiel 1973 und 1974 in Sudan, Äthiopien, Mali, Algerien, Tunesien, Niger, Tschad, Mauretanien, Senegal, Pakistan, Nigeria, Somalia usw.[245] Die humanitären Einsätze der Bundeswehr dienten auch der Imagepflege des deutschen Staates, der beanspruchte, nach 1945 nunmehr eine Friedensmacht zu sein. In Kampfeshandlungen sollten und durften die eingesetzten Bundeswehreinheiten nicht verwickelt werden. Das Grundgesetz sprach diesbezüglich eine klare Sprache, jedenfalls nahmen alle Politiker quer durch sämtliche ernstzunehmenden Parteien bis in die 1990er Jahre hinein das an.

Nachdem aber das Bundesverfassungsgericht klargestellt hatte, daß *out of area*-Einsätze der Bundeswehr, bei denen es sich ausdrücklich auch um

244 Vgl. Salzborn: *Heimatrecht und Volkstumskampf.*, a. a. O., Hannover 2001.
245 Vgl. ⟨http://www.einsatz.bundeswehr.de/einsatz_abgeschl/010803_hum_einsaetze.php⟩.

Kampfhandlungen handele, vereinbar seien mit den entsprechenden Artikeln im Grundgesetz, solange es sich um keinen Angriffskrieg handele, bzw. die militärischen Interventionen unter UN-Mandat geführt würden und Deutschland seinen Bündnisverpflichtungen nachkomme, wurde mit besonderer Betonung am Begriff der »Humanitären Intervention« festgehalten, schließlich sollte der deutsche Staat nicht unter Verdacht geraten, er strebe eine Militarisierung seiner Außenpolitik an und gehe fortan eigene Wege.

Insbesondere die deutsche Bevölkerung war schwer davon zu überzeugen, daß der deutsche Staat nach der Einheit und der Auflösung der bipolaren Weltordnung mit neuen verantwortungsvollen Aufgaben konfrontiert sei und diese ordnungspolitische Rolle pflichtbewußt wahrzunehmen habe, mit anderen Worten: die Bundeswehr nunmehr weltweit zu friedenserhaltenden und -schaffenden Maßnahmen eingesetzt werden müsse. »Nie wieder Krieg!« war eine der Grundsäulen der Bundesrepublik Deutschland, welche tief im kollektiven Bewußtsein der Bevölkerung verankert war. Diesen Grundkonsens aufzukündigen, bedeutete für die staatlichen Institutionen, große Anstrengungen zu unternehmen, einen Kampf um das Bewußtsein zu führen. Die Akzeptanz deutscher Kriegseinsätze war nur über eine Moralisierung der deutschen Außenpolitik zu erreichen, und in dieser Moralisierungsstrategie nahm die Formel von der »humanitären Intervention« einen zentralen Stellenwert ein; mit ihr wurden die angriffskriegerischen Absichten (zum Beispiel gegen Serbien) und der nach geltendem UN-Recht verbotene Eingriff in die nationalstaatliche Souveränität anderer Länder legitimiert. »Humanitäre Interventionen« sind auf eine moralisch eindeutige Zuweisung von »gut« und »böse« angewiesen.

Das *moralische Gefühl* bestimmte Kant als »Empfänglichkeit der bloßen Achtung für das moralische Gesetz in uns«[246]. Der von ihm sehr abstrakt gehaltene kategorische Imperativ kann zwar als objektiv, das heißt allgemeingültig genommen werden, aber aus ihm auf staatlicher und zwischenstaatlicher Ebene direkte Konsequenzen der Gewaltanwendung abzuleiten, wenn gegen das moralische Gesetz der Menschlichkeit verstoßen wird, ohne daß zwischen Gefühl, Moral und Tat dazwischengeschaltete objektivierende, im Hegelschen Sinne Sittlichkeit vermittelnde Rechtsinstanzen wirksam wären, müßte man als nicht kontrollierbare Justiz auf staatlicher Ebene bezeichnen, weil seine Verantwortlichen, die den Militärapparat befehligen, mit dem Verstand nicht mehr weitergekommen sind und sich von moralischen Gefühlen leiten lassen, die den Verstand weiter ausschalten. Oder mit Kant gesagt:

246 Immanuel Kant: »Die Religion innerhalb der Grenzen der bloßen Vernunft«, in: ders.: *Werke*, Bd. VIII, Frankfurt am Main 1997, S. 649–879, B 18.

»Gefühl (. . .) hat jeder nur für sich, und kann es andern nicht zumuten, also auch nicht als einen Probierstein der Echtheit einer Offenbarung anpreisen, denn es lehrt schlechterdings nichts, sondern enthält nur die Art, wie das Subjekt in Ansehung seiner Lust oder Unlust affiziert wird, worauf gar keine Erkenntnis gegründet werden kann.«[247] »Moralische Gefühle« aber wurden ganz besonders seit dem Ende der bipolaren Weltordnung allzu schnell zu einem »Probierstein der Echtheit« allgemeiner, objektiver Wahrheit gemacht; es wurden aus ihnen *richtiges* Handeln abgeleitet, welches doch nur eine Ableitung aus dem Faustrecht des Stärkeren gewesen ist, das, wo es internationales Recht brach, es als Wiederherstellung des Menschenrechts mißdeutete.

Was seitdem erlebt werden konnte, war eine Politik der moralisierenden Moral. Das bloße moralische Gewissen, das sich nur auf sich bezieht und aus sich heraus einen Standpunkt gewinnt, ist bei Hegel eigensinniger Eigendünkel, der in sich inkonsistent und stets auf dem Sprung ist, ins »Böse« umzuschlagen. Es macht nämlich täglich die Alltagserfahrung, daß es in dieser Welt nur mit einem unmoralischen Verhalten zu seinem eigenen Vorteil leben kann und ist derart bestürzt darüber, so daß es sich selbst enthemmt: demoralisiert. Dieses hin und her geworfene *unglückliche Bewußtsein* hat sich aufgrund seiner privatistischen Sicht auf die Welt in ein Dilemma hineinmanövriert. Das Dilemma erfüllt die Funktion des Kitts zwischen der Kluft der eigenen moralischen Gesinnung und der häßlichen Wirklichkeit. Aber keineswegs führt im Bereich der Außenpolitik, wo Staaten handlungsfähig bleiben müssen, die Erfahrung eines solchen Dilemmas in die Passivität oder Handlungsunfähigkeit, sondern diente in den darauffolgenden Jahren zur Rechtfertigung dessen, was das moralische Bewußtsein eigentlich nicht rechtfertigen kann: der Anwendung militärischer Gewalt zur Eindämmung der Gewalt. Das Dilemma mußte ausgehalten werden; es erfüllte die Funktion der Wendung vom »Nie wieder Krieg!« zum »Wieder Krieg!«. Gegen eine Politik der Moral muß sich die Kritik richten. Aufklärung bedeutet hier, Zusammenhang zwischen der fragmentierten, gesellschaftlichen Totalität herzustellen, die Widersprüche aufzuzeigen und – mit Adorno gesprochen – zu verhindern, sich von den herrschenden Verhältnissen dumm machen zu lassen.[248]

Der Bundesverteidigungsminister Volker Rühe forderte 1991, deutsche Streitkräfte müßten helfen, internationales Recht, das durch despotische Re-

247 Ebd., B 165 f.

248 Theodor W. Adorno: *Minima Moralia. Reflexionen aus dem beschädigten Leben*, Frankfurt am Main 1951, Aph. 34.

gime in Frage gestellt werden würde, wiederherzustellen. Man müsse notfalls Kriege gegen »Schurkenstaaten« führen, die die Einhaltung der Menschenrechte nicht garantierten. Die rhetorische Verwendung der Phrase von der »humanitären Intervention« war aber nicht neu; sie wurde bereits vor 200 Jahren von den europäischen Großmächten erfolgreich genutzt, damals um dem untergehenden Osmanischen Reich seine christlichen Gebietsteile wegzunehmen. Zum Ausbruch des Ersten Weltkrieges war es dieselbe Menschenrechtsrhetorik, die bei der Zerschlagung der Zweiten Internationale half und die deutsche Sozialdemokratie dazu bewog, den Kriegskrediten zuzustimmen, weil man die zivilisatorischen Errungenschaften gegen das despotisch-rückständige Zaren-Regime verteidigen müsse und in der Stunde der Gefahr das »Vaterland« nicht im Stich lassen dürfe.

Ist es Anfang des letzten Jahrhunderts aber noch eine deutlichere Konfrontation zwischen Abend- und Morgenland gewesen, bzw. zwischen dem kulturellen Westen und Osten, die etwa in der Wendung von der »asiatischen Despotie« zum Ausdruck kam, so wendet sich die Moralisierung nunmehr gegen Einzelpersonen wie Hussein, Milosevic, die als Feinde der westlichen Zivilisation hervorgehoben werden. Ihnen wird ebenso gerne das Etikett eines »zweiten Adolf Hitlers« angehängt, um das »Böse« an ihnen plastischer zu vermitteln. Hitler steht als rhetorische Chiffre für den Zivilisationsbruch, der sonst mit Auschwitz benannt ist, und die antifaschistischen Widerstandswillen wecken soll. Dieses *antifaschistische Muster* wurde einige Zeit erfolgreich instrumentalisiert – vor allem in der Bosnien- und Kosovo-Krise. Der NATO-Krieg, der gegen Serbien dann stattfand, wurde mit Hilfe der Menschenrechtsrhetorik legitimiert: Rettung, Hilfe und Schutz für die entrechteten, schwachen und diskriminierten Minderheiten.

Wie inkonsequent dieses Motiv ist, läßt sich erkennen, wenn man einen Vergleich der Länder und Regionen anstrengt, wo interveniert wird, mit denen, wo nicht interveniert wird, aber trotzdem Menschenrechte auf massive Weise verletzt werden. Zusätzlich empfiehlt es sich, einen Abgleich zu machen mit Vorkommen oder Nicht-Vorkommen von Rohstoffen, Handelsrouten etc. und entsprechender Wirtschaftsinteressen in den entsprechenden Regionen. Hinter den »Menschenrechtseinsätzen« stehen kalte Wirtschaftsinteressen. Im November 1995 besuchte etwa Helmut Kohl den chinesischen Staatschef Li Peng; das Interesse an Exportaufträgen für die deutsche Wirtschaft in Höhe von mehreren Milliarden D-Mark und an insgesamt guten wirtschaftlichen Beziehungen war so groß, daß er Soldaten der chinesischen Armee, die 1989 mit Panzern auf brutalste Weise auf dem »Platz des Himmlischen Friedens« jene *chinesische Lösung* umgesetzt hatten, die Ehre erwies. Und auch Gerhard Schröder hatte keine Probleme damit, im April 2002 den chinesischen Staatschef staatsmännisch zu empfangen – das Thema der Menschenrechtsverletzungen war nicht auf die Tagesordnung gesetzt worden. Im Kapitalismus ist die Moral eine des Marktes, oder sie kann nicht Bestand in der Politik haben.

Noch bevor in den 1990er Jahren die Formel von der »humanitären Intervention« wieder in der Legitimationsrhetorik in Mode gekommen war, schrieb Gerhard Stuby resümierend, die Phrase hinterlasse einen schalen Geschmack. »Welche Intervention in der jüngsten Geschichte erfolgte nicht aus ›humanitären‹ Gründen?«[249] Hinsichtlich der dann wieder in Mode gekommenen Verschleierung »geostrategischer Interessen« durch Menschenrechtsrhetorik schrieb Michael Jäger: »Statt wenigstens von Menschenrechten zu schweigen, wo sie das elementare ökologische Menschenrecht nicht kennen und ja auch die sozialen Menschenrechte mißachten, setzen die Führer des Westens sie ein, um Enteignungs-Interessen damit zu bemänteln.«[250] Für die *Frankfurter Allgemeine Zeitung* schien diese Bemäntelung mittlerweile aus ganz anderen Gründen unerträglich. Mit Blick auf den Krieg der NATO gegen Serbien schrieb sie in aller Deutlichkeit mit der Absicht, die »geopolitischen Interessen« frank und frei zu affirmieren: »Daß die NATO aus reiner Menschenliebe Milliarden verfeuert, muß man nicht glauben. Wer Hegemonie beansprucht, muß damit beginnen, sie zu demonstrieren – mit oder ohne Völkerrecht.«[251]

Wenn Staaten die Menschenrechte als Bedingung allen Handelns einklagen, ist das inkonsequent, wenn nicht zugleich auch der Mechanismus, der die Wiederkehr der Barbarei aus dem Zentrum dieser Gesellschaft heraus stets möglich macht, nicht bekämpft wird. Dieser Mechanismus ist der Motor für die Menschenrechte. Dem Wesen nach verbirgt sich hinter der Idee der Menschenrechte historisch die Moral der Ökonomie. Die »Kritik der politischen Ökonomie« von Marx zeigt auf, wie die Menschen nach der ökonomischen Rationalität des Äquivalententauschs sich gegenseitig als Personen anerkennen. Damit die Waren aufeinander bezogen werden können, müssen diese von den Warenbesitzern auf den Markt getragen werden. Es bedarf des gemeinsamen, gewaltfreien Willensaktes, die Waren aufeinander zu beziehen. Die Personen erkennen sich gegenseitig im Tausch als Personen, als Privateigentümer an. Die Form dessen ist der bürgerliche Vertrag, in

249 Stuby: *Die »gefesselte« Souveränität der Bundesrepublik.*, a. a. O., S. 173.
250 Jäger: *Probleme und Perspektiven der Berliner Republik*, a. a. O., S. 137 f.
251 »Zielgenau ins Ungewisse. Der Sieg im Kosovo wird ein Fehlschlag sein«, in: *FAZ* vom 2. Juni 1999.

dessen gemeinsamen Willensverhältnis sich das scheinbar gewaltlose: das ökonomische Verhältnis widerspiegelt.[252] So setzte sich mit dem Wertgesetz unter der Prämisse des Privateigentums allgemein das Menschenrecht durch: die Welt der gegenseitigen Anerkennung von Herren und Knechten, in der sich die unmittelbaren Herr–Knechtschaftsverhältnisse in vermittelte transformierten. Dieses scheinbar gewaltfreie ökonomisch-rationale Verhältnis ist das versachlichte Resultat des vorangegangenen, gewalttätigen Kampfes um Anerkennung auf Leben und Tod. Diese Geschichte haben sämtliche westlichen Nationalstaaten durchgemacht. Man kann sagen, die Menschenrechte sind mit Blut und Feuer in die Annalen der Geschichtsbücher eingegangen.

Das kapitalistische Wertgesetz setzte sich maskiert unter dem Schleier der Menschenrechte durch und steht als letzter Grund auch heute noch hinter jeder bürgerlichen Apologie der Menschenrechte. Was in Europa als ethische Wertegemeinschaft bezeichnet wird, verdient daher eher als Mehrwertgemeinschaft bezeichnet zu werden. In der heutigen Zeit wird mit Gewalt das Menschenrecht dort zu erzwingen versucht, wo das Wertgesetz sich noch nicht vollständig hat durchsetzen können. Das Kapital benötigt Gewaltfreiheit auf der Oberfläche, die durch ein staatliches Gewaltmonopol gewährleistet wird, abstrakte Rechtsgleichheit, Vertragssicherheit, ökonomische Freiheit. – Das sind die basalen Knochen des Skeletts der Menschenrechte.

Was aber im Kapitalismus »Frieden« heißt, ist nicht einmal die Abwesenheit von Krieg, sondern der mehr oder minder versteckte, ökonomische Bürgerkrieg der Konkurrenz aller gegen alle. Dieser ökonomische Krieg ist die Normalform bürgerlicher Gewalt. Solcher Frieden ist schon nicht das wahre Eden der Menschenrechte, wie es der Schein von Gewaltlosigkeit in der Zirkulationssphäre glauben machen möchte. Natürlich ist ein solcher Zustand allemal einem vorzuziehen, wo es nur das Faustrecht des Stärkeren gibt, und der Mensch dem Menschen ein Wolf sein muß, um zu überleben. Der wahre Frieden, die wahre Gemeinschaft, in dem die Menschenrechte zu sich selbst gekommen sind, ist aber erst in einer Gesellschaft möglich, die sich vom kapitalistischen Wertgesetz befreit hat, so daß die Menschen nicht mehr als leere, dingliche Warenhüter gelten, sondern das gesellschaftliche Leben auf ihre individuellen Bedürfnisse und Begehren abgestimmt ist; wo jeder so sein kann, wie er ist, ohne dem Terror des Allgemeinen ausgesetzt zu sein; wo jeder ungezwungen anders sein darf, ohne Haß zu provozieren.

252 Vgl. Karl Marx: *Das Kapital*, Bd. 1, in: *MEW* 23, S. 99.

In der deutschen Außenpolitik ging es allerdings weniger um individuelle Menschenrechte als vielmehr um die kollektiven Rechte von Minderheiten. Darin verhielten sich die deutschen Außenpolitiker ganz im Sinne der Tradition deutscher Außenpolitik und im Sinne eines typisch deutschen, aber archaischen Begriffs der Staatsangehörigkeit (ius sanguinis).[253]

Je moralischer die Argumentation zur Rechtfertigung eines Krieges ausfällt, desto angewiesener ist die kriegführende Seite auf ein überzeugendes Feindbild, daß der Bevölkerung präsentiert wird. »Der moralische Krieg braucht seinen Sündenbock.«[254] Einseitige, gar tendenziöse Moralisierung kommt also einer partikularen Interessenpolitik zugute. Die Medien bieten hierbei geeignete Instrumentarien, ein stimmiges Feindbild zu konstruieren. Im Zeitalter der Medien sind »moralische Gefühle« sehr leicht im großen Maßstab zu instrumentalisieren, wobei darauf hinzuweisen ist, daß es sich nicht um einen reinen Manipulationsmechanismus handelt, sondern schon viel eher um einen »Zirkel von Manipulation und rückwirkendem Bedürfnis«, den Horkheimer und Adorno allgemein der *Kulturindustrie* zuschreiben.[255]

In diesem Zirkel liefern die Medien am fortlaufenden Band Bilder und Nachrichten des Schreckens. »Die rein moralische Begründung des Krieges durch die Unmenschlichkeit und die Schuld des Gegners bräche in sich zusammen, wenn unser Bild von ihm als Verbrecher und Alleinschuldiger sich ändern würde. Seine Bestialisierung muß deshalb fortgesetzt werden. Der menschenrechtlich begründete Krieg fordert immer neue Bilder von Leid und Grausamkeit (…).«[256] Die Konstruktion des Feindbildes ist aber kaum zuvor in konspirativen Zirkeln des Journalismus zusammen mit den Herrschenden abgesprochen worden, sondern die Einseitigkeit stellt sich vielmehr her durch die Überlieferung eines traditionellen Feindbildes.

Das traditionelle Feindbild der deutschen Eliten bezüglich der Völker auf dem Balkan war Serbien. Ganz im Sinne des *antifaschistischen Musters* war dann auch die Rede von »serbischen Vergewaltigungslagern«, in denen gezielte Vergewaltigungen muslimischer Frauen durch serbische Soldaten stattfänden.[257] Das antifaschistische Muster ließ sich noch steigern: ins

---

253 Siehe Walter von Goldendach und Hans-Rüdiger Minow: *Von Krieg zu Krieg. Die deutsche Außenpolitik und die ethnische Parzellierung Europas*, 3. Aufl., Berlin 1999.

254 Karl Otto Hondrich: »Moral und Menschenrechte«, in: ders.: *Wieder Krieg*, a. a. O., S. 111–129; S. 121.

255 Vgl. Max Horkheimer und Theodor W. Adorno: *Dialektik der Aufklärung. Philosophische Fragmente*, Frankfurt am Main 1988, S. 129.

256 Hondrich: »Moral und Menschenrechte«, a. a. O., S. 120.

257 Vgl. Wolfgang Schneider (Hrsg.): *Bei Andruck Mord. Die deutsche Propaganda und der Balkankrieg*, Hamburg 1997, S. 149–159.

Gerede kam schließlich die »SS von Milosevic« und ein »serbischer Josef Mengele«, der Frauen Hundeföten einpflanzte, wie der CDU-Abgeordnete Stefan Schwarz behauptete.[258]

Dieser verbalen Eskalation geht eine vorsätzliche PR-Kampagne der Nachrichtenagentur *Ruder&Fin* voraus, die seit 1992 die Public Relations für die bosnischen und kroatischen Präsidenten Izetbegovic und Tudjmann organisiert hat. In einem Interview von Jacques Merlino, dem stellvertretenden Direktor des Zweiten Französischen Fernsehens, mit dem ehemaligen Direktor der Nachrichtenagentur, James Harff, offenbart dieser bemerkenswerte Innenansichten. Auf die Frage, auf welche Leistungen er besonders stolz sei, antwortet er: »Daß es uns gelang, die jüdische Meinung auf unsere Seite zu ziehen. Dies war eine sensible Angelegenheit. (...) Präsident Tudjman war in seinem Buch ›Ödland der geschichtlichen Wirklichkeit‹ sehr leichtsinnig, denn wenn man sein Werk liest, könnte man ihn des Antisemitismus bezichtigen. In Bosnien war die Situation nicht besser: Präsident Izetbegovic unterstützt in seinem Buch ›Die islamische Erklärung‹ sehr stark die Bildung eines fundamentalistischen islamischen Staates. Abgesehen davon war die kroatische und bosnische Vergangenheit stark von einem wirklichen und brutalen Antisemitismus geprägt. Zehntausende von Juden kamen in den kroatischen Lagern um. All dies sprach dafür, daß Intellektuelle und jüdische Organisationen den Kroaten und Bosniern gegenüber feindlich eingestellt sein würden. Die Herausforderung für uns lag nun darin, diese Einstellung in ihr Gegenteil zu wenden. Und wir meisterten diese Aufgabe mit Bravour. Anfang August 1992 veröffentlichte *New York Newsday* einen Artikel über serbische Lager. Wir ergriffen diese Gelegenheit sofort. Wir überlisteten drei große jüdische Organisationen – die *B'nai B'rith Anti-Defamation League*, das *American Jewish Committee* und den *American Jewish Congress*. Wir schlugen vor, daß diese eine Annonce in der *New York Times* veröffentlichen und eine Demonstration vor der UNO organisieren. Das war ein großartiger Coup. Als die jüdischen Organisationen in das Spiel auf Seiten der moslemischen Bosnier eingriffen, konnten wir sofort in der öffentlichen Meinung die Serben mit Nazis gleichsetzen. (...) mit einem einzigen Schlag konnten wir nun die einfache Story von den guten und den bösen Jungs präsentieren, die sich ganz von alleine weiterspielte. Wir gewannen, weil wir auf die Beeinflussung des jüdischen Publikums setzten. Fast unmittelbar danach benutzten die Medien eine andere Sprache mit

258 Vgl. Volkhard Mosler: *An Krieg wieder gewöhnen? Niemals! Die Rückkehr des deutschen Militarismus*, Frankfurt am Main 1999, S. 46.

sehr emotionsgeladenen Begriffen, wie ethnische Säuberung, Konzentrationslager etc., Begriffe, die man mit Bildern aus Nazi-Deutschland und den Gaskammern von Auschwitz assoziert. Niemand konnte sich mehr dagegen wenden, ohne des Revisionismus angeklagt zu werden. Wir hatten hundertprozentigen Erfolg.«[259]

Am Ende dieser Manipulation der Öffentlichkeit stand ein vollständig einseitig ausgebildetes Feindbild, das von der Bundesregierung aufgegriffen wird: »Es war und ist Milosevics Absicht, einen Teil seines Staatsvolkes zu vertreiben und auszurotten. Wer von dieser Analyse nicht ausgeht, ist für mich kein ernsthafter Gesprächspartner. Für mich steht fest: Das, was Milosevic betreibt, ist Völkermord. Und er bedient sich der gleichen Kategorien, derer Hitler sich bedient hat.«[260]

Ein Photo, das folgenreich die Weltöffentlichkeit erschütterte, legte die Existenz eines serbischen Konzentrationslagers in Trnopolje nahe. Die britische IIN-Reporterin Penny Marshall hatte am 5. August 1992 der Weltöffentlichkeit dieses Photo präsentiert. Einige Jahre später erbrachte der Journalist Thomas Deichmann den Nachweis, daß dieses Photo eine manipulierte Aufnahme war.[261]

Das Überprüfen fragwürdiger Quellen, Mißtrauen gegenüber Gerüchten und Gegenrecherchen gegenüber anzweifelbaren Zeugenaussagen, die zweifelsohne zum journalistischen Handwerkszeug gehören und für eine demokratische und freie Presse Mindeststandards darstellen, wurden in der Jugoslawienkrise zunehmend außerachtgelassen. Die Methode hatte System.[262]

Während die deutsche Presse ein einseitiges serbisches Feindbild schürte, wurde weitgehend nicht zur Kenntnis genommen, daß die ersten Verfolgten des jugoslawischen Bürgerkrieges nicht Kroaten oder Bosnier waren, sondern Serben. Die Verfolgung von Kroaten und Bosnier begann erst, nachdem die kroatische Regierung die Serben in ihrem Land offiziell zur »ethnischen Minderheit« erklärt hatte und von Kroaten orthodoxe Kirchen und Synagogen in Brand gesteckt wurden. Straßennamen wurden in Kroatien offiziell nach ehemaligen Führern der faschistischen Ustascha, die Komplizen Hitlers gewesen waren, umbenannt, und in der Nationalflagge Kroatiens tauchte

259 Jacques Merlino: »Da haben wir voll ins Schwarze getroffen«, in: Klaus Bittermann: *Serbien muß sterbien*, Berlin 1994, S. 153 ff.

260 Ludger Vollmer, Staatssekretär im Auswärtigen Amt, im Interview, in: *Neues Deutschland* vom 1. April. 1999.

261 Siehe Deichmanns Bericht, in: Schneider (Hrsg.): *Bei Andruck Mord*, a. a. O., S. 248–260.

262 Vgl. Schneider (Hrsg.): *Bei Andruck Mord*, a. a. O.

ein altes faschistisches Symbol auf. Um so markanter erscheint vor diesem Hintergrund die Gleichsetzung Milosevics mit Adolf Hitler.

Bosnien/Herzegowina: Das Massaker von Srebrenica – Bewußtseinswandel der Grünen und Sozialdemokraten

Im Juli 1995 ereignete sich in der bosnischen Stadt Srebrenica, welche seit April 1992 von bosnisch-serbischen Soldaten eingekesselt und von der UN zur Schutzzone erklärt worden war, das in diesem Krieg schlimmste und von bosnisch-serbischen Militärs begangene Kriegsverbrechen, welches nachhaltigen Einfluß auf die deutsche Außenpolitik, insbesondere auf die oppositionelle Haltung der Grünen und SPD ausübte.

In und um Srebrenica herum lebten seit 1993 etwa 40 000 Einwohner muslimischen Glaubens, die sich als Bosnier begriffen und zum Teil im Zuge des Bürgerkrieges nach dorthin geflohen waren. Am 11. Juli 1995 wurde die belagerte Stadt von bosnisch-serbischen Truppen unter dem Kommando von General Ratko Mladic überrannt und eingenommen. Die niederländischen UN-Schutztruppen (Blauhelme), die dort zum Schutze der Stadt stationiert waren und die Angehörigen der bosnischen Regierungsarmee entwaffnet hatten, leisteten auch keinen Widerstand, als auf die Besetzung schwere Massaker folgten, bei denen bis zu 8000 bosnische Muslime ermordet wurden. Von hier an hatte die Einseitigkeit des westlichen Feindbildes eine nachträgliche Berechtigung erfahren, insofern als von anderer Seite kein Verbrechen vergleichbaren Ausmaßes begangen wurde. Das Massaker von Srebrenica stand in keinem Verhältnis zu den von allen involvierten Seiten begangenen Verbrechen.

Aufgrund der Massaker in Srebrenica entschlossen sich UNO und NATO Ende August 1995 zu Luftangriffen, um die Friedensverhandlungen von Dayton zu erzwingen. Das Versagen der internationalen Gemeinschaft erscheint aber bei näherer Betrachtung als ein Vorgehen, bei dem massenhafte Vertreibung und Ermordung in Kauf genommen wurden, um eine neue ethnische Grenzziehung zu ermöglichen. Insofern trifft auch die internationale Gemeinschaft eine Verantwortung für das Massaker in Srebrenica. Der Sonderberichterstatter Mazowiecki legte nach den Massakern sein Mandat nieder und schrieb in einem Brief an den Vorsitzenden der UNO-Menschenrechtskommission, daß er sich nicht länger an der bloßen Vorspiegelung des Schutzes von Menschenrechten beteiligen wolle.[263]

263 »Ungeschützte Schutzzone. Der Fall von Srebrenica«, nach einem Bericht von Yvonne

Der Eindruck, daß die »europäische Sicherheitspolitik« bisher versagt; jedenfalls nicht stringent genug eingegriffen habe, und vor allem das Massaker von Srebrenica bewirkten in der deutschen Politik – ganz besonders bei den oppositionellen Grünen einen mehrheitsfähigen Bewußtseinswandel, der zur Abkehr von ursprünglich pazifistischen Positionen führte. Mit dem Wandel der Grünen veränderte sich auch die Republik. In einem offenen Brief schrieb Joschka Fischer an die Bundestagsfraktion der Grünen und an die Parteimitglieder.[264] Die bisherige Politik der Vereinten Nationen sei gescheitert. Die Blauhelme waren mit den Mitteln, die ihnen zur Bewahrung des Friedens zur Verfügung standen, hoffnungslos überfordert und seien zwischen die Fronten geraten, mußten aber neutral bleiben, was faktisch eine Parteinahme für den Stärkeren oder Rabiateren bedeutete. Fischer stellt fest, daß der »Westen« in der Jugoslawienfrage bisher keine einheitliche Haltung eingenommen habe; statt dessen seien die westlichen Staaten in die nationalistischen und imperialistischen Denkkategorien von 1914 zurückgefallen. Der deutsche Staat sei seit 1991 daran interessiert, den Bundesstaat Jugoslawien, der nach dem Ersten Weltkrieg unter dem Schutz der Siegermächte mit serbischer Dominanz entstand, wieder zu zerschlagen. Indem die Bundesregierung sich auf das Selbstbestimmungsrecht der Völker beziehe, welches sie während des deutschen Einigungsprozesses 1989/90 für Ost- und West-Deutschland in Anspruch genommen habe und nunmehr den Kroaten und Bosniern nicht verweigern könne, werden die deutschen Interessen moralisch-rhetorisch verschleiert. Dahinter verberge sich aber das Interesse, die Resouveränisierung einer eigenständigen deutschen Außenpolitik ohne Rücksicht auf Verluste voranzutreiben.

Europa sei nicht wiederzuerkennen. Die alten Gespenster des Nationalismus, Chauvinismus und Rassismus seien wieder aufgestanden. Der Spuk, den man nach 50 Jahren überwunden zu haben glaubte, gehe von neuem los. Völkische Politik, die mit Gewalt und Krieg neue Grenzen ziehe, sei im Begriff, sich zu reetablieren. Dieses barbarische Prinzip war in Europa seit Ende des Zweiten Weltkrieges geächtet gewesen. Es wäre fatal, wenn es nun wieder zur allgemeinen Geltung komme, weil es das europäische Projekt der Integration in Gefahr bringe. Aus diesem Grund dürften die Grünen nicht

---

Bangert, in: *pogrom* 185, Oktober/November 1995, Internet: ⟨`http://www.gfbv.de/voelker/europa/srebren.htm`⟩.

264 Siehe Joseph Fischer: »Die Katastrophe in Bosnien und die Konsequenzen für unsere Partei Bündnis 90/Die Grünen. Ein Brief an die Bundestagsfraktion und an die Partei« vom 30. Juli 1995, Internet: ⟨`http://www.oeko-net.de/kommune/briefe/kom201.htm`⟩; siehe die Entgegnungen der Grünen-Spitzenpolitiker, dokumentiert ebd.

tatenlos zusehen. Aus guten Gründen seien zwar die Grünen, die »Partei der Gewaltfreiheit«, bisher gegen eine militärische Intervention gewesen, schon gar nicht mit deutscher Beteiligung, sondern lediglich für ein UN-Embargo und für humanitäre Hilfe im Rahmen des UN-Blauhelm-Einsatzes. Energisch habe sich die Partei bisher gegen den Versuch der Konservativen gewandt, Schritt für Schritt »Deutschland wieder zu einer militärisch gestützten, machtorientierten Außenpolitik zurückzuführen«.

Nun aber fragt Fischer: »Können Pazifisten, kann gerade eine Position der Gewaltfreiheit den Sieg der brutalen, nackten Gewalt in Bosnien einfach hinnehmen?« Was sei zu tun, wenn alle friedlichen Druckmittel versagten? Es sei zynisch, aber auch moralisch nicht durchhaltbar, ließe man den Bürgerkrieg unter Hinnahme von vielen unschuldigen Opfern einfach »ausbluten«. Zu dem sei eine solche ignorante Haltung sehr gefährlich für das gesamte Europa, das leicht aufgrund der Verstrickung in die Vergangenheit in einen solchen Krieg hineingezogen werden könnte. Die Niederlage der UN hätte zugleich fatale globale Auswirkungen, denn es bestehe die Gefahr, daß Bosnien international Schule machen könne. Fünf Jahrzehnte mühseliger Friedenspolitik würden einfach zunichte gemacht werden. Deshalb stelle sich wie damals im Zweiten Weltkrieg die Frage, wo die Nachgiebigkeit gegenüber barbarischer Gewalt aufhöre. Die Aggressionen der bosnischen Serben bezeichnet Fischer als neuen Faschismus, dem gleichsam die Menschheit sich genauso entgegenzustellen habe wie damals gegen die Nationalsozialisten. Wenn die bosnischen Muslime ein legitimes Notwehrrecht für sich in Anspruch nehmen, dann müsse »Notwehrhilfe« moralisch geboten sein. Aus diesem Grund plädiert Fischer für den militärischen Schutz der »UN-Schutzzonen« und fordert die Partei der Grünen zum Umdenken auf: »Können wir Prinzipien höher stellen als Menschenleben, und was wird aus unserem Prinzip der Gewaltfreiheit, wenn es sich vor der menschenverachtenden Gewalt beugt? Wie muß sich eine gewaltfreie Partei, die sich in ihrem Gründungsprogramm zum Notwehrrecht klar und eindeutig bekennt, in diesem Konflikt zwischen Notwehrrecht und Gewaltfreiheit verhalten?«

Joschka Fischer, der 1991 den Pazifismus noch gegen den Golfkrieg verteidigt und einige Zeit später noch Befürchtungen ausgesprochen hatte, die »Selbstbeschränkung deutscher Außenpolitik« werde schrittweise aufgehoben, der Bundestag werde an der »humanitären Nase« in den Krieg geführt,[265] übte demnach unter dem Eindruck der Berichte über serbische

265 »Streitgespräch zwischen Fischer und Cohn-Bendit«, in: *taz* vom 30. Dezember 1994.

Massaker an bosnischen Muslimen, auf die Partei der Grünen massiven Druck aus. Seine implizite Forderung lief auf eine »Interventionspflicht bei Völkermord« als einen »unveräußerlichen Kern des Antifaschismus« hinaus.[266] Die deutsche Linke laufe massiv Gefahr, »ihre moralische Seele zu verlieren, wenn sie sich (...) vor diesem neuen Faschismus und seiner Politik der Gewalt wegduckt«[267]. Damit war die offene Wende der grünen Positionen zur Außenpolitik eingeleitet.

Vorgeschichte der militärpolitischen Wende der Grünen

Die militärpolitische Wende der Grünen hat eine Vorgeschichte, die bis in das Jahr 1990 zurückreicht. Nachdem irakische Truppen in den Kuwait eingefallen waren, forderte das Mitglied der grünen Bundestagsfraktion, Udo Knapp, im August 1990 ein militärisches Engagement Deutschlands im Golfkrieg.[268] Im Juli 1992 kam schließlich von prominenterer Seite, von Daniel Cohn-Bendit, die Forderung, der Gewalt in Bosnien müsse mit militärischer Gewalt Einhalt geboten werden. In einem Beschluß des Länderrats der Grünen hieß es dann im Juni 1993: »Nicht jeder Einsatz von Zwang und Gewalt [kann] von vornherein völlig ausgeschlossen werden, um im Sinne einer (auch pazifistisch gerechtfertigten) Notwehr und Nothilfe das nackte Überleben der Menschen zu sichern. (...) Humanitäres Eingreifen im Rahmen der Vereinten Nationen muß in Einzelfällen nach einer parlamentarischen Abstimmung möglich sein.«[269] Nach zum Teil heftigen Protesten seitens der Parteibasis fand im Oktober 1993 in Bonn ein Sonderparteitag statt, auf dem Cohn-Bendit seine Forderung nach einer Militärintervention zugunsten der bosnischen Muslime wiederholte. Die Delegierten lehnten dies aber noch mit einer überwältigenden Mehrheit ab und stimmten zu 90 Prozent für einen unter anderem von Ludger Volmer und Angelika Beer eingereichten Antrag, der Militärinterventionen kategorisch ablehnte.[270] Und noch im Dezember 1994 kritisierte Joschka Fischer in einem Streitgespräch mit Cohn-Bendit in der *Tageszeitung* die Forderung nach deutscher Beteiligung der

266 Vgl. »Wohin führt die Forderung nach einer militärischen Interventionspflicht gegen Völkermord? Ein offener Brief an die Mitglieder von Bündnis 90/Die Grünen, von Kerstin Müller, Claudia Roth, Jürgen Trittin und Ludger Vollmer«, Internet: ⟨`http://www.oeko-net.de/kommune/briefe/kom202.htm`⟩.

267 Siehe Joseph Fischer: »Die Katastrophe in Bosnien«, a. a. O.

268 Vgl. Martin Jung: »Die Grünen ziehen in den Krieg. Eine Chronologie.«, in: *Sozialistische Zeitung* (SoZ) 11/1999.

269 Beschluß des Länderrats der Grünen vom 12. Juni 1993.

270 Vgl. Jung: »Die Grünen ziehen in den Krieg«, a. a. O.

Bundeswehr an militärischen Einsätzen in der Welt – wären sie auch noch so humanitär begründet – als einen illegitimen Versuch der Remilitarisierung der deutschen Außenpolitik: »Ich bin der festen Überzeugung, daß die Öffnung in Richtung der militärpolitischen Komponente die Rückkehr der Macht Deutschland – nicht der Macht Europa – auf der Bühne der Weltpolitik bedeuten wird.«[271] Die trennscharfe Gegenüberstellung von Deutschland und Europa ist freilich an der Realität vorbeigedacht. Deutschland kann nur im Gewand von Europa als Weltmacht zurückkehren, sowie Preußen es nur in Gestalt des Deutschen Reiches konnte. Daß sich Deutschland heute in Bezug auf Europa aber ähnlich verhält wie Preußen damals zum Deutschen Reich, ist kaum von der Hand zu weisen.[272]

Fischer bezeichnete die humanitäre Rhetorik als einen »Türöffner für Kriegseinsätze«: »Für die Zukunft sehe ich die erhebliche Gefahr, daß die Bundesregierung, Koalition und Generalität nach den Gesetzen der Salamitaktik Anlässe suchen oder Anlässe schaffen werden, um die Barrieren abzuräumen, die es gegenüber der Außenpolitik des vereinigten Deutschland noch gibt. Als Vehikel dienen dabei die Menschenrechts- und die Humanitätsfragen.«[273] Die Mehrheitsverhältnisse in der Partei der Grünen waren bereits im Schwimmen. Zwar stimmten im Juni 1995 von der Bundestagsfraktion der Grünen 41 Abgeordnete gegen die Entsendung deutscher Soldaten und Tornados nach Bosnien zur Unterstützung der »Schnellen Eingreiftruppe«, aber immerhin stimmten bereits vier Abgeordnete auch dafür (Marieluise Beck, Helmut Lippelt, Gerd Poppe, Waltraud Schoppe). Die Grünen begannen fortan das Dilemma der beiden bundesrepublikanischen Dicta »Nie wieder Krieg!« und »Nie wieder Auschwitz!« zu thematisieren. Das Dilemma, in welches sich die Realpolitik bei Beherzigung der beiden Dicta hineinmanövrierte, kommt in dem Schlagwort »Regierungsfähigkeit« zum Ausdruck. In Bezug auf die Außenpolitik meint »Regierungsfähigkeit« die Bestimmung der Prinzipien einer unantastbaren Staatsräson.

Den Wandel des neuen Außenministers in spe, dessen zweifelhafter Verdienst die maßgebliche Einleitung der Wende innerhalb der Grünen gewesen ist, erklärt Michael Jäger durch die Konfrontation mit preußischen Prinzipien der Staatsräson, die er als »preußische Wand« bezeichnet, auf die Fischer mit seinem bisherigen »Einspruchsgeist« geprallt sei.[274] »Auch in der Menschenrechtsfrage, die Fischers spezielles Anliegen als Außenminister

271 »Streitgespräch zwischen Fischer und Cohn-Bendit«, *taz* vom 30. Dezember 1994.

272 Siehe Teil III, Kap. 1.

273 »Streitgespräch zwischen Fischer und Cohn-Bendit«, a. a. O.

274 Jäger: *Probleme und Perspektiven der Berliner Republik*, a. a. O., S. 61.

ist, ist er auf Herrschaftsgrenzen gestoßen. Menschenrechte sind vor- und überstaatliche Rechte, so daß es wünschenswert wäre, sie gegen jede Staatsautorität einklagen zu können. Geleitet von Habermas, tritt Fischer denn auch dafür ein, bei schweren Menschenrechtsverletzungen, soweit sie ganze Volksgruppen betreffen, das traditionelle völkerrechtliche Verbot, sich in die inneren Angelegenheiten anderer Staaten einzumischen, so nicht mehr anzuerkennen.«[275]

Daniel Cohn-Bendit erklärte mit Orientierung auf die realistische Option einer Regierungsbeteiligung nach den Bundestagswahlen 1998, welchem Wandel die Grünen sich unterziehen müßten: »Eine Partei, die auf Bundesebene regierungsfähig werden will, muß in der Außenpolitik zu einer Linie finden, die von den Bündnispartnern der Bundesrepublik akzeptiert wird.«[276] Humanitäre Einsätze des Bündnismilitärs mit Beteiligung der Bundeswehr galten sukzessive als gebotene, verantwortungsvolle Politik, die praktische Konsequenzen aus den Lehren vor allem aus der deutschen Vergangenheit gezogen habe.

Im Oktober 1995 sprach Ludger Vollmer auf dem Strategiekongreß der Grünen in Bad Godesberg: »Falls die Partei die fundamentale Absage an militärische Gewalt ernst meint und für eine Abschaffung der Bundeswehr und den Austritt aus der NATO Planungen vorlegt, wird sie für eine Regierungsbeteiligung im Bund weder einen Partner noch eine Mehrheit finden. Alle wissen es, aber keiner und keine sagt es.«[277] Der Parteilinke Ludger Vollmer forderte nunmehr eine deutsche Beteiligung der Bundeswehr an militärischen Einsätzen internationaler Einheiten im Rahmen der OSZE. Zwar sprachen sich mehrheitlich auf dem folgenden Bremer Parteitag im Dezember 1995 die Delegierten gegen Auslandseinsätze der Bundeswehr aus, aber eine schon recht bemerkenswert große Minderheit von 37 Prozent war bereits dafür, Kampfeinsätze als »letztes Mittel zur Verhinderung eines drohenden Völkermordes« zuzulassen. Mit lediglich 63 Prozent der Delegiertenstimmen wurde ein Antrag verabschiedet, der Militäreinsätze ausschließt. Die Medien, schreibt Michael Jäger, hätten nunmehr ihr übriges getan, die noch bellizistische Minderheitenposition bei den Grünen in Szene zu setzen und größer werden zu lassen: »nicht die Mehrheit, sondern die Minderheit

275 Ebd., S. 64.

276 »›Schluß mit den Halbherzigkeiten‹. Dany Cohn-Bendit, grüner Europaabgeordneter und Frankfurter Multikulturdezernent, gehen Fischers Thesen nicht weit genug«, in: *taz* vom 2. August 1995.

277 »Bündnisgrüne setzten außenpolitisch auf die OSZE. Außenpolitiker Volmer auch für begrenzte Gewalt zur Embargodurchsetzung«, in: *taz* vom 2. Oktober 1995.

habe [auf der Bundesdelegiertenkonferenz; MH] gesiegt, weil sie ›schon‹ so groß gewesen sei. Die Medien wußten nämlich ›schon‹, die Minderheit war die Mehrheit der Zukunft. Denn wer recht hat, dem gehört die Zukunft, und was recht ist, wer könnte es melden, wenn nicht die Medien? Durfte dann nicht die Zukunft einen Schatten auf die grüne Bundestagsfraktion vorauswerfen?«[278]

Nur vier Tage später stimmten 22 grüne Abgeordnete im Bundestag für und ebenfalls 22 gegen den Bundeswehreinsatz in Bosnien. Das Abstimmungsverhalten der Grünen spiegelte demnach nicht den Willen der Parteibasis wider; gleichwohl herrschte bei dem Thema kein Fraktionszwang. »Hier ist illustriert, wie wenig hilfreich heute eine Parlamentarismuskritik ist, die beklagt, es würden Individuen vom Fraktionszwang gegängelt. Denn auf das Individuum und sein Gewissen beriefen sich nun die Medien und die grünen Bellizisten, etwa der gewissensgepeinigte spätere Außenminister Joseph Fischer, der aber gar nicht daran dachte, aus der Fraktion auszutreten, das hätte ihn ja bedeutungslos gemacht. Nein, der Fraktionszwang selber war es, dem sie ein anderes Gewissen geben wollten.«[279]

Auf der Bundesdelegiertenkonferenz im März 1998 in Magdeburg wurde schließlich das Programm für die Bundestagswahl verabschiedet, in dem es gegen den Bellizismus sogar heißt: »*Bündnis 90/Die Grünen* tragen militärische Friedenserzwingung und Kampfeinsätze nicht mit.«[280] Programmatisch abgelehnt wurde demzufolge auch die Umstrukturierung der Bundeswehr zu einer internationalen Interventionsarmee durch den Aufbau von Krisenreaktionskräften und Offensivwaffen. Die Krisenreaktionskräfte seien aufzulösen. Das Wahlprogramm galt jedoch nur bis zur Bundestagswahl. Nach dem rot-grünen Wahlsieg beschloß im Oktober 1998 noch der alte Bundestag die deutsche Beteiligung an den von der NATO geplanten Luftoperationen zur Abwendung einer »humanitären Katastrophe« im Kosovo-Konflikt. 29 Grüne stimmten mit Ja, neun mit Nein. Im März 1999 schrieb die *Frankfurter Allgemeine Zeitung*: »Die große Mehrheit derer, die bei den Grünen in außen- und sicherheitspolitischen Fragen Verantwortung zu tragen hat, (...) hat bis zu einem gewissen Grade ihren Frieden mit dem Krieg gemacht. (...). Wenn Joseph Fischer als Außenminister und Vizekanzler eines der großen NATO-Staaten den jetzigen Einsatz mitträgt, dann braucht er keine Angst zu haben, daß ein relevanter Teil seiner Bundestagsfraktion

278 Jäger: *Probleme und Perspektiven der Berliner Republik*, a. a. O., S. 26.

279 Ebd.

280 Vgl. Eckart Lohse: »Gelebte Demokratie mit Folgen für den Meister Joschka Fischer. Grüne gegen Auslandseinsätze der Bundeswehr«, in: *FAZ* vom 9. März 1998.

ihm in den Rücken fällt.« Bei den Grünen müsse »programmatische Position und praktische Politik unterschieden werden. Denn wenn der Außenminister Fischer den Angriff der Bundesrepublik Jugoslawien durch deutsche Kampfflugzeuge mitträgt, befindet er sich in krassem Widerspruch zum Programm seiner Partei«.[281]

Der Angleichungskurs der Sozialdemokraten

In Fragen des Krieges waren auch die Sozialdemokraten im Vorfeld der Regierungsübernahme unter den Vorsitzen von Björn Engholm und Rudolf Scharping auf einem bedeutungsvollen Angleichungskurs.[282] »Die Rolle der Parteiführer Engholm und Scharping hatte schon nur noch darin bestanden, daß sie Unterschiede zwischen den Urteilsbildungen ihres Blockes aus SPD und Grünen einerseits und der Urteilsbildung im Regierungsblock andererseits wahrnehmen und erzieherisch zu eliminieren suchten. Engholm führte es bei der Einschränkung des Asylrechts vor, Scharping war auf dem besten Weg, das Kunststück in der Übernahme der neuen NATO-Strategie zu wiederholen.«[283] Gleichwohl war die neue NATO-Strategie bereits 1991 in die Verteidigungspolitischen Richtlinien (VPR) eingesickert und damit, obwohl vom Parlament niemals beschlossen, Bestandteil der deutschen Staatsräson geworden.

Dieser Angleichungskurs wurde allerdings von Oskar Lafontaine, der im November 1995 auf dem SPD-Parteitag Scharping überraschend den Vorsitz streitig machte, unterbrochen. »Scharping wie vor ihm Engholm hatten ihre Aufgabe darin gesehen, die Partei auf den neuen NATO-Kurs zu bringen: Out of area-Einsätze deutscher Soldaten, Einsatz auch deutscher Tornado-Flugzeuge über Bosnien. Vor dem Parteitag mußte Scharping freilich zusichern, er werde die Frage der Militäreinsätze nicht zur Sprache bringen, denn nur eine kleine Minderheit stand hinter ihm. Die Verabredung brechend, sagte er dann aber in seiner Eröffnungsrede, die SPD sei Militäreinsätzen aufgeschlossen.«[284] Wegen der Mißachtung der Verabredung fertigte Lafontaine einen Zusatzantrag an, nach dem die Parteitags-Delegierten gegen einen Einsatz von Tornado-Flugzeugen votieren

281 *FAZ* vom 26. März 1999.

282 Als ein Erklärungsansatz für die allgemeine Angleichung der Oppositionsparteien an den Regierungskurs siehe Jägers Ausführungen zu einem »kybernetischen Parlamentarismus« als neuen Herrschaftszuschnitt, in: Jäger: *Probleme und Perspektiven der Berliner Republik*, a. a. O., S. 24 f.

283 Ebd., S. 23.

284 Ebd., S. 17.

mögen. Als Scharping von Lafontaines Absicht erfuhr, ging er vor die Presse und verkündete, daß er den Zusatzantrag bekämpfen werde. Damit bahnte sich auf dem Parteitag ein offener Konflikt an. In seiner Rede sagte Lafontaine als zentralen Satz, daß Deutschland eine Friedensmacht sei mit dem Ziel, daß alle Menschen Brüder würden.[285] Die Begeisterung der Delegierten mag Lafontaine dazu bewogen haben, am nächsten Tag Scharping in der Kandidatur um den SPD-Vorsitz herauszufordern. Lafontaine gewann die Abstimmung und war neuer Vorsitzender der Sozialdemokraten.[286] Es war nicht nur eine Abstimmung über zwei Personen; es war wesentlich eine Abstimmung über die Kursrichtung der zukünftigen sozialdemokratischen Außenpolitik – ein Kurswechsel, der dennoch wieder zu Scharping (diesmal als Verteidigungsminister) und dessen Einstellung zum Krieg zurückführte – »(...) es besteht ein ursächlicher Zusammenhang zwischen der Ablehnung von Tornado-Einsätzen durch die SPD, der Wahl Lafontaines zum Parteichef und der Abwahl seines Vorgängers Scharping, wie auch zwischen Lafontaines so errungenem Parteivorsitz und dem Wahlsieg, durch den die SPD drei Jahre später die Regierungsmacht erlangt. Und doch ergreift dann diese Regierung mit Scharping als Verteidigungsminister die erste sich bietende Gelegenheit, Tornados in einem Krieg mitfliegen und Bomben werfen zu lassen, out of area, unter Kommando einer NATO ohne UNO-Mandat.«[287] Wenige Wochen vor der Weichenstellung für den ersten deutschen Kriegseinsatz nach 1945 hatte Lafontaine seine Ämter als Parteichef und Finanzminister niedergelegt. Jäger schreibt, daß dieser die Weichenstellung zum Krieg noch miterlebt habe; vermutlich ist diese auch der entscheidende Grund für Lafontaines Rücktritt gewesen. »Was hatte sein Aufstand gegen Scharping genützt? (...) Es war keineswegs gleichgültig, daß [die SPD] jemanden, der *gegen* die Einsätze war, zum Parteichef machte, denn ohne ihn, wäre sie nicht an den Hebel der Regierungsmacht *für* die Einsätze gelangt.«[288] Der Pazifismus der Sozialdemokratischen Partei Deutschlands galt wie schon 1914, als sie offiziell verlautbaren ließ, sie werde in der »Stunde der Gefahr« das eigene Vaterland nicht im Stich lassen, nur bis zum Kriegsbeginn.

---

285 Vgl. *FAZ* vom 17. November 1995.

286 Vgl. Günter Bannas: »Emotion gegen Rationalität, Bauch gegen Kopf. Klare Verhältnisse durch die Abstimmung«, in: *FAZ* vom 17. November 1995; vgl. »An die Freude«, in: *FAZ* vom 18. November 1995.

287 Jäger: *Probleme und Perspektiven der Berliner Republik*, a. a. O., S. 18.

288 Ebd.

Der rot-grüne Regierungswechsel (1998) und der Kosovo-Einsatz (1999)

Das neue Selbstverständnis der Grünen fand nach dem rot-grünen Regierungswechsel 1998 Eingang in das offizielle Selbstverständnis der deutschen Außenpolitik. Noch im Koalitionsvertrag von SPD und Grünen hatte es zwar geheißen: »Deutsche Außenpolitik ist Friedenspolitik.«[289] Friedenspolitik müsse sich weitgehend auch gegen vermeintliche Bündnisverpflichtungen und internationale Notwendigkeiten behaupten, jedenfalls dürften diese kein Alibi für realpolitische Argumente sein, daß Friedenspolitik im internationalen Rahmen nicht durchsetzbar sei. Aber die außenpolitischen Positionen der Grünen, wie sie noch Anfang der 1990er Jahre als Oppositionsverständnis gegolten haben (Streichung der Rüstungsausgaben, Auflösung der Bundeswehr, Festschreibung des Verzichts auf Atomwaffen im Grundgesetz, totales Manöververbot, Abschaffung der Wehrpflicht),[290] waren weitestgehend passé. Nun wurde lediglich noch unter dem programmatischen Titel »Außenpolitischer Aufbruch ins 21. Jahrhundert« eine machtpolitische Selbstbeschränkung und internationale Einbindung, sowie zivile Formen des internationalen Interessenausgleichs und die globale Einhaltung der Menschenrechte gefordert. »Bündnis 90/Die Grünen wenden sich (...) gegen die Außenpolitik der konservativ-liberalen Regierung, in der Deutschland die traditionelle Rolle einer Großmacht in der internationalen Politik spielen soll.«[291] Die Grünen seien nicht bereit »militärische Friedenserziehung« oder Kampfeinsätze mitzutragen. Die neue Bundesregierung war gerade im Amt, da war jede einzelne dieser Aussagen nicht mehr aktuell. Die programmatische Ausrichtung der Grünen stand aber 1998 immer noch der von Fischer während der Bosnienkrise eingeleiteten Wende in den außenpolitischen Grundsatzfragen entgegen. Man fragt sich, wie es trotz dieser programmatischen Ausrichtung der Grünen Fischer Außenminister werden konnte. Dieser stellte dann auch umgehend klar, daß er keine parteiliche, das

289 Koalitionsvereinbarungen zwischen der Sozialdemokratischen Partei Deutschlands und Bündnis 90/Die Grünen vom 20. Oktober 1998.

290 »Die NATO betreibt mehr und mehr die Absicherung ökonomischer Interessen der EG und der USA, um deren ›vitale‹ Ausbeutungsinteressen in Ländern der ›Dritten Welt‹ durchzusetzen.« – Die Grünen: »Das Programm zur 1. gesamtdeutschen Wahl 1990«, Internet: ⟨`http://www.boell.de/downloads/gedaechtnis/1990_Wahlprogramm.pdf`⟩. – Die Grünen scheiterten 1990 an der Fünf-Prozent-Hürde und kamen nicht in den Bundestag; so viel Klarheit scheiterte an den realpolitischen Gegebenheiten. Aus der Wahlniederlage zogen die Grünen unter dem Stichwort der »Regierungsfähigkeit« ihre Konsequenzen für den über zwei weitere Wahlperioden währenden Angleichungskurs.

291 Wahlprogramm von Bündnis 90/Die Grünen von 1998, Internet: ⟨`http://www.oeko-net.de/kommune/debatte/AUSSEN.html`⟩.

heißt »grüne« Außenpolitik machen werde, sondern eine überparteiliche, mithin deutsche.[292]

Mit dem rot-grünen Regierungswechsel 1998 hatten sich viele einen grundlegenden Wandel in der Militär- und Außenpolitik erhofft, aber Schröders Wahlkampfslogan, man werde nicht alles anders, aber vieles besser machen, bedeutete diesbezüglich die Beschwörung außenpolitischer Kontinuität[293]: Die rot-grüne Regierung setzte die neopragmatische Politik der Konservativen nahtlos und zum Teil sogar effektiver fort, weil nun eine am Pazifismus orientierte schlagkräftige Opposition im Parlament fehlte. Schon im Oktober 1998 beschloß der Bundestag aufgrund der Kosovo-Krise die Beteiligung der deutschen Luftwaffe an einem Angriffskrieg der NATO gegen Jugoslawien. Ende Februar 1999 stimmten 556 Abgeordnete aller Fraktionen des Bundestages (außer der PDS) dem Antrag der rot-grünen Bundesregierung für die Entsendung der Bundeswehr (6000 Soldaten mit militärischer Ausrüstung und Kriegsgerät, unter anderem Leopard-II-Panzer) in den Kosovo zum Zwecke einer gewaltsamen Erzwingung des »Rambouillet-Abkommens« zu.[294] Am 24. März 1999 begannen die Kampfeshandlungen der NATO in Jugoslawien.

Der Kosovo-Einsatz der Bundeswehr war der erste Kampfeinsatz des deutschen Militärs seit dem Zweiten Weltkrieg. Auf sein Zustandekommen war seit 1989/90 systematisch hingearbeitet worden. Insofern kann von der rot-grünen Bundesregierung nicht ernsthaft behauptet werden, sie sei in diesen *hineingeschlittert*, da er nun einmal noch vom alten Bundestag unter schwarz-gelben Mehrheitsverhältnissen beschlossen worden sei. »Dieser Kriegseintritt kann nicht wie eine ›Panne‹ behandelt werden, selbst wenn wahr wäre, daß die Regierung in ihn ›hineingeschlittert‹ ist. Denn er stellt einen Verfassungsbruch dar, der die ganzen 1990er Jahre über von CDU – wie SPD – und zuletzt auch grünen Politikern in kontinuierlicher und geradezu unermüdlicher Anstrengung vorbereitet worden ist.«[295]

Das *Handelsblatt* schrieb etwas verwundert: »Es ist eine Ironie der Geschichte, daß ausgerechnet ein grüner Außenminister dabei hilft, die Deut-

292 Vgl. Matthias Geis: »Fischer, der Krieg und die Vision – Der deutsche Außenminister zeigt sich als treuer Partner der USA – um damit eine gewichtigere deutsche Rolle in der Welt einzufordern«, in: *Die Zeit*, 40/2001.

293 Um außenpolitische Kontinuität ging es bereits in dem Wahlslogan der SPD 1961. Damals hieß es: »Wir wollen nicht alles verändern, aber vieles besser machen.« – Zit. n. Stuby: *Die »gefesselte« Souveränität der Bundesrepublik*, a. a. O., S. 17. – Damals bezog es sich hauptsächlich auf die Außenpolitik, 1998 unter anderem.

294 Siehe Antrag der Bundesregierung, Drucksache 14/414, Balkan-Akte.

295 Jäger: *Probleme und Perspektiven der Berliner Republik*, a. a. O., S. 11.

schen reif für den *gerechten Krieg* zu machen.«[296] Eine konservative Regierung hätte es gegen eine rot-grüne Opposition gewiß schwerer gehabt, einen solchen militärpolitischen Konsens in der Bundesrepublik herzustellen. Die Ironie beginnt allerdings bereits im Jahre 1995, als der deutsche Bundestag den Kriegseintritt in Bosnien beschloß, und wird als *Wende* manifest 1998. Aber an den Grünen ist ihr außenpolitischer Angleichungskurs nicht spurlos vorbeigegangen. Die Partei, die sich in der Tradition der Friedens- und Menschenrechtsbewegung verstand, stand vor einer heftigen Zerreißprobe und mußte den Zorn ihrer Basis zu spüren bekommen. Am 25. März 1999 spricht Angelika Beer vor dem Bundestag das Dilemma an, in dem sich die Parteifunktionäre befanden: »Ich will eine gewisse Hilflosigkeit gerade bei den Grünen, die aus der Friedens- und Menschenrechtsbewegung kommen, nicht verhehlen. Ich glaube aber, daß wir uns in Wahrnehmung der Verantwortung (...) bewußt vor die Alternative haben stellen lassen und darüber entschieden haben. (...) Vor dieser Alternative haben wir uns klar positioniert. Ich hoffe, daß diejenigen, die uns oder mich persönlich, wie in den letzten Tagen geschehen, als Kriegstreiber bezeichnen, endlich die Antwort auf die Frage geben, was denn die Alternative zu dieser schwierigen Entscheidung gewesen wäre.«[297] Die Antwort gab der als Außenminister in der Regierungsverantwortung stehende Joseph Fischer in der *Bild*-Zeitung: »Für mich gibt es keine Zweifel. Wenn wir Milosevic nicht stoppen, würde das Morden im südlichen Balkan weitergehen. Montenegro, Mazedonien, dieser Mann hätte niemals beim Kosovo Schluß gemacht. Zuerst war es Slowenien, dann Kroatien und Bosnien. Seine blutige Strecke umfaßt 300 000 Tote.«[298]

Während des Bielfelder Parteitages im Mai 1999, auf dem sich die grünen Bundesdelegierten mit dem NATO-Luftkrieg gegen Jugoslawien beschäftigten und eine unbefristete Einstellung der Bombardements mit 57 Prozent der Stimmen ablehnten, hatte Fischer einen roten Farbbeutel an sein Ohr geschmissen bekommen. Die Luftangriffe der NATO auf Jugoslawien dauerten zu diesem Zeitpunkt bereits sieben Wochen, »und die Grünen glaubten, sie könnten noch über Krieg oder Frieden diskutieren«, sagte der Farbbeutelwerfer in einem Interview mit der *junge welt* anläßlich der Zeugenvernehmung Fischers. »Insofern war es wichtiger, ein Zeichen zu setzen, daß man von einem Fischer nichts mehr erwartet, daß man von den Grünen als fortschrittliche Kraft nichts mehr erwarten kann. Sie waren längst schon Modernisierer von Herrschaft geworden. Außerdem ging es praktisch auch

296 *Handelsblatt* vom 16. April 1999.
297 Stenografischer Bericht des Bundestages vom 25. März 1999, Plenarprotokoll 14/30, S. 2426.
298 Zit. n. *BILD*-Zeitung vom 4. Mai 1999.

darum, den Krieg zu stoppen und den Kriegsparteitag zu verhindern.«[299] Auch wenn die Wahl des Protestes die Grenze des Legitimen überschritt, da Fischer bei der Aktion ein Trommelfell geplatzt ist, und obwohl Verfolgung und Vertreibung auf dem Balkan keine Erfindung der westlichen Mächte oder Medien gewesen ist, treffen die Erklärungen des Farbbeutelwerfers den Sachverhalt durchaus: »Es ist offensichtlich, daß die Menschen im Kosovo, Serbien und Montenegro als Manövriermasse zwischen Natoländern, UÇK und serbischen Regime zerrieben werden. Die Grünen, die sich aus der 68er Protestgeneration an die Macht emporgearbeitet haben, setzen heute die Losung vom ›Krieg als humanitärer Akt‹ durch. Sie überdecken damit die wirtschaftlichen und geostrategischen Interessen, die die Natoländer an diesem Krieg haben.«[300]

Wurde Volker Rühe als Bundesverteidigungsminister von der damaligen rot-grünen Opposition noch dafür gescholten, daß er während des Somaliaeinsatzes eine »Menschenrechtsrhetorik« bemühte, um das deutsche Engagement zu rechtfertigen, und daß die Bundesregierung den Bundestag an der »humanitären Nase« in den Krieg führe, so wurde nunmehr dieselbe Rhetorik von Rot-Grün fortgesetzt. Dabei wurde der NATO-Krieg gleichsam zu einem Glücksfall für die Möglichkeit Deutschlands, sich als verantwortungsbewußter und souveräner Staat in der westlichen Staatengemeinschaft zurückzumelden. Der deutsche Staat werde in dem sich neu konstituierenden Europa eine herausragende Rolle spielen. Die Konflikte auf dem Balkan sowie die ethnisch motivierten Vertreibungen dienten als Anlaß, die neue Sicherheitsarchitektur in Europa und weltweit voranzutreiben. – Der außerdeutsche Ausnahmezustand des Krieges als Instrument für die Produktion von deutscher Normalität. In der Rhetorik der westlichen Staatengemeinschaft hörte sich das freilich etwas anders an. Ihr Thema ist nicht das der Verfügung über den Ausnahmezustand gewesen, welches nach Carl Schmitt Souveränität ausmache, sondern das der Menschenrechte. Ethnische Säuberungen, Völkermorde sollten in der Welt nicht mehr ungestraft stattfinden. Dan Diner mutmaßte in der *Zeit*, es könnte sich um einen neuen kategorischen Imperativ handeln: In die Souveränität aller Nationalstaaten einzugreifen, die zu ethnischen Säuberungen als Mittel der Politik zur Homogenisierung ihrer Bevölkerungen greifen.[301] Das soll-

299 Interview mit dem Farbbeutelwerfer »samira«, in: *junge welt* vom 22. Februar 2000.

300 Presseerklärung des Farbbeutelwerfers: »Der Farbbeutel, den ich geschmissen habe, sollte Joseph Fischer treffen«, Internet: ⟨`http://www.archiv-kiel.de/war_mal/no_nato/texte/presse02.html`⟩.

301 Dan Diner: »Ein Schlüsselereignis – Die atlantische Gegenwartskultur setzt auf dem Balkan ein unübersehbares Signal«, in: *Die Zeit*, Nr. 24 vom 10. Juni 1999, S. 45 f.

te die Botschaft des Krieges sein, die weit über Jugoslawien hinausgehen soll, schon der Mahnung wegen, die vorauseilenden Gehorsam erzwingen soll, weil es sich die westlichen Industriestaaten finanziell und politisch auf Dauer gar nicht leisten könnten, überall dort militärisch zu intervenieren, wo Menschenrechte aufs massivste verletzt werden. De facto wäre dies aber kein neuer moralisch-kategorischer Imperativ, wie Diner meint, sondern der imperiale Souveränitätsbegriff von Carl Schmitt, wie er ihn gleich im ersten Satz seiner »Politischen Theologie« bestimmt hat: »Souverän ist, wer über den Ausnahmezustand entscheidet«.[302]

Auch Jürgen Habermas brachte in Bezug auf den Jugoslawienkrieg moralische Kategorien ins Gespräch.[303] Was die NATO praktiziere, müsse mit Hilfe der Kantischen Philosophie nach universellen Maßstäben beurteilt werden. Die NATO sei auf dem Weg zu einer »verrechtlichten kosmopolitischen Ordnung«. Damit entwickle sich das klassische Völkerrecht (Interventionsverbot) zu einem NATO-Völkerrecht (Menschenrechtspolitik auch ohne UN-Mandat)[304], und seit dem Golfkrieg 1991 sei damit die Tendenz hin zu einem »Recht der Weltbürgergesellschaft« sichtbar: Eine neue »Assoziation von Weltbürgern« werde den Staatsbürger gegebenenfalls gegen den Willen, gegen die Willkür der eigenen Regierung schützen, und die Staatschefs werden zur Rechenschaft gezogen: Milosevic, Pinochet und andere müssen für ihre Untaten persönlich haften. Die neue NATO mache es möglich. Für Habermas scheint die neue Tendenz mehr Chancen als Risiken zu offenbaren, etwa daß starke Staaten (Supermächte) die NATO kontrollieren können. Sind es denn wirklich die Weltbürger, die hier Demokratie praktizieren?[305] Werden nicht die UN von den Weltmächten und die NATO von den USA dominiert? Wenn die UNO nunmehr von der NATO umgangen werde, sei daß ein »bloßer Vorgriff auf einen künftigen kosmopolitischen Zustand«,

---

302 Carl Schmitt: *Politische Theologie. Vier Kapitel zur Lehre von der Souveränität*, Berlin 1922, S. 13. – Der Ausnahmezustand ist für Schmitt Ausgangspunkt sämtlicher Überlegungen zur Souveränität: »Die Ausnahme ist interessanter als der Normalfall. Das Normale beweist nichts, die Ausnahme beweist alles; sie bestätigt nicht nur die Regel, die Regel lebt überhaupt nur von der Ausnahme. In der Ausnahme durchbricht die Kraft des wirklichen Lebens die Kruste einer in der Wiederholung erstarrten Mechanik.« – Ebd., S. 21.

303 Vgl. Jürgen Habermas, in: *Die Zeit* vom 29. April 1999.

304 Wie die weitere Entwicklung nach dem 11. September 2001 zeigte, notfalls auch ohne Mandat der NATO: die USA im Alleingang und selbst-legitimiert als *preemptive strike*. – Spätestens hier wird deutlich, daß es sich nicht um ein neues Völkerrecht handelt, sondern um die schmucklose Rückkehr zum Faustrecht, zum Recht des Stärkeren.

305 Vgl. Jürgen Habermas: »Hat die Konstitutionalisierung des Völkerrechts noch eine Chance?«, in: ders.: *Der gespaltene Westen. Kleine Politische Schriften*, Bd. X, Frankfurt am Main 2004, S. 113–193.

so Habermas. Aber gibt es nicht nur die Tendenz der USA, die UNO zu umgehen, sondern auch die Tendenz der EU, die NATO zu umgehen? Spiegeln sich in diesen Tendenzen nicht die Machtkonflikte zwischen den USA und der EU, mithin der westlichen Welt wider, die Habermas als eine Identität zusammenfaßt?

Rudolf Scharpings Verantwortung

Milosevics Plan der systematischen Vertreibung der Albaner aus dem Kosovo durch die Serben – Rudolf Scharping ließ sich zwecks plastischer Beschreibung die Bezeichnung »Hufeisenplan« einfallen –, hat sich als frei erfunden erwiesen.[306] Vor dem Bundestag behauptete Scharping, daß serbische Soldaten mit abgeschnittenen Köpfen getöteter Albaner aus dem Kosovo Fußball spielten; er zeigte den Bundestagsabgeordneten Bilder, die die Existenz von serbischen Konzentrationslagern belegen sollten. Die Bilder zeigten den Schrecken des Bürgerkrieges, waren aber für Deutungen offen, jedenfalls nicht so eindeutig, wie Scharping durch seine Kommentierung nahelegte. Die Assoziation mit Photos von Konzentrationslagern aus der Nazizeit war bewußt intendiert, obwohl die Realität des Schreckens im Jugoslawienkrieg bereits ohne diese Assoziationen groß genug gewesen war. Die einseitige Schuldzuweisung, wozu ihm die bildliche Darstellung diente, war das Problematische an Scharpings Vorgehen. Die Verbreitung von halbwahren und einseitigen Schreckensnachrichten hatte System; sie sollte die deutsche Öffentlichkeit geschmeidig für den Kriegseinsatz der Bundeswehr machen. Der NATO-Krieg gegen Jugoslawien war für das westliche Europa vor allem ein Medienereignis. Die Flut der medialen Bilder, die aus der Wirklichkeit als Collage zusammengestellt wurden, hat keinen Zusammenhang hergestellt. Sie blieben abstrakt: vom Gesamtzusammenhang isoliert. Deshalb haben sie keine konkrete Wahrheit über die Verhältnisse vor Ort vermittelt. Sie haben keinen Anreiz zur über moralische Entrüstung hinausgehenden Reflexion geboten. Die bloße moralische Entrüstung war gewollt. Darüber erfuhr der Kriegseinsatz der NATO seine Anerkennung in der Bevölkerung. Denn »was kann schon moralischer sein als ›Nie wieder Auschwitz‹?«, stellt Moshe Zuckermann fest. »Das ist ideologisch im übelsten Sinne des Wortes: die Rationalisierung eigener Mitschuld am Verbrechen durch ›moralische‹ Verklärung, die Vertugendung eigenen Versagens. Ob sich Auschwitz dafür

306 Der Beweis wurde von den Journalisten Mathias Werth und Jo Angerer in der WDR-Dokumentation »Es begann mit einer Lüge« erbracht. – Vgl. Internet: ⟨www.wdr.de/online/news/kosovoluege/sendung_text.pdf⟩.

eignet, werden sich Fischer und seine Kollegen früher oder später Rechenschaft ablegen müssen.«[307]

Was man in den ersten Monaten nach dem rot-grünen Regierungswechsel im Zusammenhang mit dem Kosovo-Konflikt erleben konnte, war die Fortsetzung einer *Politik der moralisierenden Moral*, die sich immer mehr in ein Dilemma hineinmanövrierte. Tatsächlich war in jenen Wochen das Wort *Dilemma* auch zu einem Schlagwort unter den gewandelten grünen Pazifisten geworden. »Ich bin natürlich zunehmend verzweifelt«, antwortete Angelika Beer – militärpolitische Sprecherin der Grünen – in einem Interview vom 20. April 1999, »aber ich habe keine Zweifel. Ich weiß keinen anderen Weg.«[308] Zwischen der eigenen moralischen Gesinnung und der häßlichen Wirklichkeit klafft es auseinander. Die öffentliche Thematisierung des Dilemmas erlaubt den Abbau der moralischen Skrupel, denn im Bereich der Außenpolitik, wo Staaten handlungsfähig bleiben müssen, darf sich Handlungsunfähigkeit nicht allzu lange erlaubt werden. Die Lösung des Dilemmas diente in diesen Tagen als rhetorisches Vehikel zur Rechtfertigung dessen, was das moralische Bewußtsein eigentlich nicht rechtfertigen kann: den Abbau der moralischen Skrupel und die Metarmorphose zum bellizistischen Konvertiten.

Die dunkle Vergangenheit Deutschlands wurde positiv gewendet. Kein anderes Land als Deutschland stünde in der glaubwürdigen Verantwortung, gegen die »Fratzen der Vergangenheit« konsequent vorzugehen. Was einem Martin Walser und anderen nicht gelang, einen Schlußstrich unter Auschwitz zu setzen, schien nun der Politik zu gelingen: die Geschichte positiv zu wenden. Geschichte wurde annulliert, indem sie über Verschiebungen und Projektionen als überwunden angesehen wird. Gegenwärtig sollte diese dunkle Geschichte bei den »neuen Hitlern« der Anderen sein. Indem plötzlich Milosevic zu einem »kleinen Hitler« stilisiert wurde – wobei das Adjektiv so unbedeutend *klein* erscheinen sollte, daß es manchmal sogar gleich weggelassen wurde und damit der vermeintlich kleine zu einem großen Hitler avancierte – wurde Auschwitz in einem ortlosen Raum angesiedelt. Die Verbrechen der Nazis an den Juden wurden nicht nur auf eine andere Bevölkerung projiziert und damit als *deutsche* Verbrechen ungeschehen gemacht, annulliert, sondern im gleichem Zuge derart verallgemeinert, daß zum einen die Naziverbrechen verharmlost und die gegenwärtigen Verbrechen eines Milosevic den Stempel eines neuen Zivilisationsbruches aufgedrückt bekamen.

307 Moshe Zuckermann: »Die Vertugendung eigenen Versagens«, in: *Züricher Weltwoche* vom 29. April 1999.

308 Angelika Beer, zit. n. *konkret*, Nr. 6, 1999, S. 12.

Auf den Hinweis, daß sein Verteidigungsminister Beweise haben müsse, wenn er von Konzentrationslagern redet, antwortete Gerhard Schröder in einem *Spiegel*-Gespräch ausweichend: »Es kommt darauf an, was man dem Begriff unterlegt. Wir wissen, daß Menschen zusammengefaßt werden und unglaublicher Brutalität ausgesetzt sind. Das reicht, um zu handeln.«[309] Während Schröder der Gleichsetzung von serbischen Gefangenenlagern mit nationalsozialistischen Konzentrationslagern keinen Einhalt gebot, unternahm Fischer sogar die Gleichsetzung von Milosevic mit Hitler und Stalin: »Es war ein wirklicher Schock, daß Milosevic bereit war zu handeln wie Stalin und Hitler: einen Krieg gegen die Existenz eines ganzen Volkes zu führen.«[310] Offensichtlich handelte es sich bei dem jugoslawischen Bürgerkrieg, in der Phase Kosovo, nicht um einen ethnischen (rassistischen) Vernichtungskrieg (Völkermord) der Serben gegen die im Kosovo lebende albanische Minderheit. Noch im Januar 1999 gab das Auswärtige Amt die Auskunft, daß eine »explizit an die albanische Volkszugehörigkeit anknüpfende politische Verfolgung (...) auch im Kosovo nicht festzustellen« sei. Das »Vorgehen der Sicherheitskräfte [ist] nicht gegen Kosovo-Albaner als ethnisch definierte Gruppe gerichtet, sondern gegen den militärischen Gegner und dessen tatsächliche oder vermutete Unterstützer«.[311]

Es kommt ganz gewiß darauf an, was man einem Begriff unterlegt. Begriffen wie »Deportation«, »Konzentrationslager«, »Endlösung« und »Auschwitz«, die entweder aus dem Vokabular der Nazis stammen oder deren barbarische und singuläre Verbrechen auf den Begriff zu bringen versuchen, können aber nicht auf Verhältnisse angewandt werden, die ihnen nicht entsprechen und demzufolge auf der einen Seite zu einer verharmlosenden Relativierung und auf der anderen Seite zu einer Übertreibung führen. Auschwitz ist der Name nicht eines namenlosen Grauens irgendwo oder überall, sondern steht für den bis dato historisch einmaligen, industriellen Massenmord an den europäischen Juden, durchgeführt von deutschen Nazis mit einem Höchstmaß an instrumenteller Vernunft. Der industrielle Massenmord an den europäischen Juden durch Verwaltung verschaffte einen Einblick in die immanente Irrationalität der okzidentalen Rationalität, in die Dialektik der Aufklärung. Wann Mißhandlung, Schändung, Vertreibung, Mord und Pogrom die Dimension von Auschwitz erhalten ist keine quantitative, es ist eine qualitative Frage. Industrieller Massenmord durch

309 »Gerhard Schröder im Gespräch«, in: *Der Spiegel* 15/99.

310 *Newsweek* vom 12. April 1999.

311 Auskunft des Auswärtigen Amtes (AA) vom 12. Januar 1999 an das Verwaltungsgericht Trier, Az: 514–516.80/32 426.

Verwaltung bedeutet nicht das massenhafte Mißhandeln, Schänden, Vertreiben und Morden in einem Staat unter seiner Duldung oder mit seiner unausgesprochenen Legitimation. Das ist zwar bereits grausam genug, aber erreicht noch nicht die Dimension von Auschwitz. Die Vorgeschichte des Verwaltungsmassenmords begann mit der sukzessiven Entrechtung der diskriminierten Minderheiten durch die Rechtsprechung des Staates selbst; sie setzte sich fort mit der Ermittlung der vermeintlichen Rassenminorität durch den willigen Verwaltungsapparat des Staates, mit dem rechtmäßig gemachten Raub des Eigentums der diskriminierten Minderheiten, mit der systematischen Verhaftung und Verschleppung durch Polizei oder paramilitärische Einheiten, und der Verwaltungsmassenmord kam zu sich selbst in der fabrikmäßig und bürokratisch organisierten Massenliquidation in Tötungslagern: Dort wurden die entmenschlichten Menschen als dingliche Exemplare mit Registriernummer sachlich kalt getötet, mit der gleichen Anteilnahmslosigkeit, wie man Waren entwertet: weitgehend ohne Emotionen.

Die Vertreibungen und Greueltaten, die im Kosovo stattgefunden haben, grenzten weder an Verwaltungsmassenmord, noch sind sie es selbst gewesen. Was stattfand, ist deswegen aber keineswegs zu verharmlosen. Es waren einzelne, unsystematische, aber gehäufte Exzesse der Gewalt und des Hasses, durchgeführt von losgelassenen paramilitärischen und militärischen Banden unter staatlicher Duldung: Pogrome. Aber es gab keinen faschistischen Staat in Jugoslawien; es existieren keine Tötungslager. Auch von Deportationen konnte jedenfalls für Raul Hilberg keine Rede sein. »›Deportation‹ bedeutet, daß sehr viele Menschen mit Zügen zu einem bestimmten Ziel gebracht werden und daß man dort mit den Menschen etwas Schlimmes macht. Werden Züge voller Menschen an die Grenze geschickt, dann ist das eine Vertreibung. In der Tragödie auf dem Balkan sehe ich nicht den Versuch, eine ganze Volksgruppe zu vernichten. Zweifellos will man die Kosovo-Albaner heraus haben. (...) Vor fünf Jahren hat sich die amerikanische Regierung geweigert, die Vernichtung der Tutsi als Genozid zu bezeichnen. Warum? Sie wollte da nicht eingreifen. Heute will Washington in Jugoslawien eingreifen. Jetzt benutzt der US-Präsident das Wort Genozid, ohne daß es Beweise dafür gibt.«[312] In der *Allgemeinen Jüdischen Wochenzeitung* hieß es: »Was derzeit im Kosovo geschieht, ist eine ethnische Vertreibung. Terror gegen die Zivilbevölkerung wird systematisch als Mittel der Kriegführung eingesetzt. (...) Auschwitz war keine Vertreibung, Auschwitz war auch kein gewöhnliches Kriegsverbrechen. Auschwitz war die industriell betriebene physische

312 *Tagesspiegel* vom 23. April 1999.

Vernichtung der europäischen Juden, von den Betreibern durchaus korrekt ›Endlösung‹ genannt.«[313]

In der deutschen Öffentlichkeit, die weitgehend die einzige der westlichen gewesen ist, in der der instrumentalisierende Vergleich mit dem Nationalsozialismus eine solch gravierende Rolle gespielt hat, ging es denn auch um den spezifisch deutschen Problemzusammenhang der Normalisierungsfrage, der die vergangenheitspolitische Auseinandersetzung vorgelagert war: Die Parolen »Nie wieder Auschwitz« und »Nie wieder Krieg« haben in der vegangenheitspolitischen Normalisierungsrhetorik ihren Begründungszusammenhang verloren. Übriggeblieben sind Phrasen, die gegeneinander ausgespielt und mit neuem Inhalt gefüllt werden konnten. Die Begriffsverwirrung war so groß, daß plötzlich keine Klarheit mehr herrschte, was der Unterschied zwischen einer Vertreibung und einer Deportation ist und wann es geboten erscheint, mit militärischen Mitteln einzuschreiten. Die Dicta »Nie wieder Krieg« und »Nie wieder Auschwitz« ließen sich drehen und wenden, nahezu beliebig instrumentalisieren, um Untätigkeit oder Eingreifen zu legitimieren. Das Problem war die Hypostasierungen solcher Dicta, genauer: die Isolierung aus dem Gesamtzusammenhang ihres historischen Kontextes. »Nie wieder Krieg« bezog sich auf den imperialistischen Krieg, auf Deutschlands zweimaligen Griff nach der Weltmacht mit kriegerischen Mitteln. »Nie wieder Auschwitz« und »Nie wieder Faschismus« waren Fundamentalkritiken nicht nur an der deutschen Geschichte, sondern auch an der (kapitalistischen) Moderne. Der Faschismus war für Max Horkheimer die historische Antwort auf die Krise des Spätkapitalismus. Was durch den *gleichen und gerechten Tausch*, das heißt mit rein ökonomischen Mitteln nicht mehr zu ordnen war, wurde auf totalitäre Weise zu sichern versucht. 1939 schrieb Horkheimer: »Der Faschismus ist die Wahrheit der modernen Gesellschaft, die von der Theorie von Anfang an getroffen war. Er fixiert die extremen Unterschiede, die das Wertgesetz am Ende produzierte. Ihn zu erkennen, bedarf es keiner Revision der ökonomischen Theorie. Der gleiche und gerechte Tausch hat sich selbst ad absurdum geführt, und die totalitäre Ordnung ist dies Absurdum.« Die liberalen Länder verwandelten sich rascher in totalitäre Régime als Bücher Verleger fänden, und von dem Emigranten sei sicher nicht zu verlangen, daß er jenes Land kritisiere, welches ihm noch Asyl gewährte, dennoch: »Wer (…) vom Kapitalismus nicht reden will, sollte auch vom Faschismus schweigen.«[314]

313 *Allgemeine Jüdische Wochenzeitung* vom 15. April 1999.

314 Max Horkheimer: »Die Juden in Europa«, in: ders.: *GS*, Bd. 4, Frankfurt am Main 1988, S. 308–331; S. 308 f.

Das, was Auschwitz ähnlich sein könnte, kann ohne Aufklärung und ihre Dialektik nicht auf den Begriff gebracht werden. Das Wort Auschwitz wird vom Alltagsbewußtsein als Synonym für allgemeinen Völkermord verwandt. Auschwitz als gewöhnlicher Genozid, wie ihn viele Territorialstaaten in ihrer Entstehungsgeschichte aufzuweisen hätten, relativiert. Die rot-grünen Politiker haben das getan, ohne zugleich bewußt die Dimension von Auschwitz selbst zu schmälern. Das implizierte, man müsse gegen Milosevic in genau derselben Härte und Konsequenz vorgehen, wie einmal gegen Hitler. Dem Nato-Krieg gegen Jugoslawien und im besonderen den deutschen Truppen wurde gemäß dieser Gleichsetzung die Weihe der antifaschistischen Allianz des Zweiten Weltkrieges zuteil. Die deutschen Tornados bombardierten zwar in Wirklichkeit serbische Einrichtungen, es gibt jedoch noch eine zweite Wahrheit, daß sie die deutsche Wehrmacht von 1941 in Gestalt der serbischen Armee bombardiert haben. Fischer bezeichnete die serbische Sonderpolizei als die »SS von Herrn Milosevic«.[315]

Auschwitz ist bisher historisch einmalig geblieben. Gleichwohl ist eine begriffliche Definition dessen, was Völkermord sei, nicht unproblematisch nach *beiden* Seiten (der inflationären wie der strikten) hin. Auf dieses Problem machte schon Adorno aufmerksam: »Was die Nazis den Juden antaten,« heißt es in den »Minima Moralia«, »war unsagbar: die Sprachen hatten kein Wort dafür, denn selbst Massenmord hätte gegenüber dem Planvollen, Systematischen und Totalen noch geklungen wie aus der guten alten Zeit des Degerlocher Hauptlehrers. Und doch mußte ein Ausdruck gefunden werden, wollte man nicht den Opfern, deren es ohnehin zu viele sind, als daß ihre Namen erinnert werden könnten, noch den Fluch des ›Nicht gedacht soll ihrer werden‹ antun. So hat man im Englischen den Begriff genocide geprägt. Aber durch die Kodifizierung, wie sie in der internationalen Erklärung der Menschenrechte niedergelegt ist, hat man zugleich, um des Protestes willen, das Unsagbare kommensurabel gemacht. Durch die Erhebung zum Begriff ist die Möglichkeit gleichsam anerkannt: eine Institution, die man verbietet, ablehnt, diskutiert. Eines Tages mögen vorm Forum der United Nations Verhandlungen darüber stattfinden, ob irgendeine neuartige Untat unter die Definition des genocide fällt, ob die Nationen das Recht haben einzuschreiten, von dem sie ohnehin keinen Gebrauch machen wollen, und ob nicht angesichts unvorhergesehener Schwierigkeiten in der Anwendung auf die Praxis der ganze Begriff des genocide aus den Statuten zu entfernen

315 ZDF-Interview vom 8. April 1999; vgl. Stefanie Christmann: »Magier der Worte. Joseph Fischer ist der personifizierte Gnadenakt für alle, die ihre Renitenz herunterwürgen wollen«, in: *Freitag*, Nr. 19 vom 7. Mai 1999.

sei. Kurz danach gibt es mittelgroße Schlagzeilen in der Zeitungssprache: Genocidmaßnahmen in Ostturkestan nahezu durchgeführt.«[316]

Von Auschwitz als von einer historischen Einmaligkeit zu sprechen, wäre ebenso problematisch wie seine Verallgemeinerung. Die kategorische Behauptung der Inkommensurabilität von Auschwitz mit allem, was danach kommt, nimmt Auschwitz als einmaliges Ereignis, gleichsam als historischen Unfall, aus der Geschichte. »Die Einzigartigkeit des Holocaust kann dahingehend enthistorisiert werden«, schreibt Moshe Zuckermann in der *Züricher Weltwoche*, »daß man seine Singularität zur Abwehr jeden Vergleichs benutzt, mithin die Monstrosität aktueller Gewaltverbrechen relativierend entsorgt.«[317] In diesem Sinne meint es auch *Der Spiegel*, als er Kulturstaatsminister Michael Naumann mit einer »umgekehrten Auschwitz-Keule« konfrontierte und fragte, inwieweit mit Auschwitz die »Meßlatte für Völkermord derart hoch gelegt [werde], daß nun Menschenschlächter aller Art bequem darunter hindurch spazieren können«.[318] – Man kann zynisch fragen, wann der Westen je ein Problem mit menschenverachtenden Diktatoren gehabt hat, solange sie ihm dienlich waren? Das Verhältnis des Westens zu Pinochet in Chile oder Pol Pot und den Roten Khmern aus Kambodscha oder gegenüber Bin Laden und den Taliban in Afghanistan oder Saddam Hussein im Irak jeweils zu einem Zeitpunkt, als sie für den Westen in Konfrontation mit dem Osten von Nutzen waren, gibt hier einigen Aufschluß.

Es scheint mithin, als können aus Auschwitz ganz gegensätzliche praktische Konsequenzen gezogen werden. Kriegsgegner und Kriegsbefürworter beriefen sich plötzlich gleichermaßen darauf, richtige Konsequenzen aus Auschwitz zu ziehen. Der kategorische Imperativ von Adorno, »Denken und Handeln so einzurichten, daß Auschwitz nicht sich wiederhole, nichts Ähnliches geschehe«[319], wurde von beiden Seiten in Anschlag gebracht; die Verwirrung war groß. Es kommt aber darauf an, Auschwitz aus der Geschichte heraus zu erklären. Dabei wird man feststellen, daß die gesellschaftlichen Voraussetzungen, die Auschwitz gezeitigt haben, bis heute nicht aus der Welt geschaffen sind. Etwas Ähnliches könnte sich deshalb durchaus noch einmal wiederholen. Das schlimmste Verbrechen in der Menschheitsgeschichte sollte deshalb ansatzweise begriffen sein, wenn sich darauf bezogen wird, um damit einen Kriegseinsatz zu rechtfertigen. Das Begreifen von Auschwitz be-

316 Adorno: *Minima Moralia*, a. a. O., Anhang, Aph. II.
317 Zuckermann: »Die Vertugendung eigenen Versagens«, a. a. O.
318 Vgl. *Der Spiegel*, 18/99.
319 Theodor W. Adorno: *Negative Dialektik*, Frankfurt am Main 1975, S. 358.

ginnt aber nicht mit der Empathie, aus der moralische Entrüstung resultiert. Statt dessen muß man nach einer Wendung von Walter Benjamin durch die *Eiswüste der Abstraktion* gehen, das heißt einen Teil jener bürgerlichen Kälte mobilisieren, von der Adorno sagt, sie habe Auschwitz erst möglich gemacht.[320] Das klingt durchaus sibyllinisch, weshalb oftmals das Ganze allein als moralische Anklage an das Subjekt mißverstanden wird. Was indes mehr Beachtung finden sollte, ist die objektive Seite dieser bürgerlichen Kälte, zu deren Verständnis die marxsche Werttheorie der Schlüssel ist: die Gleichsetzung, das heißt Gleichgültigkeit von Mensch und Ding durch den Warentausch. In der Folge entsteht nicht nur das emanzipative Moment der Gleichheit unter den Menschen, sondern auch nichtige Gleichgültigkeit, weshalb die Menschen im Kapitalismus – unabhängig davon wie »menschlich« sein Antlitz ist – dazu fähig werden, Menschen ohne Emotionen und Affekte, gleichsam fabrikmäßig zu töten. Das macht Auschwitz singulär zu allen Völkermorden, die bisher stattgefunden haben. Natürlich stimmt es auch, daß Auschwitz sich heute aufgrund kultureller, politischer und rechtlicher Barrieren nicht mehr so leicht wiederholen könnte. Aber die allgemeine Voraussetzung für Verdinglichung und Entmenschlichung ist immer noch gegeben. Und über die Verläßlichkeit jener Barrieren läßt sich berechtigter Zweifel erheben. Adornos kategorischer Imperativ, alles dafür zu tun, daß Auschwitz sich nicht wiederhole, nichts Ähnliches geschehe, steht nicht zufällig in einer Linie von Kant und Marx. In Adornos kategorischem Imperativ ist aufgehoben, daß der Mensch den Menschen nie allein als bloßes Mittel, sondern immer zugleich auch als Zweck behandeln solle, und daß dies nur in einer Welt geht, in der die objektiven Verhältnisse, die den Menschen zu einem geknechteten, verächtlichen Wesen machen, umgestürzt sind. Dann erst hätte man alles dafür getan, damit Auschwitz sich nicht wiederhole, nichts Ähnliches geschehe. Wer den Kapitalismus nicht kritisieren will, sollte mithin nicht leichtfertig von Auschwitz sprechen.

Der Aufbau der UÇK zu einer militärischen Armee

Will man der Eskalation des Konflikts im Kosovo auf den Grund gehen, muß man die Entwicklung der UÇK von einer anfänglich unkoordinierten und nur mit leichten Waffen ausgestatteten, militärisch inkompetenten Terrorgruppe hin zu einer straff organisierten, im Umgang mit schweren Waffen geschulten militärischen Armee untersuchen; vor allem schon des-

320 Ebd., S. 356.

halb, weil diese Entwicklung mit deutscher Unterstützung möglich gemacht wurde und einen entscheidenden Faktor für den Verlauf des Konfliktes bis hin zur NATO-Intervention und darüber hinaus darstellt. Die UÇK erhielt Waffenlieferungen aus dem Westen, die über Albanien in den Kosovo geschleust wurden. Der deutsche Geheimdienst soll dabei in die Ausbildung und Bewaffnung der UÇK maßgeblich involviert gewesen sein. Diese inoffiziellen Anstrengungen des deutschen Staates blieben den westlichen Staaten im NATO-Bündnis nicht verborgen. Das britische Wochenblatt *The European* schrieb Ende September 1998 unter dem Titel »How Germany backed KLA«[321]: »Washington realised that pushing the Kosovars towards a military confrontation with Milosevic, as the Germans wanted to do, would have a boomerang effect on the Balkans. The United States put maximum pressure on Germany to stop supporting the KLA behind the scenes, as did the other European countries such as Britain and France.«[322]

Als sich die UÇK die entscheidenden militärischen Kompetenzen und Potenzen erworben hatte, nahm sie den Guerillakampf auf, in dem es zunehmend um mehr ging als um die Selbstbehauptung des Kosovo gegenüber Jugoslawien, nämlich darum, die Minderheiten aus dem Gebiet zu vertreiben.[323] Vertreibungsabsichten gab es demnach auf beiden Seiten der Konfliktparteien. Die ersten Anschläge der UÇK ereigneten sich bereits Mitte Februar 1996. Zielobjekt waren bosnische Flüchtlingslager in Pristina, Mitrovica, Podujeva, Susa, Reka und Vucitra. Der entscheidende Aufstieg der UÇK zu einer militärischen Armee erfolgte im Frühjahr 1997 mit dem sogenannten »Pyramiden-Aufstand« in Albanien, wo zirka eine Million Gewehre aus dem Besitz der albanischen Armee gestohlen und zu einem sehr günstigen Stückpreis auf dem Schwarzmarkt verkauft wurden.[324] Auf diese Weise gelangten mindestens 100 000 Gewehre in die Hände der UÇK. Bis Ende 1997 soll die UÇK zirka 50 serbische Polizisten, aber auch albanische »Kollaborateure« ermordet haben. Im Februar 1998 übte die UÇK Anschläge in der Region Drenica aus, auf die nun zum ersten Mal eine brutale Reaktion des serbischen Innenministeriums folgte. Während einer Polizeiaktion

321 KLA ist das Kürzel für »Kosovo Liberation Army« und ist das englische Synonym für UÇK.

322 Roger Fallgot: »How Germany backed KLA«, in: *The European*, 7–21 September 1998, p. 21–27.

323 Vgl. Christophe Chiclet: »Die UÇK – eine militärische Karriere«, in: *Le Monde diplomatique* vom 14. Mai 1999.

324 Vgl. »›Wir werden keine geklauten Waffen aufkaufen‹. Albaniens Innenminister Neratin Ceka über die Sicherheitslage im Land, über Ex-Präsident Berisha und die Pläne der Regierung, jene Bürger zu entschädigen, die ihr Geld im Pyramiden-System verloren«, in: *taz* vom 29. September 1997.

töteten serbische Einheiten 80 UÇK-Kämpfer und deren Angehörige, die offenbar von den UÇK-Kämpfern als Schutzschilde mißbraucht wurden. Auf das »Drenica-Massaker« reagierte die UÇK ihrerseits wiederum mit einer Steigerung der Gewaltspirale, indem sie ihre militärischen Aktivitäten systematisch verstärkte; viele »Kosovo-Albaner« aus Westeuropa reisten ins Kosovo und griffen zu den Waffen. Paradox mutet das Phänomen der Ethnisierung an, daß sie einmal als »Jugoslawen« aus Jugoslawien nach Westeuropa emigriert waren und nun als »Kosovo-Albaner« oder »Kosovaren« ins Kosovo zurückkehrten. Aus der UÇK war längst eine »Befreiungs«-armee, und aus Terror war Bürgerkrieg[325] mit Vertreibungen auf beiden Seiten geworden.

Auf die Bestrebungen der Bundesregierung, die ethnische Homogenisierung zu unterstützen, antwortete der amerikanische Präsident Bill Clinton, »daß ein moderner Staat seine Existenzberechtigung nicht allein aus der Volkszugehörigkeit seiner Bürger« ableiten könne. Der Balkan dürfe nicht noch weiter in immer kleinere, rein ethnisch definierte unabhängige Staaten zersplittert werden.[326] Im Sommer 1998 zitiert die *Frankfurter Allgemeine Zeitung* den Verteidigungsminister Volker Rühe, der sich fragt, »ob das Ziel der NATO, (...) Kosovo (...) die Unabhängigkeit vorzuenthalten, nicht schon von der Entwicklung überholt sei«[327]; die UÇK hatte mittlerweile für neue Fakten gesorgt, und Rühe verlangte nunmehr eine militärische Intervention der NATO zugunsten der UÇK. Der Sondervermittler Richard Holbrooke distanzierte sich aber Ende Juni 1998 öffentlich von der UÇK, nachdem er eine Erkundungsreise durch die Region des Kosovo gemacht hatte. Anfang Juli ließ das State Department die Forderung nach einseitigem Abzug der serbischen Militär- und Polizeieinheiten aus dem Kosovo fallen. Die USA verlangten nunmehr einen beiderseitigen Waffenstillstand, während Rühe die Präsenz der serbischen Einheiten im Kosovo für eine militärische Intervention der NATO als Argument genutzt hatte. Mit anderen Worten: Die deutsche Bundesregierung hatte es nicht geschafft, ihre

325 »Erst wenn [der] Versuch einer gewaltsamen Befriedung mißlingt und die Regierung selbst zu einer unter mehreren kämpfenden Parteien herabsinkt, ist von ›Bürgerkrieg‹ die Rede.« – Jürgen Habermas: »Ein Interview über Krieg und Frieden«, in: ders.: *Der gespaltene Westen*, a. a. O., S. 85–110; S. 96.

326 Vgl. *FAZ* vom 17. April 1999. – Clintons Erklärung muß den deutschen politischen Eliten wie eine Lehrstunde in Staatskunde westlichen Prinzips vorgekommen sein. Denn hinter dem deutschen Engagement auf dem Balkan (schon bei der Anerkennung Kroatiens und Sloweniens durch Genscher im Alleingang) steht das völkische Staatsverständnis, das dem westlichen entgegengesetzt ist.

327 »Rühe: Pläne für Militäreinsatz«, in: *FAZ* vom 18. Juni 1998.

eigenen Interessen zu den allgemeinen Interessen der NATO zu machen. Für Milosevics erhöhte sich dadurch der Spielraum, die UÇK zu bekämpfen. Die meisten »national befreiten Zonen« konnten von den Serben zurückerobert werden.

Ludger Vollmer schrieb Ende März 1999 rückblickend auf die Hintergründe für die Entscheidung zur militärischen Intervention der NATO im Kosovo, daß die UÇK den ganzen Winter über den Waffenstillstand genausowenig eingehalten habe wie die serbische Ordnungsmacht. Jene habe allerdings diese mit »selektiven Morden (...) systematisch provoziert«. »Die Serben reagierten mit unvorstellbarer Brutalität. Ziel der UÇK war es, Fernsehbilder zu provozieren, die vermittelt über die Empörung in der Bevölkerung der westlichen Welt die NATO zum Eingreifen auf kosovarischer Seite verleiten sollten. Im CNN-Krieg sollte die NATO zur Luftwaffe der UÇK werden.«[328] Zu der unvorstellbaren Brutalität, mit der die serbischen Soldaten reagierten, habe das »Massaker von Racak« am 16. Januar 1999 gehört, bei dem 45 Zivilisten ermordet worden sein sollen. – Die jugoslawische Seite behauptete, es habe sich um im Kampf getötete UÇK-Soldaten gehandelt, die nach ihrem Tod als Zivilisten umgekleidet wurden. Obwohl eine jugoslawisch-weißrussische Medizinerkommission die jugoslawische Version bestätigte, wurde an der »Massaker«-Version festgehalten. Jo Angerer, Mathias Werth und Andreas Maus haben in ihrem Bericht für die *Monitor*-Sendung in der ARD am 8. Februar 2001 die Zweifel an der Massaker-Version noch einmal erhärtet. Der General a. D. und OSZE-Angehörige Heinz Loquai sagt in der Sendung: »[Der damalige OSZE-Missionsleiter im Kosovo; MH] Walker hat etwa 30 Journalisten um sich versammelt, ist mit denen [nach Racak] gefahren, und hat nach kurzer Zeit verkündet, daß es sich um ein Massaker der Serben handele. Zu dieser Zeit konnte er überhaupt noch kein Urteil fällen, aber dieses Urteil wurde von der OSZE übernommen, wurde von den Vereinten Nationen übernommen, wurde kritiklos von allen nationalen Regierungen übernommen. Die NATO kam am Tag darauf zu einer Sondersitzung zusammen, ein völlig ungewöhnliches Ereignis. Man kann schon sagen, mit diesem Verhalten hat Walker die Lunte zum Krieg gezündet.«[329]

---

328 Ludger Vollmer: »Krieg in Jugoslawien – Hintergründe einer Entscheidung«, Papier vom 26. März 1999.

329 *Monitor* in der ARD am 8. Februar 2001; siehe »Neue Zweifel am Massaker von Racak. Was die *Monitor*-Sendung vom 8. Februar 2001 enthüllte – Wortlaut der Sendung«, Internet: ⟨`http://www.uni-kassel.de/fb5/frieden/themen/NATO-Krieg/racak.html`⟩; vgl. »Es begann mit einer Lüge. Wie die Nato im Krieg um Kosovo Tatsachen

Die Vorfälle in Racak waren der entscheidende Auslöser, jedenfalls der letzte Grund für die NATO-Bombardements, ohne daß die Wahrheit eindeutig ermittelt werden konnte. Die Bundesregierung forderte deutliche Reaktionen des westlichen Bündnisses, die folgen müßten. Für Vollmer standen zwei Optionen des Bündnisses nebeneinander: Die USA wollten Jugoslawien sofort bombardieren und erwarteten eine Beteiligung anderer NATO-Staaten (auch Deutschlands) bei dieser reinen Bestrafungsaktion, die das den Kosovo nicht exkludierende Rechtssubjekt »Jugoslawien« oder »Serbien« in Frage stellte. Die zweite Option sei im Auswärtigen Amt entstanden: »Auf einer Friedenskonferenz sollte unter dem Druck der internationalen Gemeinschaft erst ein Waffenstillstand erreicht, dann der endgültige Status des Kosovo als autonome Region innerhalb der Bundesrepublik Jugoslawien durchgesetzt und in einem dritten Schritt eine umfassende Balkankonferenz geplant werden. Es waren der grüne Außenminister Joschka Fischer und die Beamten des AA, die mit großem persönlichen Einsatz die anderen Außenminister dazu bewegten, statt einer schnellen Bombardierung den Verhandlungsprozeß von Rambouillet zu organisieren! Aus praktischen und diplomatischen Gründen wurde aber darauf verzichtet, diese Initiative als deutsche und grüne herauszustellen. (...) Das war grüne Friedenspolitik, die sich aus Effiziensgründen aber nicht öffentlich darstellte.«[330]

Der Vertrag von Rambouillet – Fischers Verantwortung

Die von Vollmer als *grüne Friedenspolitik* ausgewiesene zweite Option konnte sich durchsetzen. Die Verhandlungen von Rambouillet fanden im Februar 1999 statt, scheiterten aber, weil sich die serbische Seite mit dem zu unterschreibenden Vertrag nicht einverstanden erklären konnte.[331] Die allgemeine Nachvollziehbarkeit der Gründe war jedoch nicht zu dem Zeitpunkt möglich, als nach dem Scheitern der Verhandlungen von Rambouillet im Bundestag über eine militärische Erzwingung der Vertragsunterzeichnung,

---

verfälschte und Fakten erfand«, Film von Jo Angerer und Mathias Werth, WDR, ausgestrahlt in der ARD am 8. Februar 2001; das vollständige Manuskript der Sendung siehe Internet: ⟨`http://www.uni-kassel.de/fb5/frieden/themen/NATO-Krieg/ard-sendung.html`⟩; siehe »Scharpings Lügen vor einem Millionenpublikum entlarvt! Willi Wimmer (CDU): Jugoslawien-Krieg war ein ›ordinärer Angriffskrieg‹. ›Es begann mit einer Lüge – Deutschlands Weg in den Kosovo-Krieg‹ – Eine Dokumentation des Westdeutschen Rundfunks schlägt hohe Wellen«, Internet: ⟨`http://www.uni-kassel.de/fb5/frieden/themen/NATO-Krieg/ard08-02-01.html`⟩.

330 Vollmer: »Krieg in Jugoslawien«, a. a. O.

331 Vgl. Norbert Mappes-Niediek: »Woran scheiterte Rambouillet?«, in: *Freitag*, Nr. 32 vom 6. August 1999.

das heißt über die militärische Intervention der NATO mit deutscher Beteiligung entschieden wurde. Denn die Gründe der serbischen Seite, den Vertrag nicht zu unterzeichnen, befanden sich im »Annex B«, in dem die militärischen Maßnahmen geregelt wurden, über den aber keine Verhandlungen stattfanden, aber den serbischen Verhandlungspartnern zur beabsichtigten Vertragsunterzeichnung am Ende vorgelegt wurde.[332] Den Abgeordneten des Deutschen Bundestages war der Inhalt des »Annex B« überhaupt nicht bekannt gemacht worden.[333] Genau genommen ist dies ein politischer Skandal, der die Praxis explizit *grüner* Außenpolitik diesbezüglich in kein gutes Licht stellt.

Bemerkenswert ist auch, daß die Grünen sich vehement in Deutschland innenpolitisch für ein *ius soli* einsetzten und für eine entsprechende Reform des Staatsangehörigkeitsrechts gekämpft haben. In Jugoslawien aber, wo es ein noch viel fortschrittlicheres Staatsbürgerschaftsrecht als jenes, welches unter rot-grüner Regierung nach 1998 in Deutschland eingeführt wurde, nach den Prämissen des *ius soli* gegeben hat, votierten die Grünen für die Bombardierung Serbiens, das heißt für die Einführung des archaischen, völkischen *ius sanguinis.* Dieses Paradoxon ist nur dadurch zu erklären, daß die Grünen in diesem Fall nicht einer universalen Vernunft mit allgemeinen Prinzipien folgten, zu denen man sich, wenn man sich der Vernunft verpflichtet fühlt, nicht in Widerspruch begeben darf, sondern entweder von einer subjektiven Gefühlsmoral gelenkt wurden oder sehenden Auges imperiale Interessen goûtierten. In beiden Fällen wäre es keine gute Auszeichnung für *grüne* Außenpolitik.

---

332 Vgl. Andreas Zumach: »Papier ist ungeduldig. Militärische Maßnahmen sollten im Abkommen von Rambouillet ausgespart bleiben. Doch der Westen entschied anders – und Jugoslawien verweigerte die Diskussion«, in: *taz* vom 12. April 1999; vgl. ders.: »Zweifel über die wirklichen Ziele. Weitreichende Bestimmungen im Annex des Kosovo-Abkommens«, in: *taz* vom 6. April 1999.

333 Ders.: »Die Rambouillet-Lüge: Was wußte Joschka Fischer? Die Abgeordneten des Bundestages und die Führung des Auswärtigen Amtes waren über wesentliche Bestimmungen des Abkommens von Rambouillet nicht informiert.«, in: *taz* vom 12. April 1999; vgl. ders.: »›Achtzig Prozent unserer Vorstellungen werden durchgepeitscht‹. Die letzte Chance von Rambouillet und die Geheimdiplomatie um den Annex B«, in: Thomas Schmid (Hrsg.): *Krieg im Kosovo*, Reinbek 1999, S. 72, Fn. 17. – Die *Zeit* schreibt allerdings: »Es läßt sich schwerlich behaupten, der legendäre militärische Teil Appendix B zum Kapitel 7 des Vertragsentwurfs habe zum Scheitern geführt. Dieser Entwurf für das Statut einer Friedenstruppe, die von der Nato geführt wird (Kosovo Force oder KFor), ist nie verhandelt worden. Der Entwurf war nach einigen Tagen von Rambouillet auch den Russen zugänglich, der Appendix zum Kapitel 7 nicht.« – Gunter Hofmann: » Wie Deutschland in den Krieg geriet«, in: *Die Zeit*, Nr. 20/1999.

Das Bild des *ehrlichen Maklers*, das schon auf Bismarck nicht sonderlich zutraf, drängt sich auf: »Menschenrechtsrhetorik und eben ›ehrliches Maklertum‹ sind die Wegsteine auf dem erfolgreichen Weg der rot-grünen ›Normalisierung‹.«[334] So gesehen war die erste Option, das heißt die US-Strategie der schnellen Bombardierung zwar auch schon aggressiv, aber die deutsche Option des Auswärtigen Amtes war keinesfalls friedlicher, weil hier im Schein von Verhandlungspolitik in vermeintlich friedlicher Absicht nicht nur ein Krieg absichtlich nicht verhindert, sondern zusätzlich die Abspaltung des Kosovo und die Zerschlagung der Souveränität Rest-Jugoslawiens forciert wurde – im Namen deutscher Außenpolitik, die sich »aus Effizienzgründen (...) nicht öffentlich darstellte«, geschah dies nicht, sondern im Namen des westlichen Bündnisses, welches die deutsche Außenpolitik für diese Taktik gewinnen konnte. Das Scheitern von Rambouillet lag im Kalkül der deutschen politischen Eliten, so daß schließlich die NATO den Vertragsinhalt mit Waffengewalt durchsetzen mußte. Genau genommen, ist dies von deutscher Seite die Vorbereitung eines Angriffskrieges gewesen, welcher laut Grundgesetz eindeutig strafbar ist.

Erst zwei Wochen nach den Bombenangriffen der NATO wurde der Inhalt des »Annex B« öffentlich bekannt. Während bereits der Vertragstext ohne Anhang bei einigen umstritten war, da von der serbischen Regierung verlangt wurde, die Kontrolle über das Kosovo an die NATO, das heißt an ausländisches Militär, welches im Sinne des Völkerrechtes durch die UNO dazu nicht legitimiert war, abzugeben,[335] so war es bei vielen der »Annex B« um so mehr. Der »Annex B« wurde der serbischen Delegation zur Unterschrift nachträglich vorgelegt und enthält Forderungen, die die staatliche, politische und militärische Souveränität des gesamten jugoslawischen Staatsgebiets, mithin nicht nur im Kossovo, angetastet hätte. Insofern handelte es sich um ein Besatzungsstatut, das vermutlich keine Regierung in der Welt freiwillig unterzeichnet hätte.[336] Christian Ströbele sagte auf

334 Boris Kanzleiter und Sherin Abu-Chouka: »›Ehrliche Makler‹. Fischer und Schröder in Bismarcks Fußstapfen«, in: *ak – analyse & kritik*, Zeitung für linke Debatte und Praxis, Nr. 457, Dezember 2001.

335 Henry Kissenger bemerkte während der Rambouillet-Konferenz: »Von Jugoslawien, einem souveränen Staat, verlangt man die Übergabe der Kontrolle und Souveränität über eine Provinz mit etlichen nationalen Heiligtümern an ausländisches Militär. Analog dazu könnte man die Amerikaner auffordern, fremde Truppen in Alamo einmarschieren zu lassen, um die Stadt an Mexiko zurückzugeben, weil das ethnische Gleichgewicht sich verschoben hat.« – Henry Kissinger zit. n. *Welt am Sonntag* vom 28. Februar 1999.

336 Vgl. »Annex B«, abgedruckt in: Wolfgang Petritsch, Karl Kaser und Robert Pichler: *Kosovo – Kosova. Mythen, Daten, Fakten. Mit dem Vertrag von Rambouillet*, Klagenfurt 1999; siehe

einer Podiumsveranstaltung: »Es ist zwar richtig, daß sich die Serben geweigert haben, das Rambouillet-Abkommen zu unterschreiben. Nur behaupte ich, daß man sehenden Auges in diese Situation von Seiten der NATO und der UÇK hineingegangen ist, weil die Serben von Anfang an erklärt haben, schon vor Beginn der Verhandlungen: Wir können über vieles, über alles verhandeln, aber was überhaupt nicht in Betracht kommt, ist, daß NATO-Truppen im Kosovo unter NATO-Oberbefehl eingesetzt werden.«[337] Und: »Inzwischen wissen wir (...), daß der Rambouillet-Vertrag, der, als wir im Bundestag darüber diskutiert haben, den Abgeordneten nicht vorlag, Artikel enthält, wonach die NATO-Truppen nicht nur im Kosovo immun sein sollten, sondern sich in ganz Serbien, das heißt auch in Belgrad, in Novi Sad und in allen anderen Städten Rest-Jugoslawiens frei bewegen können und keinerlei Gerichtsbarkeit dort unterliegen sollten etc. Das heißt, mit dem Rambouillet-Vertrag hätte die Bundesrepublik Jugoslawien einen Großteil ihrer Souveränität nicht nur über den Kosovo, sondern über das ganze Land aufgegeben.«[338] Ströbele vermutet, daß der Bundestag anders entschieden, zumindest anders darüber diskutiert hätte, wenn ihm der »Annex B« bekannt gewesen wäre. Andere Möglichkeiten hätten sich als realistische Optionen eventuell aufgetan, die auch die Zustimmung von Milosevic hätten finden können, zum Beispiel der Vorschlag einer multinationalen Friedenstruppe unter UNO-Kommando, welche im Kosovo für die Gewährleistung jugoslawischen Rechts hätte einstehen können, was bedeutet hätte, auch gegen Separatisten der UÇK polizeilich vorzugehen. »Weil das aber nicht geschehen ist und weil man Milosevic nicht nur an den Verhandlungstisch bomben wollte, sondern die Unterschrift unter dieses Rambouillet-Abkommen herbeibomben wollte, ist der Krieg begonnen worden.«[339] Der Fehler werde jeden Tag größer, weil das Ziel, eine humanitäre Katastrophe zu verhindern, mit welchem man nachträglich die Bombenangriffe zu legitimieren versucht habe, nicht erreichbar sei; gerade durch die Bombenangriffe werde eine humanitäre Katastrophe geschaffen, die sich mit jedem weiteren Bombenangriff vergrößere.

---

insbesondere die Vertragspunkte 6, 7, 8, 22 und 25, in denen die Freizügigkeit und Immunität der NATO-Truppen im gesamten Bundesgebiet Jugoslawiens geregelt werden und die gleichsam die nationalstaatliche Souveränität des Bundesstaates Jugoslawien in diesen Fragen außer Kraft setzen.

337 Christian Ströbele auf der Podiumsdiskussion zum NATO-Einsatz im Kosovo »Wollt ihr den totalen Friedenseinsatz?« mit Michel Friedman, Rüdiger Rossig, Christian Ströbele u. a. im Audimax der Humboldt-Universität zu Berlin vom 7. April 1999.

338 Ebd.

339 Ebd.

Am 12. April 1999 fragte die *Tageszeitung* unter dem Titel »Die Rambouillet-Lüge«, was Joschka Fischer gewußt habe. Fischer wiegelte ab: Der »Annex B« habe bei den Verhandlungen keine Rolle gespielt. Aber eben genau das war ja der Vorwurf. »Die Vorstellung, daß ich da was durchgefingert hätte, um die NATO in einen Krieg mit Milosevic zu bringen, finde ich übel«, sagte er dem *Hamburger Abendblatt*.[340]

Die Bombardierung Serbiens durch die NATO mit deutscher Beteiligung offenbarte nach Gregor Schöllgen die militärische Überlegenheit der USA gegenüber der EU. »Militäreinsätze hatten in wenigen Wochen erreicht, was mit Plänen, Sanktionen, Verhandlungen und Vermittlungsaktionen in Jahren nicht gelungen war – so lautete die bittere Lehre, die man aus dem vierjährigen Krieg im Herzen Europas ziehen mußte.«[341] Schöllgen erwähnt nicht, daß es im deutschen Kalkül gelegen hat, Jugoslawien durch einen Krieg zu zerschlagen. Die Uneinigkeit der EU-Staaten lag im wesentlichen daran, daß die Bundesregierung aus dem außenpolitischen Kanon der anderen ausgeschert war und auf einigen Umwegen und dann mit Hilfe der USA einen neuen außenpolitischen Kurs etabliert hatte. Schöllgen attestiert der Bundesregierung erneute Überforderung: »Die neue Macht in der Mitte Europas war von diesen Vorgängen betroffen. Begreiflicherweise fiel es ihr zunächst schwer, sich in der neuen Lage einzurichten. In Deutschlands Haltung zum Balkankrieg zeigte sich, wie schwierig es war, der Last der Geschichte, den Erwartungen und Befürchtungen der Nachbarn und dem neuen Gewicht gleichermaßen Rechnung zu tragen.«[342]

Die Balkanregion ist durch den NATO-Krieg nicht stabiler geworden. Der Frieden ist trügerisch.[343]

8. Der »Anti-Terror-Krieg« in Afghanistan: »Uneingeschränkte Solidarität« und die Enttabuisierung des Militärischen

Der 11. September 2001 – »Angriff gegen die zivilisierte Welt«

Nach den terroristischen Anschlägen auf das *World Trade Center* (New York) und das Pentagon (Washington) mit entführten und zu Raketen

340 Zit. n. *Hamburger Abendblatt* vom 13. April 1999.

341 Schöllgen: *Die Außenpolitik der Bundesrepublik Deutschland*, a. a. O., S. 214.

342 Ebd.

343 Vgl. Aspen Institut Berlin und Carnegie Endowment for International Peace (Hrsg.): *Der trügerische Frieden. Bericht der Internationalen Balkan-Kommission*, Reinbek bei Hamburg 1997.

umfunktionierten Flugzeugen der zivilen Luftfahrt saß der Schock in der westlichen Welt zunächst sehr tief. Es sei eine neue Form von Krieg, sagte George W. Bush am *ground zero* im Angesicht von Schutt und Asche, welche von dem Wahrzeichen der politischen wie ökonomischen Weltmacht USA übriggeblieben waren. Als *ground zero* wird für »gewöhnlich« der Einschlagsort einer Atombombe bezeichnet, mit anderen Worten jenes Zentrum, wo die Atombombenexplosion die größte Verwüstung anrichtet. Daß der komplette Einsturz der twin towers des WTC nach dem terroristischen Anschlag vom 11. September 2001 mit *ground zero* in Verbindung gebracht wurde, zeigt, wie tief der Schock gesessen haben muß, vor allem auch weil die USA nicht irgendwo, sondern in ihrem *homeland*, das als unerreichbar galt, Opfer eines Anschlages geworden waren. So monströs auch der Grad der Verwüstung gewesen ist, er hatte dennoch nicht das Ausmaß der Zerstörung einer Atombombe wie etwa in Nagasaki oder Hiroshima.

Amerika befinde sich im Krieg. Eine offizielle Kriegserklärung gab es allerdings nicht. Die Terroranschläge kämen freilich einer Kriegserklärung gleich. Nur wisse man nicht eindeutig, wer der Angreifer sei. Unbestritten aber befinde sich »America under Attack«, und der Nachrichtensender CNN titelte seine »Kriegsberichterstattung« unter dem Motto: »America's new war«. Der Feind greife aus dem Dunkeln an, er sei unsichtbar und deshalb besonders heimtückisch. »Diejenigen, die gegen die USA Krieg führen, haben ihre eigene Zerstörung gewählt, wir werden sie ausräuchern.«[344] Bushs Rhetorik war martialisch und apokalyptisch. Die Legitimationsrhetorik militärischen Aufrüstens und des Führens von Kriegen hat sich mit dem Anschlag auf das World Trade Center in New York und auf das Pentagon in Washington ein bisher letztes Mal verändert. Gleichwohl sind auch hier wie beim *antikommunistischen Muster* während des Kalten Krieges und beim *antifaschistischen Muster* nach Auflösung der bipolaren Weltordnung (»Wiedergänger Hitlers«, »Schurkenstaaten«) die Grundstrukturen dieselben geblieben: Hitler spielt zwar keine Rolle mehr, aber dafür weiterhin die Dämonisierung des »Bösen«, die nunmehr biblische Ausmaße angenommen hat. In diesem *exorzistischen Muster* taugte der muslimische Top-Terrorist Osama Bin Laden, der unmittelbar nach den Anschlägen zum Hauptverdächtigen erklärt wurde, – schon in der Art, wie er sich selbst inszenierte – als das personifizierte »Böse«: als der »gefallene Engel«, der während des Kalten Krieges von den USA im Kampf gegen den sowjetischen Vormarsch in Afghanistan protegiert worden war und danach zum Erzfeind

344 Zit. n. *Kölner Stadt-Anzeiger* vom 15. September 2001.

der USA avancierte,[345] nachdem sich die Taliban in Afghanistan nicht mehr so willfährig gegenüber den Wirtschaftsinteressen der Supermacht in der Region zeigten. Aus »Schurken« wurden »Terroristen«, aus dem »Kampf gegen Schurkenstaaten« wurde ein Krieg gegen eine »Achse des Bösen« und ein »Krieg gegen den Terror«. Oliver Fahrni schreibt in der *Woche*: »Terrorismus ist nur eine verschämte Chiffre für Islamismus – denn Terrorismus ist keine Ideologie, hat kein Territorium, kein Anliegen, er ist nur Methode (derer sich auch mal die USA bedienen). Es steht kein Krieg der Kulturen an, wie Samuel P. Huntington nicht ohne Lust prognostizierte, sondern ein handfester Streit um Ressourcen und Einflußsphären. An die Stelle des Ost-West-Konflikts tritt der Kampf zwischen Nord und Süd.«[346]

Von einem »Angriff auf die Zivilisation« war die Rede. Die »Freiheit«, die »freie Welt« werde beschossen. Die ersten Gesten und Rituale waren religiös: Gebete zu Gott, offizielle Schwüre und Eide auf die amerikanische Flagge. Die individuelle Betroffenheit mündete in kollektiver Trauer, die Trauer kanalisierte sich in Gott und Nation: in der gotterwählten Nation. Die kollektive Trauer wechselte in Wut und mündete in einem »Kreuzzug« gegen einen noch unsichtbaren Feind. »Der christliche Fundamentalist aus Texas hat einen heiligen Krieg gegen das Böse ausgerufen.«[347]

Noch bevor die politische Herkunft der Attentäter ausfindig gemacht werden konnte, stand die Reaktion der amerikanischen Militärmacht fest. Auf eine Kriegserklärung mußte Krieg folgen. Krieg freilich führt man in der modernen Welt gegen Staaten oder Organisationen, die von Staaten unterstützt werden, nicht aber gegen einzelne Terroristen. Und weil die Reaktion der amerikanischen Militärmacht schon fest stand, war die Suche nach dem Feind, die Konstruktion des Feindbildes davon beeinflußt – nicht umgekehrt. Der Krieg richte sich gegen die »Feinde der zivilisierten Welt«, gegen die »Schurkenstaaten«, die Terroristen billigen, Unterschlupf gewähren oder sogar unterstützen.

Der Krieg gegen das Taliban-Regime in Afghanistan, welches Bin Laden und dem Al-Qaida-Netzwerk Schutz gewährte, war eine ausgemachte Sache. Der Feldzug gegen Afghanistan sollte aber nur der Anfang sein, nicht bloß ein Waffengang werde in der kommenden Zeit geschehen, sondern ein *lang*

345 Hinsichtlich der unterschlagenen Verstrickung der USA in den politischen und terroristischen Werdegang Bin Ladens siehe: Jean-Charles Brisard und Guillomme Dasquié: *Die verbotene Wahrheit. Die Verstrickung der USA mit Osama Bin Laden*, Zürich/München 2002.

346 Oliver Fahrni: »Die Wurzeln des Terrors«, in: *Die Woche* vom 21. September 2001, S. 5.

347 Johan Galtung in einem Fernsehinterview nach dem 11. September 2001; vgl. Gespräch mit Johan Galtung, in: *Spiegel-Online* vom 19. September 2001, Internet: http://www.spiegel.de/druckversion/0,1588,15/9/9,00.html.

andauernder Feldzug, »wie wir ihn bisher noch nie erlebt haben«: »Unser Krieg gegen den Terror beginnt mit der Al-Qaida, aber er wird dort nicht enden«, sagte George W. Bush neun Tage nach den Anschlägen in einer Rede vor dem Kongreß, die an die amerikanische Bevölkerung und an die Weltöffentlichkeit gerichtet war, »er wird nicht zu Ende sein, ehe jede weltweit tätige Terrorgruppe aufgespürt, gestoppt und besiegt worden ist.«[348] Senat und Kongreß der USA ermächtigten den amerikanischen Präsidenten weitreichend, »alle notwendigen und angemessenen Mittel gegen diejenigen Nationen, Organisationen und Personen einzusetzen, die nach seiner Einschätzung die Terroranschläge vom 11. September 2001 geplant, angeordnet, begangen und unterstützt haben oder die solchen Organisationen oder Personen Unterschlupf gewährt haben.« 40 Milliarden US-Dollar wurden hierfür bereitgestellt.

Allen Ländern voran, waren die Solidaritätsbekundungen der politisch Herrschenden in Deutschland am größten. Die »Kriegserklärung gegen die gesamte zivilisierte Welt«[349] (Schröder) müsse einen entschiedenen Kampf gegen den Terrorismus zur Folge haben: ein Zusammenstehen. »Heute sind wir alle Amerikaner«[350], sagte der SPD-Fraktionsvorsitzende Peter Struck am 12. September im Deutschen Bundestag. Bundeskanzler Schröder bot mehrfach deutsche Truppen im Kampf gegen den Terrorismus an, zunächst ohne eine konkrete Anfrage der US-Regierung, deren Antwort einige Zeit auf sich warten ließ.[351]

In Deutschland diente die Instrumentalisierung des internationalen Terrorismus dazu, den Prozeß der militärpolitischen Normalisierung zum Abschluß zu bringen. Bin Laden und das »Terrornetzwerk« Al Qaida – das hat Schröder von George W. Bush übernommen – fungieren als Chiffren für die nihilistische Bedrohung der »westlichen Wertegemeinschaft«, für »reinen Vernichtungswillen« und »ungezügelten Haß«. Der Name Bin Laden stehe, so Schröder, »für eine Struktur und für eine Kampfansage an Zivilisationen«,[352] so daß eine neue Form der Selbstverteidigung

348 George W. Bush, zit. n. *Die Zeit*, Nr. 39/2001.

349 *FAZ* vom 12. September 2001; vgl. Gerhard Schröder: »Solidarität mit unseren amerikanischen Freunden«, in: *FAZ* vom 13. September 2001; vgl. »Vorschnelles Sprechen von einer ›Kriegserklärung‹«, in: *FAZ* vom 15. September 2001.

350 *FAZ* vom 13. September 2001.

351 Vgl. »Es gilt der Grundsatz der ›uneingeschränkten Solidarität‹. Schröder und Aznar bekräftigen Unterstützung für die Amerikaner«, in: *FAZ* vom 5. Oktober 2001.

352 »Eine neue Form der Selbstverteidigung – Bundeskanzler Gerhard Schröder über die Bedrohung der westlichen Zivilisation und Deutschlands Rolle in der Welt. Ein *Zeit*-Gespräch von Gunter Hofmann und Michael Naumann (Gesprächsführung)«, in: *Die Zeit* 43/2001.

notwendig geworden sei, für die die Deutschen als gleichberechtigte Partner der USA selbstverständlich ihren Beitrag leisten müßten und wollten. Deutschland als Global *War* Player,[353] eingebunden in die Anti-Terror-Koalition. Die deutsche Außenpolitik ist damit endgültig militärpolitisch in die finale Phase der Normalisierung eingetreten, die sich seit den terroristischen Großanschlägen in einem rasanten Tempo vollzieht. »Ein halbes Jahrhundert später ist der heutige Amtsinhaber dabei, Adenauers Integrationswerk zu vollenden. Deutschland meldet sich endgültig auf der Weltbühne zurück – nicht als Furcht einflößender Aggressor, sondern als Teil der westlichen Anti-Terror-Allianz.«[354] Die staatlichen Sekundärtugenden *Pflicht* (Kontraktualismus), *Verläßlichkeit* und *gemeinsames Handeln* (Multilateralismus) dienen hierbei als Vehikel der Normalisierung. Die Terroranschläge wirkten wie ein Katalysator und gaben der Entabuisierung des Militärischen in der deutschen Außenpolitik einen prägnanten Schub.

Die rot-grüne Bundesregierung übte »uneingeschränkte Solidarität«[355] mit den USA, um beinahe im gleichen Atemzug eine stärkere Führungsrolle in der Weltpolitik einzufordern.[356] Insofern kann die »uneingeschränkte Solidarität« nicht als einfache Gefolgschaft bewertet werden. Vielmehr hat die rot-grüne Bundesregierung unter Schröder und Fischer erkannt, daß Deutschland im globalen Kräftespiel nur dann Einfluß ausüben kann, wenn es über Eingreiftruppen verfügt, die tatsächlich auch eingesetzt werden können. Wer mitschießt, darf auch mitreden. Der Verteidigungsminister Rudolf Scharping sprach denn auch Anfang Oktober 2001 vor dem zwölften Forum »Bundeswehr und Gesellschaft« sehr klar von einer Chance für eine Gewichtverschiebung im Aufbau einer neuen Weltordnung, die sich aus der Tragödie vom 11. September ergebe: »Die Herausforderungen sind nicht neu, jedenfalls nicht in der Substanz, nur in der Dringlichkeit. Insofern ist die Tragödie auch eine Chance.« Und: »In der Region, von der wir im Zusammenhang mit dem Terror reden, rund um das kaspische Meer und den Golf, befinden sich 70 Prozent der Erdöl- und 40 Prozent der Erdgasvorkommen der Erde. Weltweite Stabilität hat auch mit Weltwirt-

353 Vgl. Marcus Hawel: »Global War Player. Deutschlands Normalisierung der Außenpolitik«, in: Rainer Butenschön und Eckart Spoo (Hrsg.): *Töten – Plündern – Herrschen. Wege zu neuen Kriegen*, Hamburg 2003, S. 44–54.

354 *Der Spiegel* 46/2001.

355 Laut Umfrage des NFO-Infratests vom 6.–8. November 2001 befürworteten 71 Prozent der Befragten die von Schröder den USA zugesicherte »uneingeschränkte Solidarität« und die deutsche Beteiligung am Militäreinsatz in Afghanistan. – Vgl. *Der Spiegel* 46/2001, S. 22.

356 Vgl. Geis: »Fischer, der Krieg und die Vision«, a. a. O.

schaft zu tun.«[357] Die Motive für die Kriege sind demnach weniger an die Menschenrechte als vielmehr an Interessen der Weltwirtschaft gekoppelt. Gerhard Schröder stellte dagegen andere Motivationen in den Vordergrund; die Beistandsverpflichtung der Bundeswehr resultiere nicht nur aus dem ausgerufenen NATO-Bündnisfall (Artikel 5)[358], sondern vor allem aus der »Dankbarkeit«, die der deutsche Staat gegenüber Amerikas stabilisierendem Engagement für das Nachkriegsdeutschland insbesondere in der Berlin-Frage empfinde.[359] Hinter dieser Dankbarkeit kommen allerdings wenig verklausuliert auch die hauptsächlichen Gründe zum Vorschein: Schröder spricht von »nationalen Interessen«[360]. Seit der deutschen Einheit sei das Gewicht Deutschlands in der Weltpolitik gewachsen. Es gehe um nicht weniger als um die »Positionierung Deutschlands« in einer nach dem 11. September 2001 völlig veränderten Weltordnung.[361] Schröder ist sich darüber im Klaren, daß sich Deutschland nur in Gestalt eines integrierten Europas *neu positionieren* kann: »Bei dem, was man Neupositionierung in einer sich veränderten weltpolitischen Landschaft nennt, würde Deutschland ohne Europa jedenfalls weniger wert sein als integriert in Europa. Das ist also nicht etwa die Stunde der Verlangsamung der europäischen Integration; sie ist eher mit Dynamik auszustatten.«[362] Man wolle im Kampf gegen den Terrorismus nicht »Alliierte zweiter Klasse« sein. So ähnlich drückte es auch Außenminister Fischer aus: »Wir sind eingebunden in Europa, und dieses Europa als ganzes hat globale Interessen (...) der 11. September hat zu einer Achsenverschiebung geführt, und wir Europäer müssen darauf achten,

357 Rudolf Scharping vor dem zwölften Forum »Bundeswehr und Gesellschaft« am 2. Oktober 2001.

358 »Die Parteien vereinbaren, daß ein bewaffneter Angriff gegen eine oder mehrere von ihnen in Europa oder Nordamerika als ein Angriff gegen sie alle angesehen wird; sie vereinbaren daher, daß im Falle eines solchen bewaffneten Angriffs jede von ihnen in Ausübung des in Artikel 51 der Satzung der Vereinten Nationen anerkannten Rechts der individuellen oder kollektiven Selbstverteidigung der Partei oder den Parteien, die angegriffen werden, Beistand leistet, indem jede von ihnen unverzüglich für sich und im Zusammenwirken mit den anderen Parteien die Maßnahmen, einschließlich der Anwendung von Waffengewalt, trifft, die sie für erforderlich erachtet, um die Sicherheit des nordatlantischen Gebiets wiederherzustellen und zu erhalten.« – Art. 5, NATO-Vertrag.

359 Vgl. Gerhard Schröder: »Bekenntnis zur politischen und moralischen Solidarität«, Rede des Bundeskanzlers vor dem Deutschen Bundestag vom 19. September 2001, in: *Die Zeit* 39/2001; ders.: »›Wir werden gemeinsam vorgehen‹«, in: *Die Zeit* 41/2001.

360 »Es geht nicht um irgendeine außenpolitische Strategie; es geht um die Vertretung eigener Interessen.« – Gerhard Schröder: Regierungserklärung zur »uneingeschränkten Solidarität« am 12. September 2001 im Bundestag.

361 Vgl. Bundestagsdebatte vom 11. Oktober 2001.

362 Gerhard Schröder, zit. n. *FTD-online* vom 8. Januar 2001.

nicht an den Rand gedrängt zu werden. Wenn wir getrennt bleiben, werden wir unsere Rolle in der Welt und bei ihrer Gestaltung nicht wahrnehmen können.«[363] Aus diesem Grund sei die »Scheckbuch-Diplomatie« als Etappe deutscher Nachkriegspolitik nun endgültig vorbei, abgelöst durch ein weiterentwickeltes Selbstverständnis deutscher Außenpolitik: Krieg als probates Mittel der deutschen Politik.

Die Voraussetzung, Bündnispartner erster Klasse zu sein – wie etwa Großbritannien – besteht darin, daß das Militärische als Mittel der Außenpolitik nicht tabuisiert ist. Wer mitschießt, darf auch mitreden. Damit der Einfluß des deutschen Staates im globalen Kräftespiel vergrößert werden kann, ist mithin verlangt, in den Krisenregionen militärisch präsent zu sein und damit Verantwortung zu übernehmen. Die Befürchtung, »an den Rand gedrängt zu werden« oder »Alliierte zweiter Klasse« zu sein, war allerdings tonangebend lediglich bis ins Vorfeld des Irakkrieges 2003.

Erweiterung des Sicherheitsbegriffs – Finale Enttabuisierung des Militärischen

Auf einem Sonderparteitag erklärten die Grünen zwei Wochen nach den Anschlägen unter dem (Ein-)Druck der internationalen Terrorismusbekämpfung *offiziell* ihre Abkehr vom Pazifismus.[364] Bemerkenswert ist, daß militärische Vergeltungsschläge mit und ohne deutsche Beteiligung plötzlich so weitreichend anerkannt waren und überhaupt nicht mehr zur Disposition standen. Das Militärische war derart enttabuisiert worden, daß sich die Legitimationsrhetorik im wesentlichen *ironisch* verhalten konnte: Zu früheren Anlässen hatte es oft geheißen, zivile Aktionen reichten unter Umständen nicht aus, dem Gegner Einhalt zu gebieten; der Einsatz militärischer Mittel dürfte deshalb nicht tabuisiert werden. Nun hieß es, militärische Aktionen gegen den internationalen Terrorismus reichten alleine nicht aus; die zivilen Mittel dürften nicht verdrängt werden.[365]

In einem *Zeit*–Gespräch benennt Gerhard Schröder den Zusammenhang für die nahezu vollständige Enttabuisierung des Militärischen.[366] Es gehe um eine »neue Form der Selbstverteidigung« als Antwort auf eine »neue Bedrohungslage«, die nach dem 11. September entstanden sei. Diese Form der Selbstverteidigung umfaßt politische, diplomatische und ökonomische

363 Fischer, zit. n. *SZ* vom 18. Oktober 2001.
364 Die inoffizielle Abkehr vom Pazifismus erfolgte bereits in der Bosnien-Krise. – Vgl. Teil II, Kap. 7.
365 Vgl. z. B. *Neues Deutschland* vom 1. Oktober 2001.
366 »Eine neue Form der Selbstverteidigung«, a. a. O.

sowie militärische Mittel: »Militärische Interventionen darf man jedenfalls – streng abgewogen im Einzelfall – nicht tabuisieren.«[367] Auch im präventiven Sinne, zumindest aus Sicht der US-Regierung, die mit der neuen Sicherheitsdoktrin des *preemptive strike* aufgewartet sind.[368] Die Ausweitung des Sicherheitsbegriffes soll den Angriffskrieg als Präventivmaßnahme legitimieren.

Von einer »Enttabuisierung des Militärischen« solle jedoch, so Schröder, in der Öffentlichkeit am besten nicht die Rede sein. Die Begrifflichkeit könnte bewußt oder unbewußt mißverstanden werden. »Es geht ja nicht darum, dem Militärischen einen unverdienten Raum zu geben, sondern diesen Aspekt in der Außenpolitik nicht zu tabuisieren, was lange gemacht wurde.«[369] Wer so redet, kann den Verdacht nicht ausräumen, daß verhindert werden solle, den Sachverhalt nicht falsch sondern richtig zu verstehen. Auch habe Schröder lieber eine Gesellschaft, die so zivil sei, »daß eine Regierung Schwierigkeiten hat, eine militärische Maßnahme zu begründen, als eine, die Hurrapatriotismus macht.« Authentischer wären solche Aussagen gewesen, wenn zur Herstellung von kriegsbejahenden Mehrheiten im Bundestag auf die Verwendung von autoritären Mitteln verzichtet worden wäre. Die Ausübung von Zwang auf Parlamentarier (Fraktionsdisziplin), Androhung öffentlicher Bloßstellung oder einer Herabsetzung auf den Wahl-Listenplätzen, internes Mobbing, Drohung mit der Richtlinienkompetenz und schließlich die Vertrauensfrage sind zwar in der Berufspolitik weitgehend abgesichert durch die demokratischen Regeln, aber sie bleiben dennoch autoritäre Mittel, die dem demokratischen Ideal, daß die Parlamentarier nur ihrem Gewissen verpflichtet sein sollen, widersprechen; jedenfalls sind sie kaum als zivile Mittel zu bezeichnen.

Schröder verband durch die Vertrauensfrage im Bundestag die militärische Beteiligung der Bundeswehr am Krieg gegen das Taliban-Regime in Afghanistan mit seinem eigenen politischen Schicksal. Für die deutsche Beteiligung an dem breit angelegten Feldzug gegen den Terrorismus fand sich schließlich eine übergroße Mehrheit im Bundestag, die sich aus jenen zusammensetzte, die den Krieg befürworteten, und denen, die einen Rücktritt des Bundeskanzlers verhindern wollten. Das deutsche Parlament bewilligte im November 2001 den Einsatz von 3900 Bundeswehrsoldaten, die innerhalb eines Jahres ohne spezifischen Auftrag, das heißt vor allem nicht gebunden

367 Ebd.

368 Siehe The National Security Strategy of the United States of America, Internet: ⟨`http://www.whitehouse.gov/nsc/nss.html`⟩; siehe Michael Byers: »Der Irak und der Fall Caroline«, in: *Le Monde diplomatique*, 9/2002, S. 9.

369 »Eine neue Form der Selbstverteidigung«, a. a. O.

an einen bestimmten Ort im »Krieg gegen den Terror« und unter der Führung der US-Streitkräfte im Rahmen der »Operation Enduring Freedom« operieren dürfen. Der Bundestagsbeschluß zur militärischen Beteiligung am »Krieg gegen den Terror« kommt gleichsam einem »Blankoscheck« für das deutsche Militär gleich und bedeutet im gleichen Maße eine temporäre Selbstentmachtung des Parlaments bezüglich seiner Einflußnahme auf die militärischen Aktivitäten deutscher Soldaten. »Es handelt sich also um einen Vorratsbeschluß. Kampfeinsätze der Bundeswehr können somit jederzeit von der Bundesregierung um das Vielfache ausgeweitet werden, ohne daß der Bundestag damit befaßt wird oder zustimmen muß. Er ist ein Freibrief, eine Kriegsermächtigung für die Regierung.«[370] Im November 2003, 2004, 2005 und 2006 beschloß der Bundestag jeweils die Verlängerung des Mandates um ein Jahr.

Der Aktionsradius der Bundeswehr umfaßt die arabische Welt, Mittel- und Zentralasien sowie Nord-Ost-Afrika. Potentielle Angriffziele der von der US-Regierung ausgemachten »Achse des Bösen« sind Irak, Iran, Somalia, Nordkorea, Sudan und der Jemen sowie zirka 40 weitere Staaten, die Terroristen beherbergen sollen, wie der US-Außenminister Cheney unmißverständlich zu verstehen gegeben hat. – »Ich habe mit Hilfe der Vertrauensfrage durchgesetzt, daß Deutschland teilnimmt, auch militärisch teilnimmt an einem Einsatz außerhalb Europas. Das ist eine Veränderung der Außen- und Sicherheitspolitik, die eine Zäsur bedeutet hat.«[371] Die Zäsur stand für Karl Otto Hondrich unter moralisch verwerflichen Vorzeichen: »Das mächtigste Land der Welt überzieht das ohnmächtigste mit Krieg – als Vergeltung für eine Tat, an der vermutlich keiner seiner Bürger beteiligt war. Dieser Gedanke bringt nicht nur die elementaren moralischen Gefühle gegen sich auf. Er läßt sich auch mit unserer Vorstellung vom Krieg nicht vereinbaren.«[372]

Deutsche Soldaten können nunmehr in alle Regionen der Welt entsendet werden, ohne daß die Bundesregierung dabei nach einer besonderen Legitimation unter Rückbezug auf die deutsche Vergangenheit suchen muß. Insofern handelt es sich um eine außenpoltiische Normalität, die im Bundestag beschlossen wurde. Und deutsche Soldaten werden in alle Welt entsandt: 1.820 nach Afghanistan und Usbekistan, 3.350 ins Kosovo, 1.320 nach Bosnien-Herzegovina, 52 nach Mazedonien, elf nach Georgien, 710 ans Horn von Afrika, ins Mittelmeer, auf Stützpunkte in Bahrain, Djibuti, Kenia. »Für

370 Claus Schreer: *isw-spezial*, Nr. 18, S. 15.
371 Gerhard Schröder, zit. n. *Der Spiegel*, 38/2002, S. 38.
372 Karl Otto Hondrich: »Sternstunde der Moral«, in: ders.: *Wieder Krieg*, a. a. O., S. 170–176; S. 171.

deutsche Einsätze der Bundeswehr im Ausland scheint es Tabus nicht mehr zu geben. Sie wird mehr und mehr zu einem Instrument weltumspannender Politik deutscher Regierungen«[373], schreibt *Der Spiegel.*

Neue Verteidigungspolitische Richtlinien (VPR) – Verteidigung Deutschlands auch am Hindukusch

Die Zäsur in der deutschen Außenpolitik, von der Gerhard Schröder gesprochen hat, besitzt einen Doppelcharakter. Zum einen besteht sie in der vollständigen Enttabuisierung des Militärischen als Mittel der Außenpolitik: »Noch vor zehn Jahren hätte niemand von uns erwartet, daß Deutschland sich anders als durch so etwas wie ›sekundäre Hilfsleistung‹ – also Zur-Verfügung-Stellung von Infrastruktur oder Gewährung von Finanzmitteln – an internationalen Bemühungen zur Sicherung von Freiheit, Gerechtigkeit und Stabilität beteiligt. (...) Diese Etappe deutscher Nachkriegspolitik (...) ist unwiederbringlich vorbei. Gerade wir Deutschen (...) haben nun auch eine Verpflichtung, unserer neuen Verantwortung umfassend gerecht zu werden. Das schließt – und das sage ich unmißverständlich – auch die Beteiligung an militärischen Operationen zur Verteidigung von Freiheit und Menschenrechten, zur Herstellung von Stabilität und Sicherheit ausdrücklich ein.«[374] Zum anderen besteht die Zäsur in der Aufgabenausweitung der Bundeswehr, der eine Erweiterung des Sicherheits- oder Verteidigungsbegriffes zugrunde liegt. Bereits mit der Entscheidung im Bundestag, daß die Bundeswehr sich am NATO-Krieg gegen Serbien beteiligen solle, sei zum ersten Mal ins öffentliche Bewußtsein gerückt worden, daß die Bundeswehr weitaus mehr Aufgaben wahrzunehmen habe als die bloße Verteidigung der eigenen Landesgrenzen; sie habe Bündnisverpflichtungen zu erfüllen und darüber hinaus auch außerhalb der eigenen Landesgrenzen für Stabilität zu sorgen und damit »deutsche Interessen« zu realisieren.[375]

Denselben Sachverhalt drückte Verteidigungsminister Peter Struck Ende des Jahres 2002 mit plastischeren Worten geographisch aus: »Die Sicherheit Deutschlands wird auch am Hindukusch verteidigt.«[376] Der Bundesausschuß des *Friedensratschlags* schreibt: »Wenn solches Denken Schule macht, landet die Welt über kurz oder lang im Chaos. Mit demselben Recht könnten Pakistan, Indien, China oder jedes x-beliebige Land in ihre Militärdoktrinen

373 *Der Spiegel,* 25/2003.
374 Regierungserklärung des Bundeskanzlers Gerhard Schröder, Oktober 2001.
375 Vgl. »Eine neue Form der Selbstverteidigung (...)«, a. a. O.
376 »Die Struck-Doktrin«, in: *FAZ* vom 6. Dezember 2002.

festlegen, daß deren Verteidigung am Rhein stattfinde.«[377] Struck kündigte an, die Verteidigungspolitischen Richtlinien (VPR) von 1992 neu fassen zu wollen. Die neu gewählte Parteivorsitzende der Grünen, Angelika Beer, kommentierte Strucks Absichten als einen »überfälligen Schritt«. »Jeder weiß, daß die Landesverteidigung auf absehbare Zeit keine Rolle mehr spielt.«[378] Auch die CDU/CSU stimmte der neuen, von Struck geplanten VPR ausdrücklich zu. In einem Interview mit der *Frankfurter Rundschau* sagte der für Sicherheits- und Verteidigungspolitik zuständige Wolfgang Schäuble: »Es ist ein erster Schritt in die richtige Richtung. Denn wir brauchen eine realistische, aktualisierte Bedrohungsanalyse.«[379] Schäuble hatte zuvor im Bundestag am 14. November 2002 angesichts des globalen Terrorismus für eine Übernahme der US-amerikanischen Doktrin des *preemptive strike* plädiert: »Wie können wir angesichts der Bedrohungen durch Massenvernichtungswaffen, Terrorismus und Trägertechnologien in der Zukunft Sicherheit gewährleisten? Die alte Form der Abschreckung kann dies nicht mehr leisten. In Amerika wird über die neue Sicherheitsstrategie diskutiert. (...) Man kann diese Gefahren (...) nur vermeiden, indem man Anschläge und den Einsatz von Massenvernichtungswaffen verhindert. Mit Vergeltung, also einem Zweitschlag, schützen Sie unsere Bevölkerung nicht. Deswegen muß eine entsprechende Debatte (...) in Deutschland geführt werden.«[380] Auch der Generalinspekteur der Bundeswehr Schneiderhahn plädierte für die Übernahme des *preemtive strike*.[381] Die *Frankfurter Allgemeine Zeitung* bezeichnete das Plädoyer Schneiderhahns, die neue US-Sicherheitsdoktrin zu übernehmen, als eine Revolutionierung des Verteidigungsbegriffes: »Es verändert nicht nur den möglichen Operationsraum der Bundeswehr, sondern auch das Verständnis, ja sogar die Definition dessen, was ›Verteidigung‹ im Sprachgebrauch der Bundeswehr seit dem Tag ihrer Gründung bedeutet hat.«[382]

Die neuen Verteidigungspolitischen Richtlinien stellte Struck am 21. Mai 2003 in Berlin vor.[383] Die VPR sind ein Grundsatzdokument, das als ver-

377 Bundesausschuß des *Friedensratschlags*, Pressemitteilung vom 6. Dezember 2002, Internet: ⟨`http://www.uni-kassel.de/fb10/frieden/presse/2002-12-06.html`⟩.

378 Angelika Beer, zit. n. *FR* vom 7. Dezember 2002.

379 Wolfgang Schäuble, zit. n. *FR* vom 11. Dezember 2002.

380 Wolfgang Schäuble im Deutschen Bundestag, 15. Wahlperiode, 10. Sitzung, Berlin am 14. November 2002, Stenografischer Bericht 15/10, S. 536 f.; siehe Dirk Eckert: »Die Sicherheit Deutschlands wird auch am Hindukusch verteidigt«, *telepolis* vom 13. Dezember 2002, Internet: ⟨`http://www.heise.de/tp/deutsch/inhalt/co/13778/1.html`⟩.

381 Vgl. *FAZ* vom 23. Januar 2003.

382 Ebd.

383 Siehe »Verteidigungspolitische Richtlinien für den Geschäftsbereich des Bundesministers der Verteidigung« (VPR 2003), Internet: ⟨`http://www.bmvg.de/misc/pdf/sicherheit/vpr_broschuere.pdf`⟩.

bindliche konzeptionelle Grundlage für die deutsche Verteidigungspolitik gilt; sie dienen als Rahmenvorgabe für weitere Konzeptionsdokumente, zum Beispiel für den Bundeswehrplan, der vom Generalinspekteur der Bundeswehr erstellt wird. Daß die VPR »angesichts der Dynamik der sicherheitspolitischen Entwicklungen regelmäßig überprüft und weiterentwickelt werden«[384] sollen, ist Ausdruck der Normalisierungspraxis gegenüber einer *dynamisierten Norm*. Eine global veränderte Sicherheitslage erforderte die Neuausrichtung deutscher Sicherheits- und Verteidigungspolitik, vor allem auch weil Rolle und Verantwortung des deutschen Staates für europäische Sicherheit und den Weltfrieden weiter gewachsen seien. Herkömmliche Landesverteidigung habe an Bedeutung verloren, da Deutschland auf lange Sicht von befreundeten Nachbarstaaten umgeben sei, werde es auf dem europäischen Kontinent nicht bedroht. Dagegen sei eine Reaktion auf internationale Konflikte und auf global agierenden Terrorismus, der eine »asymmetrische Bedrohung« darstelle, geboten. Mit dieser Umorientierung der Sicherheitspolitik veränderten sich zwangsläufig die Aufgaben der Bundeswehr, deren zukünftige Einsätze im Einklang mit den Bündnispartnern (EU, NATO, UN und OSZE) nunmehr im Zeichen der Konfliktverhütung und Krisenbewältigung stünden.

Nach Artikel 87a des Grundgesetzes stelle der deutsche Staat Streitkräfte zur Verteidigung auf. Verteidigung meinte in erster Linie *Landesverteidigung* und in zweiter Hinsicht Verteidigung des Bündnisgebietes, sofern sich die Bundesrepublik Deutschland einem kollektiven Verteidigungsbündnis angeschlossen habe. Bis zum Awacs-Urteil des Bundesverfassungsgerichts im Jahre 1994 galt allgemein, daß die Bundeswehr nicht *out of area* zu militärischen Zwecken, insbesondere für Kampfeshandlungen eingesetzt werden dürfe. Das Grundgesetz ist in diesen Fragen nicht geändert worden; wohl aber änderte sich das Rechtsverständnis und in der Folge die Rechtspraxis mit dem Urteil des Verfassungsgerichtes von 1994. Eine Beteiligung an oder gar eine Vorbereitung von Angriffskriegen ist jedoch weiterhin durch das Grundgesetz ausdrücklich verboten und unter Strafe gestellt, und die Rechtspraxis hatte sich in diesem Punkt bisher nicht geändert. Mit den neuen, von Struck erlassenen VPR wird dieses Problem dadurch umgangen, indem der Verteidigungsbegriff soweit ausgeweitet wird, daß er nunmehr problemlos auch sein Gegenteil mit einschließt und dem eigentlichen Wortsinn nach nicht mehr *definiert*,[385] das heißt, er ist grenzenlos: »Verteidigung

384 VPR-Broschüre, a. a. O., S. 6.

385 »Deshalb wurde eine Änderung oder Klarstellung des Begriffes der Verteidigung in Artikel 87a GG 1994 für nicht erforderlich gehalten. Sie ist es auch heute nicht. Die ›enge‹ Auslegung des Begriffs der Verteidigung (keine Einsätze ›out-of-area‹) ist spätestens mit dem

heute umfaßt (...) mehr als die herkömmliche Verteidigung an den Landesgrenzen gegen einen konventionellen Angriff.«[386] Die Sicherheit werde auch an anderer Stelle dieser Erde verteidigt. »In der heutigen Welt gibt es keine nationalen Friedensoasen mehr. Verteidigung läßt sich geographisch nicht mehr begrenzen.«[387] Verteidigung gestalte sich demzufolge in erster Linie als Krisenbewältigung und Konfliktverhütung sowie als Unterstützung von Bündnispartnern in Krisengebieten, die in erster Linie außerhalb des Bündnisgebietes, das heißt *out of area* liegen.[388]

Das neue grundlegende Stichwort heißt »multinationale Sicherheitsvorsorge«[389], worunter das Primat des gemeinsamen militärischen Vorgehens mit Verbündeten und Partnern im Rahmen von UN, NATO oder EU verstanden wird.[390] Zwar liegt die Betonung auch auf der NATO, in der sich der deutsche Staat »mit seinen Streitkräften mehr als jeder andere Bündnispartner« beteilige und dem demzufolge im Bündnis »eine herausragende Rolle und Verantwortung für den künftigen Kurs«[391] zukomme, womit nichts anderes als ein Führungsanspruch gemeint ist, der sich an die USA richtet und an das Konzept *partner in leadership* anknüpft. Dennoch wiegt das deutsche Engagement für die Europäische Sicherheits- und Verteidigungspolitik (ESVP) schwerer, deren Vertiefung als Bestandteil einer politischen Union Europas wichtigstes Ziel ist, und bei dem der deutsche Staat ebenfalls eine Schlüsselrolle für sich beansprucht.[392] Insbesondere im Kampf gegen den Terrorismus soll das Völkerrecht und die Charta der Vereinten Nationen

---

BVerfG-Urteil von 1994 politisch und verfassungsrechtlich überholt.« – VPR-Broschüre, a. a. O., S. 12. – Wie eine Farce liest sich dementsprechend Punkt 77 in den neuen VPR: »Die Aufgaben der Bundeswehr leiten sich ab aus dem ihr gegebenen verfassungsrechtlichen Auftrag und den Zielen deutscher Sicherheits- und Verteidigungspolitik.«

386 Vgl. VPR 2003, a. a. O., Nr. 5.

387 VPR-Broschüre, a. a. O., S. 12.

388 Vgl. VPR 2003, a. a. O., Nr. 10.

389 Ebd., Nr. 11.

390 Dieser Punkt steht im scheinbaren Gegensatz zu den VPR von 1992, in denen hervorgehoben wurde, daß die deutsche Außenpolitik notfalls auch im Alleingang (unilateral) agiere, falls es zur Interessendivergenz mit den Verbündeten und Partnern kommen würde. In den neuen VPR heißt es jedoch auch: »Deutschland beteiligt sich aktiv an der Arbeit von VN und OSZE, um die eigene Sicherheit zu gewährleisten, der Achtung der Menschenrechte und des Völkerrechts weltweit Geltung zu verschaffen (...).« – VPR 2003, a. a. O., Nr. 40. – Der deutsche Staat behält sich mit anderen Worten vor, unilateral zu handeln, wenn es nach eigenem Ermessen hierfür einen Anlaß gibt. Während die VPR von 1992 diesen Punkt sehr deutlich und ehrlich in Zusammenhang mit »deutschen Interessen« (politische und ökonomische Macht) gestellt haben, werden diese in den neuen VPR durch Menschenrechtsrhetorik verschleiert.

391 Ebd., Nr. 48.

392 Vgl. ebd., a. a. O., Nr. 51.

aber die jeweilige Handlungsgrundlage bilden. Mit anderen Worten: Agiert ein Bündnispartner oder das gesamte Bündnis ohne vorherige Legitimierung seitens der UNO, möchte der deutsche Staat seiner erklärten Absicht nach die Gefolgschaft verweigern. So ist es geschehen im Krieg der USA und anderer Partner gegen den Irak 2003.[393] Die Kommunikation zwischen NATO und zukünftiger EU-Armee solle partnerschaftlich ausgebildet sein; die deutschen Streitkräfte, die sich in eine EU-Armee integrieren, sollen auch der NATO zur Verfügung stehen. Bei möglichen Interessendivergenzen zwischen den USA und der EU wird es freilich zu entscheidenden Probe aufs Exempel kommen. Der NATO ist in solchen zukünftigen Fällen keine weitere Zukunft gegeben, wenn erst einmal die EU-Armee vollständig und autark einsatzbereit ist.[394]

Die sozialdemokratische Handschrift der neuen VPR wird wenigstens an der Stelle einmal deutlich, wenn dem Militärischen in der Deutschen Sicherheitspolitik nicht der Vorrang eingeräumt wird. Sie »ist umfassend angelegt und berücksichtigt politische, ökonomische, ökologische, gesellschaftliche und kulturelle Bedingungen und Entwicklungen. Sicherheit kann weder vorrangig noch allein durch militärische Maßnahmen gewährleistet werden.«[395] Präventive Einsätze, wie es die neue Sicherheitsdoktrin der USA vorsehen, finden in den VPR keine Erwähnung und wurden von Struck in den vorangegangenen parlamentarischen Debatten kategorisch ausgeschlossen. Dagegen aber ist von *präventiver Sicherheitspolitik* die Rede; sie »umfaßt politische und diplomatische Initiativen sowie den Einsatz wirtschaftlicher, entwicklungspolitischer, rechtsstaatlicher, humanitärer und sozialer Maßnahmen«[396] – die Bereitschaft, Freiheit, Menschenrechte, Stabilität und Sicherheit »notfalls auch mit militärischen Mitteln durchzusetzen oder wiederherzustellen« seien aber eine »unverzichtbare Voraussetzung für die Glaubwürdigkeit eines umfassenden Ansatzes von Sicherheitspolitik«[397], die allerdings auf der Grundlage des Völkerrechts stattfinden müsse.

Die VPR aus dem Jahre 1992 waren eine Folgeleistung der Regierung Kohl auf die von den USA forcierte *Neue NATO*. Im Unterschied zur CDU/CSU die auch der neuen US-Sicherheitsdoktrin gerne Folge geleistet hätte, hat die rot-grüne Bundesregierung hier angesichts der belasteten deutschen Geschichte hinsichtlich des Präventivkriegsgedankens, mit welchem die Schuld am Ersten Weltkrieg bereits im Vorfeld des Weltkrieges zu verschlei-

---

393 Siehe Teil II, Kap. 9.
394 Siehe Teil III, Kap. 3.
395 VPR 2003, a. a. O., Nr. 36.
396 Ebd.
397 Ebd., Nr. 37.

ern und nachträglich zu rechtfertigen versucht wurde, eine Unzumutbarkeit für die Welt und insbesondere für die europäischen Nachbarn erkannt. Die Begründung zum *preemptive strike* klang, als habe sich der amerikanische Präsident den Präventivkriegsgedanken des Preußen Otto von Bismarck zueigen gemacht. Der hatte sich seinerzeit auf Friedrich den Großen berufen und erklärt, daß in Zeiten, in denen das Reich von außen mit Krieg bedroht werde, ein Angriff nicht ruhig abgewartet werden dürfe: »In solchen Lagen ist es die Pflicht der Regierung, und die Nation hat das Recht, von der Regierung zu fordern, daß, wenn wirklich Krieg nicht vermieden werden kann, dann die Regierung denjenigen Zeitpunkt wählt, ihn zu führen, wo er das Land, für die Nation mit den geringsten Opfern, mit den geringsten Gefahren geführt werden kann.«[398]

Aber nicht deshalb, sondern hauptsächlich aus anderen, noch zu erörternden Gründen, trat die Bundesregierung im Zusammenhang mit dem Irak-Krieg 2003 in einen offenen Streit mit der US-Regierung und erfand die Wendung vom »deutschen Weg«.

9. Golfkrieg 2003: Die Ausübung normaler Souveränität kann auch bedeuten, Bündnissolidarität zu verweigern – Der »deutsche Weg« zur Selbstbehauptung Europas

> »Das Deutschland, für das ich arbeite, ist ein stolzes, ein solidarisches Land. Ein Land, das seine Leistung nicht mies machen läßt. (...) Unser Deutschland ist ein selbstbewußtes Land. Es ist stolz auf die eigene Tradition und offen für den Reichtum anderer Kulturen. (...) Unser Deutschland genießt Respekt und Ansehen in der Welt. Weil wir Partner und Vorbild sind. Weil wir das Europa bauen und weltweit Frieden und Menschenrechte sichern und schützen helfen. (...) Das ist unser deutscher Weg. Für die Vision kämpfe und arbeite ich.«
>
> *Gerhard Schröder*

Der zweite Golfkrieg im Jahre 1991 hatte damit geendet, daß Kuwait als souveräner Staat wiederhergestellt worden ist. Die alliierten Truppen waren auf dem irakischen Territorium bis kurz vor Bagdad vorgedrungen und

398 Otto von Bismarck, zit. n. Karl-Ernst Jeismann: *Das Problem des Präventivkriegs im europäischen Staatensystem mit besonderem Blick auf die Bismarck-Zeit*, Freiburg/München 1957, S. 86 f.

hätten ohne weiteres den Diktator Saddam Hussein stürzen können. Statt dessen wurden die alliierten Truppen zurückgezogen. Der ehemalige Leiter des UN-Hilfsprogramms in Bagdad, Hans von Sponeck, ist der Ansicht, »daß man sich in Washington darüber klar wurde, daß ein geschwächter aber lebender, durch Wirtschaftssanktionen und Abrüstungsauflagen der UNO in seiner Macht und seinem Aktionsradius begrenzter und kontrollierter Diktator Saddam Hussein eine viel bessere Rahmenbedingung war für die weitere politische und militärische Präsenz der USA in der Golfregion und für ihr Ziel, die dortigen Energieressourcen zu kontrollieren«[399].

Jedoch wuchsen im Laufe der Jahre die Spannungen im Nachbarland Saudi-Arabien, wo die USA noch Militärbasen unterhalten, langfristig aber damit rechnen, diese dort abziehen zu müssen. Für diesen Fall benötigten die USA einen neuen militärischen Stützpunkt, von dem aus sie ihren Einfluß auf die Ölregion ausüben können. Da der Irak nach Saudi-Arabien das Land mit den zweitgrößten Erdöl-Vorkommen ist, mußte dort eine von Saddam Hussein unabhängige Perspektive geschaffen werden, denn mit dem irakischen Diktator wäre dort nach dem zweiten Golfkrieg eine US-Militärbasis nicht zu realisieren gewesen. Die US-Regierung hatte also ein handfestes Interesse daran, den irakischen Diktator zu beseitigen, das heißt, einen Regimewechsel durch Krieg herbeizuführen.

Pläne zum Sturz von Saddam Hussein sollen, das sagt Hans von Sponeck, schon sehr lange vor 2002 existiert haben; der Krieg soll von langer Hand vorbereitet worden sein. »Selten zuvor ist ein Krieg so intensiv gewollt und so langfristig und zielstrebig vorbereitet worden wie der dritte Golfkrieg. Selten wurde bereits in der Vorphase eines heißen Krieges das Völkerrecht so häufig und skrupellos gebrochen und wurde die Weltöffentlichkeit so intensiv – und leider weitgehend erfolgreich – manipuliert. Und selten wurde der Feind im Vorfeld eines Krieges so wirkungsvoll und nachhaltig dämonisiert wie Saddam Hussein, wurde die internationale Mitverantwortung für die Verbrechen des Feindes und für das Problem, das jetzt durch einen Krieg ›gelöst‹ werden soll, so tief verdrängt.«[400]

Nach dem zweiten Golfkrieg wurden im Irak von den USA zwei Flugverbotszonen eingerichtet. Die eine sollte im Norden die kurdische, die andere im Süden die schiitische Bevölkerung vor Husseins Gewaltregime schützen.

---

399 Hans von Sponeck und Andreas Zumach: *Irak – Chronik eines gewollten Krieges. Wie die Weltöffentlichkeit manipuliert und das Völkerrecht gebrochen wird*, Köln 2003, S. 24.

400 Ebd., S. 11 f. – Hinsichtlich der Dämonisierung Husseins, siehe Wolfram Wette: »Ein Hitler des Orients? NS-Vergleiche in der Kriegspropaganda von Demokratien«, in: *Gewerkschaftliche Monatshefte*, 54. Jg., 4/2003, S. 231–242.

Ein Wirtschaftsembargo, das von der UNO beschlossen wurde, sollte die militärischen Potenzen des Iraks erschöpfen, zudem wurde der irakischen Regierung ein Abrüstungsregime auferlegt, das durch UN-Waffeninspekteure kontrolliert werden sollte. Der 1998 vom UNO-Generalsekretär Kofi Annan für die humanitären UNO-Programme im Irak ernannte Koordinator Hans von Sponeck trat zwei Jahre später aus Protest gegen die Politik des UNO-Sicherheitsrates, insbesondere gegen die Politik der USA und Großbritanniens, wieder zurück und warf wie auch schon sein Vorgänger Denis Halliday dem UNO-Sicherheitsrat vor, er würde mit den gegen den Irak verhängten Sanktionen gegen das Völkerrecht verstoßen und Völkermord an der irakischen Bevölkerung begehen. Tatsächlich sind im Irak nach Angaben von Unicef seit Anfang 1991 allein über 500 000 Kleinkinder an den Folgen des Embargos, das heißt an mangelnder Ernährung, katastrophaler medizinischer Versorgung etc. gestorben. Etwa dieselbe Anzahl von Menschen im Alter von über fünf Jahren soll ebenfalls dem Embargo zum Opfer gefallen sein. In zwölf Jahren starben über 1,5 Millionen Menschen, das sind mehr als sieben Prozent der irakischen Bevölkerung; in dieser Hinsicht von Völkermord zu sprechen, ist nicht abwegig. Auf die Frage des Moderators der *NBC*, inwieweit der Tod von mehr als einer halben Million Kinder der Preis wäre, den »wir« zu zahlen hätten, antwortete die US-Außenministerin Madeleine Albright im US-Fernsehen: »Wir meinen, das ist ein angemessener Preis.«[401]

Der französische Staat, der sich seit der Einrichtung der Flugverbotszonen zunächst an der Überwachung dieser beteiligt hatte, zog sich frühzeitig zurück, weil die Überwachung zunehmend amerikanisch-britische Luftangriffe mit einschloß und damit den Charakter einer *militärischen Aggression* annahm.[402] Mit anderen Worten: Frankreich ging nicht erst im Laufe der Jahre 2002/03 und vor allem nicht erst nach der Bundesregierung auf Distanz zu den USA. »Die Resolution 688 des Sicherheitsrates liefert (...) für die Einrichtung der Flugverbotszonen keinerlei Grundlage. Auf dieses Defizit sowie auf den eindeutig völkerrechtswidrigen Charakter der amerikanisch-britischen Luftangriffe hätten die anderen Mitglieder des Sicherheitsrates sehr viel stärker hinweisen müssen, als das – von den Einsprüchen Rußlands und den gelegentlichen Bedenken Frankreichs einmal abgesehen – in den letzten zwölf Jahren geschehen ist. Auch Deutschland hat sich in

401 Madelaine Albright in der Fernsehsendung »60 Minutes«, NBC, vom Mai 1996, zit. n. von Sponeck und Zumach: *Irak – Chronik eines gewollten Krieges*, a. a. O., S. 48, Fn 7.

402 Vgl. »Chronik eines gewollten Krieges, Andreas Zumach im Gespräch mit Hans von Sponeck«, in: ebd., S. 86.

den zwei Jahren seiner Ratsmitgliedschaft 1996/97 zu diesen hochrelevanten völkerrechtlichen Fragen völlig bedeckt gehalten.«[403]

Der ehemalige Leiter des UN-Hilfsprogramms in Bagdad, Hans von Sponeck, registrierte allein im Jahr 1999 an 132 Tagen Luftangriffe, bei denen insgesamt 144 irakische Zivilisten ums Leben kamen und 446 verwundet wurden. Es sollen dabei von den amerikanischen und britischen Kampfpiloten auch verbotene Splitterbomben eingesetzt worden sein.[404] Anfang 2002 und dann noch einmal seit Juli/August 2002 wurden die Bombenangriffe erheblich gesteigert, zudem sollen die Angriffe zunehmend auch gegen Ziele außerhalb der Flugverbotszonen, das heißt konkret auf die Zentralzone um Bagdad erfolgt sein. Wenn mithin zu diesem Zeitpunkt beinahe täglich Luftangriffe erfolgt sind, auch auf Bagdad, dann war bereits zu diesem Zeitpunkt der Krieg gegen den Irak – ohne Kriegserklärung – voll im Gange.

Nach dem 11. September 2001 wurde dann der Irak offiziell zur Zielscheibe des Anti-Terror-Krieges der USA. Direkt nach den Anschlägen gab George W. Bush seinen Planungsstäben die Anweisung, einen Krieg gegen den Irak vorzubereiten und diesen in unmittelbaren Zusammenhang mit Al Qaida zu stellen. US-Verteidigungsminister Rumsfeld gab die Direktive für die Geheimdienste bereits am 11. September 2001 vor: »Werten Sie danach, ob das Material gut genug ist, gleichzeitig den Schlag gegen Saddam Hussein zu führen. Nicht nur Osama Bin Laden. Kehren Sie alles nach oben, die damit zusammenhängen, und solche, die nicht.«[405] Der Irak sei eine Bedrohung für die USA, woraus diese gemäß Artikel 51 der UN-Charta ein Recht der Selbstverteidigung ableiteten. Der ehemalige Oberbefehlshaber der NATO in Europa, Wesley Clark, erklärte schließlich im Februar 2003, daß die Entscheidung, Krieg gegen den Irak zu führen, bereits unmittelbar nach dem 11. September 2001 von der US-Regierung gefällt worden war.[406]

Dem irakischen Regime wurde vorgeworfen, es besitze noch immer Massenvernichtungswaffen, das heißt, es habe diese vor den UN-Waffeninspekteuren versteckt gehalten. Die US- und auch die britische Regierung verfolgten dabei die Strategie des sogenannten *Double Speak*, das heißt die »Aufstellung einer falschen Behauptung, von der man genau weiß, daß die Öffentlichkeit sie nicht überprüfen kann. Oder eine Aussage, die zwar ganz oder teilweise zutrifft, bei der man aber wichtige Informationen un-

403 Ebd., S. 87.

404 Vgl. ebd., S. 89 f.

405 Zit. n. Schreer: *isw-spezial*, Nr. 18, S. 7.

406 Siehe Interview in der *Welt am Sonntag* vom 9. Februar 2003.

terschlägt, ohne die die Aussage nicht zu werten ist.«[407] Im August 2002 erklärte der US-Vizepräsident Dick Cheney: »Es besteht kein Zweifel, daß Saddam Hussein heute Massenvernichtungswaffen besitzt; es besteht kein Zweifel, daß er sie hortet für den Einsatz gegen unsere Freunde, gegen unsere Verbündete und gegen uns.«[408] Keine der angeblichen Beweise, die von den USA und Großbritannien der Weltöffentlichkeit dafür präsentiert wurden, hielten einer Überprüfung stand: Zu sämtlichen von der US-Regierung angegebenen Kriegsgründen äußerte sich der ehemalige UN-Waffeninspekteur im Irak (von 1991 bis 1998) umfassend.

1) Der Irak arbeite an einem *Atomwaffenprogramm*. – Scott Ritter: »1998, in dem Jahr, als ich den Irak verließ und das UN-Waffeninspektionsprogramm beendet wurde, waren die Infrastruktur und die Anlagen zu 100 Prozent zerstört. (...) Um das Potential für Atomwaffen wiederzugewinnen, müßten die Iraker praktisch aus dem Nichts Anlagen zur Anreicherung von Nuklearmaterial und zur Waffenproduktion aufbauen, was Zigmilliarden Dollar kosten würde.«

2) Der Irak besitze *chemische Kampfstoffe*. – Ritter: »Die Befürworter eines Krieges gegen den Irak sprechen von 20 000 Sprengköpfen, die mit dem Nervengas Sarin und Tabun gefüllt sind und gegen die Amerikaner eingesetzt werden könnten. (...) Sarin und Tabun haben bei der Lagerung eine Lebensdauer von fünf Jahren. Selbst wenn der Irak es irgendwie geschafft hätte, diese ungeheuren Mengen an Kampfstoffen vor den Inspekteuren geheim zu halten, enthielten ihre Depots heute nur noch eine unbrauchbare und harmlose Schmiere. (...) Wenn niemand hinschauen würde, könnte der Irak diese Programme wieder aufnehmen. Aber genau wie beim Atomwaffenprogramm hätte er bei Null anfangen müssen, da die gesamte Ausstattung, die Anlagen und die Forschungslabors zerstört waren. Die Iraker hätten sich die komplizierten Instrumente und die Technologie über Scheinfirmen beschaffen müssen. Das wäre nicht verborgen geblieben. Die Herstellung von chemischen Waffen setzt Abgase frei, die man längst aufgespürt hätte. Per Satellit und auf andere Weise haben wir das Land überwacht und nichts entdeckt. Wenn der Irak Waffen produzieren würde, hätten wir dafür einen definitiven Beweis. So einfach ist das.«

3) Der Irak verfüge über *biologische Kampfstoffe*. – Ritter: »Der Irak war imstande, Anthrax in flüssiger Form zu produzieren. So viel steht fest. Auch unter idealen Lagerbedingungen beginnt flüssiges Anthrax innerhalb von drei Jahren zu keimen und wird damit unbrauchbar. Auch wenn uns also die

407 »Chronik eines gewollten Krieges«, a. a. O., S. 63.
408 Zit. n. Schreer: *isw-spezial*, Nr. 18, S. 3.

Iraker angelogen und Anthrax zurückbehalten haben (…) der Irak besitzt heute keine biologischen Waffen mehr, weil sowohl das Anthrax als auch das Botulinumtoxin inzwischen unbrauchbar geworden ist.«

4) Der Irak besitze *Trägersysteme für Langstreckenraketen*. – Ritter: »Ich höre immer wieder, der Irak besitze Mehrstufenraketen. Aber der Irak verfügt nicht über die Kapazitäten für Mehrstufenraketen. (…) Alles läuft darauf hinaus, daß der Irak nicht die Möglichkeit besitzt, um Langstreckenraketen herzustellen. Die Iraker sind nicht einmal in der Lage, Kurzstreckenraketen zu bauen.«

5) Saddam Hussein könne eine *Verbindung zu Al-Qaida* nachgewiesen werden. – Ritter: »Dieser Verdacht ist nun wirklich lächerlich. Saddam ist ein säkularer Diktator. Er hat in den vergangenen dreißig Jahren den islamischen Fundamentalismus bekämpft und ihn zerschlagen. (…) Osama bin Laden seinerseits haßt Saddam Hussein schon lange. Er bezeichnet ihn als einen Abtrünnigen, der getötet werden müsse.«

6) Der Irak solle *demokratisiert* werden. – Ritter: »Es ist lächerlich, wenn Donald Rumsfeld und andere über Demokratie im Irak sprechen. Das Demokratiemodell des Westens beruht auf der Herrschaft der Mehrheit. Aber im Irak sind 60 Prozent der Bevölkerung schiitische Moslems, also theoretisch mit dem Iran verbündet. Der Iran ist selbstredend eine Brutstätte des antiamerikanischen islamischen Fundamentalismus. (…) Wir wollen keine Demokratie im Irak, weil wir nicht wollen, daß die Schiiten an die Macht kommen.«[409]

Mit anderen Worten, es gab keine Beweise dafür, daß der Irak tatsächlich über entsprechende Fähigkeiten und Mittel verfügte, Massenvernichtungswaffen herzustellen. Im Gegenteil, es lagen genügend Informationen vor, das Gegenteil zu beweisen. US-Vize-Verteidigungsminister Paul Wolfowitz gab denn auch im Mai nach dem Irak-Krieg zu: »Aus bürokratischen Gründen setzten wir auf das Thema Massenvernichtungswaffen, weil es der einzige Grund war, bei dem jeder zustimmen konnte.«[410] Der Irak wurde nicht angegriffen, weil er Massenvernichtungswaffen besaß oder das Terrornetzwerk Al Qaida unterstützte, sondern weil er in militärischer Hinsicht leicht zu besiegen gewesen ist. Emanuel Todd spricht in diesem Zusammenhang von einem »theatralischen Militarismus«: »Das wahre Amerika ist so schwach, daß es nur mit militärischen Zwergen eine Konfrontation suchen kann.«[411]

409 Sämtliche Zitate von Scott Ritter, siehe: William Rivers Pitt und Scott Ritter: *Krieg gegen den Irak. Was die Bush-Regierung verschweigt*, Köln 2002, S. 41 ff., 46 ff., 65 ff., 80 f.

410 Zit. n. *Der Spiegel* 24/2003.

411 Emmanuel Todd: *Weltmacht USA. Ein Nachruf*, München 2003, S. 168.

– Im Januar 2005, beinahe zwei Jahre nach Beginn des Irakkriegs haben die USA die erfolglose Suche nach Massenvernichtungswaffen stillschweigend eingestellt.[412]

Im September 2002 informierte George W. Bush die Weltöffentlichkeit, daß sich die USA vor der UNO-Generalversammlung um eine neue Resolution bemühen würden, in der eine ausdrückliche Ermächtigung zum Krieg gegen den Irak enthalten sein solle, falls dieser die Auflagen nicht erfülle.[413] Eine solche Resolution scheiterte an dem Widerstand der ständigen Ratsmitglieder Frankreich, Rußland und China. Christian Hacke kritisiert diese Allianz gegen die USA als »Bruch diplomatischer Gepflogenheit, weil Deutschland Partner bevorzugte, die sich nicht aus moralischen Gründen, sondern aus nüchternen Eigeninteressen gegen die USA stellten«.[414] Hackes Analyse der deutschen Außenpolitik im Irak-Krieg geht freilich davon aus, daß die US-Politik für Stabilität und Sicherheit in der Region des Nahen Ostens, in Europa und der Welt sorge, »denn irakische Mittelstreckenraketen mit Massenvernichtungswaffen reichen bis Europa«.[415] Der Irak hatte aber zu diesem Zeitpunkt weder Raketen mit einer Reichweite bis nach Israel, geschweige denn nach Europa, noch Massenvernichtungswaffen besessen – dies hätte bereits im Vorfeld des Krieges zur Kenntnis genommen werden können.

Die US-Regierung war aus ihrer Sicht auf eine UN-Resolution, die sie zum Kriegführen bemächtigte, nicht angewiesen; sie verabschiedete eine neue militärische Sicherheitsdoktrin, wonach ein *preemptive strike* als Akt der Selbstverteidigung gelte und mithin durch den Artikel 51 der UN-Charta legitimiert sei. In der neuen Sicherheitsdoktrin heißt es: »We will disrupt and destroy terrorist organizations by: (...) defending the United States, the American people, and our interests at home and abroad by identifying and destroying the threat before it reaches our borders. While the United States will constantly strive to enlist the support of the international community, we will not hesitate to act alone, if necessary, to exercise our right of selfdefense by acting preemptively against such terrorists, to prevent them from doing harm against our people and our country (...).«[416]

---

412 Siehe *Financial Times Deutschland* (online-Ausgabe) vom 12. Januar 2005.

413 Siehe »Washington will Lizenz zum Losschlagen«, in: *SZ* vom 14./15. September 2002.

414 Christian Hacke: »Die deutsche Außenpolitik im Irak-Krieg«, in: *Gewerkschaftliche Monatshefte* 4/2003, S. 215–221; S. 220.

415 Ebd., S. 217.

416 White House: »National Security Strategy of the United States of America« (NSS), 17. September 2002, Internet: ⟨`http://www.whitehouse.gov/nsc/nssall.html`⟩.

Auf diese Weise umging die US-Regierung die Rechtfertigungspflicht vor dem UN-Sicherheitsrat, denn im Zweifelsfalle müßten sie sich nicht mehr um eine neue Resolution bemühen. Der UN-Sicherheitsrat verständigte sich dennoch im November 2002 auf eine neue Resolution. In der Resolution 1441 wurde festgehalten, daß es einer weiteren Ermächtigung zum Krieg nicht bedürfe; allerdings wurde festgelegt, daß nur der Sicherheitsrat, nicht aber einzelne Ratsmitglieder (USA, Großbritannien) »schwerwiegende Verstöße« gegen die Auflagen der Resolution feststellen dürfen und aus denen ein Krieg legitimiert werden kann. Zudem liege ein »schwerwiegender Verstoß« nur dann vor, wenn sich herausstelle, daß der Irak weiterhin über Massenvernichtungswaffen verfügt oder mit der Herstellung oder Beschaffung beschäftigt ist und zugleich die UNO-Waffeninspekteure (im Rahmen von UNMOVIC) bei ihren Kontrollen behindere.[417]

Den Wortlaut der Resolution 1441 kommentierte die *New York Times* im Sinne der US-Administration: »Der Beschluß stellt es den USA frei, den Irak anzugreifen – auch ohne zweite Resolution, die den Einsatz von Gewalt ausdrücklich autorisiert.«[418] – Das war Dichtung statt Wahrheit. In Ziffer 2 der Resolution 1441 hatte der UN-Sicherheitsrat lediglich beschlossen, dem Irak »eine letzte Chance einzuräumen, seinen Abrüstungsverpflichtungen nach den einschlägigen Resolutionen des Rates nachzukommen; und (...) ein verstärktes Inspektionsregime einzurichten, mit dem Ziel, den vollständigen und verifizierten Abschluß des (...) Abrüstungsprozesses herbeizuführen«[419]. Dem Irak wurde auferlegt, innerhalb einer Frist von 30 Tagen eine vollständige Auflistung seiner Waffenbestände und Beschaffungsprogramme hinsichtlich Massenvernichtungswaffen vorzulegen, dem auch Folge geleistet wurde. Die Regierungen der USA und Großbritanniens interpretierten den Wortlaut der Resolution als ausreichende Grundlage, einen Krieg gegen den Irak zu führen, falls nach ihrem eigenen Ermessen ein »schwerwiegender Verstoß« vorliege. Die US-Regierung soll auf die Bundesregierung und andere nicht ständigen Ratsmitglieder starken Druck ausgeübt haben, sich dieser Sichtweise anzuschließen,[420] was sie im Grunde auch tat: »Die Bundesregierung hat die Resolution 1441 ebenfalls als zur Not ausreichende Grundlage bewertet, anstatt die Verabschiedung einer

417 Siehe UN-Resolution 1441, abgedruckt in: von Sponeck und Zumach: *Irak – Chronik eines gewollten Krieges*, a. a. O., S. 146–153.

418 *NYT* vom 9. November 2002.

419 UNO-Resolution 1441, abgedruckt in: von Sponeck und Zumach: *Irak – Chronik eines gewollten Krieges*, a. a. O., S. 146–153.

420 Vgl. von Sponeck und Zumach, a. a. O., S. 22.

zweiten Resolution mit einer eindeutigen Ermächtigung zu militärischen Maßnahmen zur Conditio sine qua non zu machen. Dies markiert ein großes Versagen Deutschlands bei der Verteidigung der UNO-Charta.«[421]

Der »deutsche Weg«

Bis Ende 2002 hatte es zwischen den europäischen Staaten keine Abstimmung ihrer außenpolitischen Positionen zur Irakpolitik gegeben. Eine einheitliche EU-Außenpolitik hatte mithin zu dieser Frage bis dahin nicht existiert. In dieses Vakuum des Nicht-Verhaltens stießen die Initiativen der US-Regierung ungehindert vor und wurden lediglich von einzelnen Staaten wie Frankreich, welches zu den ständigen Mitgliedern im UN-Sicherheitsrat gehört und demzufolge ein Veto-Recht besitzt, zurückzudrängen versucht. Der US-Außenminister Collin Powell betonte dagegen im Januar 2003 noch einmal: »Wir haben immer klar gemacht, daß die USA auch ohne zweite Resolution handeln werden. Wenn die internationale Gemeinschaft nicht bereit dazu ist, den Irak zu entwaffnen, dann werden die USA mit gleichgesinnten Nationen diese Verpflichtung alleine tragen.«[422] Die entsprechende »Ermächtigungsresolution zur Anwendung militärischer Gewalt gegen den Irak« wurde vom US-Senat und Repräsentantenhaus im US-amerikanischen Kongreß bereits am 10./11. Oktober 2002 beschlossen. Darin heißt es: »Der Präsident ist ermächtigt, die Streitkräfte der Vereinigten Staaten so einzusetzen, wie er es als notwendig und angemessen erachtet, um die nationale Sicherheit der Vereinigten Staaten gegen die fortgesetzte Bedrohung durch den Irak zu verteidigen und alle relevanten Irak-Resolutionen des UN-Sicherheitsrates durchzusetzen.«[423]

Die Bundesregierung glich allmählich ihren außenpolitischen Kurs dem Frankreichs an und schloß sieben Wochen vor der Bundestagswahl, als die Umfragen für die SPD bei einem Tiefstand von nahezu 30 Prozent gewesen waren, eine Beteiligung Deutschlands an einem Krieg kategorisch aus, selbst wenn es für einen Krieg gegen den Irak ein klares UN-Mandat geben sollte. Damit begann sich eine einheitliche Politik der EU, zunächst als Tandem Frankreich/Deutschland herauszubilden, die aus wahltaktischen Gründen

421 »Chronik eines gewollten Krieges, Andreas Zumach im Gespräch mit Hans von Sponeck«, ebd., S. 34; siehe auch Joachim Perels: »Außenminister schwächt Bedeutung des Sicherheitsrats«, in *FR* vom 4. Januar 2003.

422 Zit. n. *SZ* vom 18./19. Januar 2003.

423 Siehe Gesamtwortlaut dokumentiert in: *Blätter für deutsche und internationale Politik*, 11/2002.

von der Bundesregierung als »deutscher Weg« bezeichnet wurde. Schröder verwendete die Wendung erstmals auf einer Wahlkampfveranstaltung in Goslar: »wir haben uns auf den Weg gemacht, unseren deutschen Weg.«[424] Der »deutsche Weg« sollte die mittlerweile unpopulär gewordene Formel von der »uneingeschränkten Solidarität« wieder zurücknehmen, zumindest einschränken. In sieben Wochen holte Schröder für die SPD einen Rückstand von zehn Prozentpunkten auf und gewann ganz knapp die Wahl gegen seinen Herausforderer Edmund Stoiber.

Mit dem »deutschen Weg« erfaßte Schröder den mehrheitlichen Willen der deutschen Bevölkerung. Gleichzeitig entsprach es dem Begehren nach Normalität: »Das Deutschland, für das ich arbeite, ist ein stolzes, ein solidarisches Land. Ein Land, das seine Leistung nicht mies machen läßt. (...) Unser Deutschland ist ein selbstbewußtes Land. Es ist stolz auf die eigene Tradition und offen für den Reichtum anderer Kulturen. (...) Unser Deutschland genießt Respekt und Ansehen in der Welt. Weil wir Partner und Vorbild sind. Weil wir das Europa bauen und weltweit Frieden und Menschenrechte sichern und schützen helfen. (...) Das ist unser deutscher Weg. Für die Vision kämpfe und arbeite ich.«[425]

Anläßlich des Kosovo-Krieges 1999 hatte Gerhard Schröder die deutsche Westbindung – damit war nicht nur eine Orientierung nach Westeuropa, sondern auch auf das transatlantische Bündnis gemeint – noch zur Staatsräson der Bundesrepublik erklärt. Die Wendung vom »deutschen Weg« erweckte nunmehr vorübergehend den Eindruck, daß sich die Bundesregierung von der Westbindung lösen und einen neuen Sonderweg einschlagen wolle. »Nie wieder deutsche Sonderwege beschreiten«, forderte Hans-Ulrich Klose.[426] Es handelt sich bei der Forderung, keine Sonderwege zu beschreiten, freilich um eine ironische Umkehrung des kritischen Inhalts des Sonderwegstabus: Mit der Tabuisierung des Sonderwegs soll heute nicht mehr verhindert werden, daß der deutsche Staat seine Nachbarn überfällt, sondern daß der deutsche Staat etwas *Besonderes* aus den verschuldeten Weltkriegen und Auschwitz lernt. Eine *abgesonderte*, fortschrittliche Normalisierung, die aus dem allgemeinen Kanon ausschert und damit innerhalb der Staatenkonkurrenz unter Umständen zu einem Nachteil für den deutschen Staat

424 Zit. n. »Schröders deutscher Weg«, in: *Die Welt* vom 6. August 2002; vgl. Günter Bannas: »Sozial im Inneren, friedlich im Äußeren. Die SPD und ihr ›deutscher Weg‹«, in: *FAZ* vom 6. August 2002.

425 Gerhard Schröder: »Meine Vision von Deutschland«, in: *Bild* vom 8. August 2002; siehe Internet: http://www.bundesregierung.de/Nachrichten/Namensbeitraege.

426 Vgl. »In der Abseitsfalle«, in: *FAZ* vom 14. Februar 2003.

gereichen könnte, soll es nicht geben. »Nach der Delegitimierung durch das ›Dritte Reich‹ hat das deutsche Bürgertum seine ideologische Machtbasis stets aus der politischen Anlehnung an die Westmächte bezogen. Gerichtet war dieses Bündnis sowohl gegen den Ostblock als auch gegen die innere Opposition. Rot-Grün ist darauf nicht so sehr angewiesen und bemüht sich nach Kräften, Deutschland als ›normale‹ Nation zu rehabilitieren, die auf dem politisch-kulturellen Niveau der westlichen Staaten angekommen sei.«[427]

In der Tat bestand die Westbindung Deutschlands nach dem Zweiten Weltkrieg aus zwei tragenden Pfeilern: der deutsch-französischen Aussöhnung sowie der deutsch-amerikanischen Freundschaft. Während diese nun abkühlte, festigte sich jene. »Die neueste weltpolitische Präventivkrieg-Doktrin der Bush-Administration bringt die Deutschen nun in eine schizophrene Lage: Daß ein Präventivkrieg verwerflich und das Völkerrecht der Maßstab aller weltpolitischen Dinge sei, war schließlich eine zentrale Lektion des amerikanischen re-education-Programms gewesen. Die Deutschen haben sie erfolgreich verinnerlicht und führen sich nun bei ihrer Kritik an der neuen amerikanischen Strategie als Sachwalter wahrer amerikanischer Prinzipien auf – was jenseits des Atlantiks als musterschülerhafte Anmaßung aufstößt. Ausgerechnet das Bestreben Amerikas, die Demokratie notfalls auch mit militärischen Mitteln in der Welt zu verbreiten, erschreckt die Deutschen – obwohl doch gerade das deutsche Beispiel nach 1945 zeigt, daß ein solches Vorgehen zum Erfolg führen kann. Der deutsche Widerstand just in dieser Frage ruft in den großen westlichen Ländern ungute Erinnerung daran wach, daß sich das Wilhelminische Reich einst als Beschützer des kulturellen Eigensinns kleinerer Nationen gegen den ›Zivilisationsimperialismus‹ der Westmächte aufgespielt hatte.«[428] – Den Gedanken Richard Herzingers liegt eine *invention of tradition* (Legendenbildung) zu Grunde: Zum einen muß man sehen, daß die USA genausowenig wie andere Staaten eine statische Identität sind. Es war ein *anderes* Amerika als das heutige, welches im Zweiten Weltkrieg sich der Anti-Hitler-Koalition anschloß. Zu den amerikanischen Prinzipien gehört es zum anderen nicht, notfalls mit militärischen Mitteln Demokratie in der Welt zu verbreiten. Auch der Kriegseintritt der USA im Zweiten Weltkrieg stand unter dem Vorzeichen, einen Diktator zu

427 Gregor Kritidis: »Prinzipientreuer Regierungspazifismus? Zur Position der rot-grünen Bundesregierung im gegenwärtigen Irak-Konflikt und dem historischen Rückstand der Unionsparteien«, in: *sopos* 3/2003, Internet: ⟨`http://sopos.org/aufsaetze/3e68c00b6ad0c/1.phtml#o1`⟩.

428 Richard Herzinger: »Die besseren Amerikaner sind wir«, in: *Die Zeit*, 41/2002.

stürzen, was mit Verbreitung von Demokratie nicht gleich identisch ist. Zur jüngeren US-Geschichte nach 1945 gehört es dagegen, notfalls mit militärischen Mitteln nicht Demokratie, sondern Militärregime und Diktaturen zu verbreiten, wenn sie im Interesse der USA liegen. Im Irak steht nach dem Sturz Husseins zwar eine Demokratisierung des Landes an, aber dadurch würde der Irak unter schiitische und damit unter die Kontrolle Irans geraten. Man darf vermuten, daß dies noch im Kalkül der US-Regierung liegt, da der Iran schon als nächste Zielscheibe im Krieg gegen die »Achse des Bösen« im Gespräch ist.

Auch wenn die deutsch-amerikanische Freundschaft während der Irakkrise bis aufs äußerste strapaziert war, »westlich« ging es im »deutschen Weg« allemal noch zu, zumal er eher ein *französischer* Weg gewesen ist, dem sich die Bundesregierung angeschlossen hat. »Zudem war der Westen nie ein statisches Gebilde, das sich vor allem durch den Gleichklang der Interessen ausgezeichnet hätte. Im Gegenteil, letztlich ist er ein ideelles Konstrukt, ein offenes System, das sich nicht zum ersten Mal in heftiger Bewegung befindet: Kräfteverhältnisse werden neu definiert, Interessenkonflikte neu austariert, Werteüberzeugungen neu überprüft.«[429] Dennoch löste die Wendung vom »deutschen Weg« weiteren Widerspruch aus. Der ehemalige Außenminister, Hans-Dietrich Genscher, war entsetzt über Schröders »Deutschtümelei«, die historisch »gegen den gemeinsamen europäischen Weg, mit dem wir das Vertrauen unserer Nachbarn erworben haben«, stehe.[430] Der amtierende Außenminister Fischer mochte die Wendung vom »deutschen Weg« nicht im Munde führen, wählte statt dessen eine weniger pathetische Wortwahl und sprach von »Kriegsabenteuern« sowie von »falscher Prioritätensetzung« der USA, der man nicht auf einem deutschen, sondern auf einem europäischen Wege entgegentreten müsse. *Die Zeit* versuchte Schröder eine Brücke zu Fischer zu bauen. *Die Zeit*: »Noch einmal zurück zum umstrittenen ›deutschen Weg‹: Gerade wenn man in dieser heiklen Frage eine europäische Position anstrebt, muß die nationale Konnotation dieses Wortes doch kontraproduktiv sein?« *Schröder*: »Der ganze Versuch, daraus einen Sonderweg zu konstruieren (...) ist reine Wahlkampftaktik, weil ich mich eben nicht auf außenpolitische Fragen bezogen habe.«[431] – *Wessen* Taktik?

Das deutsche oder europäische Nein zu einem Krieg gegen den Irak war keinem prinzipientreuen Regierungspazifismus geschuldet, der sich etwa gegen eine Großmachtpolitik durchgesetzt haben könnte, sondern leitete sich

429 Ebd.; siehe Heinrich August Winkler: »NATO am Scheideweg«, in: *Der Spiegel* 40/2002.
430 Hans Dietrich Genscher zit. n. *Berliner Morgenpost* vom 11. August 2002.
431 *Die Zeit* vom 15. August 2002.

gerade aus einem eigenen Großmachtkalkül ab. Die europäischen Staaten, allen voran Frankreich und Deutschland, hatten anders als die USA und Großbritannien nach 1991 gute wirtschaftliche Beziehungen zum Irak unter der Führung von Saddam Hussein gepflegt; ihre wirtschaftlichen Interessen standen dem Sturz des Hussein-Regimes mithin entgegen. »In den unter der Regierung Kohl verfaßten Verteidigungspolitischen Richtlinien (VPR) von 1992 heißt es lapidar, die Außenpolitik müsse sich der ›Aufrechterhaltung des freien Welthandels und des Zugangs zu den strategischen Rohstoffen‹ widmen; dabei müßten sich die Interessen Deutschlands nicht in jedem Fall mit denen der Verbündeten decken. Dieser Fall ist nun aber eingetreten: Deutschland ist nicht nur einer der wichtigsten Handelspartner der arabischen Staaten, sondern wäre ebenso wie Frankreich nach einem erfolgreichen Golfkrieg der USA von einer wirksamen Kontrolle des Ölpreises weitgehend ausgeschlossen. Da die US-Regierung jedoch bisher offenbar nicht gewillt ist, die EU-Staaten an der Kontrolle des irakischen Öls zu beteiligen, muß den EU-Kernstaaten Frankreich und Deutschland daran gelegen sein, die USA an einem Alleingang zu hindern.«[432]

Nachdem die USA im Alleingang mit Großbritannien und anderen Verbündeten gegen den Irak den Krieg am 20. März 2003 offiziell begonnen hatten, trafen sich die vier Regierungschefs aus Deutschland, Frankreich, Belgien und Luxemburg Ende April 2003, um als Reaktion auf die transatlantische Verstimmung den Aufbau einer europäischen Militärmacht mit neuen Impulsen voranzutreiben.[433] Es sei der Zeitpunkt gekommen, »eine neue Phase einzuleiten (...) zur Schaffung Europas, das auf verstärkten militärischen Fähigkeiten gründet«[434]. Knapp zwei Monate später wurde auf dem EU-Gipfel in Thessaloniki die Maßgabe als Vorlage für einen EU-Verfassungsentwurf beschlossen. Alles in allem ist festzustellen, daß die Ablehnung des Irakkrieges seitens des »alten Europas« (Rumsfeld) keine pazifistische oder Antikriegsposition gewesen ist, sondern lediglich eine Ablehnung gegen den Alleingang und Alleinführungsanspruch der USA aufgrund rivalisierender Interessen als kapitalistische Kontrahenten. »Während führende Repräsentanten der US-Regierung die Haltung der Bundesregie-

432 Kritidis: »Prinzipientreuer Regierungspazifismus?«, a. a. O.

433 Ein »Wehrhaftes Europa« wird laut Umfrage des NFO-Infratests vom 25.–27. März 2003 von 61 Prozent der Befragten zum Zeitpunkt der Konfrontation Europas mit den USA befürwortet und von 30 Prozent abgelehnt. – Siehe *Der Spiegel* 14/2003, S. 52.

434 »Verstärkte militärische Fähigkeiten«, gemeinsame Erklärung Deutschlands, Frankreichs, Luxemburgs und Belgiens zur Europäischen Sicherheits- und Verteidigungspolitik, vom 29. April 2003, abgedruckt in: *Blätter für deutsche und internationale Politik*, Nr. 6/2003; vgl. »Mehr Europa«, in: *Der Spiegel* 14/2003.

rung zum Irak-Krieg als Wahlkampfmanöver geißelten, wurden die Äußerungen des Bundeskanzlers hierzulande – weit über die Anhängerschaft von SPD und Grüne hinaus – für bare Münze genommen oder gar als Friedenspolitik interpretiert. Tatsächlich jedoch hat dieser ›deutsche Weg‹ weder etwas mit dem Einschwenken der Regierung auf Mehrheitsmeinungen in der Bevölkerung, noch hat er etwas mit Friedenspolitik zu tun.«[435]

Ein allzu offener Konfrontationskurs gegenüber den USA wurde allerdings vermieden. »Die deutsche Außen- und Militärpolitik ist deshalb schon seit geraumer Zeit ein Drahtseilakt zwischen Komplizenschaft und Konkurrenz. Einerseits wird die Gegenmachtbildung vorangetrieben – andererseits soll ein Bruch mit den USA vermieden werden, denn im NATO-Verband und im Fahrwasser des von den USA verkündeten ›globalen Krieges gegen den Terror‹ kommt auch der deutsche Imperialismus gut voran.«[436] Auch dürfte der Umstand, daß eine EU-Armee immer noch nicht vollständig unabhängig von NATO-Strukturen einsatzbereit ist, die Einsicht beflügeln, auf die NATO und damit auf ein gutes Verhältnis zu den USA angewiesen zu sein.

Deutsche Beteiligung am Irak-Krieg

Der deutsche Staat beteiligte sich nicht direkt und aktiv militärisch am Krieg gegen den Irak, aber eine passive praktische Unterstützung des Irak-Krieges erfolgte dennoch. Die Bundesregierung hatte bereits nach den Bundestagswahlen im September 2002 ihren strikten außenpolitischen Kurs dahingehend relativiert. »Die Bundesregierung hat inzwischen sämtliche logistischen Wünsche der Bush-Administration zur Unterstützung eines Irak-Krieges und zur zumindest indirekten deutschen Beteiligung an einem Krieg erfüllt«, resümierte Hans von Sponeck den Sachverhalt.[437] Deutschland fungierte als zentrale logistische Drehscheibe für den Truppenaufmarsch im Irak (Truppen- und Kriegswaffentransporte). »Wohl wissend, daß die Vorbereitung und die Führung eines Angriffskrieges vom Grundgesetz (Artikel 26) verboten und ein Straftatbestand (§§ 80, 80a StGB) ist, wurde die Nutzung von Flughäfen und Militärstützpunkten erlaubt, wurden Überflugrechte für die US-amerikanischen und britischen Bombenflugzeuge erteilt.«[438]

---

435 Schreer: *isw-spezial*, Nr. 18, S. 19.
436 Ebd., S. 20.
437 »Chronik eines gewollten Krieges, Andreas Zumach im Gespräch mit Hans von Sponeck«, a. a. O., S. 104.
438 Schreer: *isw-spezial*, Nr. 18, S. 8.

Darüber hinaus leisteten Bundeswehrsoldaten Unterstützungsleistungen in den AWACS-Aufklärungsflugzeugen an der türkischen Grenze zum Irak, die auch als Feuerleitsysteme für die Angriffe US-amerikanischer Kampfflugzeuge eingesetzt wurden. Deutsche Fuchs-Spürpanzer blieben in Kuwait stationiert, die Besatzung wurde sogar um weitere 100 Bundeswehrsoldaten verstärkt und sollte im Falle eines irakischen Angriffs mit Massenvernichtungswaffen eingesetzt werden. Die Bundesmarine leistete Geleitschutz für US-Kriegstransporte. Die Bundesmarine befand sich ursprünglich im Seegebiet vor dem Horn von Afrika im Rahmen der vom Bundestag gebilligten Beteiligung am internationalen Verband des Anti-Terroreinsatzes »Enduring Freedom«. »Die Wasserstraße gehört zu den am dichtesten befahrenen der Welt. Durch sie läuft ein großer Teil des Nachschubes für den Aufmarsch gegen den Irak. (...) Die Kriegsschiffe des internationalen Verbandes im Seegebiet vor dem Horn von Afrika werden in den letzten Wochen immer mehr für solche Geleite eingesetzt. Die Grenzen zwischen dem Anti-Terroreinsatz und dem Aufmarsch gegen den Irak sind jedenfalls in der Vorbereitungsphase fließender geworden. Auch wenn das niemand an Bord der Fregatte einräumt, ist es doch jedem klar.«[439] 3700 Bundeswehrsoldaten bewachten die US-amerikanischen Militäreinrichtungen auf deutschem Boden, wodurch die in Deutschland stationierten amerikanischen Soldaten in den Irak zum Kampfeinsatz verlegt werden konnten.[440] Last not least beschloß die Bundesregierung im September 2004 die Verlegung von Panzern in den Irak (ohne deutsche Besatzung). »Trotz all dieser Zusagen und Erklärungen bleibt die Bundesregierung jedoch bei ihrer Behauptung, sie sei gegen einen Krieg und Deutschland werde sich an einem solchen nicht beteiligen.«[441]

Die Bundesregierung berief sich bei diesen Unterstützungsleistungen auf angebliche Bündnisverpflichtungen, die auf jeden Fall Deutschland einzuhalten habe. Bündnisverpflichtung gegenüber der NATO (Bündnisfall, Artikel 5) sind aber lediglich Kannbestimmungen, nicht Sollbestimmungen, und auch aus dem UN-Recht hätte sich keine Verpflichtung ergeben, schon deshalb nicht, weil die UN den Krieg durch eine entsprechende Resolution nicht legitimiert hatte und demzufolge dieser völkerrechtswidrig gewesen war. »Nachdem der Krieg gegen den Irak eine rein US-nationale Entscheidung war – nicht nur völkerrechtswidrig, sondern auch ein Ver-

439 »Dschibuti: Die Angst fährt mit«, ARD-Weltspiegel, Internet: ⟨`http://www.ndrtv.de/weltspiegel/20030309/dschibuti.html`⟩.

440 Vgl. Schreer: *isw-spezial*, Nr. 18, S. 11.

441 »Chronik eines gewollten Krieges«, a. a. O., S. 104.

stoß gegen den NATO-Vertrag – gab es keinerlei Beistandsverpflichtungen, weder für die eigenen militärischen Unterstützungsleistungen, weder für die Duldung der Nutzung der militärischen Infrastruktur in Deutschland, noch für die Genehmigung von Militärtransporten und von Überflugrechten. Im Gegenteil: Die Bundesregierung hätte all das untersagen und jede eigene Hilfeleistung verweigern müssen.«[442] *In konkreto* hat die Bundesregierung offenbar vorsätzlich zugleich gegen mehrere Rechtsartikel und Verträge verstoßen: gegen Artikel 2, Nr. 3 und Nr. 4 der UN-Charta[443] , gegen den 25. Artikel[444] des Grundgesetzes, sowie gegen weitere Artikel[445] der deutschen Verfassung, ferner gegen den »Zwei-plus-Vier-Vertrag«[446]

442 Schreer: *isw-spezial*, Nr. 18, S. 14.

443 Artikel 2, Nr. 3: »Alle Mitglieder legen ihre internationalen Streitigkeiten durch friedliche Mittel so bei, daß der Weltfriede, die internationale Sicherheit und die Gerechtigkeit nicht gefährdet werden.«; Artikel 2, Nr. 4: »Alle Mitglieder unterlassen in ihren internationalen Beziehungen jede gegen die territoriale Unversehrtheit eines Staates gerichtete oder sonst mit den Zielen der Vereinten Nationen unvereinbare Androhung oder Anwendung von Gewalt.« – Charta der Vereinten Nationen, Kapitel I. – Das in Artikel 51 der UN-Charta festgehaltene »Recht zur individuellen oder kollektiven Selbstverteidigung im Falle eines bewaffneten Angriffs gegen ein Mitglied der Vereinten Nationen«, auf das sich die USA beriefen, traf nicht zu, da zum einen vom Irak kein bewaffneter Angriff ausging und zum anderen der UN-Sicherheitsrat keine militärischen Maßnahmen zur Beendigung eines Konfliktes gegen den Irak beschlossen hatte.

444 Artikel 25, GG: »Die allgemeinen Regeln des Völkerrechts sind Bestandteil des Bundesrechtes. Sie gehen den Gesetzen vor und erzeugen Rechte und Pflichten unmittelbar für die Bewohner des Bundesgebietes.« – »Nach der Aggressionsdefinition der Vereinten Nationen (Beschluß der UN-Generalversammlung vom 14. 12. 1974) handelt derjenige Staat völkerrechtswidrig, der auf seinem Hoheitsgebiet kriegsrelevante Aktionen für einen Angriff auf einen anderen Staat duldet. Artikel 25 des Grundgesetzes verbietet somit auch jede indirekte Beteiligung, etwa logistische oder finanzielle Unterstützung eines Aggressors gegen einen Drittstaat.« – Schreer: *isw-spezial*, Nr. 18, S. 12.

445 Artikel 26, Abs. 1, GG: »Handlungen, die geeignet sind und in der Absicht vorgenommen werden, das friedliche Zusammenleben der Völker zu stören, insbesondere die Führung eines Angriffskrieges vorzubereiten, sind verfassungswidrig. Sie sind unter Strafe zu stellen.«; § 80 StGb: »Wer einen Angriffskrieg, an dem die Bundesrepublik Deutschland beteiligt sein soll, vorbereitet und dadurch die Gefahr eines Krieges für die Bundesrepublik Deutschland herbeiführt, wird mit lebenslanger Freiheitsstrafe oder mit Freiheitsstrafe nicht unter zehn Jahren bestraft.«; Artikel 87a, Abs. 1, GG: »Der Bund stellt Streitkräfte zur Verteidigung auf.«; Artikel 115a, Abs. 1, GG: »Die Feststellung, daß das Bundesgebiet mit Waffengewalt angegriffen wird oder ein solcher Angriff unmittelbar droht (Verteidigungsfall), trifft der Bundestag mit Zustimmung des Bundesrates. Die Feststellung erfolgt auf Antrag der Bundesregierung und bedarf einer Mehrheit von zwei Dritteln der abgegebenen Stimmen, mindestens der Mehrheit der Mitglieder des Bundestages.«

446 Artikel 2, Zwei-plus-Vier-Vertrag: »Die Regierungen der Bundesrepublik Deutschland und der Deutschen Demokratischen Republik bekräftigen ihre Erklärungen, daß von deutschem Boden nur Frieden ausgehen wird.«

und auch gegen den NATO-Vertrag[447]. Für Gerhard Schröder sind die Verweise auf die verfassungsrechtlichen und vertraglichen Bindungen lediglich »Spekulationen« und »Juristerei« gewesen; er machte dagegen deutlich, daß die Entscheidung, gegen Völkerrecht, Grundgesetz und andere Verträge zu verstoßen, *strategisch* motiviert gewesen ist: »Die gegenwärtige Lage läßt keinen Raum für Spekulationen. Nur so viel: Es geht hier nicht um Juristerei, sondern um eine politische Entscheidung. Ich habe immer erklärt, daß wir die Bewegungsfreiheit unserer Verbündeten nicht einschränken werden. Das bezieht sich auf die USA ebenso wie auf Großbritannien.«[448] Eine Mehrheit von 54 Prozent der Deutschen halten laut Umfrage vom März 2003 dies für in Ordnung, 39 Prozent dagegen nicht.[449]

Die Bundesregierung hätte, wenn sie die im Rahmen der Normalisierung wiedererlangte nationalstaatliche Souveränität vollständig ausgespielt hätte, sich konsequent aus allem heraushalten können. Denn Souveränität bedeutet auch, *Neinsagen* zu können. Egon Bahr hat auf diesen Umstand schon 1993 aufmerksam gemacht: »(…) die deutsche Politik ist nicht zu der Klarheit durchgedrungen, daß Souveränität auch im Neinsagen bestehen kann, wie das alle unsere europäischen Verbündeten von Dänemark bis Italien, von Amerika bis Frankreich, von Großbritannien bis Griechenland mit Selbstverständlichkeit getan haben und wohl auch weiter tun werden.«[450] – Neinsagen wollte die Bundesregierung aber nicht, denn es wird im »deut-

---

447 Artikel 1, Nordatlantikvertrag: »Die Parteien verpflichten sich, in Übereinstimmung mit der Satzung der Vereinten Nationen, jeden internationalen Streitfall, an dem sie beteiligt sind, auf friedlichem Wege so zu regeln, daß der internationale Friede, die Sicherheit und die Gerechtigkeit nicht gefährdet werden, und sich in ihren internationalen Beziehungen jeder Gewaltandrohung oder Gewaltanwendung zu enthalten, die mit den Zielen der Vereinten Nationen nicht vereinbar sind.«; Art. 5 des NATO-Vertrages (Bündnisfall) hätte niemals ausgelöst werden dürfen, da nach Art. 51 der UN-Charta, an die sich der NATO-Vertrag gebunden hat, weder ein Angriff vorgelegen hat, noch ein Präventivkrieg legitimiert ist; Art. 5, NATO-Vertrag: »Die Parteien vereinbaren, daß ein bewaffneter Angriff gegen eine oder mehrere von ihnen in Europa oder Nordamerika als ein Angriff gegen sie alle angesehen wird; sie vereinbaren daher, daß im Falle eines solchen bewaffneten Angriffs jede von ihnen in Ausübung des in Artikel 51 der Satzung der Vereinten Nationen anerkannten Rechts der individuellen oder kollektiven Selbstverteidigung der Partei oder den Parteien, die angegriffen werden, Beistand leistet, indem jede von ihnen unverzüglich für sich und im Zusammenwirken mit den anderen Parteien die Maßnahmen, einschließlich der Anwendung von Waffengewalt, trifft, die sie für erforderlich erachtet, um die Sicherheit des nordatlantischen Gebiets wiederherzustellen und zu erhalten.«

448 Gerhard Schröder zit. n. *Stern*, 8/2003 vom 12. Februar 2003.

449 Vgl. NFO-Infratest-Umfrage für den *Spiegel* vom 25.–27. März 2003, in: *Der Spiegel* 14/2003, S. 56.

450 Bahr: »Die Verfassung steht über dem Bündnis«, a. a. O., S. 56.

schen Interesse« gelegen haben, sich wenigstens indirekt am Krieg gegen den Irak zu beteiligen, wenn er schon nicht zu verhindern gewesen war, und sich mit der US-Administration nicht noch tiefer zu zerstreiten. Der Lohn der Mühe ließ sich im November 2003 in der *Süddeutschen Zeitung* ablesen, die titulierte: »Deutschland bleibt wichtigster US-Standort«. Die *Süddeutsche Zeitung* paraphrasierte eine Meldung aus dem Weißen Haus: »Deutschland habe sich als zuverlässiger Bündnispartner erwiesen. Berlin habe keine Überflugrechte verweigert, die Standorte nicht reglementiert und die Kasernen zusätzlich bewacht.«[451] Im März 2004 beanspruchte Gerhard Schröder aus der Retrospektive bemerkenswerterweise dennoch das Neinsagen für seine Bundesregierung als Souveränitätsmerkmal, als er auf dem Sonderparteitag der SPD zur Wahl Münteferings zum neuen SPD-Vorsitzenden das vermeintliche Nicht-Engagement der Bundeswehr am Golf mit dem sonstigen militärischen Engagement des deutschen Staates im Ausland rechtfertigte: »Mit diesen Pflichten haben wir uns als souveränes Land das Recht erworben, Nein zu sagen, wenn wir vom Sinn nicht überzeugt sind.«[452]

Terrorgefahr für Europa?

Mit der Terrorgefahr auch in Europa erhält der deutsche Normalisierungsprozeß, der bereits in eine finale Phase eingetreten ist, eine besondere Brisanz. Nicht nur, daß die drohende Gefahr von Terroranschlägen die europäischen Regierungen dazu anhält, sich an militärischen und weniger an zivilen Konzepten im Kampf gegen den Terror zu beteiligen, sondern es droht im Angesicht eines Anschlages, der vom Ausmaß mit dem vom 11. September 2001 vergleichbar wäre, eine Übernahme der neuen US-Sicherheitsdoktrin des *preemptive strike*. Das angebliche Angebot von Al Qaida mit der EU eine »Feuerpause« zu vereinbaren, in der Absicht, einen größeren Keil zwischen Europa und die USA zu treiben, blieb von den europäischen Regierungen unbeantwortet. Ein Ultimatum verstrich. Seither muß mit schwerwiegenden terroristischen Attentaten auch in Europa gerechnet werden. Inwiefern solche Wasser auf die Mühlen jener wären, die die Übernahme der neuen US-Sicherheitsdoktrin als Prinzip auch in der europäischen oder deutschen Außenpolitik befürworten (zum Beispiel Wolfgang Schäuble oder auch der Generalinspekteur der Bundeswehr Schneiderhahn), bleibt ungewiß, aber zumindest kann es als wahrscheinlich gelten. Ein Regierungswechsel im

451 *SZ* vom 27. November 2003.
452 Zit. n. *SZ* vom 22. März 2004.

Weißen Haus durch die Demokraten (John Kerry) hätte für ein positiveres Klima in der Weltpolitik, insbesondere im Verhältnis der USA zu Europa gesorgt. In Kreisen der Bundesregierung machten sich im Vorfeld der US-Wahlen Stimmen bemerkbar, die im Falle eines Wahlsieges der Demokraten ein aktives deutsches Engagement im Irak nicht mehr kategorisch ausschließen würden. Kerry konnte sich allerdings gegen den amtierenden US-Präsidenten George W. Bush, der den »Krieg gegen den Terror« in unverminderter Härte fortzusetzen gedenkt, nicht durchsetzen.

Die bereits geführten und vermutlich noch bevorstehenden Kriege gegen das »allgegenwärtige Terrornetzwerk Al Qaida« können im Nahen Osten, am Kaspischen Meer und im Kaukasus einen Flächenbrand auslösen, den man vielleicht in ein paar Jahren als den Dritten Weltkrieg bezeichnen wird. Daß sich angesichts dessen ein relatives Unbehagen seitens der europäischen Regierungen jenseits ihrer offiziellen Solidaritätserklärungen breitgemacht hatte, kann nicht darüber hinwegtäuschen, wie sehr sich die sogenannte »westliche Wertegemeinschaft« im Stande der von ihr gefühlten Bedrohung innen- wie außenpolitisch autoritarisiert und von ihren »westlichen Werten« abweicht. Der deutsche Staat wäre für die Instabilität der neuen Weltordnung in dem Maße präpariert, wie es den herrschenden Eliten in Deutschland erforderlich erscheint. Die Normalisierung ist an ihrem programmatischen Ziel der Normalität angelangt. Diese jedoch hat im Kern mehr als zuvor eine *dynamisierte* Norm und längst den nationalstaatlichen Rahmen verlassen. In diesem Zusammenhang muß deshalb die europäische Integration als verlängertes Operationsfeld der deutschen Normalisierung betrachtet werden.

Die europäische Integration als verlängertes Operationsfeld deutscher Normalisierung | 3

1. Der Aufstieg Deutschlands zu einer Mittelmacht

Ökonomischer Riese – politischer Zwerg?

Eine sehr effiziente politische Taktik des westdeutschen Staates habe bis zur deutschen Einheit nach Hans-Peter Schwarz darin bestanden, die Stärken der Bundesrepublik als Welthandelsmacht, zu der sie spätestens seit den 1970er Jahren geworden sei, zu maskieren; wenn sie nicht sogar sich die »Tarnkappe des politischen Zwerges über die Ohren« gezogen habe.[1] Nach dem Vollzug der deutschen Einheit sei diese politische Taktik allerdings ziemlich schnell aufgegeben worden. Das Pendel schlug in die entgegengesetzte Richtung, schreibt auch Inge Schwammel. »Mit einem Male trat die Bundesrepublik Deutschland – in Wirklichkeit aber (...) war das keineswegs so überraschend – als Großmacht in Erscheinung.«[2]

Auch der konservative Historiker Gregor Schöllgen schreibt, daß die »dramatischen Ereignisse« der beiden Jahre 1989 und 1990 die Bundesrepublik »gleichsam über Nacht wieder in die Rolle einer kontinentalen Großmacht mit weltpolitischem Gewicht« hineinkatapultiert haben.[3] Den Deutschen sei also nicht nur der nach den zwei gescheiterten Versuchen von 1871 und 1918 mittlerweile für unerreichbar gehaltene Nationalstaat beschert, sondern damit auch eine dritte »historische Chance« gegeben worden, das weltpolitische Gewicht als Großmacht vernünftig in die Waagschale zu werfen. Nur müsse den Deutschen ihre Rolle offensichtlich noch erklärt werden, da zum

1 Siehe Hans-Peter Schwarz: *Die gezähmten Deutschen. Von der Machtbesessenheit zur Machtvergessenheit*, Stuttgart 1985, S. 56.

2 Inge Schwammel: *Deutschlands Aufstieg zur Großmacht. Die Instrumentalisierung der europäischen Integration 1974–1994*, Frankfurt am Main 1997, S. 32.

3 Gregor Schöllgen: *Die Außenpolitik der Bundesrepublik Deutschland. Von den Anfängen bis zur Gegenwart*, Bonn 1999, S. 201.

Zeitpunkt des Einigungsprozesses und einige Zeit danach »den wenigsten bewußt [war], was sie erlebten«. Laut einer Umfrage aus dem Jahre 1991 ist die Mehrheit der deutschen Bevölkerung der Ansicht, daß Deutschland keine Großmacht sei und auch keine werden solle. Mehr Verantwortung solle der deutsche Staat international nicht übernehmen.[4] Eines der Hauptargumente derer, die mit imperativem Unterton von der Weltmacht Deutschland sprechen, ist immer wieder die Geschichte dieses Landes, das von seiner Reichsgründung im Jahre 1871 bis zur Zerschlagung des NS-Regimes 1945 kontinuierlich eine Großmacht gewesen sei und diesen Status nach 1945 leider verloren habe.

Am 31. Mai 1989 wertete der amerikanische Präsident George Bush das Verhältnis der USA zu Deutschland in besonderem Maße auf und bot eine Führungs-Partnerschaft mit der Supermacht an: »partner in leadership«.[5] Bush gestand der Bundesregierung an der Seite der USA ein gleichberechtigtes Mitgestaltungsrecht in der Weltpolitik zu; »das bedeutete, daß die Bundesrepublik von Bush aus der Reihe der verbündeten Staaten herausgehoben und praktisch auf eine Stufe mit den USA gestellt wurde, wenngleich die US-Administration in dieser Koalition die Rolle des Juniorpartners eindeutig der Bundesregierung zuteilte.«[6] Diese Geste des amerikanischen Präsidenten war allerdings keine des reinen Wohlwollens. Der im Zuge der deutschen Einheit real zu verzeichnende Machtzuwachs der Bundesrepublik Deutschland läßt dieses Angebot des »partner in leadership« im Rahmen der Machtlogik konsequent erscheinen. Eine Führungsrolle hatte die Bundesrepublik aufgrund ihrer wirtschaftlichen Stärke längst übernommen. »Die Erklärung Bushs stellte also lediglich eine nachträgliche Einverständniserklärung mit diesem politischen Verhalten dar, d. h. die Vereinigten Staaten nahmen zur Kenntnis, daß sie nunmehr ihre bisher ungeteilte Führungsrolle teilen mußten.«[7]

Vor dem Hintergrund der sich auflösenden Sowjetunion und der sich anläßlich des Putschversuchs im August 1991 zuspitzenden Verhältnisse, die den Separatismus der sich vom Sowjetimperium lösenden Teilrepu-

4 Siehe »Today's Germans: Peaceable, Fearful – and Green«, *Financial Times* vom 4. Januar 1991; »Germans Favor a Low Profile in World Affairs«, *Financial Times* vom 4. Januar 1991. – Wie es im Titel des Artikels der *Financial Times* anklingt (»Fearful«), so denken auch Hans-Peter Schwarz und andere Konservative wie Arnulf Baring oder Gregor Schöllgen, die den Deutschen ihre Ängstlichkeit oder »Machtvergessenheit« ins Stammbuch geschrieben haben.

5 Vgl. *Europa-Archiv* 12/1989, S. D 356 ff., S. D 357.

6 Schwammel: *Deutschlands Aufstieg zur Großmacht*, a. a. O., S. 168 f.

7 Ebd., S. 169.

bliken und damit den Zerfall der Sowjetunion beschleunigten, erschien der reale Machtzuwachs des gesamtdeutschen Staates als Ordnungsfaktor für Osteuropa noch gewichtiger, hinterließ doch der Zusammenbruch der Sowjetunion in den Teilrepubliken Chaos verursachenden ethnischen Nationalismus. Zusätzlich waren die Nachfolgestaaten der UdSSR wirtschaftlich dermaßen geschwächt, daß sich eine »geopolitische« Diskussion über die Überlebensfähigkeit dieser neuen Staaten entfachte. Von Deutschland sei erwartet worden, daß es sein politisches und wirtschaftliches Gewicht in die Waagschale werfe.[8] »Der Bedeutungsverlust, den die östliche Supermacht innerhalb kurzer Zeit erlitt, hatte eine gesteigerte Bedeutsamkeit Deutschlands zur Folge – besonders für die ost- und südosteuropäischen Reformstaaten. Die latent vorhandenen Befürchtungen vor einer deutschen Hegemonie erhielten neue Nahrung.«[9]

Andrei S. Markovits und Simon Reich schreiben in ihrer Studie über »Das deutsche Dilemma«, daß Deutschland allerdings zur Erleichterung seiner europäischen Nachbarn keine hegemonialen Ambitionen verfolge. Zudem verfüge es auch nicht über die Mittel, eine solche Hegemonie zu realisieren. Deutschland befinde sich in einem Zustand der Hegesie.[10] Gleichwohl habe Deutschland die »strukturelle Macht eines regionalen Hegemons«[11]. Es lohnt sich, die Argumentation der beiden Autoren eingehender zu betrachten.

Den Begriff der »Hegesie« haben die beiden Autoren von Nicos Kotzias übernommen. Als Hegesie bezeichnet dieser einen potentiell aufsteigenden Hegemon, dem aber für seine endgültige Realisierung entscheidende kulturelle und letztlich auch politische Macht-Potentiale fehlten.[12] Die Bundesrepublik Deutschland werde wohl niemals zugleich über die politischen, kulturellen, militärischen und ökonomischen Macht-Ressourcen verfügen, um von dem Zustand der Hegesie zum tatsächlichen Hegemon zu gelangen, »die Insignien des Hegemonen zu erringen«.[13] Der größte Mangel an

8 Vgl. Gregor Schöllgen: »Deutschlands neue Lage. Die USA, die Bundesrepublik Deutschland und die Zukunft des westlichen Bündnisses«, in: *Europa-Archiv* 5,1992, S. 125 ff., S. 129.

9 Schwammel: *Deutschlands Aufstieg zur Großmacht*, a. a. O., S. 206 f.

10 Vgl. Andrei S. Markovits und Simon Reich: *Das deutsche Dilemma. Die Berliner Republik zwischen Macht und Machtverzicht. Mit einem Vorwort von Joschka Fischer*, Berlin 1998, S. 106.

11 Ebd., S. 249.

12 Vgl. Nicos Kotzias: »Die Rolle der Bundesrepublik Deutschland in der neuen Architektur Europas«, in: Caroline Thomas und Klaus-Peter Weiner (Hrsg.): *Auf dem Weg zur Hegemonialmacht? Die deutsche Außenpolitik nach der Vereinigung*, Köln 1993, S. 111–129.

13 Vgl. Markovits und Reich: *Das deutsche Dilemma*, a. a. O., S. 21 und S. 102.

Macht-Ressourcen liege dabei im kulturellen Bereich. Deutschland fehle die notwendige Anerkennung der anderen europäischen Bevölkerungen. Macht aber beruht auf Anerkennung,[14] das heißt, sie kommt weniger kriegerisch auf Schlachtfeldern oder durch Androhung von Gewalt zustande, als vielmehr durch Schutz und Interessenausgleich, Partizipation an der Herrschaft, Dialog, Attraktivität von Austausch und Handel, Toleranz.[15]

Wenn ein Staat eine solche kulturelle-politisch-ökonomische Macht nicht ausreichend genug besitze, müsse ein hegemoniales oder nach Hegemonie strebendes Land auf das Mittel der Gewalt zurückgreifen, wodurch man aber keine freiwillige Anerkennung erzeugt, mithin eine prekäre hegemoniale Herrschaft schafft, die mit hoher Wahrscheinlichkeit sehr schnell zusammenbrechen kann. »Da die Berliner Republik ihre Interessen nicht mit Waffengewalt durchsetzen wird, sind wir der Meinung, daß Deutschland eine Hegesie bleiben und sich nicht zur Hegemonialmacht entwickeln wird, und zwar weitgehend deshalb, weil die deutsche Kultur in den Schlüsselbereichen des öffentlichen und privaten Lebens in Europa nicht zum akzeptierten Standard werden kann.«[16]

Die Macht Deutschlands trete heute im Gegensatz zu der Zeit der beiden Weltkriege nicht mehr in Form von Panzern und Kanonen auf, sondern in nicht-zweckgerichteter Gestalt, und immerhin zunehmend in dem »Vermögen, Prioritäten setzen und die Handlungsalternativen seiner Nachbarn begrenzen zu können.«[17] »Strukturelle Macht« sei nach Susan Strange die Möglichkeit, entscheiden zu können, wie bestimmte Probleme, Interessendivergenzen oder Konflikte gelöst werden, indem der Rahmen vorgegeben werde, innerhalb dessen die Konfliktpartner konkrete Beziehungen miteinander eingehen.[18] Markovits und Reich gestehen dem deutschen Staat zumindest nach dieser Definition zu, die »strukturelle Macht eines regionalen Hegemons« zu besitzen.[19] Diese Form der strukturellen Macht wirke auf Konflikte entschärfend – sogar vorbeugend, weil niemand es wage, gegen diese deutsche Wirtschaftsmacht Einspruch zu erheben, schließlich profitierten die Nachbarstaaten wesentlich von der wirtschaftlichen Pro-

14 In Bezug auf das Verhältnis von Kultur und Anerkennung zur Begründung einer *kulturellen* Hegemonie – vgl. Antonio Gramsci: *Gefängnishefte*, in: ders.: *Kritische Gesamtausgabe*, 7. Bd., Hamburg 1991–96; siehe Guido Zamis (Hrsg.): *Zu Politik, Geschichte und Kultur. Ausgewählte Schriften*, Leipzig 1986.

15 Vgl. Markovits und Reich: *Das deutsche Dilemma*, a. a. O., S. 299.

16 Ebd., S. 300.

17 Ebd., S. 19.

18 Vgl. Susan Strange: *State and Markets*, London 1994, S. 24 f.

19 Vgl. Markovits und Reich: *Das deutsche Dilemma*, a. a. O., S. 249.

sperität und von dem Handel mit deutschem Kapital. Wenn Deutschland niese, holten sich die anderen Staaten gleich eine Erkältung oder gar eine Lungenentzündung.[20]

Ökonomische Macht Deutschlands

Deutschland ist die größte europäische Volkswirtschaft und damit die stärkste Wirtschaftsmacht in Europa; Markovits und Reich erkennen in ihr den »Dreh- und Angelpunkt, um den andere Ökonomien, des Ostens wie des Westens, kreisen.«[21] Das deutsche Kapital ist mit über 25 Prozent auch der größte europäische Exporteur von Waren und Dienstleistungen in andere EU-Länder. Europa war für Deutschland vor seiner staatlichen Einheit wichtigste Handelsdomäne. Mit der Einheit 1989/90 verringerte sich die wirtschaftliche Dominanz des deutschen Kapitals in Europa jedoch ein wenig, büßte aber keineswegs seine herausragende Position gegenüber den anderen Ländern ein.[22] In dem Zeitraum zwischen 1980 und 1992 gingen über Einviertel aller Exporte in die EU nach Deutschland.[23] Mit der tendenziellen Verlagerung seines Handels nach Osten verringert sich gleichzeitig die Abhängigkeit des deutschen Kapitals von den westeuropäischen Märkten. Parallel dazu nimmt die Abhängigkeit des westeuropäischen Kapitals in Bezug auf den deutschen Markt zu, »womit die Bundesrepublik als Lieferant von Investitionsgütern wiederum noch größeren Einfluß gewinnt.«[24]

Mit anderen Worten: Nach der deutschen Einheit bleibt zwar die EU für Deutschland eine Handelsdomäne, gleichwohl sinkt ihre Bedeutung für das deutsche Kapital, während die anderen EU-Staaten von diesem noch abhängiger geworden sind. Die ökonomische Hegemonie des deutschen Staates in Europa wurde nicht eingedämmt, sondern konnte sich unter dem direkteren Zugriff auf die nationalen Ökonomien noch ausbauen. Mittlerweile ist das deutsche Kapital der Haupthandelspartner auch für Osteuropa (Ungarn, Tschechische Republik, Slowakei, Polen, Bulgarien, Rumänien, Albanien, Slowenien, Kroatien, Bosnien-Herzegowina, Mazedonien, Rest-Jugoslawien).[25] Deutsche Firmen sind Spitzenreiter im Aufkauf ausländischen Kapitals in Osteuropa.

20 Vgl. ebd., S. 20.

21 Ebd., S. 248.

22 Vgl. ebd., S. 258; vgl. »Will Germany Tow Europe into Trouble?«, in: *Economist* vom 31. August 1991, S. 53.

23 Siehe Tabelle I, in: Markovits und Reich: *Das deutsche Dilemma*, a. a. O., S. 259.

24 Ebd., S. 258.

25 Vgl. ebd., S. 281.

Für die osteuropäischen Staaten gilt Deutschland in verfassungspolitischer und ökonomischer Hinsicht geradezu als ein Vorbild, jedenfalls genoß die deutsche Nachkriegsordnung in Osteuropa großes Ansehen, so daß sich bei der Organisation der politischen und ökonomischen Gemeinwesen oftmals an deutschen Institutionen, etwa am Wahlsystem oder am Grundgesetz, orientiert wurde. Diese positiven Orientierungen der osteuropäischen Länder am »Modell Deutschland« hat dem deutschen Kapital neben seinen traditionellen Beziehungen zu den osteuropäischen Ländern und neben der historischen Verflechtung der deutschen mit der osteuropäischen Kultur einen weiteren Vorteil verschafft, seine westeuropäischen Konkurrenten auszustechen; das deutsche Kapital hatte insgesamt in Bezug auf Osteuropa die günstigeren Ausgangsbedingungen und diese geschickt zu nutzen gewußt, obwohl gerade in Osteuropa bis 1945 von den Nationalsozialisten die schlimmsten Verbrechen begangen worden waren.[26] Markovits und Reich zeigen aber in ihrer Studie, daß trotz der guten Beziehungen zu Deutschland die Verbrechen Nazi-Deutschlands im kollektiven Gedächtnis der Osteuropäer noch eine gewichtige Rolle spielen.

Die Europäische Union hatte in den Jahren von 1990 bis 1995 im großen Umfang humanitäre Hilfen für die osteuropäischen Länder bereitgestellt. Den Löwenanteil (3,5 Milliarden US-Dollar) hatte zur eigenen Imageaufbesserung der deutsche Staat übernommen. Die deutschen Gesamtausgaben zur Unterstützung der Reformen in den GUS-Staaten, die über bilaterale und multilaterale Institutionen (EU, Europäische Bank für Wiederaufbau und Entwicklung, IWF) bereitgestellt wurden, beliefen sich in diesem Zeitraum auf insgesamt 100 Milliarden DM.[27] Ein Großteil der Gelder wurde als Kredite oder Exportgarantien deklariert.[28] Der deutsche Staat hat sich damit ein für sein ihm zugerechnetes Kapital freundliches Investitionsklima erkauft und dafür gesorgt, daß die Vertragsregeln des kapitalistischen Handels eingehalten werden. »Es ist nicht zu bestreiten, daß nur die Deutschen, aus welchen Gründen auch immer, sich wahrhaft bemüht haben, die Völker Osteuropas bei ihren wirtschaftlichen Reformen zu unterstützen und damit ihre politische Ordnung zu stabilisieren.«[29]

Mit diesen finanziellen Hilfen hat sich der deutsche Staat in Osteuropa ein Anerkennungspotential in Bezug auf seinen hegemonialen Anspruch

26 Ebd., S. 282.

27 Vgl. ebd., S. 292 f.

28 Vgl. »German Support for the Reform Process in the Former Soviet Union and Eastern Europe«, German Information Center, März 1995.

29 Markovits und Reich: *Das deutsche Dilemma*, a. a. O., S. 292 f.

geschaffen, den er mit Anwendung von oder Drohung mit militärischer Gewalt niemals hätte zustande bringen können. Nicht das deutsche Waffenarsenal und die Bundeswehr, welche auch nach der im »Zwei-Plus-Vier-Vertrag« geregelten Verkleinerung ihrer Truppenstärke die größte Armee in EU-Europa geblieben ist, sind der Grund für die herausragende Machtposition des deutschen Staates, der sich anschickt, Hegemonie über das sich integrierende Europa auszuüben, sondern vielmehr die alles und jeden dominierende deutsche Wirtschaftskraft: »die Stärke der D-Mark als europäische Richtwährung, die Rolle der Bundesbank, die faktisch als Zentralbank für ganz Europa dient, Umfang und Eindringlichkeit der deutschen Exporte, das Volumen der deutschen Auslandsinvestitionen, die verschiedenen Formen von ›Subventionen‹ für andere, seien es Beiträge zum EU-Haushalt, Exportkredite, humanitäre Hilfe oder direkte Kredite.«[30]

Deutschlands wirtschaftliche Macht, die deutsche Finanzkraft beruhte bis zur europäischen Währungsreform im Grunde auf zwei Säulen: der relativen Stärke der nationalen Währung (DM) sowie der Politik der deutschen Zentralbank. Je mehr der US-amerikanische Einfluß seit den neunziger Jahren des 20. Jahrhunderts auf dem europäischen Kontinent verschwand, desto mehr erhielt die deutsche Währung in ökonomischer Hinsicht eine ordnungspolitische Funktion. »Daß die D-Mark als Bollwerk gegen die Inflation erheblich an Bedeutung gewonnen hat, zeigt ihr Anteil an den Weltwährungsreserven, der im Jahr 1975 8,8 Prozent betrug und bis 1989 auf 19,3 Prozent anstieg. Sie wurde zu dieser Zeit nur vom amerikanischen Dollar übertroffen (60,2 Prozent) und rangierte weit vor dem japanischen Yen (7,9 Prozent).«[31] Insbesondere in den osteuropäischen Ländern wurde die DM eine zuverlässige Ersatzwährung, die oftmals – etwa im ehemaligen Jugoslawien – sich anschickte, die dortige nationale Währung sogar ganz zu ersetzen.

Die deutsche Zentralbank ist bis zur europäischen Währungsunion die maßgebliche Institution in Europa hinsichtlich der Festlegung der Zinssätze gewesen. »Pessimisten glauben, daß die Bank diese Rolle ganz bewußt angestrebt hat – im schlimmsten Falle, ohne einen Gedanken an die Folgen für Deutschlands Nachbarn zu verschwenden, im besten Falle, weil sie ihren innerstaatlichen Aufgaben nachgekommen ist, für Preisstabilität und eine ausreichende Geldmenge zu sorgen.«[32] Die finanzpolitischen Vorga-

30 Ebd., S. 293 f.

31 Ebd., S. 263; vgl. Reinhard Rhode: »Deutschland: Weltwirtschaftsmacht oder überforderter Euro-Hegemon?«, in: Bruno Schoch (Hrsg.): *Deutschlands Einheit und Europas Zukunft*, Frankfurt am Main 1992, S. 214.

32 Markovits und Reich: *Das deutsche Dilemma*, a. a. O., S. 263.

ben der deutschen Bundesbank waren aus der Perspektive des deutschen Staates Voraussetzungen für eine monetäre Stabilität und basierten auf den negativen Erfahrungen noch aus der Weimarer Republik und der Machtergreifung der Nationalsozialisten. Werner Weidenfeld und Karl-Rudolf Korte zufolge haben die Deutschen diesbezüglich eine bis in die heutige Zeit reichende kollektive »Inflationsneurose« ausgebildet.[33] Demzufolge waren die Leitprinzipien der Bundesbank zur Stabilisierung der Wirtschaft eine Niedrighaltung der Inflation, eine langfristige Festlegung der Zinssätze und der Wechselkurse im EWS, sowie die Geringhaltung der Haushaltsdefizite – Leitprinzipien, die schließlich von der Bundesregierung auch in den sogenannten Maastrichter Konvergenzkriterien gegen den Einwand vieler westeuropäischer EU-Mitgliedstaaten durchgesetzt wurden.

In einem Gespräch mit der *Zeit* konstatiert Ralf Dahrendorf denn auch folgerichtig, daß die Deutschen auf eine »europäische Integration unter deutschen Bedingungen« drängten. »Sie drängen nicht auf eine europäische Integration, die die ganz andersartigen Bedingungen anderer Länder wirklich akzeptiert.«[34] Auf die rhetorische Frage des *Zeit*-Redakteurs, die auf den »Vorteil der Vernunft« anspielte, welcher doch auf der Seite der »deutschen Vorschläge« liegen könnte, antwortet Dahrendorf mit der Gewißheit, daß die »deutschen Vorschläge« mit einem bornierten Vernunftverständnis daherkommen: »Warum ist es vernünftiger, die Inflation auf ein Prozent oder auf Null zu drücken, als gelegentlich drei, vier oder fünf Prozent zu akzeptieren? Warum ist es vernünftiger, die eigene Währung unveränderlich an andere Währungen zu ketten, als durch eine gelegentliche Abwertung internationale Ungleichgewichte abzufangen? Es ist eine deutsche Vorstellung von Wirtschaft und von Ordnung, die sich durchsetzt und die in Deutschland natürlich für vernünftig gehalten wird. Anderswo hält man andere Dinge für vernünftig.«

Nachdem die deutschen Bedingungen (Maastrichter Konvergenzkriterien) von den EU-Partnern akzeptiert und im »Vertrag von Maastricht« im Februar 1992 festgehalten worden waren, erhöhte die Bundesbank die Zinssätze um 0,5 Prozent auf 8 Prozent und im folgenden Juni noch einmal um 0,75 Prozent. »Diese Erhöhungen lösten Konflikte aus, die schließlich in der Krise des Wechselkursmechanismus kulminierten. Die Währungen fluktuierten heftig; das britische Pfund, der portugiesische Escudo, die spanische Peseta und die italienische Lira wurden allesamt offiziell oder

33 Vgl. Werner Weidenfeld und Karl-Rudolf Korte: *Die Deutschen. Profil einer Nation*, Stuttgart 1991.

34 *Zeit*-Gespräch mit Ralf Dahrendorf, in: *Die Zeit* vom 3. Mai 1996.

inoffiziell gegenüber der D-Mark abgewertet. Nach der Krise schlug die Bundesbank vor, den Prozeß der Europäischen Währungsunion in zwei Schritten zu vollziehen, nämlich eng mit Deutschland verflochtene Länder, deren Ökonomien als gesund beurteilt wurden, von jenen zu trennen, deren Währungen aufgrund ihrer unzureichenden wirtschaftlichen Leistung abgewertet worden waren. Außerdem pochte die Bundesbank erneut darauf, die künftige europäische Zentralbank in Frankfurt anzusiedeln.«[35]

Dieser finanzpolitische Schachzug der Bundesbank, in dem sich bereits der Gedanke eines währungspolitischen »Kerneuropas« ankündigte, festigte den hegemonialen Anspruch des deutschen Staates über die europäische Währungspolitik. Heftiger Streit war vorprogrammiert, weil sich zu bestätigen schien, daß der deutsche Staat vermittelt durch seine harte Währung eine nationalistische Politik praktiziere (»DM-Nationalismus«). Viele Stimmen fanden sich in Europa, die EU-Währungsreform möglichst zügig zu realisieren. Bereits François Mitterand hatte die Vorziehung der europäischen Wirtschafts- und Währungsunion zur Bedingung für seine Zustimmung zur deutschen Einheit gemacht, weil er befürchtet hatte, die Deutschen könnten mit ihrer harten Währung den weiteren Verlauf der europäischen Integration regelrecht beherrschen. Da der deutsche Staat der größte Beitragszahler in der EU ist, bestand und besteht die Gefahr der Beherrschung des Integrationsprozesses durch die Deutschen auch unabhängig von der finanzpolitischen Macht ihrer Währung. Wer am meisten zahlt, hat auch den größten Einfluß in Bezug auf die strukturellen Vorgaben des EU-Haushaltes. So oder so ähnlich lauteten in den Jahren nach der deutschen Einheit die begleitenden Kommentare von deutschen Politikern und Journalisten.[36]

»Die Optimisten [der europäischen Integration; MH] betrachten die Wirtschafts- und Währungsunion als das geeignete Instrument, um die wirtschaftliche Dominanz der Deutschen einzudämmen, weil die deutsche Wirtschaft damit in das größere europäische Geflecht eingebettet wird.«[37] Diese optimistische Sichtweise konnte allerdings der Realität nicht wirklich standhalten, weil der Einfluß des deutschen Staates sich fortan erweitert als europäischer Einfluß geltend machen konnte, das heißt, der wirtschaftlich stärkste Staat in Europa befand sich mit der EU-Wirtschafts- und Währungsunion durch einen direkteren Zugriff auf die an Eigenständigkeit

35 Markovits und Reich: *Das deutsche Dilemma*, a. a. O., S. 267.

36 Hinsichtlich der Verteilung der Beitragshöhen der einzelnen EU-Mitgliedstaaten für den EU-Haushalt siehe Tab. 6, ebd., S. 278 f.

37 Ebd., S. 264.

verlierenden europäischen Nationalökonomien in einer komfortableren Situation als zuvor.

»Durch die wirtschaftliche, politische und sicherheits- bzw. verteidigungspolitische Bedeutsamkeit der Bundesrepublik waren und sind die Partnerstaaten der EG/EU aufgrund ihrer engen Verflechtung mit der Bundesrepublik genötigt, jene Anliegen und Interessen mitzutragen, die der bundesdeutschen politischen Führung besonders wichtig sind. Denn ein Nichtunterstützen oder gar ›Gegensteuern‹ könnte in so einem Fall die bundesdeutsche Regierung u. U. dazu veranlassen, wirtschaftlichen, politischen oder sicherheits- bzw. verteidigungspolitischen Druck auf die Partnerstaaten auszuüben, was diese sowohl wirtschaftlich als auch politisch teuer zustehen kommen könnte.«[38] Moshe Zuckermann bringt diesen Sachverhalt auf den Punkt: Kein Land auf dieser Welt kann es sich leisten, keine guten wirtschaftlichen und diplomatischen Beziehungen zu Deutschland zu haben. »Nicht nur der Zusammenbruch des sogenannten ›real existierenden Sozialismus‹ im Osten und die politische Vereinigung der beiden deutschen Staaten, sondern vor allem das damit einhergehende immense Erstarken Deutschlands in Europa, mithin in der Welt, hat seine Position als Wirtschaftsmacht im Weltmaßstab so sehr gefestigt, daß das durch Interessen geprägte ›Ansehen‹ des Landes sich der allerletzten Residuen von historisch mitgeschlepptem Image-Makel entledigen konnte. Objektiv gesehen, kann es sich Deutschland leisten, sein geschichtlich geprägtes Ansehen in der Welt mehr oder weniger zu ignorieren. Demgegenüber kann es sich – zumindest was den kapitalistischen Weltmarkt anbelangt – kein Land der (...) Welt leisten, keine guten Beziehungen zu Deutschland zu haben.«[39] Man sollte meinen, daß diese Form der Macht eine ausreichende Gravität darstellt, in Bezug auf Deutschland wenn schon nicht von einer Weltmacht, so doch für Europa von einem Hegemon zu sprechen, der sich freilich nicht allzu große Alleingänge herausnehmen kann, aber im europäischen Konzert die erste Geige spielt und oft genug auch die Rolle des Dirigenten wahrnimmt. »Aufgrund ihrer sicherheitspolitischen Bedeutung infolge der geographischen Lage zwischen West- und Ostblock, ihrer wirtschaftlichen Leistungsfähigkeit sowie ihrer besonderen bilateralen Beziehungen zu den USA, zu Frankreich und zur Sowjetunion erlangte die Bundesrepublik in der Europäischen Gemeinschaft/Union (...) eine derart starke Position, daß sie über weite Strecken Richtung, Art und Ausmaß der europäischen Integration bestimmte bzw.

38 Schwammel: *Deutschlands Aufstieg zur Großmacht*, a. a. O., S. 14.

39 Moshe Zuckermann: *Gedenken und Kulturindustrie. Ein Essay zur neuen deutschen Normalität*, Berlin/Bodenheim 1999, S. 30 f.

entscheidend mitbestimmte; mit der Bundesrepublik Deutschland ging alles, ohne sie aber gar nichts. Und für die Bundesregierungen war die Verfechtung der europäischen Integration das erklärte Ziel ihrer europapolitischen Bemühungen.«[40]

Wessen Hegemonie: Europäisches Deutschland oder deutsches Europa?

Die Hegemonie Deutschlands in Europa wirft die Besorgnis erregende Frage auf, wie es um das Spannungsverhältnis zwischen Europa und Deutschland bestellt ist: Wie europäisch ist oder bleibt das vereinte Deutschland, oder ist zu befürchten, daß aus der europäischen Integration irgendwann ein deutsches Europa werden könnte?

Die ursprünglichen Motive, die nach dem Zweiten Weltkrieg den Impuls für die europäische Integration gaben, hatten zu einem Großteil mit dem zweimaligen Griff Deutschlands nach der Weltmacht in der ersten Hälfte des 20. Jahrhunderts zu tun.[41] Durch eine immer enger werdende Einbindung und Verflechtung Deutschlands in *westliche* Bündnisstrukturen, sollte die Macht des deutschen Staates eingedämmt werden. Man erhoffte sich darüber, daß kriegerische Auseinandersetzungen zwischen den europäischen Staaten unmöglich werden würden.[42] Dieser Versuch ist allerdings, aus der Retrospektive betrachtet, nur teilweise erfolgreich verlaufen. Militärische Konflikte zwischen den europäischen Staaten sind zwar heute weitgehend undenkbar geworden; der deutsche Staat ist heute fest in die Europäische Union eingebunden und kaum zu verdächtigen, sich seine europäischen Nachbarn mit kriegerischer Gewalt unterwerfen zu wollen.[43] Aber die politische Macht des deutschen Staates konnte vor allem wegen der ungeheuren Wirtschaftsstärke des Landes nicht in dem beabsichtigten Maße eingedämmt werden.

40 Schwammel: *Deutschlands Aufstieg zur Großmacht*, a. a. O., S. 13.

41 Siehe Frank Niess: *Die europäische Idee*, Frankfurt am Main 2001; vgl. Joachim Perels: »Die historischen Wurzeln der europäischen Einigung und die gegenwärtige Konstituierung der Verfassung«, in: Joachim Lemke und Ines Katenhusen (Hrsg.): *Konstitutionalisierung und Governance in der EU – Perspektiven einer Europäischen Verfassung*, Münster 2006, S. 29–45.

42 »Plus jamais la guerre entre nous« (Jean Monnet)

43 Wolfgang Michal geht dennoch genau davon aus. – Vgl. Wolfgang Michal: *Deutschland und der nächste Krieg*, Berlin 1995. – Die entscheidende Schwäche seines Buches ist, daß er von einer mechanischen Wiederholung der Geschichte ausgeht und demzufolge das gegenwärtige Deutschland in der Phase des Deutschen Reiches vor dem Ersten Weltkrieg angekommen sieht. Ein Krieg zwischen den europäischen Nationalstaaten ist aber mittlerweile sehr unrealistisch geworden. – Jedenfalls solange, wie die europäische Integration nicht scheitert.

Im Zuge der europäischen Integration erhält der deutsche Staat für manche Konservative sogar seine »geographische Mittellage« zurück, die unter »geopolitischen« Gesichtspunkten von ihnen angestrebt wurde, um aus dieser Konstellation zusätzlichen Machtgewinn, das heißt zusätzliches Sicherheitsinteresse und außenpolitische Konsequenzen abzuleiten. Der deutsche Staat spielt eine ihm wichtige Vermittlerrolle für die ost- und südosteuropäischen Staaten, die in die Europäische Union aufgenommen werden möchten und für das deutsche Kapital eine attraktive Sonderbeziehung zu neuen Märkten und für den deutschen Staat sichere Außengrenzen der EU, die damit weiter nach Osten verlegt werden, verheißen.

Man kann deshalb ohne Zögern den Äußerungen deutscher Politiker sämtlicher parlamentarischer Parteien Wahrheit abgewinnen, die europäische Integration liege auch in Zukunft im deutschen Interesse. Je enger die europäischen Staaten zusammenrückten und neben den wirtschaftlichen Bündnisstrukturen auch eine politische Zusammenarbeit vereinbarten (EPZ), darüber hinaus auch eine gemeinsame Außen- und Sicherheitspolitik (GASP) verabredeten, desto größer wurde auch der Einfluß des deutschen Staates auf seine europäischen Nachbarn, bzw. konnte er Europa für seine nationalen Interessen instrumentalisieren.[44]

Christian Hacke geht von der Annahme aus, der deutsche Staat habe seine nationalen Interessen aus historischen Gründen lange Zeit aus den Augen verloren, so daß die Handlungsmaxime der deutschen Außenpolitik eben nicht auf dem nationalen Interesse beruht habe.[45] – Dem deutschen Staat ist es im Gegenteil über Jahre gelungen, lediglich den »Anschein zu erwecken, als wäre die Bundesrepublik kein Staat wie jeder andere, als würde sie keine nationalen Interessen verfolgen bzw. diese den europäischen unterordnen«.[46] Die Bundesregierung war jedoch stets aus nationalen Interessen an einer Erweiterung der europäischen Integration interessiert. Es erhöhten sich auf diesem Wege die Machtchancen, deutsche Interessen, die als europäische verschleiert wurden, zu verwirklichen.

Insbesondere die beiden anderen ehemaligen Haupt-Konkurrenten auf dem europäischen Kontinent: der britische und französische Staat hegten dennoch den Verdacht, Deutschland könne sich mit der im Zuge der Auflösung der bipolaren Weltordnung und zusätzlich verschärft durch die

44 Vgl. Schwammel: *Deutschlands Aufstieg zur Großmacht*, a. a. O., S. 14.

45 Vgl. Christian Hacke: »Nationales Interesse als Handlungsmaxime für die Außenpolitik Deutschlands«, in: Karl Kaiser und Joachim Krause (Hrsg.): *Deutschlands neue Außenpolitik*, Bd. 3: *Interessen und Strategien*, München 1996, S. 3–13.

46 Schwammel: *Deutschlands Aufstieg zur Großmacht*, a. a. O., S. 15.

anstehende EU-Osterweiterung von deutschen Konservativen erhofften »geographischen Mittellage« von »West-Europa« entfernen und eine folgenreiche Annäherung an die Sowjetunion bzw. Rußland oder sogar eine enge Partnerschaft wagen, um gemeinsam den europäischen Kontinent zu beherrschen. Die französische bevorzugte aus diesem Grund Anfang der 1990er Jahre im Gegensatz zur deutschen Regierung nicht die *Erweiterung* der EU, sondern ihre *Vertiefung*; andererseits war man sich in Paris auch darüber im Klaren, daß eine Vertiefung der europäischen Integration längst kein adäquates Mittel mehr darstellte, Deutschland in seinem Machtstreben einzuschränken; längst hatte man erkannt, wie sehr eben auch aus der Vertiefung ein politischer und wirtschaftlicher Machtgewinn für Deutschland resultierte.[47]

Die Bundesrepublik Deutschland war schon während des Kalten Krieges bei seinen westeuropäischen Nachbarn in den Verdacht geraten, ihre euphorische Europapolitik und weitreichende Aufgeschlossenheit gegenüber vertiefenden und erweiternden Integrationsprojekten dienten dazu, sich eine dominierende Position innerhalb Europas zu verschaffen, bzw. auszubauen.[48] Inge Schwammel nennt diesen Zusammenhang eine »äußerst virtuose Instrumentalisierung der europäischen Integration«, durch die der deutsche Staat zu einer Großmacht aufgestiegen sei.[49] »Richtung und Art der Weiterentwicklung der Europäischen Union werden von Deutschland in weitaus stärkerem Ausmaß beeinflußt und mitbestimmt als von irgendeinem anderen Unionsstaat, so daß die Union immer besser von der Bundesregierung zur Verfolgung der nationalen Interessen instrumentalisiert werden kann und damit letztendlich auch der Absicherung der deutschen Großmachtstellung dient.«[50] Damit sind aus der Perspektive des deutschen Staates europäische Interessen identisch mit deutschen Interessen, was aber nicht bedeutet, daß deutsche Interessen mit europäischen tatsächlich übereinstimmen; deutsche Interessen werden lediglich als europäische maskiert, während der deutsche Staat daran arbeitet, europäische Interessen auf deutsch zu definieren. Die Deutschen verstecken ihre Macht, um möglichst keine oder wenig Gegenwehr zu erzeugen. In dem die Deutschen

47 Vgl. Jean François-Poncet: »Die europäische Herausforderung für Frankreich und Deutschland«, in: *Europa Archiv* 11, 1991, S. 327 ff., S. 330.

48 Vgl. Wolfgang Ramonat: »Die Debatte über die deutsche Frage«, in: *Politische Studien*, 39. Jg., 1988, Heft 300, S. 381 ff., S. 394.

49 Schwammel: *Deutschlands Aufstieg zur Großmacht*, a. a. O., S. 29.

50 Ebd., S. 44; vgl. Kotzias: »Die Rolle der Bundesrepublik Deutschland in der neuen Architektur Europas«, a. a. O., S. 111 ff., vor allem S. 118.

in den internationalen Organisationen als »tadellose Mannschaftsspieler« auftreten, versuchen sie »ihre Macht zu verbergen«.[51] Das funktioniert weitgehend ohne Provokation von Widerstand, weil die Instrumentalisierung der europäischen Integration für den Zweck des Aufstiegs des deutschen Staates zur europäischen Hegemonialmacht eben in europäischer, nicht in nationaler Rhetorik daherkommt und dies, wenn man so will, die Funktion einer Art »Sklavensprache« einnimmt,[52] jedenfalls stellt es für die politischen Führungen des deutschen Staates die einzige Möglichkeit dar, die Machtchancen des Landes gegenüber den Nachbarn zu erweitern, ohne das wegen zwei angezettelter Weltkriege nicht gänzlich zu vermeidende Mißtrauen gegen Deutschland in offene Feindschaft aufzuwiegeln.

Europa geriet zuweilen zu einer Ersatzidentifikation oder auch zu einem Ersatznationalismus für die Deutschen noch während des Kalten Krieges, als es in der deutschen Öffentlichkeit weitgehend verfemt gewesen war, sich positiv auf die deutsche Nation zu beziehen. Das jedenfalls schreiben Andrei S. Markovits und Simon Reich: Neben dem Europa-Patriotismus war auch die deutsche Währung spätestens nach dem sogenannten »Wirtschaftswunder« für die Deutschen eine Art Ersatznationalismus (»DM-Nationalismus«). »Für die Deutschen entwickelte sich Europa zu einer Ersatzidentität, die an die Stelle des Nationalismus trat. Während es verpönt war, deutsch-nationalistische Gefühle zu äußern, wurde der Schritt zum engagierten Europäer begrüßt. Mehr als alle anderen großen europäischen Länder hat Deutschland eine Integrationsstrategie verfolgt. Dahinter standen sicherlich auch ökonomische und politische Interessen; Hauptmotiv dieser *largesse* war aber die tiefe Überzeugung, daß der Gefahr neuer schrecklicher Kriege nur durch die europäische Einigung begegnet werden konnte.«[53] Aber dieser Befund galt mehr für die deutsche Bevölkerung und weniger für ihre Herrschaftseliten, die lernten, sich der europäischen Rhetorik als einer Chiffre für ihren im nationalen Interesse liegenden Hegemonieanspruch zu bedienen. »Mit Hilfe der EU konnte die Bundesrepublik ihre Legitimation vorantreiben und einer der einflußreichsten Staaten Europas werden, und zwar in viel kürzerer Zeit, als das ohne diesen Rahmen möglich gewesen wäre.«[54] Nach

51 Markovits und Reich: *Das deutsche Dilemma*, a. a. O., S. 101.

52 »Nur als Glied der Europäischen Union ist Deutschland den künftigen Herausforderungen gewachsen. Wir Deutschen können selbstverständlich Patrioten sein wie alle anderen Völker auch, aber niemals dürfen wir einen übersteigerten Nationalismus Raum lassen. Wir dürfen nichts zulassen und nichts tun, was Deutschland in eine Isolation führen könnte. Mit einem anderen Wort: Die Europäische Union liegt in unserem patriotischen Interesse.« – Helmut Schmidt: *Die Selbstbehauptung Europas*, Stuttgart/München 2000, S. 116.

53 Markovits und Reich: *Das deutsche Dilemma*, a. a. O., S. 77.

der deutschen Einheit sei jedoch die deutsche Frage weitgehend gelöst und von der europäischen Frage abgelöst worden.[55]

Markovits und Simon scheinen allerdings dem Phänomen wenig Wichtigkeit beizumessen, wie sehr die deutschen Eliten die europäische Frage zu einer erweiterten deutschen Frage gemacht haben. Nach der deutschen Einheit lag es darüber hinaus in der vorsätzlichen Logik der deutschen Normalisierungsstrategie, den europäischen Ersatznationalismus durch das, was dieser einmal ersetzt hatte: eskaliertes Deutschtum – in vermeintlich geläuterte Form als »*Normal*-Nationalismus«[56] – wieder zu etablieren. Die deutschen Herrschaftseliten sind demnach keine reinen Europäer, wie auch die nationalen Eliten anderer Staaten in Europa in erster Linie die nationalen Interessen ihres Landes vertreten und (noch) zweitrangige Europapolitiker sind. Was als uneigennützige, europäische Politik erscheint, ist lediglich Deckungsgleichheit mit nationalen Interessen. »Deutschland stellt (...) in Bezug auf die Definition und Verfolgung nationaler Anliegen keine Ausnahme dar und läßt, wie die anderen EG/EU-Partner auch, bei der Verfolgung von Integrationszielen innerhalb der Europäischen Gemeinschaft/Union seine nationalen Interessen keineswegs außer acht, ordnet sie den EG/EU-Plänen nicht unter, sondern versucht, für nationale Anliegen die Unterstützung oder wenigstens Duldung oder das Wohlwollen der EG/EU-Partner zu erlangen.«[57]

Solange die nationalen Interessen mit den Zielen und Zwecken der Europäischen Union übereinstimmen, ist es nicht Uneigennützigkeit des Staates, sich zum Anwalt der europäischen Sache zu machen, sondern nationales Kalkül. »Die Regierung des betreffenden Mitgliedslandes kann daraus gleich mehrere Vorteile ziehen: Erstens ist es ihr möglich, ihr nationales Anliegen zu verfolgen, ohne mit Widerstand oder auch nur politischer Verstimmung seitens der Gemeinschaft/Union rechnen zu müssen; zweitens kann sogar die Unterstützung der Gemeinschaft/Union mobilisiert werden. Drittens erlaubt es die Komplementarität der nationalen mit den EG/EU-Interessen, die Ziele des eigenen Staates als europäische auszugeben, was die EG/EU-Partner zur bereits erwähnten Unterstützung veranlassen könnte bzw. sollte.«[58]

Die europäische Rhetorik der jeweiligen Bundesregierungen sollte also nicht darüber hinwegtäuschen, daß sie imstande wären, ihren europäisch-multilateralen Kurs kurzerhand aufzugeben und durch einen nationalen zu

54 Ebd., S. 93 f.
55 Vgl. ebd., S. 139.
56 Vgl. Thomas Nipperdey: *Deutsche Geschichte 1866–1918*, Zweiter Band: *Machtstaat vor der Demokratie*, München 1992, S. 597 ff.
57 Schwammel: *Deutschlands Aufstieg zur Großmacht*, a. a. O., S. 22.
58 Ebd., S. 23.

ersetzen, falls dies aufgrund sich ändernder Koordinaten im Weltgeschehen – etwa durch ein Scheitern der europäischen Integration – wieder im deutschen Interesse läge. Aber auch im Kontext einer gelungenen Integration und voranschreitender ökonomischer Verflechtung der EU-Länder treten soziale und ökonomische Probleme auf (zum Beispiel Arbeitslosigkeit, Krise des Sozialstaats), die im nationalen Rahmen auf eine Lösung drängen, die im Widerspruch zur eurpäischen Politik stehen können. »Die Bundesregierung ist gewillt und fähig, nationale Anliegen zu verfolgen, auch wenn dies den Interessen der Europäischen Union zuwiderläuft oder mit der Nicht-Beachtung vertraglicher Verpflichtungen verbunden ist; Sanktionen oder sonstige unliebsame Konsequenzen müssen nicht befürchtet werden. Lediglich ist geboten, den Bogen nicht zu überspannen und sich nach Möglichkeit nicht nur die Gefolgschaft, sondern auch die Unterstützung eines weiteren EU-Mitglieds zu sichern oder die Partnerstaaten davon zu überzeugen, daß die Ziele der Bundesrepublik Deutschland auch jene der Union seien bzw. auch in deren Interesse verfolgt werden sollten.«[59] – Dafür gibt es mittlerweile zahlreiche Beispiele: Alleingang in der Anerkennung Kroatiens und Sloweniens, Überschreitung der Konvergenzkriterien (Blauer Brief), Bruch des Stabilitätspaktes von Deutschland und Frankreich im Winter 2003 und so weiter.

In diesem Mechanismus, der kaum verschieden ist zu dem der anderen Nationalstaaten auf dem europäischen Kontinent, kommt ein beträchtlicher Fortschritt des deutschen Normalisierungsprozesses zum Ausdruck, denn es galt schließlich einmal das Gebot, daß der deutsche Staat auf der politischen Ebene sein nationales Interesse aufgrund der schuldbeladenen Vergangenheit hinten anstellen müsse. Faktisch aber ringt er mit den anderen einflußreichen europäischen Nationalstaaten, mit Frankreich, Großbritannien, Italien, Spanien und Polen um die ökonomische und politische Gestaltung der Europäischen Union und jeweils um den größtmöglichen Fortbestand nationaler Eigenständigkeit.

2. Erweiterung und Vertiefung der Europäischen Union

Motive und Interessen der Erweiterung und Vertiefung

Die europäische Integration, die von langer Hand seit Jahrzehnten geplant worden ist und nach dem Ende der Bipolarität schrittweise, wenn auch oft sehr zögerlich fortgesetzt wird, erhält ihren Antrieb in den europäischen

59 Ebd., S. 43.

Ländern durch hauptsächlich zwei Faktoren.[60] Zum einen wird, wenn auch in ganz unterschiedlicher Intensität, in der Integration Europas immer noch die Realisierung des »europäischen Traums« gesehen, der vor allem durch die beiden von Deutschland zu verantwortenden Weltkriege genährt wurde und heute mehrheitlich nüchternen Erwägungen Platz gemacht hat. Aber die Wahl von Beethovens Symphonie als europäische Hymne zeugt noch von diesem emphatischen Traum. Damit verbunden galt die Schaffung einer politischen Union Europas als zuverlässigste Sicherheitsgarantie vor Deutschland, das man schrittweise wirtschaftlich und militärisch in die westlichen Bündnisse integriert hat und damit einzudämmen versuchte. Eine politische Union Europas wäre in diesem Sinne die Vollendung jener Strategie der *Eindämmung durch Einbindung*, wenn auch inzwischen der deutsche Staat nicht nur als gleichberechtigter Partner in Europa agieren kann, sondern die anderen europäischen Staaten zu dominieren vermag und man konsequenterweise von einem deutsch dominierten Europa sprechen muß, welches das Risiko in sich trägt, zu einem deutschen Europa zu werden. Das ist gleichsam das Dilemma, in welchem sich die alte Eindämmungsstrategie befindet: Die Herstellung der politischen Union Europas ist eben auch ein ausdrücklicher Wunsch des deutschen Staates, welcher aus einer Vertiefung der europäischen Integration zusätzliche und vermutlich die größten Vorteile ziehen kann.[61]

Der zweite, immer wichtiger werdende Antrieb zur politischen Integration Europas ist das Konkurrenzverhältnis zu den USA, aus der die europäischen Eliten eine Notwendigkeit der Selbstbehauptung Europas gegenüber den USA ableiten. Dies ist objektiv durch politisch-ökonomische Zusammenhänge erfaßbar, wenn es auch subjektiv zusätzlich – etwa in Frankreich – durch einen weitgehenden traditionellen anti-amerikanischen Affekt genährt werden mag. Mit einem Anwachsen der EU um fast 100 Millionen Einwohner entsteht im Zuge der vorläufig letzten EU-Erweiterung nach Osten ein Binnenmarkt, indem ungefähr 500 Millionen Menschen leben.[62]

60 Vgl. Helga Haftendorn: »Führungsmacht Deutschland? – Ein Rückblick auf die Rolle der Deutschen in Europa«, in: Werner Weidenfeld (Hrsg.): *Was ändert die Einheit? Deutschlands Standort in Europa*, Gütersloh 1993, S. 32 ff., S. 38.

61 Vgl. Gerhard Heimann: »Die Auflösung der Blöcke und die Europäisierung Deutschlands«, in: *Europa-Archiv* 5/1990, S. 167 ff.; vgl. Schwammel: *Deutschlands Aufstieg zur Großmacht*, a. a. O., S. 208 f.

62 Die EU ist in mehreren Schüben erweitert worden: Westerweiterung: 1973, Süderweiterung: 1981 und 1986, Norderweiterung: 1995, Osterweiterung: Mai 2004. – Damit gehören der EU 25 Mitgliedstaaten an. Die vorerst letzte Beitrittsrunde soll 2007 erfolgen und Rumänien und Bulgarien betreffen. Mit der Türkei wurden mittlerweile Beitrittsverhandlungen aufgenommen, ein Datum jedoch noch nicht festgelegt.

Die damit verbundenen wirtschaftspolitischen Chancen erlauben es nunmehr, sich mit dem Wirtschaftsraum der USA zu messen, ja diesen sogar zu übertreffen und abzuhängen. Diese Zielrichtung wird denn auch offen ausgesprochen, wenn als weiteres Motiv neben der Schaffung eines »befriedeten« Europas »auch das politische und wirtschaftliche Gewicht Europas in der Welt« erhöht werden soll: »Die Osterweiterung ist also nicht nur ein Akt historischer Gerechtigkeit gegenüber den europäischen Staaten, die sich nach Ende des Zweiten Weltkrieges auf der Schattenseite Europas wiederfanden, sondern sie liegt auch im ureigensten Interesse der bisherigen EU-Mitgliedstaaten, insbesondere Deutschlands.«[63]

Nachvollziehbar ist nach dieser Ansicht deshalb das von Deutschland konsequent verfolgte Interesse auch an einer EU-Osterweiterung,[64] wodurch es als vermittelnder Koloß seinen politischen und militärischen Machtbereich weit über bisherige Grenzen hinaus nach Osten ausweitet. Wirtschaftliche Vorteile könnten sich zwar im Zuge der Osterweiterung für sämtliche Mitgliedstaaten der EU ergeben, aber eben vor allem für Deutschland, das als direkter Nachbar zu Polen und Tschechien von der Erschließung der neuen Märkte am meisten profitieren wird, weil es zudem bereits jetzt besondere Beziehungen zu den osteuropäischen Ländern pflegt. »Deutschland gilt bei der EU-Osterweiterung als treibende Kraft. Bei einer geheimen Abstimmung über die Erweiterung wäre keine Mehrheit in der EU-15 erzielt worden. Aus der Erweiterung wird Deutschland insgesamt den größten Nutzen ziehen. (...) Viele EU-Mitglieder sehen die Osterweiterung in erster Linie als ein deutsches Problem an, d. h. die Bereitschaft zu Reformen ist nach wie vor sehr gering ausgeprägt.«[65]

In jedem europäischen Staat, welcher der Europäischen Union beitritt, ändern sich grundlegend die nationalen Souveränitätsverhältnisse, das heißt, sie geben Souveränitätsrechte an die europäischen Institutionen ab. Im Bereich der Wirtschaftsunion bedeutet dies zum Beispiel weitgehenden Verzicht auf die herkömmliche Regelung des Verhältnisses der nationalen Volks-

63 Michael Gahler: »Die Osterweiterung aus der Innensicht Deutschlands«, in: Walter-Raymond-Stiftung der BDA (Hrsg.): *Die Osterweiterung der EU und ihre Folgen für Deutschland*, 39. Kolloquium, Berlin 2001, S. 43–55; S. 47.

64 Das Interesse ist so groß, daß die antisemitischen Ausschreitungen und Morde an Roma stillgeschwiegen werden. – Vgl. »Die Verfolgung der Roma. Ein verdrängtes Kapitel der rumänischen Geschichtsschreibung«, in: Mariana Hausleitner, Brigitte Mihok und Juliane Wetzel (Hrsg.): *Rumänien und der Holocaust. Zu den Massenverbrechen in Transnistrien 1941–1944*, Berlin 2001, S. 25–32.

65 Juergen B. Donges: »Finanzierung und Transfers – Die Kosten der Erweiterung«, in: Walter-Raymond-Stiftung der BDA (Hrsg.): *Die Osterweiterung der EU*, a. a. O., S. 79–82; S. 80.

ökonomie zum Weltmarkt. Auf eine protektionistische Wirtschaftspolitik zur Verteidigung des nationalen Standortes gegenüber ausländischem Kapital muß etwa verzichtet werden. Auffallend ist dabei, daß die grundlegenden Beitrittskriterien, die auf dem Kopenhagener EU-Gipfel 1993 festgelegt wurden (institutionelle Stabilität, funktionsfähige Marktwirtschaft und die Bejahung der politischen Ziele der EU) in den Beitrittsländern marktradikalere Reformen erzwungen haben, als es sich die bisherigen Mitgliedsländer selbst zugestehen mochten.[66] Die Beitrittskandidaten mußten die Auflagen erfüllen, noch bevor sie offiziell Mitglieder der EU geworden sind. Damit eröffnete sich für die EU-Länder – insbesondere für Deutschland – bereits im Vorfeld ein wirtschaftlich interessantes Operationsfeld, welches für die osteuropäischen Länder auch in das ökonomische und soziale Desaster einer »Lateinamerikanisierung« hätte führen können.[67] »Durch den Beitritt sortieren sie sich als Teile eines Gemeinschaftsstandorts ein, unterwerfen die Beurteilung der Tauglichkeit ihrer heimischen Reichtumsquellen damit unwiderruflich und verbindlich den Maßstäben, die in der EU gelten (...). Und mit ihrer Eingliederung in das Finanzsystem der Gemeinschaft, durch das die Geschäfte übernational gefördert und ihre unterschiedlichen Wirkungen auf die verschiedenen Nationen betreut werden, wird nicht nur über ein Stück nationaler Haushaltsrechnung mitentschieden.«[68]

Immer wieder ließen gerade deutsche Politiker in ihren öffentlichen Reden und Stellungnahmen verlautbaren, daß die Vertiefung der EU-Integration, aber vor allem auch ihre Erweiterung nach Norden und Osten für sämtliche EU-Mitgliedstaaten von allseitigem Nutzen sei. Diese Verlautbarungen trafen seit Mitte der 1990er Jahre zunehmend auf Skepsis in den anderen EU-Mitgliedsländern; von einer Krise des Integrationsprozesses war seitdem die Rede. Dabei macht sich in den einzelnen EU-Mitgliedstaaten eine generelle Unzufriedenheit hinsichtlich des tatsächlichen Ertrags breit. Erwartet hatten die politischen und wirtschaftlichen Eliten in den einzelnen Ländern eine Verbesserung der Geschäftsgelegenheiten auf dem integrierten, nunmehr gemeinsamen, europäischen Markt, von dem sie hofften, daß er ein fulminantes Wirtschaftswachstum hervorrufen werde. Tatsächlich aber

66 Vgl. Dorothea Bohle: »Erweiterung und Vertiefung der EU. Neoliberale Restrukturierung und transnationales Kapital«, in: *PROKLA* 128/2002, S. 353–376.

67 Vgl. Heiko Wegmann: »Der Süden im Osten? Osteuropas Peripherisierung und EU-Integration«, in: *informationszentrum 3. welt* (iz3w), Nr. 272/2003; siehe Hannes Hofbauer: *Osterweiterung – Vom Drang nach Osten zur peripheren EU-Integration*, Wien 2003.

68 »Die Erweiterung der EU. Eine neue Etappe im Kampf um ein deutsch dominiertes Europa«, in: *Gegenstandpunkt* – Politische Vierteljahresschrift, 2/94, S. 3–25; S. 5.

stagnierten die Geschäfte, man mußte zur Kenntnis nehmen, daß die Erweiterung der Geschäftsmöglichkeiten einen negativen Effekt auf die Chancen hatte, sich auf diesem gemeinsamen Markt gegen die erweiterte Konkurrenz geschäftlich durchzusetzen. Mit jeder Erweiterung der EU durch neu hinzukommende Staaten erhöht sich der Konkurrenzdruck für alle.

»Die Beitrittsfrage hat für alle Nationen die Frage aufgeworfen, wie sie in ihren jeweiligen Geschäftsrechnungen betroffen sind – und die unterschiedlichen Antworten haben zutage gefördert, wie einseitig sich inzwischen Nutzen und Schaden verteilen.«[69] Nur das wirklich große Kapital, mächtige und etablierte Konzerne scheinen zu profitieren – vor allem das deutsche Kapital ist der lachende Gewinner der EU-Integration und -Erweiterung. Das rief »Europamüdigkeit« auf den Plan; der Integrationsprozeß geriet ins Stocken, weil Ernüchterung der anfänglichen Euphorie folgte: Die EU nutzt dem deutschen Staat wesentlich mehr als den anderen Mitgliedsländern. Der deutsche Staat tritt zugleich rüder auf, aber die anderen Staaten (mit Ausnahme vielleicht von Frankreich) sind der Macht des deutschen Staates weitgehend hilflos ausgeliefert.

»Es gibt kein großes Industrie- und Wirtschaftsland auf dieser Erde, das vergleichbar so wie Deutschland wirtschaftlich von einer einzigen Region, nämlich Europa abhängig ist.«, sagte der Bundesaußenminister Klaus Kinkel in seiner Erklärung der Bundesregierung vom 10. März 1994.[70] Eben weil keinem anderen Land wie Deutschland so viel daran gelegen ist, die Erweiterung der EU voranzutreiben, muß der deutsche Staat sein ganzes politisches und wirtschaftliches Gewicht in die Waagschale werfen, um die anderen EU-Mitgliedsländer davon zu überzeugen, daß, was gut für Deutschland ist, eben auch von Vorteil für die EU sei. Je größer die Ermüdungserscheinungen des Europäismus in den anderen Mitgliedsstaaten wurden, desto rüdere Formen nahm die deutsche Verhandlungsdiplomatie an. Immer öfter erschien »das deutsche Interesse an der Erweiterung wie ein Zwang (...), dem sich zu widersetzen eine vitale Schädigung dieses Landes darstellt.«[71]

Die Erweiterung erscheint mithin als das »spezielle deutsche Konkurrenzinteresse«. Die deutschen Eliten vertrauen darauf, daß auf dem erweiterten europäischen Markt derjenige sich am besten durchzusetzen vermag, der »über genügend Kapital und Kredit verfügt, um sich tendenziell aller Geschäftsgelegenheiten zu bedienen; kurz: daß es eine Frage der Kapitalproduktivität, der Kapitalgröße und des Nationalkredits, also der erreichten

69 Ebd., S. 11.
70 Klaus Kinkel: Erklärung der Bundesregierung vom 10. März 1994.
71 »Die Erweiterung der EU«, a. a. O., S. 12.

ökonomischen Wucht der Nation ist.«[72] Die Sonderstellung des deutschen Staates innerhalb der Europäischen Union ist mithin für das deutsche Kapital von einem entscheidenden Vorteil, weil der deutsche Nationalkredit nun einmal bis zur Währungsunion als Hauptgeschäftsmittel, bzw. die DM als Reservewährung und insbesondere als führender Euro-Kredit fungierten. »Das macht Deutschland – jedenfalls nach Auffassung und Anspruch seiner politischen Verwalter – quasi automatisch zum umfassenden Nutznießer der Erweiterung. Sie bauen darauf, daß ihr Staat mit der größten Nationalökonomie und dem gefragtesten Geld auf jeden Fall gewinnt, wenn Staaten sich dem Konkurrenzvergleich zu Bedingungen öffnen, unter denen Deutschland zur führenden europäischen Wirtschaftsnation aufgestiegen ist.«[73]

Die Außenpolitik des deutschen Staates geriet auch wegen seiner Interessen an der EU-Osterweiterung unter den Verdacht, die bisherige Westorientierung aufzuheben, indem er durch die Erweiterung auf Staaten des ehemaligen Ostblocks eine komplette Umorientierung der EU anstrebe und damit sich seines traditionellen »geostrategischen« Einflußbereiches bemächtigt. Die Eingliederung von Teilen des ehemaligen Machtbereiches der Sowjetunion in die Europäische Union vollzog sich jedoch nicht ohne Widerstand Rußlands. Daß die Bundesregierung diesen Konflikt nicht scheute, zeugt von einem gewachsenen Selbstbewußtsein und damit verbundenen Anspruchsdenken. Die osteuropäischen Länder sind ökonomisch schon längst von Deutschland abhängig geworden – eine Eingliederung dieser Länder in die EU hat jedoch für Deutschland den entscheidenden Vorteil der Entlastung deutscher Kassen, weil in Zukunft das wirtschaftliche Wachstum in Osteuropa nicht mehr mit deutschen, sondern mit europäischen Krediten subventioniert werden wird und dennoch der Ertrag hauptsächlich der deutschen Wirtschaft zugute kommt. »Mit Hilfe der EU will Deutschland seinen Zugewinn an Einfluß und Raum im Osten mit anderen Mitteln als den Mitteln der Wiedervereinigung fortsetzen. Eine ganze als Vorfeld Deutschlands definierte Staatenregion soll mit Geldern, Einfluß und Institutionen der EU verläßlich eingerichtet und damit Deutschlands Sonderstellung gegenüber diesen Ländern gefestigt werden.«[74]

Die angestrebte Umorientierung der EU hat für den deutschen Staat den Zweck, seine »mitteleuropäische Lage« unter sicherheits- und wirtschaftspolitischen Gesichtspunkten wiederherzustellen. Der Bundesaußenminister

72 Ebd., S. 12 f.
73 Ebd., S. 13.
74 Ebd., S. 16.

Klaus Kinkel formulierte dies in seiner Erklärung der Bundesregierung von 1994 auch sehr deutlich: »Das vereinte Deutschland wird nicht das östliche Grenzland der Europäischen Union bleiben; es rückt auch politisch wieder in die Mitte Europas. (...) Richtig ist, daß die Beitritte die Gemeinschaft innerlich stärker ausbalancieren. Es ist offensichtlich – das haben wir in Brüssel bei den Verhandlungen gesagt; ich sage es auch hier –, daß dies für Deutschland in seiner Mittellage einen nicht unerheblichen Gewinn darstellt.«[75]

Diese angestrebte »Mittellage« ist ein rein spezifisch deutsches Interesse, das sich in dieser Form in keinem anderen Mitgliedsland der EU finden läßt. Im Gegenteil: Was deutsche Politiker als ausgewogenes Europa bezeichnen, ruft bei den europäischen Nachbarn nur Skepsis und neues Mißtrauen hervor. Denn in den »deutschen Interessen« kommt sehr deutlich die Rolle zum Vorschein, die der deutsche Staat für sich beansprucht: die Rolle einer Führungsmacht, »die sich des Staatenbündnisses als ihres souverän handhabbaren Mittels bedient: Deutschland bildet mit seinem ökonomischen Sondergewicht einen Kernblock leistungsfähiger Staaten und schert ein Umfeld abhängiger Nationen um sich; es schmiedet die jeweils passenden Koalitionen und legt mit deren Hilfe verbindlich fest, welche nationalen Anliegen der beteiligten Länder anerkannt, weil blockdienlich sind; es organisiert darüber seinen bevorzugten Zugriff auf europäische Reichtumsquellen; und es gibt schließlich die politische Richtung vor, damit sich Europa als Aufsichtsmacht betätigt – so etwa sieht das Programm aus, das Deutschland mit ›neuer Mitte‹ meint.«[76]

Keine günstigere Gelegenheit für eine grundlegende Revision der Europäischen Union hat sich für den deutschen Staat durch die Erweiterungsfrage ergeben. Die Entscheidung für Erweiterung statt Vertiefung der Union eröffnete die Möglichkeit, die drohenden Verstrickungen in der Vertiefungsfrage zu umgehen, bzw. die Vertiefung im »deutschen Interesse« umzusetzen. Eine Einigung in den strittigen Fragen der Vertiefung wäre nach Ansicht des deutschen Außenministers (Kinkel) mühselig und gegebenenfalls zu langwierig gewesen – bevor man schließlich auf solider Geschäftsgrundlage eine Erweiterung hätte anstreben können. Die Bundesregierung entschied sich mithin, einen rabiateren, weil schnelleren Weg einzuschlagen: Der deutsche Staat »nimmt die Beitrittsanträge als Gelegenheit, um mit der Erweiterung zugleich die Änderung der gesamten inneren Verhältnisse zu betreiben und

75 Kinkel: Erklärung der Bundesregierung vom 10. März 1994.
76 »Die Erweiterung der EU«, a. a. O., S. 20.

damit die anstehende Auseinandersetzung um den mit Maastricht projektierten Wirtschaftsblock ein Stück vorzuentscheiden und gleich noch ein paar weitergehende politische Zukunftsperspektiven dazu.«[77]

Kinkels Verhandlungsweise zeugte von der Arroganz der deutschen Macht und rief Entrüstung bei den europäischen Nachbarstaaten auf den Plan, wodurch die Diplomatie stellen- und zeitweise aus den Fugen zu geraten drohte. Kinkel übte auf seine Partner Druck aus, indem er im Falle eines Scheiterns der Beitrittsverhandlungen androhte, Deutschland werde eine »ernsthafte Krise für Europa« auslösen.[78] Darin bestanden Drohung und Erpressung. »Einigung wurde (...) nicht dadurch erzielt, daß im Interesse des ›europäischen Fortschritts‹ Bedenken ausgeräumt und die verschiedenen Erwartungen einigermaßen zufriedengestellt worden wären, sondern umgekehrt: Der deutsche Chefunterhändler [Kinkel; MH] hat die widerspenstigen Mitglieder zur Annahme der unter seiner Regie ausgehandelten Kompromisse mehr erpreßt als bewogen (...). Er weiß offenbar nur zu gut, daß dieser Fortschritt Europas keine Sache mehr ist, die die Interessen jedes beteiligten Landes einbegreift, und pocht auf die Abhängigkeit anderer vom deutschen Interesse.«[79]

Wegen des rüden diplomatischen Umgangs des deutschen Staates mit den EU-Partnern, aber vor allem weil darin sich ein *exklusiver* deutscher Führungsanspruch zeigte, kühlte das sonst recht verbunden gewesene partnerschaftliche Verhältnis zu Frankreich merklich ab. Die Rede war von

77 Ebd., S. 21.

78 »Niemand soll sich täuschen: Ein Scheitern der Beitrittsverhandlungen würde eine ernste Krise für Europa auslösen.« – Kinkel: Erklärung der Bundesregierung vom 10. März 1994. – Drohung und Erpressung setzten sich fort, etwa im »Kerneuropa-Papier« von Wolfgang Schäuble und Karl Lamers, wenn es dort heißt, Deutschland könne versucht sein, seine Sicherheitsinteressen (die ungelöste Mittellage-Problematik) selbständig zu lösen, falls die EU-Integration scheitern sollte. – Vgl. Wolfgang Schäuble: »Überlegungen zur europäischen Politik: Positionspapier der CDU/CSU-Bundestagsfraktion vom 1. September 1994«, a. a. O. – Auch Helmut Kohl sprach eine Drohung mit den Worten aus, daß das Gelingen der EU-Integration für die Deutschen eine Frage von Krieg und Frieden in Europa sei. – Helmut Kohl zit. n. Walter von Goldendach und Hans-Rüdiger Minow: *Von Krieg zu Krieg. Die deutsche Außenpolitik und die ethnische Parzellierung Europas*, 3. Aufl., Berlin 1999, S. 157. – Und auch Gerhard Schröder äußerte sich als Bundeskanzler der neuen Bundesregierung mit leicht drohendem Unterton, freilich etwas sybillinischer, daß das integrierte Europa die Antwort auf Faschismus, Diktatur und Krieg sei – Vgl. »Nichts wächst von alleine«, Interview mit Gerhard Schröder, *Der Spiegel* 49/2000. – Im Umkehrschluß bedeutet Schröders Aussage, wenn die Integration mißlingt, kehre man in Europa zu der nationalen Konstellation zurück, die schon einmal in ihrer ungelösten Problematik zu Krieg, Faschismus und wieder Krieg geführt habe.

79 »Die Erweiterung der EU«, a. a. O., S. 21.

deutsch-französischen Spannungen, weil sich die französische Regierung durch die deutschen Ansprüche in ihrer *gemeinsamen* Führung mit Deutschland (»deutsch-französische Achse«) geprellt sah. In der *Le Monde* wurde der Auslöser dieser Spannungen folgendermaßen wiedergegeben: »Botschafter Scheer erklärte mit ungewöhnlicher Offenheit, daß etwas nicht in Ordnung ist mit den zweiseitigen Beziehungen und daß kein wirklicher Dialog zwischen Bonn und Paris existieren könne, ohne Aufklärung über die auswärtige Politik des wiedervereinigten Deutschland, zum Beispiel wenn Bonn im Zusammenhang mit der Erweiterung der europäischen Union mit Gewalt den Beitritt der Nordstaaten und Österreichs vorantreibt, von einer Umkehrung der Kräfteverhältnisse zwischen den Süd- und Nordländern redet und sich wie ein Scharnier im Zentrum des Kontinents aufführt. (...) Klaus Kinkel hat gedroht, Spanien ›casser la colonne vertebrale‹ (!) (›Rückgrat brechen‹), falls es keinen Kompromiß akzeptiere – eine Ausdrucksweise, die vor der Wiedervereinigung unvorstellbar gewesen ist.«[80]

Die *Frankfurter Allgemeine Zeitung* legte in ihrem Bericht über den Auslöser einen anderen Schwerpunkt: »›Wir brauchen deutsche Klarheit, dann können wir Deutschland verstehen und mit Deutschland zusammengehen.‹ Es müsse klar sein, daß sich an Deutschlands Einordnung in Westeuropa nichts ändere. ›Wir brauchen diese Bestätigung.‹ Das müsse auch außer Zweifel stehen, wenn Deutschland seine Beziehungen zu Rußland neu bestimmen wolle. Franzosen fragten nach der Bedeutung deutscher Darstellungen, die Erweiterung der Europäischen Union verschiebe die Gewichte. ›Nicht nur für Franzosen ist es schwierig, die neue Stellung Deutschlands zu akzeptieren.‹ (...) Franzosen in Bonn sagten: ›Die Zusammenarbeit Frankreichs mit Deutschland bildet die Grundlage aller Fortschritte in Europa: wir bauen zusammen das Europa des nächsten Jahrhunderts; nur Frankreich und Deutschland können das tun.‹ (...) Da ein europäischer Bundesstaat nicht geschaffen werden könne, bleibe zur Sicherung der Funktionsfähigkeit der Gemeinschaft nur der inoffizielle Weg, zunächst mit sechs oder sieben Mitgliedsländern und einem aus Frankreich und Deutschland bestehenden Kern die Wirtschafts- und Währungsunion zu verwirklichen: ›Dort schlägt dann das Herz Europas.‹«[81]

Dieser »inoffizielle Weg« den der französische Botschafter in Form der Schaffung einer Quasi-Union in der Union, bestehend aus sechs bis sieben integrationswilligeren Mitgliedsländern und einem »Kern« aus Frankreich und Deutschland, wo das »Herz Europas« schlage, konkretisierte, deutete

80 *Le Monde* vom 19. März 1994.
81 *FAZ* vom 16. März 1994.

auf den französischen Anspruch, dem deutschen Staat in keinem Fall die alleinige Führung innerhalb der Europäischen Union zukommen lassen zu wollen. »Das spezifische französische Konzept eines deutsch-französischen Kerneuropas, um das sich alle anderen herumgruppieren, versteht sich als Alternative zu den deutschen Europa-Vorstellungen, nämlich als Beschränkung eines drohenden deutschen Multilateralismus, durch den Frankreich seine Position einer zweiten Vormacht bestritten sieht. Diese Auseinandersetzung rührt also endgültig an die Kernfrage Europas: die Konkurrenz zwischen Frankreich und Deutschland.«[82]

Der deutsche, *exklusive* Führungsanspruch in Form der Umorientierung der EU stieß also auf heftigen Widerstand Frankreichs, aber zugleich auch auf resignative Ohnmacht der anderen Mitgliedsstaaten, welche mit Voranschreiten der Integration die damit verbundene, permanent wachsende Macht zu spüren bekamen. »Entweder sie beugen sich den deutschen Anträgen, so daß sich seine immer ausgreifenderen Ansprüche in EU-Verhältnisse verwandeln, in deren Rahmen dann die anderen zumindest der Idee nach von diesem Blockfortschritt mit profitieren können; oder Deutschland nutzt seine erreichte Machtposition, um neben und statt seinen bisherigen EU-Bindungen lauter Sonderbeziehungen zu stiften, so daß alle anderen auf jeden Fall an Einfluß auf Deutschland und die gesamteuropäischen Verhältnisse verlieren.«[83]

Der deutsche Staat galt unter den europäischen Staaten bis 1989/90 als ein »ökonomischer Riese«, der zugleich wegen seiner von den Siegermächten auferlegten Selbstbeschränkungen ein »politischer Zwerg« gewesen war. Mittlerweile ist Deutschland mit Hilfe der Europäischen Union »normalisiert«, das heißt politisch wie ökonomisch ein Riese geworden. Die Furcht vor einer deutschen Vorherrschaft ist dadurch sehr real, verbindet sich damit schließlich ein hohes Risiko für Europa, falls in Deutschland einmal eine Generation an die »Schaltstellen der staatlichen Macht« gelangen sollte, die weitaus hemmungsloser die dazugewonnenen Machtchancen des deutschen Staates im kapitalistischen und imperialistischen Konkurrenzkampf einsetzt, weil sie sich an historische Schuld nicht mehr gebunden fühlt und Helmut Kohls »Gnade der späten Geburt« als *Recht auf Normalität* für sich beansprucht.

Die schwarz-gelbe Bundesregierung ruderte jedenfalls unter dem Druck der französischen Regierung, bzw. unter dem Eindruck der »deutsch-französischen Spannungen« in ihren öffentlich gemachten Ansprüchen zurück

82 »Die Erweiterung der EU«, a. a. O., S. 22.
83 Ebd., S. 23.

und goûtierte den französischen Vorschlag eines »Kerneuropas«, welches von den außenpolitischen Strategen der CDU/CSU-Bundestagsfraktion, Wolfgang Schäuble und Karl Lamers, federführend ausgearbeitet wurde. Der Gedanke eines Kerns aus Deutschland und Frankreich bestätigte französische Ansprüche auf eine deutsch-französische Führung innerhalb Europas. Lamers und Schäuble wichen insofern von der Praxis Kinkels ab. Das Kerneuropapapier stellte aber für den Rest Europas, welcher zu diesem Kern nicht oder noch nicht gehören sollte, einen Affront dar. Außerdem könnte man warnend gegenüber der französischen Regierung anbringen, daß Papier schon allzu oft seine Geduldigkeit bewiesen hat.

Deutsche und französische Führungsansprüche – Spielarten eines »Kerneuropas«

1994 präsentierte die CDU/CSU-Bundestagsfraktion namentlich durch Wolfgang Schäuble, Karl Lamers und Michael Glos der Öffentlichkeit das von ihnen verfaßte Strategiepapier zu einem sogenannten Kerneuropa, in welchem ein klarer Führungsanspruch des deutschen Staats zusammen mit Frankreich formuliert wird.[84] Noch ein Jahr zuvor hatte die CDU/CSU in der Person Edmund Stoibers für ein lockeres Bündnis der EU-Staaten plädiert, weil in diesem Deutschland eine optimale Handlungsfreiheit nach Westen und Osten wahrnehmen und damit seine »geostrategisch« wichtige »Mittellage« ausbauen und absichern könne. Die Autoren des Kerneuropa-Papiers schlugen eine andere Richtung ein: Weil es nicht wieder vorkommen dürfe, daß Deutschland zwischen West- und Osteuropa zerrieben werde, was ein spezifisches Problem dieses Landes aufgrund seiner »geographischen Mittellage« sei, müsse der Unterschied zwischen West- und Osteuropa als solcher liquidiert werden, um zwischen »Mittellage« und den »Flügeln« nicht mehr unterscheiden zu können. Weil es dem deutschen Staat in der Vergangenheit zweimal nicht gelungen sei, den europäischen Kontinent aus eigener Kraft zu beherrschen, sei es im Interesse der deutschen Sicherheitsbedürfnisse nötig, statt einer lockeren europäischen Bindung eine stark integrierte EU zu erwirken.

Das Strategiepapier ist in drei Abschnitte gegliedert und beginnt mit einer Lageanalyse. Der europäische Einigungsprozeß sei an einen »kritischen Punkt seiner Entwicklung« angelangt, dessen Ursache von den Autoren un-

84 Vgl. Schäuble: »Überlegungen zur europäischen Politik«, a. a. O., S. 1271–1280; vgl. Hans-Peter Schwarz: *Die Zentralmacht Europas. Deutschlands Rückkehr auf die Weltbühne*, Berlin 1994.

ter anderem in einer »Überdehnung der Institutionen« gesehen wird. Das Institutionengefüge war einmal für sechs Mitgliedstaaten ausgerichtet gewesen, inzwischen seien es aber bereits doppelt so viele; mit der EU-Osterweiterung werde mit voraussichtlich 25 Mitgliedstaaten die Grenze der Funktionsfähigkeit überschritten. Im Zuge dieser Entwicklung nehmen aufgrund des unterschiedlich ausgeprägten gesellschaftlich-ökonomischen Entwicklungsniveaus der einzelnen Länder die Divergenzen gegenüber den Gemeinsamkeiten in den nationalen Interessen zu, wodurch es immer schwieriger werde, eine gemeinsame europäische Wirtschafts-, Sozial- oder Außenpolitik zu vereinbaren. Hinzukomme ein »tiefer, wirtschaftsstruktureller Wandel« mit der Auswirkung einer massenhaften Arbeitslosigkeit, welche die Stabilität der Gesellschaften bedrohe. Die Autoren erkennen in diesem strukturellen Wandel den Teilaspekt einer »umfassenden Zivilisationskrise der westlichen Gesellschaften«. Wohin diese Krise führen werde, sei schon in Ansätzen zu erkennen: zu einer »tiefen Verängstigung« bei den Menschen in Europa. Mit den kollektiven Ängsten komme es zur Zunahme eines »regressiven Nationalismus«, das heißt zur »Abschirmung in einem Zurück zum Nationalen und zum Nationalstaat«. Wenn es nicht gelänge, Lösungen für die Ursachen in der Entwicklungskrise des europäischen Einigungsprozesses zu finden, werde die Union sich »entgegen der im Maastrichter Vertrag beschworenen Zielsetzung eines immer engeren Zusammenwachsens unaufhaltsam zu einer lockeren, im wesentlichen auf einige wirtschaftliche Aspekte beschränkten Formation mit verschiedenen Untergruppierungen entwickeln«.[85]

In einem zweiten Abschnitt gehen die Autoren unter der Überschrift »Deutschlands Interessen« auf die wiederhergestellte »Mittellage« Deutschlands im integrierten Europa ein. Die Europäische Union verhindere die in der Vergangenheit mehrfach zu einem für Europa und die Welt akuten sicherheitspolitischen Risiko gewordene traditionelle »geopolitische Mittellage« des deutschen Staates, welche einmal die Prinzipien der preußisch-deutschen Außenpolitik bestimmt hatte und zu zwei Weltkriegen geführt habe. Mit der europäischen Integration erlange Deutschland zum ersten Mal eine »stabile außenpolitische Balance« und sei damit für seine Nachbarn kein Sicherheitsrisiko mehr. Deshalb habe Deutschland »aufgrund seiner geographischen Lage, seiner Größe und seiner Geschichte ein besonderes Interesse, ein Auseinanderdriften Europas zu verhindern, durch das es in seine alte Mittellage zurückversetzt würde«.[86] Das integrierte Europa impliziere

85 Schäuble: »Überlegungen zur europäischen Politik«, a. a. O.
86 Ebd.

eine »grundlegende Änderung des europäischen Staatensystems«, so daß in diesem die Hegemonie eines Staates »weder möglich noch erstrebenswert« erscheine. Der deutsche Staat sei zwar den anderen EU-Mitgliedstaaten wirtschaftlich überlegen, aber von dieser Überlegenheit, die keine Dominanz sei, profitierten sämtliche EU-Staaten gleichermaßen.

Wenn aber der europäische Integrationsprozeß aufgrund der ungelösten Krisenentwicklung nicht nur ins Stocken gerät, sondern auch scheitere, sähen sich die Länder des Kontinents in das »instabile Vorkriegssystem« zurückfallen; der deutsche Staat erhalte damit zwangsläufig seine »alte Mittellage« zurück und würde zu einem erneuten Sicherheitsrisiko für Europa werden. Die Autoren sprechen schließlich eine kaum zu übersehende Drohung mit einem deutschen Alleingang aus, falls es nicht zu einer »Eingliederung der mittelosteuropäischen Nachbarn« in die EU und zu einer umfassenden Partnerschaft mit Rußland kommen werde, welches beides unmittelbare nationale Interessen Deutschlands seien: »Ohne eine (...) Weiterentwicklung der (west-)europäischen Integration könnte Deutschland aufgefordert werden oder aus eigenen Sicherheitszwängen versucht sein, die Stabilisierung des östlichen Europas alleine und in der traditionellen Weise zu bewerkstelligen.«[87] Eine umfassende Ahnung konkretisiert sich, was Helmut Kohl damit gemeint haben könnte, als er das Gelingen der europäischen Integration für die Deutschen als eine Frage von Krieg und Frieden bezeichnete: »Der Bau des Hauses Europa ist die Frage von Krieg und Frieden für die Deutschen im 21. Jahrhundert (...). Das Exportland Deutschland braucht Europa mehr als jedes andere Land in Europa.«[88] – Die Drohung ist eingebettet in scheinbar versöhnlich stimmende Rhetorik: Mit der Osterweiterung erhalte Deutschland die »Chance, zur ruhigen Mitte Europas zu werden«; dieses »deutsche Interesse« an sicherheitspolitischer Stabilität sei gleichsam mit dem Interesse Europas nicht bloß vermittelbar, sondern *grundsätzlich* identisch.

Im dritten und längsten Abschnitt behandeln die Autoren in einer imperativen Tonart Lösungsvorschläge, wie die Krise im Integrationsprozeß überwunden werden »muß«. Die Ansätze verstehen die Autoren als »Kombination verschiedener Maßnahmen«, die sich wechselseitig bedingten. Zum einen gehe es um die »institutionelle Weiterentwicklung der Union«, worunter sie das »Modell eines föderativen Staatsaufbaus« und die konsequente Verwirklichung des Subsidiaritätsprinzips verstehen; ferner die »weitere Fe-

---

87 Ebd.

88 Helmut Kohl im Jahre 1995, zit. n. Goldendach und Minow: *Von Krieg zu Krieg*, a. a. O., S. 157.

stigung des Kerns«, aber auch die »Intensivierung der deutsch-französischen Beziehungen«, welche gleichsam den »Kern des festen Kerns« bildeten und damit ein Führungszentrum innerhalb des integrierten Europas beanspruchen. In Europa dürfe es »keine wesentlichen außen- und europapolitischen Aktionen ohne vorangehende deutsch-französische Abstimmung geben«. Denn zum anderen gehe es um die »Stärkung der außen- und sicherheitspolitischen Handlungsfähigkeit« der Europäischen Union sowie um die »Erweiterung nach Osten«. Der Einigungsprozeß müsse durch ein »verfassungsähnliche[s] Dokument« abgesichert werden. »Der feste Kern hat die Aufgabe, den zentrifugalen Kräften in der immer größer werdenden Union ein starkes Zentrum entgegenzustellen und damit die Auseinanderentwicklung zwischen einer eher protektionismus-anfälligen Süd-West-Gruppe unter einer gewissen Anführung durch Frankreich und einer stärker dem freien Welthandel verpflichteten Nord-Ost-Gruppe unter einer gewissen Anführung durch Deutschland zu verhindern.«[89] Der Kern dürfe freilich nicht abgeschlossen, sondern müsse »für jedes Mitglied offen sein, das willens und in der Lage ist, seinen Anforderungen zu entsprechen.«

Das »Kerneuropa-Papier« sorgte für einigen Wirbel und Widerstand in den einzelnen EU-Staaten, aber auch in Deutschland.[90] Die Hauptkritik an dem »Kerneuropa-Papier« (etwa von Joschka Fischer) richtete sich gegen diese als *exklusiv* empfundene Auffassung eines »Kerns«, welcher sich als europäisches Führungszentrum entpuppe, sich zwar für »offen« für andere Mitglieder halte, aber die »Anforderungen« selbst bestimme, die zu erfüllen die anderen Staaten vermutlich nicht in der Lage sein werden. Neben dem EU-Gründungsmitglied Italien, welches nach den Vorstellungen von Schäuble und Lamers offensichtlich nicht zum Kern dazugehören sollte, beschwerten sich die kleineren EU-Mitgliedsstaaten, die befürchteten, ganz oder auf lange Sicht abgesondert zu werden. Der stärkste Widerstand ging aber vor allem von Großbritannien aus. Das »Kerneuropa-Papier« sorgte bei der britischen Regierung für Bestätigung ihrer Annahme, daß der deutsche Staat seinen Führungsanspruch in Europa ausbaue und sich die französische Regierung in ihrer allzu großen Annäherung an den deutschen Staat von diesem über den Tisch ziehen lasse. Die Reservierung gegenüber der europäischen Integration war in Großbritannien deshalb so groß, weil man einen deutschen Hegemon verhindern wollte. Gerade die Premierministerin

89 Schäuble: »Überlegungen zur europäischen Politik«, a. a. O.

90 Siehe Karl Lamers: »Variable Geometrie und fester Kern. Zur Debatte über das Europa-Papier der CDU/CSU-Bundestagsfraktion«, in: *Blätter für deutsche und internationale Politik*, 12/1994, S. 1464–1470.

Thatcher glaubte, die deutsche Hegemonie dadurch am besten stören zu können, indem Großbritannien einer politischen Union Europas fernbleibe und statt dessen ein engeres Verhältnis zu den USA suchen sollte. Erst nach 1990 hat sich denn auch Großbritannien der EU angeschlossen, vermutlich eher mit dem Ziel, eine politische Union zu verhindern, jedenfalls zu verzögern.[91] Der europäischen Währungsunion ist Großbritannien wiederum ferngeblieben, wodurch laut Emanuel Todd der entscheidende Sprung Europas nach vorne zumindest hinausgezögert werde.[92] Großbritannien müsse sich entscheiden, ob es zu Europa gehören wolle. Die Entscheidung könnte allerdings den USA wirtschaftlich das Genick brechen, schreibt Todd. Für Europa bedeute die Integration des wichtigsten Finanzplatzes der Alten Welt (London) das Initial der endgültigen Unabhängigkeit von den USA. Vermutlich ist das einer der Gründe, warum Großbritannien zögert, sich der Euro-Zone anzuschließen. Wenn ein sogenanntes eurasisches Gleichgewicht (mit Großbritannien) auf der Weltbühne in Erscheinung trete, müßten die USA anfangen, ihr gigantisches Handelsbilanzdefizit auszugleichen, was nur ginge, wenn der Lebensstandard der amerikanischen Bevölkerung drastisch, das heißt etwa um 15–20 Prozent gesenkt werden würde.[93]

Die britische Regierung hat aber nicht Angst vor ihrer eigenen Courage, weil sie mit den USA eng verbunden, sondern weil Europa längst um einen politisch und ökonomisch mächtigen Doppelkern zentriert ist. Versetzt die britische Regierung mit ihrem Beitritt zur Euro-Zone den USA einen entscheidenden Schlag, stärken sie nicht nur Europa und verursachen ein Kräfteungleichgewicht in der Welt, sondern verhelfen auch noch dem deutschen Staat als lachenden Dritten zu größerer Hegemonie. »Europa ist eine Ansammlung von Staaten mit den beiden Partnern Deutschland und Frankreich im Mittelpunkt, aber seine wahre Macht hängt von der Beteiligung Großbritanniens ab.«[94]

Wegen der zum Teil heftigen Reaktionen auf das Kerneuropa-Papier sah sich Helmut Kohl zu einer Distanzierung gegenüber dem Strategiepapier veranlaßt. Das Papier der CDU/CSU-Bundestagsfraktion sei mit dem Kanzleramt nicht abgestimmt gewesen.[95] Vermutlich ist es nicht weit hergeholt, davon auszugehen, daß das Strategiepapier sehr wohl mit dem Bundeskanzler abgestimmt gewesen war, zumal auch Wolfgang Schäuble, der zu diesem

91 Vgl. Michael Jäger: *Probleme und Perspektiven der Berliner Republik*, Münster 1999, S. 83.
92 Vgl. Emmanuel Todd: *Weltmacht USA. Ein Nachruf*, München 2003, S. 237 f.
93 Vgl. ebd., S. 249.
94 Ebd., S. 245.
95 Vgl. Schwammel: *Deutschlands Aufstieg zur Großmacht*, a. a. O., S. 224.

Zeitpunkt noch als Kohl treu ergeben galt, daran mitgeschrieben hatte. Aus taktischen Gründen mag das Papier nicht durch den Bundeskanzler vorgestellt worden sein, sondern aus der zweiten Reihe, damit der Bundeskanzler sich notfalls davon distanzieren kann, falls es bei den europäischen Nachbarn nicht auf Zustimmung, sondern auf allzu heftige Ablehnung stoßen sollte. Ferner ist davon auszugehen, daß aufgrund der vorherigen deutsch-französischen Spannungen das Kerneuropa-Papier als eine diplomatisch vermittelnde Reaktion zu verstehen ist und dafür, um sich aus Sicht der Bundesregierung nicht zu klein zu machen, die »zweite Reihe« – jedenfalls nicht der Bundeskanzler oder Außenminister – vorgeschickt wurde.

Nachdem die Debatte über die politische Integration Europas ins Stocken geraten war, nahm der Bundesaußenminister der inzwischen rot-grünen Bundesregierung, Joschka Fischer, den Faden wieder auf. In seiner am 12. Mai 2000 an der Humboldt-Universität zu Berlin gehaltenen Rede, die in der europäischen Öffentlichkeit viel Beachtung gefundenen hat, erinnerte Fischer gleich zu Beginn an die ursprüngliche Vision einer »Europäischen Föderation«, wie sie von Jean Monnet und Robert Schumann fast genau 50 Jahre zuvor: am Ende des Zweiten Weltkrieges einmal als Friedensbekenntnis formuliert worden war. Die europäische Integration sollte die Lösung eines in der Geschichte Europas stets prekär ausgefallenen Gleichgewichts der Mächte Großbritannien, Frankreich, Rußland und Deutschland sein, welches allzu oft und in verheerenden Ausmaßen zu Hegemonialkriegen geführt habe, die in den beiden von Deutschland angezettelten Weltkriegen kulminierten. »Der Kern des Europagedankens nach 1945 war und ist deshalb die Absage an das Prinzip der balance of power, des europäischen Gleichgewichtssystems und des Hegemonialstrebens einzelner Staaten, wie es nach dem Westfälischen Frieden von 1648 entstanden war, durch eine enge Verflechtung ihrer vitalen Interessen und die Übertragung nationalstaatlicher Souveränitätsrechte an supranationale europäische Institutionen.«[96]

Vom Scheitern oder Gelingen der europäischen Integration hatte bereits Helmut Kohl Krieg und Frieden in Europa abhängig gemacht, Fischer sprach lediglich von der überragenden Bedeutung für zukünftige Generationen, ließ aber keinen Zweifel daran, daß er in Europa mehr sehe als bloß eine »bürokratische Veranstaltung einer seelen- und gesichtslosen Eurokratie in Brüssel«, welche er im schlimmsten Falle als Gefahrenpotential einstufen müßte; jedenfalls hätten die Menschen im Falle eines Scheiterns der europäi-

96 Joschka Fischer: »Vom Staatenbund zur Föderation – Gedanken über die Finalität der europäischen Integration«, Rede am 12. Mai 2000 in der Humboldt-Universität in Berlin, in: ders.: *Vom Staatenbund zur Föderation*, Frankfurt am Main 2000.

schen Integration »einen fatal hohen Preis zu entrichten«. Fischers Plädoyer für eine europäische Föderation mochte er nicht als Position der Bundesregierung verstanden wissen, die diesbezüglich keine einheitliche Position besäße, er zog sich vielmehr auf seinen Status als einfacher Parlamentarier und als »überzeugter Europäer« zurück, was seiner Rede mehr Emphase und dadurch eine höhere Ausdruckskraft verlieh. Diese Vorgehensweise hatte bereits Helmut Kohl im deutsch-deutschen Einigungsprozeß vorgemacht, als dieser als »Privatmann« auf einer Reisemaschine das »Zehn-Punkte-Programm« getippt haben will.

Unmittelbar einsichtig waren Fischers Argumente in Bezug auf die Notwendigkeit, sich über den Handlungsbedarf klar zu werden, der sich aus der anstehenden Ost- und Südosterweiterung der EU in Bezug auf eine strukturelle Reform des politischen Gebäudes Europas ergebe, wolle man nicht, daß die EU aufgrund der faktischen Verdoppellung ihrer Mitgliederzahl handlungsunfähig werde und an Substanz verlöre. In Fischers Gedanken steckte für Europa auch der gemeinsame Führungsanspruch von Deutschland und Frankreich, auf die es »ganz entscheidend« ankomme, damit der letzte Bauabschnitt der europäischen Integration, die notwendige politische Integration gelinge.

In Maastricht haben sich die EU-Mitgliedstaaten darauf verständigt, einen Kernbereich der »wesentlichen Souveränitäten des modernen Nationalstaats«: die Währung in die ausschließliche Verantwortung einer europäischen Institution zu übertragen. Die Einführung des Euro sei nicht nur die »Krönung der wirtschaftlichen Integration«, sondern auch ein »zutiefst politischer Akt« gewesen, weil der Euro die »Macht des Souveräns«, durch den die europäische Währung garantiert werde, symbolisiere. Gleichwohl sei das politische Institutionengefüge des »europäischen Souveräns« noch nicht fertig ausgebildet, woraus sich eben der Handlungsbedarf zur politischen Integration ableite. »Aus der Vergemeinschaft von Wirtschaft und Währung gegenüber den noch fehlenden politischen und demokratischen Strukturen ist ein Spannungsfeld entstanden, das in der EU zu inneren Krisen führen kann, wenn wir nicht die Defizite im Bereich der politischen Integration produktiv aufheben und so den Prozeß der Integration vollenden.«[97] Fischer sieht diese »Finalität der europäischen Integration« im Übergang von dem bisherigen Staatenbund hin zu einer »vollen Parlamentarisierung in einer Europäischen Föderation« – in nichts anderem habe schließlich auch schon die Vision von Robert Schuman vor 50 Jahren bestanden. Mit anderen

97 Ebd.

Worten: Der europäische Souverän: die europäische Bevölkerung benötige ein europäisches Parlament und *eine* Regierung, »die tatsächlich die gesetzgebende und die exekutive Gewalt innerhalb der Föderation ausüben«[98]. Selbstverständlich erfordere diese Europäische Föderation eine politische Verfassung.

Fischer griff mit seinen Ideen Positionen von Jürgen Habermas auf, der sich in seinen politischen Schriften auf die Frage eingelassen hat, ob Europa eine Verfassung brauche, bzw. ob es möglich sei, von einer »europäischen Nation« zu sprechen und wie ein solcher kollektive Identitätsrahmen hergestellt werden könnte. Habermas kam darin überein, daß eine europäische Verfassung einen wichtigen Integrationsschub leisten könne, die verschiedenen Öffentlichkeiten in Europa zu einer »europäischen Öffentlichkeit« zu verbinden.[99] In gewisser Hinsicht widersprechen Fischer und Habermas auf ihre je eigene Art einer von Helmuth Plessner gemachten Behauptung: »Die europäische Nation kann die deutsche nicht ersetzen, die europäische Staatenpolitik sich nicht im weltweiten wiederholen.«[100] Tatsächlich scheinen die gegenwärtigen Prozesse dieser freilich von Plessner nicht weiter begründeten Behauptung ihre Negation zu bescheinigen. Zumindest scheint es so, als könnte sich durchaus auf höherer Integrationseinheit der Staatenbildungsprozeß in gewisser Hinsicht wiederholen – vor allem, wenn man den Föderalismus des deutschen Staates zum Maßstab nimmt. Die zu schaffende europäische Nation solle nämlich nach Fischers Vorstellungen keineswegs die vorhandenen, geschichtlich gewachsenen nationalen Traditionen und Institutionen ersetzen. »Nur wenn die europäische Integration die Nationalstaaten in eine solche Föderation mitnimmt, wenn deren Institutionen nicht entwertet oder gar verschwinden werden, wird ein solches Projekt trotz aller gewaltigen Schwierigkeiten machbar sein.«[101] Zwischen Europa und den Nationalstaaten solle eine Souveränitätsteilung stattfinden, wie sie in etwa auch zwischen dem deutschen Staat und seinen Bundesländern existiere. »Ein europäisches Parlament muß (...) immer ein Doppeltes repräsentieren: ein Europa der Nationalstaaten und ein Europa der Bürger.«[102] Über zwei Kammern solle das europäische Parlament verfügen, etwa nach

98 Ebd.

99 Vgl. Habermas: »Braucht Europa eine Verfassung?«, in: ders.: *Zeit der Übergänge. Kleine Politische Schriften IX*, Frankfurt a. Main 2001, S. 104–129.

100 Helmuth Plessner: *Die verspätete Nation. Über die politische Verführbarkeit bürgerlichen Geistes* (1959), Frankfurt am Main 1998, S. 26.

101 Fischer: »Vom Staatenbund zur Föderation«, a. a. O.

102 Ebd.

dem Vorbild von Bundesrat und Bundestag. Gleichwohl soll die Rolle der weiterhin bestehenden Nationalstaaten auf europäischer Ebene eine größere und wichtigere Rolle spielen als die Bundesländer in Deutschland.

Offen ließ Fischer in seiner Rede, wie sich der Europäische Rat weiterentwickeln solle, ließ aber keinen Zweifel an der Notwendigkeit der Fortentwicklung. Zwei Optionen böten sich an: Aus dem Europäischen Rat könne entweder eine europäische Regierung entstehen, die sich aus den nationalen Regierungen zusammensetze und die damit die Autorität der bisherigen Kommissionsstruktur ablöse, oder aber den bisherigen Kommissionen könnte ein Präsident mit weitgehenden exekutiven Befugnissen, der direkt von der europäischen Bevölkerung gewählt werden würde, vorgesetzt werden. Im Ergebnis sei das eine »schlanke und zugleich handlungsfähige Europäische Föderation, voll souverän und doch auf selbstbewußten Nationalstaaten als Glieder dieser Föderation beruhend.«[103]

In seiner »persönlichen Zukunftsvision« eines politischen Europas griff Fischer auch das 1994 von Lamers und Schäuble vorgestellte CDU/CSU-Konzept eines »Kerneuropas« auf, welches genauso wie die Vorstellung eines »Vertrages im Vertrag« von Jacques Delors nach Mitteln suchte, den möglicherweise bald stagnierenden Integrationsprozeß vor dem Scheitern zu bewahren. Der entscheidende Fehler des »Kerneuropa«-Konzeptes, abgesehen davon daß das Gründungsmitglied Italien nicht zum »Kern« gezählt wurde, sei seine Exklusivität. Das dahinterliegende Motiv, sich im Einigungsprozeß nicht von den Zögerlichen aufhalten zu lassen, sei aber legitim und richtig. »Wenn angesichts der unabweisbaren Herausforderungen der Osterweiterung die Alternativen für die EU tatsächlich Erosion oder Integration heißt und wenn das Verharren in einem Staatenverbund Stillstand mit all seinen negativen Folgen bedeuten würde, dann wird, getrieben durch den Druck der Verhältnisse und der von ihnen ausgelösten Krisen, die EU innerhalb der nächsten Dekade irgendwann vor der Alternative stehen: Springt eine Mehrheit der Mitgliedstaaten in die volle Integration und einigt sich auf einen europäischen Verfassungsvertrag zur Gründung einer Europäischen Föderation? Oder, wenn dies nicht geschieht, wird eine kleinere Gruppe von Mitgliedstaaten als Avantgarde diesen Weg vorausgehen (...)?«[104] Fischer nannte diese Avantgarde in Abgrenzung zum »Kerneuropa« ein »Gravitationszentrum«, welches aber auch mehr sei als ein »Vertrag im Vertrag«. Das Gravitationszentrum werde von den Staaten gebildet, »die aus tiefer europäi-

103 Ebd.
104 Ebd.

scher Überzeugung heraus bereit und in der Lage sind, mit der politischen Integration voranzuschreiten«.[105] Unmißverständlich wies Fischer schließlich wiederum auf den deutsch-französischen Führungsanspruch hin; ohne die Zusammenarbeit beider Staaten, die in jedem Fall zum Gravitationszentrum gehörten, »wird auch künftig kein europäisches Projekt gelingen«.

In zwei bis drei Stufen konnte sich Fischer den weiteren Weg vorstellen. Als erstes müßte die Zusammenarbeit derer, die im Sinne einer Föderation enger zusammenrücken wollten, ausgebaut werden. Engere Zusammenarbeit böte sich etwa auf den Gebieten der Wirtschaft (wirtschaftspolitische Union), Verbrechensbekämpfung, Asyl- und Einwandererpolitik aber vor allem bei der Außen- und Sicherheitspolitik an. Die Bildung eines Gravitationszentrums könnte einen Zwischenschritt ausmachen. »Eine solche Staatengruppe würde einen neuen europäischen Grundvertrag schließen, den Nukleus einer Verfassung der Föderation. Und auf Basis dieses Grundvertrages würde sie sich eigene Institutionen geben, eine Regierung, die innerhalb der EU in möglichst vielen Fragen (...) mit einer Stimme sprechen sollte, ein starkes Parlament, einen direkt gewählten Präsidenten.«[106] Dieses als Avantgarde verstandene Gravitationszentrum, welches bereits juristisch und politisch seine endgültige Form erhalten habe, solle dann die »Lokomotive für die Vollendung der politischen Integration« sein, das heißt die bisher draußen gebliebenen EU-Staaten dazu einladen, hineinzukommen – nach den bereits festgesteckten Bedingungen. Das Gravitationszentrum müsse Heranführungsmöglichkeiten anbieten, dürfe nicht exklusiv, sondern müsse offen, das heißt integrativ sein. Dieser letzte Schritt, mit welchem die europäische Peripherie ins Zentrum geholt werden würde, sei schließlich die Vollendung der Integration in einer Europäischen Föderation.

Die Reaktionen auf Fischers persönliche Vision einer europäischen Föderation sind ganz unterschiedlich gewesen, wenn sich auch resümierend feststellen läßt, daß Fischers Rede ein weitgehend positives Echo erbracht hat, obwohl die vertretenen Positionen gar nicht so weit von denen des Kerneuropa-Papiers entfernt, allenfalls geschmeidiger formuliert waren. Der französische Präsident, Jacques Chirac, freute sich öffentlich über die in der Rede interessanten Gedankenanstöße, auch wenn er manchem aus französischer Sicht nicht zustimmen könne. Die französische Präferenz liege auf einer gouvernementalen Ausrichtung der europäischen Strukturen, wie schließlich auch der zentralistische französische Staat auf diese

105 Ebd.
106 Ebd.

Weise geschichtlich gewachsen ist. Auch die englische Regierung habe ein Problem mit dem typisch deutsch anmutenden Föderalismusbegriff,[107] verberge sich doch darin die gescheiterte nationalstaatliche Einigung Deutschlands 1848/49. Der französische Innenminister Jean-Pierre Chevènement bezeichnete diesen Zusammenhang in seiner Reaktion auf Fischers Rede sinngemäß als »Deutschlands Flucht vor sich selbst in die europäische Einigung«. Deutschland habe sich »noch nicht von der Entgleisung erholt, die der Nationalsozialismus in seiner Geschichte dargestellt hat«, es »träumt noch immer vom Heiligen Römischen Reich Deutscher Nation«. In einem Streitgespräch, das von den Zeitungen *Le monde* und *Die Zeit* organisiert wurde,[108] trafen schließlich Fischer und Chevènement aufeinander.

Der Vergleich Europas mit dem Heiligen Römischen Reich sei von Chevènement bloß eine Überspitzung gewesen, anhand derer er aber etwas verdeutlichen wollte: Deutschland neige zur Flucht ins Postnationale, weil es die Nation aufgrund seiner Vergangenheit verfluche. Fischers Vision von einer Föderation von selbstbewußten Nationalstaaten erinnere ihn an das Heilige Römische Reich, das kein wirkliches Zentrum besessen habe. Die Nation habe aber für den Souveränisten Chevènement einen hohen Stellenwert,[109] denn sie sei der stabilste Rahmen, »ein gewisses Gleichgewicht zwischen Kapital und Arbeit« und demokratische Gestaltungsmöglichkeit der Bürger zu gewährleisten. Europa jedenfalls besitze dafür noch keine einheitliche Öffentlichkeit, die unentbehrliche Voraussetzung für die Schaffung eines »europäischen Volkes« sei.[110] »Ich stelle aber fest, daß es heute nicht

---

107 Widerstände gegen den Begriff der Föderation sind der unterschiedlichen Geschichte politischer Kultur geschuldet. – Chevènement: »Europa ist keine Föderation und keine Konföderation. Es ist ein Ding, für das die Juristen keinen Namen haben. Es ähnelt nicht einmal dem Heiligen Römischen Reich Deutscher Nation.« – Fischer: »Wir haben alles versucht, um ein neutrales deutsches Wort zu finden anstatt ›Föderation‹. Wenn man es übersetzt, kommt am Ende immer wieder *fédération* oder *federation* heraus. So daß wir am Ende aufgegeben und gesagt haben, daß dies das Wort ist.« – »Streitgespräch Joschka Fischer contra Jean-Pierre Chevènement«, in: *Die Zeit* 26/2000. – In dem »Maastricht-Urteil« aus dem Jahre 1993 unternahm das Bundesverfassungsgericht eine eigene Definition der EU. Der Unions-Vertrag begründet einen »Verbund demokratischer Staaten«, »keinen sich auf ein europäisches Staatsvolk stützenden Staat«. Wenn der europäische Staatenverbund »hoheitliche Aufgaben« wahrnimmt oder »hoheitliche Befugnisse« ausübt, »sind es zuvörderst die Staatsvölker der Mitgliedstaaten, die dies über die nationalen Parlamente demokratisch zu legitimieren haben«. – Zum Streit um den Föderalismus-Begriff siehe Frank Niess: »Das ›F-Wort‹«, in: *Blätter für deutsche und internationale Politik*, September 2000, S. 1105–1115.

108 Siehe *Die Zeit* 26/2000.

109 »Ich bin davon überzeugt, daß alle Macht vom Volke ausgeht. Das Volk ist der Souverän.« – Jean-Pierre Chevènement, in: *Die Zeit* 26/2000.

110 »Eine funktionierende Demokratie braucht einen Ort, an dem sie öffentliche Debatten

ein europäisches Volk gibt. Die europäische Staatsangehörigkeit ist (...) ein Witz. Dazu brauchen wir erst eine europäische Öffentlichkeit, einen gemeinsamen Raum, in dem über europäische Fragen debattiert wird.«[111] Fischer hielt dagegen, daß eine europäische Öffentlichkeit auch demokratisch legitimiert sein muß, was wiederum die Existenz von entsprechenden Institutionen voraussetze. – Man sieht an diesem Streit ganz deutlich die Differenz im Begriff der Öffentlichkeit. Im französischen Verständnis ist diese mehr ein nicht-staatliches Gebilde, welches sich aus den freien Impulsen der Bürger als Citoyens zusammensetzt, während aus deutscher Sicht damit eine mehr korporative, quasi staatliche Institution verbunden wird – administrativ, weil in der Geschichte der deutsche Staat nicht das Ergebnis einer Bürgerrevolution, sondern einer Reform von oben gewesen ist. Nicht zuletzt deswegen wird in Deutschland die Gesamtheit der Medien auch als »Vierte Gewalt« bezeichnet.

Chevènement machte schließlich eine »Differenz zwischen den Positionen Fischers und Jürgen Habermas« auf, die Fischer aber nicht wahrhaben mochte. Habermas habe mit seinem Verfassungspatriotismus einen völlig abgehobenen Nationalbegriff, der aus der Geschichte und vom empirischen Staat gelöst sei, konkretisierte Chevènement, während Fischer erkannt habe, daß die empirische Nation »ein unentbehrlicher Rahmen der demokratischen Auseinandersetzung« sei. Innerhalb dieser nationalen Öffentlichkeit müsse Europa diskutiert werden, diese Öffentlichkeiten müßten zusammengehen zu einer europäischen Öffentlichkeit. Dort gelte es, europäische Visionen in Einklang zu bringen, um dann erst die nötigen europäischen Institutionen zu schaffen, die sich aus den Debatten gleichsam von selbst ergeben würden. »Man kann nicht Institutionen schaffen, bevor man darüber geredet hat. Die Debatte muß vor den Institutionen kommen.« Fischer war anderer Ansicht. Als »Dialektiker« hielt er diese idealistische Nachgeordnetheit für unmöglich, jedenfalls nicht für sinnvoll.

Eine Revolution gegen Brüssel schlug Fischer vor. Chevènement war einverstanden, aber als den eigentlichen Gegner sah er nicht das bürokratische

---

führen kann. Wenn es diesen Ort nicht gibt, dann haben wir auch nur die Illusion eines Parlaments. Einen Schleier, hinter dem sich die Macht der Oligarchen verbirgt. Europa funktioniert heute zu sehr in Netzwerken. Die Kontrolle durch die Bürger funktioniert nicht. Nicht in Europa, sondern innerhalb der Nationen werden die Debatten lebhaft und aufrichtig geführt. Grundsätzliche demokratische Entscheidungen von Gesellschaften werden heute im Rahmen der Nation getroffen. Auf europäischer Ebene müssen wir erst noch den Raum schaffen, in dem wir uns gemeinsam auf die Grundrichtungen einigen können. Das ist unsere Aufgabe.« – Chevènement, a. a. O.

111 »Streitgespräch Joschka Fischer contra Jean-Pierre Chevènement«, a. a. O.

Ungetüm Brüssel, sondern eine »wilde Globalisierung«, vor der der souveräne Nationalstaat einmal Schutz gewährte, zu welchem das Europa von Brüssel (noch) nicht und der heutige Nationalstaat nicht (mehr) imstande sei, weil er weitreichende Kompetenzbereiche an Brüssel abgegeben habe. Die »wilde Globalisierung« verbindet Chevènement mit den USA,[112] deren Einfluß er gerne aus Europa zurückgedrängt sähe. »Wir Europäer müssen lernen, die Vereinigten Staaten als Partner zu begreifen und nicht als Beschützer. Sonst besteht die Gefahr, daß wir eine schlecht durchdachte europäische Föderation schaffen, in der die Vereinigten Staaten der eigentliche Föderator sind.« – Oder Europa ein »amerikanischer Vorort«. – Aber die Krux besteht gerade darin, daß die USA ebenso der »eigentliche Föderator« wären, wenn es darum geht, diese im Zuge und vermöge der europäischen Integration aus Europa herauszudrängen.

Chevènement sah demnach die Hauptaufgabe der europäischen Integration in der Selbstbehauptung Europas gegen die USA, das heißt gegen die »wilde Globalisierung«. Fischer argumentierte dagegen aus der spezifischen Sicht Deutschlands, welches wie auch Europa durch die USA von den Nationalsozialisten befreit wurde. Dennoch möchte auch Fischer ein starkes Europa den USA als Partner zur Seite stellen, weil er der Meinung ist, »daß die Amerikaner einen starken Partner brauchen – in ihrem eigenen Interesse«. Ein schwaches Europa wäre jedenfalls die größte Gefahr für den Transatlantismus: »Ich bin der festen Überzeugung, daß es einen engen Zusammenhang zwischen einem starken, vollendeten, politisch handlungsfähigen Europa und der Zukunft der transatlantischen Partnerschaft gibt, die dann freilich definiert werden wird.«

Chevènement hatte sich ungehobelt und Fischer diplomatisch ausgedrückt – im wesentlichen schienen sie aber in diesem Punkt einer Ansicht zu sein. Während Fischer jedoch das Gewicht auf notwendige strukturelle Reformen legte, konzentrierte sich Chevènement freilich auf Machtpolitik: »Wir brauchen ein soziales oder geopolitisches Projekt. Zum Beispiel: Rußland an das europäische Schicksal ankoppeln. (…) Wenn Rußland nicht stabil ist, wird Europa immer von Instabilität bedroht sein.« Ein handlungsfähiges Europa wäre auch in Fischers Sinne, allein es benötigte dazu eine noch zu schaffende Institution der gemeinsamen Außen- und Sicherheitspolitik.

---

112 »Was aus Amerika auf uns zukommt und was unsere geopolitischen Vorhaben sein können. Diese politische Debatte muß erst intensiv geführt werden.« – Chevènement, in: *Die Zeit* 26/2000.

Die Krise der Integration und die Debatte um eine Europäische Verfassung

Joschka Fischer hatte mit seiner Rede an der Humboldt-Universität zu Berlin den Versuch unternommen, die ins Stocken geratene Europa-Debatte wieder in Bewegung zu bringen. Eingeschlafen war die Debatte aufgrund einer strukturellen Erweiterungs- und Vertiefungskrise der europäischen Integration,[113] deren wesentliches Merkmal Jürgen Habermas als das Mißverhältnis zwischen dem Schwergewicht der ökonomischen Integration und dem Fliegengewicht der politischen Vertiefung der EU kennzeichnet, woraus sich zusätzlich ein eklatantes demokratisches Defizit der Brüsseler EU-Institutionen ableitet.[114] Fischers zentrale Frage richtete sich auf das Problem, wie zwischen einem »Europa der Staaten« und einem »Europa der Bürger« vermittelt werden könne. Auf diese Fragestellung reagierten der französische Staatspräsident Jacques Chirac, EU-Kommissionspräsident Romano Prodi, Bundespräsident Johannes Rau, Bundeskanzler Gerhard Schröder und der französische Premierminister Lionel Jospin mit jeweils eigenen Debattenbeiträgen.

Von Interesse sollen an dieser Stelle nur die »deutschen Vorstellungen« von Fischer, Rau und Schröder sein.[115] Fischer plädierte für ein europäisches Parlament mit zwei Kammern, dessen erste mit Abgeordneten besetzt werden soll, die gleichzeitig Mitglieder der nationalen Parlamente sind, und dessen zweite Kammer nach dem Senatsmodell aus direkt gewählten Senatoren aus den Mitgliedstaaten bestehen soll oder aus einer Staatenkammer gemäß des Bundesratsmodells. Der europäische Rat müsse nach Fischers Vorstellung zu einer europäischen Regierung weiterentwickelt werden und aus Vertretern der nationalen Regierungen bestehen; oder aber die bestehende Kommission werde beibehalten, dann aber sollte der Kommissionspräsident mit weitreichenden Befugnissen ausgestattet und direkt gewählt werden. Rau stimmte dem Ausbau des EU-Parlaments und des Europäischen Rats zu einem Zwei-Kammer-Parlament zu, wobei der EU-Rat nach dem Modell des Bundesrats eine Staatenkammer und das EU-Parlament eine Bürgerkammer mit erweiterten Rechten und Befugnissen sein sollten. Beide Kammern könnten den Kommissionspräsidenten wählen. – Schröder wiederum plädierte wie Rau für die Umwandlung des EU-Rats

113 Siehe Georg Vobruba: »Die Erweiterungskrise der Europäischen Union«, in: *Leviathan*, 28. Jg., 2000, S. 477–496.

114 Vgl. Habermas: »Braucht Europa eine Verfassung?«, a. a. O., S. 114. – Habermas' Vortrag ist als eine Antwort auf die von Fischer eingeleitete Europa-Debatte zu verstehen. Eine gekürzte Version seines Vortrages erschien in der *Zeit* vom 28. Juni 2001.

115 Vgl. *Der Spiegel* 19/2001, S. 23.

zur Staatenkammer. Das EU-Parlament solle ferner die volle Budget-Hoheit bekommen, aber im Gegenzuge sollten bestimmte Aufgabenfelder, zum Beispiel die Agrar- und Strukturpolitik, die von den nationalen Regierungen sachgerechter gelöst werden könnten, wieder zurückverlagert werden.

Die Reaktionen auf die konkreten »Europa-Visionen«, insbesondere auf die von Schröder, waren beachtlich. *Der Spiegel* kommentierte: »In Europa muß sich fortan jeder Staatsmann an des Kanzlers Thesen messen lassen.«[116] Da jedoch sowohl in Deutschland wie auch in Frankreich wichtige Wahlen anstanden, konnte davon ausgegangen werden, daß keine schnelle Einigung oder Konkretisierung der europäischen Konzepte zu realisieren wären. Das Straßburger Parlament applaudierte Schröder quer durch alle Parteien, wären sie doch die hauptsächlichen Nutznießer seiner Reformvorstellungen geworden. Der französischen Regierung, etwa dem Europaminister Pierre Mascovici, waren dagegen die europäischen »Visionen« allesamt zu deutsch. Als nüchternes Resümee hält Habermas fest: »Es besteht Konsens darüber, daß die historisch gewachsenen Nationalstaaten eine wesentlich stärkere Stellung behalten müssen, als die konstitutiven Bestandteile eines Bundesstaates normalerweise haben.«[117] Einig war man sich auch darin, daß das Ungetüm Brüsseler Bürokratie abgebaut werden müsse. Darüber hinaus war es jedoch zunächst weder durch die Debatte noch auf der nachfolgenden EU-Konferenz in Nizza im Dezember 2000 möglich, die Reformkrise der EU zu lösen. Habermas schlägt vor, die EU möge sich am Schweizer Modell orientieren. Im dritten Artikel der Schweizer Bundesverfassung heißt es: »Die Kantone sind souverän, soweit ihre Souveränität nicht durch die Bundesverfassung eingeschränkt ist; sie üben alle Rechte aus, die nicht dem Bund übertragen sind.«[118] Genau dieses Modell hat letztendlich in dem vom EU-Konvent im Juli 2003 vorgeschlagenen »Vertrag über eine Verfassung für Europa« (Entwurf) Berücksichtigung gefunden: »Nach dem Grundsatz der begrenzten Einzelermächtigung wird die Union innerhalb der Grenzen der Zuständigkeiten tätig, die die Mitgliedstaaten ihr in der Verfassung zur Verwirklichung der darin niedergelegten Ziele zugewiesen haben. Alle der Union nicht in der Verfassung zugewiesenen Zuständigkeiten verbleiben bei den Mitgliedstaaten.«[119]

Für die Krise der europäischen Integration machte Habermas ein Nachlassen älterer Motivationen verantwortlich. »Die stärkste, bis in die Generation

116 Ebd., S. 22.

117 Habermas: »Braucht Europa eine Verfassung?«, a. a. O., S. 126.

118 Vgl. ebd., S. 126, Fn. 27.

119 Siehe Art. 9, Abs. 2 des Verfassungsentwurfs.

von Helmut Kohl mächtigste Antriebskraft war der Wunsch, der Geschichte der blutigen Kriege in Europa ein Ende zu setzen. Ein weiteres, übrigens auch von Adenauer geteiltes Motiv war eine Einbindung Deutschlands, die das historisch begründete Mißtrauen gegenüber der politisch ungefestigten, aber wirtschaftlich bald wieder erstarkten Nation in der Mitte Europas besänftigen sollte.«[120] Beide Motive sind mittlerweile am Verblassen, zumal nach Helmut Kohl eine durch *spätere Geburt* begnadete Generation, die 68er, die Bundesregierung stellt und im Inland wie im Ausland wohlwollend von einem im Westen fest verankerten Deutschland gesprochen wird, das seit 1945 auf eine mittlerweile über 50-jährige demokratische Tradition zurückblicken könne und deshalb sich als ein zuverlässiger Partner und westlicher Verbündeter erwiesen habe.

Ein drittes Motiv, das seit der Kohle- und Stahlgemeinschaft von 1951 sowie der Europäischen Wirtschaftsgemeinschaft und Euratom von 1958 anfangs mindestens genauso eindringlichen Ausschlag für die EU-Integration gegeben hatte, scheint sich gegenüber dem Verblassen der ersten beiden Motivationen zu behaupten: das ökonomische Interesse, welches aus der Zusammenlegung der nationalen Märkte einen europäischen Binnenmarkt gemacht hat. Mit der Währungsunion (Einführung des Euro) ist dieser Prozeß der finanzpolitischen Integration abgeschlossen worden.[121] Seitdem empfindet sich die EU als Wirtschaftsmacht konkurrenzfähig zu den USA. Um gegen diese Konkurrenz aber adäquat bestehen zu können, benötige es nicht nur einer Wirtschafts-EU, sondern weiterer Integrationsschritte in politischer (EPZ) und militärischer Hinsicht (ESVP/GASP). Ganz offen wird dies freilich nicht ausgesprochen; verklausuliert ist lediglich von einem Gesellschaftsmodell die Rede, das gegen die (amerikanische) Globalisierung verteidigt werden müsse: »Bis vor kurzem konzentrierten sich die Anstrengungen der Union auf die Schaffung der Währungs- und Wirtschaftsunion (...). Heute bedarf es aber einer weiter reichenden Perspektive, andernfalls wird Europa zu einem bloßen Markt verkommen und in der Globalisierung aufgeweicht. Denn Europa ist viel mehr als ein Markt. Es steht für ein Gesellschaftsmodell, das geschichtlich gewachsen ist (...).«[122]

---

120 Habermas: »Braucht Europa eine Verfassung?«, a. a. O., S. 106.

121 Ebd., S. 107.

122 Lionel Jospin: »Europa schaffen, ohne Frankreich abzuschaffen, ist mein Kredo«, *FR* vom 5. Juni 2001. – Siehe z. B. Egon Bahr: »Die Identität Europas, die in dem Begriff ›Mensch und Markt‹ zusammengefaßt werden könnte, ist eben nicht deckungsgleich mit dem Selbstverständnis Amerikas.« – Egon Bahr: *Deutsche Interessen – Streitschrift zu Macht, Sicherheit und Außenpolitik*, München 1998. – Gleichwohl ist das »Mutterland des Neo-

Dieses historisch gewachsene *europäische* Gesellschaftsmodell stehe allerdings, so Habermas, auf wackligen Füßen, würde es zusehends allein aus ökonomischen Motiven vorangetrieben. »Als politisches Gemeinwesen kann sich Europa im Bewußtsein seiner Bürger nicht allein in Gestalt des Euro fortsetzen. Der intergouvernementalen Vereinbarung von Maastricht fehlt jene Kraft zur symbolischen Verdichtung, die nur ein politischer Gründungsakt haben kann.«[123] Ökonomische Effizienz sei nur ein Legitimationskriterium unter vielen und nicht einmal das wichtigste. Dagegen schreibt Ulrich K. Preuß: »Ökonomische Effizienz ist, wie zuletzt die Geschichte der Währungsunion gelehrt hat, bis auf den heutigen Tag der entscheidende Integrationshebel gewesen; sollte der versagen, so würde mit Gewißheit der Einigungsprozeß zum Stillstand kommen und darüber hinaus wahrscheinlich selbst der erreichte *aquis communitaire* gefährdet. Auch wenn die Gemeinschaft ihren Charakter als Zweckverband bereits weit hinter sich gelassen hat, wird doch der Grad der Integration in hohem Maße von ihrer Fähigkeit abhängen, die in Art. 2 EVG niedergelegten, überwiegend wirtschaftlich definierten Ziele der Gemeinschaft zu erreichen. Gerade weil die Gemeinschaft ein freiwilliger Zusammenschluß von Staaten und den ihnen politisch organisierten Völkern ist, steht ihre Legitimität unter einem viel höheren Leistungs- und Erwartungsdruck als diese Staaten selbst. Insofern steht also die Legitimation durch Effizienz durchaus gleichberechtigt neben der durch Zustimmung – es handelt sich um zwei verschiedene Säulen eines europäischen Konsenses.«[124]

Für Habermas ist entscheidend, daß neue Verfassungen in der Vergangenheit stets die adäquaten Reaktionen auf Krisensituationen gewesen seien.[125] Die Krise, mit der es die EU zu tun hatte, war allerdings von einer besonderen Qualität, weil die (Un-)Möglichkeit, auf diese Krise mit einer Verfassung zu antworten und damit die Krise zu lösen, das eigentliche Krisenmoment darstellt. Die Krise ist nämlich eine »Vertiefungskrise«, berührt den Integrationsprozeß im entscheidenden Schritt: Die Nationalstaaten haben Schwierigkeiten, ihre Souveränitätsrechte freiwillig an die EU abzugeben. Insbesondere in den osteuropäischen Ländern, vor allem in Polen, ist das

---

liberalismus« (Chicago-School) zugleich auch das »Mutterland des Protektionismus« – Siehe Edelbert Richter: »Mutterland des Protektionismus«, in: *Ossietzky* 1/2004, Internet: ⟨`http://sopos.org/aufsaetze/4006da9f0b5e7/1.phtml`⟩.

123 Habermas: »Braucht Europa eine Verfassung?«, a. a. O., S. 105.

124 Ulrich K. Preuß: »Auf der Suche nach Europas Verfassung. Europa hat noch keine Verfassung«, in: *Transit, Europäische Revue*, 17/1999, S. 154–174; S. 166.

125 Vgl. Habermas: »Braucht Europa eine Verfassung?«, a. a. O., S. 108.

ganz deutlich zu erkennen und gleichermaßen verständlich, denn diese haben ihre nationalstaatlichen Souveränitätsrechte erst im Zuge der Auflösung der bipolaren Welt zurückerlangt. Was die Zurückerlangung von nationalstaatlicher Souveränität anbelangt, trifft dies zwar auch auf den gesamtdeutschen Staat zu, dessen Souveränitäten in beiden deutschen Teilstaaten bis 1989 eingeschränkt gewesen waren und erst mit der deutschen Einheit in einer vollen, gesamtdeutschen Souveränität mündeten.

Für Habermas befand sich dieses Deutschland in einer intern und extern akzeptierten postnationalen Konstellation, die nach seinen Vorstellungen zum europäischen Maßstab hätte werden können. – Das aber hätte bedeutet, dem »gefallenen Engel«, der mehrere Jahrzehnte gefesselt wurde, um keine weiteren Bösartigkeiten zu begehen, eine avantgardistische Rolle zuzuweisen, der allen europäischen Staaten voran fliegt und die Richtung der Integration angibt. Für den deutschen Normalisierungsprozeß hätte dies eine komplette Umkehrung der politischen Vorzeichen bedeutet: nicht der deutsche Staat hätte einen Drang verspürt, sich zu normalisieren, sondern wäre als *Normalisierer* seiner europäischen Nachbarn aufgetreten, hätte den Drang zur Anpassung an diese weitergegeben. Die postnationale Konstellation als Maßstab einer neuen Normalität, nach dem sich Frankreich, Großbritannien, Spanien, Italien und all die anderen zu normalisieren hätten. So sehr man sich aus einer national-kritischen Einstellung heraus dies auch gewünscht haben mag, das Konzept konnte nicht aufgehen.

Eine postnationale Konstellation als »europäische Identität«[126] wird von Habermas aus dem »nationalistische[n] Exzeß« abgeleitet, der zu jenem »moralischen Abgrund« (Auschwitz) geführt hat, welcher aber doch allein von Deutschen zu verantworten ist: »Die Erinnerung an den moralischen Abgrund, in den uns der nationalistische Exzeß geführt hat, verleiht unserem heutigen Engagement den Stellenwert einer Errungenschaft. Dieser historische Hintergrund könnte den Übergang zu einer postnationalen Demokratie ebnen, die auf der gegenseitigen Anerkennung der Differenzen zwischen stolzen Nationalkulturen beruht.«[127] Den Bevölkerungen der EU-Mitgliedstaaten wird damit eine Identität angepriesen, der die kollektive und auch die individuelle historische Erinnerung als allgemeines Postulat im Wege steht.

Bei Habermas ist damit eine Universalisierung von Auschwitz im europäischen Rahmen erkennbar. – Das wäre einerseits nachvollziehbar, solange sie

126 Zur Debatte über die Schaffung einer »europäischen Identität« siehe: Reinhold Viehhoff und Rien T. Segers (Hrsg.): *Kultur, Identität, Europa*, Frankfurt am Main 1999.

127 Habermas: »Braucht Europa eine Verfassung?«, a. a. O., S. 124.

auf den Umstand zielt, daß Auschwitz auch ein Phänomen der (kapitalistischen) Moderne ist.[128] Aber es ist vor allem ein deutsches Phänomen – nicht im anthropologischen, sondern im spezifisch historischen Sinne.[129] Ein aus der notwendigen Erinnerung von Auschwitz abgeleiteter Abwehrreflex der Opfer gegen die Täter, durch den Entzweiung einer mehr schlecht als recht zu konstruierenden »europäischen Identität« stets drohte, jedenfalls zu einer nur prekären Identität führen würde und die *Wunde Auschwitz* verschämt zur Schau trüge, wäre mehr als verständlich. – Zumindest solange, wie Nation und Kapitalismus als die beiden abstrakten Verhältnisgrößen, die Auschwitz möglich gemacht haben, weiterhin Bezugsgrößen der Moderne bleiben und damit die Voraussetzungen, die einmal zu Auschwitz geführt haben und eine Wiederholung mithin nicht unwahrscheinlicher machen, nicht aus der Welt geschaffen sind.

Auf einen anderen (konservativen) Weg zur Schaffung einer stabilen kollektiven Identität wies bereits Ernest Renan hin: Damit kollektive Identitäten nicht so leicht entzweibar sind, dürfe es nicht möglich werden, das Staatsvolk in Täter und Opfer eines bereits vergangenen Konfliktes zu differenzieren. Renan benannte das *Vergessen* dafür als die wichtigste Voraussetzung. Das Vergessen der Bartholomäusnacht für jeden Franzosen sei zum Beispiel Voraussetzung dafür gewesen, daß die kollektive Identität der französischen Staatsbürgerschaft nicht an dem vergangenen Religionskrieg zerbröselt und die alte Wunde wieder zu klaffen beginnt.[130] – Wäre das auf Auschwitz übertragbar? Auschwitz als noch andauernde Integrationshürde? Zielt *vergangenheitspolitische Normalisierung* auf das Vergessen oder besser: auf das Gleichgültigwerden von Auschwitz? – Meinungsforschungsinstitute, die zu dem Thema periodische Umfragen organisieren, attestieren zum einen zunehmende Vergeßlichkeit, zum anderen zunehmende Gleichgültigkeit, aber vor allem einen stärker werdenden Abwehrreflex gegen die kollektive Inhaftnahme in Bezug auf historische Schuld. Als *normal* sollte dies nicht in Anspruch genommen werden dürfen.

Schon für den nationalen Rahmen plädierte der Historiker (!) Christian Meier 1996 für das Vergessen von Verbrechen des »Dritten Reiches« zur Bewahrung der nationalen Identität und stimmte auch der Annahme Hermann

128 Vgl. Max Horkheimer und Theodor W. Adorno: *Dialektik der Aufklärung. Philosophische Fragmente*, Frankfurt am Main 1988.

129 Siehe Plessner: *Die verspätete Nation*, a. a. O.

130 Vgl. Ernest Renan: »Was ist eine Nation?«, Vortrag in der Sorbonne vom 11. März 1882, aus dem Französischen von Henning Ritter, in: Michael Jeismann und Henning Ritter: *Grenzfälle – Über neuen und alten Nationalismus*, Leipzig 1993.

Lübbes zu, wonach die Entstehung und Festigung von demokratischen Strukturen in der jungen Bundesrepublik auf das Vergessen angewiesen sei.[131] Joachim Perels weist auf die »nahezu konträre Argumentation« von Christian Meier zehn Jahre zuvor im Historikerstreit hin;[132] Perels betont: »Ein Vergessen zentraler Verbrechen des Dritten Reiches (...) hat mit der Herstellung eines wirklichen Friedens, aber auch mit Rache nichts zu tun. Denn der Friede wird gerade dadurch zerstört, daß die Erinnerung an die Opfer ganz im Sinne der Täter ausgelöscht wird. Dabei ist die Erinnerung an die Gepeinigten das Einzige, das die Nachgeborenen von den Getöteten bewahren können.«[133]

Auch Habermas will Auschwitz nicht der Vergessenheit oder Gleichgültigkeit preisgeben. Er verlangt eine »gebrochene Identität«, die auf die Erfahrungen von Auschwitz reflektiert hat und daraus postnationale Konsequenzen ableitet; – er verlangt es aber nicht nur für die deutsche Öffentlichkeit, sondern für ganz Europa. Wenn sich Habermas aber nur auf eine der beiden wesentlichen Relevanzgrößen (Nationalismus und politische Ökonomie) bezieht, die zum »moralischen Abgrund« geführt haben, ist es nicht einsichtig, warum Länder wie Frankreich und England, die auf eine weniger abgrundtiefe Geschichte ihrer Nationalstaaten zurückblicken können und zuweilen aus sich heraus gesellschaftspolitische Prozesse hervorgebracht haben, die für ganz Europa und darüber hinaus zu einem zivilisatorischen Fortschritt für die Menschheit geworden sind, sich der postnationalen Konstellation zuwenden sollten. Eine Universalisierung von Auschwitz im europäischen Rahmen überzeugt erst dann, wenn zur postnationalen eine *postkapitalistische Konstellation* hinzukäme, das heißt auch antikapitalistische Konsequenzen allgemein aus Auschwitz gezogen würden. Damit wäre freilich ausgesagt, daß Auschwitz nicht nur vom deutschen, sondern prinzipiell von jedem anderen in der Moderne fortgeschrittenen Staat auf der Welt hätte begangen werden können. Die deutschen Nationalsozialisten sind keine *natürlichen*, allenfalls *naturwüchsige* Ungeheuer gewesen; die historische Konstellation eines verspäteten und dann gescheiterten Nationalstaatsbildungsprozesses im Zusammenhang der kapitalistischen Industrialisierung hatte Deutschland in eine moderne Barbarei geführt.

---

131 Vgl. Christian Meier: »Erinnern – Verdrängen – Vergessen«, in: *Merkur* H. 9/10/1996, S. 945; vgl. Hermann Lübbe: »Der Nationalsozialismus im deutschen Nachkriegsbewußtsein«, in: *Historische Zeitschrift*, Bd. 236, 1983, S. 579–599.

132 Vgl. Joachim Perels: *Entsorgung der NS-Herrschaft? Konfliktlinien im Umgang mit dem Hitlerregime*, Hannover 2004, S. 34, Fn. 74.

133 Ebd., S. 34 f.; siehe ders.: *Wider die »Normalisierung« des Nationalsozialismus. Interventionen gegen die Verdrängung*, Hannover 1996.

Die EU-Mitgliedstaaten befinden sich nicht wirklich auf dem Weg in eine postnationale Konstellation. Das integrierte Europa ist kein Staat, Bundesstaat, auch kein Staatenbund. Was ist das EU-Europa aber dann?[134] Das deutsche Bundesverfassungsgericht hat als Antwort auf die Klage eines deutschen Staatsbürgers gegen den Maastrichter-Vertrag die EU als einen Staatenverbund definiert,[135] damit aber nur unzureichend erklärt, was im juristischen Sinne die Identität Europas ausmache. Freilich wäre es auch nicht die Aufgabe des BVG gewesen, eine solche verbindliche Begriffsbestimmung vorzunehmen. Unumstritten benötigt die Europäische Union eine politische Identität, um den Integrationsprozeß abschließen zu können. Claus Offe charakterisiert das Verhältnis, welches in der EU die souveränen Nationalstaaten zueinander eingegangen sind, als einen »friedlichen Naturzustand«.[136] Gemäß der Naturrechts-Philosophie wäre dies ein Widerspruch *in re*, weil der Naturzustand alles andere als friedlich ist. Allenfalls könnte damit ein Zustand des Waffenstillstandes oder der friedlichen Koexistenz gemeint sein, der jedenfalls keinen dauerhaften Frieden untereinander gewährleisten kann. Der Naturzustand ist bei Thomas Hobbes der *bellum omnium contra omnes*,[137] von dem Hegel in Bezug auf das Innenleben eines Staates schreibt, man könne nichts über ihn aussagen als bloß, daß man so schnell wie möglich aus ihm heraustreten müsse.[138] Hegel mochte jedoch anders als Kant, der über den »ewigen Frieden« philosophierte und damit den Völkerbund, bzw. auch die Europäische Union antizipierte,[139] einen Rechtszustand zwischen den Staaten nicht für möglich, jedenfalls nicht für vernünftig halten, galt ihm der bürgerliche Staat als die »Wirklichkeit der sittlichen Idee«, über der kein anderes Vertragsverhältnis existieren könne, ohne den absoluten Charakter der Sittlichkeit zu relativieren.[140] Ein Staat könne

134 Hinsichtlich der in Frage kommenden föderalen Optionen, die Europa zur Verfügung stehen, siehe Douglas V. Verney: »Modelle für ein föderales Europa«, in: *Blätter für deutsche und internationale Politik*, 5/2001, S. 565–573.

135 Siehe BVG-Urteil zu Maastricht aus dem Jahre 1993.

136 Claus Offe: »Kann es eine europäische Gesellschaft geben?«, in: *Blätter für deutsche und internationale Politik*, April 2001, S. 423–435.

137 Vgl. Thomas Hobbes: *Leviathan oder Stoff, Form und Gewalt eines kirchlichen und bürgerlichen Staates*, hrsg. v. Iring Fetscher, Frankfurt am Main 1984, S. 251.

138 Vgl. G.W.F. Hegel: »Über die wissenschaftlichen Behandlungsarten des Naturrechts, seine Stelle in der praktischen Philosophie und sein Verhältnis zu den positiven Rechtswissenschaften« (1802/03), in: ders.: *Jenaer Schriften*, *Werke*, Bd. 2, Frankfurt am Main 1970, S. 447.

139 Vgl. Immanuel Kant: »Zum ewigen Frieden«, in: ders.: *Werke in sechs Bänden*, hrsg. v. W. Weischedel, Bd. VI.

140 Vgl. G.W.F. Hegel: *Grundlinien der Philosophie des Rechts*, in: ders.: *Werke*, Bd. 7, Frankfurt am Main 1970, § 330, Zusatz.

nicht daran interessiert sein, freiwillig seine Souveränität durch Bindung an höhere Integrationsebenen einzuschränken. Zwischen den souveränen Staaten herrsche auf ewig der Naturzustand, welcher nach innen gleichsam eine belebende Wirkung auf die nationale Einheit der Bürger habe.[141]

Offe leitet dagegen ab, daß die EU-Mitgliedstaaten aus dem »friedlichen Naturzustand« nur durch eine Staatenbildung auf europäischer Ebene heraustreten können. Die Staatenbildung dürfte sich allerdings nicht nach dem Muster des Nationalstaates bewegen. Gleichwohl benötigte die EU die Funktion einer »Organisationsmacht«, das heißt exekutive, legislative und judikative Gewalten, demokratisch verfaßt und von einem europäischen Volk mit der Ausübung eines Gewaltmonopols beauftragt.[142] Die Frage ist nur, inwieweit es gelingen kann, eine europäische Gesellschaft nach Art eines rechtsphilosophischen Gesellschaftsvertrages zu konstituieren, der die Mitgliedstaaten vom »friedlichen Naturzustand« in den durch ein allgemeines Gewaltmonopol garantierten Rechtszustand der Europäischen Union überführt?

Noch verfügt die EU nicht über eine sogenannte »Kompetenz-Kompetenz«, weil sie nach Artikel 5 des EU-Vertrages keine eigenständige Hoheitsgewalt besitzt. Die souveränen Mitgliedstaaten sind die Vertragsunterzeichner. Die EU kann nicht autonom ihre Aufgaben, Ziele oder Befugnisse festlegen – so gesehen ist sie noch kein politisches Subjekt, das auch nicht auf demokratischem Wege kontrolliert werden könnte. »Heute gilt noch, daß der Europäische Bürgerstatus um so indirekter, d.h. um so stärker durch die Mitgliedstaaten vermittelt ist, je aktiver die in Frage stehende Herrschaftsfunktion ist; umgekehrt ist der Unionsbürger um so gemeinschaftsunmittelbarer, je schwächer die Herrschaftsfunktion ist, die dadurch eröffnet wird. Anders ausgedrückt: Rat, Gerichtshof und Kommission sind mächtige Akteure, mit denen die Unionsbürger nur vermittels ihrer originären Staatsangehörigkeit verbunden sind; das Europäische Parlament wählen sie noch am ehesten als Unionsbürger, allerdings ist es auch das schwächste der Gemeinschaftsorgane. Doch dürfte sich das mit seinem zu erwartenden Machtzuwachs in absehbarer Zeit ändern.«[143]

So gesehen schalten und walten die nationalen Regierungen der Mitgliedstaaten auf EU-Ebene über Kommissionen und Ministerrat und bestimmen

141 Vgl. ebd., § 324. – »Nach dem Traktat vom ewigen Frieden können die Hegelschen Lobreden auf den Krieg nicht mehr hinter der Naivetät mangelnder geschichtlicher Erfahrung sich verschanzen.« – Theodor W. Adorno: *Negative Dialektik*, Frankfurt am Main 1975, S. 333.

142 Offe: »Kann es eine europäische Gesellschaft geben?«, a. a. O.

143 Preuß: »Auf der Suche nach Europas Verfassung«, a. a. O., S. 160.

den Kurs des zukünftigen politisch integrierten Europas ohne direkte Mitsprache der europäischen Bevölkerung. Für Jürgen Habermas entspricht dieser Legitimationspegel einer »auf internationalen Verträgen beruhenden intergouvernementalen Herrschaft«, welche für eine Zeitlang adäquat gewesen war, solange bis die Einheit eines europäischen Marktes hergestellt worden war. Darüber hinaus erweise sich heute die intergouvernementale Herrschaftsformation der EU als ein deutliches Demokratiedefizit, welches in den Bevölkerungen der EU-Mitgliedstaaten wachsenden Unmut erzeuge.[144]

Soll dem EU-Bürger das demokratische Prinzip nicht vorenthalten werden, muß die *europäische* Gewalt vom Volke ausgehen; so verlangt es der moderne Konstitutionalismus, nach dem das Volk stets *Staatsvolk* ist. Die supranationale Souveränität liegt beim *europäischen* Volk. Eine europäische Verfassung, die nicht vorgegeben sondern *aufgegeben* sei und gestiftet werden müßte, so Ulrich K. Preuß, würde das Problem lösen können.[145] Preuß weist zugleich darauf hin, daß eine Verfassung mehr ist als ein Organisationsstatut, in welchem schon verbindliche Regeln über Organe, Ziele, Aufgaben, Kompetenzen usw. der EU festgehalten sind. Eine Verfassung sei mehr als die Regelung von Verfahrensprinzipien; sie hätte die konstitutionelle Gewaltenteilung wie auch die Zuweisung der Souveränität zu regeln. Dadurch werde der Untertan zum Bürger. Dieser politischen Notwendigkeit waren auch Joschka Fischer und Jean-Pierre Chevènement in ihrem Streitgespräch auf der Spur, als Fischer einer Revolution gegen Brüssel das Wort redete: »Dann müßten wir uns doch einig sein, daß wir das heutige Ancien Régime – die Art, wie die EU heute verfaßt ist – überwinden müssen. Denn in diesem Punkt bin ich geradezu ein französischer Revolutionär: Ich möchte jede Form von Anciens Régimes überwinden. *Aux barricades!*«[146] Während Fischer jedoch seine Rede als ein Plädoyer für die zügige Entstehung einer europäischen Verfassung versteht, die letztlich von den Nationalstaaten vorgegeben wird, sieht Chevènement die Notwendigkeit, daß zuerst eine europäische Öffentlichkeit sich herausbilde, welche einen Diskurs über eine Verfassung beginnt, aus dem sich dann erst die europäischen Institutionen ableiten.[147]

Ein ernstes Problem sehen Euroskeptiker wiederum darin, daß es auf europäischer Ebene kein staatlich organisiertes Gesamtvolk gibt. Aus dem Ist-Zustand wird dann abgeleitet, daß jenes Demokratiedefizit der EU nicht

144 Vgl. Habermas: »Braucht Europa eine Verfassung?«, a. a. O., S. 115.
145 Vgl. Preuß: »Auf der Suche nach Europas Verfassung«, S. 154.
146 »Streitgespräch Joschka Fischer contra Jean-Pierre Chevènement«, in: *Die Zeit* 26/2000.
147 Ebd.

zu lösen sei,[148] bzw. ein Wechsel der Legitimationsgrundlage von internationalen Verträgen hin zu einer EU-Verfassung aus Ermangelung eines europäischen Volkes nicht möglich sei.[149] Der Verfassungsbegriff sei im Kontext staatlicher Herrschaftsformationen entstanden, aber die EU sei kein Staat,[150] weshalb die Übertragung einer Verfassung auf Europa von vielen ausgeschlossen wird.[151] »Was zu fehlen scheint, ist das erforderliche Subjekt eines verfassungsgebenden Prozesses, also jener Kollektivsingular des ›Volkes‹, das sich selbst als eine Nation von Staatsbürgern konstituieren könnte.«[152]

Diese »no-demos-thesis« geht freilich von einem Nationen-Verständnis aus, das – so sollte man vermuten – exklusiv in Deutschland verfochten wird. Denn im französischen Verständnis ist seit der Großen Revolution von 1789 ein ganz anderer Typus auch für das restliche Europa vorherrschend geworden: das *ius soli* geht nicht wie das archaische *ius sanguinis* von einer Vorstellung ethnisch homogener Volkszugehörigkeit aus, sondern von plural verfaßten Gemeinschaften, die Identität erhalten durch den Erwerb allgemeiner Staatbürgerrechte – nicht durch gemeinsame Sprache oder Kultur, welche im deutschen Kontext als vermeintlich gleiches Blut verbrämt wurden. »In diesem Kontext von Staatsbürger- und Volksnation spiegelt sich (…) die große Errungenschaft des demokratischen Nationalstaats, der ja mit dem Status der Staatsbürgerschaft eine völlig neue, nämlich abstrakte, durchs Recht vermittelte Solidarität erst hervorgebracht hat.«[153] Diese historische Errungenschaft ist im Kontext neuer, durch Medien vermittelter Kommunikationsverhältnisse entstanden, die nach Habermas ebenso zur Herstellung eines »europäischen Volkes« angewandt werden müßten.[154] Gemeinsame Sprache und Kultur seien lediglich begünstigend für den Prozeß gewesen, aber nicht maßgeblich.

---

148 Vgl. Dieter Grimm: »Der Mangel an europäischer Demokratie«, in: *Der Spiegel* 43/1992, S. 57–59.

149 Vgl. Ernst-Wolfgang Böckenförde: »Welchen Weg geht Europa?«, C. F. v. Siemens Stiftung, München 1997.

150 Vgl. Preuß: »Auf der Suche nach Europas Verfassung«, a. a. O., S. 156 f.

151 Siehe Dieter Grimm: »Entstehungs- und Wirkungsbedingungen des modernen Konstitutionalismus«, in: ders.: *Die Zukunft der Verfassung*, 2. Aufl., Frankfurt am Main 1994, S. 31 ff. – Während Grimm zu der Schlußfolgerung gelangt, daß Europa keine Verfassung haben könne, eben weil es kein Staat sei, kommt W. Hertel zu einem anderen Ergebnis. – Vgl. Wolfram Hertel: *Supranationalität als Verfassungsprinzip. Normativität und Legitimation als Elemente des Europäischen Verfassungsrechts*, Berlin 1999, S. 46 ff.

152 Habermas: »Braucht Europa eine Verfassung?«, a. a. O., S. 117.

153 Ebd.

154 Vgl. ebd., S. 117 f.

Vernachlässigt wird mithin in jenen nominalistischen Schlußfolgerungen, daß es kein europäisches Volk geben könne, die dialektische Dynamik des Verfassungsprozesses (»Wandel-Verfassung«)[155] im Verhältnis zur Entstehung einer europäischen Öffentlichkeit, in der eine Identität als EU-Bürger kollektiv im Bewußtsein sich herausbildet. »Aus [der] Entstehungsgeschichte der europäischen Nationalstaaten läßt sich lernen, daß die neuen Formen der nationalen Identität einen künstlichen Charakter haben, der sich nur unter bestimmten historischen Voraussetzungen während einer längeren, über das ganze 19. Jahrhundert sich erstreckenden Prozesses herausgebildet hat.«[156] Wenn das zutrifft, gebe es allerdings keinen Grund, an der Möglichkeit der Formierung einer »staatsbürgerlichen Solidarität« jenseits der Grenzen des Nationalstaats zu zweifeln.[157]

Der Gründungsakt eines (europäischen) Gesellschaftsvertrages wie aus dem rechtsphilosophischen Lehrbuch (etwa von Hobbes oder Rousseau), gegen den unter anderem Ernst Bloch zu Recht polemisierte,[158] weil man sich eine solche Gründung viel zu formal-bewußt, das heißt rituell vorstellte,[159] könnte auf die EU bezogen nicht nur realistischer erscheinen, sondern auch formal-bewußt gelingen, weil die historischen Erfahrungen im Bereich der Nationalstaatsgeschichte präsent sind. Die Hypostase des formal-bewußten, rituellen Gründungsaktes eines Gesellschafts- und (Supra-)Staatsvertrages für Europa wäre bis dato historisch einmalig und mutete geradezu märchenhaft an. Aber warum sollte es nicht gelingen? Die Europäer sind drauf und dran zu beweisen, daß zivilisatorisch höhere Integrationseinheiten nicht allein durch Krieg und Gewalt herzustellen sind, sondern auch durch schlichte und halbwegs friedlich bleibende instrumentelle Vernunft, die den

155 Böckenförde: *Welchen Weg geht Europa?*, a. a. O., S. 15 ff.

156 Habermas: »Braucht Europa eine Verfassung?«, a. a. O., S. 118.

157 Theoretische Unterstützung für die These vom *künstlichen* Charakter kollektiver Identitäten gibt es allemal, z. B. von Benedict Anderson (»imagined community«) oder Eric Hobsbawm (»invention of tradition«), Detlev Claussen (Nation als »reale Fiktion«) oder Ernest Renan (Nation als »tägliches Plebiszit«). – Problem ist allerdings, daß alle genannten Autoren – mit Ausnahme von Ernest Renan – völlig zu Recht den *ideologischen*, d. h. auch nicht ungefährlichen Charakter kollektiver Identitäten betonen.

158 »Lauter Einzelne, lauter Private sollen hier zusammengekommen sein, um mittels des Vertrages, eines ziemlich späten Rechtsmittels der Gemeinschaft, eben diese Gemeinschaft zu gründen. Hierbei ging es zu wie auf dem Rütli oder später in einem nordamerikanischen General-Store, wenn der Major oder Sheriff der neuen Siedlung durch Mehrheit gewählt wurde.« – Ernst Bloch: *Naturrecht und menschliche Würde*, Frankfurt am Main 1961, S. 216.

159 Vgl. Marcus Hawel: *Vom Untertan zur Ware Arbeitskraft. Zur Disziplinierung der bürgerlichen Gesellschaft in den Theorien von Hobbes, Hegel und Marx*, (unveröffentlichte) Magisterarbeit, Mai 1999, Institut für Soziologie und Sozialpsychologie der Leibniz Universität Hannover.

europäischen Integrationsprozeß wesentlich anleitet, jedenfalls die aus der desaströsen Geschichte (zwei Weltkriege und Auschwitz) abgeleiteten moralischen Impulse zur Integration deutlich überlagern. Kein Nationalstaat, kein Staatenbund, nicht die USA und schon gar nicht die Sowjetunion sind einmal aus friedlicher Vernunft heraus entstanden. Mit der EU könnte ein *novum* gelingen.

Diese optimistisch anmutende Annahme ist wahr freilich nur solange, wie man sich zu dem Sachverhalt oberflächlich verhält. Faschismus, Auschwitz und die beiden Weltkriege sind die treibenden moralischen Impulse gewesen für die europäische Vision, die heute verblassen.[160] Als europäische Visionen sind allerdings auch die Versuche der Vergangenheit, Europa gewaltsam zu einigen, zu bezeichnen. Wenn nach den nationalistischen Exzessen in der ersten Hälfte des 20. Jahrhunderts eine nunmehr bloß instrumentelle Vernunft die Integration anleitet und immer weniger die moralischen Impulse, die sich aus dem kategorischen Imperativ ergeben, den uns Hitler aufgezwungen habe (Adorno), dann sind dennoch jene instrumentellen Schlußfolgerungen jenem Machtungleichgewicht geschuldet, die Deutschland zweimal dazu veranlaßt haben, einen Weltkrieg anzuzetteln. Auch wenn heute die europäischen Staaten keinen Krieg mehr gegeneinander führen, um unter ihrer jeweiligen Herrschaft ein integriertes Europa zu gründen, bewegt sich Deutschland in die Richtung, über das integrierte Europa Hegemonie auszuüben. Die Hegemonie kommt zwar nicht mit kriegerischen aber mit machtpolitischen und politisch-ökonomischen Mitteln zustande, was nicht dasselbe ist, allenfalls die Fortsetzung des Krieges mit anderen Mitteln. Kriege spielen für die Herausbildung einer europäischen Identität ferner nach wie vor eine wichtige Rolle. Es sind allerdings *outgesourcte* Kriege (Balkan, Afghanistan, Naher Osten), und die aggressive Abgrenzung oder Konfrontation mit den USA, welche Anschübe für den europäischen Integrationsprozeß mit katalysatorischer Funktion darstellen, erfüllen einen ähnlichen Zweck.

Man muß dem politischen Willensgebungsprozeß Spontaneität zugestehen, die die Pseudo-Gesetzmäßigkeiten der Geschichte durchkreuzt: eine nichtstaatliche Verfassung wäre keine contradicto in adjecto, weil Verfassungen bisher geschichtlich an Staaten orientiert waren. Was als ein rechtsphilosophisches Problem erscheint, erweist sich in der Praxis als realisierbar; die Herausforderung besteht für Habermas nicht darin, etwas Neues zu erfinden, sondern die historischen Errungenschaften des europäischen National-

160 Vgl. Joachim Perels: »Die historischen Wurzeln der europäischen Enigung und die gegenwärtige Konstituierung der Verfassung«, in: Lemke und Katenhusen (Hrsg.): *Konstitutionalisierung und Governance in der EU*, a. a. O., Münster 2006, S. 29–45.

staates in einem neuen Gefäß jenseits der nationalen Grenzen aufzuheben. Lediglich die Bezugsgröße, die dabei entsteht, sei neu.[161]

»Verfassungen sind Instrumente der kollektiven *Selbst*organisation und -regierung, sie erzeugen die Fähigkeit einer Menge, sich im Medium des Rechts in eine handlungs- und willensfähige Gesamtheit zu verwandeln.«[162] Die EU besitzt einen singulären Charakter (»neuer Herrschaftstypus«) – »jenseits von nationaler Staatlichkeit und internationaler Organisation«[163]. Ihr Integrationsprozeß folgt einer offenen Logik in dem Sinne, daß ihr keine geschichtliche Vorgabe vorliegt. Wobei Beliebigkeit der konstitutionellen Gestaltung gleichermaßen durch das bindende Prinzip der Komplementarität zu den Verfassungen der Mitgliedstaaten ausgeschlossen ist, womit nichts anderes gemeint ist als die dialektische Aufhebung der nationalstaatlichen Verfassungen in einer EU-Verfassung.

Man könnte daraus schlußfolgern, daß zum Beispiel eine europäische Verfassung ohne Parlamentsvorbehalt für Militäreinsätze mit dem Grundgesetz nicht vereinbar ist, solange in diesem ein Parlamentsvorbehalt für militärische Einsätze der Bundeswehr festgeschrieben steht, und daß der deutsche Staat schon vorher den Parlamentsvorbehalt aus der deutschen Verfassung streichen bzw. durch ein »Entsendegesetz« ersetzen müßte. Das Prinzip der Komplementarität gilt allerdings nur sehr abstrakt. Jutta Limbach wies als Präsidentin des Bundesverfassungsgerichtes darauf hin, daß das 1992 ins Grundgesetz aufgenommene Staatsziel der europäischen Integration zwar nachhaltig die Gewährleistung von rechtstaatlichen Grundsätzen durch die EU, aber eben nur einen »dem Grundgesetz im wesentlichen vergleichbaren Grundrechtsschutz« (Artikel 23, Absatz 1, Grundgesetz) voraussetze. »Ein ›im wesentlichen vergleichbarer Grundrechtsschutz‹ muß nicht mit dem durch das nationale Verfassungsgericht gewährleisteten identisch sein.«[164] Mit anderen Worten: »Der Grundrechtsschutz auf europäischer Ebene darf hinter dem nationalen deutschen Grundrechtsschutz zurückbleiben. Denn in Anbetracht der Vielzahl der Mitgliedsstaaten wird man von der Europäischen Union und ihrem Gerichtshof nicht verlangen können, daß sie den Anforderungen aller nationalen Verfassungen genügen.«[165] Vergleichbar-

161 Vgl. Habermas: »Braucht Europa eine Verfassung?«, a. a. O., S. 105.

162 Preuß: »Auf der Suche nach Europas Verfassung«, a. a. O., S. 163.

163 Ebd.

164 Jutta Limbach: »Die Kooperation der Gerichte in der zukünftigen europäischen Grundrechtsarchitektur – Ein Beitrag zur Neubestimmung des Verhältnisses von Bundesverfassungsgericht, Europäischem Gerichtshof und Europäischem Gerichtshof für Menschenrechte«, Internet: ⟨`http://www.politik-international.de/archive/BVG%20und%20EuGH.pdf`⟩.

keit könne sich daher nur allgemein und abstrakt auf die Grundfreiheiten (Meinungs- und Presse-, Versammlungs- und Berufsfreiheit, Eigentumsgarantie und Gleichheitsprinzip) beziehen, deren Einzelaspekte wiederum durchaus von den besonderen Auslegungen der nationalen Verfassungen abweichen dürften. Vergleichbarkeit bezieht sich demzufolge nicht etwa auf den Parlamentsvorbehalt für militärische Einsätze. – Für den deutschen Normalisierungsprozeß erschließt sich aus diesem Umstand die Möglichkeit der Entsorgung einiger Verfassungspositionen, um deren Erhalt und Ausbau einmal jahrzehntelang Linke und Liberale ihrer Fortschrittlichkeit wegen gekämpft haben.

Für die Schaffung eines »Typs staatsbürgerlicher Solidarität« innerhalb der Europäischen Union, das heißt jenes europäischen Volkes im *Kollektivsingular* benennt Habermas einige empirische Voraussetzungen, die erfüllt sein müssen. Dazu gehöre »a) die Notwendigkeit einer europäischen Bürgergesellschaft; b) die Konfrontation einer europaweiten politischen Öffentlichkeit; und c) die Schaffung einer politischen Kultur, die von allen EU-Bürgern geteilt werden kann.«[166] Für Habermas ist klar, daß eine europäische Verfassung nicht erst am Ende eines solchen Prozesses der Schaffung der Voraussetzungen liegen müßte, sondern im dialektischen Prozeß der Gleichzeitigkeit ergeben sich zwischen einer demokratischen Verfassung und europäischer Öffentlichkeit eine gegenseitig konstituierende Wechselwirkung, in der die Verfassung einen »katalysatorischen Effekt« ausüben könnte. »Europa muß sozusagen die Logik jenes Kreisprozesses, worin sich der demokratische Staat und die Nation gegenseitig hervorgebracht haben, noch einmal reflexiv auf sich selbst anwenden.«[167]

Institutionen der öffentlichen Meinungs- und Willensbildung existierten derweilen jedoch in einem nationalstaatlichen Rahmen, der als vergrößerte Projektion für eine *europäische* Öffentlichkeit nicht in Frage komme. Diese könne nur dadurch entstehen, daß intakt gebliebene nationale Kommunikationskreisläufe sich gegenseitig füreinander öffnen.[168]

Der EU-Verfassungsprozeß

Seit Abschluß des EU-Gipfels in Nizza im Dezember 2000 nahm der EU-Konvent unter dem Vorsitz von Valéry Giscard d'Estaing den Entwurf einer Verfassung für Europa in Angriff. Der verfassungsgebende Konvent stand

165 Ebd.
166 Habermas: »Braucht Europa eine Verfassung?«, a. a. O., S. 118.
167 Ebd.
168 Vgl. ebd., S. 120.

unter besonderem Erfolgsdruck, weil der in Nizza ausgehandelte EU-Vertrag allgemein eher als mäßig bewertet wurde und ferner auch deshalb, weil gleichsam als Drohgebärde von deutscher und französischer Regierung offen mit dem Gedanken an ein »Europa der zwei Geschwindigkeiten« (Kerneuropa) gespielt wurde, welches quasi als alternativer Notplan in Aussicht gestellt wurde, falls der Versuch, die gesamte Europäische Union unter dem Dach eines fortschreitenden Verfassungsprozesses, in welchem die Belange der nationalstaatlichen Souveränität in ausreichendem Maße an die EU-Institutionen delegiert werden, scheitern sollte.

Gepflegtes Mißtrauen der mittelgroßen und neuen EU-Mitgliedstaaten stand dagegen den Großen gegenüber und überschattete den verfassungsgebenden Prozeß bis zum Schluß. Die kleineren EU-Länder hatten die Befürchtung d'Estaing würde nur auf die Interessen der großen Mitgliedstaaten – hauptsächlich Frankreichs und Deutschlands – achten, schließlich war d'Estaing auf Druck der französischen und deutschen Regierung zum Präsident des Konvents bestimmt worden. Sein Verhandlungsstil galt als autokratisch und listenreich: »Ungeniert setzte er auf eine Allianz mit den nationalen und europäischen Parlamentariern, um seine bisherigen Lieblingsverbündeten – die Vertreter der großen Staaten – in ihrem Widerstand gegen den Schlußkompromiß auszumanövrieren. Und so kam zum Schluß ein Text zusammen, der die großen Staaten befriedigte und den Einwänden ihrer Gegner Rechnung trug.«[169]

Im Juni 2003 billigte mit großer Mehrheit der EU-Konvent den unter zähen Verhandlungen zustande gekommenen Verfassungsentwurf.[170] Kurios mutete die Tatsache an, daß sich in dem Vertragsentwurf linke und rechte Europaabgeordnete wiederfinden konnten, wenn auch niemand den Verfassungsvertrag als wirklich großen Wurf lobte, sondern alle den Charakter eines »mühevoll ausgehandelten Kompromiss[es]« hervorhoben.[171] Gleichzeitig wurde befürchtet, daß die EU-Regierungschefs die Verfassung kassieren, bzw. Neuverhandlungen fordern könnten, weil die »nationalen Interessen« ihrer zu repräsentierenden Staaten durch den Verfassungsentwurf nicht ausreichend Berücksichtigung fänden. Ablehnung jedoch war von der Seite der deutschen Regierung nicht zu erwarten; ihre Interessen hatten in zufriedenem Maße Berücksichtigung gefunden. Fischer sagte: »Dieser Kon-

169 *FTD-online* vom 16. Juni 2003.

170 Siehe Europäischer Konvent: »Vertrag über eine Verfassung für Europa«, Entwurf vom 10. Juli 2003, Internet: ⟨`http://european-convention.eu.int/docs/Treaty/cv00850.de03.pdf`⟩.

171 Vgl. *FTD-online* vom 16. Juni 2003.

vent hat demonstriert: Es gibt nicht ein altes und ein neues Europa. Es gibt ein Europa der Bürger, der Staaten, der Gerechtigkeit, der Demokratie: unser Europa.«[172] Die *Financial Times Deutschland* erkannte in Fischers euphorischer Äußerung gleichzeitig einen Seitenhieb gegen konservative »Europa-Spalter in Washington«. Und: »Bei allen Schwächen – der Text zeugt von einem Grundverständnis unter den Europäern, das viele nach dem erbitterten Streit um die Irak-Politik nicht mehr für möglich gehalten hätten.«[173]

Die Hauptkonflikte während der mühevollen Verhandlungen bestanden zum einen im Interessenausgleich zwischen den großen und kleinen EU-Mitgliedsstaaten, weil sich die Anzahl der kleinen Mitglieder im Zuge der Osterweiterung von zehn auf 19 erhöhte und damit ihr politischer Einfluß in den EU-Institutionen ungebührlich größer werden würde. Um ihren machtpolitischen Einfluß zu erhalten, bzw. sogar zu erweitern, hatten deshalb Deutschland und Frankreich eine demokratische Reform der Mehrheitsabstimmungen im Ministerrat zu Lasten des nationalen Vetos gefordert. Dem wurde im Verfassungsentwurf Rechnung getragen. Einigung erzielten die Mitglieder des Konvents durch die gleichzeitige Aufwertung der EU-Regierungen im EU-Rat und Ministerrat sowie des EU-Parlamentes und der Kommissionen. Der Ratspräsident sollte nunmehr nicht wie bisher alle sechs Monate reihum wechseln, sondern von den Ratsmitgliedern für zweieinhalb Jahre, bzw. für maximal fünf Jahre (zweite Amtszeit) hauptamtlich gewählt werden. Die Zahl der stimmberechtigten Kommissare sollte unter der Maßgabe eines gleichberechtigten Rotierens auf 15 begrenzt werden.

Um Gesetzesvorlagen im EU-Rat häufiger beschlußfähig zu machen, sollte in Zukunft der EU-Rat in den meisten Fällen – vor allem in der Innen- und Justizpolitik – mit einer einfachen qualifizierten Mehrheit entscheiden können. Im Ministerrat sollte das Prinzip der doppelten Mehrheit eingeführt werden, das heißt, damit eine Sache als beschlossen gilt, müßten zum einen mindestens 13 der zukünftigen 25 Mitgliedstaaten für einen Vorschlag stimmen, und zum anderen müßten die Stimmen mindestens 60 Prozent der EU-Bevölkerung repräsentieren. Ein »fairer Ausgleich zwischen den Interessen der großen und kleinen Länder« ist damit keineswegs gelungen, wie die *Financial Times Deutschland* dennoch behauptete.[174]

Ein Interessenausgleich fände allenfalls zwischen den nationalen Regierungen statt, nicht aber zwischen den nationalen Bevölkerungen. Zu besonderen Politikthemen werden schließlich die nationalen Bevölkerungen vor-

172 Fischer zit. nach ebd.
173 Ebd.
174 Ebd.

her nicht befragt, wenn Entscheidungen auf EU-Ebene gefällt werden müssen. Auf die Stimmen der Bevölkerungen kommt es mithin nicht wirklich an; sie wählen zwar ihre Regierungen, geben nach der Wahl aber für die Dauer einer Wahlperiode ihre Volkssouveränität an die nationale Regierung ab. Insofern ist es Heuchelei, wenn das Stimmengewicht eines Staates in Relation zu seiner Bevölkerungszahl stehen soll, zumal vermutlich selbst noch die von der ausgemachten Mehrheit abweichenden Voten der nationalen Stimme zugeschlagen würden, und es dabei keine große Rolle spielt, ob für Gesamteuropa die in einzelnen Staaten in der Minderheit befindlichen Voten der Bürger in der gesamten europäischen Bevölkerung eine Mehrheit ausmachen würden. Auf diese Weise wird das Zustandekommen von gestalterischen Mehrheiten über nationale Grenzen hinweg und fernab nationaler Motive erschwert, weil Mehr- und Minderheiten stets national dekliniert werden.

Dem EU-Parlament soll ferner ein größeres Mitspracherecht bei dem Erlaß von Gesetzen eingeräumt werden. Waren es bisher 44 Politikfelder, sollten es in Zukunft bis zu 70 Felder sein, auf denen das EU-Parlament zusammen mit den nationalen Regierungen Rechtsakte beschließen könne. Die Kompetenz bezieht sich allerdings nicht auf die wirklich wichtigen Bereiche der GASP und ESVP oder auf die Finanz- und Wirtschaftspolitik, deren Entscheidungskompetenz weiterhin bei den nationalen Regierungen bleiben soll. Vorgesehen war auch, daß der Kommissionspräsident vom EU-Parlament gewählt wird, wobei das Vorschlagsrecht bei den Staats- und Regierungschefs liegen soll. Mit dieser Neuerung sollte das Amt politisiert, das heißt einer stärkeren demokratischen Legitimation zugeführt werden. Im Verfassungsentwurf wurde in Bezug auf die Durchführung einer gemeinsamen Außen- und Sicherheitspolitik festgehalten, daß die Europäische Union das Ziel »einer immer stärkeren Konvergenz des Handelns der Mitgliedstaaten« verfolge (Artikel 39, Absatz 1). Dies betrifft vor allem auch die Koordination einer gemeinsamen europäischen Verteidigung (Artikel 40, Absatz 2). Das neu zu schaffende Amt des EU-Außenministers soll zwar mit weitreichenden koordinierenden Aufgaben ausgestattet werden, jedoch ist es vor allem der deutschen Regierung nicht gelungen, das Veto-Recht der Staats- und Regierungschefs im Bereich der GASP und ESVP zugunsten einer qualifizierten Mehrheitsentscheidung aufzuheben. Auch weiterhin sollen in der Außen- und Sicherheitspolitik einstimmige Voten für beschlußfähige Entscheidungen nötig sein (Artikel 40, Absatz 4). Die atlantisch orientierte britische Regierung hatte sich durchgesetzt und damit den Macht- bzw. Eigenständigkeitszuwachs der EU im militärischen Bereich (autarke EU-Armee) beschränkt. »Kommt es zu keinem Konsens, sind [dem

EU-Außenminister] die Hände gebunden. Die Außenpolitik bekäme zwar eine Stimme, nur müßte diese schweigen.«[175]

Für Kriegsgegner, Pazifisten und Antiimperialisten wäre diese im Vertragsentwurf zustande gekommene Regelung garantierter Selbstblockade in militärischen Entscheidungen ein kleiner Trost, falls es dabei bliebe. Auf diese Weise hätte sich die EU zwar eine mehr oder weniger autarke EU-Armee organisiert, könnte aber nur unter äußerst schwierigen Voraussetzungen beschließen, daß diese auch zum Einsatz kommt. Man darf allerdings sicher sein, daß in baldiger Zukunft diese potentielle strukturelle Handlungsunfähigkeit aufgehoben wird. – Auch wenn die EU-Armee handlungsunfähig bliebe, träfe die Selbstblockade nicht auf die nationalen Armeen der Mitgliedstaaten zu. Zwar werden in Zukunft viele dieser nationalen Armeen nicht mehr und wenn, dann nur in sehr eingeschränktem Maße separat einsatzfähig sein, weil im Zuge der gemeinsamen Rüstungskoordination die meisten Mitgliedstaaten sich auf einen bestimmten militärischen Bereich konzentrieren werden. Allein mit einem Sanitätsregiment und einer Fernmeldeeinheit läßt sich eben kein Krieg führen. Diese strukturelle Abhängigkeit der nationalen Teil-Armeen vom Ganzen der EU-Armee, welche sich aus den zusammenaddierten nationalen Teilen ergibt, trifft allerdings weniger auf die großen Mitgliedstaaten der EU zu, die darauf bedacht sein werden, möglichst lange eine separierbare, eigenständig einsatzfähige nationale Interventionsarmee parallel zum Aufbau einer EU-Armee bestehen zu lassen.

Nahezu unscheinbar liegt im Verfassungsentwurf ein Passus verborgen, der die Interessen der Militärs und der Rüstungsindustrie bedient. In Artikel 40, Absatz 3 heißt es: »Die Mitgliedstaaten verpflichten sich, ihre militärischen Fähigkeiten schrittweise zu verbessern. Es wird ein Europäisches Amt für Rüstung, Forschung und militärische Fähigkeiten eingerichtet, dessen Aufgabe es ist, den operativen Bedarf zu ermitteln und Maßnahmen zur Bedarfsdeckung zu fördern, zur Ermittlung von Maßnahmen zur Stärkung der industriellen und technologischen Grundlage des Verteidigungssektors beizutragen und diese Maßnahmen gegebenenfalls durchzuführen, sich an der Festlegung einer europäischen Politik im Bereich Fähigkeiten und Rüstung zu beteiligen sowie den Ministerrat bei der Beurteilung der Verbesserung der militärischen Fähigkeiten zu unterstützen.« Etwas überspitzt, aber dennoch zutreffend, könnte man schlußfolgern, daß durch diesen Passus im Verfassungsentwurf die Entscheidung eines Mitgliedstaates, seinen militärischen Sektor abzurüsten verfassungswidrig wäre und Aufrüstung

175 Ebd.

gleichsam zu einer gesetzlichen Verpflichtung würde, die von jedem – auch der Rüstungsindustrie – vor Gericht einklagbar wäre.

Aus deutscher Perspektive ist auch bemerkenswert, daß dem EU-Parlament laut Verfassungsentwurf kein Vorbehalt in Bezug auf militärische Einsätze der zukünftigen EU-Armee zugestanden wird. Man darf davon ausgehen, daß der im deutschen Grundgesetz verbriefte Parlamentsvorbehalt damit weitgehend obsolet und geschleift werden wird, damit nicht Deutschland in militärischen Angelegenheiten für die Europäischen Union zum Bremsklotz wird, das heißt die Einsatzbereitschaft der EU-Armee prinzipiell in Frage stellt. Um dies zu verhindern, diskutieren breite Teile der politischen Klasse in Deutschland über ein Endsendegesetz, welches faktisch den Parlamentsvorbehalt ersetzen könnte und womit ein weiterer Normalisierungsschritt geleistet wäre, wenn man den europäischen Maßstab zur Grundlage nimmt. Der deutsche Parlamentsvorbehalt wurde ohnedies vorsorglich bereits stetig ausgehebelt. Für den Kampfeinsatz deutscher Soldaten gegen das Taliban-Regime in Afghanistan, welches nach den Anschlägen vom 11. September 2001 ins Visier der USA geraten war, stellten der deutsche Bundestag einen quasi temporären Blankoscheck für den Einsatz der Bundeswehr aus, die ermächtigt wurde, ihre die USA unterstützenden Einsätze im Kampf gegen den Terror innerhalb eines festgesetzten Zeitraumes nicht mehr durch den Bundestag legitimieren zu müssen. – Über die Einsätze des KSK wurde dagegen im Parlament überhaupt nicht entschieden, weil sie angeblich notwendig geheimzuhalten sind.

Im Ganzen stellt der Verfassungsentwurf einen mehr schlecht als rechten Kompromiß zwischen liberalen, linken und konservativen Gruppierungen im EU-Konvent dar. So, wenn auch aus dem entgegensetzen Blickwinkel, sieht es auch der Kommentator der *Financial Times Deutschland*: »Der Verfassungsentwurf des EU-Konvents ist ein Kompromiß, der an zentralen Punkten, etwa der Abschaffung des Veto-Rechts, nicht weit genug geht. Damit fällt der Text hinter die Erwartungen zurück und dokumentiert – wie schon die verhaltene Reaktion der Öffentlichkeit auf die Osterweiterung –, daß das Projekt Europa zwar nicht an Integrations-, aber an Strahlkraft verloren hat.«[176] Allerdings wird das Demokratiedefizit der EU nicht endgültig dadurch behoben, daß ein Mehrheitsprinzip (nach Bevölkerungszahl) eingeführt wird. Die europäischen Bevölkerungen auf nationaler Ebene haben keinen großen Einfluß auf die EU-Politik ihrer Regierungen. Deshalb erhalten die nationalen Regierungen, die die bevölkerungsstärksten Länder

176 Ebd.

repräsentieren, auf EU-Ebene einen unangemessen großen Einfluß, der keineswegs demokratisch legitimiert wäre (*Diktatur der Staatsräson*). Deshalb ist das Prinzip »Eine Stimme für jedes Land« noch gerechter und regelt wenigstens einen halbwegs harmonischen Interessenausgleich zwischen den Staaten. Demokratisch zugehen würde es dagegen erst ab dem Zeitpunkt, da sich das bürgerliche Prinzip der Demokratie weiterentwickelte und die außenpolitische Diktatur der Staatsräson, die undemokratisch das »nationale Interesse« bestimmt und gegen die Bevölkerung absichert, ersatzlos gestrichen, bzw. durch ein plebiszitäres Verfahren ersetzt würde.

Von der Euphorie, mit der in der Nachkriegszeit bis in die 1960er Jahre hinein die Zusammenarbeit der westeuropäischen Staaten vorangetrieben wurde, sei nichts übriggeblieben. Als konservative Zeitung mag man dies nicht sonderlich bedauern dürfen, weil zwischen der verblassenden Europaeuphorie und erfolgreich voranschreitender Normalisierung des deutschen Staates ein vermittelter Zusammenhang besteht. Ein Konservativer, der sich die Euphorie der 1950er und 1960er Jahre zurückwünscht, wird dies nicht ohne die gegen Deutschland gerichteten Motive der EU-Integration bekommen können, welche für die Normalisierung eine deutliche Behinderung darstellten.

Wenn der vorgelegte Verfassungsentwurf Rechtsgültigkeit erhält, wird die Europäische Union eine eigene Rechtspersönlichkeit,[177] jenes »Rechtssubjekt im Kollektivsingular«, dessen bisherige Absence Habermas und andere für das grundlegende demokratische Defizit der Union gehalten haben. Eine europäische Identität als Subjekt-Objekt-Kategorie würde die Union damit allerdings noch lange nicht erhalten. Die Verfassung sollte spätestens 2006 in Kraft treten, vorausgesetzt der Entwurf würde von sämtlichen nationalen Parlamenten der 25 Mitgliedstaaten zuvor ratifiziert. Noch vor dem Ratifizierungsmarathon mußte die Regierungskonferenz den Verfassungsentwurf annehmen, weil die EU schließlich noch keine »Kompetenz-Kompetenz« innehat.

Den Entwurf für eine Europäische Verfassung übergab Giscard d'Estaing am 20. Juni 2003 den Staats- und Regierungschefs bei ihrem Treffen im griechischen Thessaloniki. Der Verfassungsentwurf wurde von den Staats- und Regierungschefs sowie den Außenministern auf einer Regierungskonferenz, die im Oktober 2003 in Rom begann, unter der italienischen EU-Präsidentschaft (Berlusconi) behandelt. Im Dezember 2003 sollte die Verfassung auf einem Gipfel in Brüssel endgültig beschlossen werden. Aber auf der Sitzung

177 Siehe Art. 6 des Verfassungsentwurfs.

des Europäischen Rates gelang es nicht, in den zentralen Fragen, insbesondere zu den künftigen Abstimmungsmodalitäten im Rat, eine Einigung zu erzielen. Die polnische und spanische Regierung, denen auf Basis des EU-Vertrages von Nizza mit dem Gewicht von jeweils 27 Stimmen im EU-Rat nahezu so viel Einfluß zugestanden wurde wie den vier großen EU-Staaten Deutschland, Frankreich, Großbritannien und Italien (jeweils 29 Stimmen), wollten auf ihren gemessen an der Einwohnerzahl ihrer Länder überproportional ausgefallenen Einfluß nicht verzichten, verneinten deswegen zunächst die Einführung des doppelten Mehrheitsprinzips und bremsten damit gleich die gesamte EU-Verfassung aus.

Die polnische Regierung wurde für ihre Blockade in der deutschen Öffentlichkeit stark kritisiert. Laut einer Umfrage der TNS-Infratest sprachen sich Anfang Januar 2004 43 Prozent der Deutschen dafür aus, Polen die EU-Zuschüsse zu kürzen.[178] Auf der Berlin-Tagung »Deutschland, Europa und der Westen« der Friedrich-Ebert-Stiftung im Januar 2004 kommentierte dagegen Richard von Weizsäcker die Haltung der polnischen Regierung mit Verständnis zeigenden Worten: »Die Vereinigung Europas war zum ersten Mal in der Geschichte der europäischen Völkerstaaten und Nationen die Bereitschaft auf nationale Souveränitäten partiell zu verzichten. Das ist doch das eigentlich bedeutungsvolle, historische und, wenn man so will, auch friedenspolitische Zustandebringen auf dem europäischen Weg. Und damit haben diese sogenannten Alten schon einmal einen großen Lernprozeß hinter sich gebracht. Wieso sollen wir nun ausgerechnet von den Polen erwarten, daß das erste, was sie mit großer Begeisterung betreiben, kaum daß sie nach einer so leidvollen Geschichte endlich wirklich die volle Souveränität errungen haben, nun schon wieder auf Souveränitäten verzichten? Sie werden es schon tun. Aber daß sie sich (…) psychologisch und historisch gemessen an dem bisherigen Ablauf der polnischen Geschichte (…) etwas behutsam auf dem Weg vorwärts bewegen, Souveränitätsbestandteile der endlich souverän gewordenen Nation Polens wieder preiszugeben, das finde ich doch ziemlich verständlich.«[179]

Giscard d'Estaing prophezeite, die Verfassung werde »50 Jahre halten«.[180] – Zunächst konnte sie nicht einmal beschlossen, geschweige denn rechtskräftig werden. Auf dem Europäischen Rat in Brüssel im März 2004 nahmen die

178 Vgl. »Ab in die Schmollecke«, in: *Der Spiegel* 3/2004, S. 88–90.

179 Richard von Weizsäcker auf der Berlin-Tagung: »Deutschland, Europa und der Westen« der Friedrich-Ebert-Stiftung im Januar 2004, zit. n. gesprochenem Wort, das ich, MH, wohlwollend den Gepflogenheiten der Schriftsprache angepaßt habe.

180 Zit. n. *FTD-online* vom 16. Juni 2003.

Staats- und Regierungschefs einen neuen Anlauf der Vermittlung zwischen den einzelnen Interessen der nationalen Regierungen auf der Grundlage des Konventsentwurfs.[181] Dabei konnten sich die Staats- und Regierungschefs unter irischer Präsidentschaft bezüglich der strittigen Punkte innerhalb des Verfassungsentwurfs einigen. Im Juni 2004 wurde der Vertrag von den Regierungschefs der EU-Länder gebilligt, und im November in Rom unterzeichnet. Damit die EU-Verfassung in Kraft treten kann, muß diese jedoch von sämtlichen nationalen Parlamenten der EU-Mitgliedsländer ratifiziert werden. Nachdem die EU-Verfassung von den Parlamenten der Länder Litauen, Ungarn, Slowenien und Deutschland ratifiziert wurde, kam es bei Referenden in Frankreich und den Niederlanden zu einer Ablehnung, so daß die Referenden in Portugal, Polen, Tschechien und Dänemark ausgesetzt wurden. Seither ist der Verfassungsprozeß auf Eis gelegt worden.

3. Militärunion – Die Entstehung einer autarken europäischen Militärmacht

Die sukzessive Auflösung der transatlantischen Westbindung?

Wie in den vorangegangenen Abschnitten bereits aufgezeigt, muß der deutsche Staat mit Hilfe der europäischen Integration eine neue Rolle in der Weltpolitik zu spielen versuchen. Die von Konrad Adenauer in den 1950er Jahren in die Wege geleitete Westbindung spielte dabei noch unter der Bundeskanzlerschaft Helmut Kohls als »atlantische Orientierung« eine wesentliche Rolle in Form einer staatsräsonalen Ausrichtung der deutschen Außenpolitik, die nach der deutschen Einheit im Zuge der Berliner Republik zuerst von Konservativen zunehmend in Frage gestellt wurde. »Kohls atlantische Orientierung gehört zum kollektiven Gedächtnis einer bestimmten Generation, zu einem Gedächtnis, das in der politischen Klasse der Bonner Republik nicht anders beschaffen sein konnte, in der Berliner Republik aber nur eine der möglichen Optionen darstellt.«[182]

Im Zuge der deutschen Einheit begannen Konservative die vermeintlich fehlende nationale Identität der Deutschen zu beklagen und dafür die jahrzehntelange Tradition der Westbindung, das heißt die »Verwestlichung des Landes« verantwortlich zu machen.[183] Als außenpolitische Konsequenz

181 Siehe den engültigen Vertragstext in der deutschen Fassung. – Europäische Union: *Vertrag über eine Verfassung für Europa*, Luxemburg 2005.

182 Markovits und Reich: *Das deutsche Dilemma*, a. a. O., Berlin 1998, S. 327.

183 Vgl. Brigitte Seebacher-Brandt: »Die Linke und die Einheit – Unwägbarkeiten der deutschen

wollten diese konservativen Kritiker der Westbindung unter anderem die Emanzipation des deutschen Staates von der NATO durchsetzen sowie die Schaffung eines verteidigungspolitischen Surrogates (ESVP), die auf eine von Deutschland dominierte Europäische Union – selbständig und unabhängig von den USA – hinauslaufen sollte. Die Forderung nach bündnispolitischer Neutralität, die im Zuge der deutschen Einheit von einigen gefordert wurde, war gleichsam eine völlig illusionäre Option. Denn niemals hätten die europäischen und transatlantischen Mächte ohne entsprechende Sicherheitsgarantien (Bündnisverpflichtungen) es zugelassen, daß beide deutsche Staaten sich vereinigen und damit ein neuer Riese auf dem Kontinent entsteht, der alle dominieren oder sogar zu einem verteidigungspolitischen Sicherheitsrisiko werden könnte. Darüber hinaus hätte die Bundesrepublik vor allem auch nicht die Zustimmung der beiden Supermächte, den USA sowie der Sowjetunion, zur deutschen Einheit erlangen können, solange wie mit Wiedervereinigungsvorstellungen neutrale, jedenfalls eigensinnige Entwicklungsambitionen verknüpft wurden, hätten die Supermächte doch befürchten müssen, ihre seit dem Zweiten Weltkrieg erlangte Vorherrschaft auf dem geteilten europäischen Kontinent zu verlieren.[184] »Erst als sich ein anderer Begriff von Wiedervereinigung herausgebildet hatte, nämlich Ausdehnung nicht nur der freiheitlich-demokratischen Grundordnung auf die ›befreiten‹ Gebiete, sondern Ausdehnung der NATO unter amerikanischer Hegemonie im Idealfall bis zur Curzon-Linie, fanden derartige Vorstellungen Anklang in den USA und wurden sogar Bestandteil des Deutschland-Vertrages von 1952: ›Bis zum Abschluß der friedensvertraglichen Regelung werden die Unterzeichner-Staaten zusammenwirken, um mit friedlichen Mitteln ihr gemeinsames Ziel zu verwirklichen: Ein wiedervereinigtes Deutschland, das eine freiheitlich-demokratische Verfassung ähnlich wie die Bundesrepublik besitzt, und das in die europäische Gemeinschaft integriert ist.‹ (Art. 7 Abs. 2).«[185] Zu große Ansprüche der Bundesrepublik auf Gebiete des ehemaligen Deutschen Reiches in seinen Grenzen von 1937 wäre darüber hinaus ebenso von den westlichen Alliierten verhindert worden. Diesen ging es nicht um die Wiederherstellung des Reichsgebietes, sondern um die Befreiung der unter sowjetischer Kontrolle befindlichen Satellitenstaaten, mithin auch der DDR.[186]

Geschichte«, in: *FAZ* vom 21. November 1989, S. 33.

184 Vgl. Gerhard Stuby: *Die »gefesselte« Souveränität der Bundesrepublik. Zur Entwicklung der BRD im Rahmen der US-Globalstrategie*, Heilbronn 1987, S. 201.

185 Ebd., S. 201 f.

186 Ebd., S. 202.

Zwar ist auch so im Zuge der osteuropäischen Transformation, in deren Kontext die ostdeutsche Demokratiebewegung und der Staatsbankrott der DDR zu sehen sind, die sowjetische Hegemonie in Osteuropa beendet worden, aber die amerikanische Hegemonie in Westeuropa überdauerte den deutschen Einigungsprozeß noch einige Zeit und wird erst durch die Infragestellung der NATO seitens der Mitgliedstaaten der Europäischen Union, die in verteidigungspolitischer und wirtschaftspolitischer Hinsicht eine »Selbstbehauptung Europas« gegenüber den USA forcieren, sukzessive zurückgedrängt. Die USA hatten von Beginn an in der NATO eine entscheidende Einflußmöglichkeit auf Westeuropa gesehen,[187] indem sie atomaren Schutz gegen die Sowjetunion anboten und im Gegenzug zwar auch Mitwirkung der europäischen Staaten zuließen, aber vorwiegend Unterordnung dieser erwarteten. Auch, wenn die USA durch die NATO nach dem Zweiten Weltkrieg ihre Hegemonie in Westeuropa sicherten, profitierten bis zur deutschen Einheit ebenfalls die westeuropäischen Länder beträchtlich von der Existenz der NATO – hinsichtlich ihres doppelten Sicherheitsinteresses: Schutz vor den vermeintlichen Expansionsbestrebungen der Sowjetunion einerseits und Sicherheit vor einem vielleicht wiederholbaren aggressiven deutschen Nationalismus, den die Europäer zweimal bereits zu spüren bekommen hatten, andererseits (»doppelte Eindämmung«).

Die NATO-Osterweiterung wurde zunächst als ein explizit deutsches Interesse verstanden, jedenfalls solange, wie die NATO als verbindliche und in militärpolitischer Hinsicht den europäischen Kontinent dominierende und unhintergehbare transatlantische Bündnisstruktur existierte, das heißt nicht durch eigene, autonome europäische Sicherheitsstrukturen ersetzt werden konnte. Ein deutscher Machtzuwachs kommt dadurch zustande, daß zwangsläufig durch eine Osterweiterung insgesamt das Gewicht der Kontinentaleuropäer innerhalb der NATO zunimmt, der Einfluß der USA in der NATO und damit in Europa abnimmt. Die Bundeswehr war denn auch bis Mitte der 1990er Jahre die Hauptfürsprecherin der NATO-Osterweiterung. Konsequent wurde in der Fachpresse der Bundeswehr diese in »geostrategischen« Begriffen diskutiert. Hierbei kam allerdings neben der Selbstbehauptung Europas gegenüber den USA noch ein anderes gewichtiges und traditionelles Interesse zum Ausdruck: die Orientierung nach Osten in Konkurrenz zu dem Riesenreich Rußland, welches für militärische Sicherheitsstrategen, zum Beispiel Hans Joachim Veen, einen großen und risikoreichen Unsicherheitsfaktor darstellt: »Wenn die NATO sich weiter-

187 Ebd., S. 201.

hin nur als Instrument westlicher Sicherheit versteht, anstatt ihre Rolle bis zur Grenze Rußlands auszuweiten, könnte sie auf längere Sicht zu einer Restgröße im weltpolitischen Kräftespiel schrumpfen, Reminiszenz an das ehemalige ›Westeuropa‹.«[188] Dem deutschen Staat werden Ordnungsaufgaben zugeschrieben, die ihn wenigstens innerkontinental zum »Osteuropa-Polizisten« stilisieren: »Militärisch wird [Deutschland] zum herausgehobenem Hüter des Friedens in Mittelosteuropa: Dies jedenfalls legt aus der Sicht der deutschen Militärpolitiker die geostrategische Lage ihres Landes und dessen herausragendes konventionelles Potential nahe. Deutschland mit einer starken und präsenten Bundeswehr erscheint ihnen als Säule der Stabilität für ganz Europa und in besonderem Maße als strategisches Gegengewicht im Hinblick auf ein Rußland, welches im Augenblick zwar durch innere Schwierigkeiten neutralisiert, das langfristig aber als potentielle Quelle neuer Sicherheitsrisiken dargestellt wird.«[189]

Im Frühjahr 1993 begann der Bundesverteidigungsminister, Volker Rühe, eine offensive Kampagne für die Osterweiterung der NATO, ohne dabei den Konsens mit dem Bundesaußenminister Klaus Kinkel zu suchen. Vor allem aber war es ein Konfrontationskurs zu den USA, denen Rühes Vorstoß nicht sonderlich behagten. Rühes Vorstoß darf auch als eine Reaktion der Bundesregierung auf das zeitgleiche Bestreben der USA bewertet werden, den Aufgabenbereich der NATO sicherheitspolitisch zu erweitern und diese damit zu einem Instrument der »geopolitischen« US-Interessen zu machen. Die US-Regierung war sich im Klaren darüber, daß eine NATO-Osterweiterung den europäischen Stimmen in der NATO und damit dem deutschen Staat mehr und den USA weniger Einfluß beschere, weshalb die US-Regierung eine Rüge gegen die Bundesregierung sowie gegen die Bundeswehrführung aussprach und diesen gegenüber solange die kalte Schulter zeigte, bis deutlich wurde, daß eine Osterweiterung der NATO aufgrund des Betreibens der deutschen Regierung nicht ohne beträchtliches Muskelspiel zu verhindern wäre. Die US-Regierung machte sich, wenn sie den deutschen Staat schon nicht daran hindern konnte, zur Avantgarde der NATO-Osterweiterung, obwohl sie zu dem Ergebnis gekommen war, daß eine solche nicht im unmittelbaren Interesse der USA liegen könne und ihren eigenen Plänen, aus der NATO eine Interventionsarmee zu machen, zuwiderlief.

---

188 Hans Joachim Veen: »NATO – Quo vadis«, *Soldat und Technik* (SuT), 12/1991, S. 809.

189 Lutz Unterseher: »Deutsche Militärpolitik – Unauffällige Festlegungen für die Zukunft«, , in: *ZOOM*, Zeitschrift für Politik und Kultur 5/98; vgl. Klaus Naumann: »Standortbestimmung, Informationen zur Sicherheitspolitik, 35. Kommandeurtagung der Bundeswehr«, November 1995.

Schlimmer jedoch wäre aus amerikanischer Sicht eine von Deutschland gegen den Willen der USA durchgesetzte NATO-Osterweiterung, weil damit die Rollenverteilung in der »partnership in leadership« zwischen »Großem Bruder« und »Juniorpartner« vertauscht worden wäre. Die Clinton-Administration vollzog schließlich einen Schwenk: Mit einem Male galt Rühe als ein visionärer Vordenker. Das Rollenverhältnis der beiden Staaten geriet scheinbar wieder ins Lot, wenn sich damit auch gleichzeitig das Verhältnis des deutschen Staates zu den europäischen NATO-Staaten trübte.[190]

Auf Betreiben der USA wurde festgelegt, daß die erste Osterweiterung der NATO für das Jahr 1997 anvisiert werde. Für eine Aufnahme in die NATO kamen die ehemaligen Länder des Warschauer Paktes Tschechien, Polen und Ungarn in Betracht. Daß die Aufnahme dieser Länder auf ernsthaften Widerstand Rußlands stoßen würde, war kein Geheimnis. Für den deutschen Staat ergab sich aber mit der NATO-Osterweiterung eine vermeintlich komfortable, geographische Einbettung im militärischen Sicherheitsbündnis. Aufgrund der Verschiebung der NATO-Außengrenze von Ostdeutschland nach Polen, Ungarn und Tschechien würde für Deutschland eine territoriale »Mittellage« hergestellt, aufgrund derer Deutschland nur noch von befreundeten Staaten umgeben wäre und eine kriegerische Bedrohung aus Europa nicht mehr zu befürchten habe, auch wenn konventionelle Kriege in Europa nicht mehr geführt werden und demzufolge die »geostrategische Mittellage« als »geopolitischer« Sicherheitsfaktor eigentlich obsolet geworden ist. Dennoch lag der NATO-Osterweiterung aus »geostrategischen« Erwägungen eine eigenständige deutsche Ostpolitik zugrunde.

Der deutsche Staat betreibt auch in umfassenderem Sinn eine aktive Ostpolitik, der sich nach Gregor Schöllgen ein Land wie die Bundesrepublik Deutschland (erst recht nach der Vereinigung) nicht entziehen könne. Aufgrund seiner geographischen Lage, der Nähe zu den osteuropäischen Staaten und seiner Größe wie Wirtschaftspotenz sei Deutschland regelrecht dazu gezwungen, an einer aktiven Ostpolitik interessiert zu sein und ordnungspolitische Aufgaben wahrzunehmen. Dafür sprächen auch die lange Tradition vermeintlich guter kultureller, wirtschaftlicher und politischer Beziehungen, aber ebenso auch die Entgleisungen der Beziehungen während des Ersten und Zweiten Weltkrieges, welche als Erblast an dem Nachfolgestaat des Deutschen Reiches hängen. »Diese Vergangenheit prägt die gemeinsame Zukunft. Das trifft auf die Beziehungen der Bundesrepublik zur Tschechoslowakei

190 Vgl. Jutta Koch: »Die NATO: zwischen Ambitionen, Attentismus und Aktionismus«, in: *Europäische Friedensordnung: Konturen einer Sicherheitsarchitektur*, Koordination: Wilfried Graf, Lutz Unterseher, Münster 1998, S. 52 f.

und zu den Nachfolgestaaten der Sowjetunion ebenso zu wie in besonderem Maße auf diejenigen zum östlichen Nachbarn Polen, die in Zukunft von ähnlich herausragender Bedeutung sein dürften wie die zum westlichen Nachbarn Frankreich.«[191]

Wenn auch eine stärkere Aktivierung der Ostpolitik eine Relativierung der seit der Adenauer-Ära stabil verlaufenden Westbindung des deutschen Staates bedeutete, so dürfe dies aber keineswegs implizieren, daß der deutsche Staat nunmehr das Ziel von Alleingängen bevorzuge. »Zu vermeiden (...) sind auch in Zukunft jene deutschen Alleingänge in der Ostpolitik, die sich für die Großmacht Bundesrepublik anbieten mögen.«[192] Die Relativierung der Westbindung bedeutet in diesem Kontext, daß der »Westen«, der während des Kalten Krieges sehr eindringlich als eine transatlantische Angelegenheit angesehen wurde, nunmehr durch Europa eingeschränkt wird. Das politische Europa will sich vor allem militär- und sicherheitspolitisch gegenüber den USA behaupten und beansprucht zunehmend den Begriff des »Westens« für sich, das heißt, der Begriff wird als Synonym für eine transatlantische Partnerschaft aufgegeben und durch ein integriertes »Europa« ersetzt, in welchem dem deutschen Staat qua Selbstzuweisung und aufgrund seiner »mitteleuropäischen« Positionierung eine vermittelnde Rolle zwischen dem westlichen und östlichen Europa, welche einmal voneinander durch den »Eisernen Vorhang« getrennt waren, zukomme. Nicht zuletzt, weil der »Eiserne Vorhang« durch das geteilte Deutschland hindurchging, komme dem Fall der Berliner Mauer auch die Bedeutung des Falls des »Eisernen Vorhangs« zu, bzw. umgekehrt der Einheit Deutschlands das Symbol für die Einheit Europas.

Ablösung US-amerikanischer Hegemonie und die Selbstbehauptung Europas

Der deutsche Staat hatte in seiner Geschichte zweimal in zutiefst imperialistischer Manier und unter strikter Beherzigung der Prinzipien preußisch-deutscher Außenpolitik, die bis zu Friedrich den Großen zurückgehen, den Versuch unternommen, die aus seiner Sicht sich aus der »Mittellage« Deutschlands ergebene, stetig offene Sicherheitsfrage auf dem europäischen Kontinent militärisch und schließlich kriegerisch zu lösen. Der Erste Weltkrieg endete für den deutschen Staat mit der »Bauchlandung in Versailles«. »Die Sprengung der Versailler Fesseln durch Ausnutzung der bestehenden Ri-

---

191 Gregor Schöllgen: *Die Macht in der Mitte Europas. Stationen deutscher Außenpolitik von Friedrich dem Großen bis zur Gegenwart*, München 1992, S. 182.
192 Ebd.

valitäten zwischen England, Frankreich und den USA hatte dem deutschen Imperialismus einen zweiten Versuch gestattet. Die Antwort war Potsdam. Sie enthielt das Angebot der Wiedererlangung nationaler Souveränität. Allerdings nur, wenn auf Hegemonie aus dem europäischen Zentrum heraus in der skizzierten Kontinuität ein für allemal verzichtet würde.«[193] Nach 1945 mußte sich, so Stuby, die Bundesrepublik mit der von den Siegermächten vorgegebenen sicherheitspolitischen Konstellation in Europa arrangieren. Eine Revision der »gefesselten Souveränität« des deutschen Staates sei der Möglichkeit nach nur zu verfolgen gewesen durch die Anerkennung der US-amerikanischen Hegemonie in Westeuropa.[194] Konrad Adenauer hatte sich dementsprechend für die Westbindung entschieden.[195]

Wenn sich der deutsche Staat nach 1945 mit der Hegemonie der USA in Westeuropa arrangieren mußte, so ist damit aber gleichzeitig auch zutreffend, daß jene Hegemonie der USA während der gesamten Zeitspanne bis zur deutschen Einheit 1989/90 nicht nur einen sowjetischen Expansionsdrang, so gut es ging, gezähmt, sondern auch einen allzu offensiven Einfluß des deutschen Staates auf die politischen Gestaltungen in Westeuropa verhindert hat.[196]

Nach der deutschen Einheit hatte das Prinzip der doppelten Eindämmung Deutschlands und des »kommunistischen Expansionsdranges« seine Schuldigkeit getan; es war nunmehr zu einer stumpfen Waffe geworden, wenn sie sich nicht sogar gegen die Akteure wendete, das heißt sich die Vorzeichen vertauscht haben. Die Sowjetunion löste sich auf, wodurch die »kommunistische Bedrohung« aus dem Osten wegfiel, und der deutsche Staat kontrollierte innerhalb der europäischen Gemeinschaft die anderen Mitgliedstaaten mehr, als diese den deutschen Staat einzudämmen imstande waren. Schon die deutsche Einheit konnten die Regierungen der europäischen Staaten, die – etwa in Großbritannien und Frankreich – großes Mißtrauen gegenüber der deutschen Einheit hegten, nicht verhindern. Mit der deutschen Einheit begann für die USA auf dem europäischen Kontinent die »Hegemonie-Krise«. Anzeichen einer Abkehr vom Multilateralismus und der westlichen, atlantischen Orientierung der deutschen Außenpolitik ergaben sich dann auch deutlich in der deutschen Außenpolitik gegenüber dem Bundesstaat Jugoslawien und der im Alleingang praktizierten diplomatischen Anerken-

193 Stuby: *Die »gefesselte« Souveränität der Bundesrepublik*, a. a. O., S. 215.

194 Vgl. ebd., S. 216.

195 Vgl. Ludolf Herbst: *Option für den Westen. Vom Marshallplan bis zum deutsch-französischen Vertrag*, 2. Aufl. 1996.

196 Vgl. Stuby: *Die »gefesselte« Souveränität der Bundesrepublik*, a. a. O., S. 216.

nung Bosnien-Herzegowinas und Kroatiens als eigenständige, souveräne Nationalstaaten. Von einer einheitlichen europäischen Außenpolitik konnte in diesem Zusammenhang noch nicht gesprochen werden; vor allem der deutsche Staat war aus dem gesamten »westlichen«, auch westeuropäischen Kanon ausgeschert.[197]

Gleichzeitig galten die gescheiterten diplomatischen Versuche der westeuropäischen Staaten, den Bürgerkrieg im auseinanderfallenden Jugoslawien friedlich zu lösen, als weiterer Impuls für die Schaffung einer einheitlichen europäischen Verteidigungs- und Sicherheitspolitik (ESVP), deren Vorläufer: die Europäische Verteidigungsgemeinschaft (EVG) im Sommer 1954 an der Französischen Nationalversammlung gescheitert war. Daß man bei der militärischen Intervention der NATO gegen Serbien, zu der man sich schließlich entschlossen hatte, in sehr deutlicher Form auf das militärische Potential der USA angewiesen war, sollte die EU dazu veranlassen, nicht nur in ökonomischer sondern auch in militärpolitischer Hinsicht mit den USA zu konkurrieren und den Aufbau eigener, von der NATO und den USA unabhängigen Verteidigungsstrukturen stärker voranzutreiben. Dieses Motiv läßt sich am besten durch die formelhafte Wendung von der »Selbstbehauptung Europas« bezeichnen, welche von Politikern sämtlicher wichtiger Parteien in Deutschland eine Zeitlang im Munde geführt wurde. Dabei geht es um eine vermeintliche Zukunftssicherung im mehrfachen Sinne, das heißt, sie wird verstanden als sicherheitspolitische, aber vor allem als ökonomische und sozialpolitische Zukunftssicherung. Die Erhaltung der Wettbewerbsfähigkeit Europas im wirtschaftlichen und technologischen Bereich steht dabei im Vordergrund. Der »Selbstbehauptungswille Europas« ist aber bei deutschen Außenpolitiker wie Karl Lamers oder Wolfgang Schäuble zugleich auch ein verklausulierter Selbstbehauptungswille des deutschen Staates gegenüber Europa; die Selbstbehauptung Europas, gleichsam die Infragestellung der US-amerikanischen Hegemonie, soll in Europa unter deutscher und auch französischer Führung stattfinden.

1998 schreibt der SPD-Außenpolitiker Egon Bahr eine »Streitschrift zu Macht, Sicherheit und Außenpolitik«, deren Titel bereits nahelegt, daß es mehr um Deutschland und um die deutschen Interessen innerhalb Europas als um Europa selbst ging. Bahr war der Ansicht, »Europa« stehe vor der Entscheidung, eine Weltmacht werden zu wollen. Diese Entscheidung sei von existentieller Bedeutung in Hinblick auf die Frage, inwieweit in Ab-

---

197 Wolfgang Michal interpretiert solche Anzeichen deutscher Alleingänge als Menetekel, die deutsche Geschichte von 1870–1913 wiederhole sich. – Vgl. Michal: *Deutschland und der nächste Krieg*, a. a. O., S. 81.

grenzung zu den kulturellen Werten Ostasiens und dem »weitgehend auf rechenbare Effizienz gerichteten Strebens Amerikas« Europa in der Lage sei, seine eigenen Werte, die Bahr mit Wettbewerb und sozialer Verpflichtung identifizierte, im Zeitalter der Globalisierung zu bewahren. Nur als Weltmacht sei Europa dazu imstande. Als »globaler Mitspieler« trete Europa vor allem in Konkurrenz zu Amerika (USA). »Die Identität Europas, die in dem Begriff ›Mensch und Markt‹ zusammengefaßt werden könnte, ist eben nicht deckungsgleich mit dem Selbstverständnis Amerikas.«[198]

Der Alt-Bundeskanzler und *Zeit*-Herausgeber, Helmut Schmidt, widmete der »Selbstbehauptung Europas« ein Buch. Die Herstellung einer umfassenden Handlungsfähigkeit der Europäischen Union nach außen betrachtet er als die dringlichste Aufgabe, um zu verhindern, daß die EU zu einer bloßen Freihandelszone verkomme und damit die wichtigen weltpolitischen Entscheidungen über die Köpfe der Europäer hinweg getroffen würden. »Nun geht es um die Selbstbehauptung der Nationen Europas. Nur eine handlungsfähige Europäische Union kann angesichts der weltweit drohenden Gefahren des 21. Jahrhunderts ein angemessenes Maß an Selbstbestimmung der europäischen Nationen auch gegenüber den Weltmächten aufrechterhalten.«[199] Deshalb brauche Europa Führung, derer sich der deutsche Staat aber nur im europäischen Kanon, das wäre mindestens die »deutsch-französische Achse«, annehmen dürfe, weil alles andere nur stärkstes Mißtrauen und klare Ablehnung hervorrufen würde. Keinen Zweifel läßt Schmidt jedoch daran, daß die Selbstbehauptung Europas nicht nur angesichts sich neu herausbildender Weltmächte (China, Indien, Brasilien), sondern auch der alten (Rußland, aber vor allem die USA) von eindringlicher Notwendigkeit sei, sieht er doch die Gefahr der Instrumentalisierung des Nordatlantischen Bündnisses für globale US-amerikanische Politik. »Die Wahrscheinlichkeit einer Vielzahl von Krisen und Konflikten einerseits, der Wille der amerikanischen Supermacht andererseits, mit Hilfe ihrer Bündnissysteme in Europa, Asien und Amerika und ihrer allgemeinen Dominanz weltweit ihre Interessen und ihre Ideologien durchzusetzen, haben die EU-Staaten zu der Absicht einer gemeinsamen Außen- und Sicherheitspolitik geführt. Unter den Staatslenkern in Europa wachst nämlich die Einsicht, daß sowohl die NATO als auch die EU als Ganze zu Instrumenten der Weltpolitik der USA umfunktioniert werden könnten.«[200] Die USA verfolgten mit Hilfe der NATO die weltweite Durchsetzung von rein kapitalistischen Werten. Mit

198 Bahr: *Deutsche Interessen*, a. a. O.
199 Schmidt: *Die Selbstbehauptung Europas*, a. a. O., S. 17.
200 Vgl. ebd., S. 185.

geradezu nietzscheanischem Duktus fordert Schmidt, der »Wille zur Selbstbehauptung der Europäer« müsse sich gegen den »missionarischen Eifer« der USA durchsetzen.[201] »Die USA sind im Begriff, ihre für die europäischen NATO-Partner einst höchst wohltuende Schutzfunktion gegenüber einer damals aggressiv gerüsteten Sowjetunion umzuwandeln in einen weniger wohltuenden Hegemonialanspruch für Konfliktfälle gegenüber einstweilen unbestimmten zukünftigen Gegnern.«[202]

Der »Wille zur Selbstbehauptung« ist ein kaum verborgener *Wille zur Macht*, der auch gegenüber einer strategischen Partnerschaft mit Rußland nicht zurückschreckt. Diese allerdings wäre kaum zu haben, ohne den Preis ihrer nicht vorhersehbaren, aber mit Sicherheit fatalen Konsequenzen bezahlen zu müssen. Die USA würden eine solche Partnerschaft zwischen Rußland und der EU als Affront bewerten, gerade weil in Rußland ein enormer Modernisierungsbedarf besteht, von dem in den wirtschaftlichen Beziehungen aufgrund ihrer geographischen Nähe ohnehin schon die EU mehr profitiert als die USA. »Wenn also eine neue Blockkonfrontation droht, dann zwischen der EU und den USA. Und dabei könnte die EU bestrebt sein, Rußland mit seinem immer noch großen Atomwaffenpotential in den europäischen Block einzubeziehen, um den USA auf dieser Ebene die Stirn zu bieten. Das sind die neuen Konfliktlinien des 21. Jahrhunderts.«[203]

Dem deutschen Staat standen mit Blick auf Europa und in Bezug auf die Konkurrenz zu den USA nach 1989/90 zwei strategische Optionen zur Verfügung. Einerseits bot sich die Fortsetzung oder Vertiefung der ursprünglichen Westorientierung als »Partner in Leadership«, das heißt die hegemonial ausgerichtete Zusammenarbeit mit den USA an, soweit Interessenkonvergenz bestünde. Andererseits konnte der deutsche Staat sich stärker in den europäischen Kanon einfügen, oberflächlich damit seine Partnerschaft zu den USA in einen europäisch koordinierten Konfrontationskurs umschwenken und unterhalb dieser Ebene seine Interessenorientierung zugleich stärker nach Osten, das heißt nach Osteuropa, einschließlich Rußland ausrichten. Die letzte Option stellte langfristig die strategische Variante dar, welche den deutschen Staat innerhalb Europas aus eigenem Antrieb heraus eine komfortable hegemoniale Machtposition verschafft, während die erste Option eine hegemoniale Stellung als »Juniorpartner« mit unsicherer Zukunft bedeutete,

201 Vgl. ebd., S. 188.
202 Vgl. ebd., S. 70.
203 Ulrich Cremer: »Militärische Emanzipationsversuche der EU«, in Ulrich Cremer und Dieter S. Lutz (Hrsg.): *Die Bundeswehr in der neuen Weltordnung*, Hamburg 2000, S. 21–35; S. 35.

weil sie von dem Fortbestand der US-Hegemonie abhängig ist. Soweit es in der diplomatischen Umgangsform möglich und noch nicht erkennbar gewesen ist, welche Option sich als die praktikablere erweist, versuchten die jeweiligen Bundesregierungen bisher beide Optionen in moderater Form zugleich umzusetzen. Spannungen mit den USA waren dabei genausowenig auszuschließen wie auch mit Frankreich,[204] welches für Deutschland in Bezug auf Europa der wichtigste Konkurrent und deshalb Führungspartner ist. Michael Jäger schreibt denn auch mit Blick auf die preußische Tradition der deutschen Außenpolitik und in Bezug auf das Verhältnis des deutschen Staates zu den USA: »Nach 1990 scheinen die Regierungen zu schwanken, welche preußische Rolle sie spielen sollen, die des Gehorsams oder die des Befehls, aber immer ist klar, daß sie Amerika gehorchen, wenn sie gehorchen, und daß sie wie preußische Kanzler befehlen, wenn sie befehlen.«[205]

Um als Weltmacht mit den USA konkurrieren zu können, muß Europa aber militärisch aufrüsten, denn ohne eigenes militärisches Potential hätte Europa nicht das Gewicht einer Weltmacht, die ordnungspolitisch in das Weltgeschehen einzugreifen beansprucht. Die *Financial Times Deutschland* schreibt: »Eine gemeinsame europäische Armee, so wie sie hier entstehen könnte, ist eine Armee zur Abwehr von US-Hegemonieansprüchen.«[206] Unter diesem Gesichtspunkt ist das militärische Europa keine Alternative zur amerikanischen Weltmacht, sondern eine Kampfansage an die USA, die sicher nicht ohne Reaktion bleiben wird.

Europäische Außen-, Sicherheits- und Verteidigungspolitik (ESVP und GASP)

Zwei von drei als wichtig erachteten Säulen für die Selbstbehauptung Europas werden mit der ökonomischen und politischen Integration Europas geschaffen. Parallel zur Entstehung einer politischen Union Europas rückt

---

204 Siehe Tilman Mayer: »Konfliktlinien in der Atlantischen Allianz«, in: *Aus Politik und Zeitgeschichte*, Beilage 29–30/1999 zur Wochenzeitung *Das Parlament*, 22–29; siehe Josef Joffe: »Amerika und Deutschland«, in: Kaiser und Krause (Hrsg.): *Deutschlands neue Außenpolitik*, Bd. 3, a. a. O. – Joffes These ist, daß West-Deutschland eine besondere Affinität zu den USA habe, weil die Deutschen von den Amerikanern erfolgreich liberalen Rechtsstaat, offene Gesellschaft, dezentrale Machtverteilung und freie Wirtschaft angenommen haben. – Vgl. Joffe, a. a. O., S. 118. – Damit sei Deutschland amerikanischer geworden als etwa England oder Frankreich. – Michael Jäger wendet gegen diese These ein, daß Deutschland auch eine preußische Traditionslinie beibehalten habe, die den deutschen Staat im Grunde immer noch im Ansatz anti-westlich erscheinen lasse. – Vgl. Jäger: *Probleme und Perspektiven der Berliner Republik*, a. a. O., Fn. 16, S. 174.

205 Ebd., S. 80.

206 *FTD* vom 21. März 2003.

daher die Anstrengung der Mitgliedsstaaten zur Herstellung einer gemeinsamen Außen- und Sicherheitspolitik (GASP), bzw. einer europäischen Verteidigungs- und Sicherheitspolitik (ESVP) als dritte Säule ins Zentrum der europäischen Anstrengungen. Die Selbstbehauptung Europas wird nunmehr vor allem unter sicherheits- und verteidigungspolitischen Gesichtspunkten diskutiert. Man will mit den USA um die militärischen Ordnungsaufgaben in der Welt konkurrieren und deswegen militärische Verteidigungs- und Sicherungssysteme aufbauen, die von den bisherigen NATO-Strukturen unabhängig sind, diese langfristig unter Umständen sogar ersetzen können. Eine solche »militärische Selbstbehauptung« hätte auf längere Sicht gesehen belebende Rückwirkungen auf die Ökonomie. Die EU macht sich damit nämlich zu einer imperialen Militärmacht, die wie die USA in Regionen militärisch intervenieren kann, wo sie sich davon einen verbesserten Zugang zu Rohstoffen, bzw. allgemein zu Märkten verspricht. Haben im 19. und in der ersten Hälfte des 20. Jahrhunderts eine solche Praxis die europäischen Nationalstaaten auch gegeneinander betrieben, können sie sich heute nur zusammen als EU gegen die USA durchsetzen.

Die Außenpolitik der europäischen Staaten war, weil ihnen bisher in der Weltpolitik die militärische Potenz gefehlt hatte, weitgehend an der multilateralen Diplomatie, das heißt am Verhandlungsprinzip orientiert gewesen. Dieses Prinzip erwies sich aus Sicht der Militärs und Außenpolitiker als unzureichend, zumal die einzelnen europäischen Nationalstaaten kein einheitliches Interesse verfolgten, sondern ihre Interessen gemäß der gegenseitigen Staatenkonkurrenz durchaus ganz gegensätzlich waren. Dementsprechend werden an die drei großen und traditionellen europäischen Mächte Erwartungen gerichtet, den europäischen Integrationsprozeß voranzutreiben. Eine Vereinheitlichung der Außenpolitiken der einzelnen europäischen Staaten zu einer Europäischen Außenpolitik erweist sich allerdings als äußerst schwierig. Die Vereinheitlichung scheint nur über die nationale Konkurrenz und in Abgrenzung zu den USA zustande zu kommen, wobei auch hier divergierende Interessen etwa zwischen Großbritannien und Frankreich die Vereinheitlichung behindern. Während die französische Regierung sehr entschieden das Modell autonomer, das heißt von der NATO separater europäischer Militärstrukturen bevorzugt, setzten sich die Briten sehr lange für eine europäische Militärkomponente innerhalb der NATO ein, die lediglich nach Rücksprache, das heißt mit dem Einverständnis der USA für die militärische Durchsetzung von europäischen Interessen separiert und eingesetzt werden dürfe. In der Position der britischen Regierung kam bisher die Skepsis gegenüber einem integrierten Europa zum Ausdruck, die sie mehr

Sympathien für eine transatlantische Achse hegen ließ. Somit reduzierten sich die Erwartungen auf Frankreich und Deutschland. – Der deutsche Staat mußte jedoch nach 1989/90 erst einmal »normalisiert« werden, bevor er als gravierender Faktor einflußreiche europäische Außenpolitik betreiben konnte. Solange versuchte die Bundesregierung ihren Einfluß zu stärken, indem sie keine eindeutige Position zulasten Paris oder Washington bezog.

Gegen eine gemeinsame europäische Außenpolitik haben die USA nichts einzuwenden, im Gegenteil: Die US-Regierung würde es begrüßen, hätte sie es in Verhandlungen mit Europa nicht mit etlichen Außenministern der jeweiligen Staaten zu tun, sondern mit einem einzigen von allen Ländern der EU legitimierten Vertreter in außenpolitischen Fragen. Gegen eine von der NATO und damit von dem Einfluß der USA unabhängige europäische Verteidigungs- und Sicherheitspolitik haben die USA allerdings einiges einzuwenden und versuchen, solange es geht, den Abstimmungs- und Entstehungsprozeß zu behindern und damit hinauszuzögern, weil sie um den vollständigen Verlust ihres hegemonialen Einflusses auf dem europäischen Kontinent fürchten. Ewig verhindern wird sich eine eigenständige »Militärmacht Europa« durch die USA jedoch nicht, weil die Entscheidungen diesbezüglich ausschließlich in den Kompetenzbereich der zu schaffenden europäischen Souveränität, das heißt in den Bereich der noch souveränen europäischen Nationalstaaten fallen. Da die europäische Integration in die entscheidende *finale* Phase übergegangen ist und die europäischen Mitgliedsstaaten grundlegende Bereiche ihrer nationalstaatlichen Souveränität an geschaffene europäische Instanzen abgeben, bedeutet die Einigung und Schaffung einer gemeinsamen europäischen Verteidigungs- und Sicherheitspolitik letztendlich eine notwendige Souveränisierung der EU in einem entscheidenden, dem militärischen Bereich, in dem sie bisher als nicht oder kaum handlungsfähig angesehen wurde.

Bei der Schaffung einer europäischen Verteidigungs- und Sicherheitspolitik griff man auf die vorhandenen politischen und militärischen Strukturen der WEU zurück, die aus der Retrospektive gleichsam als Vorläuferin der ESVP angesehen werden darf. Die WEU wurde 1954 unter NATO-Aufsicht von Frankreich, Großbritannien und den Beneluxstaaten zur weiteren Absicherung gegen ein befürchtetes Wiedererstarken Deutschlands gegründet. Bereits ein Jahr später wurden gemäß des allumspannenden Prinzips »Eindämmung durch Einbindung« (Westbindung) die ehemals faschistischen Staaten Deutschland und Italien in die WEU aufgenommen. Während des Kalten Krieges hat die WEU aber keine besondere Bedeutung angenommen. 30 Jahre war die WEU wegen mangelnden Bedarfs gleichsam eingefroren, das heißt von der NATO überlagert worden. Dennoch zeigte sich seit Mitte der 1980er Jahre, wie bedeutsam diese geschaffene und im Prinzip eigenständige europäische Verteidigungsstruktur für Westeuropa war, als im Kontext der Abrüstungsaktivitäten seitens der USA und der Sowjetunion die Bundesrepublik zusammen mit Frankreich auf die Strukturen der WEU zurückgriff mit dem Zweck, einen unabhängigen westeuropäischen »NATO-Pfeiler« zu schaffen. Dies geschah unter dem Vorwand, daß die Abrüstung in Europa bedeutet, das Abschreckungsprinzip des Kalten Krieges werde aufgegeben, wodurch im Endeffekt konventionelle Kriege wieder wahrscheinlicher werden könnten, und deshalb müßten die Westeuropäer in Zukunft für ihre eigene Sicherheit selbst garantieren können. Dies war der Beginn der europäischen Selbstbehauptungsbestrebungen. Europäische Rüstungsprojekte, die in einem nationalen Rahmen nicht mehr finanzierbar waren, sollten gemeinschaftlich finanziert und genutzt werden.

Im Jahr 1988, in dem der WEU Spanien und Portugal beitraten, wurde ein deutsch-französischer Verteidigungsrat eingerichtet, der eben auch hier einen klaren Führungsanspruch der »deutsch-französischen Achse« erkennen ließ. Im Bundestag protestierte zwar damals noch geschlossen die Bundestagsfraktion der Grünen, aber die Mehrheit der Bundestagsabgeordneten verhielt sich zustimmend gegenüber einem deutsch-französisch dominierten militärischen Europa; der stellvertretende SPD-Fraktionsvorsitzende, Horst Ehmke, erklärte allgemein zustimmend, daß die politische Handlungsfähigkeit Europas nur durch eine deutsch-französische Schrittmacherrolle hergestellt werden könne. Schon zu diesem Zeitpunkt war mit »politischer Handlungsfähigkeit« diejenige gemeint, die sich gegen den Einfluß der USA richtete. Die britische Regierung, welche sich zwischen den USA und Europa hin- und hergerissen fühlte, ging seitdem auf Distanz. Mit der »deutsch-französischen Achse« zeichnete sich ein Herausdrängen der USA aus Europa ab, welches nicht im Interesse Großbritanniens sei, das die amerikanische Präsenz auf dem europäischen Kontinent als Sicherheitsgarantie vor allem vor Deutschland befürwortete. Die französische Regierung betreibe ein waghalsiges Spiel, wenn sie dem deutschen Staat eine partnerschaftliche Führung über Europa ermögliche, in der letztendlich Frankreich die nichtigere Rolle spielen müßte.

Im März 1990 machte der Bundesaußenminister Hans-Dietrich Genscher im Zuge der Auflösung der bipolaren Welt den Vorschlag, die ehemals verfeindeten Militärbündnisse NATO und Warschauer Pakt in einem »neuen System kollektiver Sicherheit« zusammenzuführen. Was auf den ersten Blick wie eine umfassende Initiative zur langfristigen Sicherung des Friedens aussah, hätte faktisch das abrupte Ende der US-Hegemonie in der NATO und damit über Europa bedeutet. Der deutsche Staat hätte davon wiederum übergebührend profitiert, weswegen es nicht verwunderlich war, daß die USA und auch Großbritannien am vehementesten dagegen waren.

Weil dieser Vorschlag von Genscher also nicht zu realisieren war, ergriffen Helmut Kohl und François Mitterand gemeinsam die Initiative und schlugen am 14. Oktober 1991 im Rahmen der WEU die Einführung einer deutsch-französischen Brigade vor, die den »Kern für ein europäisches Korps« ausmachen sollte.[207] Seitens der USA, Großbritanniens, aber auch der italienischen wie der belgischen Regierung brachte das den Vorwurf ein, der deutsche und französische Staat würden damit ihren gemeinsamen Führungsanspruch in Form eines Zweibundes (Tandem) begründen und hätten eine Idee wiederaufgegriffen, die bereits schon Charles de Gaulle und Konrad Adenauer ins Auge gefaßt hatten.[208] Die Initiative wurde von den europäischen Nachbarn aber auch deshalb mit Skepsis gesehen, weil sie die »Gefahr einer Erosion des NATO-Bündnisses und damit einer langfristig wirksamen, überproportionalen Stärkung der Bundesrepublik auf Kosten einzelner ihrer europäischen Partner« sahen.[209]

Mutmaßliches Motiv zumindest Frankreichs wird gewesen sein, Europa zu Lasten des atlantischen Bündnisses (NATO), unter französischer Führung, zu stärken. Eine deutsch-französische Brigade sollte deshalb den Grundstein für ein wirkliches Eurokorps legen: für eine zunächst in den Rahmen der WEU eingebundene, später dann komplett europäische Armee. Am 21. Januar 1993 erfolgte die Unterzeichnung des entsprechenden Abkommens, in dem das zu schaffende Eurokorps an die NATO-Allianz gebunden wurde. Dieses Abkommen sollte ein taktisches Signal sein, um allen Befürchtungen der europäischen und transatlantischen Nachbarn entgegenzuwirken, aber langfristig war bereits hier beabsichtigt, eine europäische Armee ins Leben zu rufen, die einmal unabhängig von den NATO-Strukturen bzw. von den USA, welche die NATO dominieren, operieren könne. Nur vorläufig sollte also das Eurokorps keine militärische Unabhängigkeit besitzen, das heißt an die NATO-Strukturen gekoppelt bleiben.[210]

Die Existenz der NATO bedeutete für Deutschland und Frankreich nämlich ein Hindernis für das Anstreben einer partnerschaftlich geteilten Hegemonie in Europa. Aus diesem Grund suchte die Bundesregierung eben

207 Vgl. *Europa-Archiv*, 46, 1991, D 574.
208 Vgl. Schöllgen: *Die Außenpolitik der Bundesrepublik Deutschland*, a. a. O., S. 193.
209 Schöllgen: *Die Macht in der Mitte Europas*, a. a. O., S. 180 f.
210 Vgl. Schöllgen: *Die Außenpolitik der Bundesrepublik Deutschland*, a. a. O., S. 193.

nach Alternativen und war bestrebt, die NATO der Bedeutungslosigkeit zu überantworten. Bereits auf der NATO-Tagung im Jahre 1992 formulierte der Bundesverteidigungsminister Volker Rühe die deutsch-französische Position zur NATO in dieser Form: »Die NATO ist ein Bündnis für eine Area. Dabei bleibt es. Für Einsätze außerhalb ist etwas anderes nötig. Hätten wir eine handlungsfähige Westeuropäische Union mit einer europäischen Eingreiftruppe unter deutscher Beteiligung, die abschrecken und auch eingreifen könnte, dann wäre das die richtige Antwort.«[211]

Seitdem erfolgten die Schritte einer militärischen Autonomisierung der europäischen Außenpolitik im beschleunigten Tempo.[212] In Maastricht wurde 1992 für die EU die Möglichkeit geschaffen, das westeuropäische Militärbündnis (WEU) mit Kriseneinsätzen zu beauftragen. »1992 sprengte die WEU handstreichartig per Ministerbeschluß und vorbei an den nationalen Parlamenten ihren strikt defensiven Vertragszweck. Aus dem Verteidigungsbündnis wurde eine Interventionsallianz, zumindest auf dem Papier. Inzwischen hat sich die Europäische Union die sogenannten Petersberg-Aufgaben zu eigen gemacht. Indem sie nun die entsprechenden militärischen Kapazitäten bereitstellt, schickt sie sich an, die umdefinierte Rolle der WEU auch auszufüllen.«[213] Proteste seitens der USA wurden weitgehend ignoriert. Noch im Herbst desselben Jahres kam es zum ersten Einsatz des Eurokorps vor der jugoslawischen Küste zur Kontrolle der Adria im Rahmen des Konfliktes auf dem Balkan. Überhaupt läßt sich erkennen, daß die Schaffung einer europäischen Verteidigungs- und Sicherheitspolitik immer dann in Fahrt gerät, wenn durch äußerliche Bedrohungen die Regierungen sich genötigt sehen, von ihren nationalen Partikularinteressen weitgehend abzusehen. Die Krise auf dem Balkan kann hier wie schon der Golfkrieg von 1991 als Initialzündung gelten.

Im Grunde gilt noch immer, was Hegel über den Krieg geschrieben hat, den er als notwendigen Konflikt zwischen Staaten im Naturzustand verteidigte, weil über ihnen kein schlichtender *Prätor* vorhanden sei: Solche

---

211 Volker Rühe auf der NATO-Tagung 1992.

212 Siehe Volker Böge: »Schritt für Schritt und immer schneller – Die Militarisierung der europäischen Integration«, in: *Wissenschaft & Frieden*, 3/2000, S. 6.

213 Reinhard Mutz: »Europa unter falscher Flagge«, in Cremer und Lutz (Hrsg.): *Die Bundeswehr in der neuen Weltordnung*, a. a. O., S. 16–20; S. 17. – Die »Petersberg-Aufgaben« wurden im Juni 1992 als Aufgabenerweiterung zunächst der nationalen Streitkräfte der WEU-Staaten beschlossen. Sie umfassen neben Rettungseinsätzen und friedenserhaltenden Maßnahmen unter UN-Aufsicht (»Blauhelm-Missionen«) auch »Kampfeinsätze bei der Krisenbewältigung« sowie »Maßnahmen zur Herbeiführung des Friedens«. – Siehe *Bulletin* der Bundesregierung, Nr. 68 vom 23. Juni 1992.

militärischen Konflikte wären »glückliche Kriege«, wenn sie nach innen die Staatsmacht stärkten und Unruhen verhinderten, weil die Einzelnen durch die äußerliche Bedrohung einen Patriotismus entwickelten, der das gesellschaftliche Ganze besser zusammenhalte: »Wenn (...) eine Anzahl von Staaten sich zu einer Familie macht, so muß sich dieser Verein als Individualität einen Gegensatz kreieren und einen Feind erzeugen. Aus Kriegen gehen die Völker nicht allein gestärkt hervor, sondern Nationen, die in sich unverträglich sind, gewinnen durch Kriege nach außen Ruhe im Innern.«[214] Der Moralsoziologe Karl Otto Hondrich schreibt denn auch, daß der Krieg im ehemaligen Jugoslawien die Konturen dieser gemeinsamen europäischen Identität sichtbar werden ließ. Der Krieg »zeigt, was Europa ist, indem er verdeutlicht, für *welche* Werte es steht, *wer* diese Werte teilt, also dazugehört, *ob und wie* es sich durchsetzt und *was* es von sich selbst weiß oder verdrängt.«[215] Gerade der Bürgerkrieg im auseinanderfallenden Jugoslawien führte den EU-Staaten in aller Deutlichkeit vor Augen, daß sie ohne die USA nicht in der Lage waren, ihre eigenen »Sicherheitsinteressen« gemeinschaftlich zu regeln.[216] Die Supermacht USA erwies sich als einzige effiziente Ordnungsmacht für Europa. – Dies vor allem deshalb, weil sich die EU bisher nicht als unabhängige Militärmacht behaupten konnte. Damit hatten die USA ihren Einfluß in Europa zeitweilig wieder gefestigt, nachdem dieser mit der deutschen Einheit Anfang der 1990er Jahre zunehmend verloren gegangen war.

Im Frühjahr 1996 beschlossen die EU-Außenminister vor dem Hintergrund des Bürgerkriegs im auseinanderfallenden Jugoslawien, die sogenannte Europäische Sicherheits- und Verteidigungsidentität (EVSI) in der NATO weiter auszubauen. Im April desselben Jahres gaben auf der NATO-Frühjahrestagung in Berlin die USA dem Drängen des deutsch-französischen Vorhabens nach und akzeptierten den Wunsch der WEU, militärische Aktionen eigenständig durchführen zu wollen und dabei NATO-Bestände nutzen zu können. Das Nachgeben der USA war allerdings an die Bedingung geknüpft, daß dem NATO-Rat ein Veto-Recht eingeräumt werde, wenn es um den Gebrauch der NATO-Ressourcen gehe. Mit anderen Worten: Grünes Licht für eigenständige militärische Aktionen der WEU wollten die USA

---

214 Siehe Hegel: *Grundlinien der Philosophie des Rechts*, a. a. O., § 324, Zusatz.

215 Karl Otto Hondrich: »Einigung im Krieg«, in: ders.: *Wieder Krieg*, Frankfurt am Main 2002, S. 130–158; S. 131.

216 Vgl. Michael Fischer: »New World Order statt Weltherrschaft – ›Globale Sicherheit‹ aus transatlantischer Perspektive«, in: *sopos* 7/2002, Internet: ⟨`http://www.sopos.org/aufsaetze/3d1ca0fa61d41/1.phtml`⟩.

davon abhängig machen, daß damit nicht die Interessen der Supermacht im Widerspruch stünden. Weil es aber genau um diese Konkurrenz zwischen den USA und Europa geht, wenn von der EU eine eigenständige Verteidigungsidentität entwickelt wird, sind die europäischen Staaten, angeführt von Frankreich und Deutschland, daran interessiert, eine Streitmacht aufzubauen, die langfristig von NATO-Ressourcen nicht mehr abhängig ist.

Im Juni 1997 wurde deshalb auf dem EU-Gipfel in Amsterdam eine gemeinsame Verteidigungspolitik festgelegt, die zu einer Stärkung der europäischen Identität, das heißt zu einer Vereinheitlichung und einheitlichen Ausrichtung der militärischen Verteidigung führen soll.[217] Als gemeinsame Aufgaben wurden humanitäre Einsätze, friedenserhaltende Maßnahmen, Kampfeinsätze zur Krisenbewältigung und sogenannte »friedensschaffende« Maßnahmen festgelegt.[218] Auf der WEU-Tagung in Erfurt wurde im selben Jahr sogar eine europäische Rüstungsagentur beschlossen, deren Aufgabe in der Koordination einer arbeitsteiligen Beschaffung von militärischen Geräten bestehen soll, so daß nicht jedes EU-Mitglied nach dem Prinzip der nationalstaatlichen Souveränität sein nationales Militär hochrüstet und parallel Doppelungen entstehen, die nur unnötig kostspielig aber kaum effizient sind. Große Nationalstaaten wie Großbritannien, Frankreich und Deutschland werden freilich daran interessiert sein, solche Parallelstrukturen möglichst lange aufrechtzuerhalten, um sich damit militärpolitische Souveränität als Nationalstaat zu erhalten. Der Umbau der Bundeswehr zur Interventionsarmee gemäß den Verteidigungspolitischen Richtlinien, wie sie von den Bundesverteidigungsministern Volker Rühe 1992 und Peter Struck 2003 erlassen wurden, zeugen von dieser Denkweise.[219] Die Koordination soll den einzelnen Staaten ein Rüstungsprogramm auferlegen, mit welchem die nationalen Militärausstattungen einander verzahnt und damit Teile eines Ganzen werden: einer europäischen Streitmacht, die in ihren Teilen nicht mehr, aber als Ganzes um so schlagkräftiger einsetzbar ist. Da es darum geht, eine Streitmacht zu schaffen, die von der NATO unabhängig operieren kann, müssen auch Investitionen getätigt werden, die das Militärbudget einzelner Staaten überfordern würde. In gemeinsamer Planung, können dagegen auch größere Investitionen wie die Beschaffung eines eigenen Satelliten-Navigations-Systems (»Galileo«) getätigt werden. Bisher waren die Europäer auf das amerikanische Satelliten-Navigations-System (»GPS«) angewiesen; es dient neben ziviler Zwecke hauptsächlich zur modernsten Kriegführung.

217 Vgl. *Vertrag von Amsterdam*, Art. 1.
218 Vgl. ebd., Titel V, Art. J.7.
219 Siehe VPR 1992 und 2003, jeweils a. a. O.

Mit dieser Technik können angeblich »punktgenau« lasergesteuerte Raketen ins Ziel treffen und Truppenbewegungen des Feindes aus dem Weltall sehr genau beobachtet werden; es dient auch einer verbesserten Kommunikation zwischen den eigenen Truppenteilen, so daß – so heißt es – die »kollateralen Schäden« (zivile Opfer) im Krieg verringert werden können, aber auch die Gefallenen auf der eigenen Seite. – Inwieweit eben durch diese modernste Waffentechnik der Krieg tatsächlich »humaner« wird, kann nicht wirklich bestätigt werden, denn wie sich im dritten Golfkrieg (2003) gezeigt hat, trafen dennoch US-Raketen Häuser von Privatfamilien oder andere »zivile Objekte«. »Galileo« gilt dennoch als strategische Schlüsselinvestition, denn erst mit einem eigenen Satelliten-Navigations-System wäre auch eine europäische Streitmacht wirklich in der Lage, von der NATO und den USA unabhängig Kriege zu führen.

Der Weg zur Unabhängigkeit von der NATO führt allerdings zunächst über eine Gleichberechtigung der EU gegenüber den USA *innerhalb* der NATO. Die *Frankfurter Allgemeine Zeitung* schreibt hierzu: »Daß das europäische Gewicht in der Allianz künftig größer werden soll, war bislang schon ein Bestandteil der eurodiplomatischen Sprachregelung. Wenn denn die europäische Sicherheits- und Verteidigungsidentität tatsächlich Gestalt annimmt, wie zu hoffen ist, und sich nicht nur in eleganten Institutionen erschöpft, sondern in militärischen Fähigkeiten ausdrückt, dann wird sich das vorteilhaft auswirken.«[220]

Der 4. Dezember 1998 ist ein folgenschweres Datum für die Fortentwicklung der europäischen Verteidigungsidentität gewesen: Auf dem an diesem Tag stattgefundenen Treffen der Regierungschefs Frankreichs und Großbritanniens in St. Malo konnte Jacques Chirac den britischen Premier Tony Blair dazu bewegen, die bis dato immer wieder bekräftigte britische Ablehnung einer von der NATO unabhängigen europäischen Streitmacht aufzugeben. Im Einvernehmen forderten die beiden Regierungschefs, die EU müsse »über eine autonome Handlungsfähigkeit verfügen, die sich auf glaubwürdige militärische Kräfte stützt, mit der Möglichkeit, sie einzusetzen, und mit der Bereitschaft, dies zu tun, um auf internationale Krisen zu reagieren«.[221] Erst mit diesem britisch-französischen Gipfel, auf dem die britische Regierung ihre bisherige Ablehnung einer eigenständigen europäischen Streitmacht in Zustimmung wandelte, kann von einer wirklichen Wiederbelebung der ESVP gesprochen werden, nachdem der erste Versuch

220 Klaus-Dieter Frankenberger: »Entscheidung von Fall zu Fall. Die Nato will nicht und wird nicht in aller Welt auftreten«, in: *FAZ* vom 27. April 1999.

221 Siehe »Frankreich-Info«, Nr. 93, Französische Botschaft in Bonn, vom 8. Dezember 1998.

(EVG) im Sommer 1954 durch die Verweigerung der französischen Nationalversammlung gescheitert war. Das Umschwenken Großbritanniens fand vor dem Hintergrund des NATO-Krieges gegen Serbien statt, in dem sich die europäischen Staaten in sicherheitspolitischer Hinsicht von den USA abhängig erwiesen. Der Krieg gegen Serbien gilt denn auch als »Vater der EU-Militarisierung«.[222]

Im ersten Halbjahr 1999 kam Deutschland turnusgemäß die Präsidentschaft sowohl der EU wie auch der WEU zu. Der Doppelvorsitz sollte dazu genutzt werden, die Europäisierung der Außen- und Sicherheitspolitik maßgeblich voranzutreiben. Auf der Tagung der »Western European Armaments Group« (WEAG), zu der neben den zehn WEU-Mitgliedstaaten auch die Türkei, Norwegen und Dänemark gehören, wurde im Januar 1999 abermals über die Entwicklung einer europäischen Rüstungsagentur und Neuordnung der europäischen Rüstungsindustrie diskutiert. Einen Monat später, im Februar 1999 fand die jährliche Konferenz für Sicherheitspolitik (München) statt, auf der der Bundesaußenminister Joschka Fischer einerseits für den Fortbestand des atlantischen Bündnisses plädierte, andererseits aber forderte, daß die EU »die Fähigkeit auch für ein eigenes Krisenmanagement entwickeln [müsse], wann immer aus europäischer Sicht ein Handlungsbedarf besteht.«[223]

Im Mai 1999 trafen sich dann die Regierungschefs und Außenminister der WEU zu ihrer Ministerratstagung und bilanzierten den bisher erreichten Stand ihres militärischen Einsatzpotentials. Dabei stellten sie fest, daß die europäische Armee in spe noch über verschiedene Defizite verfügt: zum einen im Bereich der militärischen Beobachtung (Aufklärungssatellit), zum anderen in Bezug auf den schnellen und effektiven Transport von Truppen und Waffen in ferne Regionen, aber auch hinsichtlich der Kommunikation und Koordination zwischen verschiedenen Truppenverbänden sowie in der Organisation militärischer Führung. Das Resümee fiel entsprechend nüchtern aus: man bleibe weiterhin bei längeren und größeren militärischen Einsätzen auf das Kontingent der NATO angewiesen.

Anfang Juni 1999 verpflichteten sich die Staats- und Regierungschefs der WEU, auf den defizitären Gebieten verstärkte Rüstungsanstrengungen zu unternehmen. Bis Ende 2000 sollte die WEU in die Europäische Union eingegliedert werden und damit die EU imstande sein, eigenständige Militäreinsätze durchzuführen. Die EU soll ein Militärbündnis werden, welches

222 Siehe Böge: »Schritt für Schritt und immer schneller«, a. a. O., S. 6.
223 Pressereferat des Auswärtigen Amtes, Bonn, 6. Februar 1999.

über eigene Krisenreaktionskräfte verfügt. Dafür war bereits im November 1993 von Deutschland und Frankreich das Eurokorps geschaffen worden, dem nach und nach andere EU-Staaten beitraten und welches Ende 1995 schließlich mit 55 000 Soldaten aus Deutschland, Frankreich, Belgien, Luxemburg und Spanien einsatzbereit wurde. Dieses Eurokorps sollte nun in die EU überführt werden und die Basis für eine gemeinsame europäische Verteidigungsidentität ausmachen. In der Kölner »Erklärung zur Stärkung einer Gemeinsamen Außen- und Sicherheitspolitik« heißt es: »Wir, die Mitglieder des Europäischen Rates, wollen entschlossen dafür eintreten, daß die Europäische Union ihre Rolle auf der internationalen Bühne uneingeschränkt wahrnimmt. Hierzu beabsichtigen wir, der Europäischen Union die notwendigen Fähigkeiten und Mittel in die Hand zu geben, damit sie ihrer Verantwortung im Zusammenhang mit einer gemeinsamen Europäischen Sicherheits- und Verteidigungspolitik gerecht werden kann.«[224]

Die Zielsetzung einer gemeinsamen europäischen Verteidigungsidentität wurde von den USA als eine Provokation aufgenommen. Entschiedener Widerstand seitens der US-Regierung war die Folge. Der US-Außenminister Strobe Talbott äußerte auf der Konferenz zur Zukunft der NATO in London im Oktober 1999, daß die Vereinigten Staaten zwar für die ESVI seien, allerdings möchten sie »keine ESVI, die erst innerhalb der NATO entsteht, dann aber der NATO entwächst und sich schließlich der NATO entfremdet, denn das würde zu einer ESVI führen, die anfänglich ein Duplikat der NATO wäre, aber mit der Zeit mit der NATO konkurrieren könnte.«[225] Mit anderen Worten: Die USA würden einem europäischen Verteidigungsbündnis nicht im Wege stehen, wenn dieses klar eingebunden und Bestandteil der NATO ist und bleibt und damit die Europäer mehr Verantwortung innerhalb der NATO, das heißt unter der Vorherrschaft der USA übernähmen. Unter »vermehrter Verantwortungsübernahme« verstehen die USA vor allem die vermehrte Übernahme finanzieller Lasten. Die US-Administrationen möchte eine Doppelung von Kommandostrukturen vermeiden und setzt sich massiv für den Erhalt der von ihnen dominierten NATO-Strukturen sowie auch gegen die Bildung eines europäischen Gremiums ein, in dem die europäischen Mitgliedstaaten ihre Interessen harmonieren könnten, um diese dann im NATO-Rat verstärkt gegen die USA durchzusetzen.

224 »ESVP: Schlüsselprojekt der europäischen Einigung«, S. 2, Internet: ⟨`http://www.auswaertiges-amt.de/www/de/eu-politik/gasp/ESVP-html`⟩.

225 Strobe Talbott: »America's Stake in a strong Europe«, Rede des US-Außenministers am Royal Institute of International Affairs in London, Homepage der US-Botschaft, deutsche Übersetzung im Internet: ⟨`http://www.dgap.org/IP/ip0003/talbott071099.htm`⟩.

Von den wachsenden Differenzen zwischen den USA und der EU unberührt, legten sich die Regierungschefs und Außenminister der EU-Mitgliedstaaten im Dezember 1999 auf dem Gipfel in Helsinki konkret fest auf die Einrichtung einer EU-Interventionstruppe: »Bis zum Jahr 2003 sollen rund 50 000 bis 60 000 Soldaten, ausgerüstet mit hoch modernem Material, innerhalb von sechzig Tagen mobilisiert werden können, um bei Konflikten selbst in peripheren Gebieten auf diesem Globus rasch nach dem Rechten sehen zu können.«[226] Die Einsatzdauer für die Interventionstruppe soll für mindestens ein Jahr konzipiert sein. Bei einer Truppenstärke von 50 000 bis 60 000 Soldaten (inklusive Transportmittel und Logistik) erfordert dies die Bereitstellung einer ebenso großen Reservearmee, die nach sechs Monaten die eingesetzten Truppen ablösen kann. Mit anderen Worten: das Kontingent umfaßt insgesamt 120 000 Soldaten. Die Realisierung eines solchen Vorhabens erfordert neben der Bereitstellung immenser Finanzmittel auch die entsprechende Logistik. Zu diesem Zweck wurden drei Gremien beschlossen, die den Ausbau der Militärunion manifestieren und zusätzlichen Konfliktstoff mit den USA bedeuten, weil hier parallele und von der NATO unabhängige Strukturen geschaffen werden.[227]

Ein ständiger Ausschuß für politische und Sicherheitsfragen (APS) soll mit der Aufgabe betraut werden, die mit der politischen Kontrolle und der strategischen Leitung von zukünftigen Militärinterventionen der EU umrissen sind. Ein Militärausschuß (MA) soll die Befugnis zur Entscheidung für militärische Interventionen haben. Dieses Gremium ist zusammengesetzt aus den Stabschefs der Mitgliedstaaten und wird anstelle des EU-Parlamentes, welchem allenfalls die Anhörung und ein Rückholgebot, nicht aber ein Parlamentsvorbehalt zugestanden wird, über Krieg und Frieden entscheiden. Ein Militärstab (MS) soll unterstützend und strategisch beratend dem Militärausschuß zur Seite gestellt werden. In diesem dritten Gremium, welches gleichsam als ein »think tank« für militärisches Fachwissen gelten kann, sollen militärische Lageanalysen gemacht werden, die der EU als »Frühwarnsystem« dienen.

Als (vorübergehende) Kompromißformel hinsichtlich des Verhältnisses zwischen EU und NATO wurde auf dem EU-Gipfel in Helsinki im Abschlußdokument schriftlich festgehalten: »Der Europäische Rat unterstreicht seine Entschlossenheit, die Union in die Lage zu versetzen, autonom Beschlüsse zu fassen und in den Fällen, in denen die NATO als Ganzes nicht einbe-

---

226 *Handelsblatt* vom 10./11. Dezember 1999.

227 Vgl. Georg Polikeit: »›Groß-Europa‹ wird weiter ausgebaut«, in: *ZU* vom 24. Dezember 1999.

zogen ist, als Reaktion auf internationale Krisen EU-geführte militärische Operationen einzuleiten und durchzuführen.«[228] Die US-amerikanische Toleranzgrenze war dennoch erreicht. Auf der NATO-Außenministertagung in Brüssel, nur wenige Tage nach dem EU-Gipfel in Helsinki mußten sich die Außenminister auf Drängen der USA zu dieser Formulierung verpflichten: »Wir erkennen die Entschlossenheit der Europäischen Union an, die Kapazität für autonome Aktionen zu besitzen, so daß sie Entscheidungen treffen und militärische Maßnahmen billigen kann, sofern die Allianz als Ganzes [mithin auch die USA; MH] nicht engagiert ist. Wir nehmen zur Kenntnis, daß dieser Prozeß unnötige Duplizierung vermeiden wird und nicht die Schaffung einer europäischen Armee impliziert.«[229] In einem Zeitungsinterview stellte der US-Verteidigungsminister Cohen in bisher nicht dagewesener Deutlichkeit klar, daß eine separate, autonome europäische Militärorganisation das transatlantische Bündnis sprengen werde, was die USA nicht hinnehmen würden: »Nur eine der NATO klar untergeordnete europäische Komponente findet die Zustimmung der USA.«[230] Auf der Münchener Sicherheitskonferenz im Frühjahr 2000 präzisierte Cohen noch einmal in aller Deutlichkeit, was die USA von der EU erwarteten: »Ich würde gerne kurz auf die ESVI eingehen, denn dafür engagieren sich die Europäer stark, und offen gesagt stehen auch wir in den Vereinigten Staaten dem positiv gegenüber und wollen die ESVI unterstützen, wenn sie genau das tut, was Generalsekretär Robertson vorhin sagte – nämlich drei Dinge beachtet: Unteilbarkeit – es darf keine Trennung der Verbindung zwischen NATO und ESVI geben. Verbesserungen – Fähigkeiten, die wir heute nicht haben, müssen aufgebaut werden. Einbindung – alle NATO-Länder, die nicht Teil der EU sind, müssen Zugang zum Planungs- und Vorbereitungsteil haben, sonst wird es Widerstände gegen die umfassende Zusammenarbeit zwischen NATO und ESVI geben. Dies sind die entscheidenden Bestandteile, und wenn sie beachtet werden, wird es keine Probleme geben.«[231]

---

228 Dokumentation der *FR* vom 24. Juli 2000; siehe auch Europäischer Rat (Helsinki), 10. und 11. Dezember 1999, »Schlußfolgerungen des Vorsitzes«, II. Gemeinsame Europäische Sicherheits- und Verteidigungspolitik, Internet: ⟨`http://europa.eu.int/council/off/conclu/dec99/dec99_de.htm`⟩, darin: »Die NATO bleibt das Fundament der kollektiven Verteidigung ihrer Mitglieder und wird weiterhin eine wichtige Rolle bei der Krisenbewältigung haben.« – Fast schon komisch mutet diese trickreiche Geringschätzung der NATO an, wenn sie nur noch eine »wichtige Rolle«, aber nicht mehr die wichtigste spielen soll.

229 »Kommuniqué«, Treffen des Nordatlantikrats auf Ebene der Außenminister, Brüssel 15. Dezember 1999, NATO-Homepage, Internet: ⟨`http://www.nato.int`⟩.

230 Interview mit US-Verteidigungsminister Cohen, in: *Soldat und Technik* (SuT), 3/2000.

231 Cohen zit. n. *Europäische Sicherheit*, Nr. 3/2000.

Seit April 2000 sammelte die EU-Interventionstruppe, bzw. das Eurokorps konkrete praktische Erfahrungen, indem es offiziell und mit Zustimmung der USA die Führung der KFOR-Soldaten im Kosovo übernahm. Im Juni 2000 tagte der Europäische Rat im portugiesischen Feira. Inhaltlich beschäftigten sich die Teilnehmer mit dem Problem der Beteiligung sogenannter »Drittländer« an EU-Militäraktionen. Als »Drittländer« sind dabei vor allem NATO-Länder gemeint, die nicht oder noch nicht der EU angehörten (Türkei, Polen, Tschechien und Norwegen). Der neuralgische Punkt des Problems befand sich in der vermeintlichen Loyalität mancher dieser Staaten gegenüber den USA, die etwa über die Türkei versuchten auf die verteidigungspolitischen Autonomiebestrebungen der EU Einfluß auszuüben. Die türkische Regierung forderte zum Beispiel eine volle Mitbestimmung bei militärischen Beschlüssen der EU, gilt aber vor allem als enger Verbündeter der USA.

Für den Aufbau ziviler Fähigkeiten sind ebenfalls Planziele aufgestellt worden. Es wurde festgelegt, daß die EU bis 2003 in der Lage sein soll, bis zu 5000 Polizisten, davon 1000 innerhalb von 30 Tagen, für eigene oder von internationalen Organisationen (vor allem UN und OSZE) geplante Einsätze bereitzustellen. Ein weiterer zentraler Punkt des Abschlußgipfels der damaligen portugiesischen Präsidentschaft war die Ausarbeitung einer engeren Zusammenarbeit zwischen NATO und EU. Nach den »Schlußfolgerungen des Vorsitzes« von Feira sollte sich diese Ausarbeitung zunächst auf vier Bereiche konzentrieren: Erstens auf den Bereich der Sicherheit, zweitens auf das Erfordernis zur Festlegung von Fähigkeitszielen, drittens auf die Gewährleistung des Zugangs der EU zu Mitteln und Fähigkeiten der NATO und viertens auf das Erfordernis der Festlegung von Dauervereinbarungen.[232] Der Vertrag von Nizza markiert den vorläufigen Höhepunkt der Aufbauphase der neuen ESVP-Strukturen. Der Europäische Rat hat auf dem EU-Gipfel im Dezember 2000 für die Sicherheits- und Verteidigungspolitik äußerst relevante Beschlüsse gefaßt.[233]

Die Staats- und Regierungschefs billigten die neuen Militärinstitutionen, den ständigen Ausschuß für politische und Sicherheitsfragen (APS), Mi-

232 Vgl. Europäischer Rat (Santa Maria da Feira), 19. und 20. Juni 2000, »Schlußfolgerungen des Vorsitzes, C. Gemeinsame Europäische Sicherheits- und Verteidigungspolitik«, Internet: ⟨`http://www.europarl.eu.int/summits/fei1_de.htm`⟩.

233 Vgl. Rudolf G. Adam: »Die gemeinsame Außen- und Sicherheitspolitik der Europäischen Union nach dem Vertrag von Nizza«, in: Gisela Müller-Brandeck-Bocquet (Hrsg.): *Europäische Außenpolitik, GASP- und ESVP-Konzeptionen ausgewählter Mitgliedstaaten*, Baden-Baden 2002, S. 137.

litärausschuß (MA) und den Militärstab (MS). Das APS hat nach Titel V, Artikel 25 des EU-Vertrags die Aufgabe, die internationale Lage zu verfolgen, Stellungnahmen zur Festlegung von Maßnahmen im Bereich der ESVP an den Rat zu übergeben und die Durchführung dieser Entscheidungen zu überwachen. Im Falle einer Krise fällt dem sicherheitspolitischen Ausschuß eine Sonderrolle zu; es soll die politische Kontrolle und strategische Leitung sämtlicher militärischer Aktionen übernehmen. Der Militärausschuß, welcher sich aus den Generalstabschefs der EU-Mitgliedstaaten zusammensetzt, berät das APS in allen militärischen Angelegenheiten, gibt ihm gegenüber praktische Empfehlungen ab und nimmt die Leitung aller militärischen Aktivitäten im Rahmen der ESVP wahr. Der Militärstab ist mit den drei operativen Hauptfunktionen der Frühwarnung, der Lagebeurteilung und der strategischen Planung beauftragt. Er wird auf Weisung des Militärausschusses tätig.

Ein weiteres wichtiges Ergebnis von Nizza stellt die Abänderung des Artikels 17 im Titel V des EU-Vertrags dar. Darin werden alle operativen Bezüge der EU auf die WEU gestrichen. Da sich die verteidigungspolitischen Kompetenzen nun in der EU konzentrieren, verliert die WEU ihre Position als »traditionelle[s] Forum für eine rein europäische sicherheitspolitische Zusammenarbeit«.[234] Der damaligen Aufwertung, die die WEU durch die Zuweisung ihrer Rolle als eines integralen Bestandteils des verteidigungspolitischen Armes der EU im Amsterdamer Vertrag erfuhr, folgt faktisch ihre Auflösung. Schon im November 2000 war bei dem WEU-Ministertreffen in Marseille die Übertragung der Petersberger-Aufgaben (humanitäre Hilfe, friedenserhaltende Maßnahmen sowie Kampfeinsätze) und einer Reihe weiterer Funktionen der WEU an die EU bestätigt worden. Die WEU tauchte seither nur noch als Bezugsrahmen für eine engere bilaterale Zusammenarbeit der EU-Mitgliedstaaten auf; sie wurde nunmehr durch den Verlust ihrer operativen Funktionen auf eine vertragliche Hülle reduziert,[235] welche jedoch durch die fortbestehende Gültigkeit des Artikel V im WEU-Vertrag nicht ohne weiteres aufgelöst werden kann. Die darin verankerte Verpflichtung zur kollektiven transatlantischen Verteidigung wird allerdings auch nicht in den EU-Vertrag übernommen. Sie bleibt Teil des Vertrags der WEU, die nach den Lippenbekenntnissen der europäischen Vertrags-

234 George Robertson: »Die NATO und die EU: Partner oder Rivalen?«, in: Werner Hoyer und Gerd Kaldrack (Hrsg.): *Europäische Sicherheits- und Verteidigungspolitik (ESVP) – Der Weg zu integrierten Streitkräften?*, Baden-Baden 2002, S. 183.

235 Vgl. Franco Algieri: »Die Europäische Sicherheits- und Verteidigungspolitik«, in: Werner Weidenfeld (Hrsg.): *Europa-Handbuch*, Gütersloh 2002, S. 590.

partner als europäischer Pfeiler der NATO unumstritten bleiben soll.[236] Faktisch aber wäre die neue Militärmacht EU an keine kollektiven Bündnisverpflichtungen etwa zur NATO gebunden, während man sich auf die WEU als leere Hülle nicht mehr zu beziehen bräuchte. Weil die USA eben diesen schleichenden und listenreichen Autonomieprozeß durchschaut und diplomatischen Druck ausgeübt hatten, wurden in Nizza auch Regelungen zur Zusammenarbeit der EU mit der NATO beschlossen. Ein Programm von Konsultations- und Mitwirkungsrechten zur hinreichenden Einbeziehung in die konzeptionelle Willensbildung für EU-Beitrittskandidaten und europäische NATO-Mitglieder, die nicht der EU angehören (Drittstaaten) wurde festgelegt.[237] Diese Zugeständnisse sind mit Blick auf die kapazitäre Abhängigkeit von den militärischen Fähigkeiten der NATO wohl noch für eine längere Zeit logisch konsequent.

Auf dem ebenfalls im Dezember 2000 stattgefundenen NATO-Außenministertreffen sollte es um die vertragliche Vereinbarung der konkreten EU-Beschlüsse hinsichtlich der Zusammenarbeit zwischen EU und NATO gehen. Aber die türkische Regierung blockierte den Entscheidungsfindungsprozeß innerhalb des transatlantischen Verteidigungsbündnisses, so daß es zunächst zu keiner Einigung kommen konnte hinsichtlich der Frage, inwieweit die EU bei militärischen Interventionen auf die Planungskapazitäten der NATO zurückgreifen könne. Die EU-Außenminister planten ein Abkommen mit der NATO, um solche Rückgriffe möglich zu machen. – Über diesen Weg nahm das NATO-Mitglied Türkei Einfluß auf den Autonomieprozeß der EU; sie verlangte, bei zukünftigen EU-Militärintervention konsultiert zu werden und forderte darüber hinaus eine direkte Mitwirkung an allen Entscheidungen. Die Türkei forderte dieses volle Mitspracherecht mit der Begründung, aller Wahrscheinlichkeit nach werde es sich bei zukünftigen EU-Militärinterventionen um strategische Regionen handeln, die in der unmittelbaren Nachbarschaft der Türkei liegen werden und damit die Interessen der Türkei berührten, etwa weil es aufgrund von Kriegen zu regionalen Wirtschaftskrisen, Flüchtlingsströmen und regionalen Hegemonieverlust komme oder weil es eben um die Kontrolle von Rohstoffen gehe. Die EU-Staaten zeigten sich schließlich auf dem EU-Gipfel in Kopenhagen kompromißbereit und räumten der Türkei ein Mitspracherecht, das heißt ein Vetorecht auch für EU-autonome Einsätze ein. Die *Frankfurter Rundschau* kommentierte in

236 Vgl. Klaus Stinnertz: »Europäische Sicherheits- und Verteidigungspolitik (ESVP)«, S. 2, Internet: ⟨`http://www.europa-reden.de/info/esvp.htm`⟩.

237 Vgl. Adam: »Die gemeinsame Außen- und Sicherheitspolitik der Europäischen Union«, a. a. O., S. 139.

ungewohnt machtbewußter Art: »(...) der Türkei in die Hand zugeben, wo die zukünftige EU-Eingreiftruppe aktiv werden darf, ist ein schwerer Fall politischer Blödheit (...). Die nationalen Sicherheitsinteressen Ankaras vorauseilend respektieren, das schlägt der europäischen Sicherheits- und Verteidigungspolitik die Beine weg.«[238]

Im April 2001 veranlaßte die EU den Aufbau des eigenen Satelliten-Navigationssystems (»Galileo«), um sich von der Abhängigkeit vom US-amerikanischen GPS (Global Positioning Systems) freizumachen. Die Einsatzbereitschaft von »Galileo« wurde auf das Jahr 2008 festgelegt. Inwieweit dieser straffe Zeitplan eingehalten wird, ist allerdings fraglich, da die Finanzierung von »Galileo« alles andere als gesichert erscheint.

Ende November 2001 bilanzierten die EU-europäischen Außen- und Verteidigungsminister, daß inzwischen Zweidrittel der Anforderungen an eine autonome EU-Eingreiftruppe erfüllt seien.[239] Das Lufttransportproblem (Militär-Airbus A400M) soll bis 2007 gelöst worden sein; die Defizite in der Luftbetankung und Aufklärung bis 2012. Trotz dieser aus Sicht der Akteure eher ernüchternden Zwischenbilanz, erklärte im Dezember 2001 der Vorsitz des Europäischen Rats in Laeken, die EU sei nunmehr in der Lage, eigene militärische Operationen durchzuführen.[240] Diese etwas voreilig erscheinende Nachricht mag dem Umstand geschuldet gewesen sein, daß wenige Wochen zuvor, am 11. September 2001 zwei von Selbstmordattentätern entführte Passagierflugzeuge in das World Trade Center in New York und ein weiteres Flugzeug in das Pentagon-Gebäude in Washington gelenkt wurden und kurze Zeit später der NATO-Bündnisfall (Artikel 5) ausgerufen wurde. Seither befindet sich die NATO unter der Führung der USA im »Krieg gegen den Terrorismus«. Die EU wird sich also unter Zugzwang befunden haben, ihre »Europäische Verteidigungs- und Sicherheitsidentität« zügig zu realisieren, um nicht von den neuen Verhältnissen überrannt zu werden.

Die USA konnten nach den Anschlägen vom 11. September 2001 ihre Rolle als Hegemon in der Welt behaupten, indem sie die neue Sicherheitsbedrohung durch den Terrorismus als Anlaß benutzten, massiv aufzurüsten und Kriege zu führen. Der Deutsche Außenminister Joschka Fischer benannte den Umstand in sehr klaren Worten. »Der 11. September hat zu einer Achsenverschiebung geführt, und wir Europäer müssen darauf achten, nicht an den

238 *FR* vom 12. Januar 2002.

239 Vgl. *FAZ* vom 19. November 2001.

240 »Schlußfolgerungen des Vorsitzes des Europäischen Rates in Laeken«, Anl. II, ⟨`http://www.bundesregierung.de/artikel,-65427/Schlussfolgerungen-des-Vorsitz.htm`⟩.

Rand gedrängt zu werden. Wenn wir getrennt bleiben, werden wir unsere Rolle in der Welt und bei ihrer Gestaltung nicht wahrnehmen können.«[241]

Bereits seit dem Wechsel der US-Administration von Bill Clinton zu George W. Bush im Jahre 2000 fand sich auch bei Jürgen Habermas eine Bezugnahme auf eine zu schaffende europäische Identität *durch* Abgrenzung zu den USA, welche mit Bush eine »betont nationale Orientierung« vorgenommen hat. Dies stelle eine Chance für die EU dar, »ihre gemeinsame Außen- und Sicherheitspolitik im Hinblick auf die Konflikte im Nahen Osten und auf dem Balkan wie auch im Verhältnis zu Rußland und China stärker zu profilieren. Die offener zu Tage tretenden Differenzen in der Umwelt-, Rüstungs- und der Rechtspolitik tragen zur lautlosen Festigung einer europäischen Identität bei.«[242] Hierzu gehöre auch, daß »die Europäische Union, gestützt auf eigene Streitkräfte, in Fragen der Außen- und Sicherheitspolitik mit einer Stimme spricht, um in der NATO und im UN-Sicherheitsrat eigene Vorstellungen besser zur Geltung zu bringen.«[243]

Nachdem sich der »Krieg gegen den Terror« gegen das Taliban-Regime in Afghanistan gerichtet hatte und 2003 die USA um Verbündete für einen Krieg zum Sturz des irakischen Diktators Saddam Hussein warben, aber vor allem die deutsche und französische Regierung einen Krieg gegen den Irak zu verhindern suchten und der amerikanische Verteidigungsminister Donald Rumsfeld die EU in ein kriegsunwilliges »altes« und ein kriegswilliges »neues« Europa teilte, plädierte Habermas für ein strategisches »Kerneuropa«, welches sich aus der »Koalition der Unwilligen«, mithin aus dem »alten Europa« zusammensetze: »Wenn Europa nicht auseinander fallen soll, müssen diese Länder jetzt von dem in Nizza beschlossenen Mechanismen der ›verstärkten Zusammenarbeit‹ Gebrauch machen, um in einem ›Europa der verschiedenen Geschwindigkeiten‹ mit einer gemeinsamen Außen-, Sicherheits- und Verteidigungspolitik den Anfang zu machen. (...) Im Rahmen der künftigen europäischen Verfassung darf und kann es keinen Separatismus geben. Vorangehen heißt nicht ausschließen. Das avantgardistische Kerneuropa darf sich nicht zu einem Kleineuropa verfestigen; es muß – wie so oft – die Lokomotive sein.«[244] Jener Teil Europas, den Rumsfeld als

---

241 *SZ* vom 18. Oktober 2001.

242 Habermas: »Braucht Europa eine Verfassung?«, a. a. O., S. 125.

243 Ebd., S. 106.

244 Jürgen Habermas und Jacques Derrida: »Der 15. Februar oder: Was die Europäer verbindet«, in: *FAZ* vom 31. Mai 2003. – An dem gemeinsamen Aufruf, der in verschiedenen namhaften europäischen Zeitungen veröffentlicht wurde, beteiligten sich auch Umberto Eco, Adolf Muschg, Richard Rorty, Fernando Savater und Gianni Vatimo. – Siehe das Interview

»alt« bezeichnete, ist der »Kern« und Motor der EU, der die bisher erreichten Integrationsschritte gegen mögliche Regressionen am besten sichere, wenn er seine avantgardistische Integrationsbereitschaft notfalls auch gegen die im Rahmen der »Koalition der Willigen« näher an die USA gerückten osteuropäischen EU-Mitgliedsstaaten entschieden durchsetze.

Habermas hatte ein »Europa der verschiedenen Geschwindigkeiten« schon früher vertreten: »Besser als ein Zerbrechen oder Zerbröseln ist allemal ein Europa der zwei oder drei Geschwindigkeiten.«[245] – Neu daran war allerdings nunmehr, daß er argumentativ für das Voranschreiten der europäischen Integration gleichsam die Konfrontation mit den USA in Anschlag brachte. Habermas hatte zuvor mehrfach geschrieben, daß der deutsche Staat Normalität nur dann für sich beanspruchen könne, wenn er durch eine »Dialektik der Normalisierung« hindurchgegangen sei, also eine adäquate Aufarbeitung der Vergangenheit geleistet und daraus auf Dauer *postnationale* Konsequenzen gezogen habe, bzw. sich ernsthaft die *westlichen* Werte hinsichtlich Republik-, Staatsvolk- und Freiheitsverständnis zueigen gemacht habe, die in der Zukunft erst als *deutsche* Traditionen erscheinen könnten.[246] Die diplomatische Konfrontation der EU mit den USA beförderte nun den Abschluß des deutschen, undialektischen Normalisierungsprozesses in Europa, weil ein neuer Motivationsherd für die Integration an die Stelle des alten und aus der Perspektive des deutschen Staates lästigen Motivationsherdes – der Eindämmung Deutschlands durch europäische Westbindung – rückte.

Das integrierte Europa sucht ein eigenständiges Militärbündnis anzustreben, weil Europa und die USA nicht nur Partner sind, sondern auch Konkurrenten. Nachdem sich die bipolare Welt aufgelöst hat, sind beide sogar wieder vermehrt Konkurrenten, denn durch den Wegfall der äußerlichen »kommunistischen Bedrohung« sind die zusammenhaltenden Mechanismen schwächer, die auseinandertreibenden Konkurrenzmechanismen stärker geworden. Die USA und Europa besitzen noch eine ähnliche ökonomische Stärke, aber in absehbarer Zeit wird Europa die USA darin überholen. Militärisch sind die USA dagegen Europa weit überlegen. Der US-Etat für Rüstungsausgaben von nahezu 400 Milliarden US-Dollar ist beinahe drei-

mit Jürgen Habermas: »Gegenmacht Europa? Nachfragen«, in: *Blätter für deutsche und internationale Politik,* Juli 2003, S. 801–806.

245 Habermas: »Braucht Europa eine Verfassung?«, a. a. O., S. 125. – »Ein Europa der verschiedenen Geschwindigkeiten, das sich vorübergehend nach Kern und Peripherie gliedert, könnte auch die mit der Osterweiterung verbundenen Probleme mildern.« – Ebd., S. 127.

246 Jürgen Habermas: »Grenzen des Neohistorismus«, in: ders.: *Die nachholende Revolution,* Frankfurt am Main 1990, S. 149–156; S. 155.

mal so hoch wie derjenige aller anderen NATO-Staaten zusammen, die summa summarum lediglich auf annähernd 140 Milliarden US-Dollar kommen. Deutschland allein bringt lediglich 21 Milliarden US-Dollar (fünf Prozent des US-amerikanischen Niveaus) zustande. Die Anhebung des US-Wehretats im Jahr 2002 um weitere 48 Milliarden US-Dollar übersteigt den gesamten deutschen Wehretat um das Doppelte. Deutschland, Frankreich und Großbritannien erreichen mit ihren Wehretats zusammengerechnet lediglich 20 Prozent des US-Niveaus.[247]

Die USA erreichen bald 50 Prozent der weltweiten Militärausgaben und stellen dadurch sicher, daß ihnen auf sehr lange Zeit die bestausgerüstete, modernste und schlagkräftigste Militärstreitmacht der Welt gehören. Das Wettrüsten zwischen den USA und Europa hat längst begonnen. Das integrierte Europa wird dabei noch auf sehr lange Sicht den USA hinterhereifern ohne wirkliche Aussicht, ihnen militärisch den Rang abzulaufen. Es muß währenddessen eine zweigleisige Strategie fahren, um seine strategischen Interessen in der Welt einerseits in Zusammenarbeit mit den USA und andererseits gegen die USA durchzusetzen. Die militärische Intervention obliegt dabei der Führung der US-Streitkräfte, während den europäischen Staaten die Verantwortung des »nation building« zukommt. Diese »Aufgabenteilung« sichert auch den europäischen Staaten ihren Anteil an »Kriegsbeuten«.

Sie profitieren dabei in vielen Regionen der Welt, wo die USA in ihrer Geschichte auch mit korrupten oder rabiaten Mitteln, das heißt als Aggressor engagiert gewesen sind (etwa in der Golfregion), von einem weit verbreiteten Anti-Amerikanismus, der den Aufbau guter bilateraler und wirtschaftlicher Beziehungen mit diesen Ländern erleichtert. So ist zum Beispiel die europäische Position zum Nahost-Konflikt davon beeinflußt, daß man nicht wie die USA die Sympathien der arabischen Länder verspielen möchte. – Immerhin besitzen diese im Gegensatz zu Israel die Verfügungsgewalt über die für Industriestaaten lebensnotwendigen Rohstoffvorkommen. Während die USA im Nahen Osten mehr oder weniger entschieden als Schutzmacht für Israel eintreten und sich ihren Zugang zu den Rohstoffquellen in den arabischen Ländern mit militärischer Gewalt verschaffen, nehmen die europäischen Staaten offiziell eine Äquidistanz zu Israel und Palästina ein und versuchen zwischen den auseinanderdivergierenden Interessen zu vermitteln.

Riskant ist die bewußte Konfrontation der EU mit den USA deshalb, weil der Fortbestand einer transatlantischen Partnerschaft, der »westlichen Wertegemeinschaft«, kein Naturgesetz darstellt und ihr Auseinanderbrechen nur

---

247 Vgl. Jürgen Grässlin: »Bronze für Deutschland«, in: *Zeitung zum Sonntag* vom 24. Juni 2001.

eine Frage der Gewichte ist, die zur Beschwerung auf sie gelegt werden. Ein kriegerischer Konflikt zwischen der EU und den USA wäre irgendwann nicht mehr kategorisch auszuschließen. Andrei Markovits sagt: »Die Schlüsselfrage heißt (...): Europa contra USA. Hier gibt es die Gefahr einer Zuspitzung. Es ist kein geringerer als der Havard-Ökonom und Präsidentenberater Martin Feldstein, der in den letzten Jahren mehrfach prognostiziert hat, daß er einen sogar atlantischen Krieg für möglich halte. Möglicherweise ist das übertrieben. Aber die antagonistische Dynamik ist da. Nicht nur wegen der Währungskonkurrenz Euro versus Dollar. Es geht auch um die Identität des sich herausbildenden Euro-Staates: Ich habe sehr viele Studien über das State-and-Nation-Building betrieben. Jede Nation entsteht, indem sie sich von echten oder imaginierten Feinden abgrenzt. Heute kann niemand sagen, auf was die Euro-Nation gründen soll – ihre Werte sind nebulös. Um etwas zu werden, muß man ›das andere‹ ablehnen. Um eine Identität zu bekommen, muß man eine Anti-Identität entwickeln. Also könnte auch hier als Geburtshelfer eine Negativ-Abgrenzung zum Tragen kommen. – Europa konstituiert sich als Anti-Amerika.«[248]

Es wäre kein regional begrenzter Krieg, sondern ein Weltkrieg, der durch die Konfrontation der EU mit den USA wahrscheinlich wird. Auch wenn das gegenwärtig noch als sehr unwahrscheinlich gelten darf, gänzlich auszuschließen ist ein solcher Weltkrieg keineswegs. Spätestens in diesem Augenblick wäre die Normalisierung an das Ende ihrer radikal dynamisierten Norm gelangt, und die Fratze eines modernen Imperialismus käme evident wieder zum Vorschein. Das heißt mit anderen Worten, daß die Ideologie ihre Hülle abstreift und zum drohenden Antlitz der Welt werden würde. Der »eigenen Gestalt nach« ginge sie erneut »in Terror über«[249].

248 Andrei Markovits: »Whistling in the Dark«, in: ders. und Jürgen Elsässer (Hrsg.): *»Die Fratze der eigenen Geschichte«. Von der Goldhagen-Debatte zum Jugoslawienkrieg*, Berlin 1999, S. 77.

249 Theodor W. Adorno: »Beitrag zur Ideologienlehre« (1954), in: ders.: *Soziologische Schriften I*, Frankfurt am Main 1979, S. 477.

Ist Deutschland eine Friedensmacht?

»Äußere Souveränität wird dadurch dokumentiert, daß auf sie verzichtet wird, und zwar möglichst nicht – im eigentlichen Sinne des Wortes – *negativ* durch Verweigerung, sondern *positiv* durch Mitwirken am Bau einer vernünftigen Welt.«

Stefan Brunner

1. Normalität als selbstbewußte Sinngebung

Emanzipierte Verhältnisse sind solche, die einen autonomen Sinn haben. Sinn kommt den Verhältnissen nicht *a priori* zu, sondern es ist in den Dingen genau so viel Sinn, wie von den Menschen selbstbewußt in sie hineingelegt wird. Ansonsten ist auch sehr viel Unsinn in den Dingen: Unausgegorenes, Unerledigtes, Noch-Nichtsein. Sinn, der »Ernst des Sinns«[250] sind für Oskar Negt und Alexander Kluge Synonyme für Souveränität. Es ist die Geschichtlichkeit der Verhältnisse, aus denen sich der Sinnzusammenhang als eine »zusammenhängende Bewegung«[251] ergibt. Normalisierung könnte in diesem Sinne auch als eine selbstbewußte *Sinngebung* verstanden werden: die Dinge zu dem werden zu lassen, was sie unter dem Gesichtspunkt des geschichtlichen Fortschritts bedeuten *sollen*. Die Logik solcher emphatischen Normalisierung, die der vorherrschenden entgegengesetzt wäre, leitete sich zwar auch aus Kausalitäts- und Kontinuitätslinien der bisherigen Geschichte ab, aber inklusive ihrer Brüche und ihres Nicht-Identischen. Der rote Faden: die Identität des Geschichtsverlaufs besteht eben aus der »Summe seiner Schwankungen«[252].

250 Vgl. Oskar Negt und Alexander Kluge: *Geschichte und Eigensinn*, Bd. 2: *Deutschland als Produktionsöffentlichkeit*, Frankfurt am Main 1993, S. 484.
251 Vgl. ebd., S. 461.
252 Vgl. ebd., S. 459.

Die Produktion von Normalität ist immer eine Bewegung nach vorne, die Anleihen aus der Vergangenheit nimmt – entweder in restaurativer oder in negativer Weise: in Form von bestimmter Negation. Letzteres rückt den Normalitätsdiskurs in die Nähe utopischen Denkens. Man kann zu normalen Verhältnissen nicht *zurückkehren*, wie viele Konservative nach 1945 die Ansicht vertraten. Selbst eine reaktionäre Normalisierung kann Vergangenes nur als Restauration wiederbeleben. Man kann zu normalen Verhältnissen – was auch immer darunter verstanden wird – nicht zurück- sondern nur *hin*gelangen. Dieses wäre eine *aufhebende* Arbeit.

Die der aufhebenden Arbeit entgegengesetzte Motivation und »Tätigkeit« konservativer oder gar reaktionärer Couleur könnte dem zugeordnet werden, was Hegel über die »kraftlose Schönheit« und ihrem Verhältnis zum Toten und im Gegensatz zum Werdenden, noch nicht Seienden schreibt. Das Tote oder das noch nicht Lebendige ist auf einer abstrakten Ebene zwar ein und dasselbe – es ist unwirklich. Es ist nicht mehr oder noch nicht: Nicht-Seiendes; Gewesenes oder Mögliches, Werdendes oder Verunmöglichtes, vielleicht auch Unmögliches. Das, was Hegel aber als die »kraftlose Schönheit« von der aufhebenden Arbeit unterscheidet, ist ein stiller Genuß der Unmittelbarkeit. Die kraftlose Schönheit findet nicht heraus, was möglich oder unmöglich ist. Sie vermag auch nicht festzuhalten, was wirklich ist und zu erschlaffen droht. Der Tod des Wirklichen tritt unverhofft und plötzlich ein; er versetzt die kraftlose Schönheit in Angst und Schrecken, aber passiv muß sie das Absterben erleiden. Sie kann weder erinnern noch erneuern; dazu fehlt ihr die Kraft, und apathisch duldet sie den Schmerz als Weltschmerz oder unglückliches Bewußtsein. Die aufhebende Vernunft weiß: Das Absterben der Dinge ist bloß ihr Formwandel. Aber der Wandel ist kein generelles Sterben. Oder anders gesagt: Jedes Absterben ist zugleich auch Erneuerung. Hierfür steht der Begriff der Aufhebung. Endgültige Identität, so Hegel, habe man erst im Sarg. – Dort wird nichts mehr aufgehoben.

Wenn die Dinge sich wandeln, gerät der Mensch in Bedrängnis. Als bedrängte Kreatur muß er sich bewegen; er muß das Leben ertragen, will er nicht an dem Absterben dessen, an das er sich angepaßt hat, mit zugrunde gehen. Der Mensch muß sich also mit den Dingen selbst auch aufheben. Der Primat der Selbsterhaltung erfordert eine unausgesetzte Anpassung an den Formwandel der Dinge. Oder es ergeht dem Menschen wie der kraftlosen Schönheit, die hierzu nicht imstande ist und jämmerlich zugrunde geht. Nur das Selbstbewußtsein kann die Kraft aufbringen, an dem vernünftigen Unwirklichen festzuhalten und zugleich das Leben zu ertragen, in diesem sich zu erhalten. Das Selbstbewußtsein ist – hegelisch gesprochen

– den Kampf auf Leben und Tod mit einem anderen Selbstbewußtsein eingegangen und überhaupt daran erst geworden. Es weiß um seine Identität Bescheid. Bereit sich stets neu einzufinden, aber niemals das je bloß Vorhandene stillschweigend zu dulden, wagt das Selbstbewußtsein das Leben und ist bereit zu Abschied und Neubeginn, zum Schlendern und Wandern durchs Neue und Fremde, wenn der Augenblick es erfordert. »Der Tod, wenn wir jene Unwirklichkeit so nennen wollen, ist das Furchtbarste, und das Tote festzuhalten, das, was die größte Kraft erfordert. Die kraftlose Schönheit haßt den Verstand, weil er ihr dies zumutet, was sie nicht vermag. Aber nicht das Leben, das sich vor dem Tode scheut und von aller Verwüstung rein bewahrt, sondern das ihn erträgt und in ihm sich erhält, ist das Leben des Geistes.«[253]

Getragen wird der Normalisierungsprozeß durch Realpolitik; sie orientiert sich nicht bewußt an Idealen, sondern am Realen. »Diese Politik hat sich in vieler Hinsicht als unbrauchbar herausgestellt. *Sie produziert keine Dauer und schon deshalb kein Gemeinwesen.* Dort, wo sich Gemeinwesen andeutet, wo die Menschen anfangen, sich selber nach ihren Lebensinteressen zu organisieren, ist diese Realpolitik nämlich damit beschäftigt, in solche Prozesse zu intervenieren, sie abzubrechen, was heißt: bessere Möglichkeiten der Organisation des Gemeinwesens zu verhindern. Realpolitik hat gegenüber Interessen, die am Gemeinwesen orientiert waren und sich selber als politisch verstanden, stets den abwertenden Gesichtspunkt des bloß Utopischen geltend gemacht und so zur Mystifizierung der *Realitätsmacht des Gegebenen* beigetragen.«[254]

Realpolitik ist abstrakt, das heißt mehrfach vom Gesamtzusammenhang isoliert; sie verliert das Ganze sowohl strukturell als auch örtlich und zeitlich aus dem Blick. Das Ganze degeneriert in der realpolitischen Logik zur Summe seiner Teile, jedes für sich wird gleichsam als ein eigenständiges System behandelt, als gäbe es kein zusammenhängendes Ganzes.[255] Die zeitlichen Dimensionen Vergangenheit, Gegenwart und Zukunft werden eindimensionalisiert: zur Gegenwart eingeebnet. Realpolitik macht keine utopischen Zukunftspläne, bedenkt nicht *historische Schranken* von geschichtlich Gewachsenem, verhält sich ahistorisch und agiert nur spontan im Handgemenge des *hic et nunc* auf dem Niveau des gesunden Menschenverstandes. Damit

253 G.W.F. Hegel: *Phänomenologie des Geistes*, »Vorrede«, Frankfurt am Main 1993, S. 36.

254 Oskar Negt und Alexander Kluge: *Maßverhältnisse des Politischen. 15 Vorschläge zum Unterscheidungsvermögen*, Frankfurt am Main 1992, S. 17.

255 Die öffentliche Erinnerungspraxis, Gedenkkultur ist z. B. von Sozialpolitik, Wirtschaftspolitik und Außenpolitik isoliert.

scheitert Realpolitik, weil sie nur kurzsichtige Konzepte besitzt und genauso von der geschichtlichen Schubkraft überfordert ist wie vom utopisch Erforderlichen.

Die Umkehr der (deutschen) Geschichte, hinter der die Schubkraft von mehreren hundert Jahren die Richtung grob mitbestimmt, wäre ein *utopisches* und *sinnvolles* Projekt. Wenn von Identität die Rede ist, »so geht es für deutsche Verhältnisse um das Bedürfnis, d. h. den Mangel an Identität«[256]. Der kategorische Imperativ, wie ihn Adorno formuliert hat, besagt aber in seiner letzten Konsequenz, daß nicht nur ein *anderes* Deutschland, sondern auch eine *andere* Welt: eine Welt *ohne* Nationalstaaten, das heißt auch ohne Deutschland entstehen müsse. So verstandene Normalisierung wäre uneingeschränkt zu begrüßen. Sie wäre weniger eine Umkehr als vielmehr eine Kehrung, eine *eigensinnige*[257] Rebellion gegen die Staatenwelt. Wenn von Normalität in diesem Sinne die Rede ist, so geht es im deutschen und europäischen Kontext um das Bedürfnis, das heißt den Mangel an Normalität – einer Normalität aber, in der der »wirkliche Ausnahmezustand« nach einem Gedanken von Walter Benjamin zur Regel geworden ist: »Die Tradition der Unterdrückten belehrt uns darüber, daß der ›Ausnahmezustand‹, in dem wir leben, die Regel ist. Wir müssen zu einem Begriff der Geschichte kommen, der dem entspricht. Dann wird uns als unsere Aufgabe die Herbeiführung des wirklichen Ausnahmezustands vor Augen stehen; und dadurch wird unsere Position im Kampf gegen den Faschismus sich verbessern. Dessen Chance besteht nicht zuletzt darin, daß die Gegner ihm im Namen des Fortschritts als einer historischen Norm begegnen. – Das Staunen darüber, daß die Dinge, die wir erleben, im zwanzigsten [und auch im einundzwanzigsten; MH] Jahrhundert ›noch‹ möglich sind, ist kein philosophisches. Es steht nicht am Anfang einer Erkenntnis, es sei denn der, daß die Vorstellung von Geschichte, aus der es stammt, nicht zu halten ist.«[258]

Vom »wirklichen Ausnahmezustand« kann jedoch keine Rede sein. Nach der Auflösung der bipolaren Weltordnung setzt sich nach außen ein globalisierter Souveränitätsbegriff durch, der eine Vitalisierung des Schmittschen

256 Negt und Kluge: *Geschichte und Eigensinn*, Bd. 2, a. a. O., S. 459.

257 Eigensinn ist nach Negt und Kluge die Rohstoffquelle der Rebellion. »Eigensinn ist keine ›natürliche‹ Eigenschaft, sondern entsteht aus bitterer Not; er ist der auf einen Punkt zusammengezogene Protest gegen Enteignung, Resultat der Enteignung der eigenen Sinne, die zur Außenwelt führen.« – Ebd., S. 768. – Der nationale und staatliche Rahmen enteignet die Sinne im Augenblick der Überschreitung seiner Grenzen, wirft sie auf sich zurück, macht sie *deutsch, europäisch*, aber nicht *menschlich*.

258 Walter Benjamin: »Über den Begriff der Geschichte«, in: ders.: *GS*, Bd. I.2, Frankfurt am Main 1974, S. 691–704; These VIII.

Diktums ist: Souverän ist, wer über den Ausnahmezustand verfügt. Die Vitalisierung ist kein historisches Novum. In die Souveränität anderer Staaten einzugreifen, gehörte zur Praxis des Imperialismus und Nationalsozialismus. Joachim Perels schreibt, daß der »Maßnahmenstaat« (Ernst Fraenkel) nicht nur die innenpolitische Ordnung im »Dritten Reich« bestimmte; er wurde auch zum Organisationsprinzip der NS-Außenpolitik. Carl Schmitt hatte hierfür die theoretisch-legitimatorische Vorarbeit geleistet. »Dem Universalismus setzt Schmitt das Prinzip des sogenannten Großraums entgegen, innerhalb dessen die rechtlich gesicherte Souveränität der Staaten zugunsten der Dominanz der Großmächte beiseite geschoben wird. Wie innenpolitisch das Konzept der politischen Durchbrechung der Rechtsordnung regiert, so erscheint der deutsche Staat nach außen als totaler, über die Großraumsphäre absolut verfügender Machtapparat.« – »Die Absicherung einer imperialistischen Sphäre, die die Souveränität anderer Staaten aufhebt, die durch die bisherige Völkerrechtslehre ausgeschlossen ist, wird zum Kern der neuen nationalsozialistischen Völkerrechtsdoktrin.«[259]

In der deutschen Außenpolitik ist nach 1989/90 im Kontext der sich entwickelnden neuen Weltordnung die Tendenz zu beobachten, den fremden Ausnahmezustand (ökonomische Krise, Bürgerkrieg, Krieg) zum Zwecke der eigenen Normalisierung zu instrumentalisieren. In Deutschland galt, daß der Ausnahmezustand außerhalb des eigenen Territoriums und *out of area* außenpolitische Souveränität, konkret: das (allgemein durchs Völkerrecht eingeschränkte) *ius ad bellum* herstellt. Zwischen Krieg, Souveränität und Vergangenheitspolitik existierte insofern ein für Deutschland spezifischer Produktionszusammenhang, der auf Normalisierung und Normalität zielte. Bei Carl Schmitt heißt es: »In seiner absoluten Gestalt ist der Ausnahmefall dann eingetreten, wenn erst die Situation geschaffen werden muß, in der Rechtssätze gelten können. Jede generelle Norm verlangt eine normale Geltung der Lebensverhältnisse, auf welche sie tatbestandsmäßig Anwendung finden soll und die sie ihrer normativen Regelung unterwirft. Die Norm braucht ein homogenes Medium. Diese faktische Normalität ist nicht bloß eine ›äußere Voraussetzung‹, die der Jurist ignorieren kann; sie gehört vielmehr zu ihrer immanenten Geltung. Es gibt keine Norm, die auf ein Chaos anwendbar wäre. Die Ordnung muß hergestellt sein, damit die Rechtsordnung einen Sinn hat. Es muß eine normale Situation geschaffen

259 Joachim Perels: *Entsorgung der NS-Herrschaft? Konfliktlinien im Umgang mit dem Hitler-Regime*, Hannover 2004, S. 55, S. 56; vgl. Carl Schmitt: »Der Reichsbegriff im Völkerrecht« (1939), in: ders.: *Positionen und Begriffe im Kampf mit Weimar – Genf – Versailles. 1923–1939*, Berlin 1994, S. 347.

werden, und souverän ist derjenige, der definitiv darüber entscheidet, ob dieser normale Zustand wirklich herrscht.«[260]

Inwieweit der Prozeß der außenpolitischen Normalisierung mit dem Irakkrieg (2003), in dem der deutsche Staat Souveränität dadurch demonstrierte, indem er sich weitgehend gegen den Krieg stellte, abgeschlossen ist, bleibt abzuwarten. Trifft aber die Annahme zu, daß zwischen Normalisierung und Krieg ein instrumentelles Verhältnis bis zuletzt bestand, dann wird es schwer, der Aussage zu folgen, der deutsche Staat sei als Konsequenz aus zwei verschuldeten Weltkriegen und Auschwitz eine Friedensmacht geworden. Der Anspruch auf außenpolitische Normalität als Bestandteil der deutschen Staatsräson wurde vordergründig umgesetzt, indem der Staat den außenpolitischen und militärischen Konflikt suchte, um sich im Zuge der Intervention zu normalisieren, das heißt Normalität zu demonstrieren.

2. Gibt es eine emanzipative Alternative zur vorherrschenden Normalität?

Karl Otto Hondrich fragt, ob »unsere gepflegte Friedfertigkeit« bis Ende der 1990er Jahre nur ein moralischer Luxus, jedenfalls keine manifeste zivilisatorische Errungenschaft gewesen war, den sich die Bundesregierungen leisten konnten, weil der deutsche Staat in all den Jahrzehnten nach Ende des Zweiten Weltkrieges aufgrund der Anwesenheit von Schutzmächten, »die uns ein paar Jahrzehnte lang die Verantwortung abgenommen hatten, uns gegen Gewalt von außen und innen selbst zu wehren«.[261] Eine zufriedenstellende Antwort auf die Frage, wie aus dem »Nie wieder«, »das doch ein halbes Jahrhundert lang intuitiv und argumentativ das moralische Leben

260 Carl Schmitt: *Politische Theologie. Vier Kapitel zur Lehre von der Souveränität* (1922), 2. Aufl., München, Leipzig 1934, S. 19 f. – »Das Funktionieren [staatlicher Normen; MH] wird einseitig als staatliche ›Ordnungs‹-Leistung begriffen, so etwas wie zivilgesellschaftliche Spontaneität wird gar nicht erst ins Auge gefaßt. Deshalb schlägt sich die staatlich gesicherte ›Normalität‹ umstandslos (auch) in juristischen ›Normen‹ nieder – so wie diese juristische ›Normativität‹ umgekehrt zur ›normalen Ordnung‹ beiträgt. (...) Für Schmitt ist es eben letztlich die staatliche Souveränität, die ›Normalität‹ (als störungsfreies Funktionieren) allererst ›schafft‹ (wie Gott die Welt: Schmitt statuiert explizit diese Analogie) (...).« »Der normalismustheoretisch interessante Aspekt bei Carl Schmitt liegt also darin, daß er sowohl ›Normalität‹ wie ›Normativität‹ von der Normalitäts*grenze* aus denkt. Bei ihm begründet die Normalitätsgrenze (der ›Ausnahmefall‹) theoretisch erst die Normalität.« – Jürgen Link: *Versuch über den Normalismus. Wie Normalität produziert wird* (1997), 2. Aufl., Wiesbaden 1999, S. 287 f.

261 Karl Otto Hondrich: »Krieg der Gefühle«, in: ders.: *Wieder Krieg*, Frankfurt am Main 2002, S. 65–82; S. 68.

in Deutschland prägte, so plötzlich wieder Beteiligung am Krieg heranwachsen« konnte, hat Hondrich nicht, er beschreibt lediglich die Stationen vom Golfkrieg über die Kriege auf dem Balkan zum »Anti-Terror-Krieg« in Afghanistan,[262] um daran aufzuzeigen, wie »Friedensrhetorik« in Kriegsrhetorik umgeschlagen ist.[263] Durch die terroristischen Anschläge vom 11. September 2001 wird in Deutschland die Bewältigung der Vergangenheit erleichtert. »In Deutschland entweicht, angesichts der neuen Bedrohung, aus alten Konflikten hörbar die Luft. Damit nicht genug, schlägt das Großverbrechen von New York in das Unterholz kollektiver Gefühle wie ein Befreiungsschlag ein: entlastend vom umstrittenen, lähmend-verdrängten, regelmäßig angemahnten, grollend beklagten Bewußtsein eigener deutscher Schuld.«[264] Das »deutsche Schuldbewußtsein«, wie es sich in 50 Jahren entwickelt habe, werde nach dem 11. September 2001 eine andere Rolle spielen. »Seit dem Tag ist Deutschland, nunmehr weniger mit sich selbst beschäftigt, mächtiger geworden.«[265] In diesem Sinne dient der »Krieg gegen den Terror« als finaler Katalysator der Normalisierung des deutschen Staates. Schuld aber wird nicht durch Sühne, insbesondere nicht durch Schuld anderer erledigt.

Aus der Vergangenheit allein, so Hondrich, erkläre sich jedoch nicht die Gegenwart, sondern vielmehr aus der »Spannung zwischen Zukunft und Herkunft«[266]. Ende der 1950er Jahre bemerkte Helmuth Plessner, daß Erneuerung nicht gelingen kann, wenn sich dagegen verschlossen wird, die Vergangenheit zu begreifen und aufzuarbeiten. »Welchen Weg die Nation zu gehen hat, wird ihr durch die objektiven Möglichkeiten zur Wahl gestellt. Aber daß sie ihn nicht gehen kann, wenn sie mit sich selbst zuvor nicht ins Reine gekommen und über sich selber nicht klar geworden ist, diese einfache Regel menschlicher Sauberkeit sollte auch in einer Zeit der Ausweglosigkeit und Hoffnungslosigkeit niemals vergessen werden.«[267] Schon in den frühen Jahren der Bundesrepublik war der Ruf nach »Schlußstrich«

262 Vgl. Karl Otto Hondrich: »Die Zukunft des Krieges«, in: ders.: *Wieder Krieg*, a. a. O., S. 7–31; S. 8.

263 »Generationen wollten wir beibringen, die Welt und ihren eigenen Handlungsraum darin nur als friedlich zu begreifen: als Friedenskorps, Friedensforschung, Friedensmärsche, Friedensstiftung, Friedensmissionen, Friedenstruppen … Nun schlägt die Friedensrhetorik in Kriegsrhetorik um.« – Karl Otto Hondrich: »Sternstunde der Moral«, in: ders.: *Wieder Krieg*, a. a. O., S. 170–176; S. 170.

264 Karl Otto Hondrich: »Unschuld und Sühne«, in: ders.: *Wieder Krieg*, a. a. O., S. 177–192; S. 189.

265 Ebd., S. 189.

266 Hondrich: »Die Zukunft des Krieges«, a. a. O., S. 9.

267 Helmuth Plessner: *Die verspätete Nation. Über die politische Verführbarkeit bürgerlichen Geistes* (1959), Frankfurt am Main 1998, S. 29.

und »Normalität« zu vernehmen, zu einem Zeitpunkt also, als von einer Aufarbeitung der Vergangenheit, aus der weitreichende Konsequenzen für die Gestaltung und Organisation des deutschen Staates, insbesondere seiner Außenpolitik zu ziehen wären, nicht die Rede sein konnte.

Mitte der 1990er Jahre, als sich die Befreiung von Auschwitz durch die Rote Armee zum 50. Mal jährte, konnte man den Eindruck gewinnen, daß in der Öffentlichkeit eine umfassende Aufarbeitung der deutschen Barbarei weitgehend im positiven Sinne stattfindet. Aber der Umgang mit der Schuld war auch eine Demonstration des gewachsenen Abstandes zum Vergangenen; das Schuldeingeständnis konnte deshalb so unbefangen erscheinen und hatte den Charakter eines abschließenden Rituals, ging über in eine mit dem Duktus der Selbstverständlichkeit gehaltene Normalitätsdebatte, in der stolz auf die mittlerweile 50-jährige Tradition rechtstaatlicher Demokratie und militärpolitischer Zurückhaltung hingewiesen wurde.

Im Jahre 2005, zum 60. Gedenktag der Befreiung von Auschwitz, ist diese Tendenz längst manifest geworden. »Kurz gesagt, lautet der Konsens heute so: Auschwitz war ein singuläres, ein deutsches Verbrechen; Deutschland wurde befreit; die Jüngeren müssen die Verantwortung für den Holocaust übernehmen; Freiheit liegt für uns nicht im Verdrängen, sondern in der Erinnerung; und man kann nicht aus dem Schatten treten, den man selber wirft. Richard von Weizsäcker und Jürgen Habermas, der Präsident und der Philosoph, haben gegen Ernst Nolte und Martin Walser, den Historiker und den Dichter, obsiegt. Das Thema Auschwitz ist seither in Deutschland weitgehend außer Streit gestellt, die Sache scheint befriedet und geklärt.«[268] Schuld werde sich umfassend eingestanden und erschüttere nicht mehr bis in die Grundfesten. »Das Nie-Wieder ist und bleibt die ungeschriebene zweite Präambel unseres Grundgesetzes, eine fundamentale, aber in den meisten Bereichen mittlerweile ungenaue Orientierung.«[269] Die richtige Interpretation der Vergangenheit habe sich durchgesetzt, meint Bernd Ulrich. – Aber aus Einsehen oder aus der Einsicht, daß mit Einsehen sich am besten leben, das heißt wirtschaften läßt? Es bestehe die Gefahr nicht mehr darin, daß Auschwitz verdrängt werde, »sondern daß man hinschaut, ohne Schmerz zu empfinden, ohne sich in seinem Deutschsein und seinem Menschsein wirklich verunsichern zu lassen.«[270]

Der Biowissenschaftler Jens Reich vergleicht die »routinierte öffentliche Aufarbeitung von Geschichtsterminen« in der Gegenwart mit dem

268 Bernd Ulrich: »Nie wieder. Immer wieder«, in: *Die Zeit* vom 27. Januar 2005.
269 Ebd.
270 Ebd.

öffentlich praktizierten verdinglichten Antifaschismus in der DDR: »Der Antifaschismus der DDR hatte auch diesen stereotypen Charakter, aber von der eingebildeten Siegerseite her, während in der Bundesrepublik der Betroffenheitsgestus gepflegt wird.«[271] In weiten Teilen verdinglicht ist mittlerweile auch die Gedenkkultur im vereinten Deutschland. Die öffentliche Erinnerungspraxis ist als Bestandteil der Kultur – wie Kultur insgesamt – verklausuliert, das heißt von sämtlichen Bereichen der staatlichen Politik (Sozialpolitik, Wirtschaftspolitik, Außenpolitik) isoliert, in diesem Sinne abstrakt und im Feuilleton mehr oder weniger eingesperrt. Dahinter steht ein systemischer Zweck, denn die Gedenkkultur und Erinnerungspraxis kann um so lebhafter und unbefangener nur *erscheinen* und radikale Einsichten und Wahrheiten zu Tage fördern, je weniger zu befürchten ist, daß aus diesen Wahrheiten und Einsichten ernsthafte praktische Konsequenzen für Wirtschaft, Soziales oder Außenpolitik, mit anderen Worten: für die Organisation des Staats- und Gesellschaftsgebildes folgen müßten, die der mühselig erworbenen, in weiten Teilen erschlichenen Normalität widersprechen und am Ende sogar systemüberwindend wären.

Die Annäherung an »westliche Werte« darf dagegen mit »Erneuerung« nicht verwechselt werden. Die westlichen Werte sind allein kein Garant für Frieden und Freiheit, denn sie sind in hohem Maße ambivalent; gerade in der (westlichen) Moderne ist auch das Potential aufgehoben, welches in die Katastrophe führte. Die nationalsozialistische Barbarei war nicht das abstrakte Gegenteil zur westlichen Zivilisation, sondern deren Schattenseite. In diesem Sinne war die Katastrophe kein »Rückfall in die Barbarei«, sondern in ihrer ideologischen Revolte gegen die Moderne sehr modern. Darauf aufmerksam zu machen, war die Intention von Horkheimers und Adornos philosophischen Fragmenten der »Dialektik der Aufklärung« gewesen.

Dieselben modernen Prinzipien sind es auch heute, die Staaten zu Kriegen veranlassen. Die Frage, die sich deshalb stellt, ist die nach einer emanzipativen Alternative zur vorherrschenden Normalität im Rahmen kapitalistischer Staatlichkeit, aus dem nicht ohne weiteres auszubrechen ist, der jedenfalls vermutlich langfristig noch der maßgebliche Rahmen bleiben wird. Zum souveränen kapitalistisch verfaßten Nationalstaat gehören allerdings Streitkräfte, die für den Staat zur Demonstration und Ausübung (nationaler) Souveränität unerläßlich erscheinen und als Instrument der Machtdemonstration und Machtentfaltung, zur Realisierung nationaler kapitalistischer Interessen, jedenfalls nicht unbedingt und in den meisten Fällen ganz und

271 Jens Reich zit. n. *Die Zeit* vom 27. Januar 2005, S. 6.

gar nicht zur Ausübung von Gerechtigkeit dienen. Gegen offenen und maskierten Militarismus steht in Deutschland zwar eine mehrheitlich pazifistisch motivierte Bevölkerung, die, so schreibt Stefan Brunner, dem Staat »die Gefolgschaft für alle Arten des militärischen Interventionismus, mag er noch so verlockend in eine aufwendige menschenrechtliche Verpackung gesteckt sein«, verweigere. Die als »humanitärer Kosmopolitismus« maskierte Enttabuisierung des Militärischen in der deutschen Außenpolitik werde bei einem »politisch mündigen und nüchtern gewordenen demokratischen Souverän« keinen Erfolg haben.[272] Ähnlich sehen es auch Andrei S. Markovits und Simon Reich, die das »kollektive Gedächtnis«, das bei der Konzeption der Außenpolitik eines Landes eine wesentliche Rolle spiele, als die größte Hürde für die Normalisierung der deutschen Außenpolitik betrachten: »Das größte ›Hindernis für deutsche Ambitionen‹ sind die vorherrschenden Überzeugungen seiner Bürger und die Politik des kollektiven Gedächtnisses. Das kollektive Gedächtnis verknüpft Geschichte mit Ideologie, es definiert den Bereich, in dem die Außenpolitik operiert, und in Deutschland sind Erinnerungen wach, die der Ausübung deutscher Macht enge Grenzen setzen.«[273]

Das kollektive Gedächtnis ist jedoch nicht der wesentliche bestimmende Faktor für die Gestaltung der Außenpolitik – es ist ein weicher Faktor, während die aus den kapitallogisch-systematischen Anforderungen eines kapitalistischen Staates abgeleitete Staatsräson ein harter Faktor ist. Gleichwohl besitzt jener weiche Faktor des kollektiven Gedächtnisses in Deutschland aufgrund der katastrophal verlaufenen Vergangenheit ein ernstzunehmendes Gewicht, das jahrzehntelang mitbestimmend gewesen war, aber auch nur weil es die starke Vertretung seitens der alliierten Besatzungsmächte erfahren hatte. Die staatliche Souveränität Deutschlands war eingeschränkt, und damit hatte das kollektive Gedächtnis einen besonderen Einfluß auf die Ausrichtung der deutschen Außenpolitik. Dies galt aber bereits schon immer weniger für die 1980er Jahre, als der deutsche Staat zu einer Wirtschaftsmacht aufgestiegen war und sich die »ökonomische Rationalität« mehr und mehr durchsetzen konnte. Die Grundlagen der deutschen Außenpolitik waren aus der Sicht der deutschen Eliten jedoch noch nicht rational genug. Rationalität stand hier einer moralischen Vernunft gegenüber, wie sie sich im kollektiven Gedächtnis verfestigt hatte und damit sich

272 Vgl. Stefan Brunner: *Deutsche Soldaten im Ausland. Fortsetzung der Außenpolitik mit militärischen Mitteln?*, München 1993, S. 192.

273 Andrei S. Markovits und Simon Reich: *Das deutsche Dilemma. Die Berliner Republik zwischen Macht und Machtverzicht. Mit einem Vorwort von Joschka Fischer*, Berlin 1998, S. 18.

als Hürde für eine Enttabuisierung des Militärischen erwies. Konservative hofften auf größeren Einfluß des Neorealismus[274] und Neoliberalismus auf die programmatische Ausrichtung der deutschen Außenpolitik. Der »politische Realismus« findet sein ideologisches Fundament in der »Realistischen Schule«. Vertreter in den USA waren zum Beispiel Z. Brzezinski und H. A. Kissinger. Mitte der 1950er Jahre fand in den USA eine Strategiediskussion statt zu der Frage, welche Möglichkeiten und Perspektiven zur Anpassung des Imperialismus an die veränderten Existenzbedingungen (Kalter Krieg, Systemantagonismus) gegeben sind. Die Schlagworte waren »Politik der Stärke« und »flexibles Reagieren« und hatten beide eine explizit antikommunistische Stoßrichtung. Theoretische Anleihen wurden unter anderem bei Machiavelli, Hobbes und Hume unternommen, die in den amerikanischen Pragmatismus und Utilitarismus integriert wurden. Der Neorealismus greift die strategischen Grundannahmen auf, muß sich allerdings wiederum mit den veränderten Existenzbedingungen nach Ende der Bipolarität arrangieren. Eric Hobsbawm bezeichnet die neue strategische Konstellation als moralischen Imperialismus, als »Imperialismus der Menschenrechte«.

Das ideologische Fundament der deutschen Außenpolitik seit 1945 war nicht einfach auswechselbar. Es mußte Stein für Stein abgetragen werden: an- und abgekratzt in mühevoller und mühseliger Kleinarbeit, und die abgetragenen Segmente mußten mosaikartig durch neue ersetzt werden: in salamitaktischem Tempo, damit es dem öffentlichen Zensus des kollektiven Gedächtnisses entging und nicht Alarm schlug. Darin versteckte sich Sinn und Zweck der vergangenheitspolitischen Normalisierung: das kollektive Gedächtnis für den postmodernen Zeitgeist des alltagspolitischen Pragmatismus neoliberalen Einschlags geschmeidig zu machen.[275] Ziel der

274 Vgl. »Macht ohne Recht. Der Historiker Eric J. Hobsbawm über die Zukunft des Westens und Amerikas Hegemonie«, in: *Die Zeit*, Nr. 29 vom 10. Juli 2003.

275 Markovits und Reich verwenden den Begriff des »kollektiven Gedächtnisses« in Abgrenzung zum »historischen Gedächtnis« – Vgl. Markovits und Reich: *Das deutsche Dilemma*, a. a. O., S. 37–45. – Diese Unterscheidung beruht auf Maurice Halbwachs: *Das kollektive Gedächtnis*, Stuttgart 1967. – Das kollektive Gedächtnis ist partikular, zeitgebunden, beruht auf Erfahrung, Gefühl (Trauma), ist gekennzeichnet von einer Lebendigkeit der Vergangenheit und einer permanenten inhaltlichen Neubestimmung der Vergangenheit (durchaus auch im psychologischen Sinne als Deckerinnerung: Erinnerung an die Erinnerung, beeinflußt von Impulsen der Ich-Abwehrmechanismen, Abwehr von Schuld: Verdrängung etc.). Das »kollektive Gedächtnis« spielt eine Schlüsselrolle im öffentlichen Diskurs zur Legitimierung politischer Strukturen, Instrumentalisierung (Geschichtspolitik): »Das kollektive Gedächtnis ist der selektive Zugriff auf Geschehenes, ausgeführt mit der Absicht, bestehende Machtverhältnisse zu legitimieren.« – Markovits und Reich: *Das deutsche Dilemma*, a. a. O.,

Neoliberalen und Neorealisten, deren Einfluß auf die deutsche Außenpolitik nach 1945 seit 1989/90 nie hätte größer gewesen sein können, ist es, die Interessen des deutschen Staates nüchtern zu maximieren und ihnen damit größeren Einfluß zu verschaffen.

Zwischen Vergangenheitspolitik und Außenpolitik besteht ein kausaler Zusammenhang. Bei Gerhard A. Ritter heißt es: »Die Darstellung von Geschichte kann (…) auch einen Beitrag leisten zu der Aufgabe der Gegenwart, die Identität der Deutschen neu zu bestimmen und eine angemessene Rolle für Deutschland in Europa und der Welt zu finden.«[276] – Will man eine andere Außenpolitik als Alternative zur vorherrschenden Normalität, muß man auch bei der Aufarbeitung der deutschen und europäischen Vergangenheit ansetzen.[277] Es ist alles andere als suspekt, sondern moralisch und politisch geboten, die Erinnerung und Aufarbeitung der Katastrophe wachzuhalten, damit aus ihr Lehren und praktische Konsequenzen gezogen werden können. Jan Ross scheint anderer Ansicht zu sein: »Es wäre (…) suspekt, die Erinnerung an den Holocaust vor allem deshalb wachzuhalten, damit daraus Lehren gezogen werden, wie gute und edle auch immer. Die Ermordeten haben einen Anspruch darauf, daß ihrer und ihres Schicksals um ihrer selbst willen gedacht wird, nicht zu Zwecken der Nachwelt.«[278] Dem ist zu widersprechen. Die Ermordeten und die Überlebenden sowie auch die Nachgeborenen haben einen Anspruch darauf, daß Auschwitz oder ähnliches sich nicht wiederholt. Erinnerung und Aufarbeitung sind identisch; Aufarbeitung ist aber nicht bloße Erinnerung, sondern zum einen der Versuch, das Unbegreifliche zu begreifen, und zum anderen aus dem

S. 39. – Das »historische Gedächtnis« ist dagegen universal, beruht auf Erkenntnis, Wissen und der Vergangenheit, wie sie von der Wissenschaft mit dem Anspruch auf interesseloser Wahrheit auf Basis von Dokumenten und historischen Quellen rekonstruiert wird.

276 Gerhard A. Ritter: *Über Deutschland. Die Bundesrepublik in der deutschen Geschichte*, München 1998, S. 9. – »Um seine Identität, so argumentieren [die Verfechter der souveränen Normalität; MH], vor allem aber sein Verhältnis zur Macht zu normalisieren, müsse Deutschland sein Verhältnis zur Vergangenheit normalisieren.« – Markovits und Reich: *Das deutsche Dilemma*, a. a. O., S. 329.

277 »Auschwitz bleibt unfaßlich und übt zweifellos stärksten Einfluß auf das heutige Verhalten der Deutschen aus – und auf die Einstellung der anderen zu ihnen. Es ist bei weitem die stabilste und grauenvollste Komponente des kollektiven Gedächtnisses.« – »Die Rückkehr zur Normalität senkt die Schamgrenze im Umgang mit der Vergangenheit. Normalität (…) heißt, die Deutschen von der erdrückenden Bürde der nationalsozialistischen Vergangenheit zu befreien und die positiven Ereignisse der deutschen Geschichte in den Vordergrund zu stellen (…).« – »Von der Erinnerung an Auschwitz befreit, wird ein neues, nicht länger durch institutionelle und kulturelle Beschränkungen an angemessener Machtausübung gehindertes Deutschland entstehen.« – Ebd., S. 63; S. 96; S. 330.

278 Jan Ross: »Wie weit weg liegt Auschwitz?«, in: *Die Zeit* vom 27. Januar 2005.

Begriffenen praktische Konsequenzen folgen zu lassen, die verhindern, daß sich Auschwitz oder Ähnliches wiederholt. Mit anderen Worten: die gesellschaftlichen Voraussetzungen, die in die Katastrophe geführt haben, müssen überwunden werden. Solange dies nicht geschieht und statt dessen sich »nur« moralisch erinnert wird, bleibt Auschwitz mehr als bloß lebendig: eine offene Wunde.

Auch Bernd Ulrich ist zu widersprechen, wenn er für die Beschäftigung mit Auschwitz eine »Regel« konstatiert: Wenn die Beschäftigung mit Auschwitz »nicht zutiefst verstört, immer wieder, zumindest immer mal wieder, dann ist etwas daran falsch«.[279] Ganz sicher gibt es in der Wissenschaft (und nicht nur dort) das abwehrende Phänomen der Rationalisierung, aber nicht jede nüchterne Betrachtung zu Auschwitz ist eine Rationalisierung. Jeden emphatischen Wissenschaftler dürfte die Beschäftigung mit Auschwitz auch verstören, nur ist das nicht gerade für die Öffentlichkeit geeignet. Soll (wissenschaftlich) das Unbegreifliche versuchsweise begriffen werden, darf man sich nicht nur verstören lassen. »Daß dieses [Hinschauen, Zuwenden; MH] unerträglich werden kann, soll nicht bestritten werden; da schaut man in der Tat nicht so ›gerne‹ hin. Aber kein Weg, der sich adäquater Erinnerung an Auschwitz rühmt, führt daran vorbei.«[280] Darf man sich im Angesicht der Monstrosität gegen diese kaltmachen, um im Gegenzuge das Unfaßbare zu begreifen? Darf man Auschwitz begreifen wollen? – Man darf nicht nur, man muß es auch. Es ist die Aufgabe der Nachgeborenen, deren Gnade ansonsten schnell zu einer neuen Schuld verkommen kann. Man muß – mit Walter Benjamin gesprochen – durch die »Eiswüste der Abstraktion« gehen, das heißt einen Teil der bürgerlichen Kälte mobilisieren, von der Horkheimer und Adorno sagen, sie habe Auschwitz erst möglich gemacht. Der Begriff zielt aufs Allgemeine – läßt sich Auschwitz aber verallgemeinern? Das steht dem Befund der Singularität entgegen, gleichwohl ist das Wesen von Auschwitz als Latenz und Tendenz in jeder modernen Form von Gewalt enthalten.

Will man dagegen darauf beharren, daß die Beschäftigung mit Auschwitz verstören müsse, ansonsten sei sie falsch, nötigt man die Beschäftigung mit Auschwitz, das Gedenken, Erinnern und die Aufarbeitung in einen Kreislauf, der der Katastrophe mythische Züge verleiht, so daß die Katastrophe nur unbegriffen und nur verstört zur Kenntnis genommen werden kann, man aber keine wirklichen praktischen Konsequenzen, etwa für die Außenpolitik, zu folgern imstande ist. Geforderte Verstörtheit genauso wie verdinglichter

279 Ulrich: »Nie wieder. Immer wieder«, a. a. O..

280 Moshe Zuckermann: *Gedenken und Kulturindustrie. Ein Essay zur neuen deutschen Normalität*, Berlin/Bodenheim bei Mainz 1999, S. 14.

Umgang mit der Vergangenheit im öffentlichen Raum des Erinnerns und Gedenkens sind Praktiken der Abwiegelung und des Vergessens. Hat am Ende diese Praxis Methode, um zu verhindern, daß allzu radikale Konsequenzen gezogen werden müßten?

Für den Bereich der Außenpolitk ist es zum Beispiel ein grundlegender Unterschied, ob sich der Frage von Krieg und Frieden nur unter moralischen-emotionalen oder auch unter politisch-normativen Vorzeichen genähert wird. Diesen Unterschied hat Stefan Brunner im Sinn: »Die moralische Frage, ob Krieg an sich abzulehnen ist oder ob er unter gewissen Umständen gerecht sein kann, ist falsch gestellt; hierzu kann es weder eine befriedigende noch eine intelligente Antwort geben. Die zutreffende Frage muß lauten, wie mit Gewalt umzugehen ist und wie bei einer Balance zwischen technischen und menschlich-psychologischen Mitteln Sicherheit möglichst effizient aufrechterhalten werden kann. Diese Frage ist freilich während einer vorwiegend moralisch geprägten ›Friedensdiskussion‹ in Deutschland noch überhaupt nicht gestellt worden.«[281] Der Einsatz von militärischen Mitteln kann aus Vernunftgründen nicht kategorisch für jede denkbare Situation ausgeschlossen werden. Eine »Friedensmacht« ist nicht derjenige Staat, der seine militärischen Zwangs- und Gewaltmittel vollständig liquidiert, denn es gibt Situationen, in denen es nicht nur zur Selbstverteidigung, sondern zur Verteidigung der gesamten Menschheit vernünftig ist, zur Gewalt zu greifen. Sicher ist aber nur eines: Kriegen kann ihre Legitimität nur dann einwandfrei zugesprochen werden, wenn ihnen keine kapitalistischen oder imperialen Interessen zu Grunde liegen. Aber auch, wenn den Alliierten im Zweiten Weltkrieg solche Interessen nicht fremd waren, war es richtig, daß sie gegen das Deutsche Reich und damit auch gegen Auschwitz Krieg geführt haben. Die militärische Intervention Vietnams gegen das massenmörderische Regime der Roten Khmer in Kambodscha 1979 war richtig und zugleich imperialistischen Motiven unverdächtig. In Ruanda hätte man 1994 militärisch intervenieren müssen, um einen Völkermord zu verhindern.

Wenn man allerdings wie Außenminister Joseph Fischer eine Interventionspflicht bei Völkermord fordert, bedarf es einer genauen und allgemein verbindlichen Definition dessen, was Völkermord überhaupt bedeutet. Und es bedarf einer unabhängigen Instanz, die darüber wacht, daß der Begriff des Völkermordes nicht zum Spielball partikularer Interessen wird.[282] Anson-

281 Brunner: *Deutsche Soldaten im Ausland*, a. a. O., S. 195 f.

282 Wie schwierig das ist, zeigt sich schon in der Frage der Motive für den NATO-Krieg gegen Serbien, wenn selbst ein Moralsoziologe wie Hondrich der Annahme verfällt, es gehe nicht um Interessen, sondern nur um Moral, der Krieg sei der erste moralische Krieg in Reinform:

sten schrumpft der Begriff des Völkermordes zu einem Etikett, das immer dann einer Situation zugewiesen wird, wenn mit einer militärischen Intervention gleichzeitig auch imperiale Interessen realisiert werden können, und das immer dann im Gebrauch vermieden wird, wenn imperiale Interessen nicht vorhanden sind. Schon Adorno macht darauf aufmerksam, daß der Begriff des Völkermordes nicht dazu taugt, nur dem Unsäglichen vorbehalten zu bleiben; er läßt sich auch in Anschlag bringen, wenn der Tatbestand nur zur Hälfte: »nahezu« erfüllt ist: »Was die Nazis den Juden antaten, war unsagbar: die Sprachen hatten kein Wort dafür, denn selbst Massenmord hätte gegenüber dem Planvollen, Systematischen und Totalen noch geklungen wie aus der guten alten Zeit des Degerlocher Hauptlehrers. Und doch mußte ein Ausdruck gefunden werden, wollte man nicht den Opfern, deren es ohnehin zu viele sind, als daß ihre Namen erinnert werden könnten, noch den Fluch des ›Nicht gedacht soll ihrer werden‹ antun. So hat man im Englischen den Begriff genocide geprägt. Aber durch die Kodifizierung, wie sie in der internationalen Erklärung der Menschenrechte niedergelegt ist, hat man zugleich, um des Protestes willen, das Unsagbare kommensurabel gemacht. Durch die Erhebung zum Begriff ist die Möglichkeit gleichsam anerkannt: eine Institution, die man verbietet, ablehnt, diskutiert. Eines Tages mögen vorm Forum der United Nations Verhandlungen darüber stattfinden, ob irgendeine neuartige Untat unter die Definition des genocide fällt, ob die Nationen das Recht haben einzuschreiten, von dem sie ohnehin keinen Gebrauch machen wollen, und ob nicht angesichts unvorhergesehener Schwierigkeiten in der Anwendung auf die Praxis der ganze Begriff des genocide aus den Statuten zu entfernen sei. Kurz danach gibt es mittelgroße Schlagzeilen in der Zeitungssprache: Genocidmaßnahmen in Ostturkestan nahezu durchgeführt.«[283]

Da eine solche unabhängige Instanz nicht existiert, es vermutlich auch so schnell nicht geben kann, ist der ganze Gedanke einer »Interventionspflicht bei Völkermord« nicht nur hinfällig, sondern mutet gefährlich an. Moral und Gewalt sind, so Karl Otto Hondrich, keine Gegensätze. »Mit der Steige-

»[Es] braucht der Krieg gegen Serbien Moral – mehr Moral als alle anderen Kriege, die der Westen in den letzten Jahrzehnten geführt hat. In ihnen ging es um Öl, strategische Positionen, die Eindämmung des Kommunismus oder die Unverletzlichkeit staatlicher Grenzen. Jetzt aber kämpft die Allianz weder für eigene Interessen noch für das Völkerrecht – eher dagegen. Als einzige Begründung für den Kriegszug gegen die Serben bleibt ihr die moralische, humanitäre. Der Kosovo-Krieg ist der erste moralische Krieg in Reinkultur.« – Karl Otto Hondrich: »Gegen Windmühlenflügel«, in: ders.: *Wieder Krieg*, a. a. O., S. 100. – Siehe Teil II, Kap. 7.

283 Theodor W. Adorno: *Minima Moralia*, in: ders.: *GW*, Bd. 4, Anhang, Aph. II.

rung moralischer Argumente steigern sich Rechtfertigungen und Potentiale der Destruktion.«[284] Und: »In dem Maße, in dem wir als Weltbürger Verantwortung übernehmen, werden die guten moralischen Gründe, in den Krieg zu ziehen, nicht weniger, sondern mehr.«[285] Das ist die »Eigendynamik einer Moral mit universalistischem Anspruch«. Diese Moral ist aber viel mehr »westlich« – aus dem Geist des Christentums und der Aufklärung entsprungen, sie ist das Gegenprogramm zur wahrhaft universalistischen Moral, die von allen Kulturen verstanden und geteilt wird: dem *quid pro quo* (»Wie du mir, so ich dir!«). Das westliche Gegenprogramm hat zwar universalistischen Anspruch, ist aber nicht universal, was man daran sehen kann, daß in ihrem Namen Kriege geführt werden, daß sie auf Gegenwehr und Konfrontation stößt.[286] Kriege moralisch zu beurteilen, ist deshalb keine Lösung; es führt in Parteilichkeit, Chaos und wieder Krieg. Die Moralisierung der Politik, die Politik der Moral, läßt das Freund–Feind-Denken wieder in Mode kommen. »Das Denken im Schema von Freund und Feind ist schon wegen der Undifferenziertheit seiner einzigen Differenzierung das am leichtesten zu vermittelnde Bild des Politischen. Es appelliert an die primitiven Instinkte des Menschen. (…) Gesinnung, der Einsatz für offene und ggf. schonungslose Darstellung der Probleme und Interessen im öffentlichen Diskurs, ist die Quelle der Unterscheidung zwischen Freund und Feind. Mit der Gesinnung immunisiert sich das politische System gegen die rationale Überprüfung seiner Entscheidungen, denn das Politische reduziert sich auf Glaubensfragen und Bekenntnisse.«[287]

Die richtige Frage ist dagegen die nach dem verantwortlichen Umgang mit den eigenen wie auch den fremden Gewaltpotentialen, um Kriege einzugrenzen oder gar zu verhindern. Wenn Streitkräfte auf Angriffspotentiale verzichten, kommt mehr Sicherheit in die Staatenwelt, ebenso auch in die innerstaatliche Welt. Deutschland und Europa wären erst dann Friedensmächte, wenn die Streitkräfte mit maximal ausreichendem Umfang in Form von Verteidigungsstreitkräften ausschließlich zur Landes- und Bündnisverteidigung ihrem strikten Wortsinn nach ausgerüstet und eingesetzt werden würden. Die Mitwirkung an UNO-Einsätzen im Sinne der UN-Charta und

284 Hondrich: »Gegen Windmühlenflügel«, a. a. O., S. 101.

285 Hondrich: »Die Zukunft des Krieges«, in: ders.: *Wieder Krieg*, a. a. O., S. 25.

286 Hinsichtlich des Problems der Infragestellung einer universell begründeten Moral siehe Gerhard Schweppenhäuser: »Metaphysik, Menschenrechte und die Utopie des moralischen Fortschritts. Richard Rortys Abrechnung mit der universalistischen Moralphilosophie«, in: Tatjana Freytag und Marcus Hawel (Hrsg.): *Arbeit und Utopie. Oskar Negt zum 70. Geburtstag*, Frankfurt am Main 2004, S. 137–160.

287 Brunner: *Deutsche Soldaten im Ausland*, a. a. O., S. 22.

KSZE ohne Kampfauftrag – jedoch mit der einzigen Ausnahme, wenn es darum geht, einen Völkermord der Dimension von Auschwitz zu verhindern –, scheint geboten, muß aber mit einer maximalen Ausweitung der Entwicklungshilfen, der maximalen Abrüstung und dem radikalen Stopp von Rüstung und -exporten einhergehen. Für militärische Einsätze der Europäischen Union bedürfte es wenigstens einer demokratischen Kontrolle durch das EU-Parlament, das heißt eines Parlamentsvorbehaltes wie er für Deutschland im Grundgesetz verankert ist, seit einiger Zeit aber stetig ausgehöhlt und schon bald durch ein Entsendegesetz faktisch ersetzt wird. Schließlich müßte gelten, daß äußere Souveränität dadurch ausgeübt wird, indem auf sie verzichtet wird, wie Stefan Brunner schreibt, »*positiv* durch Mitwirken am Bau einer vernünftigen Welt.«[288] So verstandene Souveränität wäre das direkte Gegenteil des Diktums von Carl Schmitt, wonach Souverän ist, wer über den Ausnahmezustand verfügt.

Europa wäre dann eine Friedensmacht, wenn es von der Umsetzung einer europäischen Militärstaatlichkeit abläßt und auf die »Weltintegration Europas« setzt. »Die Frage lautet daher im Grunde, ob Europa so fortfahren soll wie bisher, nur in größerem Maßstab, oder ob sich auch für die Europäer der Gedanke der Integration, der zur Institutionalisierung Europas geführt hat, als Leitlinie für ihre Weltpolitik erweist.«[289] Anders gesagt: Eine angemessene Inanspruchnahme von Normalisierung würde unter anderem darin bestehen, daß die Integration der Welt am Beispiel Europas fortgeführt wird. – Jedenfalls nicht darin, einer von Deutschland dominierten EU die Attribute einer imperialistischen Großmacht zu verschaffen, die sich im globalen Kräftespiel mit China, Rußland und den USA mißt.

288 Ebd., S. 226.
289 Ebd., S. 223.

Literatur- und Quellenverzeichnis

»›2.17 Uhr war alles vorbei‹, Petra Bläss im Gespräch«, in: *Freitag*, Nr. 17 vom 17. März 2000.

»Abmarsch in Richtung Sonderweg«, in: *Süddeutsche Zeitung* vom 20. Juni 1991.

Adam, Rudolf G.: »Die gemeinsame Außen- und Sicherheitspolitik der Europäischen Union nach dem Vertrag von Nizza«, in: Gisela Müller-Brandeck-Bocquet (Hrsg.): *Europäische Außenpolitik, GASP- und ESVP-Konzeptionen ausgewählter Mitgliedstaaten*, Baden-Baden 2002.

Adorno, Theodor W.: *Minima Moralia*, in: ders.: *GW*, Bd. 4, Frankfurt am Main 1951.

—: »Meinung Wahn Gesellschaft«, in: ders.: *Eingriffe. Neun kritische Modelle*, Frankfurt am Main 1963, S. 147–172.

—: »Fortschritt«, in: ders.: *Stichworte. Kritische Modelle* 2, Frankfurt am Main 1969, S. 29–50.

—: »Erziehung nach Auschwitz«, in: ders.: *Erziehung zur Mündigkeit*, Frankfurt am Main 1971.

—: *Negative Dialektik*, Frankfurt am Main 1975.

—: »Beitrag zur Ideologienlehre« (1954), in: ders.: *Soziologische Schriften I*, Frankfurt am Main 1979.

AG Friedensforschung an der Uni Kassel, Veranstalter des Friedenspolitischen Ratschlags: »Durfte Berlin der neuen NATO-Strategie zustimmen? Verhandlung vor dem Bundesverfassungsgericht Fischer und Scharping haben gegen die PDS-Argumente einen schweren Stand«, Internet: ⟨`http://www.uni-kassel.de/fb5/frieden/themen/NATO/klage.html.`⟩.

Albrecht, Ulrich: »Nachdenken über Militär in Deutschland. Zwei Jahre Rot-Grün Eine friedenspolitische Zwischenbilanz«, Dossier Nr. 36: Halbzeit!, in: *Wissenschaft und Frieden* (*W&F*) 4/2000: »Frieden als Beruf«, Oktober 2000.

Algieri, Franco: »Die Europäische Sicherheits- und Verteidigungspolitik«, in: Werner Weidenfeld (Hrsg.): *Europa-Handbuch*, Gütersloh 2002.

Alter, Peter: *Der Imperialismus. Grundlagen – Probleme – Theorien*, Stuttgart 1988.

Anderson, Benedict: *Die Erfindung der Nation: Zur Karriere eines folgenreichen Konzepts*, Frankfurt am Main/New York 1996.

Apel, Karl Otto: »Zurück zur Normalität? – Oder könnten wir aus der nationalen Katastrophe etwas Besonderes gelernt haben? Das Problem des (welt-)geschichtlichen Übergangs zur postkonventionellen Moral aus spezifisch deutscher Sicht«, in: ders.: *Diskurs und Verantwortung. Das Problem des Übergangs zur postkonventionellen Moral*, Frankfurt am Main 1990, S. 370–474.

Archiv der Gegenwart (AdG): *Deutschland 1949 bis 1999*, Berlin 2002.

Arendt, Hannah: *Eichmann in Jerusalem. Ein Bericht von der Banalität des Bösen* (1964), 9. Aufl., München 1995.

Arndt, Hans-Joachim: »Über die Belastbarkeit der Deutschen«, in: *Criticón*, Ausgabe Juli–Oktober 1980.

Aspen Institut Berlin und Carnegie Endowment for International Peace (Hrsg.): *Der trügerische Frieden. Bericht der Internationalen Balkan-Kommission*, Reinbek bei Hamburg 1997.

Auswärtiges Amt (Hrsg.): *Sicherheit und Zusammenarbeit in Europa. Dokumentation zum KSZE-Prozeß 1990/91*, Bonn 1991.

Bacon, Francis: *Novum organum*, in: The Works of Francis Bacon, London 1857.

Baden, Max von: »Denkschrift über den ›ethischen Imperialismus‹ vom 20. März 1918«, in: ders.: *Erinnerungen und Dokumente*, hrsg. v. Golo Mann und Andreas Burckhardt, Stuttgart 1968.

Badstübner, Rolf: *Restauration in Westdeutschland 1945–1949*, Berlin (Ost) 1965.

Bahr, Egon: »Die Verfassung steht über dem Bündnis«, in: Dieter S. Lutz (Hrsg.): *Deutsche Soldaten weltweit? Blauhelme, Eingreiftruppen, »out of area« – Der Streit um unsere sicherheitspolitische Zukunft*, Reinbeck bei Hamburg 1993, S. 53–59.

—: *Deutsche Interessen – Streitschrift zu Macht, Sicherheit und Außenpolitik*, München 1998.

Bannas, Günter: »Manchem fällt der Abschied vom Sozialismus schwer – Der Perspektiv-Kongreß der Grünen im Zeichen des Wandels in der DDR«, in: *FAZ* vom 20. November 1989.

—: »Emotion gegen Rationalität, Bauch gegen Kopf. Klare Verhältnisse durch die Abstimmung«, in: *FAZ* vom 17. November 1995.

—: »Sozial im Inneren, friedlich im Äußeren. Die SPD und ihr ›deutscher Weg‹«, in: *FAZ* vom 6. August 2002, S. 3.

Baring, Arnulf: »Wir leben noch immer, leben seit 1990 wieder im Deutschland Bismarcks.« – Vortrag vor der Hans-Martin-Schleyer-Stiftung, Bd. 36, Stuttgart 1992.

—: *Es lebe die Republik, es lebe Deutschland! Stationen demokratischer Erneuerung 1949–1999*, Stuttgart 1999.

Beneke, Friedrich Eduard: *Grundlinien des natürlichen Systems der praktischen Philosophie*, Bd. 1: Allgemeine Sittenlehre, 1837.

Benjamin, Walter: »Zur Kritik der Gewalt«, in: ders.: *GS*, Bd. II.1, Frankfurt am Main 1977, S. 179–203.

—: »Über den Begriff der Geschichte«, in: ders.: *GS*, Bd. I.2, Frankfurt am Main 1974, S. 691–704.
Bergeron, Louis, Furet, François und Koselleck, Reinhart (Hrsg.): *Das Zeitalter der europäischen Revolution 1780–1848*, Fischer Weltgeschichte Bd. 26, Frankfurt am Main 1969.
Biefang, Andreas: *Der gesamtdeutsche Ausschuß. Sitzungsprotokolle des Ausschusses für gesamtdeutsche Fragen des Deutschen Bundestages 1949–1953*, Düsseldorf 1998.
Biermann, Wolf und Klönne, Arno: *Globale Spiele*, Köln 2001.
Bloch, Ernst: *Naturrecht und menschliche Würde*, Frankfurt am Main 1961.
Böckenförde, Ernst-Wolfgang: »Welchen Weg geht Europa?«, C.F.v. Siemens Stiftung (Hrsg.), München 1997.
Böge, Volker: »Schritt für Schritt und immer schneller – Die Militarisierung der europäischen Integration«, in: *Wissenschaft & Frieden*, 3/2000.
Börne, Ludwig: »Die Kunst, in drei Tagen ein Originalschriftsteller zu werden«, in: ders.: Menzel der Franzosenfresser und andere Schriften, Hrsg. von Walter Hinderer, Frankfurt am Main 1969, S. 54–56.
Bohle, Dorothea: »Erweiterung und Vertiefung der EU. Neoliberale Restrukturierung und transnationales Kapital«, in: *Prokla* 128/2002, S. 353–376.
Bohse, Reinhard, Hartmann, Grit und Heise, Ulla: *Jetzt oder nie – Demokratie! Leipziger Herbst '89. Zeugnisse, Gespräche, Dokumente. Mit einem Vorwort von Rolf Henrich*, Leipzig 1989.
Borkenhagen, Franz H. U.: *Außenpolitische Interessen Deutschlands. Rolle und Aufgabe der Bundeswehr*, Bonn/Berlin 1997.
Brand, Christoph-Matthias: *Souveränität für Deutschland. Grundlagen, Entstehungsgeschichte und Bedeutung des Zwei-plus-Vier-Vertrages vom 12. September 1990*, Köln 1993.
Brand, Ulrich u.a.: *Global Governance*, Münster 2000.
Brandt, Peter und Ammon, Herbert: *Die Linke und die nationale Frage*, Reinbeck 1981.
Brecht, Bertolt: »Fragen eines lesenden Arbeiters«, in: ders.: *Kalendergeschichten*, Hamburg 1953.
Brisard, Jean-Charles und Dasquié, Guillomme: *Die verbotene Wahrheit. Die Verstrickung der USA mit Osama Bin Laden*, Zürich/München 2002.
Brückner, Peter: *Versuch, uns und anderen die Bundesrepublik zu erklären*, Berlin 1979.
—: *Das Abseits als sicherer Ort. Kindheit und Jugend zwischen 1933 und 1945*, Berlin 1980.
Brumlik, Micha: »Die Linke an der Macht«, in: *Blätter für deutsche und internationale Politik*, Nr. 12, 1998.
Brunner, Stefan: *Deutsche Soldaten im Ausland. Fortsetzung der Außenpolitik mit militärischen Mitteln?*, München 1993.
Bucerius, Gerd: »Unsere Anmaßung«, in: *Die Zeit* vom 1. Februar 1991.

Buckmiller, Michael: »Geopolitik: Eine Weltmachttheorie für ›Jebildete‹. Randglossen zu einer neuerwachten Diskussion mit Hinweisen auf eine Ideologiekritik von Karl Korsch aus dem Jahre 1943«, in: *Berliner Debatte Initial*, 4/5, 1995.

»Bündnisgrüne setzten außenpolitisch auf die OSZE. Außenpolitiker Volmer auch für begrenzte Gewalt zur Embargodurchsetzung«, in: *taz* vom 2. Oktober 1995.

Bulletin des Presse- und Informationsdienstes der Bundesregierung, Nr. 24 vom 3. Mai 1999.

Bundesministerium der Verteidigung (Hrsg.): »Die Verteidigungspolitische Richtlinien für den Geschäftsbereich des Bundesministers der Verteidigung «, (VPR 1992), Bonn 1992.

—: »Konzeptionelle Leitlinien zur Weiterentwicklung der Bundeswehr«, Bonn, 12. Juli 1994.

—: »Verteidigungspolitische Richtlinien für den Geschäftsbereich des Bundesministers der Verteidigung«, (VPR 2002), Berlin 2002, Internet: ⟨`http://www.bmvg.de/misc/pdf/sicherheit/vpr_broschuere.pdf`⟩.

Butenschön, Rainer und Spoo, Eckart (Hrsg.): *Töten – Plündern – Herrschen. Wege zu neuen Kriegen*, Hamburg 2003.

Byers, Michael: »Der Irak und der Fall Caroline«, in: *Le Monde diplomatique*, 9/2002, S. 9.

Canguilhem, Georges: *Das Normale und das Pathologische*, aus dem Französischen von Monika Noll und Rolf Schubert, München 1974.

Centre National De La Recherche Scientifique (Hrsg.): *Trésor de la langue francaise est informatise*, Paris 1986.

Chapman, Philip C.: »The New Conservatism. Cultural Criticism vs. Political Philosophy«, in: *Political Science Quarterly* 75, 1960, p. 17–34; Übersetzung in: *Konservativismus*, hrsg. v. Hans Gerd Schumann, Köln 1974, S. 355–369.

Charta der Vereinten Nationen, Internet: ⟨`http://www.unric.org/Charter.html`⟩.

Chiclet, Christophe: »Die UÇK – eine militärische Karriere«, in: *Le Monde diplomatique* vom 14. Mai 1999.

Chossudovsky, Michel: *Global Brutal. Der entfesselte Welthandel, die Armut, der Krieg*, Frankfurt am Main 2002.

Christmann, Stefanie: »Magier der Worte. Joseph Fischer ist der personifizierte Gnadenakt für alle, die ihre Renitenz herunterwürgen wollen«, in: *Freitag*, Nr. 19 vom 7. Mai 1999.

Cicero, Marcus Tullius: *Gespräche in Tusculum*, Berlin 2003.

—: *Acad. rel.*, Bd. II.

Claussen, Detlev: *Grenzen der Aufklärung. Die gesellschaftliche Genese des modernen Antisemitismus*, (überarb. Neuausgabe) Frankfurt am Main 1994.

»Clintons Besuch bekräftigt ›Partnerschaft in der Führung‹«, in: *FAZ* vom 11. Juli 1994.

Commission on Global Governance: *Nachbarn in einer Welt. Der Bericht der Kommission für Weltordnungspolitik*, Stiftung Entwicklung und Frieden, Bonn 1995.
Comte, Auguste: *System de politique positive*, 1–4, Bd. 1, Paris 1851–54.
Cremer, Ulrich: »Militärische Emanzipationsversuche der EU«, in: Ulrich Cremer und Dieter S. Lutz (Hrsg.): *Die Bundeswehr in der neuen Weltordnung*, Hamburg 2000, S. 21–35.
Cremer, Ulrich und Lutz, Dieter S. (Hrsg.): *Die Bundeswehr in der neuen Weltordnung*, Hamburg 2000.
Crome, Erhard: *Die Linke und ihr Verhältnis zu Nation und Nationalstaat. Die Nation zwischen Europäischer Union und Regionen*, Berlin 2001.
Dahmer, Helmut: *Pseudonatur und Kritik. Freud, Marx und die Gegenwart*, Frankfurt am Main 1994.
»Das Einmaleins der Marktwirtschaft«, in: *Die Zeit* vom 1. Dezember 1989, S. 30.
»Das Strategische Konzept des Bündnisses am 23. und 24. April 1999«, in: *NATO-Brief*, Jg. 47, Nr. 2, Brüssel 1999.
»Der Bruderkrieg«, Dokumentationsfilm von P. Mitchell, ORF, Teil III: »Der Kampf um Titos Erbe«, ausgestrahlt im ZDF am 30. November 1995.
»Der Farbbeutel, den ich geschmissen habe, sollte Joseph Fischer treffen«, Internet: ⟨http://www.archiv-kiel.de/war_mal/no_nato/texte/presse02.html⟩.
»Deutschland ist eine Nation westlichen Typs geworden«, Interview mit dem Koordinator für eine deutsch-französische Zusammenarbeit, Rudolf von Thadden, in: *FR* vom 10. Juni 2000.
»Die Erweiterung der EU. Eine neue Etappe im Kampf um ein deutsch dominiertes Europa«, in: *Gegenstandpunkt* – Politische Vierteljahresschrift, 2/94, S. 3–25.
»Die Sonderwege sind zu Ende«, Gespräch mit dem Berliner Historiker Heinrich August Winkler, in: *Der Spiegel* 40/2000.
»Die Struck-Doktrin«, in: *FAZ* vom 6. Dezember 2002.
Dierkes, Meinolf: »Zukunftsforschung gilt bis heute als akademisch wenig reputierlich«, in: *FR* vom 23. Dezember 1996, S. 14.
Dietze, Carola: *Nachgeholtes Leben. Helmuth Plessner 1892–1985*, Göttingen 2006.
—: »Selbstvergewisserung im Exil. Autobiographische Dimensionen einer Meistererzählung: ›Die verspätete Nation‹ von Helmuth Plessner«, in: Gerald Hartung und Kay Schiller (Hrsg.): *Weltoffener Humanismus. Philosophie, Philologie und Geschichte in der deutsch-jüdischen Emigration*, Bielefeld 2006, S. 111–131.
Diner, Dan: »Ein Schlüsselereignis – Die atlantische Gegenwartskultur setzt auf dem Balkan ein unübersehbares Signal«, in: *Die Zeit*, vom 10. Juni 1999, S. 45 f.
Dirks, Walter: »Der restaurative Charakter der Epoche«, in: *Frankfurter Hefte* 5, 1950, S. 942–954, wieder abgedruckt in: *Konservativismus*, hrsg. v. Hans Gerd Schumann, Köln 1974, S. 262–275.

Dönhoff, Marion Gräfin: »Am Ende aller Geschichte? – Die Niederlage des Marxismus bedeutet nicht den Triumph des Kapitalismus«, in: *Die Zeit* vom 22. September 1989.
Doering-Manteuffel, Anselm: *Wie westlich sind die Deutschen? Amerikanisierung und Westernisierung im 20. Jahrhundert*, Göttingen 1999.
Donges, Juergen B.: »Finanzierung und Transfers – Die Kosten der Erweiterung«, in: Walter-Raymond-Stiftung der BDA (Hrsg.): *Die Osterweiterung der EU und ihre Folgen für Deutschland*, 39. Kolloquium, Berlin 2001, S. 79–82.
»Dschibuti: Die Angst fährt mit«, Homepage ARD-Weltspiegel, Internet: ⟨`http://www.ndrtv.de/weltspiegel/20030309/dschibuti.html.`⟩.
Dulles, John F.: *Krieg oder Frieden*, Wien/Stuttgart 1950.
Durkheim, Emile: *Die Regeln der soziologischen Methode* (1895), Frankfurt am Main 1991.
Ebeling, Hans: *Rüstung und Selbsterhaltung*, Paderborn 1983.
—: *Martin Heidegger und Ideologie*, Reinbeck 1991.
Eckert, Dirk: »Die Sicherheit Deutschlands wird auch am Hindukusch verteidigt«, in: *telepolis* vom 13. Dezember 2002, Internet: ⟨`http://www.heise.de/tp/deutsch/inhalt/co/13778/1.html`⟩.
»Eine neue Form der Selbstverteidigung – Bundeskanzler Gerhard Schröder über die Bedrohung der westlichen Zivilisation und Deutschlands Rolle in der Welt. Ein *Zeit*-Gespräch von Gunter Hofmann und Michael Naumann«, in: *Die Zeit* 43/2001.
Elsässer, Jürgen und Markovits, Andrei S.: »Ein deutsches Coming-out? Streitgespräch: Die Linke, der Krieg und mögliche Verkürzungen in Goldhagens Holocaust-Analyse«, in: dies. (Hrsg.): *»Die Fratze der eigenen Geschichte« Von der Goldhagen-Debatte zum Jugoslawien-Krieg*, Berlin 1999, S. 186–202.
Engels, Friedrich: »Das Begräbnis von Karl Marx«, in: *MEW*, Bd. 19, Berlin 1978.
Enzensberger, Hans Magnus: »Traktat vom Trampeln«, in: *Der Spiegel* vom 14. Juni 1976.
—: »Hitlers Widergänger«, in: *Der Spiegel* 6/1991.
»Es begann mit einer Lüge. Wie die Nato im Krieg um Kosovo Tatsachen verfälschte und Fakten erfand«, Film von Jo Angerer und Mathias Werth, WDR, ausgestrahlt in der ARD am 8. Februar 2001; Internet: ⟨`http://www.uni-kassel.de/fb5/frieden/themen/NATO-Krieg/ard-sendung.html`⟩.
»Es gilt der Grundsatz der ›uneingeschränkten Solidarität‹. Schröder und Aznar bekräftigen Unterstützung für die Amerikaner«, in: *FAZ* vom 5. Oktober 2001.
»ESVP: Schlüsselprojekt der europäischen Einigung«, Internet: ⟨`http://www.auswaertiges-amt.de/www/de/eu-politik/gasp/ESVP-html`⟩.
Europäischer Konvent: *Vertrag über eine Verfassung für Europa*, Entwurf vom 10. Juli 2003, Internet: ⟨`http://european-convention.eu.int/docs/Treaty/cv00850.de03.pdf`⟩.

—: (Helsinki): »Schlußfolgerungen des Vorsitzes, II. Gemeinsame Europäische Sicherheits- und Verteidigungspolitik«, 10./11. Dezember 1999, Internet: ⟨http://europa.eu.int/council/off/conclu/dec99/dec99_de.htm⟩.
—: (Santa Maria da Feira): »Schlußfolgerungen des Vorsitzes, C. Gemeinsame Europäische Sicherheits- und Verteidigungspolitik«, 19./20. Juni 2000, Internet: ⟨http://www.europarl.eu.int/summits/fei1_de.htm⟩.
—: (Laeken): »Schlußfolgerungen des Vorsitzes«, Internet: ⟨http://www.bundesregier de/artikel,-65427/Schlussfolgerungen-des-Vorsitz.htm⟩.
Europäische Union: *Vertrag über eine Verfassung für Europa*, Luxemburg 2005.
Fahrni, Oliver: »Die Wurzeln des Terrors«, in: *Die Woche* vom 21. September 2001, S. 5.
Fallgot, Roger: »How Germany backed KLA«, in: *The European*, 7–21, September 1998, S. 21–27.
Fest, Joachim C.: *Hitler*, Frankfurt am Main/Berlin 1995.
Fetscher, Iring: »Die Suche nach der nationalen Identität«, in: Jürgen Habermas: *Stichworte zur »Geistigen Situation der Zeit«*, Bd. 1: Nation und Republik, Frankfurt am Main 1979, S. 115–131.
—: »Bewahren zur Sicherung der Zukunft. Eine Aufgabe für die Linke«, in: *Konservativismus in der Strukturkrise*, hrsg. v. Thomas Kreuder und Hanno Loewy, Frankfurt am Main 1987, S. 205–220.
Fichte, Johann Gottlieb: *Beitrag zur Berichtigung der Urteile des Publikums über die französische Revolution* (1794), Hamburg 1973.
Fischer, Fritz: *Griff nach der Weltmacht. Die Kriegszielpolitik des kaiserlichen Deutschland 1914/18*, Düsseldorf 1961.
—: *Juli 1914: Wir sind nicht hineingeschlittert. Das Staatsgeheimnis um die Riezler-Tagebücher*, Hamburg 1983.
Fischer, Joseph: »Die Katastrophe in Bosnien und die Konsequenzen für unsere Partei Bündnis 90/Die Grünen. Ein Brief an die Bundestagsfraktion und an die Partei«, vom 30. Juli 1995, Internet: ⟨http://www.oeko-net.de/kommune/briefe/kom201.htm⟩.
—: »Vom Staatenbund zur Föderation – Gedanken über die Finalität der europäischen Integration«, Rede am 12. Mai 2000 in der Humboldt-Universität zu Berlin.
Fischer, Michael: »New World Order statt Weltherrschaft – ›Globale Sicherheit‹ aus transatlantischer Perspektive«, in: *sopos* 7/2002, Internet: ⟨http://sopos.org/aufsaetze/3d1ca0fa61d41/1.phtml⟩.
Foucault, Michel: *Wahnsinn und Gesellschaft. Eine Geschichte des Wahns im Zeitalter der Vernunft*, Frankfurt am Main 1973.
—: *Überwachen und Strafen. Die Geburt des Gefängnisses*, Frankfurt am Main 1976.
François-Poncet, Jean: »Die europäische Herausforderung für Frankreich und Deutschland«, in: *Europa Archiv* 11, 1991, S. 327 ff.

Franke, Berthold: *Die Kleinbürger. Begriff, Ideologie, Politik*, Frankfurt am Main/New York 1988.
Frankenberg, G., Krämer-Badoni, Th., Menschel, S. und Rödel, U.: »Politische Tendenzwende«, in: M. Tohidipur (Hrsg.): *Der bürgerliche Rechtsstaat*, 2. Bd., Frankfurt am Main 1978.
Frankenberger, Klaus-Dieter: »Neue strategische Partnerschaft«, in: *FAZ* vom 12. Juli 1994.
—: »Entscheidung von Fall zu Fall. Die Nato will nicht und wird nicht in aller Welt auftreten«, in: *FAZ* vom 27. April 1999.
Französischen Botschaft in Bonn (Hrsg.): »Frankreich-Info«, Nr. 93 vom 8. Dezember 1998.
Frei, Norbert: *Vergangenheitspolitik. Die Anfänge der Bundesrepublik und der NS-Vergangenheit*, München 1996.
Freud, Sigmund: »Die Freudsche psychoanalytische Methode« (1904), in: ders.: *Studienausgabe*, Erg.-Bd., Frankfurt am Main 1975.
Freytag, Tatjana und Hawel, Marcus (Hrsg.): *Arbeit und Utopie. Oskar Negt zum 70. Geburtstag*, Frankfurt am Main 2004.
Frohn, Axel: »Adenauer und die deutschen Ostgebiete in den fünfziger Jahren«, in: *Vierteljahreshefte für Zeitgeschichte* 44, 1996, S. 485–525.
Fürst, Dietrich: »Regional Governance zwischen Wohlfahrtsstaat und neo-liberaler Marktwirtschaft«, in: Ines Katenhusen und Wolfram Lamping (Hrsg.): *Demokratien in Europa. Der Einfluß der europäischen Integration auf Institutionenwandel und neue Konturen des demokratischen Verfassungsstaates*, Opladen 2003, S. 251–267.
Gahler, Michael: »Die Osterweiterung aus der Innensicht Deutschlands«, in: Walter-Raymond-Stiftung der BDA (Hrsg.): *Die Osterweiterung der EU und ihre Folgen für Deutschland*, 39. Kolloquium, Berlin 2001, S. 43–55.
Gassert, Phillip: »Ex Occidente Lux? Der Westen als nationaler Mythos der Berliner Republik«, in: *vorgänge* Heft 2/2001, S. 15–22.
Geis, Matthias: »Fischer, der Krieg und die Vision – Der deutsche Außenminister zeigt sich als treuer Partner der USA – um damit eine gewichtigere deutsche Rolle in der Welt einzufordern«, in: *Die Zeit*, 40/2001.
Geiss, Imanuel: *Die Habermas-Kontroverse. Ein deutscher Streit*, Berlin 1988.
German Information Center: »German Support for the Reform Process in the Former Soviet Union and Eastern Europe«, März 1995.
Gilbert, Gustave M.: *Nürnberger Tagebuch*, aus dem Amerikanischen ubertragen von Margaret Carroux, Frankfurt am Main 1962.
Gimbel, John: *The Origins of the Marshall Plan*, Stanford 1976.
Glotz, Peter: *Die falsche Normalisierung. Die unmerkliche Verwandlung der Deutschen 1989 bis 1994*, Frankfurt am Main 1994.
Goethe, J.W.: *Faust*, 1. Teil, in: ders.: *Werke* Bd. 3, Frankfurt am Main 1970.

Goldendach, Walter von und Minow, Hans-Rüdiger: *Von Krieg zu Krieg. Die deutsche Außenpolitik und die ethnische Parzellierung Europas*, 3. Aufl., Berlin 1999.

Görres, Joseph: *Der allgemeine Frieden, ein Ideal von 1798*, in: *Ausgewählte Werke*, hrsg. v. Wolfgang Frühwald, Bd. 1, Freiburg u.a. 1978.

Gorbatschow, Michail: *Perestroika. Die zweite russische Revolution. Eine neue Politik für Europa und die Welt*, München 1989.

—: *Glasnost. Das neue Denken*, Berlin 1989.

Grässlin, Jürgen: »Bronze für Deutschland«, in: *Zeitung zum Sonntag*, vom 24. Juni 2001.

Gramsci, Antonio: *Gefängnishefte*, Kritische Gesamtausgabe, 7. Bd., Hamburg 1991–96.

Grebing, Helga: »Positionen des Konvervatismus in der Bundesrepublik, Konservatismus – Eine deutsche Bilanz« (1971), wieder abgedruckt in: *Konservativismus*, hrsg. v. Hans Gerd Schumann, Köln 1974, S. 290–314.

Grefe, Christiane, Greffrath, Matthias und Schumann, Harald: *attac. Was wollen die Globalisierungskritiker?*, Berlin 2002.

Grimm, Dieter: »Der Mangel an europäischer Demokratie«, in: *Der Spiegel* 43/1992, S. 57–59.

—: *Die Zukunft der Verfassung*, 2. Aufl., Frankfurt am Main 1994.

Habermas, Jürgen (Hrsg.): *Stichworte zur »Geistigen Situation der Zeit«*, Bd. 1: Nation und Republik, Frankfurt am Main 1979.

—: *Die Neue Unübersichtlichkeit*, Frankfurt am Main 1985.

—: *Eine Art Schadensabwicklung*, Frankfurt am Main 1987.

—: *Die nachholende Revolution*, Frankfurt am Main 1990.

—: *Vergangenheit als Zukunft. Das alte Deutschland im neuen Europa? Ein Gespräch mit Michael Haller* (1991), München 1993.

—: »Die Festung Europa und das neue Deutschland«, in: *Die Zeit* 22/1993.

—: *Die Normalität einer Berliner Republik*, Frankfurt am Main 1995.

—: *Die postnationale Konstellation. Politische Essays*, Frankfurt am Main 1998.

—: *Zeit der Übergänge. Kleine Politische Schriften IX*, Frankfurt am Main 2001.

—: »Gegenmacht Europa? Nachfragen«, Interview, in: *Blätter für deutsche und internationale Politik*, Juli 2003, S. 801–806.

—: *Der gespaltene Westen. Kleine Politische Schriften*, Bd. X, Frankfurt am Main 2004.

Habermas, Jürgen und Derrida, Jacques: »Der 15. Februar oder: Was die Europäer verbindet«, in: *FAZ* vom 31. Mai 2003, S. 33 f.

Hacke, Christian: »Nationales Interesse als Handlungsmaxime für die Außenpolitik Deutschlands«, in: Karl Kaiser und Joachim Krause (Hrsg.): *Deutschlands neue Außenpolitik*, Bd. 3: Interessen und Strategien, 1996, S. 3–13.

—: »Die deutsche Außenpolitik im Irak-Krieg«, in: *Gewerkschaftliche Monatshefte* 4/2003, S. 215–221.

Haftendorn, Helga: »Führungsmacht Deutschland? – Ein Rückblick auf die Rolle der Deutschen in Europa«, in: Werner Weidenfeld (Hrsg.): *Was ändert die Einheit? Deutschlands Standort in Europa*, Gütersloh 1993.

Halbwachs, Maurice: *Das kollektive Gedächtnis*, Stuttgart 1967.

Haller, Carl Ludwig von: *Restauration der Staatswissenschaft oder Theorie des natürlichgeselligen Zustands, der Chimäre des künstlichbürgerlichen entgegengesetzt*, Bd. 1–6, Winterthur 1816–1834.

Hartmann, Ralph: *Die ehrlichen Makler. Die deutsche Außenpolitik und der Bürgerkrieg in Jugoslawien. Eine Bilanz.*, Berlin 1998.

Hausleitner, Mariana, Mihok, Brigitte und Wetzel, Juliane (Hrsg.): *Rumänien und der Holocaust. Zu den Massenverbrechen in Transnistrien 1941–1944*, Berlin 2001.

Hawel, Marcus: *Vom Untertan zur Ware Arbeitskraft. Zur Disziplinierung der bürgerlichen Gesellschaft in den Theorien von Hobbes, Hegel und Marx*, unveröffentlichte Magisterarbeit, Mai 1999 am Institut für Soziologie und Sozialpsychologie der Leibniz Universität Hannover.

—: »Die normalisierte Nation? Zur Geschichtsbewältigung in der Berliner Republik«, in: *vorgänge* 155, 40. Jg., 2001, Heft 3, S. 331–337.

—: »Warum sollen Linke sich an dieser Nation erfreuen?«, in: *Freitag*, 17/2002.

—: »Weltgesellschaft ohne Revolution?«, in: Michael Jäger (Hrsg.): *Globalisierung, Nation, Internationalismus. Orte des Widerstands – eine linke Debatte*, Berlin 2002, S. 77–97.

—: »Global War Player. Deutschlands Normalisierung der Außenpolitik«, in: Rainer Butenschön und Eckart Spoo (Hrsg.): *Töten – Plündern – Herrschen. Wege zu neuen Kriegen*, Hamburg 2003, S. 44–54.

—: »Ein Begriff muß bei dem Worte sein. Theorie und Praxis in den Sozialwissenschaften«, in: *Zeitschrift für kritische Theorie*, 10. Jg., Nr. 18/19 (2004), S. 73–79.

Hegel, G.W.F.: *Vorlesungen über die Philosophie der Religion*, Bd. II, in: ders.: *Werke* Bd. 17, Frankfurt am Main 1969.

—: *Phänomenologie des Geistes*, Frankfurt am Main 1986.

—: *Grundlinien der Philosophie des Rechts*, in: ders.: *Werke*, Bd. 7, Frankfurt am Main 1970.

—: *Vorlesungen über Speculative Philosophie*, in: ders.: *Schriften und Entwürfe 1799–1808*, *GW* Bd. 5, hrsg. v. Manfred Baum u. Kurt Rainer Meist, Hamburg 1998.

—: »Über die wissenschaftlichen Behandlungsarten des Naturrechts, seine Stelle in der praktischen Philosophie und sein Verhältnis zu den positiven Rechtswissenschaften« (1802/03), in: ders.: *Jenaer Schriften*, *Werke* Bd. 2, Frankfurt am Main 1970.

Heimann, Gerhard: »Die Auflösung der Blöcke und die Europäisierung Deutschlands«, in: *Europa-Archiv* 5/1990.

Heine, Heinrich: *Zur Geschichte der Religion und Philosophie in Deutschland*, in: ders.: *Werke in drei Bänden*, Bd. 3: Schriften zu Literatur und Politik, München, S. 395–520.

—: »Nachtgedanken«, in: ders.: *Werke*, Bd. 1, Köln 1995, S. 295–297.
Heintel, Peter: *Hegel. Der letzte universelle Philosoph*, Göttingen 1970.
Herbert, Ulrich: »Vom Reich zur ›postklassischen Nation‹ – Heinrich August Winklers ›Deutsche Geschichte‹«, in: *Neue Zürcher Zeitung* vom 25./26. November 2000.
Herbst, Ludolf: *Option für den Westen. Vom Marshallplan bis zum deutsch-französischen Vertrag*, 2. durchgesehene Aufl., 1996.
Hertel, Wolfram: *Supranationalität als Verfassungsprinzip. Normativität und Legitimation als Elemente des Europäischen Verfassungsrechts*, Berlin 1999.
Herzinger, Richard: »Die besseren Amerikaner sind wir«, in: *Die Zeit*, 41/2002.
Heym, Stefan: »Ist die DDR noch zu retten? – Aus dem real existierenden muß ein wirklicher Sozialismus werden«, in: *Die Zeit* vom 13. Oktober 1989, S. 5.
Himmler, Heinrich: »Denkschrift über die Behandlung der Fremdvölkischen im Osten« (Mai 1940), in: *Vierteljahreshefte für Zeitgeschichte*, Nr. 5, 1957, S. 194–198.
»Historikerstreit«, Die Dokumentation der Kontroverse um die Einzigartigkeit der nationalsozialistischen Judenvernichtung, München 1987.
Historisches Wörterbuch der Philosophie, hrsg. v. Joachim Ritter u. Karlfried Gründer, Bd. 6: Mo-O, Basel 1984.
Hobbes, Thomas: *Leviathan oder Stoff, Form und Gewalt eines kirchlichen und bürgerlichen Staates*, hrsg. v. Iring Fetscher, Frankfurt am Main 1984.
Hobson, John A.: *Der Imperialismus* (1902), Köln/Berlin 1970.
Hofbauer, Hannes: *Osterweiterung – Vom Drang nach Osten zur peripheren EU-Integration*, Wien 2003.
Hofmann, Gunter: »Lauter Versuche, auf der Höhe der Zeit zu bleiben«, in: *Die Zeit* 12/90.
Hofwiler, Roland: »Kinkel schließt militärisches Eingreifen nicht aus«, in: *taz* vom 3. Juni 1992.
Hondrich, Karl Otto: *Wieder Krieg*, Frankfurt am Main 2002.
Horkheimer, Max: »Bemerkungen zur philosophischen Anthropologie« (1935), in: ders.: *GS*, Bd. 3, Frankfurt am Main 1988.
—: »Die Juden in Europa«, in: ders.: *GS*, Bd. 4, Frankfurt am Main 1988, S. 308–331.
Horkheimer, Max und Adorno, Theodor W.: *Dialektik der Aufklärung. Philosophische Fragmente*, Frankfurt am Main 1988.
Huntington, Samuel P.: *The Clash of Civilization and the Remaking of World order*, New York 1996.
International Institute of Strategic Studies: *The Military Balance 1992–1993*.
Jäger, Michael: *Probleme und Perspektiven der Berliner Republik*, Münster 1999.
—: »Blöcke«, in: Wolfgang Fritz Haug (Hrsg.): *Historisch-kritisches Wörterbuch des Marxismus*, Bd. 2, Hamburg 1995, S. 261–267.
—: (Hrsg.): *Globalisierung, Nation, Internationalismus. Orte des Widerstands – eine linke Debatte*, Berlin 2002.

Jaeger, H. E. H.: »La norme d'aprés la doctrine des humanistes et des auteurs du droit naturel«, in: *La norma en el Derecho Canonico. Actas del III congr. intern des Derecho Canonico*, I, Pamplona 1979.
Jahrreiß, Hermann: »Die Souveränität der Staaten. Ein Wort – mehrere Begriffe – viele Mißverständnisse«, in: Hanns Hermann (Hrsg.): *Die Entstehung des modernen souveränen Staates*, Köln/Berlin (West) 1967.
Jaspers, Karl: *Freiheit und Wiedervereinigung. Über Aufgaben deutscher Politik*, Neuausgabe, München 1990.
Jeismann, Karl-Ernst: *Das Problem des Präventivkriegs im europäischen Staatensystem mit besonderem Blick auf die Bismarck-Zeit*, Freiburg/München 1957.
Jessen, Jens: »Der Liberalismus hat gesiegt ... aber seine Toleranz verloren. Die Mitte ist das Maß, der Streit wird zum Spektakel«, in: *Die Zeit*, vom 21. März 2002.
Joffe, Josef: »Amerika und Deutschland«, in: Karl Kaiser und Joachim Krause (Hrsg.): *Deutschlands neue Außenpolitik*, Bd. 3: Interessen und Strategien, München 1996.
—: »Deutsch und stolz: worauf? Auf die Demokratie, die europäische Bindung und die Abkehr von der alten Arroganz«, in: *Die Zeit* vom 22. März 2001.
Jospin, Lionel: »Europa schaffen, ohne Frankreich abzuschaffen, ist mein Kredo«, in: *FR* vom 5. Juni 2001.
Jouvenel, Bertrand de: *Über die Staatsgewalt. Die Naturgeschichte ihres Wachstums*, Freiburg 1972.
Jung, Martin: »Die Grünen ziehen in den Krieg. Eine Chronologie.«, in: *Sozialistische Zeitung (SoZ)* 11/1999.
Kaiser, Karl und Krause, Joachim (Hrsg.): *Deutschlands neue Außenpolitik*, Bd. 3: Interessen und Strategien, 1996.
Kant, Immanuel: »Die Religion innerhalb der Grenzen der bloßen Vernunft«, in: ders.: *Werke* VIII, Frankfurt am Main 1997, S. 649–879.
—: »Zum ewigen Frieden«, in: ders.: *Werke in 6 Bänden*, hrsg. v. W. Weischedel, Bd. VI.
Kanzleiter, Boris und Abu-Chouka, Sherin: »›Ehrliche Makler‹. Fischer und Schröder in Bismarcks Fußstapfen«, in: *analyse & kritik (ak)*, Zeitung für linke Debatte und Praxis, Nr. 457, Dezember 2001.
Katenhusen, Ines und Lamping, Wolfram (Hrsg.): *Demokratien in Europa. Der Einfluß der europäischen Integration auf Institutionenwandel und neue Konturen des demokratischen Verfassungsstaates*, Opladen 2003.
Keckermann, B.: *Opera omnia*, I, Genf 1614.
»Kein '89 ohne '68«, Interview mit Werner Schulz, in: *Der Spiegel*, 12/2001.
Kissinger, Henry A.: *The Necessity for Choice*, New York 1960.
Klein, Fritz: »Was heißt Europa? Lag Belgrad nicht immer in Europa?«, in: *Das Blättchen*, 3. Jg., Nr. 23, 13.11.2000, Internet: ⟨http://www.linksnet.de/artikel.php?id=140⟩.

Klönne, Arno: *Zurück zur Nation? Kontroversen zu deutschen Fragen*, Köln 1984.
—: »Empire und Empirie. Zum Diskurs über US-amerikanische Globalpolitik«, in: Rainer Butenschön und Eckart Spoo (Hrsg.): *Töten – Plündern – Herrschen. Wege zu neuen Kriegen*, Hamburg 2003, S. 126–130.
Koch, Gero: »Krisenreaktionskräfte des Heeres«, in: *Soldat und Technik (SuT)*, 7/1993.
Koch, Jutta: »Die NATO: zwischen Ambitionen, Attentismus und Aktionismus«, in: *Europäische Friedensordnung: Konturen einer Sicherheitsarchitektur*, Koordination: Wilfried Graf, Lutz Unterseher, Münster 1998.
König, René: *Émile Durkheim zur Diskussion. Jenseits von Dogmatismus und Skepsis*, München 1978.
Kogon, Eugen: »Die Aussichten der Restauration. Über die gesellschaftlichen Grundlagen der Zeit«, in: *Frankfurter Hefte*, Nr. 7, Jg. 1952, S. 165–177, wiederabgedruckt in: *Konservativismus*, hrsg. v. Hans Gerd Schumann, Köln 1974, S. 276–289.
»Kommuniqué, Treffen des Nordatlantikrats auf Ebene der Außenminister«, Brüssel, 15. Dezember 1999, NATO-Homepage, Internet: ⟨`http://www.nato.int`⟩.
»Komplott gegen Europa«, in: *Der Spiegel*, Nr. 29/1990.
Korsch, Karl: »Eine geschichtliche Betrachtung der Geopolitik« (1943), wiederabgedruckt in: *Berliner Debatte Initial*, 4/5, 1995.
Kotzias, Nicos: »Die Rolle der Bundesrepublik Deutschland in der neuen Architektur Europas«, in: Caroline Thomas und Klaus-Peter Weiner (Hrsg.): *Auf dem Weg zur Hegemonialmacht? Die deutsche Außenpolitik nach der Vereinigung*, Köln 1993, S. 111–129.
Krell, Gert und Kubbig, Bernd W. (Hrsg.): *Krieg und Frieden am Golf. Ursachen und Perspektiven*, Frankfurt am Main 1991.
Kreuder, Thomas und Loewy, Hanno (Hrsg.): *Konservativismus in der Strukturkrise*, Frankfurt am Main 1987.
Kritidis, Gregor: »Prinzipientreuer Regierungspazifismus? Zur Position der Rot-Grünen Bundesregierung im gegenwärtigen Irak-Konflikt und dem historischen Rückstand der Unionsparteien«, in: *sopos* 3/2003, Internet: ⟨`http://sopos.org/aufsaetze/3e68c00b6ad0c/1.phtml#o1`⟩.
Krug, W.T.: *Allgemeines Handwörterbuch des philosophischen Wissens*, Bd. III, 1833.
Kühnl, Reinhard: »Ein Kampf um das Geschichtsbild: Voraussetzungen – Verlauf – Bilanz«, in: ders. (Hrsg.): *Streit ums Geschichtsbild. Die »Historiker-Debatte«. Dokumentation, Darstellung und Kritik*, Köln 1987.
—: *Deutschland seit der Französischen Revolution. Untersuchungen zum deutschen Sonderweg*, Heilbronn 1996.
Lamers, Karl: »Variable Geometrie und fester Kern. Zur Debatte über das Europa-Papier der CDU/CSU-Bundestagsfraktion«, in: *Blätter für deutsche und internationale Politik*, 12/1994, S. 1464–1470.

Latsch, Günther und Wiegrefe, Klaus: »Einsatz im Machtspiel«, in: *Der Spiegel* 46/2001.

Lehmann, Hans Georg: *Der Oder-Neiße-Konflikt*, München 1979.

Le Monde diplomatique (Hrsg.): *Atlas der Globalisierung*, Berlin 2003.

Lenin, Wladimir Iljitsch: »Rede über den Frieden«, vom 26. Oktober 1917, in: ders.: *Lenin Werke*, Bd. 26.

Limbach, Jutta: »Die Kooperation der Gerichte in der zukünftigen europäischen Grundrechtsarchitektur – Ein Beitrag zur Neubestimmung des Verhältnisses von Bundesverfassungsgericht, Europäischem Gerichtshof und Europäischem Gerichtshof für Menschenrechte«, Internet: ⟨http://www.politik-international.de/archive/BVG%20und%20EuGH.pdf⟩.

Link, Jürgen: *Versuch über den Normalismus. Wie Normalität produziert wird* (1997), 2. Aufl., Wiesbaden 1999.

List, Friedrich: »Die Ackerverfassung, die Zwergwirthschaft und die Auswanderung«, *Schriften/Reden/Briefe, Bd. 5*, Berlin 1928, S. 497–507.

Lohse, Eckart: »Gelebte Demokratie mit Folgen für den Meister Joschka Fischer. Grüne gegen Auslandseinsätze der Bundeswehr«, in: *FAZ* vom 9. März 1998.

Ludwig, Michael: *Polen und die deutsche Frage*, Bonn 1991.

Lübbe, Hermann: »Der Nationalsozialismus im deutschen Nachkriegsbewußtsein«, in: *Historische Zeitschrift*, Bd. 236, 1983, S. 579–599.

Lutz, Dieter S. (Hrsg.): *Deutsche Soldaten weltweit? Blauhelme, Eingreiftruppen, »out of area« – Der Streit um unsere sicherheitspolitische Zukunft*, Reinbek bei Hamburg 1993.

»Macht ohne Recht. Der Historiker Eric J. Hobsbawm über die Zukunft des Westens und Amerikas Hegemonie«, in: *Die Zeit*, Nr. 29 vom 10. Juli 2003.

Mappes-Niediek, Norbert: »Woran scheiterte Rambouillet?«, in: *Freitag*, Nr. 32 vom 6. August 1999.

Marcuse, Herbert: *Vernunft und Revolution. Hegel und die Entstehung der Gesellschaftstheorie*, 8. Aufl., Frankfurt am Main 1990.

Markovits, Andrei S. und Gorski, Philip S.: *Grün schlägt Rot. Die deutsche Linke nach 1945*, Hamburg 1997.

Markovits, Andrei S. und Reich, Simon: *Das deutsche Dilemma. Die Berliner Republik zwischen Macht und Machtverzicht. Mit einem Vorwort von Joschka Fischer*, Berlin 1998.

Markovits, Andrei und Elsässer, Jürgen: »Whistling in the Dark«, in: Dies (Hrsg.): »›Die Fratze der eigenen Geschichte‹. Von der Goldhagen-Debatte zum Jugoslawienkrieg«, Berlin 1999, S. 72–78.

Marx, Karl: *Das Kapital. Kritik der politischen Ökonomie. Erster Band*, in: ders.: *MEW*, Bd. 23, Berlin 1969.

—: *Grundrisse der Kritik der Politischen Ökonomie*, Berlin 1974

—: »Marx an Ruge«, in: ders.: »Briefe aus den ›Deutsch-Französischen Jahrbüchern‹« (1844), in: ders.: *MEW*, Bd. 1, Berlin 1972.

—: »Die moralisierende Kritik und die kritisierende Moral«, in: ders.: *MEW*, Bd. 4, Berlin 1959.
Marx, Karl und Engels, Friedrich: *Manifest der Kommunistischen Partei*, in: dies.: *MEW*, Bd. 4, Berlin 1959.
Mayer, Tilman: »Konfliktlinien in der Atlantischen Allianz«, in: *Aus Politik und Zeitgeschichte*, Beilage 29–30/1999 zur Wochenzeitung: *Das Parlament*, 22–29.
Mearsheimer, John J.: »Back to the Future: Instability in Europe after the Cold War«, in: Sean Lynn-Jones (Hrsg.): *The Cold War and After: Prospects for Peace*, Cambridge 1991.
»Mehr Europa«, in: *Der Spiegel* 14/2003.
Meienreis, David und Renken, Frank (Hrsg.): *Krieg und Globalisierung. Der Imperialismus: Vom Kolonialismus zu den Kriegen des 21. Jahrhunderts*, Frankfurt am Main 2002.
Meier, Christian: »Wir sind ja keine normale Nation«, in: *Die Zeit* 39/1990.
—: »Erinnern – Verdrängen – Vergessen«, in: *Merkur*, H. 9/10/1996, S. 945.
Meister, Roland: *Studie zur Souveränität*, Berlin (Ost) 1981.
Merlino, Jacques: »Da haben wir voll ins Schwarze getroffen«, in: Klaus Bittermann (Hrsg.): *Serbien muß sterbien*, Berlin 1994.
Michal, Wolfgang: *Deutschland und der nächste Krieg*, Berlin 1995.
Mommsen, Wolfgang J.: »Wir sind wieder wer.« Wandlungen im politischen Selbstverständnis der Deutschen, in: Jürgen Habermas (Hrsg.): *Stichworte zur »Geistigen Situation der Zeit«*, Bd. 1: Nation und Republik, Frankfurt am Main 1979, S. 185–209.
—: *1848. Die ungewollte Revolution. Die revolutionären Bewegungen in Europa 1830–1849*, Frankfurt am Main 1998.
Mosler, Volkhard: *An Krieg wieder gewöhnen? Niemals! Die Rückkehr des deutschen Militarismus*, Frankfurt am Main 1999.
Mühlen, Patrik von zur, Müller, B. und Schmitz, K.: »Vertriebenenverbände und deutsch-polnische Beziehungen nach 1945«, in: Carl Christoph Schweitzer und Herbert Feger (Hrsg.): *Das deutsch-polnische Konfliktverhältnis seit dem Zweiten Weltkrieg. Multidisziplinäre Studien über konfliktfördernde und konfliktmindernde Faktoren in den internationalen Beziehungen*, Boppard 1975, S. 96–185.
Muggenthaler, Ferdinand: »Die Karriere einer Nachricht«, in: *Jungle World* vom 11. August 1998.
Mutz, Reinhard: »Es geht um den scharfen Schuß«, in: *Freitag*, Nr. 26, vom 18. Juni 2004.
—: »Europa unter falscher Flagge«, in Ulrich Cremer und Dieter S. Lutz (Hrsg.): *Die Bundeswehr in der neuen Weltordnung*, Hamburg 2000, S. 16–20.
Naumann, Klaus: *Standortbestimmung, Informationen zur Sicherheitspolitik, 35. Kommandeurtagung der Bundeswehr*, November 1995.
Negt, Oskar: *Die Konstituierung der Soziologie zur Ordnungswissenschaft. Strukturbeziehungen zwischen den Gesellschaftslehren Comtes und Hegels*, Frankfurt am Main/Köln 1974.

—: *Soziologische Phantasie und exemplarisches Lernen. Zur Theorie und Praxis der Arbeiterbildung*, Frankfurt am Main 1971.
—: »Die Misere der bürgerlichen Demokratie in Deutschland«, in: ders.: *Keine Demokratie ohne Sozialismus. Über den Zusammenhang von Politik, Geschichte und Moral*, Frankfurt am Main 1976, S. 17–46.
—: »Die Demontage der Bürgerinitiativen«, in: *FR* vom 17. März 1990.
—: *Achtundsechzig. Politische Intellektuelle und die Macht*, Göttingen 1995.
—: »Ironie der Geschichte oder: Der Kaiser ist nackt. Über alte und neue Kleider, den Kapitalismus, die Globalisierung und die Notwendigkeit der Solidarität«, in: *FR* vom 4. Juni 1998, S. 7.
—: (Hrsg.): *Ein unvollendetes Projekt. Fünfzehn Positionen zu Rot-Grün*, Göttingen 2002.
—: *Wozu noch Gewerkschaften? Eine Streitschrift*, Göttingen 2004.
Negt, Oskar und Kluge, Alexander: *Öffentlichkeit und Erfahrung. Zur Organisationsanalyse von bürgerlicher und proletarischer Öffentlichkeit*, Frankfurt am Main 1972.
—: *Maßverhältnisse des Politischen. 15 Vorschläge zum Unterscheidungsvermögen*, Frankfurt am Main 1992.
—: *Geschichte und Eigensinn*, Bd. 2: Deutschland als Produktionsöffentlichkeit, Frankfurt am Main 1993.
»Neue Zweifel am Massaker von Racak. Was die *Monitor*-Sendung vom 8. Februar 2001 enthüllte – Wortlaut der Sendung«, Internet: ⟨`http://www.uni-kassel.de/fb5/frieden/themen/NATO-Krieg/racak.html`⟩.
Neumann, Franz: *Behemoth. Struktur und Praxis des Nationalsozialismus 1933–1944* (1944), hrsg. und mit einem Nachwort von Gert Schäfer, Frankfurt am Main 1984.
»Nichts wächst von alleine«, Interview mit Gerhard Schröder, *Der Spiegel* 49/2000.
Niess, Frank: »Das ›F-Wort‹«, in: *Blätter für deutsche und internationale Politik*, September 2000, S. 1105–1115.
—: *Die europäische Idee*, Frankfurt am Main 2001.
Nipperdey, Thomas: *Deutsche Geschichte 1866–1918*, Zweiter Band: Machtstaat vor der Demokratie, München 1992.
Nolte, Ernst: »Vergangenheit, die nicht vergehen will. Eine Rede, die geschrieben, aber nicht gehalten werden konnte«, in: *FR* vom 6. Juni 1986.
Offe, Claus: »Kann es eine europäische Gesellschaft geben?«, in: *Blätter für deutsche und internationale Politik*, April 2001, S. 423–435.
»Ohnmacht, die sich als Bescheidwissen verkleidet. Gespräch mit Detlev Claussen und Lothar Baier über die gesellschaftliche Bedeutung der ›öffentlichen Debatten‹«, in: *Perspektiven*, Nr. 33, Mai 1998.
Perels, Joachim: *Wider die »Normalisierung« des Nationalsozialismus. Interventionen gegen die Verdrängung*, Hannover 1996.

—: »Außenminister schwächt Bedeutung des Sicherheitsrats«, in *FR* vom 4. Januar 2003.
—: *Entsorgung der NS-Herrschaft? Konfliktlinien im Umgang mit dem Hitler-Regime*, Hannover 2004.
—: »Die historischen Wurzeln der europäischen Einigung und die gegenwärtige Konstituierung der Verfassung«, in: Christiane Lemke, Jutta Joachim und Ines Katenhusen (Hrsg.): *Konstitutionalisierung und Governance in der EU – Perspektiven einer Europäischen Verfassung*, Münster 2006, S. 29–45.
Petritsch, Wolfgang, Kaser, Karl und Pichler, Robert: *Kosovo – Kosova. Mythen, Daten, Fakten. Mit dem Vertrag von Rambouillet*, Klagenfurt 1999.
Pflüger, Tobias: *Die neue Bundeswehr. Mit neuer Strategie, Struktur und Bewaffnung in den Krieg?*, Köln 1997.
Pitt, William Rivers und Ritter, Scott: *Krieg gegen den Irak. Was die Bush-Regierung verschweigt*, Köln 2002.
Plessner, Helmuth: *Die verspätete Nation. Über die politische Verführbarkeit bürgerlichen Geistes*, 6. Aufl., Frankfurt am Main 1998.
Plinius, Secundus d. Ä.: *Nat. hist.*, Bd. 3.
Preuß, Ulrich K.: »Auf der Suche nach Europas Verfassung. Europa hat noch keine Verfassung«, in: *Transit*. Europäische Revue, 17/1999, S. 154–174.
Ramonat, Wolfgang: »Die Debatte über die deutsche Frage«, in: *Politische Studien*, 39. Jg., 1988, Heft 300.
Renan Ernest: »Was ist eine Nation?«, Vortrag in der Sorbonne vom 11. März 1882, aus dem Französischen von Henning Ritter, in: Michael Jeismann und Henning Ritter: *Grenzfälle – Über neuen und alten Nationalismus*, Leipzig 1993.
Resse-Schäfer, Walter: *Karl Otto Apel zur Einführung, mit einem Nachwort von Jürgen Habermas*, Hamburg 1990.
Rhode, Reinhard: »Deutschland: Weltwirtschaftsmacht oder überforderter Euro-Hegemon?«, in: Bruno Schoch (Hrsg.): *Deutschlands Einheit und Europas Zukunft*, Frankfurt am Main 1992.
Richter, Edelbert: »Mutterland des Protektionismus«, in: *Ossietzky* 1/2004, Internet: ⟨`http://sopos.org/aufsaetze/4006da9f0b5e7/1.phtml`⟩.
Richter, Hans Werner: »Deutschland ist ein …«, in: *Der Ruf* vom 15. November 1946.
Rieger, Anne: »Abrüstung statt Sozialabbau«, in: *Ossietzky* 1/2004.
Riezler, Kurt: *Die Erforderlichkeit des Unmöglichen. Prolegomena zu einer Theorie der Politik und zu anderen Theorien*, München 1913.
Ritter, Gerhard A.: *Über Deutschland. Die Bundesrepublik in der deutschen Geschichte*, München 1998.
Robertson, George: »Die NATO und die EU: Partner oder Rivalen?«, in: Werner Hoyer und Gerd Kaldrack (Hrsg.): *Europäische Sicherheits- und Verteidigungspolitik (ESVP) – Der Weg zu integrierten Streitkräften?*, Baden-Baden 2002.
Ross, Jan: »Wie weit weg liegt Auschwitz?«, in: *Die Zeit* vom 27. Januar 2005.

Rüddenklau, Wolfgang: *Störenfried. ddr-opposition 1986–1989, mit Texten aus den »Umweltblättern«*, Berlin 1992.
»Rühe: Pläne für Militäreinsatz«, in: *FAZ* vom 18. Juni 1998.
Rupp, Hans-Karl: *Außerparlamentarische Opposition in der Ära Adenauer. Der Kampf gegen die Atombewaffnung in den 50er Jahren*, Köln 1980.
Saint-Hilaire, Geoffroy: *I. Histoire générale et particuliere des anomalies de l'organisation chez l'homme et les animaux*, 3 Bde, Paris, Baillière, 1832–1837.
Salzborn, Samuel: *Heimatrecht und Volkstumskampf. Außenpolitische Konzepte der Vertriebenenverbände und ihre praktische Umsetzung*, Hannover 2001.
Schäfers, Bernhard (Hrsg.): *Grundbegriffe der Soziologie*, 4. Aufl., Opladen 1995, Art. »Norm, Soziale«, S. 228–231.
Schäuble, Wolfgang: »Überlegungen zur europäischen Politik: Positionspapier der CDU/CSU-Bundestagsfraktion vom 1. September 1994«, in: *Blätter für deutsche und internationale Politik*, Oktober 1994, S. 1271–1280.
»Scharpings Lügen vor einem Millionenpublikum entlarvt! Willi Wimmer (CDU): Jugoslawien-Krieg war ein ›ordinärer Angriffskrieg‹. ›Es begann mit einer Lüge – Deutschlands Weg in den Kosovo-Krieg‹ – Eine Dokumentation des Westdeutschen Rundfunks schlägt hohe Wellen«, Internet: ⟨`http://www.uni-kassel.de/fb5/frieden/themen/NATO-Krieg/ard08-02-01.html`⟩.
Schelsky, Helmut: *Die Arbeit tun die anderen*, Opladen 1975.
Schildt, Axel: *Ankunft im Westen. Ein Essay zur Erfolgsgeschichte der Bundesrepublik*, Frankfurt am Main 1999.
»Schlußbemerkung Erich Honeckers auf der Tagung des Thomas-Müntzer-Komitees«, in: *Neues Deutschland* vom 20. Januar 1989.
»›Schluß mit den Halbherzigkeiten‹. Dany Cohn-Bendit, grüner Europaabgeordneter und Frankfurter Multikulturdezernent, gehen Fischers Thesen nicht weit genug«, in: *taz* vom 2. August 1995.
Schmidt, Helmut: »Brüderlichkeit – auch im eigenen Interesse – Der Exodus aus der DDR und die Lage Polens wie Ungarns verlangen nach Tatkraft«, in: *Die Zeit* vom 15. September 1989.
—: *Die Selbstbehauptung Europas*, Stuttgart/München 2000.
Schmierer, Joscha: *Mein Name sei Europa. Einigung ohne Mythos und Utopie*, Frankfurt am Main 1996.
Schmitt, Carl: *Politische Theologie. Vier Kapitel zur Lehre von der Souveränität* (1922), 2. Aufl., München/Leipzig 1934.
—: »Der Reichsbegriff im Völkerrecht« (1939), in: ders.: *Positionen und Begriffe im Kampf mit Weimar – Genf – Versailles. 1923–1939*, Berlin 1994.
Schmücker, Reinhold und Hering, Rainer: »Identität und Nation. Über eine vermeintliche Zukunftsfrage der Deutschen«, in: *Nation, Nationalstaat, Nationalismus, Rechtsphilosophische Hefte*, Bd. 3, Frankfurt am Main/Berlin/New York/Paris/Wien 1994.

Schneider, Wolfgang (Hrsg.): *Bei Andruck Mord. Die deutsche Propaganda und der Balkankrieg*, Hamburg 1997.

Schöllgen, Gregor: *Das Zeitalter des Imperialismus*, München 1986.

—: *Die Macht in der Mitte Europas. Stationen deutscher Außenpolitik von Friedrich dem Großen bis zur Gegenwart*, München 1992.

—: »Deutschlands neue Lage. Die USA, die Bundesrepublik Deutschland und die Zukunft des westlichen Bündnisses«, in: *Europa-Archiv* 5,1992, S. 125 ff.

—: *Die Außenpolitik der Bundesrepublik Deutschland. Von den Anfängen bis zur Gegenwart*, Bonn 1999.

Schröder, Gerhard: »Bekenntnis zur politischen und moralischen Solidarität«, Rede des Bundeskanzlers vor dem Deutschen Bundestag vom 19. September 2001, in: *Die Zeit* 39/2001.

—: »Wir werden gemeinsam vorgehen«, in: *Die Zeit* 41/2001.

—: »Solidarität mit unseren amerikanischen Freunden«, in: *FAZ* vom 13. September 2001.

—: »Meine Vision von Deutschland«, in: *Bild* vom 8.August 2002.

Schürer-Wagner, Sabine: »Am Sozialismus wird festgehalten – Eine sorgfältige Nachlese in Gorbatschows Erfolgsbüchern kann sich lohnen«, in: *Die Zeit* vom 1. Dezember 1989.

Schumann, Hans Gerd (Hrsg.): *Konservativismus*, Köln 1974.

Schwammel, Inge: *Deutschlands Aufstieg zur Großmacht. Die Instrumentalisierung der europäischen Integration 1974–1994*, Frankfurt am Main 1997.

Schwarz, Hans-Peter: *Die gezähmten Deutschen. Von der Machtbesessenheit zur Machtvergessenheit*, Stuttgart 1985.

—: *Die Zentralmacht Europas. Deutschlands Rückkehr auf die Weltbühne*, Berlin 1994.

Schweppenhäuser, Gerhard: »Metaphysik, Menschenrechte und die Utopie des moralischen Fortschritts. Richard Rortys Abrechnung mit der universalistischen Moralphilosophie«, in: Tatjana Freytag und Marcus Hawel (Hrsg.): *Arbeit und Utopie. Oskar Negt zum 70. Geburtstag*, Frankfurt am Main 2004, S. 137–160.

Seebacher-Brandt, Brigitte: »Die Linke und die Einheit – Unwägbarkeiten der deutschen Geschichte«, in: *FAZ* vom 21. November 1989, S. 33.

Seifert, Hans: *Die deutsche Frage 1848/49*, Stuttgart 1968.

Seifert, Jürgen: *Kampf um Verfassungspositionen*, Frankfurt am Main 1974.

—: »Verfassungspatriotismus im Licht der Hegelschen Verfassungstheorie«, in: ders.: *Politik zwischen Destruktion und Gestaltung. Studie zur Veränderung von Politik*, Hannover 1997.

»Selbstbestimmung ist und bleibt Herzstück unserer Deutschlandpolitik – Bundeskanzler Kohl zur Lage der Nation«, in: *FAZ* vom 9. November 1989, S. 10.

»Shaky Ground«, in: *International Herald Tribune* vom 23. April 1991.

Sigwart, Chr.: *Logik*, Bd. 2, 5.Aufl. Tübingen 1924.

Smyser, William R.: *Deutschland gegen Amerika? Eine Bestandsaufnahme für die Zukunft*, Freiburg 1992.
Sommer, Theo: »Lange Schatten von Schuld und Scham – Vor fünfzig Jahren entfesselte Hitler den Zweiten Weltkrieg«, in: *Die Zeit* vom 1. September 1989.
—: »Kleine Schritte oder große Luftsprünge? – Deutschlandpolitik zwischen Torschlußpanik und Anschlußeuphorie – Das Ziel muß bleiben: Wandel ohne Explosion«, in: *Die Zeit* vom 22. September 1989.
—: »›O Freiheit! kehrest Du zurück?‹ – Vom Aufbruch in der DDR zum Durchbruch der Mauer – Wie weiter in Deutschland?«, in: *Die Zeit* vom 17. November 1989.
Sontheimer, Kurt: *Die verunsicherte Republik*, München 1979.
»SPD: Regierung will den ›Verfassungsbruch‹«, in: *taz* vom 21. Dezember 1992.
Spengler, Oswald: *Der Untergang des Abendlandes. Umrisse einer Morphologie der Weltgeschichte* (1918), München 1923.
Sponeck, Hans von und Zumach, Andreas: *Irak – Chronik eines gewollten Krieges. Wie die Weltöffentlichkeit manipuliert und das Völkerrecht gebrochen wird*, Köln 2003.
Sternberger, Dolf: »Der Begriff des Vaterlandes«, in: ders.: *Staatsfreundschaft, Schriften*, Bd. IX, Frankfurt am Main 1980.
—: *Verfassungspatriotismus, Schriften*, Bd. X, Frankfurt am Main 1990.
Stinnertz, Klaus: »Europäische Sicherheits- und Verteidigungspolitik (ESVP)«, Internet: ⟨`http://www.europa-reden.de/info/esvp.htm`⟩.
Stöver, Bernd: *Die Bundesrepublik Deutschland*, Darmstadt 2002.
Strange, Susan: *State and Markets*, London 1994.
Strauß, Franz Josef: *Die Erinnerungen*, Berlin 1989.
»Streitgespräch Joschka Fischer contra Jean Pierre Chevènement«, in: *Die Zeit*, 26/2000.
Strelzow, J.: »Warum das annähernde militärische Gleichgewicht gewahrt werden muß«, in: *horizont*, 27/1982.
Strutynski, Peter: »Auslandseinsätze der Bundeswehr sollen erleichtert werden. SPD-Parlamentarier legen brisanten Gesetzentwurf vor – Die Selbstentmachtung des Parlaments«, AG Friedensforschung an der Uni Kassel, Internet: ⟨`http://www.uni-kassel.de/fb5/frieden/themen/Bundeswehr/gesetz.html`⟩.
Stuby, Gerhard: *Die »gefesselte« Souveränität der Bundesrepublik. Zur Entwicklung der BRD im Rahmen der US-Globalstrategie*, Heilbronn 1987.
Stürmer, Michael: »Geschichte in geschichtslosem Land«, in: *»Historikerstreit«, Die Dokumentation der Kontroverse um die Einzigartigkeit der nationalsozialistischen Judenvernichtung*, München 1987, S. 36–38.
Talbott, Strobe: »America's Stake in a strong Europe«, Rede des US-Außenministers am Royal Institute of International Affairs in London, Homepage der US-Botschaft, deutsche Übersetzung im Internet: ⟨`http://www.dgap.org/IP/ip0003/talbott071099.htm`⟩.

Tibi, Bassam, Houben, Anke und Dierke, Kai W.: *Die Golfregion zwischen Krieg und Frieden. Vom Golf-Krieg zu einer Neuordnung des Nahen Ostens*, Hannover 1992.
Tönnies, Ferdinand: *Soziologische Studien und Kritiken*, Bd. 2, 1926.
Todd, Emmanuel: *Weltmacht USA. Ein Nachruf*, München 2003.
»Today's Germans: Peaceable, Fearful – and Green«, in: *Financial Times* vom 4. Januar 1991.
Ulrich, Bernd: »Nie wieder. Immer wieder«, in: *Die Zeit* vom 27. Januar 2005.
»›Ungeschützte Schutzzone. Der Fall von Srebrenica‹, nach einem Bericht von Yvonne Bangert«, in: *pogrom* 185, Oktober/November 1995, Internet: ⟨`http://www.gfbv.de/voelker/europa/srebren.htm`⟩.
Unterseher, Lutz: »Deutsche Militärpolitik – Unauffällige Festlegung für die Zukunft«, in: *ZOOM*, Zeitschrift für Politik und Kultur 5/98.
Veen, Hans Joachim: »NATO – Quo vadis«, in: *Soldat und Technik (SuT)*, 12/1991.
—: »Einheit, Einheit über alles. Das Gerede vom nötigen Zusammenwachsen Ost- und Westdeutschlands führt in die Irre«, in: *Die Zeit* 24/2001.
Venohr, Wolfgang (Hrsg.): *Die deutsche Einheit kommt bestimmt*, Bergisch Gladbach 1982.
Verney, Douglas V.: »Modelle für ein föderales Europa«, in: *Blätter für deutsche und internationale Politik*, 5/2001, S. 565–573.
»Verstärkte militärische Fähigkeiten«, gemeinsame Erklärung Deutschlands, Frankreichs, Luxemburgs und Belgiens zur Europäischen Sicherheits- und Verteidigungspolitik, vom 29. April 2003, in: *Blätter für deutsche und internationale Politik*, Nr. 6/2003.
Viehhoff, Reinhold und Segers, Rien T. (Hrsg.): *Kultur, Identität, Europa*, Frankfurt am Main 1999.
Vobruba, Georg: »Die Erweiterungskrise der Europäischen Union«, in: *Leviathan*, 28. Jg., 2000, S. 477–496.
Vollmer, Ludger: »Krieg in Jugoslawien – Hintergründe einer Entscheidung«, Papier vom 26. März 1999.
»Vorschnelles Sprechen von einer ›Kriegserklärung‹«, in: *FAZ* vom 15. September 2001.
Walser, Martin: »Händedruck mit Gespenstern«, in: Jürgen Habermas (Hrsg.): *Stichworte zur »Geistigen Situation der Zeit«*, Bd. 1: Nation und Republik, Frankfurt am Main 1979, S. 39–50.
—: »Die Banalität des Guten«, in: *FAZ* vom 12. Dezember 1998, S. 15.
Walter-Raymond-Stiftung der BDA (Hrsg.): *Die Osterweiterung der EU und ihre Folgen für Deutschland*, 39. Kolloquium, Berlin 2001.
Weber, Max: »Der Sinn der ›Wertfreiheit‹ der soziologischen und ökonomischen Wissenschaften« (1917), in: ders.: *Gesammelte Aufsätze zur Wissenschaftslehre*, Tübingen 1988.
Wegmann, Heiko: »Der Süden im Osten? Osteuropas Peripherisierung und EU-Integration«, in: *informationszentrum 3. welt (iz3w)*, Nr. 272/2003.

Wellershoff, Dieter: »Deutschland – ein Schwebezustand«, in: Jürgen Habermas (Hrsg.): *Stichworte zur »Geistigen Situation der Zeit«*, Bd. 1: Nation und Republik, Frankfurt am Main 1979, S. 77–114.

Weidenfeld, Werner (Hrsg.): *Was ändert die Einheit? Deutschlands Standort in Europa*, Gütersloh 1993.

—: *Europa-Handbuch*, Gütersloh 2002.

Weidenfeld, Werner und Korte, Karl-Rudolf: *Die Deutschen. Profil einer Nation*, Stuttgart 1991.

Weingartner, Thomas: *Die Außenpolitik der Sowjetunion seit 1945. Eine Einführung*, Düsseldorf 1973.

Weinstein, Adelbert: »Verwirrung in der Allianz. Die NATO und der Atom«, in: *FAZ* vom 20. April 1982, S. 12.

Wette, Wolfram: »Ein Hitler des Orients? NS-Vergleiche in der Kriegspropaganda von Demokratien«, in: *Gewerkschaftliche Monatshefte*, 54. Jg., 4/2003, S. 231–242.

White House: »National Security Strategy of the United States of America« (NSS), 17. September 2002, Internet: ⟨`http://www.whitehouse.gov/nsc/nssall.html.`⟩.

Wiener Dokument: *Bundesrepublik Deutschland, jährlicher Informationsaustausch über Verteidigungsplanung*, Bonn 1998.

»Will Germany Tow Europe into Trouble?«, in: *Economist* vom 31. August 1991, S. 53.

Winkler, Heinrich August: »Für den Westen – ohne Vorbehalt«, in: *Die Zeit* 47/1993.

—: »Abschied von der Abweichung – Deutschland am Ende seiner Sonderwege«, in: *Die Zeit* 1/2000.

—: *Der lange Weg nach Westen*, Bd. 1: Deutsche Geschichte vom Ende des Alten Reiches bis zum Untergang der Weimarer Republik. – Bd. 2: Deutsche Geschichte vom »Dritten Reich« bis zur Wiedervereinigung, München 2000.

—: »NATO am Scheideweg«, in: *Der Spiegel* 40/2002.

»›Wir werden keine geklauten Waffen aufkaufen‹. Albaniens Innenminister Neratin Ceka über die Sicherheitslage im Land, über Ex-Präsident Berisha und die Pläne der Regierung, jene Bürger zu entschädigen, die ihr Geld im Pyramiden-System verloren«, in: *taz* vom 29. September 1997.

Wissel, Jens: »Ein neuer Machtblock. Zu Imperialismus, Global Governance und Empire«, in: Rainer Butenschön und Eckart Spoo (Hrsg.): *Töten – Plündern – Herrschen. Wege zu neuen Kriegen*, Hamburg 2003, S. 131–137.

Wittfogel, Karl August: *Die orientalische Despotie*, Köln 1962.

»Wohin führt die Forderung nach einer militärischen Interventionspflicht gegen Völkermord? Ein offener Brief an die Mitglieder von Bündnis 90/Die Grünen, von Kerstin Müller, Claudia Roth, Jürgen Trittin und Ludger Vollmer«, Internet: ⟨`http://www.oeko-net.de/kommune/briefe/kom202.htm`⟩.

Wolfrum, Edgar: *Geschichtspolitik in der Bundesrepublik Deutschland. Der Weg zur bundesrepublikanischen Erinnerung 1948–1990*, Darmstadt 1999.

Woyke, Wichard: »Deutschland und die UNO«, in: Bundeszentrale für politische Bildung (Hrsg.): *Handwörterbuch des politischen Systems der Bundesrepublik*, Internet: ⟨http://www.bpb.de/wissen/02845404933227706162665797817421.html⟩.

Zamis, Guido (Hrsg.): *Zu Politik, Geschichte und Kultur. Ausgewählte Schriften*, Leipzig 1986.

»Zielgenau ins Ungewisse. Der Sieg im Kosovo wird ein Fehlschlag sein«, in: *FAZ* vom 2. Juni 1999.

Zuckermann, Moshe: *Das Trauma des »Königsmordes«. Französische Revolution und deutsche Geschichtsschreibung im Vormärz*, Frankfurt am Main 1989.

—: *Zweierlei Holocaust. Der Holocaust in den politischen Kulturen Israels und Deutschlands*, Göttingen 1998.

—: »Die Vertugendung eigenen Versagens«, in: *Züricher Weltwoche* vom 29. April 1999.

—: *Gedenken und Kulturindustrie. Ein Essay zur neuen deutschen Normalität*, Berlin/Bodenheim bei Mainz 1999.

Zumach, Andreas: »›Achtzig Prozent unserer Vorstellungen werden durchgepeitscht‹. Die letzte Chance von Rambouillet und die Geheimdiplomatie um den Annex B«, in: Thomas Schmid (Hrsg.): *Krieg im Kosovo*, Reinbek 1999.

—: »Die Rambouillet-Lüge: Was wußte Joschka Fischer? Die Abgeordneten des Bundestages und die Führung des Auswärtigen Amtes waren über wesentliche Bestimmungen des Abkommens von Rambouillet nicht informiert.«, in: *taz* vom 12. April 1999.

—: »Papier ist ungeduldig. Militärische Maßnahmen sollten im Abkommen von Rambouillet ausgespart bleiben. Doch der Westen entschied anders – und Jugoslawien verweigerte die Diskussion«, in: *taz* vom 12. April 1999.

—: »Zweifel über die wirklichen Ziele. Weitreichende Bestimmungen im Annex des Kosovo-Abkommens«, in: *taz* vom 6. April 1999.

Danksagung

Für den anregenden und kritischen Austausch, für Widerspruch und Zuspruch danke ich den guten Freundinnen und Freunden Annika Hoffmeister, Tatjana Freytag, Oliver Heins, Gregor Kritidis, Sven Oliveira Cavalcanti, Utz Anhalt und Heiko Vollmann. Ein ganz besonderer Dank gilt meinen Eltern, ebenso meinen akademischen Lehrern Oskar Negt, Joachim Perels und Michael Buckmiller sowie der Hans Böckler Stiftung.

Marcus Hawel und Gregor Kritidis (Hrsg.)

Aufschrei der Utopie

Möglichkeiten einer anderen Welt

ISBN (10) 3-930345-51-X ISBN (13) 978-3-930345-51-9
304 Seiten, 18,80 €

Trotz objektiver technischer Möglichkeiten der Abschaffung von Armut und Elend verschärft der Marktradikalismus die gesellschaftlichen Strukturprobleme und blockiert das produktive Experimentieren mit alternativen Lösungsansätzen. Nichts aber ist wichtiger, als die schöpferischen Potentiale zur Überwindung der Probleme freizusetzen. Denn nur wenn gedanklich die bestehenden Grenzen überschritten werden, lassen sich die Kräfte mobilisieren, die für die materielle Überschreitung derselben notwendig sind. Dazu wollen die Autoren dieses Bandes beitragen.

Mit Beiträgen von

Gregor Kritidis: Einleitung: Konkrete Utopie und realpolitische Intervention
Joachim Perels: Die Gegenwartsbedeutung von Blochs Geist der Utopie
Peter-Erwin Jansen: »Die Begierde nach Gesellschaft«. Herbert Marcuses Blick für die Unzulänglichkeiten staatlicher Utopien
Gunzelin Schmid Noerr: Zur Utopie einer universellen Ethik
Regina Becker-Schmidt: Radikale Kritik als Basis feministischer Visionen
Roger Behrens: Wahrheit als werdende Konstellation. Reflexionen zur kritischen Theorie der Utopie
Marcus Hawel: Negative Kritik und bestimmte Negation. Zur praktischen Seite der kritischen Theorie
Michael Jäger: Utopie und Realpolitik
Moshe Zuckermann: Aufschrei der Utopie als radikale Kritik von zweierlei Barbarei
Utz Anhalt: Hugo Chavéz – Populismus und soziale Utopie in Venezuela
Michael R. Krätke: Jenseits des Kapitalismus. Oder wo die kapitalistische Entwicklung über sich hinausweist
Tobias ten Brink: Globalisierte Widersprüche. Die blockierte Entwicklung der gesellschaftlichen Produktivkräfte
Christoph Görg: Kein Kommunismus jenseits der Natur
Sven Oliveira Cavalcanti: Utopie der Technik. Reale Möglichkeiten und das Elend der Realität
Gerburg Treusch-Dieter: Enteignung des Ureigenen – Transpflanzung im Menschenpark
Uta Wagenmann: Genom und Copyright – Eigentumsverhältnisse an Körpersubstanzen
Stefan Meretz: Freie Software – Keimform einer neuen Form gesellschaftlicher Produktion
Oliver Heins: Utopien aus Technik. Das emanzipative Potential freier Software und die Dystopie des Kapitals

Joachim Perels

Entsorgung der NS-Herrschaft

Konfliktlinien im Umgang mit dem Hitler-Regime

ISBN (10) 3-930345-42-0
384 Seiten, 22,90 €

Die Weigerung großer Teile der Bevölkerung einschließlich der Eliten, die nationalsozialistische Despotie zur Kenntnis zu nehmen, bildete die Signatur der Gründungsgeschichte der Bundesrepublik. Schon 1952 forderte Konrad Adenauer, »mit der Naziriecherei Schluß zu machen«.
Perels wendet sich entschieden gegen die Bagatellisierung der Kontinuität der NS-Vergangenheit in der »Erfolgsgeschichte« der Bundesrepublik. Seine differenzierten Analysen der juristischen Aufarbeitung der außerordentlichen Verbrechen des Nazi-Regimes, der mobilen Tötungskommandos der SS, des Personals der Konzentrationslager, der Wehrmacht, der NS-Gerichte, des Anstaltsmordes, der Vernichtungspraxis in Auschwitz zeigen u. a., daß die Urteilspraxis den Geltungsanspruch des Tötungsverbotes, das zentrale Element der Zivilisation, häufig kaum gewahrt hatte und die Urteilsfindung »mitunter einer Verhöhnung der Opfer recht nahe kam« (Fritz Bauer).
Er knüpft an eine Rechtstradition an, die gegen eine fessellose Staatsgewalt Front machte, wie sie oft nur von Außenseitern der Strafrechtslehre vertreten wurde.
Perels Studien verbinden juristische und politikwissenschaftliche Methoden. Die problematischen rechtlichen Bewertungen der kriminellen Strukturen des Hitler-Regimes werden als Element des gesellschaftlichen Gesamtprozesses kenntlich gemacht. Das Buch schließt mit Portraits, unter anderem von Martin Niemöller, Wolfgang Abendroth und Eugen Kogon. Jahrelang unter den Nazis als Oppositionelle gefangengehalten, forderten sie nach 1945 die Erinnerung an die Wirklichkeit des Schreckens ein – ein Exempel für den angemessenen Umgang mit der Vergangenheit.

»Angesichts der großen ökonomischen Krise mit einer Massenarbeitslosigkeit, die an die Endphase der Weimarer Republik heranreicht, besteht die Gefahr, daß die Verschlechterung der sozialen Lage der unteren Schichten das Terrain für einen Nationalismus erweitert, der notwendig mit einer Verharmlosung des nationalsozialistischen Rechtsextremismus verbunden ist.« – Joachim Perels